西方传统 经典与解释
Classici et commentarii
HERMES

HERMES

在古希腊神话中,赫耳墨斯是宙斯和迈亚的儿子,奥林波斯神们的信使,道路与边界之神,睡眠与梦想之神,亡灵的引导者,演说者、商人、小偷、旅者和牧人的保护神……

西方传统 经典与解释
Classici et commentarii
HERMES
古典学丛编
刘小枫●主编

柏拉图与赫西俄德
Plato and Hesiod

［英］博伊-斯通（G. R. Boys-Stones）
［英］豪波德（J. H. Haubold)●编

罗逍然●译

华东师范大学出版社

华东师范大学出版社六点分社　策划

古典教育基金·"资龙"资助项目

"古典学丛编"出版说明

近百年来，我国学界先后引进了西方现代文教的几乎所有各类学科——之所以说"几乎"，因为我们迄今尚未引进西方现代文教中的古典学。原因似乎不难理解：我们需要引进的是自己没有的东西——我国文教传统源远流长、一以贯之，并无"古典学问"与"现代学问"之分，其历史延续性和完整性，西方文教传统实难比拟。然而，清末废除科举制施行新学之后，我国文教传统被迫面临"古典学问"与"现代学问"的切割，从而有了现代意义上的"古今之争"。既然西方的现代性已然成了我们自己的现代性，如何对待已然变成"古典"的传统文教经典同样成了我们的问题。在这一历史背景下，我们实有必要深入认识在西方现代文教制度中已有近三百年历史的古典学这一与哲学、文学、史学并立的一级学科。

认识西方的古典学为的是应对我们自己所面临的现代文教问题：即能否化解、如何化解西方现代文明的挑战。西方的古典学乃现代文教制度的产物，带有难以抹去的现代学问品质。如果我们要建设自己的古典学，就不可唯西方的古典学传统是从，而是应该建设有中国特色的古典学：恢复古传文教经典在百年前尚且一以贯之地具有的现实教化作用。深入了解西方古典学的来龙去脉及其内在问题，有助于懂得前车之鉴：古典学为何自娱于"钻故纸堆"，与现代问题了不相干。认识西方古典学的成败得失，有助于我们体会到，成为一个真正的学人的必经之途，仍然是研习古传经典，中国的古典学理应是我们已然后现代化了的文教制度的基础——学习古传经典将带给我们的是通透的生活感觉、审慎的政治观念、高贵的伦理态度，永远有当下意义。

本丛编旨在引介西方古典学的基本文献：凡学科建设、古典学史发微乃至具体的古典研究成果，一概统而编之。

古典文明研究工作坊
西方典籍编译部乙组
2011年元月

目 录

导言 / 1

第一部分　柏拉图与赫西俄德

第一章　牧人、农夫、诗人、智术师（豪波德）/ 15
第二章　赫西俄德与柏拉图笔下的哲学史（博伊-斯通）/ 43
第三章　柏拉图笔下的赫西俄德：一个后天出现的喜好？（莫斯特）/ 73
第四章　柏拉图笔下的赫西俄德：次于荷马的诗人？（山形直子）/ 96
第五章　柏拉图笔下的赫西俄德：不仅与柏拉图有关（科　宁）/ 125
第六章　古典时代雅典的赫西俄德（格拉齐欧西）/ 155
第七章　柏拉图笔下的两个赫西俄德（福　特）/ 184

第二部分　单篇对话研究

第八章　赫西俄德的诱惑（克纳安）/ 219

第 九 章　"赫西俄德笔下的种族与你们公民中的种族"
　　　　　　（范・诺登）/ 246
第 十 章　柏拉图的赫西俄德与宙斯的意愿(卡普拉) / 284
第十一章　被纠正的混乱(彭德尔) / 313
第十二章　赫西俄德的《神谱》与柏拉图的《蒂迈欧》
　　　　　　（赛得利）/ 352
第十三章　《蒂迈欧》中的赫西俄德(雷加利) / 368
第十四章　赫西俄德、柏拉图与黄金时代(艾尔・穆尔) / 392
第十五章　头发灰白的新生儿(若维) / 421

参考文献 / 446

导　言*

为何是柏拉图与赫西俄德?

[1]许多现存的研究文献都表明,[①]柏拉图与古希腊诗歌传统有着紧密而复杂的关系。一方面,他很注意与智术师们(sophists)的教学法中的哲学思想保持距离,而智术师们的这种哲学思想在很大程度上来自对诗歌的研究,而且对历代诗歌,他们至少在名义上表示尊崇。不过,另一方面,柏拉图也需要承认并吸收这些诗歌,因为这些诗歌代表了长期积累下来的对希腊的理解与研究,同时也为人们是否接受柏拉图本人的创作提供了参照。所以,尽管柏拉图以

---

* [译者注]本书中所有古希腊文、拉丁文、英文、德文、法文与意大利文的引文及文献皆由译者从原文译出。
① 请参见诸如Andrea W. Nightingale,《对话的体裁——柏拉图与哲学的构建》(*Genres in Dialogue: Plato and the Construct of Philosophy*, Cambridge, 1995); Susan B. Levin,《再议哲学与诗歌之间的古老争论——柏拉图与希腊文学传统》(*The Ancient Quarrel between Philosophy and Poetry Revisited: Plato and the Greek Literary Tradition*, Oxford, 2001); Grace M. Ledbetter,《柏拉图之前的诗学——早期希腊诗歌理论中的阐释与权威》(*Poetics before Plato: Interpretation and Authority in Early Greek*, Princeton, 2003); Fabio M. Giuliano,《柏拉图与诗歌——创作理论与实际的接受》(*Platone e la poesia. Teoria della composizione e prassi della ricezione*, Sankt Augustin, 2005)。

叙事诗会损害自己的哲学教诲为由，在《王制》(Republic)中公然把荷马驱逐出自己的理想城邦，但是，正如许多柏拉图研究者所指出的，他在自己的创作中仍然必须依赖读者对《伊利亚特》(Iliad)与《奥德修纪》(Odyssey)的知识。

然而，柏拉图所研究并从中吸收养分的诗人并非只有荷马，本书就是要通过研究柏拉图作品中涉及赫西俄德的地方，帮助读者在柏拉图与古希腊诗歌传统的关系上开拓视野。我们把注意力放在赫西俄德身上，并非仅仅由于他是古代希腊的"第二诗人"（而作为"第二诗人"就自然而然地成为我们第二个需要关注的对象），同时也是因为，尽管荷马在智术师们的教学法中占有主导地位，但赫西俄德却是作为柏拉图教学传统之滥觞中一个更为明显的部分，因而，我们在阅读柏拉图的作品时一定要参考赫西俄德的诗作。所以，举例来说，在柏拉图的《王制》中，尽管由于对众神的描写，赫西俄德与荷马一同受到批评，但是，也正是赫西俄德通过其《神谱》(Theogony)为《蒂迈欧》(Timaeus)中的宇宙观提供了重要的思想背景；又或者，他的《劳作与时日》(Works and Days)影响了柏拉图在《王制》中所表达的有关正义与政治的观点——《劳作与时日》甚至为《王制》中新神话的根基，也就是所谓的"高贵的谎言"(414b7-415a2)提供了重要基础。[2]本书主要关注的是柏拉图的诸多对话与赫西俄德的相互关系，不过，我们的目标并不仅仅是为了研究柏拉图哲学中的某些核心思想，同时也是为了促进我们去理解，在这些核心思想成型的古风时代与对其发微的希腊化时代之间，人们对赫西俄德的作品的接受。

最近一次系统化地检视柏拉图与赫西俄德之间关系的尝试，来自于索尔姆森(Friedrich Solmsen)于1962年发表的一篇文章——这篇文章是本书许多篇章的重要参考文献。如果要问一问有什么索尔姆森没有做而今天我们可能会做的、或者他做了但我们会从不同的角度入手的事，他的文章本身就能告诉我们很多有关的信息。首先，索尔姆森写的是一篇综述文章，这就意味着，他的分析所涉及的内容不够全面而且略显仓促；而本书则可以也能够用更多的篇幅，对此进行充分的讨论(在这个被大多数古典学家所忽视的题目中，这本身就是一个很重要的进步)，这是很可贵的。另一件索尔姆森做得不够的事——部分是由于他缺少所需要的足够篇幅——是他对这个题目所涉及的背景环境考虑得不够充分。他很少提到古代希腊对赫西俄德作品的接受程度，至于雅典黄金时期对赫西俄德作品的理解则讨论得更少。而柏拉图本人自然注意到了当时人们对赫西俄德的理解，也许最著名的一处就是他笔下的普罗塔戈拉认为赫西俄德是第一位智术师(参见《普罗塔戈拉》[*Protagoras*]316d3–316d9，本书许多篇章都对此处进行了讨论)。柏拉图甚至还暗示了一些当时对"正确"使用赫西俄德作品的方式所进行的辩论，①例如，当他在《卡尔米德》(*Charmides*)中，介绍疑问颇多且极为地域化的"作品本身并不应该被责怪"的观点时(163b4–163b5)，就是如此。所以，柏拉图很明显地希望我们，在解读他对赫西俄德作品的观点时，要参考当时思想界的背景环境，而这恰好是本书的一个重要目标。

不过，本书还有一个更具普遍性的目标，我们也确实觉得这个目标的意义更为重大。当索尔姆森在上世纪六十年代初撰写他的研究文章时，对经典作品的接受(reception)还没有成为古典学的一个分支，而且姚斯(Hans Robert Jauss)与康斯坦茨学派(Constance School)为该领域奠定基础的著作也还没有问世。②当我们看到索尔姆森还在试图为柏拉图对赫西俄德的观点套上一个方法论框架时，就能明白现在古典学界已经发生了多大的变化。索尔姆森在他的文章中开宗明义：

[3]到柏拉图的时代，古希腊人早已明白了生活现实远比赫西

---

① 请参见本书第六章。
② Hans R. Jauss,《走向接受的审美》(*Toward an Aesthetic of Reception*, Timothy Bahti译, Minneapolis, 1982), Wolfgang Iser,《阅读行为——审美反应理论》(*The Act of Reading: A Theory of Aesthetic Response*, Baltimore, 1978)。

俄德所想象的更为复杂,而他们自己也已经变得足以接受现实。①

索尔姆森认为,从赫西俄德到柏拉图,时代已经有了长足进步:希腊人变得更能理解现实世界,而他们是通过对柏拉图哲学的认可来表达这种理解的。从索尔姆森的文章到现在已经过去了几十年,他的这种观点已经不再站得住脚了。从那时开始,我们对赫西俄德的理解已经产生了许多重要的变化,②其结果就是,我们明白了,赫西俄德并不比他的后来人更简单。而更重要的是,从上世纪六十年代到现在,我们对文本的解读与建立文本之间相互关系的方法也发生了变化:不仅仅是姚斯与伊瑟尔(Wolfgang Iser)、福柯(Foucault)与德里达(Derrida)等人已经告诉我们的,人类的思想并不是一定会简单地随着时间的流逝而变得更好;而且他们还告诉我们,一个文本在任何时代的内质、意义与价值主要依靠的是当时读者对它的理解和评价。近来研究经典文本接受的著作也反映了这些观点。③索尔姆森的文章则仍然植根于"对人类思想的不断探索"这种观点,所以他认为柏拉图要强于赫西俄德,故而没有看

---

① Friedrich Solmsen,《柏拉图作品中的赫西俄德动机》("Hesiodic Motifs in Plato"),载于Kurt von Fritz编,《赫西俄德与他的影响》(*Hésiode et son influence*, 即*Entretiens sur l'antiquité classique*, 第7期), Geneva, 1962, 第171至211页, 第174页。

② 例如Pietro Pucci,《赫西俄德与诗歌语言》(*Hesiod and the Language of Poetry*, Baltimore, 1977); Richard P. Martin,《赫西俄德作品中评价审美的诗学》("Hesiod's Metanastic Poetics"), 载于*Ramus*, 第21期, 第11至33页; Jenny S. Clay,《赫西俄德的宇宙》(*Hesiod's Cosmos*, Cambridge, 2003), Kathryn Stoddard,《赫西俄德〈神谱〉中的叙事声音》(*The Narrative Voice in the Theogony of Hesiod*, Leiden, 2004)。

③ 参见诸如Charles Martindale,《拯救文本——拉丁诗歌与文本接受的解释学》(*Redeeming the Text: Latin Poetry and the Hermeneutics of Reception*), Cambridge, 1993; Lorna Hardwick,《接受学研究》(*Reception Studies*, [*Greece and Rome New Surveys in the Classics*], 第33期), Oxford, 2003; Charles Martindale与Richard L. Thomas编,《古代经典以及对文本接受的运用》(*Classics and the Uses of Reception*, Oxford, 2006); Lorna Hardwick与Christopher Stray编,《古代作品接受学指南》(*A Companion to Classical Receptions*, Oxford, 2008)。

到赫西俄德能真正吸引柏拉图的许多地方。[①]对于他的这种观点,亟待我们的重新检视。

最近的许多研究叙事诗接受的作品警告我们,[②]不要假设柏拉图是通过其书架上"古代文学"一栏中的一部抄写齐整的手抄本接触赫西俄德的(虽然斯内尔[Snell]与索尔姆森是这样认为的):在雅典黄金时代,赫西俄德的作品是一张交织了注解、受众期待与阅读实践的复杂网络;而在当时,对于究竟哪些作品真正属于赫西俄德,也存在着广泛的争论;此外,到柏拉图写作的时期,许多署名赫西俄德的篇章已经经过了很多的再加工,而其中一些再加工的影响还是十分深远的。所以,例如柏拉图在《王制》中对正义的讨论,尽管很明显是将赫西俄德作为主要的参考对象,但我们也不能排除梭伦(Solon)与埃斯库罗斯(Aeschylus)的影响,只不过,智术师们对赫西俄德作品的解读[4]仍然是另一个重要的滤光镜。另外,我们还需要考虑到,至公元前四世纪,在普通公众之中已经建立起了一个成熟完善的阅读传统。在一些雅典演讲家的作品中,这一点表现得非常清楚:他们在表达自己观点时偶尔会征引赫西俄德还有其他诗人的作品,因为这表现出当时的公众可能为一篇诗作或其中的某个段落赋予什么样的意义,以及在当时产生出这种意义的语境。

对于今后的研究而言,这是一处丰饶的宝藏,许多相关材料仍然需要发掘,尤其是经典诗歌手抄本上的注疏。而在这里,更重要

[①] 参见Bruno Snell,《心灵的探索——欧洲思想在希腊的起源》(*The Discovery of the Mind:The Greek Origins of European Thought*), Thomas G. Rosenmeyer译, Oxford, 1953。

[②] Gregory Nagy,《品达作品中的荷马——抒情诗歌中保留的叙事诗过往》(*Pindar's Homer: The Lyric Possession of an Epic Past*), Baltimore, 1990; Barbara Graziosi,《发明荷马——对叙事诗的早期接受》(*Inventing Homer: The Early Reception of Epic*), Cambridge, 2002; Andrew L. Ford,《评论的诞生——古典希腊的文学文化与诗歌理论》(*The Origins of Criticism: Literary Culture and Poetic Theory in Classical Greece*), Princeton, 2002。

的则是，我们应该明白，在公元前四世纪，阅读赫西俄德是一件十分复杂甚至困难的事情。从这一点说来，我们更加应该——甚至更加急需——询问一些有关柏拉图与赫西俄德之间关系的最基本的问题：在柏拉图看来，赫西俄德究竟是谁？柏拉图如何在自己的思想中定位赫西俄德？柏拉图都在哪些地方援引了赫西俄德？他为何援引赫西俄德？柏拉图是否用不同的方式分别处理不同的赫西俄德作品？他是否在不同的对话中对赫西俄德抱有不同的态度？而这些问题就形成了本书的主干：本书的第一部分将用较为直接的方式处理这些问题，它对柏拉图与赫西俄德的关系以概论为主，但也会涉及第二部分对柏拉图不同对话的个别研究。

全书概述

文本接受的历史从来就不是一成不变的事实，而是由那些参与其中的人们设想并积极塑造的。因此，本书第一部分开头的两篇文章主要研究的是，对赫西俄德本人与柏拉图所设想的对赫西俄德作品的接受。豪波德(Johannes H. Haubold)认为，赫西俄德是通过一种记述详尽的自传式叙事，来塑造自己作品的接受史，并以此引领他的读者们，从《神谱》中受到缪斯女神们启示的诗歌，到《劳作与时日》中聚焦于人类世界的诗歌，而后者则需要结合个人思考与个人经验才能理解。豪波德认为，这种智识上的进程，既形成了经典时代的雅典对赫西俄德作品的接受，可能也在[5]公元前五世纪至公元前四世纪思想界更广泛的发展中扮演了一定角色。

博伊-斯通(George Boys-Stones)则从另一个角度来处理这个问题，他主要探究在柏拉图对思想发展史的理解中，赫西俄德是如何发挥自己的作用。而这个答案就在赫西俄德对不和女神厄里斯(ἔρις)的颂扬中，也正是因为如此，柏拉图认为，赫西俄德是许多先前的哲学讨论中(尤其是一些智术师的作品)毫无意义的争辩的象征与参照点,不过这种对不和女神的赞扬也让柏拉图能够表明自己的哲学方法,以及与这些哲学讨论的区别。博伊-斯通认为,柏拉图对爱欲之神厄若斯(ἔρως)的论述(正是这些论述支撑了柏拉图的"辩证法")表现了一种对赫西俄德笔下的厄里斯(eris)的转化,在这里,柏拉图既从中提取出了积极的潜能,也回避了纯争辩的倾向。

第三与第四章更多地是从细节角度考察柏拉图处理赫西俄德的方法。莫斯特(Glenn Most)在求证,柏拉图是否越来越欣赏赫西俄德,他本人小心翼翼地给出一个肯定的结论。在检视了柏拉图作品中引用赫西俄德的作品的方式后,莫斯特提出,在其一生中,柏拉图愈发认同《劳作与时日》。莫斯特还注意到,在柏拉图看来,赫西俄德的真作只包括《神谱》和《劳作与时日》,《列女传》(Catalogue of Women)以及其他次要作品并不在其列,这与柏拉图只认《伊利亚特》与《奥德修纪》是荷马的真作是一样的。山形直子(Naoko Yamagata)概述了,在柏拉图作品中赫西俄德与荷马的关系,她更具体地关注了柏拉图笔下的各个对话者是如何扮演或展示这两位诗人的,其结论是,柏拉图把他笔下的苏格拉底刻画为一个荷马的爱好者,而其他一些参与对话的人则更关注赫西俄德。此外,她还认为,柏拉图笔下的对话者似乎更倾向于认为,荷马叙事诗中的神话比赫西俄德笔下的神话更接近于真理。

第五至第七章考察了,在雅典黄金时代,人们对赫西俄德作品的接受更广泛的文化与思想背景。科宁(Hugo Koning)指出,构成柏拉图对赫西俄德的观点的,不仅有把赫西俄德与荷马并列为最伟大的叙事诗人的评论传统,也有智术师们用一种更为具体的方式对赫西俄德的解读。科宁认为,普罗狄科(Prodicus)通过他所关注的"名字的正确性"(correctness of names),事实上是把赫西俄德作为其思想上的祖先,而这一点尤其表现出智术师们对赫西俄德作品的解读方式。从更普遍的意义上说,可以把赫西俄德的作品用来代表一些特殊的哲学兴趣点——从词源学到[6]原子论,而这也正好能让柏拉图方便地以此为目标来进攻智术师们对这些问题的处理。在第六章中,格拉齐欧西(Barbara Graziosi)则转向黄金时代的雅典公众对赫西俄德作品的应用——包括诗作吟唱表演与公开演讲。她认为,在公元前四世纪,赫西俄德的诗作成为了性别政治(sexual politics)的战场。而从根本上说,柏拉图对赫西俄德作品的接受是与其针对教育进行的不断辩论结合在一起的。以此为背景,从赫西俄德作品中所引述出的诸多段落将具有独立的含义。由福特(Andrew Ford)撰写的第七章则检验了,对于从法庭到学堂中的教学与哲学论辩,究竟在多少场合中,赫西俄德的诗作拥有其独特的语境。福特指出,在柏拉图接触到《神谱》和《劳作与时日》时,其实际应用已经截然不同。的确,对很多读者来说,与积累在某些特定段落中的解读的传统应用方式相比,赫西俄德的文本自身以及把它们当作是一个整体的观点,已经变得没有那么重要了。

  本书的第二部分主要是从细节上观察柏拉图在其不同对话中对赫西俄德的接受,开始是克纳安(Vered Lev Kenaan)关于《会饮》(Symposium)的一篇研究。她在这篇研究文章中指出,柏拉图不仅在这篇对话最重要的段落中提到赫西俄德作品里的片段或主题,而且是以赫西俄德笔下的潘多拉为摹本来描绘苏格拉底的。这个观点令人十分吃惊,如果我们把潘多拉看成是最可怕的灾难的传播者的话,那么这个观点甚至是有些自相矛盾的。但是,就像苏格拉底一样,将潘多拉定义为自我世界与外部世界之间、内质与表象之间的那部分,那么,她就像苏格拉底一样是一个奇迹,也像苏格拉底一样是一个智识上的挑战,又是进行哲学探究的某种明显的象征。

像本书中的其他作者一样,克纳安(Lev Kenaan)意在研究柏拉图本人如何理解文本与文本之间关系。她认为,《会饮》是以赫西俄德的方式,用爱欲发展的步骤来代表文本接受的过程。诺登(Helen Van Noorden)在她的这篇研究《王制》中有关人类不同发展时代的神话的文章里,则探寻了柏拉图与赫西俄德之间更深层的联系。诺登的中心思想是,柏拉图不仅仅改写了赫西俄德笔下人类发展的五个时代,而且他还把这五个时代在《劳作与时日》里起到的作用,看作是他自己哲学中自我批判实践的先驱和范例。以此看来,柏拉图也可以要求我们[7]把人类发展的这五个时代看作是"我们自己的"(546e1),因为这种发展观点为人类连绵不断的哲学思考建立了某种模式。

我们从《王制》来到了《蒂迈欧》与《克里提阿》(*Critias*)。卡普拉(Andrea Capra)指出,《蒂迈欧》与《克里提阿》形成的双面结构来自于古希腊叙事诗——尤其是赫西俄德的诗作(《神谱》与《列女传》)——中的歌咏结构。通过模仿赫西俄德诗作中的歌咏,柏拉图展示出自己想要创作一种在哲学上更美妙的"诗歌"(carmen)的野心。这种野心在柏拉图作品中的意义成了彭德尔(Liz Pender)所作的有关《蒂迈欧》的一章的关注点,这篇文章告诉我们,柏拉图在何种程度采用并转化了《神谱》中的核心范畴:一与多,男性与女性,以及创造与诞生。

接下来的两章则更加具体地研究了《蒂迈欧》以及它与赫西俄德的关系。赛得利(David Sedley)先探究了《神谱》是如何让我们理解《蒂迈欧》中邪恶的出现,继而解释了两个文本之间格外深刻的同形关系(isomorphism):举例说来,两个文本都是首先引入了邪恶出现的潜在可能性(赫西俄德笔下的"混沌"[Χάος]及其后裔,柏拉图笔下的"物质"[χϱῶμα])以及它的实现(赫西俄德与柏拉图笔下的女人)。雷加利(Mario Regali)在他所撰写的章节中把注意力从邪恶转移到了美善(καλόν),并在文章的最后考察了《蒂迈欧》中的关键段落——造物主(δημιουϱγός)对众神所说的话(41a6-41a8)。雷加利指出了,对赫西俄德的征引是如何让柏拉图将对有吸引力的内容的需要与对深刻的思辨的要求结合在一起的:赫西俄德众所周知的词源学观点(διά[介词"通过"]=Δία["宙斯"的宾格形式])触发了从赫西俄德诗作众所周知的表面,到一种对世界更深层次的(即柏拉图的)理解。

本书的最后两章所研究的是所有柏拉图笔下的神话中最具挑战性的一个:《治邦者》(Politicus)中有关克洛诺斯(Kronos)时代的神话(268e4-274e4)。艾尔·穆尔(Dimitri El Murr)把这个段落放到一个更广阔的背景中加以讨论,也就是从赫西俄德到阿提卡喜剧对人类黄金时代的想象。许多人认为这个神话是在描述两个各不相同的发展阶段,而我们不能完全地说,这两个发展阶段都是积极的,艾尔·穆尔在他的文章中为这种观点进行了辩护。与这种观点不同,洛(Christopher Rowe)认为这个神话描述了三个发展阶段:在克洛诺斯统治的世界之后,又经过了一个过渡性的第二阶段,才到了现在这个宙斯统治的世界。洛采用的方法与艾尔·穆尔不同,他并没有把自己的讨论更多地放在广阔的背景中,而是主要针对这段文本本身进行了详尽的解读。他还提出了,柏拉图可能保留了一些意义[8]不明确之处,而柏拉图的理由是:雅典的读者们想要依靠他们自己那种被误导的优越感,而这个神话恰好为他们设下了陷阱。

*

本书缘起于杜伦大学科林伍德学院(Collingwood College,

Durham)2006年7月举办的一次研讨会。关于赫西俄德对柏拉图的重要性这个问题上有多少可发掘之处,这次研讨会就此所获得的进展,连发言者们自己都十分惊讶。当然,本书无法穷尽柏拉图与赫西俄德的话题。但我们是用柏拉图笔下的赫西俄德(《克拉底鲁》428a,其中援引了《劳作与时日》第361行)的精神编纂了本书:"即使为一件很小的事做出一点儿很小的贡献"(εἰ γάρ κεν καὶ σμικρὸν ἐπὶ σμικρῷ καταθεῖο),也很有帮助,并衷心期盼,对此问题的下次实质性进展不用再等45年。

乔治·博伊-斯通　约翰内斯·H·豪波德
2009年1月

第一部分　柏拉图与赫西俄德

第一章 牧人、农夫、诗人、智术师
——赫西俄德对他自己作品接受的设想

豪波德(J. H. Haubold)

引 言

[11]在柏拉图看来,智术师普罗塔戈拉把赫西俄德看作一位先驱。①与此相反,当代的学者们往往把赫西俄德描述为一位古风时期的农民,他以一种较为混乱而且朴素的方式形成了自己的"教诲"。②不过最近评论的观点又转回到普罗塔戈拉一边(也更有利于赫西俄德),在这些评论里,其实是很仔细地将赫西俄德的形象编织进了他的诗作之中,③并且认为赫西俄德的作品是在深思熟虑地

---

① 请参见柏拉图,《普罗塔戈拉》316d3-316d9。普罗塔戈拉在这个语境下也提到了荷马、西蒙尼德(Simonides)、俄耳甫斯与缪赛俄斯(Musaeus)。把赫西俄德当作一个教授美德的教师(最初的智术师[proto-sophistic])的观点还在《王制》600d5-600e2出现过。把赫西俄德当作一位智术师(σοφός)的观点,请参见《王制》466b4-466c3及《法义》718d7-719a2。
② 请参见诸如 Martin L. West 编,《赫西俄德〈劳作与时日〉》(Hesiod: Works and Days, Oxford, 1978),第41至59页。
③ 请参见 Mark Griffith,《赫西俄德作品中的人格》("Personality in Hesiod"),载于 Classical Antiquity,第2期,第37至65页;Ralph M. Rosen,《赫西俄德〈劳作与时日〉中的诗歌与航海》("Poetry and Sailing in Hesiod's Works and Days"),载于 Classical Antiquity,第9期,第99至113页;Richard P. Martin,《赫西俄德作品中评价审美的诗学》("Hesiod's Metanastic Poetics"),载于 Ramus,第21期,第11至33页;Glenn W. Most,《赫西俄德——个人秉性转入文本》("Hesiod: Textualisation (转下页)

尝试着理解世界,并将这些理解传达出来。[①]以这些对赫西俄德作品的理解为基础,本章旨在研究一个特殊的问题:赫西俄德是如何设想并塑造人们对自己作品的接受(reception)的?在这一章的第一个部分,笔者提出,作为一个整体,赫西俄德的作品(以作者较为详尽的传记式叙述为方式)暗示了一种对文化与思想发展进程的叙事;而赫西俄德的理想听众则站在这个发展进程的顶端。[12]在第二部分中,笔者将更着重从细节入手,解读赫西俄德笔下人类发展过程中各个时代的神话,以此为例解释在其成熟时期所作的《劳作与时日》中,赫西俄德究竟希望自己的听众的思维能够到达何种深度。最后,笔者将更为具体地提到,赫西俄德关于思想发展的观点,与公元前五世纪至公元前四世纪的那些自称赫西俄德后继者的人们之间可能的关联。笔者这个看法的前提是,文本的确在某种程度上塑造了思想的发展与人们对这个文本的接受。[②]

传记与诠释学

赫西俄德的主要作品将世界历史组织成三个阶段:众神

(接上页注③) of Personal Temporality"),载于Graziano Arrighetti与Franco Montanari编,《希腊语拉丁诗歌中的自传元素——写实文学与虚构文学之间》(*La componente autobiografica nella poesia greca e latina: fra realtà e artificio letterario*, Pisa, 1993),第73至92页; Barbara Graziosi,《发明荷马——对叙事诗的早期接受》(*Inventing Homer: The Early Reception of Epic*, Cambridge, 2002)。

① 请参见Maria S. Marsilio,《赫西俄德的〈劳作与时日〉中的农作与诗歌》(*Farming and Poetry in Hesiod's Works and Days*, Lanham, 2000); Jenny S. Clay,《赫西俄德的宇宙》(*Hesiod's Cosmos*, Cambridge, 2003); Kathryn Stoddard,《赫西俄德〈神谱〉中的叙事声音》(*The Narrative Voice in the Theogony of Hesiod*, Leiden, 2004)。

② 在对贺拉斯诗作的研究中(Denis Feeney,《贺拉斯论述他人对自己作品的接受》["Horace on his Own Reception"],载于L. B. T. Houghton与Maria Wyke编,《观念中的贺拉斯———位古罗马诗人与他的读者》[*Perceptions of Horace: A Roman Poet and his Readers*, Cambridge, 2010],第16至38页),Feeney同样考察了这个问题。

(《神谱》)与半神(《列女传》),其后则是被称为"现在"的人类世界——也就是赫西俄德的读者们所处的时代(《劳作与时日》)。[1] 这三个文本都表现出了这种认识。故此,《神谱》是从历史的发端开始(第116行: ἐξ ἀρχῆς[从最开始];第117行: πρώτιστα[最初]),而《列女传》则从《神谱》结束的地方起手(韦斯特编订本[2]残篇第1号)的;最后的《劳作与时日》先是回溯了英雄的世界,然后便立刻开始讲述自己的时代(《劳作与时日》第156至173行)。尽管在某些细节上,这三部作品可能有若干互不吻合的地方,但在总体上它们还是建立起了一个相对完整的时代框架。这种时代上的先后顺序又与赫西俄德的传记式叙事相吻合:《神谱》回溯了赫西俄德最初掌握歌咏艺术的时刻(第30至32行)。在那个时候,他仍然在赫利孔山(Mount Helicon)的山麓放牧羊群(《神谱》第22至35行)。[3] 而《劳作与时日》中的叙述者,不仅已经成为了一个专业技术出众的农夫以及一家之主(这两者毫无疑问地都是由成年人所扮演的角色),更是回顾了诗人生涯中最辉煌的一次胜利——那是他[13]在哈尔基斯(Chalcis)参加一次诗歌比赛时所获得的胜利。[4] 以此为语境,他又回忆了自己在赫利孔山上与缪斯女神相遇的经历(《劳作与时日》第

---

[1] 请参见Barbara Graziosi与Johannes H. Haubold编,《荷马——叙事诗的回响》(*Homer: The Resonance of Epic*, London, 2005),第二章。在此处,我们并不需要担心《列女传》究竟是不是赫西俄德的"真作"。既然古代读者们普遍认为它是赫西俄德的真作,那么这对本章来说就足够了。请参见Reinhold Merkelbach与Martin L. West编,《赫西俄德作品残篇》(*Fragmenta Hesiodea*, Oxford, 1967)中的证言(testimonia)部分。

[2] Martin L. West,《赫西俄德的〈列女传〉——其本质、结构与起源》(*The Hesiodic Catalogue of Women: Its Nature, Structure, and Origins*, Oxford, 1985)。

[3] 在古希腊叙事诗中,放牧是典型的由年轻人来做的工作。请参见Johannes H. Haubold,《荷马笔下的人们——叙事诗歌与社会构成》(*Homer's People: Epic Poetry and Social Formation*, Cambridge, 2000),第18页。

[4] 关于赫西俄德在农业方面的专业知识,请参见《劳作与时日》第383至617行;关于他的家庭事务,请参见《劳作与时日》第37行、第394至397行。他在诗歌比赛中的胜利则记载于《劳作与时日》第654至662行。

659行),从而让我们能够肯定,这是一个成熟的男子正在追忆他充实的一生。

在古代希腊,有关一位作家的传记从来都不是简简单单地将与此人相关的材料堆砌起来。这些传记作品的功能往往更着重于对作家的作品发表看法。[1] 换一种角度来说,传记其实就是一种文本评论的形式。比如,阿尔基洛科斯(Archilocus)的诗作是狡黠并富有攻击性的,故而他的传记的作者们就把他的诗作中这一最关键的特征,作为最适当的特征赋予阿尔基洛科斯本人。欧里庇得斯十分关注自己笔下那些身份低微的角色,所以他的传记的作者们往往会嘲笑欧里庇得斯的低微出身。作家的传记与他的作品的意义是紧密相关的。在叙事诗人中,甚至有人尝试着根据内容上的先后顺序,将不同诗作与诗人的创作顺序联系起来。所以,有人认为荷马先是创作的《伊利亚特》,而后才创作了《奥德修纪》。正如朗基诺斯(Longinus)在《论崇高》(*De Sublimitate*)第9章第2节中所说的:

... δῆλος γὰρ ἐκ πολλῶν τε ἄλλων συντεθεικὼς ταύτην δευτέραν τὴν ὑπόθεσιν, ἀτὰρ δὴ κἀκ τοῦ λείψανα τῶν Ἰλιακῶν παθημάτων διὰ τῆς Ὀδυσσείας ὡς ἐπεισόδιά τινα τοῦ Τρωϊκοῦ πολέμου προσεπεισφέρειν καὶ νὴ Δί' ἐκ τοῦ τὰς ὀλοφύρσεις καὶ τοὺς οἴκτους ὡς πάλαι που προεγνωσμένους τοῖς ἥρωσιν ἐνταῦθα προσαποδιδόναι. οὐ γὰρ ἀλλ' ἢ τῆς Ἰλιάδος ἐπίλογός ἐστιν ἡ Ὀδύσσεια ...

......因为许多证据表明[《奥德修纪》]是[荷马]第二个开

---

[1] 请参见Barbara Graziosi,《古希腊传记写作传统之中作者与作品的关系》("il rapporto tra autore ed opera nella tradizione biografica greca"),载于Diego Lanza 与Fabio Roscalla编,《古代希腊的作者与作品》(*L'autore e l'opera nella Grecia antica*, Pavia, 2006),第155至174页。

始创作的题目,尤其是他通过《奥德修纪》把那些伊利昂的故事——即特洛伊战争的故事——中没有提到的东西作为插段记述出来,而且他还为那些[《伊利亚特》中的]英雄们献上了哀悼与追思,就好像是一个久未得偿的心愿一般。因为其实《奥德修纪》不过是《伊利亚特》的结尾……

对于朗基诺斯来说,关于《奥德修纪》是《伊利亚特》的结尾这种观点有以下几层原因:《奥德修纪》所讲述的故事发生在《伊利亚特》所讲述的故事之后;《奥德修纪》为《伊利亚特》[14]在内容上作了补充;作者在创作《奥德修纪》时,比写作《伊利亚特》时更年迈。而最后一点则让朗基诺斯进而开始讨论《伊利亚特》与《奥德修纪》文本上的特征(《论崇高》第9章第13节):

> ἀπὸ δὲ τῆς αὐτῆς αἰτίας, οἶμαι, τῆς μὲν Ἰλιάδος γραφομένης ἐν ἀκμῇ πνεύματος ὅλον τὸ σωμάτιον δραματικὸν ὑπεστήσατο καὶ ἐναγώνιον, τῆς δὲ Ὀδυσσείας τὸ πλέον διηγηματικόν, ὅπερ ἴδιον γήρως. ὅθεν ἐν τῇ Ὀδυσσείᾳ παρεικάσαι τις ἂν καταδυομένῳ τὸν Ὅμηρον ἡλίῳ, οὗ δίχα τῆς σφοδρότητος παραμένει τὸ μέγεθος.
> 我认为,由于同样的原因,荷马在他灵感迸发的顶点时让《伊利亚特》的整体都充满戏剧性与冲突性,而《奥德修纪》的大部分则是叙述性的,这是诗人步入老年的标志。故此,在《奥德修纪》中,荷马就好比是落日,其光芒犹在,却已经不似以往那样强烈了。

朗基诺斯当然没有任何有力的实质证据来证明荷马是先写作的《伊利亚特》,而后写作的《奥德修纪》的。他认为,最重要的是两部诗作所反映的作者的精神气质：诗人在《伊利亚特》中是年轻的、有力的、充满激情的，而到了《奥德修纪》中则变得老成而苍劲。类似的观点也被赋予赫西俄德的作品，尤其因为文本中包括记述详尽的诗人的传记。马丁(Richard Martin)指出，赫西俄德之父的故事——据说是一个来自库梅(Cyme)的经济难民——反映了《劳作与时日》中对语气及主题使用的考量。①最近，在研究了《神谱》中的传记性段落之后，雷德贝特(Grace Ledbetter)指出，这个段落形成了这首诗作的诠释学框架。②现在，笔者想提出的问题是，赫西俄德的传记是如何影响我们，使我们把他的作品作为一个整体进行解读的。更具体地说，笔者的问题是，我们该如何理解诗人从《神谱》中的牧羊人到《劳作与时日》中的专业农夫的转变。

牧羊人与农夫

[15]从一个非常基本的层面来说，由于作品中记述的赫西俄德传记，赫西俄德每部作品之间就已经暗含了时间顺序，这就告诉我们应该从《神谱》开始阅读，之后才是《劳作与时日》。③传记性的叙事又在这之上加入了一个新的维度，从而让我们看到每部诗作所代表的不同种类的叙事者、不同种类的诗歌，以及甚至是不同类

---

① 请参见Richard P. Martin,《赫西俄德作品中评价审美的诗学》("Hesiod's Metanastic Poetics")，载于*Ramus*，第21期，第11至33页，他甚至进而提出了"移民诗学"(metanastic poetics)的说法：因为赫西俄德来自一个流亡者的家族就说明了他的教诲中所具有的公开性与攻击性的本质。
② 请见Grace M. Ledbetter,《柏拉图之前的诗学——早期希腊诗歌理论中的阐释与权威》(*Poetics before Plato: Interpretation and Authority in Early Greek*, Princeton, 2003)，第2章。
③ 赫西俄德的诗作通过其中惯常使用的相互参照以及其他的时间顺序的标识，提醒我们诗作之间的这种次序关系。这在《劳作与时日》中最为常见，请参见，诸如第11至12行(不和女神)、第42至105行(潘多拉)、第111行(克洛诺斯)、第156至173行(英雄时代)。

别的文本解读。在这里，最重要的是得到充分发展的"传记性诠释学"（biographical hermeneutics），它是如何阅读并理解赫西俄德诗作的总框架。就像莫斯特曾说过的那样：①

> 读者们……应该在阅读《神谱》和《劳作与时日》时循着赫西俄德本人的轨迹，因为赫西俄德已经在诗作中指出了它们的先后顺序。在这些传记性段落中，自传也变成了劝导：赫西俄德允许读者们犯那些他本人年轻时曾犯过的错误，这样，他们才能像老年的赫西俄德那样，通过更加成熟地观察并非那么简单的世界来弥补自己的过失。

就像莫斯特所指出的那样，赫西俄德赋予《神谱》和《劳作与时日》这种传记性的叙事，就建立起了对它们的阅读顺序，而这种顺序，与其说是一种建议，不如说是一种要求。②正如他所说的，在不同的诗作之中，赫西俄德笔下的叙事者确实很明确地改变了切入点。克莱（Jenny S. Clay）已经在她的专著中指出，《神谱》中的叙事者远比在《劳作与时日》中更依赖缪斯女神的帮助，而《劳作与时日》中的叙事者从一开始就试图使用自己的口吻（请参见第10行，ἐγὼ δέ ... μυθησαίμην[我来……讲述]）。③同时，她还指出，叙事者不同的切入点——在两部诗作的起始段落中就已经被清晰地表明——是与两部诗作的题材非常契合的：《神谱》中的叙事者必须依赖神启的援助才能[16]如实地（《神谱》第28行，ἀληθέα）讲述与

---

① 请参见Glenn W. Most, 前揭，第77页。
② 莫斯特进而通过强调作品的范畴解释了赫西俄德是如何运用这些自传性段落的。莫斯特的这个理论很有可能是正确的，但是笔者更感兴趣的是关于古代读者与他们的看法，而这个理论却从未涉及。
③ 请参见Jenny S. Clay, 前揭，第3章。

神明有关的事情，而《劳作与时日》则旨在讲述与人类生活的黑铁时代有关的事实（《劳作与时日》第10行，$ἐτήτυμα$）。①远古时代的历史理所应当地是属于记忆女神（$Μνήμη$）与她的女儿缪斯们的，②而现时的世界（即黑铁时代）并不需要神启的记忆，只需要人间的知识与理解力。诗作中的传记性信息又进一步明确了这种差距。在《神谱》中，叙事者出现的时候，只是一个涉世未深的牧羊人，还缺少真正属于自己的知识。通常情况下，在古希腊叙事诗中，牧羊人不仅很年轻而且很容易犯错误。③没有任何一个叙述诗中的角色会以牧羊人的身份来自吹自擂。而农夫则往往比牧羊人年长，故而其话语更具权威性。④农夫的专业技能（métier）也更为高端，所以奥德修斯才能骄傲地称自己知道如何犁出一条笔直的沟壑。⑤与之相反，众所周知的蠢人——荷马笔下的马尔吉特斯（Margites）并不懂得农作：⑥

---

① 尽管$ἀληθέα$与$ἔτυμος$或$ἐτήτυμα$的字面意思都是"事实"，但他们所表达的"事实"有时种类不同，请参见Gregory Nagy，《品达作品中的荷马——抒情诗歌中保留的叙事诗过往》(Pindar's Homer: The Lyric Possession of an Epic Past, Baltimore, 1990)，第45页；Jenny S. Clay，前揭，第58至63页；Kathryn Stoddard，前揭，第3章。
② 《神谱》第53与79行，参见第915—917行。
③ 请参见Johannes H. Haubold，前揭，第19页，其中引用了《伊利亚特》第16卷第352至356行。早期古希腊叙事诗中对牧羊人最为正面的描述出现在《奥德修纪》第13卷第221至227行（但是仍然应该注意：这个牧羊人还很年轻，而且出现在人类社会的边缘）。在其他地方，对牧羊人往往并没有描述得这么招人喜爱：《奥德修纪》第17卷第246行还有一处谚语式的用法。这和古希腊之外的世界中的文学作品里的牧羊人形象截然不同。
④ 关于年龄与理解力在古希腊叙事诗中的联系，请参考荷马诗作中的程式化表达：$πρότερος\ γενόμην\ καὶ\ πλείονα\ οἶδα$[我更为年长，所知更多]，见于《伊利亚特》第13卷第355行、第19卷第219行、第21卷第440行。
⑤ 请参见《奥德修纪》第18卷第375行，请注意第18卷第366至375行的劳作竞赛（$ἔρις\ ἔργοιο$）还有一个对应的段落：伪装的奥德修斯自称能够在战斗中也和奥德修斯相比（第18卷第376至380行）。一个优秀的农夫也是优秀的战士。
⑥ 请参见《马尔吉特斯》(Margites)残篇第2号，载于Martin L. West编，《荷马风格颂诗、荷马伪书、荷马传记》(Homeric Hymns, Homeric Apocrypha, Lives of Homer, Harvard, 2003)。

第一章 牧人、农夫、诗人、智术师

> τὸν δ' οὔτ' ἄρ' σκαπτῆρα θεοὶ θέσαν οὐδ' ἀροτῆρα
> οὔτ' ἄλλως τι. πάσης δ' ἡμάρτανε τέχνης.
>
> 众神既没让他成为一个采挖者,也没让他成为一个耕种者,
>
> 更没让他拥有任何技巧(σοφόν)。简直是一事无成。

这里值得注意的是,农作的技术和σοφός[智慧的、有学识的、技术出众的]的品质紧密相连,[①]而马尔吉特斯缺乏农耕方面的知识[17]就代表了他在其他所有方面(πάσῃ τέχνῃ)都一事无成。[②]因此,我们可以说,在《神谱》中,缪斯女神们对赫西俄德以及其他牧羊人的贬低性言辞(第26行),不仅把神明的智慧和人类的愚蠢对立起来,也把神明的智慧与《劳作与时日》中那个讲授高等知识的农夫对立起来。[③]我们已经知道,需要在同一个思想的语境下来理解这种对立,但它也有一些更加广阔的社会与文化方面的含义。正如奥德修斯所指出的,一个好的农夫应该而且必须要能够控制自己的

[①] σοφός很少作为形容词出现在早期古希腊叙事诗中,但是名词σοφίη(智慧)是比较常见的,请参见Bruno Snell等人编,《早期希腊叙事诗辞典》(*Lexikon des frühgriechischen Epos*, Göttingen, 1955–)中的σοφός和σοφίη辞条。关于σοφός这个词的意义以及与之相关的专门用法,请参见本书第31页注②。关于赫西俄德在柏拉图的著作中的σοφός身份,请参见本文注1。

[②] 马尔吉特斯也在许多其他方面成为了《劳作与时日》中的赫西俄德的对立面:他像赫西俄德一样知道许多种类的"劳作"(ἔργα),但他都只是知其然而不知其所以然,请参见《马尔吉特斯》(*Margites*)残篇第3号,载于Martin L. West编,《荷马风格颂诗、荷马伪书、荷马传记》(*Homeric Hymns, Homeric Apocrypha, Lives of Homer*, Harvard, 2003)。他的家庭极其富有(残篇第4号),而赫西俄德的父亲则非常贫穷(《劳作与时日》第637至638行)。赫西俄德通过男人对女人的欲望定义人类的境况(《劳作与时日》第57至58行),而马尔吉特斯则连如何交媾都不知道(残篇第4号),还把自己的性器官卡在了一把夜壶的嘴上(残篇第7号)。某些古代读者因为马尔吉特斯把愚蠢和闲暇结合起来而赞扬他,这与赫西俄德的教诲恰恰相反。

[③] 关于赫西俄德在《劳作与时日》中自称占有了知识,请参见《劳作与时日》第10行、第40至41行、第106至107行以及第293至299行。另请参考《劳作与时日》提到的"愚蠢的"(νήπιος)的珀尔赛斯(Perses),请参见第286行与第397行。

食欲(《奥德修纪》第18卷第366至370行):

> Εὐρύμαχ᾽, εἰ γὰρ νῶϊν ἔρις ἔργοιο γένοιτο
> ὥρῃ ἐν εἰαρινῇ, ὅτε τ᾽ ἤματα μακρὰ πέλονται,
> ἐν ποίῃ, δρέπανον μὲν ἐγὼν εὐκαμπὲς ἔχοιμι,
> καὶ δὲ σὺ τοῖον ἔχοις, ἵνα πειρησαίμεθα ἔργου
> νήστιες ἄχρι μάλα κνέφαος, ποίη δὲ παρείη.
> 欧律马科斯啊,我希望在春季中,当白昼变得
> 越来越长的时候,我们之间能有一次劳作竞赛,
> 找一片草坪,我会手拿一把弧度精确的镰刀,
> 你也拿起同样的一把,只要青草足够,
> 我们就不吃不喝一直比到天色黑透。

因为伪装中的奥德修斯能够在劳作的时候控制住自己的食欲,这使他可以自称并不仅仅是一个脱离了社会的人。[①]《劳作与时日》也强调了同样的观点,通过在田地里劳作,并控制自己的饮食,一个人就能够避免因为不懂得节制欲望而落得成为乞丐或其他[18]一无是处之人的下场。[②]在《神谱》中,当缪斯女神们尖刻地责骂牧羊人为"饭桶"(γαστέρες)的时候,就将他们归入了这后一种人。在《神谱》中,通过这样形容自己,年轻的赫西俄德自认为没有任何文化与思想上的能力。

按照早期古希腊叙事诗的说法,人类社会是在一个较晚的阶段才学会了农耕的技巧。我们确实是在学会稼穑之后才真正成为了

[①] 请参见《奥德修纪》第18卷第362至364行。对于欧律马科斯来说,奥德修斯宁愿当一个乞丐也不愿意为了填饱他永不知足的肚子(ὄφρ᾽ ἂν ἔχῃς βόσκειν σὴν γαστέρ᾽ ἄναλτον)而在田地里勤勤恳恳地干活(ἔργον ἐποίχεσθαι)。

[②] 请参见诸如《劳作与时日》第299至309行、第314至316行、第368至369行以及第392至395行。

名副其实的人：黄金时代的人们并不耕作，因此还不能将他们称为完全意义上的人（参见《劳作与时日》第109至119行）；而与之类似的是，青铜时代好战的人们不食五谷（参见《劳作与时日》第146至147行）。从这些例子中可以看出，没有农耕的生活既有好的一面，也有坏的一面，然而，缺少了农耕，就绝不能将人类称之为人。在《劳作与时日》中，人类的知识与农耕之间的联系非常清晰：早期古希腊叙事诗对人类的定义的核心是"食谷物者"（σῖτον ἔδοντες），[①] 故此，农耕方面的专业知识成为人类生存最重要的专业知识。与此相反，放牧则总是与早期的(pre-)或低等的(sub-)人类生存方式相连的，《奥德修纪》中的独目巨人(Cyclops)这一角色就强调了这一点，而前农业文明的野蛮性在很多方面都集中地体现在了他身上。[②]

赫西俄德笔下的传记性段落不仅有助于我们理解《神谱》和《劳作与时日》所讲述的知识的不同种类，也促使我们把这两部诗作理解为，是一种对社会、文化与思想发展更加广泛的叙述。我们不能也不应该把《神谱》放到普通人类的语境下来理解：只有缪斯女神们所讲述的事实才是重要的，虽然这种所谓的事实并非毫无

[①] 程式化的措辞有：ἐπὶ χϑονὶ σῖτον ἔδοντες[土里刨食的人]（请参见《奥德修纪》第8卷第222行、第9卷第89行以及第10卷第101行）；οἳ ἀρούρης καρπὸν ἔδουσιν[食用大地果实的人]（请参见《伊利亚特》第6卷第142行、第21卷第465行以及《荷马风格颂诗》(Homeric Hymns)中的《致阿波罗》(To Apollo)第364至366行）等等。更多相关的讨论请参见François Hartog,《奥德修斯的回忆——古代希腊的边缘故事》(Memories of Odysseus: Frontiers Tales from Ancient Greece, Janet Lloyd译, Edinburgh, 2001), 第22至24页。

[②] 请参见《奥德修纪》第9卷第105至542行。有关《奥德修纪》中的独目巨人的讨论，请参见Geoffrey S. Kirk,《神话、它在古代文化与其他文化中的意义与功能》(Myth, its Meaning and Functions in Ancient and Other Cultures, Berkeley and Cambridge, 1970), 第162至171页；Pierre Vidal-Naquet,《黑色的猎手——希腊世界中思想的形式与社会的形式》(The Black Hunter: Forms of Thought and Forms of Society in the Greek World, Andrew Szegedy-Maszak译, Baltimore, 1986), 第21至22页；Charles Segal,《〈奥德修纪〉中的歌手、英雄与众神》(Singers, Heroes and Gods in the Odyssey, Ithaca, 1994, 第203页；Barbara Graziosi与Johannes H. Haubold编, 前揭, 第77至79页。

问题,但我们却没有资格对其提出不同意见。① 与之相反,农夫的知识完全是属于成型的人类文明的,[19] 在理解诗中的这种知识时,我们可以而且必须考虑到诗人与他的听众们的生活经验。由于在文明史和诗人个人生涯两个层面上,牧羊人赫西俄德的行为都先于农夫赫西俄德的行为,故此,从狭义上讲,有关过往的神启诗歌就成为了研究人类生活现实的先导。我们不仅是先读《神谱》而后读《劳作与时日》的,而且在阅读这些诗作(或聆听它们的吟诵演出)的过程中,我们知道自己获得了进步。②

作为教师的农夫

我们已经知道,作者在《劳作与时日》中的农夫形象,绝不像某些现代读者所认为的那样是一个粗鄙的村夫。恰恰相反,在《劳作与时日》中,农夫作为"食五谷者",其形象是一个把人性作为其关注点的高度文明化的人。马尔西利奥(Maria Marsilio)已经强调了,在《劳作与时日》中,农作与诗歌的联系紧密到何种程度。③ 不过,尼尔森(Stephanie Nelson)也指出过,更多的古代作家是把放牧与诗歌结合在一起的,而且还往往把"充满粪臭与苦力"的农作与诗歌创作的高等的精神境界区别开来。④ 虽然尼尔森把这种区别主

---

① 请参见Grace M. Ledbetter, 前揭,第40至41页,以及第44至47页。她认为赫西俄德笔下的缪斯女神们并不仅仅等同于艺术虚构理论,这个观点是正确的,但她进而又尝试着把作为《神谱》中叙事者的赫西俄德与缪斯女神们割裂开来理解,这就有些操之过急了(参见Grace M. Ledbetter, 前揭,第52至53页)。
② 在赫西俄德的作品的古代注释中,有一部是把《劳作与时日》放在《神谱》之前解读的,请参见Augustinus Pertusi编,《赫西俄德〈劳作与时日〉的古代注释》(Scholia Vetera in Hesiodi Opera et Dies),第一部分第4篇。
③ 请参见Maria S. Marsilio,《赫西俄德的〈劳作与时日〉中的农作与诗歌》(Farming and Poetry in Hesiod's Works and Days, Lanham, 2000)。
④ 请参见Stephanie Nelson所作的书评,评Maria S. Marsilio,《赫西俄德的〈劳作与时日〉中的农作与诗歌》(Farming and Poetry in Hesiod's Works and Days, Lanham, 2000),载于International Journal of the Classical Tradition,第10期,第279至281页。

要当作一种后期的发展，不过她认为这也同样适用于解读赫西俄德的诗作：缪斯女神们所启示的名副其实的诗行是属于《神谱》中的牧羊人的，而《劳作与时日》的主体则是属于农夫所具有的人类智慧的。牧羊人所吟诵的是普通人不可能得知的内容，而农夫则挑战我们对所处的身边世界的理解。《神谱》所强调的是缪斯女神们的歌声中那令人愉悦的境界，从而赞扬了这种歌声的治愈能力；[1]而《劳作与时日》则是用一种更为世俗的，不让人那么迷醉的方式来治愈它的读者们。

[20]如果说，到目前为止，我们的讨论方向是正确的话，那么，我们现在就可以进一步探寻，《神谱》和《劳作与时日》的文本本身是如何反映叙事者那不断变更着的观点与入手点的。[2]让我们再一次从《神谱》开始分析，这部诗作中的许多标志告诉我们，叙事的主体是以缪斯女神们为主的。[3]为了保持在开头部分中建立起来的形象的连贯性，叙事者本人几乎没有打断过诗作中讲述的故事。即使在叙事者打断了的少数地方（参见诸如《神谱》第369至370行），

---

[1] 请参见《神谱》第98至103行；另请参考Grace M. Ledbetter, 前揭，第48至50页。
[2] 在此处，我们应该拓展所考察的范围，将《列女传》包括进来，因为《列女传》现存的残篇表现出它在语调和结构上都传承自《神谱》，请参见R. L. Hunter 2005。有些观点也对《列女传》进行了传记性的解读：赫尔梅西阿纳克斯(Hermesianax)告诉我们，赫西俄德为了他的一个叫作"埃赫伊埃"(Ehoie)的情人而走往阿斯科拉(Ascra)。这个说法很明显是对《列女传》中的习惯用法 ἢ οἵη 的人格化（[译按] ἢ οἵη 意为"又或如"，往往出现在《列女传》各篇的开头，其念法与Ehoie相同），也因此与《列女传》的另一个名字《埃赫伊埃》(*Ehoie*)相关。请参见赫尔梅西阿纳克斯残篇第7号，第21至26行，载于John U. Powell编，《亚历山德里亚作家集：公元前323年至公元后146年托勒密时代次要希腊诗人作品拾遗》(*Collectanea Alexandrina: Reliquiae minores poetarum Graecorum aetatis Ptolemaicae, 323–146 A.C*), Oxford: OUP, 1925。
[3] 斯多达德(Kathryn. J. Stoddard)曾深入地讨论过《神谱》的叙事策略，请参见Kathryn Stoddard,《赫西俄德〈神谱〉中的叙事声音》(*The Narrative Voice in the Theogony of Hesiod*, Leiden, 2004)。她强调了《神谱》中的叙事者的自主性与隐微性。而笔者在这里想强调的是，与《劳作与时日》中的叙事者相比，《神谱》中的叙事者还是比较缺乏自主性的。

他也只是承认自己在这些地方的无知而已。《神谱》的绝大部分都是以一种客观的口吻,对远古发生的一系列事件进行线性叙述的。[①]《神谱》不仅没有为对全诗叙事的本质及其真实进行反思提供什么空间,更是在听众面前的没有任何自我膨胀的宣言。剩下的是不断地对缪斯女神们的祷告(参见《神谱》第114至115行、第965至968行、第1021至1022行)。笔者已经指出过,在《神谱》中叙事者对缪斯女神们的依赖不仅与个人形象相应,同时也符合诗作的内容。《神谱》的内容主要是关于众神的,而在早期古希腊叙事诗中,缪斯女神们最主要的作品(pièce de résistance)恰好就是讲述众神的世界的。[②]只有神明和缪斯女神们的仆人们才能真正了解众神的世界。这类知识蔑视任何人类的理解力,而赫西俄德自己也强调说,这类知识是不可能真正得到验证的。我们所能做的只有崇拜缪斯女神们,并控制住自己心中的怀疑,[③]诗人在《神谱》中就是这么做的:在缪斯女神们于诗作的起始宣称只有自己才掌握着真理与谎言之后,叙事者从来没有对他所复述的内容表示过任何的怀疑。

[21] 与之恰恰相反,《劳作与时日》则以赫西俄德纠正缪斯女神们"早先"在《神谱》所说的话为开端。[④]这个开场白的针对性极强:成熟的赫西俄德已经是一个与《神谱》中缪斯女神们所启示的

[①] 关于《神谱》中的回溯(flashback)与后顾(flash-forwards)以及其他打断叙事流程的段落,请参见Kathryn Stoddard,《赫西俄德〈神谱〉中的叙事声音》(*The Narrative Voice in the Theogony of Hesiod*, Leiden, 2004),尤其是第5章。

[②] 请参见Barbara Graziosi与Johannes H. Haubold编,前揭,第80至84页。

[③] 请参见Grace M. Ledbetter,前揭,第53页。

[④] 请参见《劳作与时日》第11至26行,另请参考《神谱》第225至226行。关于相关的讨论,请参见Glenn W. Most,《赫西俄德——个人秉性转入文本》("Hesiod: Textualisation of Personal Temporality"),载于Graziano Arrighetti与Franco Montanari编,《希腊语拉丁诗歌中的自传元素——写实文学与虚构文学之间》(*La componente autobiografica nella poesia greca e latina: fra realtà e artificio letterario*, Pisa, 1993),第73至92页,第76至80行。

牧羊人截然不同的叙事者。赫西俄德在《劳作与时日》中不断地、高声地打断自己的叙述，并不停地反思自己知识的基础与本质（请参见诸如第646至662行）、自己所选择的修辞技巧（请参见诸如第106至107行、第202行），以及甚至是反思他本人（请参见诸如第174至175行、第633至662行）与他的听众（第34至39行、第396行）。诗作所用的语气既是极有表现力的，同时也是热情地教诲性的。在这部诗作中，更重要的是叙事者与他的读者或听众，全诗不断地提醒他们有瑕疵的思考会带来灭顶之灾。这绝不是字面意义上的 $ἀοιδή$（诗歌）或是叙事性的"歌咏"（song），缪斯女神们与本诗的关系也只是非常间接的。① 故此，《劳作与时日》缺少许多缪斯女神们叙事的重要特征：《劳作与时日》并没有采用线性的、客观的叙事手法，而是充满了各种促使我们深入探寻文本内涵（古典时期的希腊人可能会称之为 $ὑπόνοια$[内蕴]）② 的训诫、谜语以及寓言。对于读者们来说，《劳作与时日》是一个苦难的课题，而且没有捷径，读者是很难掌握它所讲述的人类世界的，甚至随着诗作的进程，众神也变得愈发模糊了。③

---

① 尽管《劳作与时日》一共两次提到过缪斯女神们（请参见第1至2行、第661至662行），但在这两处她们仅仅是歌唱有关宙斯的故事。其中的意义是：尽管在另一种意义上说，《劳作与时日》也是缪斯女神们的作品，但在这里，宙斯所代表的是除了《劳作与时日》中的内容之外的一切。
② 请参见诸如色诺芬（Xenophon），《会饮》（*Symposium*）第3章第6节；柏拉图，《王制》378d。
③ 请参见Jenny S. Clay，《赫西俄德的宇宙》（*Hesiod's Cosmos*, Cambridge, 2003），第146至149页。普罗塔戈拉曾经提到过一次，他认为，因为众神是人类无从把握的，所以应该把他们驱逐，请参见Hermann A. Diels与Walther. Kranz编，《前苏格拉底哲学残篇辑》（*Die Fragmente der Vorsokratiker*, 第6版, Berlin, 1951–2），第80页，残篇第B4号。虽然在很多方面，这种激进的姿态代表了公元前五世纪雅典的思想界，不过这已经与赫西俄德的作品大大不同了。然而，在赫西俄德的作品的总体结构与它们所传达的教育步骤中，这种把知识从"高天上拉向地面"并带入人间的观点很可能已经有了其雏形，请参考本章的"结论"部分。

所以，这些诗作本身就反映出了赫西俄德的作品中的"传记性诠释学"。叙事者希望那些追随从《神谱》到《劳作与时日》的历史性与传记性记述的读者们能与自己一样变得不断成熟。《神谱》保证这部诗作能够让我们忘记[22]生活中的苦难，①而《劳作与时日》则与之相反，让我们牢记生活中的苦难，②也让我们不能再被动地阅读它所记述的内容。《神谱》中的叙事者——牧羊人并不期许听众在听到那些有关宇宙历史的内容后，除了欣赏享受之外还会再进一步，但《劳作与时日》则要求听众付出更多的理解力。从《劳作与时日》的开头，赫西俄德便要求我们反思自己是如何考虑已经学到的知识的。这并不容易，而且事实上，《劳作与时日》的文本一直都在让它的听众们（珀尔赛斯、国王们与读者们）奋力思考：对于国王们来说，αἶνος（故事）究竟意味着什么？发觉 μαλάχη[锦葵]与 ἀσφόδελος[水仙]的价值究竟义何在（请参见《劳作与时日》第41行）？为什么在一条看起来如此吸引人的路线面前却偏要选择另一条艰难的路线（第286至292行）呢？这些都是人间的，非诗歌的，甚至可以说是哲学性的问题。当然，赫西俄德必须首先设定好基本原则：《劳作与时日》在一开始就直截了当地提醒了读者们，他们需要多少关于这种独特的诗歌的知识：οὐκ ἄρα μοῦνον ἔην ἐρίδων γένος ... [那么，矛盾并不只有一种……]③

如果说在《神谱》中赫西俄德标识出了思想中一种受到神明启

---

① 请参见《神谱》第94至103行。
② 在《劳作与时日》中，Μεμνημένος εἶναι（谨记）与类似的说法不断出现，请参见《劳作与时日》第298行、第422行、第616行、第623行、第641行、第711行与第728行。
③ 接下来，《劳作与时日》还有更多类似的提示：潘多拉的故事回顾了《神谱》第535至616行，第111行在提及克洛诺斯时则回顾了接下来的神话，提及英雄时代的时候则回顾了《列女传》。所有这些材料都是有针对性的回顾，其目的是让我们对我们现在的世界获得更深刻的见解。[译按]引文出自《劳作与时日》第11行，此行的ἐρίδων一词有两种可能的校勘方式：第一种是ἔρις（名词：不和、矛盾、纷争），第二种是ἔρις的人格化 Ἔρις（不和女神），本文作者采取的是第一种校勘方法。

示的开端,那么在《劳作与时日》中则展示了他关于人类的、更加成熟且自觉的知识。[①]在这里,就像其他诗作暗指的一样,他也同样以教师形象出现。在第649行,他自称在航海方面οὐδὲν σεσοφισμένος[没有学识的、没有智慧的],这也许暗指了他其实在诗作中讲述的其他领域中是σεσοφισμένος[有学识的、有智慧的]。当然,Σεσοφισμένος这个分词与后来的古希腊文献中出现的σοφιστής[智者、智术师][23]并没有相同的内涵。[②]我们也不应该忽视,事实上,赫西俄德从来没有明确地宣传过自己的σοφίη[专业技能]。[③]当然,我们知道,在《劳作与时日》中,他的确扮演了教师与教育者的角色。他和

---

① 在提到"赫西俄德"时,笔者用来指代的是,诗作中对其进行传记性描绘的叙事者的形象:无论人们是如何想象所谓历史中"真实"的赫西俄德的,笔者都不想在本文中进行讨论。

② 关于动词σοφίζομαι[使……有学识、有智慧],请参见特欧格尼斯(Theognis)作品第19行([译按]载于Douglas E. Gerber编译,*Greek Elegiac Poetry*, Harvard, 1999)。在早期古希腊诗歌中,σοφίη[智慧、学识、专业技能]一词可以用于指代工匠的(参见《伊利亚特》第15卷第412行)、骑师的(参见阿尔克曼[Alcman]残篇第2号第6行,载于Malcolm Davies编,《希腊抒情诗人残篇》[*Poetarum Melicorum Graecorum Fragumta*, Oxford, 1991-])、试金师的(请参见特欧格尼斯作品第120行,载于Douglas E. Gerber编译, *Greek Elegiac Poetry*, Harvard, 1999),以及诗人或音乐家的(请参见赫西俄德残篇第306号,载于Reinhold Merkelbach与Martin L. West编,《赫西俄德作品残篇》[*Fragmenta Hesiodea*, Oxford, 1967])知识或技术。有关其他相关段落,请参见韦斯特对《劳作与时日》第649行所作的注释(载于Martin L. West编,《赫西俄德〈劳作与时日〉》[*Hesiod*: Works and Days, Oxford, 1978])。关于相关讨论,请参见Mark Griffith,《早期希腊诗歌中的竞争与矛盾》("Contest and Contradiction in Early Greek Poetry"),载于Mark Griffith与Donald J. Mastronarde编,《缪斯的柜子——为纪念罗森梅尔而作的有关经典文学与比较文学的研究文章》(*Cabinet of the Muses: Essays on Classical and Comparative Literature in Honor of Thomas G. Rosenmeyer*, Atlanta, 1990), 第185至207页,第189页; Ralph M. Rosen,《赫西俄德〈劳作与时日〉中的诗歌与航海》("Poetry and Sailing in Hesiod's *Works and Days*"),载于*Classical Antiquity*, 第9期, 第99至113页, 第102页注13等等。品达(Pindar)、希罗多德(Herodotus)与埃斯库罗斯(Aeschylus)是最早使用名词"σοφιστής"的作家之一,请参见《地峡凯歌》第5(4)首第28行(用来指代诗人)、希罗多德《原史》第1卷第29节(用来指代古希腊七贤[septem sapientes])、《原史》第2卷第49节(用来指代预言家)、埃斯库罗斯《被缚的普罗米修斯》(*Prometheus vinctus*)第62行(用来指代普罗米修斯)。

③ 不过,他的确赞扬过诗人同行利诺斯(Linus),请参见赫西俄德残篇第306号,载于Reinhold Merkelbach与Martin L. West编,《赫西俄德作品残篇》(*Fragmenta Hesiodea*, Oxford, 1967)。

智术师的最引人注目的关联是他对后世古希腊人所称的"神话"（也就是关于远古历史的叙事）的态度。我们知道在《神谱》（以及《列女传》）中，关于远古历史的叙事仍然是由缪斯女神们来掌握的，但到了《劳作与时日》中，这种叙事已经变成了为教育的目的而服务的了。在本章接下来的一节中，笔者将会简单考察一下在后来影响格外深远的一个例子——关于人类发展时代的神话。

传道授业中的教师

在赫西俄德的作品中，关于人类发展时代的神话是柏拉图最喜欢的一个段落。他多次改写过这个段落（或其大部分），最重要的一处是在《王制》的第3卷中(414b7 – 415a2)：①

> τίς ἂν οὖν ἡμῖν, ἦν δ᾽ ἐγώ, μηχανὴ γένοιτο τῶν ψευδῶν τῶν ἐν δέοντι γιγνομένων, ὧν δὴ νῦν ἐλέγομεν, γενναῖόν τι ἓν ψευδομένους πεῖσαι μάλιστα μὲν καὶ αὐτοὺς τοὺς ἄρχοντας, εἰ δὲ μή, τὴν ἄλλην πόλιν;
> ποῖόν τι; ἔφη.
> μηδὲν καινόν, ἦν δ᾽ ἐγώ, ἀλλὰ Φοινικικόν τι, πρότερον μὲν ἤδη πολλαχοῦ γεγονός, ὥς φασιν οἱ ποιηταὶ καὶ πεπείκασιν, ἐφ᾽ ἡμῶν δὲ οὐ γεγονὸς οὐδ᾽ οἶδα εἰ γενόμενον ἄν, πεῖσαι δὲ συχνῆς πειθοῦς.
> [24] ὡς ἔοικας, ἔφη, ὀκνοῦντι λέγειν.
> δόξω δέ σοι, ἦν δ᾽ ἐγώ, καὶ μάλ᾽ εἰκότως ὀκνεῖν, ἐπειδὰν εἴπω.

---

① 柏拉图作品中其他相关的段落包括：《克拉底鲁》397e5–398a2；《法义》713a–714a；《治邦者》268e4–274e4；《王制》468e8–469a2、546d8–546e1；关于更多的讨论，请参见本书第9章、第14章、第15章。

λέγ', ἔφη, καὶ μὴ φοβοῦ.
λέγω δή—καίτοι οὐκ οἶδα ὁποίᾳ τόλμῃ ἢ ποίοις λόγοις χρώμενος ἐρῶ.

...

οὐκ ἐτός, ἔφη, πάλαι ᾐσχύνου τὸ ψεῦδος λέγειν.
πάνυ, ἦν δ' ἐγώ, εἰκότως· ἀλλ' ὅμως ἄκουε καὶ τὸ λοιπὸν τοῦ μύθου.

我说道:"那么我们是否可以构思出一种为顾全大局而虚构的说法——我们先前提到过——,并且尽可能地让这种说法使绝大多数人,甚至治邦者们都相信,就算治邦者们不信,也得让其他邦民们相信。"

他说:"你指的是哪个为顾全大局而虚构的说法?"

我又说:"也不是什么新鲜事儿,而是腓尼基人的说法,它讲的是很早之前就已经发生过的事——诗人们讲述过,人们当时也都信以为真。但是我们现在已经听不到这些事,也很难再相信这些事了。"

他说:"你好像很不愿意说嘛。"

我说道:"等我说出来你就会理解我为什么好像有点儿支吾了。"

他说:"说出来吧,别担心。"

"那我就说了——但我确实不知道自己是否能有足够的勇气,也没有把握是否能找到所需的词语。"

……

他说:"难怪你在讲出这个时迟疑了半天。"

我说:"看上去的确是这样,不过还是把这个故事(τοῦ μύθου)的剩余部分听完吧。"

在柏拉图笔下的所有神话中，苏格拉底口中这种"为顾全大局而虚构的言辞"(τῶν ψευδῶν τῶν ἐν δέοντι γιγνομένων)很明显都是以教育为目的。这个故事的真实性无关紧要(苏格拉底也的确在一开始就声明它是虚构的)，最重要的是理想城邦的教育意义。初看起来，柏拉图对赫西俄德笔下这个神话的改写突出了两者在诉求点上的不同。赫西俄德并没有把他的故事称作μῦϑος[神话、故事]，而是称为λόγος[言辞、述说、说法]。①因为我们知道，他从来没有评论过他笔下这个神话的真实性，这说明他本人也对这种说法深信不疑(或者至少看起来深信不疑)。现在，在我们面前摆着的是非常不同的两个故事：一方面是仍然被自己的阳春白雪所束缚的古代农夫诗人，另一方面则是一个哲学家[25]正在顽皮地把古老的λόγος[言辞、述说、说法]改换成一个有用的谎言，仅此而已。

不过我们还有很多可说的。首先，我们应该注意的是，在赫西俄德笔下，有关人类发展时代的神话也有着显而易见的教育目的：这个说法旨在为我们解释现实景况中的艰难困苦，也为我们对诗作接下来的那些更具体的建议奠定了知识上的基础。同样值得注意的是，赫西俄德是把这个故事当成ἕτερος λόγος[另一种说法]引入的。在《劳作与时日》的总体框架中，我们刚刚才听到了潘多拉以及她如何为人类带来灾难的故事(参见《劳作与时日》第42至105行)。现在，关于生活如此艰难困苦的原因，我们又有了第二

---

① 在早期古希腊叙事诗中，λόγος这个词的单数形式一般并不指代"故事"或"记叙"，请参见Bruno Snell等人编，《早期希腊叙事诗辞典》(*Lexikon des frühgriechischen Epos*, Göttingen, 1955–)，λόγος辞条; Willem J. Verdenius，《赫西俄德〈劳作与时日〉第1至382行注疏》(*A Commentary on Hesiod* Works and Days, *vv. 1–382*, Leiden, 1985)，第76页以及注328; Gerry Wakker，《世界纪元神话的宣言(赫西俄德〈劳作与时日〉第106至108行)》("Die Ankündigung des Weltaltermythos (Hes. *Op.* 106–108)")，载于*Glotta*，第68期，第86至90页，第87至88页。

个解释，而这个解释主要关注的是对正义的需要。①有关潘多拉的叙事，在一个更广泛的意义上，把《劳作与时日》与其他赫西俄德的作品联系在一起：在《神谱》中潘多拉已经很重要了(参见第570至616行)，而在《列女传》中她又成为众神第一个凡人伴侣(参见残篇第2号第5行，载于Reinhold Merkelbach与Martin L. West编，《赫西俄德作品残篇》[*Fragmenta Hesiodea*, Oxford, 1967])。②初看起来，尽管叙事者很仔细地将黄金时代与克洛诺斯的统治时期契合起来(参见《劳作与时日》第111行)，但是，关于人类发展时代的神话并不太像赫西俄德的风格，而他后来又在克洛诺斯统治的时期中加入了英雄时代，这与他叙事中的逻辑有些矛盾。③所以，这个神话与赫西俄德的作品的主体有许多关系，而ἕτερος λόγος(另一种说法)这个短语也说明了，有某些不同寻常的东西正在酝酿中。

当我们将关于人类发展时代的神话与潘多拉的故事相比较时，这些不同寻常的东西究竟是什么，就会变得逐渐明朗起来。在《劳作与时日》中，潘多拉的故事与《神谱》中的那个神话，其区别主要在于，前者关键是为了展示一个不以时间为转移的真相(参见《劳作与时日》第42至47行以及第105行)。④然而，在本质上，内中的区别并不十分突兀：在潘多拉的故事中，我们所说的"神

---

① 博伊-斯通(请参见本书第二章第3节以及正文第58页注①)指出，普罗塔戈拉在柏拉图的《普罗塔戈拉》中先是讲述了一个基于赫西俄德笔下的普罗米修斯的 μῦθος (神话)，然后又说了关于他自己的定位的另一个 λόγος (说法、言辞、述说)：这很可能是在暗指赫西俄德。
② 请参见Glenn W. Most, 前揭，第89页，不过其中并没有提到《列女传》。
③ 许多学者都表达过这个观点，请参见Martin L. West编，《赫西俄德〈劳作与时日〉》(*Hesiod: Works and Days*, Oxford, 1978)，第173至174行。
④ 关于两个故事在强调重点上的其他区别，请参见Jenny S. Clay, 前揭，第5章；以及本书第8章。

话"(myth)仍然是被作为一个宇宙事实进行记叙的。[①]与之相反,在关于人类发展时代的神话中,赫西俄德并没有保证为我们提供任何显而易见的事实,[26]我们所能期待的只是 ἕτερος λόγος(另一种说法),而且珀尔赛斯只有在做出承诺之后才能听到这个神话。这里的用词 εἰ ἐθέλεις(如果你愿意)——这个措辞本身还是比较常见的——是从听众的角度为他们提供了一个很诱人的选择。然而,至少在理论上,听者也可以说不,这表明这个故事接下来的部分并非因为其内在价值(或者说是因为其中所蕴含的事实),它之所以值得聆听,是因为它迎合了听众的那部分价值。[②]至少我们可以说,作者在这里让我们思考,我们自己想要学的东西以及学到这些东西的方法。作者的这种考虑与《神谱》中缪斯女神们的叙事差别很大,但与柏拉图《王制》中的"高贵的谎言"(noble lie)却又差别不大。

如果说在关于人类发展时代的神话中,叙事者表示需要听众做出承诺,这一点是不同寻常的话,他在强调自己的成就时则显得格外敏锐、微妙:他声明说自己在记述时是 εὖ(很好地)并且 ἐπισταμένως(知道自己在干什么)。有些学者已经指出,这里的措辞暗指了游吟诗人的技巧与知识,但是与之有着更直接的关联的则是工匠的技术。[③]芬克尔伯格(Margalit Finkelberg)曾经指出过,

---

① 请注意,赫西俄德在这个故事开头对他所认为的事实的声明:《劳作与时日》第42行: κρύψαντες γὰρ ἔχουσι θεοὶ βίον ἀνθρώποισιν [众神把他们的生计对凡人隐藏了起来];第47行: ἀλλὰ Ζεὺς ἔκρυψε χολωσάμενος φρεσὶν ᾗσιν [而宙斯则怒气冲冲地把凡人的生计隐藏了起来]。

② 比较荷马叙事诗中的相关段落:《伊利亚特》第6卷第150至151行以及第20卷第213至214行: εἰ δ' ἐθέλεις καὶ ταῦτα δαήμεναι ... [不过要是你愿意的话,也请听听……] 在荷马叙事诗与赫西俄德的作品中,这种表达都是为了引出对角色家世宗谱的介绍,以便能让听众明白。关于人类发展时代的神话的目的之一便是介绍角色的家世宗谱,在《劳作与时日》第108行,就表达出了这一点。

③ 关于这种措辞与工匠的技术的关系,请参见《伊利亚特》第10卷第265行(梅里奥内斯[Meriones]的一顶镶嵌着野猪獠牙的头盔)、《奥德修纪》第23卷第197行(奥德修斯的婚床),另请参见《奥德修纪》第20卷161行(准备柴禾的技术)。请参考 Willem J. Verdenius,《赫西俄德〈劳作与时日〉第1至382行注疏》(*A Commentary on Hesiod Works and Days, vv. 1–382*, Leiden, 1985),第77页; Gerry Wakker,前揭,第90页,其中对照了《奥德修纪》第11卷第368行,并认为赫西俄德在此处暗指了游吟诗人的知识。

第一章 牧人、农夫、诗人、智术师

在古希腊早期叙事诗中，工匠的技术往往被用来比喻诗人们的创作，[1]另外还要注意的是，εὖ καὶ ἐπισταμένως[很好地并且知道自己在干什么]这个短语只在其他古希腊叙事诗中出现过一次，它所指代的是一个编造周全的谎言。[2]当然，其他的叙事诗人从来没有自称过自己讲故事(将要讲或过去讲的)是εὖ καὶ ἐπισταμένως[很好地并且知道自己在干什么]。[3]事实上，[27]游吟诗人们更倾向于自谦地表达他们的专业技艺。[4]从这方面来说，我们所说的《劳作与时日》中的这一段在这一方面是非常特殊的，而引人注意又稍微有些表意模糊的动词ἐκκορυφώσω[请让我简要讲述]又更进一步让我们注意到，我们将要听到的东西与《神谱》中受缪斯女神们启示的记述只是在表面上有些关系。[5]

---

[1] 请参见Margalit Finkelberg,《文学虚构在古希腊的诞生》(*The Birth of Literary Fiction in Ancient Greece*, Oxford, 1998)，尤其是第4章。
[2] 请参见《荷马风格颂诗》中的《致赫尔墨斯》(*To Hermes*)第390行。
[3] 最接近这种声明的说法出现在《奥德修纪》的第347至348行，但即使是菲米俄斯(Phemius)也在这里强调说他的诗歌技艺最终是来自众神的。在《荷马风格颂诗》中的《致阿波罗》第166至173行，叙事者不是从专业技艺，而是从听众的反映出发来称赞他自己与(或)荷马的(参见Walter Burkert,《公元前6世纪对荷马的塑造：吟诵家与斯特西科洛斯的不同方式》["The Making of Homer in the 6th Century BC: Rhapsodes versus Stesichorus"], 载于*Papers on the Amasis Painter and his World*[Malibu, 1987]，第43至62页)：这是一个微妙但也重要的区别。请对比叙事者在第163行提到关于德洛斯岛的(Delian)女子时的ἴσασιν(她们知道)。
[4] 荷马恰好在他将要最为出人意料地讲述他记忆中的内容时强调了他知识上的缺陷，请参见《伊利亚特》第2卷第484至493行，以及Barbara Graziosi与Johannes H. Haubold编，前揭，第44至45页。在《奥德修纪》第11卷第368行，阿尔斯诺俄斯(Alcinous)通过对比奥德修斯与游吟诗人，称赞了奥德修斯作为叙事者的技艺(nota bene [请注意]其中的ἐπισταμένως一词)，不过奥德修斯就像一个真正的游吟诗人一样，从来没有这么说过他自己。
[5] 笔者强烈怀疑ἐκκορυφόω(简要讲述)这个词有"使完满、带上顶峰"的意思(维拉莫维茨[Wilamowitz]和莫斯特是这么认为的，请参见Ulrich von Wilamowitz-Moellendorff,《赫西俄德的〈劳作与时日〉》[*Hesiodos: Erga*, Berlin, 1928]，第53至54页；Most 1993, 第91页)，不过关于这个动词的意思，学界一直都存在争议。其他的翻译方式包括"总结、概括"(请参见Martin L. West编,《赫西俄德〈劳作与时日〉》[*Hesiod: Works and Days*, Oxford, 1978]，第178页；Gerry Wakker, (转下页)

初看起来,接下来的故事可能是寓言似的神话。从很早的时候,赫西俄德的读者们就开始苦苦思索关于人类发展时代的神话中金属意象的含义:[①]赫西俄德是不是想暗示人类与众神的距离正在不断增大(黄金是众神居住的奥林波斯山使用的最主要的金属,而黑铁则与人类的辛苦和磨难紧密相连)?[②]由于在早期古希腊叙事诗中青铜是"无情的",而在最极端的情况下"黑铁般的心"都会保持岿然不动,那么我们是不是应该注意,在赫西俄德叙述中建立起来的伦理关切?[③]笔者并不想尝试回答这个问题,但是却想请读者们注意:很明显,引入金属的意象是为了让我们思考文本中更深层的含义。当然,并不只有赫西俄德一个人懂得运用金属

(接上页注⑤)前揭,第86至90页;Bruno Snell等人编,《早期希腊叙事诗辞典》[*Lexikon des frühgriechischen Epos*, Göttingen, 1955–]中的*κορυφόω*辞条)和"从头到尾讲述"(请参见Willem J. Verdenius,前揭,第76至77页)。古代手抄本中的注释提到过,这个词既可能意为"开始",也可能意为"收尾"(请参见Augustinus Pertusi编,《赫西俄德〈劳作与时日〉的古代注释》[*Scholia Vetera in Hesiodi Opera et Dies*],第48篇)。Έκκορυφόω这个词在古希腊早期叙事诗中是*ἅπαξ λεγόμενον*(只出现过一次的),在其他古希腊文献中也只出现过一次,出现在希波克拉底(Hippocrates)《论疾病》(*De Morbis*)第4章第48节。这个词的简单形式(中形)*κορυφόομαι*意为"潮起潮落"。

① 关于近期的相关讨论以及其他的书目,请参见Glenn W. Most,《赫西俄德笔下五个人类发展阶段(或者三个、或者四个)的神话》("Hesiod's Myth of the Myth of the Five [or Three or Four] Races"),载于*Proceedings of the Cambridge Philological Society*,第43期,第104至127页;Jenny S. Clay,前揭,第81至95页。
② 与黄金有关的许多神明的指代词包括:*χρυσάορος*[佩戴金剑的]、*χρυσείη*[金色的]、*χρυσηλάκατος*[手拿金质权杖的]、*χρυσήνιος*[手执金质缰绳的]、*χρυσόπτερος*[长着金色翅膀的]、*χρυσόθρονος*[坐在金质宝座之上的],等等。在《奥德修纪》第7卷第91至94行中,黄金与白银和不朽的特质联系起来(关于阿尔基诺俄斯的狗)。青铜常被用来与英雄之间的战斗联系起来,请参见诸如*χαλκοκορυστής*[身披青铜的]以及*Ἀχαιοὶ χαλκοχίτωνες*[身披铜甲的阿开亚人]等等习惯用法。关于黑铁与人类世界的关联,请参见《劳作与时日》第387行、第420行、第743行,尤其还有《神谱》第764至766行,其中写道,众神也很憎恨死神,死神的心就像黑铁与无情的青铜一样。
③ 请参见Glenn W. Most,《赫西俄德笔下五个人类发展阶段(或者三个、或者四个)的神话》("Hesiod's Myth of the Myth of the Five [or Three or Four] Races"),第124至125页。

意象的象征性潜力：在《奥德修纪》中，由于奥德修斯从不感到疲劳，而且即使在夜里他也不允许他的同伴们休息，所以，欧律洛科斯(Eurylochus)指责奥德修斯[28]说"ἦ ῥά νυ σοί γε σιδήρεα πάντα τέτυκται"[你简直就完全是黑铁铸造而成的]，(参见《奥德修纪》第12卷第279至285行)。[1]当然，奥德修斯的身体并不是真的由黑铁铸造而成的：欧律洛科斯作为一个叙事诗中的角色，可以在某种层面上自由地修辞。[2]荷马叙事诗的叙事者本人虽然从来不会给予自己这样的自由，但是赫西俄德却在关于人类发展时代的神话中给了自己这样的自由，赫西俄德这么做，既指明了他所叙述内容的本质，而且也为我们读者制定了任务：现在最重要的是我们能从其他时代中的人类身上学到什么；而为了更充分地理解，我们就应该思考。

其实，所有这些都在一个更宏大的工程中：为珀尔赛斯讲述 ἐτήτυμα[事实真相]请参见《劳作与时日》第10行)。当然，笔者希望在本章中已经说明了，在关于人类发展时代的神话中，赫西俄德是有意识地使用了不同于一般叙事诗的方式来传达真理。从这点看来，赫西俄德与普罗塔戈拉和普罗狄科等一些创作神话的智术师们并没什么很大的区别——也和《王制》中苏格拉底讲述的高贵的谎言是一致的——，他是第一个这样构思并讲述故事的，从而他也提醒我们，在根本上，人类的言辞和知识就有着多种可能的内涵。摩根(Kathryn Morgan)发现："[在柏拉图的作品中，]哲学性的神

---

[1] 请参见Glenn W. Most,《赫西俄德笔下五个人类发展阶段(或者三个、或者四个)的神话》("Hesiod's Myth of the Myth of the Five [or Three or Four] Races")，第125页。赫西俄德也形容说，现今黑铁时代的人们从来不停止奋斗，即便是夜晚也从不停息(请参见《劳作与时日》第176至178行)。

[2] 请参见Ruth Scodel,《聆听荷马——传统、叙事与听众》(*Listening to Homer: Tradition, Narrative, and Audience*, Ann Arbor, 2002)(尤其是第5章)，其中讨论了许多文本中(尤其是荷马叙事诗中)第三人称叙述和不同角色所使用的修辞结构。

话表现出对哲学话语之地位的自觉,也激励人们从思想方式本身进行思考,从而拥有了其思想上的力量。"[1]同样的评论,在改换了一些要点之后,也适用于赫西俄德笔下的关于人类发展时代神话的 ἕτερος λόγος(另一种说法):从发展完善的人类(赫西俄德笔下的农夫,而不是牧羊人)的角度来说,缪斯女神们的洞察力已经变成一件的确非常久远的事情了:是她们教给牧羊人要了解关于众神与宇宙早期历史所有需要知道的东西。但如果想要理解我们作为"食五谷者"的现实生活,我们必须学着找到另一种方式,一种看起来更具有当代意义的方式。

结　语

[29]在上文中笔者已经说明了,赫西俄德作品的总体结构是按照以下两种方式设置而成的:首先是几部作品所记载内容的先后顺序,其二则是作者本人在作品内部插入的传记性叙事。把这两点综合起来之后,我们就可以明白,它们都表明了这些作品的阅读顺序,以及内中的思想进程:从神明的启示到人类的知识,从诗歌到严谨的论述。从个人角度来讲,这样的思想进程就好像是一部成长的故事(Bildungsroman),但是我们同样也看到了,它有着更多的内涵。在赫西俄德笔下,不仅将牧羊人描述成一个年轻人,在文化上与思想上,牧羊人也同样遇到了挑战;而农夫则是更加成熟、更加入世的,在人性上也是更加丰满的。

同样我们也看到了,赫西俄德在成熟时期所关注的一些问题和后来的思想家们关注的问题惊人地相似。从这个方面说来——

---

[1] 请参见Kathryn A. Morgan,《前苏格拉底哲人至柏拉图的神话与哲学》(*Myth and Philosophy from the Pre-Socratics to Plato*, Cambridge, 2000),第164页。

当然也包括许多其他方面——赫西俄德的作品为古希腊古典时代的思想发展勾画出了一种范例。最近的一些研究文献经常强调古风时代与古典时代在思想上联系，所以，格里菲斯(Mark Griffith)在讨论古希腊早期叙事诗中的"竞争与矛盾"时说：

> 像高尔吉亚(Gorgias)、普罗塔戈拉和欧里庇得斯这样的作家……大多都不会激进地引入新技法或新观点，而是把前人已经开发得很完善了的诸多可能性慢慢发掘(exploiting)、进行系统化处理并加以强调(exaggerating)。①

当前，人们普遍反感关于思想与文化变更的宏大叙事（从荷马到赫西俄德、从诗歌到哲学、从神话到理性），而格里菲斯很好地抓住了这个潮流：学者们不再对此进行玄思，而是越来越多地关注对前辈作品中的诸多可能性的"发掘"(exploitation)与"强调"(exaggeration)。在本章中笔者正是在这个语境下展开讨论的，当然，笔者也提到了一个格里菲斯没有考虑过的问题：有没有这样的可能，关于思想变化的（宏大）叙事本身就是古典时代的作家们从前辈那里继承来的诸多可能性之一？最近，格拉夫顿(Antony Grafton)指出，新大陆的发现在很多方面[30]都植根于对传统经典的学习。②在这些经典作品中，关于发现与变革的叙述已经占有一席之地了，而在很大层面上，最终取代了经典观念的思想变更是由已

---

① 请参见 Mark Griffith, 前揭, 第187页。
② 请参见 Antony Grafton,《新世界，古文本——传统的力量与发现的震动》(*New World, Ancient Texts: The Power of Tradition and the Shock of Discovery*, Harvard, 1992)。另请参见 Phiroze Vasunia,《尼罗河的献礼——埃及从埃斯库罗斯至亚历山大时代的希腊化》(*The Gift of the Nile: Hellenizing Egypt from Aeschylus to Alexander*, Berkeley, 2001), 其中尝试了从亚历山大之前希腊世界对埃及的印象的角度来理解亚历山大对埃及的征服。

经存在的思想观念推动的。[1]同样值得我们考虑的是，赫西俄德的作品究竟是否为公元前五世纪至公元前四世纪的思想变革提供了一个有用的模板？普罗塔戈拉那样的思想家们——甚至有可能包括柏拉图——也把柏拉图当作了一个榜样，因为赫西俄德的作品表现出：受缪斯女神们启示的诗歌让位于更有挑战性的、更为入世的、更为人性化的追求知识的方法。在古风时代与黄金时代的古希腊，赫西俄德——尤其是在作为《劳作与时日》中的教师时——是一位极受欢迎而又极具权威性的作家。如果他的作品在总体上真的描绘出了从神启的知识发展为人类自己追寻的知识、从神话发展为理性，而且这种发展是能被后人领会的，那么这就是意义重大的：从这个方面说来(当然也包括其他方面)，公元前五至四世纪思想界的剧变早已深深地植根于古老的希腊思想中了。

---

[1] 请参见诸如Antony Grafton，前揭，第51页，其中提到了托勒密(Ptolemy)关于地理学家们的目标所发表的有多种解读方式的观点。

第二章　赫西俄德与柏拉图笔下的哲学史

博伊-斯通(G. R. Boys-Stones)

引　言

[31]就像本书中的其他作者们所指出的那样,柏拉图之所以对赫西俄德产生兴趣,部分原因是因为赫西俄德的作品中有一种"哲学性的"品质——换句话来说,柏拉图自己的作品在构建哲学活动时也具有这种品质。①从作品内容的角度来看,也确实如此:比如说,《神谱》和《劳作与时日》分别处理了类似"宇宙哲学的"(cosmological)与"伦理学的"(ethical)内容。②从赫西俄德与他的题材的关系来说也是这样的:荷马在两部叙事诗的一开头就展示出了他的主题(即《伊利亚特》的第一个词μῆνιν[愤怒]与《奥德修纪》的第一个词ἄνδρα[人]),而在自己作品的起首,赫西俄德则更为深刻地思考了自己灵感的源泉,即缪斯女神们以及赫西俄德与她们的关系(参见《神谱》第1至35行、《劳作与时日》第1至10行:两部

---

① 请参见本书中豪波德、福特与诺登等人的文章。
② 笔者想说的是,《神谱》和《劳作与时日》对这些问题的处理是比较明显的。当然,我们也可以将荷马叙事诗的内容解读为具有伦理学与物理学方面的内容:请参见第欧根尼·拉尔修(Diogenes Laertius)笔下的阿那克萨戈拉(Anaxagoras)与梅特洛多洛斯(Metrodorus),请见《名哲言行录》(*Vitae Philosophorum*)第2卷第11节。两部

作品的开头分别是 μουσάων 与 μοῦσαι[译按：两者的意思都是"缪斯女神们"，前者是属格、后者是主格])。在《劳作与时日》中，当赫西俄德说到他非常关注自己论述的真实性，以及他重点强调自己在诗中的责任正是这种真实性时(请参见《劳作与时日》第10行: ἐγὼ δέ κε, Πέρση, ἐτήτυμα μυθησαίμην[珀尔赛斯，让我来讲述事实真相])，①最集中地体现了这种思考，并且，紧接着的就是，对自己在《神谱》中所表达的观点进行了某种修正(请参见《劳作与时日》第11至12行: οὐκ ἄρα μοῦνον ἔην ἐρίδων γένος, ἀλλ' ἐπὶ γαῖαν εἰσὶ δύω[那么，矛盾并不只有一种，[32]这世上其实共有两种])，②在这之后很快他又指出了，矛盾为艺术的发展提供了动机，也为赫西俄德自己的诗歌、自己的歌咏的发展提供了重要的动机(请参见《劳作与时日》第24至26行)。

总而言之，赫西俄德不仅仅和柏拉图有着共同的关注点，而且柏拉图也理解赫西俄德在自己的论述中所表达的认识论方面的自觉性，而这种自觉性具有典型的哲学性。那么，在自己笔下的哲学史中，柏拉图真的为赫西俄德留了一个位置吗？在本章接下来的部分中，笔者将会说明，柏拉图确实是这么做的，但是，柏拉图并没有直接地表述自己对赫西俄德的观点。其原因就是，柏拉图本来就没有直接地表述出对哲学史的观点。在本章的"历史学家柏拉图"一节中，笔者将会指出，柏拉图很可能认为，从总体上看来，哲学的发展历史是与文化的发展历史多多少少分离开来了(也许这是一个令人惊讶的观点)。这也就是说，尽管一个人完全可以在人类历史中发现某些范式，许多以技法为根本的艺术都可以自然而然地在这些范式中找到自己的发展轨迹，然而，它们却不可能为哲

---

① 请参考《神谱》第27行，其中表达的是，事实与谎言都是缪斯女神们所掌握的领域。
② 请参见本书第一章中"作为教师的农夫"一节。

学史的发展提供一个系统化解读的模板。但是,正是在柏拉图表述哲学发展历史这种复杂性时,赫西俄德的作品才成为他的一个有益的参照点。在本章接下来的部分里,笔者将说明,其中的原因是,柏拉图既可以用赫西俄德的作品来说明自己所认识的古希腊早期思想传统(在这个传统中,不断地积累着天真但失败的哲学尝试),也可以用赫西俄德的作品作为哲学发展新方向的起点——而柏拉图本人将会把这个新方向发扬光大。

史学家柏拉图(Plato *Historicus*)

柏拉图有着一种我们所说的"历史意识"(historical consciousness):总体来说,对于人类生存的诸多历史模式,柏拉图都进行了思索,具体来说,柏拉图也把与早期思想家的对话作为他哲学活动的一部分。在柏拉图看来,人类文明的发展是周期性的,这就是笔者所说的总体的历史模式之一:[33]从简单的、田园诗般的开端,到越来越复杂、越来越先进的政治与技术体系,而这一切又会由于一次周期性出现的灾难而退回起点。[①]有时,柏拉图会用非常极端的形式把这个观点表现出来,所以,有时它显得只是一个构想,甚至有些异想天开。[②]但是,至少有一次,这个观点为柏拉图的历史叙事提供了理论框架,也就是《蒂迈欧》与《克里提阿》所记述的古代雅典历史。柏拉图在这两部作品中告诉我们,古代雅典的技术水平与政治势力曾经达到过让他们能够与亚特兰蒂斯

---

① 请参见柏拉图,《蒂迈欧》22c–22e;《法义》第三卷。另请参考George R. Boys-Stones,《希腊化时代之后的哲学——斯多亚派与俄里根之间的哲学发展之研究》(*Post-Hellenistic Philosophy: A Study of its Development from the Stoics to Origen*, Oxford, 2001),第8至14页。
② 最值得注意的是《治邦者》中的神话,艾尔-穆尔和洛在本书中都对这个神话进行了讨论。

(Atlantis)帝国开兵见仗的水平,此后它又退回了一个黑暗时代,而这个时代的黑暗程度也是如此之深,居然导致到了公元前五世纪,雅典人都没有对他们往昔辉煌的完整记录。[①]不管人们是只看到了这段叙事的表面,还是把它看作是在讽喻雅典后来的兴衰(当然,这是一种更好的解读)——从雅典在马拉松一战中获得的辉煌,到它在叙拉古受到的羞辱,这和《蒂迈欧》与《克里提阿》中所说的古代雅典兴衰大致上是相同的:柏拉图发现,人类历史的周期性不仅仅是理论上的。[②]

说到柏拉图对前辈们思想的使用,最重要的并不是他常常参考且运用早期思想家的成果,而是在运用时,他是把这些早期思想家当成是自己思想历史中的角色。[③]我们不应忘记,柏拉图的对话作品本身就是在虚构历史事件,将其内容的发生时间设定在柏拉图创作时间之前的一代(或几代):这恰好让柏拉图在大多情况下都没有出现在这些作品所记述的对话中,而且也往往让他无法出现在其中。[34]柏拉图的创作与他想象中对话的发生之间的历史厚

[①] 据称,这些有关雅典古代历史的说法来自埃及人,而他们之所以能够看到更古老的历史,是因为大灾难对埃及的影响在全世界是最小的。与之相关的一个有趣的观点是,埃及人也很保守,这说明埃及文明的艺术发展没有一些更年轻的文明快,而且,很有可能会被这些更年轻的文明超过(请参见托名为柏拉图的《厄庇诺米斯》[*Epinomis*],987d,另请参考柏拉图,《法义》656d—657b)。

[②] 请注意,即使是《王制》中的理想城邦(Callipolis)也不可能摆脱衰落的命运:γενομένῳ παντὶ φθορά ἐστιν, οὐδ᾽ ἡ τοιαύτη σύστασις τὸν ἅπαντα μενεῖ χρόνον, ἀλλὰ λυθήσεται.[一切事物都有毁灭,即使这种社会组织也不会永远维持,而是会解体。]而且,接下来柏拉图就把这种说法和发展与毁灭的周期结合了起来。关于认为亚特兰蒂斯帝国是一个政治比喻的观点,请参见诸如Pierre Vidal-Naquet,《亚特兰蒂斯帝国的神话——柏拉图所作神话简史》(*The Atlantis Story: A short History of Plato's Myth*, Janet Lloyd译, Exeter, 2007),第1章; Christopher Gill,《柏拉图笔下的亚特兰蒂斯帝国故事》(*Plato: The Atlantis Story*, Bristol, 1980),前言第xiv至xxi页,其作者在这里提出了自己的结论是"非常令人惊讶的":"柏拉图是真心地对历史感兴趣。"(第xx页)

[③] 请重参考Mary M. McCabe,《柏拉图与他的先辈们——理性的戏剧化》(*Plato and his Predecessors. The Dramatisation of Reason*, Cambridge, 2000)。

重感是柏拉图对话作品的重要动力。在苏格拉底这个角色身上，柏拉图似乎能一下抹掉好几十年，好让苏格拉底和他之前一代人中的一些重要人物展开论辩——比如说，普罗塔戈拉和巴门尼德(Parmenides)都出现在了以他们的名字命名的对话中。不过，柏拉图本人生活与写作的世界和他对话中的世界是完全不同的，这让我们不可能忘记τὸ παρόν(这时)和τὸ παρελϑόν(那时)之间的时代差异，这种差异为柏拉图对自己的定位提供了某种特殊的、有时是非常令人兴奋的注解。最明显的是，柏拉图很了解苏格拉底之死，这就不断地塑造了苏格拉底在他笔下的形象，而且他也希望读者们通过他们所了解的苏格拉底的命运来测试柏拉图哲学思想的完整性。但是那些苏格拉底与之交谈的人们，尤其是那些与雅典全盛时期民主政治的主流思想相关的人，柏拉图对这些角色的塑造与读者们对他们思想的测试，(举例来说)也都参照了伯罗奔尼撒战争那众所周知的灾难性的结局。[①]

那么，在一定意义上，对于我们理解柏拉图的对话作品而言，去探索他笔下的哲学史就不仅是非常合理的，而且也是非常关键的。当我们尝试着将柏拉图笔下的思想史与更广泛的文明发展史结合起来时，就会碰到某种问题。把这两者设想为携手并行，是自然而然的事(比如说，亚里士多德就是这样设想的)[②]，也就是说，伴随着文明的发展，哲学也在发展并且越来越复杂完善。毕竟，柏拉图哲学是——或者他希望自己的哲学是——一种τέχνη(技艺)。按照柏拉图的观点，文明的发展会不可避免地与思想和技术

---

① 关于这个问题，请参见Mark Gifford，《〈王制〉第1卷中的戏剧性辩证》 ("Dramatic Dialectic in *Republic* Book 1")，载于*Oxford Studies in Ancient Philosophy*，第20期，第35至106页，其中对此进行了非常精彩的分析。
② 关于亚里士多德的这种观点，请参见亚里士多德残篇第13号，载于Valentinus Rose编，《托名亚里士多德残篇集》(*Aristotelis qui ferebantur librorum fragmenta*)，Lipisiae, 1886。

领域中越来越复杂的成就紧紧相连。除此之外，柏拉图很清晰地将哲学的发展与他所记述的文明发展联系在一起：至少，他多次指出，政治的复杂性与数学的发展是哲学出现的前提条件。①然而，柏拉图的对话作品并没有清楚地[35]表明过，即使在这些前提条件都具备了的情况下，哲学就会变成一种人们可以接近的东西。

不过，这并没有阻止人们在柏拉图的作品中寻找有关哲学发展的故事。尤其值得注意的是，一种从现实意义出发的、根据充分的观点是，柏拉图本人的哲学重走了赫拉克利特(Heraclitus)与巴门尼德之间的某种思想路线，以这一点为基础，有时人们会认为"哲学是通过一种'辩证的'(dialectical)进程而发展的"这种看法是柏拉图的思想。②具体说来，这种看法就是，人们想象中的柏拉图笔下两位理想的哲学家之间的那种辩证式的对话（他们处理并测试对方的观点和立场，好从对话中得出对两人最为有利的一系列结论），正是在历史上真实发生过的学派之争。《智术师》中一段详尽的叙述成为这种观点的佐证，我们可以把这段叙述解读成是一幅"辩证"历史的图谱，而这幅图谱一直记录到柏拉图本人。对于这一段文字，在这里是很值得我们去大篇幅引用的，它的开头对赫拉克利特之前的哲学进行了总述（《智术师》242c–242d）——

---

① 关于柏拉图笔下所说的政治的复杂性，请参见《法义》678a–678b（另请参见George R. Boys-Stones，《希腊化时代之后的哲学——斯多亚派与俄里根之间的哲学发展之研究》[*Post-Hellenistic Philosophy: A Study of its Development from the Stoics to Origen*, Oxford, 2001]，第13至14页）。在《王制》中，数学是哲学教育的基础课程（而且，柏拉图所设想的认识发展过程也是以"线段"意象的形式表现的，请参见《王制》509d–511e）。（当然，在其他一些地方，数学仅仅是哲学成功的类似物[analogue]，请参见诸如《泰阿泰德》148d。）
② 请参见诸如István Bárány，《从普罗塔戈拉到巴门尼德——柏拉图笔下的哲学史》("From Protagoras to Parmenides: A Platonic History of Philosophy")，载于Maria Michela Sassi编，《前苏格拉底时代哲学论述的构建》(*La costruzione del discorso filosofico nell' età dei Presocratici*, Pisa, 2006)，第305至327页；Gerald A. Press，《柏拉图——解惑指南》(*Plato: A Guide for the Perplexed*, London, 2007)，第168至170页。

笔者将会在后文中进一步说明,这种叙述的风格与赫西俄德非常相似:

μῦθόν τινα ἕκαστος φαίνεταί μοι διηγεῖσθαι παισὶν ὡς οὖσιν ἡμῖν, ὁ μὲν ὡς τρία τὰ ὄντα, πολεμεῖ δὲ ἀλλήλοις ἐνίοτε αὐτῶν ἄττα πῃ, τοτὲ δὲ καὶ φίλα γιγνόμενα γάμους τε καὶ τόκους καὶ τροφὰς τῶν ἐκγόνων παρέχεται· δύο δὲ ἕτερος εἰπών, ὑγρὸν καὶ ξηρὸν ἢ θερμὸν καὶ ψυχρόν, συνοικίζει τε αὐτὰ καὶ ἐκδίδωσι· τὸ δὲ παρ' ἡμῖν Ἐλεατικὸν ἔθνος, ἀπὸ Ξενοφάνους τε καὶ ἔτι πρόσθεν ἀρξάμενον, ὡς ἑνὸς ὄντος τῶν πάντων καλουμένων οὕτω διεξέρχεται τοῖς μύθοις.

在我看来,他们都在向我们讲述某种故事(μῦθόν τινα),就好像我们都是孩子一样。一种说法是,一共有三个要素,它们之间的某几者有时会以某种方式相互斗争,后来却又和好如初,又结为连理,后来又有了孩子并将他们哺育成人。另一种说法则认为,共有两个要素,一者湿润,一者干燥,亦或是一者温暖,一者寒冷,这种说法让这两者在一起生活又结为夫妇。我们现在的埃利亚人,这个种族始自克赛诺芬尼或者更早,他们在很多故事中都讲述过,万物其实只是一物。

柏拉图在这段文字中的措辞可能不是特别清楚,但后来的内容会表明,这篇对话中的埃利亚异邦人(Eleatic Stranger)引领了谈话的进程,他认为,关于宇宙中究竟有多少事物这个问题的百家争鸣的核心,本质上就是两个极端看法之争:一个认为一切皆一,另一个则认为一切是多。换一种说法,这其实就是后来的一元论者(monists)与多元论者(pluralists)之争。关于这点,最有意思的是,当柏拉图把有关这个观点争论中的[36]各种立场综合到赫拉克利

特与恩培多克勒两位哲学家身上时,这个争论似乎取得了一定进展(《智术师》242d–243a):

> Ἰάδες δὲ καὶ Σικελαί τινες ὕστερον Μοῦσαι συνενόησαν ὅτι συμπλέκειν ἀσφαλέστατον ἀμφότερα καὶ λέγειν ὡς τὸ ὂν πολλά τε καὶ ἕν ἐστιν, ἔχθρᾳ δὲ καὶ φιλίᾳ συνέχεται. διαφερόμενον γὰρ ἀεὶ συμφέρεται, φασὶν αἱ συντονώτεραι τῶν Μουσῶν· αἱ δὲ μαλακώτεραι τὸ μὲν ἀεὶ ταῦτα οὕτως ἔχειν ἐχάλασαν, ἐν μέρει δὲ τοτὲ μὲν ἓν εἶναί φασι τὸ πᾶν καὶ φίλον ὑπ᾽ Ἀφροδίτης, τοτὲ δὲ πολλὰ καὶ πολέμιον αὐτὸ αὑτῷ διὰ νεῖκός τι.

后来,伊奥尼亚和西西里的缪斯女神们认为,最稳妥的是把这两种说法编辑到一起,并且说,存在(τὸ ὄν)既是多也是一,因恨与爱而结合起来。因为比较严格的缪斯女神们说,凡是分裂的东西都在聚合,而那些比较温和的缪斯女神们则采取比较宽松的说法,认为事物并不总是这样分合不停,而是说,万物轮流交替地一时因爱欲而相亲为一,一时又因某种纷争而各相为敌。

在展示出这样的"辩证"进程之后,埃利亚的异邦人又继续在246a–246c建立起了一场新的争论,双方分别是唯物者(materialist)和"热爱理型的人"(friends of forms)。这一次,用来代表这个争论的,是神话中巨人族(Gigantes)想要推翻奥林波斯众神而发动的战争(笔者将在后文论述这个意象与赫西俄德的相似之处):

> καὶ μὴν ἔοικέ γε ἐν αὐτοῖς οἷον γιγαντομαχία τις εἶναι διὰ τὴν ἀμφισβήτησιν περὶ τῆς οὐσίας πρὸς ἀλλήλους... . οἱ μὲν εἰς γῆν

ἐξ οὐρανοῦ καὶ τοῦ ἀοράτου πάντα ἕλκουσι, ταῖς χερσὶν ἀτεχνῶς πέτρας καὶ δρῦς περιλαμβάνοντες. τῶν γὰρ τοιούτων ἐφαπτόμενοι πάντων διισχυρίζονται τοῦτο εἶναι μόνον ὃ παρέχει προσβολὴν καὶ ἐπαφήν τινα, ταὐτὸν σῶμα καὶ οὐσίαν ὁριζόμενοι. τῶν δὲ ἄλλων εἴ τίς τι φήσει μὴ σῶμα ἔχον εἶναι, καταφρονοῦντες τὸ παράπαν καὶ οὐδὲν ἐθέλοντες ἄλλο ἀκούειν. ... τοιγαροῦν οἱ πρὸς αὐτοὺς ἀμφισβητοῦντες μάλα εὐλαβῶς ἄνωθεν ἐξ ἀοράτου ποθὲν ἀμύνονται, νοητὰ ἄττα καὶ ἀσώματα εἴδη βιαζόμενοι τὴν ἀληθινὴν οὐσίαν εἶναι· τὰ δὲ ἐκείνων σώματα καὶ τὴν λεγομένην ὑπ' αὐτῶν ἀλήθειαν κατὰ σμικρὰ διαθραύοντες ἐν τοῖς λόγοις γένεσιν ἀντ' οὐσίας φερομένην τινὰ προσαγορεύουσιν. ἐν μέσῳ δὲ περὶ ταῦτα ἄπλετος ἀμφοτέρων μάχη τις, ὦ Θεαίτητε, ἀεὶ συνέστηκεν.

而因为关于存在而产生的分歧，在他们之间爆发了一场类似巨人之战(γιγαντομαχία)的战争。……一方把一切从天界和不可见的世界拉到地面，用双手简单地握住石头与树木。他们死死抓住这种观点不放，坚持说唯独拥有反作用力、能触摸的东西才算存在，并且把物体和存在定义为一般不二。如果有人说无形的东西也存在，他们便会完全不屑一顾并不愿再听。……于是，那些与他们意见相左的人们，非常小心地在天界与不可见的世界中的某处展开防守，坚持认为某些无形却可以感知的东西也是确实的存在，他们在自己的说法中粉碎了对手所说的物体、所称的真理，叫作动态中的生成，而非存在。泰阿泰德啊，双方有关这个问题的论战一直都处在他们中间。

进而，埃利亚的异邦人从这个论战双方取用了相对温和的说法加以调和，并因此宣称对双方的观点都应该采纳(249c-249d)。让我们假设埃利亚的异邦人或多或少代表了柏拉图本人的观点(这看起来是非常合理的),特别是,如果读者把这个论战看作是赫拉克利特代表的巨人族与巴门尼德代表的奥林波斯众神之间的观点之争,那么我们便有了[37]我们想要的结果:柏拉图是把自己的哲学当成是对这两个伟大的思想潮流一种更进一步的整合。

类似叙事的这种诉求是很明显的,其原因不只是这些叙事(就像笔者指出的那样)着重发掘了其有关思想发展诸时代的方面(因为我们知道柏拉图的课题之一就是研究主流思想的哲学观点之争是如何发展的)。柏拉图笔下的哲学辩论探索了两个极端对立观点的中间立场,从而准确地并明确地处理了这两个观点本身。柏拉图在《斐勒布》(Philebus)中(17a)曾说到过:

οἷς διακεχώρισται τό τε διαλεκτικῶς πάλιν καὶ τὸ ἐριστικῶς ...
由此,辩论与好辩①便被区分开来……

不过与此同时,也有人认为,柏拉图为他笔下的哲学辩论建立起来的模式,给他笔下的哲学史、他如何看待前辈哲学家们在历史上的关系、以及他如何理解前辈哲学家们为我们理解世界提供的帮助打下了基础,这种观点可能只是一个假象。一个古老但不尽客观的看法指出,因为柏拉图的作品整合了之前的哲学史中不同的且有时是相悖的潮流,所以他是所有早期哲学的集大成者,正因为如此,很多古代作家都认为,柏拉图之后的哲学实践都把柏拉图当作

---

① 在这里,"好辩"(eristic)的粗略定义是,采取某种立场仅仅是为了保持争论继续,而不是为了让双方见解能够得到更进一步的深化。关于这个术语,笔者在后文中将会更详尽地进行阐释。

参照点;①而在现代世界,黑格尔的"辩证法"(dialectic)无疑促进了这种观点的流传。不过,在仔细分析《智术师》之后,柏拉图的思想是否仍然如此清晰而简单,我们就不能确定了。

对《智术师》的"辩证式"解读的起点是这样一种看法,即最终将一元论者与多元论者(双方在历史上都曾发表过许多著名的立场)的交锋整合起来,以代表现实中的思想演变。笔者已经指出过,在写作这个争论时,柏拉图首要考虑的问题并不是对这两个阵营的观点分别加以提炼——也许这无关紧要。但是,整合的结果是否说明了一种进步,这一点也并不明朗。如果[38]柏拉图为他笔下的哲学辩论建立起来的模板站得住脚,如果它的确说明了某种进步(这并不只是简单加入的一个新观点,而是与我们的讨论关系密切),那么我们就应该期待,有更多的辩证链条能够进一步说明这个看法。的确,人们认为,将柏拉图笔下的第一个观点之争中的赫拉克利特放置到与埃利亚学派的巨人之战中,是柏拉图本人思想最直接的背景,也为对《智术师》"辩证式"解读的起点赋予了灵感。②但这个假设却有很大的问题。许多学者都曾指出,由于巴门

---

① 举例来说,公元前二世纪晚期的柏拉图主义哲学家阿提科斯(Atticus)认为,由于柏拉图集合了前辈哲人们流传下来的不同传统,所以他的哲学思想是"完美的"(请参见阿提科斯残篇第1号,载于Edouard Des Places编,*Atticus: Fragments*, Paris: Belles lettres, 1977);与阿提科斯时代相近的努门尼俄斯(Numenius)说柏拉图"调和了"毕达哥拉斯(Pythagoras)和苏格拉底的观点(请参见努门尼俄斯残篇第24号,载于Edouard Des Places编, *Numenius: Fragments*, Paris: Belles lettres, 1973)。请参见第欧根尼·拉尔修,《名哲言行录》第3卷第8节: μίξιν τε ἐποιήσατο τῶν τε Ἡρακλειτείων λόγων καὶ Πυθαγορικῶν καὶ Σωκρατικῶν.[他为赫拉克利特、毕达哥拉斯与苏格拉底的观点找到了调和品。]
② 请参见Lesley Brown,《创新与传承:柏拉图的〈智术师〉245至249中的众神与巨人之战》("Innovation and Continuity: The Battle of Gods and Giants in Plato's *Sophist* 245-249"),载于Jyl Gentzler编,《古代哲学方法》(*Method in Ancient Philosophy*, Oxford, 1998),第181至207页,第188页,其中认为赫拉克利特和恩培多克勒都属于巨人族一方。

尼德毕竟认为存在是一,而"理型的朋友们"则认为存在是多,即多种理型,所以,将他(在《智术师》的这一段中,他的名字和观点都没有出现,不过却出现在了第一场观点之争里)算在"理型的朋友们"一方并不完全合适。① 但是,同样重要的是,赫拉克利特(柏拉图同样也没有把他的名字和观点写进《智术师》的这一段中,不过也同样出现在了第一场观点之争里)也只能说是一个非常别扭的巨人。如果我们想想在《泰阿泰德》(*Theaetetus*)中柏拉图所说的有关赫拉克利特的话(《智术师》表现为《泰阿泰德》的某种后续,所以我们应该记得《泰阿泰德》中的内容),其实,赫拉克利特与"理型的朋友们"之间有很多相同之处。赫拉克利特把人们能抓在手里的东西丢弃了(《泰阿泰德》155a),这似乎和那些认为只有这些东西才能算作存在的巨人们背道而驰了(《智术师》246a)。另一方面,他把实体归入生成之中,也就是说,我们可以称一个实体为"正在生成中"(becoming)而非"存在"(《泰阿泰德》156a–157b)——这很像《智术师》中的"理型的朋友们",他们"粉碎了"实体,并把它称作动态中的生成,而非存在(246c)。②

---

① 所有关于本作品的注释者都指出,柏拉图可能更倾向于把他自己学派中的人归到"理型的朋友们"一方——自然而然地,这种看法从一开始就破坏了以下观点:《智术师》中的这一段代表了辩证法发展中的一个阶段,而柏拉图则是最终阶段。请参见诸如Lesley Brown,《创新与传承:柏拉图的〈智术师〉245至249中的众神与巨人之战》("Innovation and Continuity: The Battle of Gods and Giants in Plato's *Sophist* 245–249"),载于Jyl Gentzler编,《古代哲学方法》(*Method in Ancient Philosophy*, Oxford, 1998),第181至207页,第186页。(以及István Bárány,前揭,第320页,其中认为埃利亚的异邦人本人在249c-249d中把巴门尼德归为"理型的朋友们"一方;但是这一段看起来更倾向于把那些认为存在是一的人[例如埃利亚学派的思想家们,等等]与那些[许多]理型组成存在的人区分开来。)
② 请参见István Bárány,前揭,第320页,其中承认了这些,但事实上却又忽略了所有这些。顺便一说,认为恩培多克勒(他也出现在第一次观点之争中)属于巨人一方也比较牵强:因为在他的观点中爱欲与纷争扮演了重要角色,恩培多克勒看起来并不像是认为"唯独拥有反作用力、能触摸的东西"才算真实存在的。

[39]要确定"巨人之战"中参与者们的身份实在是太困难了,所以这也阻挡了所有在"巨人之战"与之前的观点之争中间建立历史联系(并不仅仅是后者先于前者发生这个事实)的尝试,于是也指向了最终的结论:其实在这里,柏拉图并没有试图系统性地论述哲学发展史,也不是要发现一种哲学发展的模式(无论是辩证的或其他的模式),因为这种模式会限制柏拉图本人的哲学实践。在笔者看来,这个段落所指向的是一个完全不同的方位。和在许多其他地方一样,在这里,柏拉图并没有强调哲学发展的过程,他所说的是,自己在反对哲学发展的静止不前。埃利亚的异邦人在评论"巨人之战"时,并不是想说,它是一场远古发生的辉煌的战斗,而是想说,它是无边无际且无休无止的(limitless and perennial):
ἐν μέσῳ δὲ περὶ ταῦτα ἄπλετος ἀμφοτέρων μάχη τις, ὦ Θεαίτητε, ἀεὶ συνέστηκεν.[泰阿泰德啊,双方有关这个问题的论战一直都处在他们中间](246c)尽管在之前的观点之争中,柏拉图加入了一段关于哲学发展的叙事(即一元论者与多元论者之争,赫拉克利特与恩培多克勒以此为背景开启了哲学史的新阶段),然而,因为在别的地方柏拉图否定了他们("他们"特别指赫拉克利特与恩培多克勒)的立场的历史独创性,从而减损了这段叙事。在《泰阿泰德》(请再次牢记,《智术师》要求我们记住《泰阿泰德》中的内容)中,与毕达哥拉斯一道,同时提到了赫拉克利特与恩培多克勒的名字,πάντες ἑξῆς οἱ σοφοὶ πλὴν Παρμενίδου[所有的哲人一个接一个,除了巴门尼德之外],还有诗人厄庇卡尔莫斯(Epicharmus)与荷马,人们认为这些人都持有同样的立场,都认为万物都处于流变之中(《泰阿泰德》152d–152e)。在《克拉底鲁》中也出现了类似的论点:在那里,赫拉克利特所持的立场属于荷马、赫西俄德与俄耳甫斯已经提出并坚持的主张(《克拉底鲁》402b)——柏拉图告诉我们,这种主张和古

希腊的语言一样古老(《克拉底鲁》411b)。①看起来,这一观点的变化终究并不很大。

好辩者赫西俄德(Hesiod *Eristicus*)

[40]所以,既然在柏拉图笔下,我们并没有找到某种有关进展的叙事,那么,准确地说,更可能的解释就是,柏拉图认为早期哲学史根本没有取得什么进展,当然也就无法与其他领域文明活动的进步并驾齐驱了。可以肯定的是,概括而言,按照一种适合赫拉克利特传统的说法,无休无止的"主流思想"(mainstream)是静止也是运动:对于这一观点,每个思想家不可能都有着相同的说法。但是,这些思想家却没有使用必要的方法(modus operandi),让他们的见解实现那种我们能在其他领域中——比如说数学——看到的整体进步。所以,他们不断地退回到相同的折衷立场。从一个特定角度(比如《智术师》中的一元论者与多元论者之争)来看,赫拉克利特这种"没有比其他事物更真实的事物"(*nothing is truer than anything else*)的流变理论似乎是一个令人兴奋的发明,而事实上,这只是一个后退,退回到了人们熟悉的、古老的观点。

如果从以上这些角度来考虑这个问题是正确的话,那么我们还需要另外两方面的考察——它们会最终让笔者涉及赫西俄德的作品。第一个方面是,在柏拉图构建他笔下的"主流思想"时,在

---

① 请参见David N. Sedley,《柏拉图的〈克拉底鲁〉》(*Plato's* Cratylus, Cambridge, 2003),第28、112、122页。柏拉图笔下有关赫拉克利特的段落中的一些细节,也许甚至包括观点本身,很有可能出自于智术师希庇阿斯(Hippias)的作品。请参考Jean-François Balaudé,《路人希庇阿斯》("Hippias le passeur"),载于Maria Michela Sassi编,《前苏格拉底时代哲学论述的构建》(*La costruzione del discorso filosofico nell' età dei Presocratici*, Pisa, 2006),第287至304页;另请参见本书第七章第3节。

那些他更乐意当作是自己前辈的哲学家之中，他有意识地加入了智术师和诗人。从总体来说，这种哲学家、智术师和诗人的分类，对于柏拉图肯定并不像对我们来说那样轮廓鲜明。尽管如此，由于笔者所谓的"主流思想"正是由这些不同种类思想家混合而形成的，其中既包括柏拉图笔下思想传统之内的思想家，也包括其外的思想家，所以，我们仍然应该说，柏拉图是有意识地把思想家的这些类别混合起来的。举例说来，毕达哥拉斯声称自己与荷马及赫西俄德（诗人们）、俄耳甫斯与缪赛俄斯（θεολόγοι[通神的人]）、身体训练者与音乐家都有着共同的思想根源；另外，将"哲学家"与"诗人"并入同一传统之中的正是把自己与这些人划清界限的苏格拉底（请参见《泰阿泰德》152d-152e；《克拉底鲁》402a-402b）。

所以，赫西俄德不可避免地被卷入并被吸收进"主流思想"中。而这也让笔者进入了第二方面的考察。赫西俄德不仅是[41]"主流思想"中的一员，而且更值得注意的是，"主流思想"往往通过赫西俄德的作品传达自己的观点。在笔者已经考察过的材料中，也就是柏拉图对早期思想传统所表现的静止不前进行反思的那一段，至少有两处能够说明这个观点广泛的正确性。举例来说，当普罗塔戈拉说明自己代表了可回溯至荷马与赫西俄德的智术师传统之后，在回答有关正义本质的问题时，他使用了一段典型的赫西俄德式叙事。普罗塔戈拉的回答是一个有关普罗米修斯、厄庇米修斯（Epimetheus）以及人类创生的故事（《普罗塔戈拉》320c以下），而可以肯定是，这个故事改写自赫西俄德本人在《劳作与时日》中对正义所作的思考（第42至105行）。所以，普罗塔戈拉决定以这种方式说明问题并不是偶然的——事实上，柏拉图在这里也暗示了另一种可能，如果普罗塔戈拉的听众愿意的话，普罗塔戈拉也许会用一段λόγος[讲说、述说、说法]来代替这段μῦθος[故事、神话]。①

赫西俄德也是《智术师》中观点之争的重要参照点。事实上,笔者在上文所考察的两个争论都是大致从赫西俄德的角度建立起来的。在第一场,也就是一元论者与多元论者之间的争论中,双方 μῦθόν τινα ἕκαστος φαίνεταί μοι διηγεῖσθαι παισὶν ὡς οὖσιν ἡμῖν [都在向我们讲述某种故事,就好像我们都是孩子一样](242c)。我们知道,他们的故事中的主题包括战争、婚姻、子女、哺育后代,以及对立面的共存(242c-242d)。这些都是人们耳熟能详的主题,但是,在柏拉图之前,并没有其他作品像赫西俄德的作品(无论是仅就《神谱》而言,或是将《神谱》和《劳作与时日》加在一起)这样,如此明确地包含了所有这些主题。②所以,后来当柏拉图把"唯物者"与"热爱理型的人"之间的争论描写为巨人之战时,我们自然而然地会再次想起赫西俄德。[42]诚然,赫西俄德在这里并不是唯一明显的参照点,我们当然还必须记住,在大泛雅典娜节(Great Panathenaea)中,展现巨人之战的画面所拥有的核心地位(请参见《游叙弗伦》6b-6c):毫无疑问,其中部分的寓意就是,雅典娜(也就是"智慧")在这场战斗中也需要扮演决定性的角色。不过,当我们把《神谱》加入到自己的思考之后,就不难想起赫西俄德笔下的地上的生灵对天界发动的另一次攻击,也就是提坦之战

---

① 后来,普罗塔戈拉的确给出了一段 λόγος(请参见《普罗塔戈拉》324d: οὐκέτι μῦθόν σοι ἐρῶ ἀλλὰ λόγον[我不再给你讲故事了,而将给你一段言辞]),但这也不妨碍笔者观点的成立,而且,事实上还建立起了另一个与赫西俄德的相似之处。赫西俄德笔下的关于普罗米修斯的叙事是一个 μῦθος[故事、神话](请参见《劳作与时日》第10行的 μυθησαίμην;另请参考Jenny S. Clay,《赫西俄德的宇宙》[*Hesiod's Cosmos*, Cambridge, 2003],第32页);而在这个 μῦθος(故事、神话)的结尾处,正像普罗塔戈拉遵循听众的意愿所做的那样,赫西俄德也以类似的方式开始了一段 λόγος [讲说、述说、说法]: εἰ δ' ἐθέλεις, ἕτερόν τοι ἐγὼ λόγον ἐκκορυφώσω[如果你愿意的话,我将为你再讲述另外一段言辞]。

② 对比苏格拉底所描述的赫西俄德(以及其他诗人)与荷马的共同之处(请参见柏拉图,《伊翁》[*Io*]531c):战争、人与人、神与神以及神与人之间的关系;天界与地府的情景;众神与英雄的诞生。

(Titanomachy)。①古代的作家们已经认识到了提坦之战与巨人之战的相似之处,甚至很容易将这两场战斗混淆起来;②而且,柏拉图笔下的巨人与赫西俄德笔下的提坦都把石头当成武器,两者在语言上如此相似,更像是蓄意所为;③虽然柏拉图笔下的巨人除了石头,也使用树木作为武器,但很明显,δρῦς καὶ πέτρα[树木与石头]这个短语也是一个传统用法,故而就可以解释这个不同点,而且在柏拉图笔下,"石头"还能再一次让读者看到赫西俄德。④

但是,柏拉图为什么要把赫西俄德当作这个传统的核心声音呢?一个可能的原因就是,在这个传统中智术师们所扮演的中心角色。我们已经看到了,对这个传统里的许多种类的思想家,柏拉图进行了仔细的区分,所以,笔者的意思并不是说柏拉图并认为这个传统中所有的思想家都是智术师。(甚至普罗塔戈拉也承认说,这

---

① 经过笔者的分析,应该说,在《智术师》中,《神谱》确实强有力地展示出了自己的主题,有趣的是,与此同时,《劳作与时日》在《智术师》的后续《治邦者》中同样扮演了这样一个核心角色(请参见本书中的其他章节,尤其是第14章与第15章)。这不太可能只是一个巧合,尤其因为柏拉图的另外两篇对话作品也展现出这样的并列模式——也就是《王制》(《劳作与时日》)与《蒂迈欧》(《劳作与时日》)。福特在本书第7章中提出,柏拉图所知道的赫西俄德,仅仅只是《神谱》和《劳作与时日》的作者,如果他的观点正确,那么这种并列关系就更不可能只是一个巧合了。
② 请参见Eva M. Sanford,《众神与巨人之战》("The Battle of Gods and Giants"),载于Classical Philology,第36期,第52至57页。
③ 《智术师》246a: ταῖς χερσὶν ἀτεχνῶς πέτρας καὶ δρῦς περιλαμβάνοντες[用双手简单地握住石头与树木],请参见赫西俄德,《神谱》第675行: πέτρας ἠλιβάτους στιβαρῆς ἐν χερσὶν ἔχοντες[用强壮的双手拿起巨大的石块]。
④ 柏拉图笔下的巨人手拿"石头与树木"(πέτρας καὶ δρῦς),请参见《神谱》第35行: ἀλλὰ τί ἦ μοι ταῦτα περὶ δρῦν ἢ περὶ πέτρην;[不过我又为什么提这些关于树木与石头的事儿?]在阅读荷马的时候,柏拉图肯定知道了这个句子: ἀπὸ δρυός ἐσσι παλαιφάτου οὐδ' ἀπὸ πέτρης[你生自古老传说中的树木与石头](请参见柏拉图,《苏格拉底的申辩》[Apologia Socratis];《奥德修纪》第19卷第162至163行);但是,我们难以发现荷马的这一段与《智术师》之间的呼应。赫西俄德在《神谱》第35行的这处措辞,意思是很模糊的(关于可能的意思,请参见Martin L. West编,《赫西俄德〈神谱〉》[Hesiod: Theogony, Oxford, 1966],第167至169页),但是,因为这一行终止了赫西俄德所记述的缪斯女神们的批评,我们也许可以把柏拉图对这个谚语的使用,当作是某种与诸如根基或基础原则(甚至也可能是核心部分)相关的东西,而这也正是巨人们手中握住的东西。

个传统中的其他思想家"大概"都不是智术师。)但是,柏拉图似乎确实认为,[43]以赫拉克利特的思想为主的"主流思想"中包括了早期哲学总的发展趋势,而智术师思想中那种毫无意义的、好辩的争论(在柏拉图笔下,这是智术师学派中最明显的特征)侵蚀了这个"主流思想"。不过,对于柏拉图来说,赫西俄德则正好是这种侵蚀性的、与智术师密切相关的核心思想的完美代言人。这不仅是因为,柏拉图可以依靠赫西俄德与古希腊古典时代得到了广泛发展的智术师思想之间的关系(举例来说,我们已经知道普罗塔戈拉把赫西俄德称为"智术师",①而与之相似的是《荷马与赫西俄德之争》[*Certamen Homeri et Hesiodi*]中对赫西俄德的描述,在这篇作品中,赫西俄德与荷马所争论的话题,就是公元前五世纪智术师之间争论的典型话题),②还因为赫西俄德的时代非常古老。而柏拉图想说明的很重要的一点正是,"主流思想"是如何没有得到发展,反而退回到它在古代的根源的。

同样,也可以将笔者以上的这些说法用到荷马身上。但是还有一件事情让赫西俄德成为这个被智术师思想(也就是"好辩的"思想)弄得满目疮痍的思想传统的最佳代言人,即赫西俄德对"ἔρις"(不

---

① 当然,从严格意义上说,是柏拉图笔下的普多塔戈拉把赫西俄德称作智术师,不过,我们也没有理由说,柏拉图之所以这么写,是因为误解了普罗塔戈拉。请参见本书第五章第2节。

② 请参见Barbara Graziosi,《智慧的竞争》("Competition in Wisdom"),载于Felix Budelmann与Pantelis Michelakis编,《荷马、悲剧及其他——为纪念伊斯特林所作的研究文章》(*Homer, Tragedy and Beyond. Essays in Honour of P. E. Easterling*, London, 2001),第57至74页。在《荷马与赫西俄德之争》中,最终赫西俄德获得了胜利,这是因为他是一个歌咏和平的诗人(请参见《荷马与赫西俄德之争》第13节,第207至214行,载于Martin. L. West编,《荷马风格颂诗、荷马伪作、荷马生平》[*Homeric Hymns, Homeric Apocrypha, Lives of Homer*, Cambridge, 2003]),而其实这是很有讽刺意义的:因为赫西俄德与荷马辩论并比赛这件事本身就说明他喜欢争斗,而且在争辩与比赛的过程中(请参见第11节,第148至150行),赫西俄德还对荷马表示出了"φθόνος"(恶意,另请参见第94行的"ἀχθεσθείς"[心怀不满]一词),此外,在赢得胜利之后,赫西俄德还以胜利者的身份将胜利献给了缪斯女神们。

和、矛盾、纷争)的正面评价。柏拉图之前的思想家们对于"矛盾"的问题多有争议,荷马希望它能离开人们的生活(请参见《伊利亚特》第18卷第107行),而众所周知,赫拉克利特则对荷马的这种说法进行了攻击①。赫西俄德则不仅认为"矛盾"是件好事,能够激发出更大的成就,还明确地把自己的诗作认作是拜"矛盾"所赐(请参见《劳作与时日》第11至26行):

> οὐκ ἄρα μοῦνον ἔην ἐρίδων γένος, ἀλλ' ἐπὶ γαῖαν
> εἰσὶ δύω· τὴν μέν κεν ἐπαινήσειε νοήσας,
> ἣ δ' ἐπιμωμητή· διὰ δ' ἄνδιχα θυμὸν ἔχουσιν.
> ἣ μὲν γὰρ πόλεμόν τε κακὸν καὶ δῆριν ὀφέλλει,
> σχετλίη· οὔ τις τήν γε φιλεῖ βροτός, ἀλλ' ὑπ' ἀνάγκης
> ἀθανάτων βουλῇσιν Ἔριν τιμῶσι βαρεῖαν.
> τὴν δ' ἑτέρην προτέρην μὲν ἐγείνατο Νὺξ ἐρεβεννή,
> θῆκε δέ μιν Κρονίδης ὑψίζυγος αἰθέρι ναίων,
> γαίης ἐν ῥίζῃσι, καὶ ἀνδράσι πολλὸν ἀμείνω·
> ἥ τε καὶ ἀπάλαμόν περ ὅμως ἐπὶ ἔργον ἔγειρεν.
> εἰς ἕτερον γάρ τίς τε ἰδὼν ἔργοιο χατίζει
> πλούσιον, ὃς σπεύδει μὲν ἀρώμεναι ἠδὲ φυτεύειν
> οἶκόν τ' εὖ θέσθαι· ζηλοῖ δέ τε γείτονα γείτων
> εἰς ἄφενος σπεύδοντ'· ἀγαθὴ δ' Ἔρις ἥδε βροτοῖσιν.
> καὶ κεραμεὺς κεραμεῖ κοτέει καὶ τέκτονι τέκτων,
> καὶ πτωχὸς πτωχῷ φθονέει καὶ ἀοιδὸς ἀοιδῷ.

那么,矛盾并不只有一种,这世上其实共有两种。当一个人理解了其中一种时,他会赞扬它;而另一种则应受到谴责。此二者在内质上截然不同。

---

① 请参见赫拉克利特残篇第22号,载于H. Diels与W. Kranz编,《前苏格拉底哲学残篇辑》(*Die Fragmente der Vorsokratiker*, 6th edn. Berlin, 1951–2),第1卷第20页。

一者孕育邪恶的争斗与激战,

它残忍无情,没有凡人喜爱它,但是因为来自众神意愿的

必然性,他们只得尊敬这位令人痛苦的不和女神。

另一位则是黑暗的夜女神的第一个孩子,

高坐王座的、[44]居住天国的克洛诺斯之子将她

置于大地之根,她对人们则远远更好,

就连无用之人她也能同样激励起来勤恳苦干。

因为当一个人看到他人因熟练地犁田与播种

并且井井有条地料理家务而富有时,

他会渴望劳作,一个人渴望财富而与他的邻居

展开竞争,这就是有益于凡人的不和女神,

陶工嫉恨陶工,木匠嫉恨木匠,

乞丐妒忌乞丐,歌手妒忌歌手。

只看这一段我们也能知道,柏拉图为什么要把赫西俄德当成糅合了传统与智术的代言人。当然,柏拉图本人并不允许区分出好的与坏的不和女神。[①]赫西俄德所说的歌手可能是要通过比赛来获得成就的,但是在柏拉图笔下,各个专业的行家里手是从来不会

---

① 如果我们假设,柏拉图发现自己关于 ἔρις [矛盾、不和] 的观点,与梭伦(Solon)的观点有相同的源头,那么,他很可能在创作接下来的段落时想着赫西俄德。其原因是,在梭伦的观点中,εὐνομίη(好的秩序)能够使 ἔρις [矛盾、不和] 结束,而这种观点一定与赫西俄德有着直接联系(参见梭伦残篇第4号,第32至39行,载于Martin L. West编,《古希腊抑扬格与悲歌体作品集:亚历山德里亚之前作品第二卷》[*Iambi Et Elegi Graeci: Ante Alexandrum Cantati Volume 2: Callinus, Mimnermus, Semonides, Solon, Tyrtaeus, Minora Adespota*, Oxford, 1972],其中第38行使用了《伊利亚特》第18卷第107至108行,荷马在这两行中把 ἔρις [矛盾、不和] 与"χόλος" [怨气、恼恨] 结合了起来。另外,也请将梭伦残篇第13号第44行以下(σπεύδει δ' ἄλλοθεν ἄλλος [一个人与他人竞争])与《劳作与时日》第23至24行(ζηλοῖ δέ τε γείτονα γείτων εἰς ἄφενος σπεύδοντ': ἀγαθὴ δ' Ἔρις ἥδε βροτοῖσιν [一个人渴望财富而与他的邻居展开竞争,这就是有益于凡人的不和女神])做一比较。十分感谢豪波德教授的提醒,使笔者注意到了这一点。

想着胜过其他内行人的(请参见《王制》349b-350b);①好斗或好辩的人其实并非哲学家,而是智术师(请参见《智术师》225c-226a,231e;另外,请再次参见《斐勒布》17a),他们其实是喜欢争吵的人(请参见《王制》454a-454b,499a)。在《克里提阿》109b中,柏拉图告诉我们,不和女神并没有出现在众神之中——此处所指的是赫西俄德将不和女神加入到众神的谱系之中。②格外有趣的是,关于"美诺悖论"(Meno's Paradox),即一个人不能询问他知道的事,因为他已经知道了,也不能询问他不知道的事,因为他不知道该询问什么(请参见《美诺》80e, 81d),柏拉图将此说成是一个典型的ἐριστικὸς λόγος[好辩的言辞]。从某种意义上来说,这个悖论是最重要的ἐριστικὸς λόγος[好辩的言辞],因为它让所有智识上的进展都变得不再可能:如果它成立的话,那么所有的问题都是无用的了。③

[45]总而言之,柏拉图将不和女神与好辩联系起来,进而又把笔者所说的"主流思想"与它们联系起来,然后还加入了不可能的实质性的教学与学习,乃至不可能的哲学思想进步。柏拉图认为,赫西俄德把无用的和有益的ἔρις(不和、矛盾、纷争)区分开来是错误的:因为赫西俄德与柏拉图都憎恨的法庭上的争辩(请参见《王

---

① 请参见伊索克拉底(Isocrates)《书简第五:至亚历山德洛斯》(*Epistola Ad Alexandrum*)第3节第1至3行,其中明确地将ἔρις[矛盾、不和]与πλεονεξία[傲慢、好辩]结合了起来,这正是柏拉图在《王制》这一段中攻击的目标。
② 请参见《神谱》第225行: Γῆράς τ' οὐλόμενον, καὶ Ἔριν τέκε καρτερόθυμον[(夜女神)生下了毁灭性的老龄神,以及心如铁石的不和女神]。当然,荷马也是如此,在《伊利亚特》第11卷第73至77行中,不和女神也是众神之一。
③ 请参见《欧绪德谟》(*Euthydemus*)275d-276b。尤其是在教学是与美德相关的时候,柏拉图不断地回到这一点上,不停地尝试证明,询问是正确的,而且教学是可能的。智术师带来的危险之一就是,尽管他们从事教学工作,但他们为自己定的立场似乎总是在暗示教学是不可能的,例如,他们认为反驳某人或拆穿谎言是不可能的(请参见《欧绪德谟》285e以下),或者,事实只是相对于个人来说的(请参见《泰阿泰德》152a)。另外请注意,在《泰阿泰德》中,柏拉图建立起来的"主流思想"中那些持有赫拉克利特主张的人既没有学生,也没有老师(请参见180c)。

制》499a;《劳作与时日》第27至41行),这与"歌手妒忌歌手"是一样的。这两者所导致的结果都是相同的:浪费精力与永无结果的僵局——一场永恒的巨人之战。

辩证家柏拉图(Plato *Dialectus*)

从上文来看,似乎在柏拉图笔下,赫西俄德是哲学史中的大反派。但其实这并不正确。本书其他章节(其实包括整本书)已经说得非常清楚了,柏拉图本人也用赫西俄德的语言叙述,并且经常把赫西俄德作为自己看法的参照点——或者至少也应该说,他经常把赫西俄德作为自己反对智术师的关键立场的参照点。如果笔者的观点是正确的话,即认为柏拉图笔下的自己与前辈哲人的关键区别就在于,自己没有前辈那毫无用处的"好辩"(eristic),而这一点就暗示了自己的"辩证"(dialectic)丰富的创造性,那么,我们也应该注意,至少有一次,柏拉图将赫西俄德与思想进步的可能性联系起来了(请参见《克拉底鲁》428a,其中引用了《劳作与时日》第361行):

> ἀλλὰ τὸ τοῦ Ἡσιόδου καλῶς μοι φαίνεται ἔχειν, τὸ εἰ καί τις σμικρὸν ἐπὶ σμικρῷ καταθείη, προὔργου εἶναι.
> 但是在我看来赫西俄德的说法也很好:"即使为一件很小的事做出一点很小的贡献",也能出现进展。

尽管在这里赫西俄德所说的是积累财富,而非智慧,但是说到底,美德才是真正的财富(请参见《王制》416e),所以这个方法论是值得汲取的:通过在先前已有的基础上添砖加瓦,在任何领域中任何人就都能获得进展,而与先前已有的东西进行争辩是无用的。那么也许,尽管由于与"主流思想"的关系,赫西俄德犯下了许多错误,但他所做出的"一点很小的贡献"[46]也有可能——在柏拉图的观点中也同样有可能——成为思想进步的基石。现在的问题是,在赫西俄德的作品中,我们是否能够识别出一些柏拉图认为是正确的说法,这些说法也能成为比好辩的"主流思想"更有建设性的传统的基础。

说来奇怪的是,这个问题的答案似乎有可能就在说明了赫西俄德与不和女神的关系的那一段中。实际上,在柏拉图引用这一段时,他并没有提出关于ἔρις[矛盾、不和]的观点,而是出乎人意料地说明了爱的本质。柏拉图认为,赫西俄德为以下观点提供了证据:爱存在于相互不同的存在之间(请参见《吕西斯》215c-215d,谈话者是苏格拉底):[①]

> ἤδη ποτέ του ἤκουσα λέγοντος, καὶ ἄρτι ἀναμιμνήσκομαι, ὅτι τὸ μὲν ὅμοιον τῷ ὁμοίῳ καὶ οἱ ἀγαθοὶ τοῖς ἀγαθοῖς πολεμιώτατοι εἶεν· καὶ δὴ καὶ τὸν Ἡσίοδον ἐπήγετο μάρτυρα, λέγων ὡς ἄρα—καὶ κεραμεὺς κεραμεῖ κοτέει καὶ ἀοιδὸς ἀοιδῷ καὶ πτωχὸς πτωχῷ, ... καὶ τἆλλα δὴ πάντα οὕτως ἔφη ἀναγκαῖον εἶναι μάλιστα τὰ ὁμοιότατα πρὸς ἄλληλα φθόνου τε καὶ φιλονικίας καὶ ἔχθρας ἐμπίμπλασθαι, τὰ δ᾽ ἀνομοιότατα φιλίας.

有次我曾经听一个人说——我刚刚想起来——相似者对相似者,高贵者对高贵者是最具敌意的。他还用赫西俄德来证明,他说道,"陶工嫉恨陶工,歌手嫉恨歌手,乞丐嫉恨乞丐……",所有一切都是这样的。他还说,最相似的两者之间是最充满着嫉妒

---

① 另一种可能性是,在重新阅读《劳作与时日》时,柏拉图把这一段当作对爱,而非对ἔρις(矛盾、不和)的思考(尤其是,柏拉图并没有引用那些提到了ἔρις的诗行),这其实与把对话者梅内克塞诺斯(Menexenus)称作"好辩者"有关(请参见《吕西斯》211b),他很赞成把这一段理解为对爱的思考(请参见《吕西斯》216a)。

心、好斗心与恨意的,而不相似的两者之间则充满着爱。

由于篇幅所限,对于柏拉图有关爱以及爱在思想进步中所扮演的角色的理论,这里就不进行评价了。[1]但是对于本文的目的来说,只要记住柏拉图有关爱的理论的关键方面是,不同的、相互间存在需要的事物之间有着爱欲纽带,这就可以了。粗略地说来,这个理论说的是,哲学家对自己暂不具备的智慧有着急切的渴望(在《斐德若》与《会饮》中,智慧是以"美"的形式出现的,而在《吕西斯》中,智慧是以"第一个朋友"的形式出现的),接下来,因为这种渴望,哲学家又会进而渴望一个能够为他的思想状态提供补充的人,于是这个人就能够通过与他进行辩证性的讨论而帮助他达到目的。[47]所以,不同人之间的爱欲吸引,以及一个人对他所追求的智慧的爱欲,为柏拉图有建设性的辩证性对话提供了基础——而这正是柏拉图在摒弃了"好辩"之后所提供的解决方案。

当然,如果我们要把柏拉图这一切观点都归功于赫西俄德的话,那就走得太远了。的确,在这一段之后,对关于爱存在于不相似的事物之间这一有力的观点(赫西俄德是这个观点的佐证),柏拉图笔下的苏格拉底进行了反驳。但是,很显然,柏拉图是把赫西俄德当成自己爱欲理论一个有益的参考的。因为,在自己有关爱的理论中,柏拉图——我们可以说是比较专横地——把赫西俄德这个著名的颂扬"ἔρις"的段落进行了转换,让这个段落有益地纠正了"爱

---

[1] 这里的一个问题是,《吕西斯》的这一段主要讲的是 φιλία [友情],而非 ἔρος [爱欲、欲望]。为了清晰与简洁起见,笔者准许自己自由地处理这两者的区别,因为笔者的观点是,这个段落并不是最终的理论,而是通往最终理论的一种方式,笔者认为这个最终的关于爱的理论指的是总体上"对好的东西的欲望"(与Penner和Rowe的观点相同,请参见Terry Penner与Christopher Rowe,《柏拉图的〈吕西斯〉》[Plato's Lysis, Cambridge, 2005]),而这正好和我们在《会饮》与《斐德若》(Phaedrus)中有关 ἔρος [爱欲、欲望]的理论相同。

第二章 赫西俄德与柏拉图笔下的哲学史

存在于相似物之间"这种说法。[1]此外,柏拉图的一部分用意也在于,通过在自己的理论中找寻与赫西俄德相符之处,使他能够以此为基础——并且更进一步。柏拉图引用赫西俄德的方式让我们注意到其中的双重动力:他的出发点是赫西俄德诗行,而他的方向却远离了赫西俄德。因为尽管他引用赫西俄德的诗行,但也进行了改写。赫西俄德依次考虑到了陶工、木匠、乞丐与歌手(请参见《劳作与时日》第25至26行):

> καὶ κεραμεὺς κεραμεῖ κοτέει καὶ τέκτονι τέκτων,
> καὶ πτωχὸς πτωχῷ φθονέει καὶ ἀοιδὸς ἀοιδῷ.
> 陶工嫉恨陶工,木匠嫉恨木匠,
> 乞丐妒忌乞丐,歌手妒忌歌手。

而柏拉图(保存了原作的格律,也就因此将引文伪造成了真迹)则去掉了木匠,并且把歌手提升了一位:[2]

> [48]καὶ κεραμεὺς κεραμεῖ κοτέει καὶ ἀοιδὸς ἀοιδῷ,
> καὶ πτωχὸς πτωχῷ ...
> 陶工嫉恨陶工,歌手嫉恨歌手,

---

[1] 应该注意的是,其实,从某种角度上说,笔者所说的"专横"也并不严重,因为在赫西俄德那里,爱女神("*Φιλότης*",请注意 *φιλία* [友情、爱]与我们所讨论的内容直接相关,请参见本书第66页注①)是不和女神的姐姐;请参见《神谱》第224至225行。无论如何,在这里柏拉图其实并没有专横到让亚里士多德羞于采用这一段,请参见《欧太谟伦理学》(*Ethica Eudemea*)1235a13 - 1235a18;《尼各马可伦理学》(*Ethica Nicomachea*)1155a32 - 1155b1。

[2] 陶工仍然作为引文的起点而保持着开头的位置。一切迹象都表明,柏拉图是有意地改动引文的内容,而不是(比如说)由于柏拉图手中的赫西俄德手抄本所记录的文本不同。首先,所有引用了这两行的古代作家所用的文本,都与我们现在所掌握的手抄本上的文本完全相同(这也包括了亚里士多德,尽管他在引用这两行的时候,脑海中想着柏拉图的《吕西斯》,请参见本书第67注①);其次,柏拉图的引文尽管与格律相符,却也空了半行。关于柏拉图对赫西俄德的变换,请参见本书第十四章。

> 乞丐妒忌乞丐……

我们可以认为，这种改写是柏拉图蓄意而为，用来说明他个人对赫西俄德的看法，即也可以用赫西俄德来说明他本人有关爱欲和辩证的观点。像在传统中一样，既可以用歌手来代表充满智慧（或者将要充满智慧）的人，也完全可以用乞丐来代表陷于爱中的人。[①]那么，我们开始可以看出其中蕴含的讯息了：真正的智慧之人总是在找寻(陷于爱中)他们没有的东西。我们用《会饮》中的语言（毫无疑问地也与《吕西斯》相符)，稍微对之诠释一下则是：在一个人的智慧达到能与"Ερος(爱欲之神)协作的时候，哲学就出现了。

爱欲专家柏拉图(Plato Eroticus)

笔者想表明的是，《吕西斯》中的这一段把赫西俄德与"好辩"传统最接近的诗行，转换成了柏拉图本人关于辩证性对话的"爱欲"学说的参照点。笔者的这个观点还有一些佐证，在《斐德若》与《会饮》这两篇关于爱欲的对话作品中，柏拉图有可能也对赫西俄德的诗行进行了类似的变换。在这里，笔者依照赛得利(David Sedley)的考察，他认为，[②]由于赫西俄德说爱欲之神是最早的一位神明(仅在混沌神[Χάος]之后，请参见《神谱》第116至122行)，所以，阿伽通(Agathon)的讲辞将爱欲之神作为众神之中最年

[①] 关于用乞丐代表陷于爱中的人，请参见色诺芬，《回忆苏格拉底》(*Memorabilia*)第1卷第2章第29节(即克里提阿[Critias]残篇第A17号，载于DK，第88页)；关于爱的前兆是出现缺陷，请参见《吕西斯》215a—215b, 221d—221e。在《会饮》中，有对爱欲之神的著名描绘——一个不停流浪的贫穷的孩子，总是在努力追寻他所没有的东西(请参见《会饮》203c—203d)。

[②] 请参见《柏拉图〈会饮〉中阿伽通的讲辞》("The Speech of Agathon in Plato's *Symposium*")，载于Burkhard Reis编，《古希腊伦理中德性生活》(*The Virtuous Life in Greek Ethics*, Cambridge, 2006)，第57至69页，第67至69页。

轻的一位,这是对赫西俄德笔下的众神谱系进行了更正。赛得利的观点是,这个对赫西俄德的更正意在将爱欲之神与最早的几代众神之间的暴力冲突分离开来。如果这个观点是正确的话,那么赫西俄德笔下ἔρις(矛盾、不和)的褒扬含义可能也是错误的(它与[49]宇宙最主要的建造性力量相关),而他赋予 ἔρος[爱欲、欲望]以重要地位则是正确的。

如果笔者是正确的话,既然这篇对话所说的恰好是柏拉图的有生命力的辩证与智术师濒临死亡的、僵硬的讲辞与文本之间的区别,那么,我们就应该希望赫西俄德也会出现在《斐德若》中——我们也可以说,柏拉图将"好辩的学说"(eristics)替换成了"爱欲的学说"(erotics)。① 而在《斐德若》中,尽管赫西俄德的现身会比在《会饮》与《吕西斯》中的现身隐晦得多,但赫西俄德还是出现了。赫西俄德是在对话开始之处,在涉及有关Ἔρος[爱欲之神]的观点中现身的,然后又对这个观点进行了更正。在《神谱》的讨论中,赫西俄德把不和女神当成一位带来灾难的神明(第226行),但是后来在《劳作与时日》的诗行中(第11至12行),他却对自己之前的说法进行了更正。在《劳作与时日》中,关于不和女神,赫西俄德使用了双重说法,其中包括一位有建设性的不和女神(ἀγαϑὴ δ' Ἔρις ἥδε βροτοῖσιν[这就是有益于凡人的不和女神],第24行)以及一位负面的不和女神;而柏拉图的《斐德若》也是如此,它的开头是吕西亚斯发表的一篇全面否定Ἔρος[爱欲之神]的讲辞(请参见230e-234c),后来又在苏格拉底的讲辞中,对此进行了更正。在苏格拉底的这篇讲辞中,关于爱欲之神也用了双重说法,先是说爱欲之神的负面效果(请参见237b-241d),后来则又有了积极作用

---

① 请注意,在《斐德若》中维护"好辩"的人是以法庭讲演著称的吕西亚斯(Lysias)——那么就像《劳作与时日》中的珀尔赛斯一样?(吕西亚斯是一位λογογράφος[演讲辞作家],请参见《斐德若》257c)

(请参见244a–257b)。可以肯定的是,苏格拉底讲辞的动力与赫西俄德的作品有所不同:苏格拉底以关于爱欲之神的负面效果的讲辞为开端(这是对吕西亚斯讲辞的最初更正),后来才转到了爱欲之神的积极作用,而这才是苏格拉底真正的看法(毕竟,苏格拉底的坚定立场是,众神不会导致任何有害于人类的事发生)。[①]但是,在模式上这两者的相似之处也足够惊人了,尤其是因为苏格拉底在这里给出双重说法与这篇对话的内在动力之间并没有本质上的关系——苏格拉底并没有理由不止一次地攻讦吕西斯对爱欲之神的否定与他的修辞形式。柏拉图在苏格拉底的关于 Ἔρως [爱欲之神]的双重说法中,鼓励我们发现它们和赫西俄德笔下 Ἔρις [不和女神]这两个形式之间的双关性联系,这就像是在《吕西斯》中苏格拉底对吕西斯讲辞进行的更正一样,也起到了更正赫西俄德的作用,这和《会饮》中有关爱欲的观点恰好吻合。爱欲[50]之神保证人们能获得真正的思想进步,而"主流思想"则在很久之前就因其天真地迷恋着不和女神而毫无进展了。

结　语

无论本章讨论的各种细节是否可信(因为我们很少能够证明文本之间的关联性),基本的结论仍然是清晰的。柏拉图笔下的哲学史并不是一段和文明史或艺术史直接相关的线性发展故事。在柏拉图笔下,尽管哲学与艺术的技术发展相连,但显然哲学的发展却在不断地遭受失败,这让柏拉图感到很困惑。柏拉图并没有将自己的作品当作前辈哲人思想的集大成者,而是认为(或者说在作品中表明了),每个可能与先前的哲学思想相连的人都是一个典型的"好辩的"传统中的一部分,而这个传统里虽然有百家争鸣,但

---

① 关于把不和女神逐出众神,还是要参见《克里提阿》109b。

却是毫无用处的。柏拉图很方便地将赫西俄德当作这个传统的代言人,一部分是因为可以将赫西俄德本人当作是 ἔρις(矛盾、不和)的支持者,也就是"好辩"的支持者,另一部分则是因为智术师们(也就是那些最好辩的人)将赫西俄德当作是自己队伍中的一员,还有一部分则是因为赫西俄德是这个传统中最早的一位代表人物,故而这个传统对赫西俄德诗句的运用,就意味着它没有能够取得任何进展。

但也并非没有好消息。首先,无论出于什么原因,哲学并没有跟随"文明"的发展脚步,这很可能表明,哲学家是有着一定自由与自主性的,这种自由和自主性可以让他在极度不利的政治环境中保持希望。我们应该再次想起,柏拉图的对话作品的创作正值雅典历史中一个由盛变衰的转折点,其背景是雅典在伯罗奔之战中的惨败。即使柏拉图对这样一个盛极而衰的文明已经失去了信心,但他也仍然认为,哲学是有可能在这个时期开始发展的。在本章的开篇,笔者提到,柏拉图在一些地方说,似乎政治发展到一定的复杂程度以及数学取得了一定进步是哲学出现的前提条件。但是在另一些地方,柏拉图也十分愿意推翻哲学的出现需要先进的专业技艺这种说法。举例说来,根据《蒂迈欧》47a—47b,哲学只需要一双眼睛以及一处能看到星空的地方: 在这之后,[51]柏拉图的关于 ἀνάμνησις[回忆]的理论又进一步证明了,其实事实真相已经存在于我们的心中了,我们只需要一些对话(思考只是对话的一种形式,请参见《泰阿泰德》189e)就能将事实真相召唤出来。在《斐德若》中,即使写作这样一个在文明发展中扮演最基础角色的技艺也更像是阻碍了哲学发展,而不是提供了帮助(请参见275a—e)。

另外一个不该丧失信心的原因是,尽管先前的大多数人实际上都陷入到"好辩"之中,但是,这并不意味着过去没有任何值得吸取的东西,也不意味着从"主流思想"中提炼不出任何有价值的东西。①这就表明了，尽管赫西俄德本来是"好辩的主流思想"的代言人，但还是可以用他来帮助哲学发展的。就像这个好辩的思想传统，通过赫西俄德的诗行将自己毫无进展的状况晓谕天下一样，柏拉图也是通过再次阅读赫西俄德并对之进行发展，使他能够用赫西俄德来丈量自己的哲学所能达到的程度。

---

① 请注意，由于巴门尼德也出现在《泰阿泰德》152d–152e中，而后来他在《巴门尼德》中成了苏格拉底的老师，在《智术师》中则成了埃利亚的异邦人的"父亲般的长辈"（请参见《智术师》242c），所以，无论如何都可以将巴门尼德排除在外。(与此同时，巴门尼德还因为他的一元论而成了《智术师》里"讲故事的人"之一；而事实上，是不是对柏拉图而言，拒绝巴门尼德的一元论，就会使埃利亚的异邦人担心犯下"弑父"（parricide）的罪行？请参见《智术师》241d；以及Mary M. McCabe，前揭，第63至64页。不过从另一方面来说，将此称之为"弑父"也是因为巴门尼德的确留下了后代——换句话说就是，巴门尼德的确留下了许多值得人们汲取的东西。)

第三章　柏拉图笔下的赫西俄德：
一个后天出现的喜好？

莫斯特(G. W. Most)

[52]在整个古代，对赫西俄德的接受都是一个巨大的题目，也是一个亟待广泛研究的题目。据笔者所知，对这个题目进行全面研究的文章只有一篇，而且这篇文章不仅老旧，而且无法令人满意；①另外，还有几部近期出版的论著考察了这个题目中一些特定的方面，虽说这些论著探讨的维度都比较狭窄，不过它们确实都是十分有用的；②除此之外，至少还有两位学者尝试过将最重要的一些古

---

① 请参见Carlo Buzio,《经典时代结束之前希腊世界中的赫西俄德》(*Esiodo nel mondo greco sino alla fine dell' età classica*, Milan, 1938)。
② 请参见诸如Athanasios Kambylis,《诗人的行列与其象征——赫西俄德、卡利马科斯、普罗佩尔提乌斯与恩尼乌斯研究》(*Die Dichterweihe und ihre Symbolik, Untersuchungen zu Hesiodos, Kallimachos, Properz und Ennius*, Heidelberg, 1965); Hannelore Reinsch-Werner,《向赫西俄德学习的卡利马科斯——卡利马科斯对赫西俄德诗歌的接受》(*Callimachus Hesiodicus: Die Rezeption der hesiodischen Dichtung durch Kallimachos von Kyrene*, Berlin, 1976); Alan Cameron,《卡利马科斯与他的评论者们》(*Callimachus and his Critics*, Princeton, 1995); Chrisos Fakas,《希腊化时代的赫西俄德——阿拉托斯的〈现象〉与古代教诲诗传统》(*Der hellenistische Hesiod : Arats Phainomena und die Tradition der antiken Lehrepik*, Wiesbaden, 2001); Immanuel Musäus,《赫西俄德笔下的潘多拉神话以及截至伊拉斯谟人们对这个神话的接受》(*Der Pandoramythos bei Hesiod und seine Rezeption bis Erasmus von Rotterdam*, Göttingen, 2004)。

代作家的相关论述编纂到一起。[①]不过，尽管人们多多少少都认为赫西俄德是次于荷马的诗人，但在整个古代乃至中世纪，他所受到的欢迎程度却是十分惊人的。所以，如果我们想要更好地理解人们对赫西俄德的接受的结构与动机，那还需要做许多工作。[②]

当我们研究人们对古典时代之后的作家的接受时，由于我们掌握着他们中许多人的私人生活与公众生活的详尽记述，这使我们会提出一个有趣的问题，从一个晚期作家的作品中，我们能够在何种程度上按时间顺序，研究[53]一个早期作家对他的影响：举例来说，莎士比亚是如何在自己几十年的写作经历中理解并使用奥维德的作品的；[③]拉辛是如何受到古希腊悲剧的影响的；[④]乔伊斯是如何受到荷马的影响的。[⑤]如果我们把这种研究方式转换到古代作家身上，那么，我们是否可以按照某个古代作家创作的时间顺序，

[①] 请参见Felix Jacoby编，《赫西俄德作品：第一部分——〈神谱〉》(*Hesiodi Carmina. Pars I: Theogonia, Berlin*, 1930)，第106至135页；Glenn W. Most编译，《赫西俄德：〈神谱〉、〈劳作与时日〉及论述》(*Hediod: Theogony, Works and Days, Testimonia*, Harvard, 2006)、《赫西俄德：〈赫拉克勒斯之盾〉、〈列女传〉及其他残篇》(*Hediod: Shield, Catalogue of Women, Other Fragments*, Harvard, 2007)，第154至281页；Glenn W. Most编译，《赫西俄德：〈神谱〉、〈劳作与时日〉及论述》(*Hediod: Theogony, Works and Days, Testimonia*, Harvard, 2006)；《赫西俄德：〈赫拉克勒斯之盾〉、〈列女传〉及其他残篇》(*Hediod: Shield, Catalogue of Women, Other Fragments*, Harvard, 2007)的前言部分第63至69页也非常简短地概述了赫西俄德在古代的接受。

[②] Koning与Most即将出版一部关于现存的有关《神谱》所有的古代与中世纪注疏的翻译著作，我们希望这部译本能够更好地帮助人们理解文艺复兴以前人们对赫西俄德的接受。

[③] 请着重参考Jonathan Bate，《莎士比亚与奥维德》(*Shakespeare and Ovid*, Oxford, 1993)。关于研究了许多相关问题的学术论著集，请参见Charles Martindale与Michelle Martindale，《莎士比亚以及对古代的运用——一篇导言》(*Shakespeare and the Uses of Antiquity: An Introductory Essay*, London, 1990)；Charles Martindale与A. B. Taylor编，《莎士比亚与古代经典》(*Shakespeare and the Classics*, Cambridge, 2004)。

[④] 请着重参考Clement Knight，《拉辛与希腊》(*Racine et la Grèce*, Paris, 1950)；Alain Niderst，《拉辛与古典悲剧》(*Racine et la tragédie classique*, Paris, 1978)。

[⑤] 请参见诸如Declan Kiberd，《乔伊斯笔下的荷马，荷马作品中的乔伊斯》("Joyce's Homer, Homer's Joyce")，载于Richard Brown编，《詹姆斯·乔伊斯指南》(*A Companion to James Joyce*, Oxford, 2008)，第241至253页。

第三章 柏拉图笔下的赫西俄德：一个后天出现的喜好？

去研究他对赫西俄德的态度呢？

但是，一旦提出这个问题，我们就会面临这样的困境：我们关于古代作家的知识太有限了，这不仅是由于现存的古代作品的数量非常稀少，更是因为有关这些作品作者的生平记录实在是太少了，这就限制了回答这个问题的可能性。就算还存在这种可能性，但是，在通常情况下，我们还是无法按照时间顺序，去追踪赫西俄德对某个古代作家的影响的。一种情况是，尽管我们能在某些古代作家的作品中发现许多赫西俄德的影响，但是往往出于这样或那样的原因，我们无法确定这些作品的时间顺序：这既可能是像斯特拉波(Strabo)、[①]泡萨尼阿斯(Pausanias)[②]或雅典奈俄斯(Athnaeus)[③]

[①] 在斯特拉波的《地理学》(Geographia)中，我们找到了十八个托名为赫西俄德的残篇：残篇第11、41、76a、78、85、88、97、98、101、111、143、164、181、214、215、270、279与287号，载于Glenn W. Most编译，《赫西俄德：〈神谱〉、〈劳作与时日〉及论述》(Hediod: Theogony, Works and Days, Testimonia, Harvard, 2006)、《赫西俄德：〈赫拉克勒斯之盾〉、〈列女传〉及其他残篇》(Hediod: Shield, Catalogue of Women, Other Fragments, Harvard, 2007)。

[②] 在泡萨尼阿斯的《希腊地志》(Graeciae Descriptio)中，我们找到了至少十个有关赫西俄德的论述(Testimonia)：论述第4、31、35、39、40、42、103、108、109与110号，载于Glenn W. Most编译，《赫西俄德：〈神谱〉、〈劳作与时日〉及论述》(Hediod: Theogony, Works and Days, Testimonia, Harvard, 2006)、《赫西俄德：〈赫拉克勒斯之盾〉、〈列女传〉及其他残篇》(Hediod: Shield, Catalogue of Women, Other Fragments, Harvard, 2007)；以及至少十一个残篇：残篇第20a、43、53b、170、185、186、189b、190、195、196与197a号，载于Glenn W. Most编译，《赫西俄德：〈神谱〉、〈劳作与时日〉及论述》(Hediod: Theogony, Works and Days, Testimonia, Harvard, 2006)、《赫西俄德：〈赫拉克勒斯之盾〉、〈列女传〉及其他残篇》(Hediod: Shield, Catalogue of Women, Other Fragments, Harvard, 2007)。

[③] 在雅典奈俄斯的《欢宴的哲人》(Deipnosophistae)中，我们至少找到了六个有关赫西俄德的论述：论述第66、68、75、79、81与85号，载于Glenn W. Most编译，《赫西俄德：〈神谱〉、〈劳作与时日〉及论述》(Hediod: Theogony, Works and Days, Testimonia, Harvard, 2006)、《赫西俄德：〈赫拉克勒斯之盾〉、〈列女传〉及其他残篇》(Hediod: Shield, Catalogue of Women, Other Fragments, Harvard, 2007)；以及至少十二个残篇：残篇第179、204b、207、208、209、213、223、224、225、235b、238与243号，载于Glenn W. Most编译，《赫西俄德：〈神谱〉、〈劳作与时日〉及论述》(Hediod: Theogony, Works and Days, Testimonia, Harvard, 2006)、《赫西俄德：〈赫拉克勒斯之盾〉、〈列女传〉及其他残篇》(Hediod: Shield, Catalogue of Women, Other Fragments, Harvard, 2007)。

那样,他们只有一部现存的作品;也可能是像亚里士多德①或普鲁塔克②那样,尽管他们都有不止一部的作品,但是除了很少几个例外,[54]我们不可能在这些作品中间建立起时间上的先后顺序。另一种情况是,对有一些古代作家,比如品达、古希腊的悲剧作家,以及阿里斯托芬,又或者西塞罗,虽然我们多多少少能够对他们作品的时间顺序进行一些不错的判断,但是几乎所有这些作家都没有受到赫西俄德非常强烈或长时间的影响。所以,在以上这两种情况中,要尝试按照某个古代作家创作的时间顺序,来研究赫西俄德对他的影响,就没有太大的意义了。

在所有的古代作家中,有一个非常重要的例外,按照他的作品的时间顺序研究赫西俄德对他的影响是十分有价值的,这个作家就是柏拉图。这是因为,柏拉图的作品毫无疑问地说明了,在他的

---

① 在亚里士多德的作品中,我们至少找到了六个有关赫西俄德的论述:论述第37、102、117a、117b、117c与128号,载于Glenn W. Most编译,《赫西俄德:〈神谱〉、〈劳作与时日〉及论述》(*Hediod:* Theogony, Works and Days, *Testimonia*, Harvard, 2006)、《赫西俄德:〈赫拉克勒斯之盾〉、〈列女传〉及其他残篇》(*Hediod:* Shield, Catalogue of Women, *Other Fragments*, Harvard, 2007);以及至少一个残篇:残篇第303号,载于Glenn W. Most编译,《赫西俄德:〈神谱〉、〈劳作与时日〉及论述》(*Hediod:* Theogony, Works and Days, *Testimonia*, Harvard, 2006)、《赫西俄德:〈赫拉克勒斯之盾〉、〈列女传〉及其他残篇》(*Hediod:* Shield, Catalogue of Women, *Other Fragments*, Harvard, 2007)。

② 在普鲁塔克的作品中,我们至少找到了十二个有关赫西俄德的论述:论述第8、32、33a、33b、38、67、76、86、101、102、112与155号,载于Glenn W. Most编译,《赫西俄德:〈神谱〉、〈劳作与时日〉及论述》(*Hediod:* Theogony, Works and Days, *Testimonia*, Harvard, 2006)、《赫西俄德:〈赫拉克勒斯之盾〉、〈列女传〉及其他残篇》(*Hediod:* Shield, Catalogue of Women, *Other Fragments*, Harvard, 2007);以及至少五个残篇:残篇第9、204e、235a、254与293a,载于Glenn W. Most编译,《赫西俄德:〈神谱〉、〈劳作与时日〉及论述》(*Hediod:* Theogony, Works and Days, *Testimonia*, Harvard, 2006)、《赫西俄德:〈赫拉克勒斯之盾〉、〈列女传〉及其他残篇》(*Hediod:* Shield, Catalogue of Women, *Other Fragments*, Harvard, 2007)。普鲁塔克还为《劳作与时日》写了一篇注释(请参见论述第147号,载于Glenn W. Most编译,《赫西俄德:〈神谱〉、〈劳作与时日〉及论述》[*Hediod:* Theogony, Works and Days, *Testimonia*, Harvard, 2006]、《赫西俄德:〈赫拉克勒斯之盾〉、〈列女传〉及其他残篇》[*Hediod:* Shield, Catalogue of Women, *Other Fragments*, Harvard, 2007])。

第三章 柏拉图笔下的赫西俄德:一个后天出现的喜好?

整个创作生涯中都与赫西俄德息息相关;①还因为另一点,即粗略地讲,至少在一定层面上,我们能够对柏拉图许多作品之间的时间顺序进行一些有根据的判断,而这就意味着,我们可以提出甚至期望解决以下问题:在柏拉图对赫西俄德的观点在他的创作生涯中是否产生了变化,如果的确如此,那么,这些变化又是什么样的。

可以肯定的是,在我们试图解决这个问题的时候会碰到两个非常大的难关。第一个难关是,"柏拉图"并没有在柏拉图的作品中出现过。柏拉图并没有发表过任何一篇包含他以自己的口吻进行论述的作品(《书简七》[*Epistula Septima*]是一个可能的例外②):柏拉图所有的作品都是对话,至少在形式上,这些对话中的谈话者并不包括柏拉图本人,这些谈话者所表达的都是他们自己的观点,这些观点可能与柏拉图本人的观点相符,也可能相悖。从最严格

---

① 在柏拉图的作品中,我们至少找到了七个有关赫西俄德的论述:论述第36、83、99、115、116a、116b与116c号,载于Glenn W. Most编译,《赫西俄德:〈神谱〉、〈劳作与时日〉及论述》(*Hediod:* Theogony, Works and Days, *Testimonia*, Harvard, 2006)、《赫西俄德:〈赫拉克勒斯之盾〉、〈列女传〉及其他残篇》(*Hediod:* Shield, Catalogue of Women, *Other Fragments*, Harvard, 2007);以及至少一个残篇,残篇第300a,载于Glenn W. Most编译,《赫西俄德:〈神谱〉、〈劳作与时日〉及论述》(*Hediod:* Theogony, Works and Days, *Testimonia*, Harvard, 2006)、《赫西俄德:〈赫拉克勒斯之盾〉、〈列女传〉及其他残篇》(*Hediod:* Shield, Catalogue of Women, *Other Fragments*, Harvard, 2007)。
② 《书简七》仅仅有可能是个例外,不仅因为我们难以对它的真伪性下定论——尽管到目前为止,天平又再次偏向这部书简是真作(请参见诸如Maria Liatsi,《〈第七书简〉中体现出的柏拉图的符号学书信写作法——所谓哲学离题的介绍》[*Die semiotische Erkenntnistheorie Platons im Siebten Brief. Eine Einführung in den sogenannten philosophischen Exkurs*, (即*Zetemata*,第131期), Munich, 2008],其中包括了非常详尽的参考书目表);关于更为谨慎但观点相同的论述,请参见诸如Michael Erler,《柏拉图(哲学史纲要——古代哲学史)》(*Platon[Grundriss der Geschichte der Philosophie: Die Philosophie der Antike]*,2卷本第2卷, Basel, 2007),第314至315页,但这个问题仍然是"sub judice"(待下结论)的,而且也因为,就算这部书简确实是柏拉图所作,柏拉图发表它的意图也和对话作品不一样,他的写作意图首先是私人交流(尽管他肯定知道这部书简的流传会远远超出自己的私人圈子)。

的意义上来说，即使我们可以确定柏拉图每一篇对话作品写作的时间顺序，但就像判断一切作品中的虚构角色口中所说的东西与作者本人的关系一样，我们从这些对话作品中的谈话者们发表的关于赫西俄德的观点中所能断定的，并不能给我们带来关于柏拉图在他的创作生涯中对赫西俄德的观点发生变化的可靠信息，[55]这就好比说，从莎士比亚笔下的角色所说的话中，我们并不能十分轻易地得知莎士比亚本人的想法。但是在笔者看来，我们并不应该因为害怕陷入某种幼稚的传记主义(biographism)，就完全接受这种彻底的不可知论。一般而言，对于我们来说，至少从柏拉图作品里那些对赫西俄德最主要的大段参考中，要判断某一篇某一段所蕴含的赫西俄德的价值，并没有那么困难。从一方面来讲，这些参考往往都是论证所用的材料，其目的是为了支撑更广泛的辩论结构，柏拉图不太可能想让我们认为这些材料从根本上就有问题，因为这会从整体上危害议论的结构。从另一方面来讲，某个谈话者的道德立场与思想特征能够帮助我们理解他对赫西俄德诗行的运用，从而指引我们不仅确定他对赫西俄德的评价，也确定我们自己应该如何评价他的这些评价。比如说，如果在同名对话中，游叙弗伦通过引用赫西俄德的诗行而为自己对父亲的行为进行辩护，那么，这就会让我们对他产生疑心，而如果其他对话作品中的苏格拉底或雅典客人引用赫西俄德，则不会让我们有所怀疑，或者至少远远不会这么怀疑。①

第二个难关则是，要精确地断定柏拉图对话作品创作的时间顺序，是很困难的，在这点上，在学者中间还远远没有达到共识。无论是通过外部信息、作品中对历史事件的记录，还是利用概率统

---

① 关于柏拉图笔下的谈话者对赫西俄德诗行的运用，另请参见山形直子为本书所撰写的第四章。

计对文体进行分析(甚至包括那些由计算机参与的分析),无论是个人的尝试,还是集体的尝试,都没能成功地让学者们都同意一个精确的柏拉图作品的时间顺序。这更是因为,柏拉图至少有一部分的对话作品经过了修改(比较明显的是《王制》,有可能也包括《克拉底鲁》)①,从这一点上来说,完全确定柏拉图的对话作品的时间顺序也许是完全不可能的。②不过,从另一方面来说,虽然如果可能的话,能达到这种精确性当然很好,但是完全可以不要求这么精确,因为学者们在总体问题上是有共识的,他们中的大多数(如果不是全体一致)[56]都同意,根据内部和外部证据,大致上可以将柏拉图的对话作品粗略地分为三大类:早期对话,包括大多数都是短篇的、戏剧性强烈并且最终走进了死胡同的作品,苏格拉底一般都是对话中的主导者,常常问道:"某某是什么?"(《苏格拉底的申辩》应该也属于早期对话这一类);中期对话,包括《王制》以及

---

① 关于《克拉底鲁》,请参见David N. Sedley,《柏拉图的〈克拉底鲁〉》(*Plato's Cratylus*, Cambridge, 2003),第6至16页。
② 通过以下作品,我们能够很明白地看清最近这一段时间学者们关于这个问题的分歧:Holger Thesleff,《柏拉图作品编年之研究》(*Studies in Platonic Chronology*, Helsinki, 1982);Gerard R. Ledger,《重算柏拉图——对柏拉图风格的计算机分析》(*Re-Counting Plato: A Computer Analysis of Plato's Style*, Oxford, 1989);Leonard Brandwood,《柏拉图对话作品编年》(*The Chronology of Plato's Dialogues*, Cambridge, 1990);以及Brandwood的书评:Paul M. Keyser,《计量文体学理论与柏拉图作品的编年》("Stylometric Method and the Chronology of Plato's Works"),评Leonard Brandwood,《柏拉图对话作品编年》(*The Chronology of Plato's Dialogues*, Cambridge, 1990),载于*Bryn Mawr Classical Review*, 03.01.12期;Thesleff与Ledger的书评:Debra Nails,《重新审视柏拉图作品的编年》("Platonic Chronology Reconsidered"),评Gerard R. Ledger,《重算柏拉图——对柏拉图风格的计算机分析》(*Re-Counting Plato: A Computer Analysis of Plato's Style*, Oxford, 1989);Leonard Brandwood,《柏拉图对话作品编年》(*The Chronology of Plato's Dialogues*, Cambridge, 1990),及载于*Bryn Mawr Classical Review*, 03.04.17期;Ledger与Brandwood的书评:Charles Young,《柏拉图与计算机断代》("Plato and Computer Dating"),载于*Oxford Studies in Ancient Philosophy*,第12期,第227至250页;以及Gerard R. Ledger与Paul M. Keyser,《回应》("Responses"),载于*Bryn Mawr Classical Review*, 03.06.19期。

其他相关对话,在这些作品中,柏拉图建立起了关于理念(Ideas)的一套理论,并对之进行发微;晚期对话,包括《法义》以及其他相关对话,在这些作品中,柏拉图认为自己关于理念的理论是有问题的,或是直接将其弃而不用了。①当然,我们还不能肯定这种大略的划分方式完全没有循环论证,或是在许多有问题的哲学方面不存在预设,但是无论如何,把这些对话作品这样划分一下,总是比完全不划分或者彻底不同地划分更有好处,所以这种划分还是足够可靠的,能为我们对这个问题的谨慎探索提供基础。

我们可以适度谨慎地把柏拉图作品中所有参引了赫西俄德的段落集合起来,也可以大致按照早期、中期和晚期对话,将它们进行划分,而以此为基础,我们就可以按作品约略的时间顺序,看清这些对赫西俄德的参考和引用的发展方向或相互差别。表3.1可以扼要地展示出对这些段落的集合。笔者根据这个表格,将这些段落分成四大类:第一,早期对话,由于无法确定这一类对话作品之间的时间顺序,笔者就按照作品标题的首字母顺序进行排列;②第二,中期对话,包括《王制》与《泰阿泰德》;第三类,晚期对话,包括《蒂迈欧》与《法义》;第四类,疑为伪作的柏拉图作品对赫西俄德的作品的参引。对其中每一个段落,笔者都在"作品"一栏下标注出柏拉图所引用的赫西俄德的作品名称——如果我们有可能辨识出是哪部作品的话;在"荷马"一栏下,笔者标注出参引赫西俄德的内容是否是清晰而直接地与荷马相关;在"谈话者"一栏下,笔者标注出是哪位谈话者参引赫西俄德的;在"评价"一栏下,笔

---

① 这是一个谨慎得出的结论,出自Michael Erler,前揭,第22至26页,尤其是第25页。
② 笔者将《克拉底鲁》(请参见David N. Sedley,《柏拉图的〈克拉底鲁〉》[*Plato's Cratylus*],笔者与该书观点不尽相同)与《会饮》归入此类,尽管并不敢完全肯定,但还是遵照现今大多数研究柏拉图学者们的观点;就算这两篇对话作品不属于第一类而属于第二类,它们也肯定属于第二类里的中早期而非后期的作品,而且按照本章的讨论内容来说,无论我们将这两篇对话归为第一类的中后期,还是第二类的中早期作品都并没有什么影响。

第三章　柏拉图笔下的赫西俄德：一个后天出现的喜好？　　*81*

者非常约略地标注出，在该段中，赫西俄德[57]是从某些角度被当作权威或受到赞扬，还是因某些原因而受到批评。毫无疑问，在某种程度上，这种图表化的表示会产生某种武断且过度简单化的危险。笔者的希望是，如果能够仔细地进行处理，那么，这个图表还是能够有些用处的。笔者让读者们来决定这个希望是否得到了实现。

以下是我们所讨论的各个段落：

I. 早期对话：

I. 1. 《苏格拉底的申辩》41a：苏格拉底希望自己能在地府中见到俄耳甫斯、缪赛俄斯、赫西俄德与荷马。

I. 2. 《卡尔米德》163b：通过阅读赫西俄德的作品(《劳作与时日》第311行)，克里提阿明白了，πράττειν(做)、ποιεῖν(制作)和ἐργάζεσθαι(劳作)的意义并不相同。

I. 3.a. 《克拉底鲁》396c：苏格拉底可以记起一部分(但仅仅只是一部分)赫西俄德笔下的众神谱系(《神谱》)。

I. 3.b. 《克拉底鲁》397e-398a：为了解释δαίμων(神明、神灵、灵)这个词，苏格拉底不准确地引用了赫西俄德有关人类发展的黄金时代的诗行(《劳作与时日》第121至123行)。

I. 3.c. 《克拉底鲁》402b：苏格拉底引用了荷马关于俄刻阿诺斯(Oceanus)与忒堤斯(Tethys)的诗行，然后又把荷马的说法与赫西俄德联系了起来，但其实这是不准确的。

I. 3.d. 《克拉底鲁》406d：苏格拉底讽刺性地接受了赫西俄德关于阿佛洛狄忒的词源学观点(《神谱》第195至198行)。

I. 3.e. 《克拉底鲁》428a：赫尔墨戈内斯(Hermegenes)引用了出处为赫西俄德的谚语(《劳作与时日》第361至362行)，即，即使只为一件很小的事做一点很小的贡献也是很有帮助的。

I. 4. 《游叙弗伦》6a：游叙弗伦为了替自己对待父亲的方式进行辩护，提到了赫西俄德笔下的宙斯与克洛诺斯各自对待自己父亲的方式(《神谱》)，不过，他并没有提到赫西俄德的名字。

I.5.《伊翁》531a以下：伊翁与苏格拉底谈到了游吟诗人的表演，以及对荷马、赫西俄德还有其他诗人的演绎和诠释。

I.6.《吕西斯》215d：苏格拉底引述了某个曾经与他谈过话的人的说法，此人为了说明相似物之间充满敌意而把赫西俄德《劳作与时日》第25行当作权威来引用。

I.7.a.《普罗塔戈拉》316d：普罗塔戈拉宣称说，荷马、赫西俄德以及其他诗人其实只是伪装下的智术师。

[58] I.7.b.《普罗塔戈拉》340c：苏格拉底为了支撑"变好是很难的"这个观点而参引了赫西俄德的诗行（《劳作与时日》第289至292行）。

I.8.a.《会饮》178b：斐德若为了说明爱欲之神厄若斯是最古老的神明而参引了赫西俄德的诗行（《神谱》第116至117行，第120行）。

I.8.b.《会饮》195c：阿伽通反驳了斐德若在I.8.a.中的说法。

I.8.c.《会饮》209d：第俄提玛(Diotima)称赞了荷马、赫西俄德以及其他诗人，认为他们是长存不朽的后代的父亲。

II. 中期对话：

II.1.a.《王制》第2卷，363b：为了说明正义之人能够得到好报，阿德曼托斯(Adeimantus)引用了荷马与赫西俄德(《劳作与时日》第233至234行)的诗行。

II.1.b.《王制》第2卷，364c–364d：阿德曼托斯引用并重述了赫西俄德关于作恶容易行善难的诗行（《劳作与时日》第287至291行）。

II.1.c.《王制》第2卷，377d以下：苏格拉底说荷马与赫西俄德应该因为他们虚构的关于众神的故事而受到指责，并从赫西俄德的作品中举出了神明行为不端的例子（《神谱》）。

II.1.d.《王制》第3卷，390e：苏格拉底拒绝相信古代诗行，因为根据这些诗行，用财物是能够买通众神和国王们的（这可能是，也可能不是赫西俄德的诗行，请参见赫西俄德残篇第300a、

300b号，载于Glenn W. Most编译，《赫西俄德：〈神谱〉、〈劳作与时日〉及论述》[*Hediod: Theogony, Works and Days, Testimonia*, Harvard, 2006]、《赫西俄德：〈赫拉克勒斯之盾〉、〈列女传〉及其他残篇》[*Hediod: Shield, Catalogue of Women, Other Fragments*, Harvard, 2007])。

II. 1.e. 《王制》第3卷，414c以下：很明显，苏格拉底关于人类发展的黑铁时代所说的"高贵的谎言"，是以赫西俄德关于人类发展时代的神话为根据的(《劳作与时日》)。

II. 1.f. 《王制》第5卷，466b-466c：苏格拉底同意赫西俄德"半多于全"或"过犹不及"的说法(《劳作与时日》第40行)。

II. 1.g. 《王制》第5卷，468e-469a：苏格拉底不准确地参引了赫西俄德笔下有关黄金时代人类的说法，来比喻自己虚构的城邦中的护卫者们的命运(《劳作与时日》第122至123行)。

II. 1.h. 《王制》第8卷，546d-547a：苏格拉底明确地把赫西俄德关于人类发展时代的说法(《劳作与时日》第109行以下)和自己虚构城邦中的护卫者们的金属性联系起来。

II. 1.i. 《王制》第10卷，600d：苏格拉底宣称说，因为没能为人们教授美德，荷马与赫西俄德被迫游吟卖唱。

[59]II. 1.j. 《王制》第10卷，612b：苏格拉底反驳了阿德曼托斯在第2卷363中根据荷马与赫西俄德而为正义的回报所下的定义。

II. 2.a. 《泰阿泰德》155d：苏格拉底赞同陶玛斯($Θαύμας$，意思是"惊叹")是伊里斯($Ἶρις$，意思是"彩虹"，作为专有名词时是"彩虹女神"，她在古希腊、古罗马神话中是众神从天国派出的信使，在这里柏拉图将她代表的意象引申为"哲学")的父亲的说法，这个说法虽然没有注明出处，但很明显是来自赫西俄德的(《神谱》第265至266行，第780行)。

II. 2.b. 《泰阿泰德》207a：苏格拉底以赞同的态度参引了赫西俄德对大篇幅详细列举的简洁描述(《劳作与时日》第455至456行)。

III. 晚期对话：

III. 1.a. 《蒂迈欧》21d: 克里提阿宣称说, 如果梭伦真的写过一篇关于亚特兰蒂斯帝国的诗歌, 他就会变成一个与荷马和赫西俄德一样享有盛名的诗人。

III. 1.b. 《蒂迈欧》40d-41a: 蒂迈欧说, 我们必须接受名氏不详的古代诗人笔下所写的众神谱系(这其中自然而然就包括了赫西俄德和他的《神谱》), 因为这些诗人是神明们的孩子。①

III. 2.a. 《法义》第2卷, 658d: 雅典客人说像他这样的老人更喜欢荷马与赫西俄德。

III. 2.b. 《法义》第3卷, 677e: 雅典客人说赫西俄德(很明显指的是《劳作与时日》)已经暗示过存在政治学的理论了。

III. 2.c. 《法义》第3卷, 690e: 雅典客人以赞同的态度参引了出处为赫西俄德的谚语, 也就是"半多于全"或"过犹不及"(《劳作与时日》第40行)。

III. 2.d. 《法义》第4卷, 718e-719a: 按照雅典客人的说法, 之所以很多人都认为赫西俄德很有智慧, 是因为他说过, 通往美德的路途非常艰难(《劳作与时日》第289至292行)。

III. 2.e. 《法义》第10卷, 901a: 雅典客人用一个诗人的说法来形容懒惰的人(很明显指的是《劳作与时日》第303至304行)。

III. 2.f. 《法义》第12卷, 943e: 按照雅典客人的说法, 公正女神(Δίκη)是一位贞女, 非常受人尊敬(《劳作与时日》第256至257行)。

[60]IV. 疑为伪作的柏拉图作品:

IV. 1. 《德谟多科斯》(*Demodocus*), 383b: 其中一位谈话者以赞同的态度引用了一首古代诗歌中的一行(这有可能是, 也有可能

---

① 有人说赫西俄德是狄俄斯(Dius)的儿子, 请参见论述第1、2号、第95号第15行以及第105c号, 载于Glenn W. Most编译, 《赫西俄德:〈神谱〉、〈劳作与时日〉及论述》(*Hediod: Theogony, Works and Days, Testimonia*, Harvard, 2006)、《赫西俄德:〈赫拉克勒斯之盾〉、〈列女传〉及其他残篇》(*Hediod: Shield, Catalogue of Women, Other Fragments*, Harvard, 2007)。

不是赫西俄德所作,请参见赫西俄德残篇第293a、293b与293c号,载于Glenn W. Most编译,《赫西俄德:〈神谱〉、〈劳作与时日〉及论述》[*Hediod:* Theogony, Works and Days, *Testimonia*, Harvard, 2006]、《赫西俄德:〈赫拉克勒斯之盾〉、〈列女传〉及其他残篇》[*Hediod:* Shield, Catalogue of Women, *Other Fragments*, Harvard, 2007]),根据这一行诗,一个人在判决一个案例前应该先听过双方的陈词。

IV. 2. 《厄庇诺米斯》,990a:雅典客人说,一个真正的天文学家不仅必须像赫西俄德那样观察天体的升起与降落。这一段有可能参考的是《劳作与时日》中的相关段落,或者更有可能的是参考了托名为赫西俄德的一篇名为《星体学》(*Astrologia*)或《天文学》(*Astronomia*)的作品(请参见赫西俄德残篇第223、224、225、226、227、228与229号,载于Glenn W. Most编译,《赫西俄德:〈神谱〉、〈劳作与时日〉及论述》[*Hediod:* Theogony, Works and Days, *Testimonia*, Harvard, 2006]、《赫西俄德:〈赫拉克勒斯之盾〉、〈列女传〉及其他残篇》[*Hediod:* Shield, Catalogue of Women, *Other Fragments*, Harvard, 2007])。

IV. 3.a. 《米诺斯》,318d–318e:苏格拉底说,荷马与赫西俄德(很可能指的是《列女传》)赞扬了米诺斯。

IV. 3.b. 《米诺斯》,319a:苏格拉底说,荷马与赫西俄德(很可能指的是《列女传》)赞扬了米诺斯。

IV. 3.c. 《米诺斯》,320c–320d:苏格拉底引用了他称为是赫西俄德所作的关于米诺斯的诗行(《列女传》,赫西俄德残篇第92号,载于Glenn W. Most编译,《赫西俄德:〈神谱〉、〈劳作与时日〉及论述》[*Hediod:* Theogony, Works and Days, *Testimonia*, Harvard, 2006]、《赫西俄德:〈赫拉克勒斯之盾〉、〈列女传〉及其他残篇》[*Hediod:* Shield, Catalogue of Women, *Other Fragments*, Harvard, 2007])。

IV. 4. 《书简十一》(*Epistula Undecima*),358e–359a:柏拉图,

或者说本部书简的作者以赞同的态度引用了他称为出自赫西俄德的内容(赫西俄德残篇第274号,载于Glenn W. Most编译,《赫西俄德:〈神谱〉、〈劳作与时日〉及论述》[*Hediod:* Theogony, Works and Days, *Testimonia*, Harvard, 2006]、《赫西俄德:〈赫拉克勒斯之盾〉、〈列女传〉及其他残篇》[*Hediod:* Shield, Catalogue of Women, *Other Fragments*, Harvard, 2007]),根据这些内容,他认为有些事不仅过于琐碎,而且太难以理解了。

表3.1 柏拉图作品中对赫西俄德的参引

篇名	段落	作品	荷马	谈话者	评价
《苏格拉底的申辩》	41a		+	苏格拉底	+
《卡尔米德》	163b	《劳作与时日》		克里提阿	+
《克拉底鲁》	396c	《神谱》		苏格拉底	+
	397e–398a	《神谱》		苏格拉底	+
	402b		+	苏格拉底	+
	406d	《神谱》		苏格拉底	±
	428a	《劳作与时日》		赫尔墨戈内斯	+
《游叙弗伦》	6a	《神谱》		游叙弗伦	±
《伊翁》	531a以下		+	伊翁与苏格拉底	±
《吕西斯》	215d	《劳作与时日》		苏格拉底	+
《普罗塔戈拉》	316d		+	普罗塔戈拉	±
	340c	《劳作与时日》		苏格拉底	+
《会饮》	178b	《神谱》		斐德若	+
	195c	《神谱》		阿伽通	−
	209d		+	第俄提玛	+
《王制》	第2卷,363b	《劳作与时日》	+	阿德曼托斯	+
	第2卷,364c–364d	《劳作与时日》	+	阿德曼托斯	+
	第2卷,377d以下	《神谱》	+	苏格拉底	−
	第3卷,390e	[?]	+	苏格拉底	−
	第3卷,414c以下	《劳作与时日》		苏格拉底	±
	第5卷,466b–466c	《劳作与时日》		苏格拉底	+

作品	位置	引用作品	荷马	谈话者	评价
	第5卷, 468e–469a	《劳作与时日》		苏格拉底	+
	第8卷, 546d–547a	《劳作与时日》		苏格拉底	±
	第10卷, 600d		+	苏格拉底	−
	第10卷, 612b		+	苏格拉底	−
《泰阿泰德》	155d	《神谱》		苏格拉底	+
	207a	《劳作与时日》		苏格拉底	+
《蒂迈欧》	21d		+	克里提阿	+
	40d–41a	《神谱》		蒂迈欧	+
《法义》	第2卷, 658d		+	雅典客人	+
	第3卷, 677e	《劳作与时日》		雅典客人	+
	第3卷, 690e	《劳作与时日》		雅典客人	+
	第4卷, 718e–719a	《劳作与时日》		雅典客人	+
	第10卷, 901a	《劳作与时日》		雅典客人	+
	第12卷, 943e	《劳作与时日》		雅典客人	+
[《德谟多科斯》]	383b	[?]		佚名	+
[《厄庇诺米斯》]	990a	《星体学》? 《劳作与时日》?		雅典客人	−
[《米诺斯》]	318d–318e	《列女传》	+	苏格拉底	+
	319a	《列女传》	+	苏格拉底	+
	320c–320d	《列女传》		苏格拉底	+
[《书简十一》]	358e–359a	无法确定出处的残篇		柏拉图	+

在"作品"一栏下,"[?]"代表我们完全不能确定所参引的作品是出自赫西俄德的真作还是伪作。
在"荷马"一栏下,"+"代表该段与荷马有非常明确的联系。
在"谈话者"一栏下,笔者给出的是参引赫西俄德的谈话者的名字。
在"评价"一栏下,笔者非常粗略地指出该段对赫西俄德被引诗行的评价是正面的(+),还是负面的(−);"±"则代表评价是更为复杂、微妙或讽刺性的。

从以上列举的材料中,按照作品大概的时间顺序,我们可以看清柏拉图对赫西俄德的接受的某些发展取向,以及一些先后出现的相互差别。

第一个很明确的特征是，在柏拉图看来，赫西俄德只是《神谱》和《劳作与时日》的作者，而并不是其他许多托名为赫西俄德的古代诗歌的作者。只有在疑为伪作的柏拉图作品《米诺斯》(IV. 3.a、IV. 3.b、IV. 3.c)与《书简十一》(IV. 4)中，其参引的内容肯定是来自托名为赫西俄德的作品，虽然一些古代作家说这些作品是赫西俄德所作，但是现代的学者们几乎全部都同意它们[62]其实是其他诗人的作品；有些人认为，疑为伪作的《德谟多科斯》(IV. 1)所参考的一行出处不明的诗作是赫西俄德的作品；在疑为伪作的《厄庇米诺斯》(IV. 2)中，我们并不能确定对这一处的参引，其出处究竟是赫西俄德的真作《劳作与时日》呢，还是那部很可能是伪作的《星体学》或《天文学》。与此相反的是，在所有确定为柏拉图真作的作品中，对赫西俄德实际作品的参引，没有一处不是出自《劳作与时日》或《神谱》的，唯一可能的例外是《王制》第3卷390e(II. 1.d)，其实这也不算例外，因为这里参引的是只有某些古代作家认为是赫西俄德所作的诗行，而柏拉图本人却并不这么认为。也许，看起来这个观点并不重要，但是也不尽然：关于柏拉图认为赫西俄德只是写了《神谱》和《劳作与时日》这一点就足以说明，柏拉图对赫西俄德诗歌内质的把握非常准确且敏锐，让他能够判断哪些是赫西俄德的真作，哪些只是借赫西俄德的名字而在那个时代流传的作品；这有可能是柏拉图自己的创见，也有可能是他接受了某些同时代作家们的观点，而我们已经无从得知这些作家的名氏了。在柏拉图对荷马作品的参引中，我们也能发现完全一样的情况：当许多其他诗作在几个世纪中被逐渐归到荷马名下时，柏拉图却只是把《伊利亚特》与《奥德修纪》当成荷马的作品——很明显地，柏拉图不仅明白是什么特质让赫西俄德的作品独一无二，也明白让荷马的作品独一无二的特质是什么，当然，《伊利亚特》和《奥德修纪》与英雄诗系(Cycli Epici)中的叙事诗作品的具体区别,要等到他的学生亚里士多德在《论诗术》(De arte poëtica)第8章以及第23章中才会揭示并加以解释。[①]

从上面列举的材料中能够发现的第二个特征是,柏拉图在他整个的创作生涯中,首先,是接受《神谱》中的众神名字、谱系与名字的词源学分析的;其次,他并没有接受《神谱》中关于众神之间的行为的说法。换句话来说,柏拉图把《神谱》当成是可靠的神明百科或辞典,但却拒绝接受将其中的叙事说成是宙斯建立正义的过程这样的说法:这可能是因为柏拉图根本没有理解赫西俄德整体的叙事构思——这个整体的构思就是,在几次可怖的战争中,早期神明的残忍与野蛮达到顶点,而最终又臣服于宙斯和平而又公正的统治——更可能的原因则是,柏拉图认为赫西俄德的叙事主要不是为了这个构思而创作的。[63]所以,第一,在(可能的)早期对话《克拉底鲁》(I. 3.a、I. 3.b、I. 3.c、I. 3.d)、中期对话《泰阿泰德》(II. 2.a)以及晚期对话《蒂迈欧》(III. 1.b)中,苏格拉底在不同程度上赞同并接受了赫西俄德笔下的众神名字、谱系与名字的词源学分析。[②]可以肯定的是,柏拉图笔下的这些段落包括了反讽的说法,或者说包括了其他将赫西俄德与柏拉图之间关系拉远的说法,而且从总体上来说,我们也很难相信,柏拉图曾经全心全意地接受并同意对众神名字进行严肃的词源学分析这种做法,而这种做法是始自荷马与赫西俄德的,在其后的几个世纪中,这种做法又在古希

---

① 关于柏拉图与荷马关系的这一观点的证据,请参见Jules Labarbe,《柏拉图作品中的荷马》(*L'Homère de Platon*, Liège, 1949);关于从柏拉图到亚里士多德对这个问题的观点的发展以及其更广泛的背景,请参见Glenn W. Most,《到底有多少荷马?》("How Many Homers?"),载于Anna Santoni编,《多层次的作者》(*L'Autore multiplo*, Pisa, 2005),第1至14页。

② 关于赫西俄德笔下众神名氏的词源学分析与柏拉图的关系,另请参见本书第13章。

腊文化中得到了提炼与改进。①然而,这些段落之间的连贯性表示出,在这些关于众神名字的词源发展的问题上,柏拉图一直是认真地把赫西俄德当成一个权威来参考的(当然,柏拉图笔下所提出的这些问题本身,在何种程度上是认真严肃的,就需要另外的研究了)。但是第二,在进行自我辩护的时候,游叙弗伦参引了赫西俄德笔下关于众神品行不端的神话(I. 4.),而在《游叙弗伦》这篇对话作品制造出的语境下,这已经足以让赫西俄德受到指责了;而且与此同时,我们所面对的一个难有定论的问题是,该受到指责的究竟应该是游叙弗伦,还是赫西俄德本人。当柏拉图在《王制》(II. 1.c)中回到这个问题时,他对讨论增加了更多细节,并将之放到了建构得更为详尽的神学与诗学框架之中,他为这个问题下了定论,并且说明了并不适宜用赫西俄德的《神谱》来教育儿童(柏拉图的意思也很可能是不仅包括儿童)。

而与《神谱》相反,柏拉图对《劳作与时日》这部作品的观点是,第一,它是对公正问题的思考,而赫西俄德在其中建立起来的有关道义的理论是不够充分的;第二,它是一部有用的格言的选集。如果我们只掌握柏拉图的作品,赫西俄德的这部作品就很可能与农业、航海、好的时节与坏的时节完全无关——那么,柏拉图到底知道不知道这部诗作的名字是"劳作与时日"呢?难道他所知道的《劳作与时日》有着另一个标题?所以,第一,在《王制》这篇中期对话中,阿德曼托斯在最开始(II. 1.a)陈述了一种最普遍的正义,其支撑的是赫西俄德以及其他诗人笔下被抛弃了的故事,而第10卷的最后一个相关段落(II. 1.j)则与之形成了呼应,为这部宏大的作品做了收尾,而且在某种程度上并不那么充分地为这部作品中所

---

① 关于众神名氏在《克拉底鲁》中的词源学分析,请参见Barbara Anceschi,《柏拉图的〈克拉底鲁〉中众神的名字——对比德尔维尼的手抄本》(*Die Gotternamen in Platons* Kratylos. *Ein Vergleich mit dem Papyrus von Derveni,* Frankfurt, 2007)。

第三章　柏拉图笔下的赫西俄德：一个后天出现的喜好？　　91

提出的复杂的诸多问题提供了一个答案；[64]不过到了晚期写作的《法义》中，雅典客人又回到了有关赫西俄德以及有关正义的理论的问题上，他认为赫西俄德的作品确实暗含了(但也仅仅只是暗含了)真正哲学意义上的公正，这说明，一直到晚年，柏拉图都在考虑为什么赫西俄德没有能够为公正进行更好的辩护。与之相反的是，第二，柏拉图笔下的诸多谈话者常常不加掩饰地直接使用《劳作与时日》中所包含的谚语格言，而且这一直贯穿于柏拉图的写作生涯中。早期对话作品使用了："即使只为一件很小的事做一点很小的贡献也是很有帮助的"(I. 3.e)，"陶工嫉恨陶工"(I. 6)，以及"不朽的众神在美德之前留下了汗水"(I. 7.b)。中期对话作品使用了："半多于全"(II. 1.f)以及马车上的一百个木质零件(II. 2.b)。最后，在《法义》中：又一次出现了"半多于全"(III. 2.c)、又一次出现了"不朽的众神在美德之前留下了汗水"(III. 2.d)以及"懒人让人神共愤"(III. 2.e)。在柏拉图的眼中，《劳作与时日》似乎是大众哲学(popular philosophy)的代表作，其中有利有弊，而且都和其中那种并非出自专业哲学家的论证有关：其中从日常生活和经验中提取了一些颇有意义的总结，并以脍炙人口的措辞对其进行了表述，但是其论证的逻辑并不是无懈可击的，哲学上的深刻程度也并不足够充分。

将这些相对固定的接受倾向作为背景，再来看柏拉图对赫西俄德接受中一些先后出现的差别，我们便会觉得十分惊人。这些差别至少有三处：第一，首先是最令人注意的一点，在早期的对话作品中，引用赫西俄德的谈话者往往赞同赫西俄德的诗行，但通常情况下，读者们却肯定是不赞同这些谈话者的；而在晚期的作品中，读者们却必定认为那些以赞同的态度参引赫西俄德的谈话者更接近柏拉图本人的立场。因为他的无知、不自知，并且受到了误导，游叙弗伦(I. 4)已经接近了真正的邪恶，这个例子也许并不是特别具有代表性的，但是在早期对话中，把赫西俄德当作权威进行参引的谈话者们，虽然在总体上与柏拉图本人强烈反对的整个雅典文明对这个诗人的接受是一致的，不过，就算他们不是充满恶意的，但很明显的是，他们并不明白自己对[65]赫西俄德的参引。①无趣而又自我吹捧的伊翁(I. 5)、圆滑而又自信满满的普罗塔戈拉(I. 7.a)、开朗但却浅薄的斐德若(I. 8.a)，也包括中期对话《王制》中充满善意但却陷于迷惑中的阿德曼托斯(II. 1.a、II. 1.b)——很明显，所有这些在中早期对话中喜爱赫西俄德的对话者们，都没能在赫西俄德的诗行中找到品德与哲学上的指引，而这些指引能够让他们避免大大小小的错误。我们可以肯定的是，在柏拉图的晚期作品中并没有真正的反面角色，只有一些偶然而相对无知的谈话者，所以，在《法义》中，我们不能期望会找到像游叙弗伦的讲辞那样的黑暗的篇章。但是在晚期对话作品中，柏拉图对赫西俄德进行参引的一个明显的特征是，这些参引大多出自看上去最接近柏拉图本人立场的谈话者：克里提阿(III. 1.a)、蒂迈欧(III. 1.b)以及雅典客人(III. 2.a、III. 2.b、III. 2.c、III. 2.d、III. 2.e以及III. 2.f)。从中我们不难发现，在柏拉图的年龄不断增长的过程中，他变得越来越接受并欣赏赫西俄德的作品：之前，他认为赫西俄德的作品是典型的堕落的产物，而且赫西俄德还要为这种堕落承担部分责任；但是后来，也许不走回路的社会得到了发展，以至能够更加仔细地思考，并进而能够在某种程度上(虽然是业余的)体现哲学的严肃性，这就让晚年的柏拉图对赫西俄德渐渐有了一种不太情愿的赞同。

第二，如果事实的确如此，那么我们也应该期望，在他的创作生涯中，柏拉图会逐渐增加对赫西俄德与其他作家之间区别的关注。在早期对话作品中，柏拉图对赫西俄德进行了15次参引，其中5次与荷马相连，10次与荷马没有相连；在中期对话作品中，柏拉图

---

① 关于把赫西俄德的诗行当作"智术师的"观点来参引的谈话者们，请参见本书第四章。

第三章 柏拉图笔下的赫西俄德：一个后天出现的喜好？ 93

对赫西俄德进行了12次参引，其中6次与荷马相连，6次与荷马没有相连；而在晚期对话作品中，柏拉图对赫西俄德进行了8次参引，其中只有2次与荷马相连，6次没有相连。对这个看起来十分不充分的证据，如果我们还是能够进行一些阐释，那么这个证据就有可能暗示了，只有在中期对话中，柏拉图才系统地把赫西俄德与荷马放在一起考虑——当然这就是《王制》的写作时期，在《王制》里的所有相关段落，以及柏拉图对整个诗歌传统（尤其是荷马与赫西俄德）的详尽分析，都被用来说明早期诗歌对希腊社会进行了错误的教育。在这个时期之前与之后，[66]在参引赫西俄德时，更多的情况是，柏拉图笔下的谈话者都不把赫西俄德与荷马联系起来，而且在晚期对话中，不把赫西俄德与荷马联系起来的参引的比例(3:1)要高于早期对话(2:1)。那么，当柏拉图在《王制》中系统地研究了早期叙事诗之后，在晚期对话中柏拉图也许恢复了他在早期对话中的倾向，也就是把赫西俄德与荷马分离开来理解，而且在晚期对话中，这种倾向更加明显。

第三，总体上，柏拉图更喜欢《劳作与时日》而非《神谱》（柏拉图16次参引前者，而对后者的参引只有9次），以此为背景来看，随着时间的推移，柏拉图这种倾向发生了引人注意的变化：在早期对话作品中，对《神谱》的参引次数（共6次）多于《劳作与时日》（共4次）；然而在中期对话中，柏拉图7次参引了《劳作与时日》，而对《神谱》的参引则只有2次；在晚期作品中，对《劳作与时日》（共5次）的参引更是远远多于《神谱》（只有1次）。如果说晚年的柏拉图变得比年轻时更加欣赏赫西俄德的话，那么由上述情况看来，更加突出的是，柏拉图越来越喜欢《劳作与时日》。

也许从上面列举的材料中，笔者可以做出如下总述与阐释。就像他所有受过良好教育的的雅典同胞一样，从学生时代开始柏拉图就像熟悉荷马一样十分熟悉赫西俄德，但是当他开始自己的哲学实践时，他并没有特别关注赫西俄德，而是把赫西俄德当成古希腊人狂热的宗教迷信的一个典型代表,同时,他还认为赫西俄德最大的特点是,其诗句中出现了许多谚语格言,而后来这些谚语格言成为古希腊大众文化的一部分。只有到了《克拉底鲁》中对名字的检验,或者甚至到了《王制》中对正义进行分析时,柏拉图才开始更加仔细地研究赫西俄德。而在柏拉图对赫西俄德进行了更仔细的研究之后,他发现,由于一些与赫西俄德不同的却是更令人信服的哲学方面的原因,自己必须拒绝接受《神谱》与《劳作与时日》中的许多内容。[1]然而,随着我们的哲学家的年龄逐渐增长,我们的诗人——许多古代作家都认为,在进行诗歌创作的时候赫西俄德已经是个老人了——则让他感受到了更多的迷人之处(晚年的柏拉图这样明确地表示过,请参见III. 2.a),[67]尤其是在柏拉图的晚年,《劳作与时日》对哲学家来说似乎相当重要。从一定程度上来讲,我们可以说,赫西俄德的作品中那些柏拉图早期认为很好的部分,尤其是《劳作与时日》中的那些格言,在柏拉图的晚年,他仍然认为是很好的,而在早期或中期柏拉图认为不好的部分,尤其是《神谱》中所记述的神话,在柏拉图晚年的作品中消失了。如果事实的确如此,那么认为柏拉图是赫西俄德的敌人这种观点,就只是根据《王制》第2卷所下的判断,虽然这不是完全错误的,但也肯定是非常不充分而且片面的。

当然,我们还是应该以小心为上。没有明确且直接的证据来支撑我们论证的这样一些观点(当然在任何程度上也没有任何相反的证据),而且在方法论上我们肯定还要承担各种风险。这些观点只能在文本、心理与直觉上有某种程度上的有效性,除此之外就别无其他了(尽管也并不会比这更糟)。不过提出柏拉图在自己的写

---

[1] 也许就像卡普拉对笔者说过的一样,在《王制》这部作品本身,柏拉图对赫西俄德的态度,就以时间先后为顺序发生了变化,先是苏格拉底是把赫西俄德当作最巨大的谎言的始作俑者(II. 1.c),后来却又运用赫西俄德的诗歌,把赫西俄德笔下的神话改写成了自己的"高贵的谎言"(II. 1.e)。

作生涯中对赫西俄德的态度随着时间的推移而有所变化这种观点并不是过于轻率的,甚至还可以说柏拉图是越来越喜欢赫西俄德的。在柏拉图的后期作品中完全没有像游叙弗伦那种对赫西俄德的悲观的发掘(I. 4),也没有苏格拉底在《王制》中的那种整体性的对赫西俄德的攻击(II. 1.c)。与此类似,在早期作品中完全没有蒂迈欧那种对赫西俄德笔下的众神谱系的明显认同(III. 1.b),也没有雅典客人所表现出的对赫西俄德的喜爱(III. 2.b)。老年的柏拉图真的越来越接受甚至赞赏赫西俄德了么? 他真的因为赫西俄德在诗作中对正义与教学的思考与自己的思想有共同之处、因为自己与赫西俄德对谚语和格言的共同喜好、也许甚至也因为他们在口吻上的相似之处——严肃、有些生硬、偶尔含有讽刺但从不乱说——而对诗人有了亲近感? 如若果真如此,那么也许对于柏拉图来说,赫西俄德的确是一个后天出现的喜好。

第四章 柏拉图笔下的赫西俄德：次于荷马的诗人？①

山形直子(Naoko Yamagata)

引　言

[68]在考察柏拉图作品中对赫西俄德的参引时，我们会注意到，柏拉图总是把赫西俄德与荷马并列起来(in tandem)，而且肯定没有暗示这两位诗人谁高于谁。②然而到目前为止，在柏拉图作品中，我们发现的对荷马的参引次数要多于赫西俄德，③而且现有的相关研究文献表明了，荷马对于柏拉图来说远远要比赫西俄德对柏拉图更为重要。④如若果真如此，那么我们的问题就是，在柏拉图的作品

---

① 特别感谢豪波德、博伊-斯通，以及许多不具名审稿人，他们提供了非常有用又细致的评论与建议，对本章的写作与修改帮助巨大。笔者还想感谢埃莫林-琼斯(Chris Emlyn-Jones)与普莱斯(Carolyn Price)，他们阅读了本章的草稿并提出了许多宝贵的意见。另外，笔者要向2006年在杜伦大学聆听了本章初稿、以及2008年在伦敦聆听了本章修改稿的听众们致谢，感谢他们许多宝贵的评论与讨论。
② 请参见《苏格拉底的申辩》41a6-41a7；《普罗塔戈拉》316d7；《伊翁》532a5；《王制》363a8、377d4、600d5-600d6；《蒂迈欧》21d1-21d2；以及《法义》658d6-658d8。这些对话的列举顺序见于John Burnet编，《柏拉图作品：重订本并附简短校勘记》(*Platonis Opera: Recognovit Breviaque Adnotatione Critica Instruxit*, Oxford 1899—1907)。
③ 请参见本章表4.1。
④ 请参见诸如Jules Labarbe,《柏拉图作品中的荷马》(*L'Homère de Platon*, Liège, 1949)；Angela Hobbs,《柏拉图与英雄——勇气、刚毅与客观的优点》(*Plato and the Hero: Courage, Manliness, and the Impersonal Good*, Cambridge, 2000)。与研究荷马与柏拉图关系的诸多文献相反，我们至今也没有大篇幅研究柏拉图对赫西俄德的运用的文献(请参见本书导言)。

中，赫西俄德补充了什么荷马没能起到的作用？对于柏拉图来说，赫西俄德仅仅是一个比荷马年代稍晚、艺术境界与声望几乎与荷马相当的(如果不能说是完全齐名的话)叙事诗人么？抑或在赫西俄德的作品中柏拉图找到了他在荷马的作品中找不到的东西？在本章中笔者将尝试着回答这些问题，使用的方法是，研究柏拉图参引荷马与赫西俄德的一些方式，并检验[69]柏拉图在自己作品的一些段落中是如何涉及、引用以及改写两位诗人及其作品的。笔者将会说明，尽管在柏拉图看来，赫西俄德的确次于荷马，但赫西俄德也为柏拉图提供了一些荷马作品之外的选择，从而在柏拉图对其微妙而又出人意料的运用中起到了积极的辅助作用。

笔者想以简单的鸟瞰来开始本章的研究。在下面的表4.1中，笔者尝试着列举了柏拉图作品中对荷马与赫西俄德的参引。笔者所说的"对荷马与赫西俄德的参引"，不仅仅是在这些段落中柏拉图提到了两位诗人的名字，也包括他对两位诗人作品的引用，以及对两位诗人作品中的主题、观点与特征的暗指或改写。表中对各个段落的选择标准当然会包含一些主观因素：把普罗米修斯与厄庇米修斯(Epimetheus)当成"赫西俄德的"特征应该还是没有争议的，但若柏拉图仅仅提到埃阿斯与阿基琉斯，就并不一定与荷马的作品有必然关联。在某些段落中，柏拉图不止引用了一段文本，而在另外一些段落中，柏拉图有可能同时参引了荷马与赫西俄德。① 不过，尽管在方法论上有这些困难，但是，笔者认为，初步地、浅层次地尝试建立起这个数据库还是颇有裨益的，至少这能为本书其他章节的细节研究提供一些参考资料。

---

① 随便举一例，《会饮》222b7中的格言式表达：ὥσπερ νήπιον παθόντα γνῶναι[像笨蛋一样从教训中学习]，这既可能让人想到荷马，也可能让人想到赫西俄德，请参见《伊利亚特》第17卷第32行、第20卷第198行；《劳作与时日》第218行。与此类似的例子还有诸如，《欧绪德谟》299c6与《法义》795c6都提到了布里阿瑞俄斯(Briareus)，而他在荷马的《伊利亚特》第1卷第403行与赫西俄德的《神谱》第149、617、714、734以及817行都出现过。

在表4.1中，笔者将柏拉图的作品分为两栏展现，左边一栏中的是基本可以确定为柏拉图真作的作品，右边的则是除此之外的作品。① 二十八部作品被列在左边一栏，其中二十五部对荷马进行了参引，而参引了赫西俄德的只有十九部。在七部真伪性存疑的作品中，[70]有五部对荷马进行了参引，而参引了赫西俄德的只有两部。在七部伪作中，参引了荷马与赫西俄德的分别都是两部。

表4.1 柏拉图笔下对荷马和赫西俄德的参引

真作				伪作及真伪性存疑的作品			
题目	荷马	赫西俄德	主要谈话者	题目	荷马	赫西俄德	主要谈话者
《苏格拉底的申辩》	8	1	苏格拉底	《厄庇诺米斯》	0	1	雅典客人
《克力同》(Crito)	1	0	苏格拉底	《阿尔喀比亚德后篇》(Alcibiades secundus)	7	0	苏格拉底
《游叙弗伦》	1	1	苏格拉底	《克利托丰》(Clitophon)	0	0	克利托丰
《拉克斯》(Laches)	3	0	苏格拉底	《希帕库斯》(Hipparchus)	1	0	苏格拉底
《吕西斯》	1	1	苏格拉底	《米诺斯》	5	2	苏格拉底
《阿尔喀比亚德前篇》(Alcibiades primus)	6	0	苏格拉底	《情敌》(Amatores)	1	0	苏格拉底
《卡尔米德》	2	1	苏格拉底	《忒阿格斯》(Theages)	2	0	苏格拉底

---

① 这包括七篇真伪性存疑的作品以及六篇基本可以确定为伪作的对话作品，十三篇书简(除了某些学者认为第七篇书简为真作之外，其他所有书简都在很大范围内被公认为是伪作)与《哲学辞典》(Definitiones)也被认为是伪作。每栏中所列出的柏拉图作品的顺序出自W. K. C. Guthrie编著的《古希腊哲学史》(A History of Greek Philosophy, Cambridge, 1962–1981)第4、5卷中给出的"传统的"时间顺序。举例来说，与在本书第三章中莫斯特的尝试不同，尽管《法义》极有可能是柏拉图的最后一部作品，但笔者并不相信，我们能够非常具体地把柏拉图每部作品之间相对的时间顺序确定下来。然而笔者承认，如果根据各个作品在写作方式与内容的上的差异来判断的话，对于我们把柏拉图对诗歌的参引放到广泛的背景中去理解而言，"早期对话"、"中期对话"与"晚期对话"的划分仍然是有利的。

第四章 柏拉图笔下的赫西俄德: 次于荷马的诗人?

《希庇阿斯前篇》(Hippias maior)	4	0	苏格拉底				
《希庇阿斯后篇》(Hippias minor)	7	0	苏格拉底	《书简二》(Epistula Secunda)	4	1	柏拉图
《伊翁》	45	5	苏格拉底	《书简七》	2	0	柏拉图
《普罗塔戈拉》	9	4	苏格拉底	《书简十一》	0	1	柏拉图
《美诺》	1	0	苏格拉底	《书简十二》(Epistula Duodecima)	1	0	柏拉图
《欧绪德谟》	4	1	苏格拉底	其他书简	0	0	柏拉图
《高尔吉亚》(Gorgias)	10	4	苏格拉底				
《默涅克塞诺斯》(Menexenus)	0	0	"阿斯帕西亚(Aspasia)"	伪作			
《斐多》(Phaedo)	18	5	苏格拉底	《阿克希欧科斯》(Axiochus)	11	3	苏格拉底
《会饮》	22	6	苏格拉底	《厄律克西阿斯》(Eryxias)	0	0	苏格拉底
《斐德若》	21	3	苏格拉底	《德谟多科斯》	0	1	苏格拉底
《王制》	86	18	苏格拉底	《希绪弗斯》(Sisyphus)	0	0	苏格拉底
《克拉底鲁》	16	7	苏格拉底	《论正义》(De Iusto)	0	0	苏格拉底
《巴门尼德》	0	0	巴门尼德	《论美德》(De Virtute)	1	0	苏格拉底
《泰阿泰德》	14	3	苏格拉底				
《智术师》	3	1	埃利亚异邦人	《哲学辞典》	0	0	无
《治邦者》	3	4	埃利亚异邦人				
《斐勒布》(Philebus)	4	1	苏格拉底				
《蒂迈欧》	2	11	蒂迈欧				
《克里提阿》	0	0	克里提阿				
《法义》	29	11	雅典客人				

这个概述确实是很简略的，但它表明了柏拉图对荷马与赫西俄德的参引中两个非常明显的特征。首先，尽管柏拉图对荷马的参引更为广泛，但他对这两位诗人的参引都贯穿于他的全部作品之中。其次，参引了荷马与(或)赫西俄德的作品中的主要[71]谈话者大多都是苏格拉底。①而在柏拉图的真作中，所有那些没有参引荷马与赫西俄德的作品中，其主要谈话者都不是苏格拉底。②真伪性存疑的作品与伪作中的模式与此不同。

　　当然，从这个表格我们无法看出来的是，柏拉图笔下的谈话者们在提到或是引用荷马与(或)赫西俄德时的语境及其效果，而本章的主要部分将会致力于尝试回答这些问题。接下来，笔者将首先分别考察柏拉图写作生涯的早期和晚期的两篇对话作品中的相关段落。赫西俄德与荷马出现在《苏格拉底的申辩》41a6–41a7，与他们一起出现的是俄耳甫斯与缪赛俄斯。这四位诗人都受到了赞扬：赫西俄德的名字出现在荷马之前只反映了柏拉图偶然选择的顺序——俄耳甫斯、缪赛俄斯、赫西俄德与荷马。如果把《苏格拉底的申辩》当作一个整体来阅读，我们就会发现在这部作品中荷马的地位的确更高。紧接在41a6–41a7之后，苏格拉底开始叙说荷马笔下的英雄形象，诸如埃阿斯、阿伽门农以及奥德修斯，苏格拉底说他自己会非常愿意在死后向这些人提出很多问题(41b–41c)。③在这之前的一个著名的段落中(28b–28d)，苏格拉底在申说自己并

---

① 除了真伪性存疑的《厄庇诺米斯》与伪作《德谟多科斯》和《书简十一》之外，所有参引了赫西俄德的作品都同时提到了荷马。
② 这些谈话者包括，《默涅克塞诺斯》中的阿斯帕西亚、《巴门尼德》中的巴门尼德以及《克里提阿》中的克里提阿。一般说来，《默涅克塞诺斯》中的主要谈话者其实是苏格拉底，但是在绝大多数时候他都是在直接引用阿斯帕西亚的讲辞。
③ 虽然埃阿斯、阿伽门农与奥德修斯并不仅仅是荷马叙事诗中的角色，但是在《苏格拉底的申辩》的语境下，这些英雄的名字直接让人回想起荷马，请参见《奥德修纪》第11卷。当然，在这里苏格拉底并没有分毫不差地紧随荷马，他提到的帕拉梅德斯(Palamedes)就没有出现在《奥德修纪》第11卷中。

第四章 柏拉图笔下的赫西俄德：次于荷马的诗人？

不畏惧死亡时，他把自己的境况与荷马笔下的阿基琉斯相比，因为阿基琉斯也不畏惧死亡(41a)。在这里，柏拉图很明显地在用阿基琉斯这个荷马叙事诗中的核心英雄人物的形象来塑造苏格拉底的形象。①

在《苏格拉底的申辩》写作很长时间之后，也就是在《法义》658d6-658d8中，荷马与赫西俄德（请注意这里的顺序）同时受到了赞扬，在这一段中，雅典客人说这两位诗人的作品是老年人最喜欢[72]的文学作品。②有趣的是，在提到荷马的作品时，雅典客人说出了《伊利亚特》与《奥德修纪》的名字（而没有提到荷马的名字），但是在提到赫西俄德时则只说τῶν Ἡσιοδείων τι[赫西俄德的一些东西]。这并非说明雅典客人认为赫西俄德胜于荷马。与之相反，当雅典客人说到τῶν Ἡσιοδείων τι[赫西俄德的一些东西]时，他很可能是把自己放到了一个高高在上的位置，因为他论述的内容涉及的是各种文学体裁——而不是单独的作者——在价值上的高下之分。而当他讨论到叙事诗时，《伊利亚特》与《奥德修纪》肯定是首先出现的。而且，刚刚在658b8提到过荷马的名字，在那里，雅典客人想象出了一场游吟诗人之间的竞赛，而荷马代表着其中的获胜者。

现在，我们已经能看出，柏拉图在处理荷马与赫西俄德时，出

---

① 当然，苏格拉底在引用《伊利亚特》时进行了一些符合自身情况的改动。请参见Adam Parry，《关于方法论起源的一条笔记》("A Note on the Origins of Teleology")，载于 *Journal of the History of Ideas*，第26期，第259至262页，第262页。另请参见《柏拉图作品中的一些不确切的引用》("Some Misquotations of Homer in Plato")，载于 *Phronesis*，第8期，第173至178页，第173至174页；Michael C. Stokes编，《柏拉图的〈苏格拉底的申辩〉》(*Plato: Apology of Socrates*, Warminster, 1997)，为《苏格拉底的申辩》26b3-26d9所作的注释；以及Angela Hobbs，前揭，第183至185页。
② 请参见《法义》658a4-659a1。豪波德曾向笔者指出，我们能从这个段落中看出荷马与赫西俄德争夺桂冠这一游吟诗人的传统。关于《荷马与赫西俄德之争》，另请参见本书第六章。

现的一些值得讨论的话题。通常情况下，柏拉图会同时提到荷马与赫西俄德，而且很明显，常常会将他们并列在一起。不过如果仔细考察的话，我们就会发现，扮演主角的通常是荷马。即使表面看来只是将"荷马与赫西俄德"简单地放在一起(当然这是一种传统)，但这也可以在意思上产生微妙的、出人意料的差别。

荷马、赫西俄德与其他诗人

当将其他诗人也加入到这个方程式中时，我们就进入了某种更加复杂的层面。在《蒂迈欧》21d1–21d2，再一次提到赫西俄德与荷马(顺序如是)，将他们作为诗人的代表。老克里提阿(Critias Senior)说，如果梭伦没有忙着写下他从埃及带来的亚特兰蒂斯神话的话，他本来是能够超过赫西俄德与荷马，以及其他所有的诗人的。在这一段中提到赫西俄德与荷马，其显而易见的含义是，赫西俄德与荷马代表了诗歌艺术的最高境界——不过也许在这里，柏拉图也想让我们思考一下赫西俄德与荷马和梭伦之间的关系。历史上，梭伦的作品和荷马与赫西俄德的关系非常密切，[①]就像在《蒂迈欧》与《克里提阿》中与柏拉图的关系一样。[②][73]在公元前四世纪，人们对梭伦的接受也经常对荷马和赫西俄德的接受紧密相连。[③]

将荷马与赫西俄德和另外一位诗人联系来的另一个例子出现在《普罗塔戈拉》316d7中。普罗塔戈拉宣称，事实上，诸如荷马、赫西俄德与西蒙尼德斯(Simonides)这样的作家一样都是智术师，他

---

① 请参见诸如Elizabeth Irwin, 《梭伦与早期希腊诗歌——劝勉的政治学》(*Solon and Early Greek Poetry: The Politics of Exhortation*, Cambridge, 2005)。
② 请参见本书第十章。
③ 请参见柏拉图, 《吕西斯》，下文会对之进行讨论。另请参见埃斯基涅斯(Aeschines), 《反蒂马尔科斯演讲》(*In Timarchum*)。

们仅仅是以诗歌作为伪装而已。在这里,柏拉图列举诗人的顺序也同样不一定说明了谁高于谁,不过这个顺序却反映了对话的结构。从很多方面来看,荷马为许多对话设定了基调:在谈话者聚会的开始,通过直接引用《奥德修纪》第11卷中的诗行,苏格拉底用荷马笔下的"νέκυια"(通过宗教仪式将亡魂从地府中召唤出来为活人预言未来)的方式,来描述聚集在卡利阿斯(Callias)家中的智术师们。① 此后,在第一轮论辩开始的时候,普罗塔戈拉以一个神话的形式,将自己的核心观点表达出来,而赫西俄德的作品则是这个神话的摹本。② 后来,对西蒙尼德斯一段颂诗的详细解读成为第二轮论辩的开端。③ 在这篇对话中,还将各位谈话者和某些诗人分别联系起来,从一定程度上来说,之所以要这样,是由笔者刚才所说的对话结构决定的。很明显的是,在苏格拉底的讲辞中,荷马有着十分特殊的地位。在《普罗塔戈拉》311e3中,苏格拉底问希波克拉底(Hippcrates),如果他称荷马为诗人的话,那么他要怎么称呼普罗塔戈拉呢。很明显,苏格拉底把荷马当作诗人的代表,而且在提到荷马的时候,他常常毫无修改地(verbatim)引用荷马的诗行。④ 与苏

---

① 请参见《普罗塔戈拉》315b9—315c1: τὸν δὲ μετ' εἰσενόησα, ἔφη Ὅμηρος, Ἱππίαν τὸν Ἠλεῖον[荷马说:"在他之后我又见到了埃利斯的希庇阿斯"];另请参见《奥德修纪》第11卷第601行: τὸν δὲ μετ' εἰσενόησα βίην Ἡρακληείην[在他之后我又见到了孔武有力的赫拉克勒斯],这一行说的是赫拉克勒斯,但是它更像是从《奥德修纪》第11卷第568至571行有关米诺斯的诗行中演变而来的。另外,《普罗塔戈拉》315c8: καὶ μὲν δὴ καὶ Τάνταλόν γε εἰσεῖδον[另外(荷马说):"我又看到了坦塔洛斯"],在这里苏格拉底说的是来自基俄斯岛(Ceos)的普罗狄科(Prodicus)。另请参见《奥德修纪》第11卷第582行。关于《普罗塔戈拉》中的这一段里的喜剧色彩,请参见William Wayte,《柏拉图的〈普罗塔戈拉〉》(*Platonis* Protagoras: *The Protagoras of Plato*, Cambridge, 1854),第94页关于《普罗塔戈拉》315b的注释;另可参见Andrea Capra,《言辞的竞争——争辩与喜剧之间的〈普罗塔戈拉〉》(Ἀγὼν λόγων: *Il Protagora di Platone tra eristica e commedia*, Milano, 2001),第67至68页。
② 请参见《普罗塔戈拉》320c8—322d5。
③ 请参见《普罗塔戈拉》339a6—347a5。
④ 这也出现在《普罗塔戈拉》315b9—315c8, 340a4—340a5与348d1—348d4也值得我们注意。

格拉底相反，普罗塔戈拉则以改写赫西俄德笔下的神话来开始论辩，后来又完全忠实地引用了西蒙尼德斯的颂诗。苏格拉底当然能接受这个挑战，并证明自己也能出色地阐释西蒙尼德斯的作品。[①]不过，进入讨论时苏格拉底借助了普罗狄科，这是因为普罗狄科是西蒙尼德斯的同乡，与其有着特殊的关联。[②]而在对话的这个阶段赫西俄德也再次出现：[74]苏格拉底提出了一个与普罗塔戈拉相反的观点，他认为，在关于斯科帕斯(Scopas)的颂诗中，西蒙尼德斯并没有自相矛盾，因为εἶναι[是]与γενέσθαι[变为]是两种截然不同的东西(请参见《普罗塔戈拉》340b3–340c8)。这里，在宣称自己与普罗狄科观点相同的时候，他又转写了《劳作与时日》第289至292行。[③]由于苏格拉底是直接引用荷马的诗行的，所以，他转写赫西俄德的诗行就变得非常引人注意，更何况他这样转写还是为了代表普罗狄科所说的那番话(καὶ ἴσως ἂν φαίη Πρόδικος ὅδε[这就像普罗狄科所说的])：赫西俄德是普罗狄科的领域，而荷马则属于苏格拉底。[④]总的说来，《普罗塔戈拉》这篇对话在苏格拉底的荷马与更像智术师的赫西俄德与西蒙尼德之间做了区分。

苏格拉底的荷马对智术师的赫西俄德？《吕西斯》与《卡尔米德》

如果到目前的讨论笔者没有讹误，我们现在的问题就变成了：关键点是否在于，到底是哪些谈话者提到了荷马与赫西俄德，并

---

① 关于把这个段落理解为一个友好的争论的观点，请参见Marian Demos，《柏拉图作品对抒情诗的引用》(*Lyric Quotation in Plato*, Lanham, 1999)，第13至14页。
② 请参见《普罗塔戈拉》339e5–340a1。苏格拉底这个行动因为他直接引用了荷马的诗行而格外引人注目，请参见《普罗塔戈拉》340a2–340a5。
③ 请参见《普罗塔戈拉》340c8–340d6。
④ 在《普罗塔戈拉》340a2–230a5中，我们就曾注意到这一点。关于普罗狄科对赫西俄德的关注，以及他与赫西俄德的紧密联系，请参见本书第五章。

(或)使用了他们的作品?① 我们可以将《吕西斯》作为一个很好的案例, 因为在这篇对话作品中, 柏拉图并没有一开始就将各位谈话者与不同的诗人联系起来。当苏格拉底与吕西斯尝试为友谊下一个定义时, 他们讨论了梭伦(212e3-212e4)、荷马(214a6)与赫西俄德(215c8-215d1)的诗行。与在《普罗塔戈拉》中不同的是, 在这里苏格拉底一个人就引用了全部这三个人的作品。然而, 通过仔细的考察,《吕西斯》同样能支撑我们最初的判断。最后被引用的诗人是赫西俄德, 他也是唯一一位被提到其名字的诗人。与笔者在之前的例子中指出的一样, 这点也并不能说明赫西俄德在这三人中是最重要的或是苏格拉底最喜欢的。一位没有被提到名字的人将赫西俄德称为 μάρτυς [见证者](请参见215c7), 而苏格拉底则说这个人虽然很懂得修辞(216a1-216a2), 但是他的智识[75]令人怀疑: 很明显, 苏格拉底对他的描述让我们想到以普罗塔戈拉与普罗狄科为代表的智术师。②

在引用并讨论梭伦的这个段落时, 苏格拉底是带着一些赞同心理的, 但是在引用这个段落之前, 苏格拉底就已经说过: ἀλλὰ ψεύδετ' ὁ ποιητής [不过这诗人是在说谎(……?)]。③ 只有在引用荷马的时候苏格拉底才是真心赞同的。苏格拉底说, 在友谊这个话题上诗人们说得 οὐ φαύλως [并不坏]。事实上, 诗人们 ἡμῖν ὥσπερ

---

① 请参见Gerald A. Press编,《是谁在代柏拉图立言? 柏拉图的匿名性之研究》(*Who Speaks for Plato? Studies in Platonic Anonymity*, Lanham, 2000), 其中非常敏锐地把注意力集中到了, 在诸多对话作品中, 如何判断到底是哪些谈话者代表了柏拉图本人的观点。
② 请比较默涅克塞诺斯的谨慎的评论: εὖ γε ... ὥς γε οὑτωσὶ ἀκοῦσαι [听起来还不错, 至少初听起来还不错], 请参见216a3-216a4。
③ 请参见《吕西斯》212e1-212e2, 也许这里是在暗指梭伦的一句很著名的诗: πολλὸν ψεύδονται ἀοιδοί [诗人常常说谎], 参见梭伦残篇第29号, 载于Martin L. West编,《古希腊抑扬格与悲歌体作品集: 亚历山德里亚之前作品第二卷》(*Iambi Et Elegi Graeci: Ante Alexandrum Cantati Volume 2: Callinus, Mimnermus, Semonides, Solon, Tyrtaeus, Minora Adespota*, Oxford, 1972)。

πατέρες τῆς σοφίας εἰσὶν καὶ ἡγεμόνες[就好似智慧的先辈与向导](参见214a1-214a2),而《奥德修纪》中的一句诗就证明了这一点(《奥德修纪》第17卷第218行,《吕西斯》214a6引用了这一行)。尽管《吕西斯》后面的部分说明了荷马(或者说"诗人们")关于友谊的说法是错误的,但苏格拉底还是认为诗人们的诗行中是"有隐藏的含义的"(αἰνίττονται: 214d4),而至少这是值得严肃考虑的。与这种典型的苏格拉底式的诠释相反,"智术师们"——或者我们更应该说是好辩者(eristic)——对赫西俄德诗行的运用则是把赫西俄德当成了μάρτυς[见证者],这支撑起了他们辞藻华丽的、与苏格拉底的风格截然相反的讲辞。就算在荷马的诗行出现错误的时候,苏格拉底也会对之进行认真考虑,而就像在《普罗塔戈拉》中一样,赫西俄德更多地是充当着陪衬者的角色。①

科宁以更大的深度讨论了赫西俄德与诸如普罗狄科这样智术师中的领军人物之间的关系。②不过,在本章中笔者想要指出的只是,当对话作品中同时出现赫西俄德与荷马时,这两位诗人在作品中的关系并不仅仅是并列的。在《卡尔米德》中,克里提阿运用了一个出自赫西俄德的短语来攻讦苏格拉底把πράττειν[做]与ποιεῖν[制作]当成同义词的尝试。口舌伶俐的克里提阿自称是赫西俄德的学生(163b3-163b5),还说ἔργον δ' οὐδὲν ὄνειδος[劳作是不应遭到谴责的](出自《劳作与时日》第311行)。③在自己讲辞的结尾处(163c6-163c8)[76]克里提阿再一次提到了赫西俄德,他说Ἡσίοδον ... καὶ ἄλλον ὅστις φρόνιμος[赫西俄德与其他心智成熟的人]会知道自制力

---

① 豪波德曾向笔者指出说,这个段落的写作很可能受到了《荷马与赫西俄德之争》的影响,在这篇作品中,在诗歌竞赛里,由于荷马歌颂的是战争,而赫西俄德歌颂的则是和平,所以,赫西俄德胜过了荷马。豪波德又进一步指出,《吕西斯》是在重述《荷马与赫西俄德之争》中的主题,只不过这一次胜负双方相互交换了位置:赫西俄德歌颂的是不和与矛盾,而荷马歌颂的则是和谐。
② 请参见本书第五章。
③ 关于对《劳作与时日》中这一行的诠释的不同可能,请参见本书第六章。

最主要的部分就是管好个人自己的事。苏格拉底则把这一整套说辞与普罗狄科联系起来(163d3–163d4),这证实了在《普罗塔戈拉》中我们已经看到了的赫西俄德与这位智术师之间的联系。

荷马爱好者眼中的赫西俄德:《伊翁》

和智术师与他们的学生们不同,很明显的是,苏格拉底喜欢荷马胜过赫西俄德。那么当他与狂热的荷马爱好者相遇时将会出现什么情况呢?在《伊翁》中,在531a–532a提到赫西俄德,不过这一段刚好出现在伊翁表达自己仅仅是喜欢荷马的讲辞中。格拉齐欧西以及其他一些学者都比较详细地讨论过这一个决定性的段落。[①]苏格拉底引导着伊翁,逐渐明白了荷马与其他诗人所说的都是同样的事,当然,伊翁仍然坚持认为荷马做得比别人好(532a)。接下来,两人讨论的关注点转移到了关于荷马代表了所有诗人这个问题上。

在讨论这个问题时,就和《普罗塔戈拉》一样,《伊翁》也一共提出了三位诗人。这一次,赫西俄德成了荷马以及与之截然不同的阿尔基洛科斯(Archilochus)之间的连接。然后阿尔基洛科斯离开了讨论,只剩下了荷马与赫西俄德,也就是《荷马与赫西俄德之争》中的两位主角。就像格拉齐欧西指出的那样,《荷马与赫西俄德之争》结尾的意义是,荷马与赫西俄德代表了不同种类的诗歌,前者歌唱战争、后者则歌唱和平。[②]另外,她还指出,《荷马与赫西俄德之争》认为《劳作与时日》是赫西俄德的核心作品,故而其结尾才有了这层意义。但是在《伊翁》中,柏拉图强调了,在主题上,荷

---

① 请参见Barbara Graziosi,《发明荷马——对叙事诗的早期接受》(*Inventing Homer: The Early Reception of Epic*, Cambridge, 2002),第182至184页。

② 请参见Barbara Graziosi,前揭,第174至178页。

马与赫西俄德的作品之间有许多重合之处,而事实上这个观点是把《神谱》(可能也包括《列女传》)当作是赫西俄德的核心作品。[①]当然,这种说法绝不是毫无问题的,因为苏格拉底和伊翁都不再想把赫西俄德保留[77]在他们的讨论中,所以只有在这篇对话中,这个观点才能成立。在这里,赫西俄德的作用只是说明荷马是所有诗歌的代表,而一旦二位谈话者提出了这点,赫西俄德就从讨论中消失了。

《会饮》

《伊翁》中给予荷马以完全的关注,而《会饮》则与之大相径庭,其中大多数的谈话者都同时参引了赫西俄德与荷马的作品。就像在《普罗塔戈拉》中一样,苏格拉底通过谐谑地引用荷马的诗行而为讨论奠定了基调。[②]而且,又一次地,第一位非苏格拉底的谈话者(斐德若)转到了赫西俄德的诗行,在本篇对话中,斐德若参引了赫西俄德作为证明,来说明爱欲之神的古老。在柏拉图全部作品中这是唯一一次对《神谱》的大篇幅引用,标志了话题中诗人与语调的转换(请参见《会饮》178b5–178b7;《神谱》第116至117行、第120行)。另外,这里对赫西俄德的参引,与《吕西斯》中的那位没有提及姓名的谈话者对赫西俄德的参引,两者之间有着紧密的关联:两者都在一段文辞华丽的讲辞中将赫西俄德当作见证者(请参见《会饮》178b1: τεκμήριον[证明];178b8: σύμφησιν[认同、证实])。

斐德若也引用了荷马笔下的一个短语(参见《伊利亚特》第10

---

① 请参见Barbara Graziosi, 前揭, 第183页。
② 请参见《会饮》174b3–174d3。另请参见Christopher J. Rowe,《柏拉图〈会饮〉——译文与注疏》(*Plato, Symposium*, Warminster, 1998)中对174b3–174c5、174d3的注疏;以及Kenneth J. Dover,《柏拉图的〈会饮〉》(*Plato: Symposium*, Cambridge, 1980)中对174c1的注疏。

卷第482行：ἔμπνευσε μένος［注入力量］)，而且，在他把阿基琉斯描述为一个准备为自己的爱人牺牲性命的人时，也恰当地同时运用了荷马与赫西俄德。按照荷马的诗行，斐德若描述了阿基琉斯对帕特洛克洛斯(Patroclus)的感情(179e-180b；请参见《伊利亚特》第18卷第95至96行)，而当他在提到阿基琉斯死后的居所时，则使用了赫西俄德诗行中所说的μακάρων νῆσοι［幸福者的岛屿］(见179e2；请参见《劳作与时日》第171行)。①

在他之后的第二位谈话者是泡萨尼阿斯(Pausanias)，泡萨尼阿斯是从基本构思的角度上结合了荷马与赫西俄德的。以荷马与赫西俄德关于阿佛洛狄忒出生的不同记载为基础，他建立了自己的主要论点(180d-180e)。按照荷马叙事诗的说法，阿佛洛狄忒是宙斯与狄奥涅(Dione)的女儿(请参见《伊利亚特》第5卷第370至430行)，而根据赫西俄德的说法，阿佛洛狄忒是天神乌拉诺斯(Ouranos)所生(请参见《神谱》第190至206行)。认为"阿佛洛狄忒"同时是两位神明的名字的观点当然是出自赫西俄德的作品(请参见《劳作与时日》[78]第11至12行)。也许更重要的是，我们能注意到，在这里泡萨尼阿斯做的事情与苏格拉底与伊翁在《伊翁》中所做的截然相反，在讨论中，在说明了荷马与赫西俄德说了许多相同的事之后，苏格拉底与伊翁就让赫西俄德退出话题了，而泡萨尼阿斯则更喜欢赫西俄德笔下的说法，并且把这个关于阿佛洛狄忒的说法的地位提到荷马的说法之上。

在泡萨尼阿斯讲辞之后，赫西俄德虽然并没有出现在科学研究者厄律科希马科斯(Eryximachus)的讲辞中，但却出现

---

① 而荷马诗作中的说法则是，阿基琉斯死后居住在冥府(Hades；请参见《奥德修纪》第11卷第465至540行)。如果斐德若想要使用荷马的诗行，他会把死后的阿基琉斯放到埃律希翁平原中的(请参见《奥德修纪》第4卷第563行)。

在了其他的讲辞中,只是重要性渐渐降低了。①阿里斯托芬则运用了荷马来为他自己的神话提供支持(190b5-190c1;请参见《奥德修纪》第11卷第308行以下),虽然没有明确地提到赫西俄德,但他暗指了赫西俄德的作品——他说众神不能像用雷电劈死巨人族那样杀死圆形人(190c;请参见《神谱》第183行以下),而且当他描述这些古老的圆形人是怎么被分隔开来时,那些描述也很容易让人想到赫西俄德。②接下来发表讲辞的是阿伽通(194e4-197e8),他的确提到了赫西俄德(与其他诗人一起),不过却只是为了批评赫西俄德对爱欲之神的记述是错误的。③紧接着(195d1-195d8),阿伽通指出,爱欲之神缺少"一个像荷马那样的诗人"来描写他的轻柔(阿伽通认为轻柔是这位神明的本质),他还引用了荷马在《伊利亚特》第19卷第92至93行对女神阿特的轻柔

---

① 请参见Ludwig Edelstein,《柏拉图的〈会饮〉中厄律科希马科斯的角色》("The Rôle of Eryximachus in Plato's *Symposium*"),载于*Transactions of the American Philological Association*,第76期,第83至103页,其中详细地讨论了按照《会饮》中的这种方式柏拉图将厄律科希马科斯描写为一个外科医生的意图。
② 请参见《神谱》第570至584行;《劳作与时日》第60至82行。柏拉图的说法与赫西俄德的说法一样,宙斯为了惩罚人类而在人类之间创造了两性关系,并且为了达成这一点,宙斯使用了一个或几个地位较低的神明的帮助(《劳作与时日》中的赫淮斯托斯[Hephaestus]、雅典娜以及赫尔墨斯;《神谱》中的赫淮斯托斯与雅典娜;《会饮》190c-191a中的阿波罗)。
③ 请参见《会饮》195b6-195c6。阿伽通提到的诗人包括荷马:195b5(请参见《奥德修纪》第17卷第218行)、195d1-195d6(请参见《伊利亚特》第19卷第92到93行);赫西俄德:195c2;巴门尼德:195c2;阿尔齐达莫斯(Alcidamus):196c2-196c3(οἱ πόλεως βασιλῆς νόμοι[律法是城邦的王],这明显是阿尔齐达莫斯的观点,请参见Kenneth J. Dover,《柏拉图的〈会饮〉》中对196c2-196c3的注疏);索福克勒斯:196d1(这里对索福克勒斯的引用来自于已经佚失仅存残篇的《提厄斯特斯》[*Thyestes*];另请参见Christopher J. Rowe,《柏拉图〈会饮〉——译文与注疏》中对196d1的注疏);欧里庇得斯:196e2-196e3(这里对欧里庇得斯的引用来自于已经佚失仅存残篇的《斯特涅波亚》[*Stheneboea*],另请参见Kenneth J. Dover,《柏拉图的〈会饮〉》中对196e3的注疏);阿伽通:197c6-197c7(其中也暗指了《奥德修纪》第9卷第391至392行以及第12卷第168至169行,另请参见Christopher J. Rowe,《柏拉图〈会饮〉——译文与注疏》中对197c的注疏)。

的描述(或者更应该说,荷马描述的是阿特双足的轻柔)。然后,阿伽通自己开始扮演"一位像荷马那样的诗人"的角色。[1]后来这一整个段落变成了对赫西俄德的攻讦:《会饮》中的谈话始于赫西俄德,在所有描写过爱欲之神的诗人之中,他是最杰出的也是最著名的一位,但是按照阿伽通的观点,他对爱欲之神的描述并不恰当,也并不确切。阿伽通认为,赫西俄德并不是"一位像荷马那样的诗人"。

[79]在接下来的插段中,苏格拉底表达了自己对荷马的喜好,他的表达方式让我们想到了谈话的开始(198c1–198c5)。[2]在第俄提玛的讲辞中,对赫西俄德的暗指再次浮现出来(请参见例如203a8–203c6),在提到赫西俄德时,她同样运用了我们已经非常熟悉的"荷马与赫西俄德以及某诗人"("某诗人"代表除荷马与赫西俄德之外的另一位优秀的诗人,请参见209d1–209d2)的表达模式。在这篇对话作品中,这是我们最后一次听到对赫西俄德的参引。第俄提玛把赫西俄德归为那些留下了不朽的后代的"优秀诗人",这是对赫西俄德的赞扬,但是她的讲辞的关注点却几乎完全在荷马身上,赫西俄德只不过是她为总结而提出的一个小例子。然后,喝醉了的阿尔喀比亚德冲进了房间,在这之后,关注点就完完全全地转移到荷马身上了。[3]

阿尔喀比亚德引用了一个出自荷马对马卡昂(Machaon)描述的短语,来赞扬厄律科希马科斯(214b7,请参见《伊利亚特》第11

---

[1] 请参见Christopher J. Rowe,《柏拉图〈会饮〉——译文与注疏》中对195d1–195d2的注疏。
[2] 请参见《会饮》174b3–174d3。这一段还暗指了《奥德修纪》第11卷第633至635行,相关讨论请参见Christopher J. Rowe,《柏拉图〈会饮〉——译文与注疏》中对198c4–198c5的注疏。
[3] 当然,阿尔喀比亚德本人就是与荷马关系很密切的一个角色。请参见普鲁塔克,《阿尔喀比亚德》第7章第1至2节,其中记述说,在自己的青年时代阿尔喀比亚德表现出了对荷马的特殊喜爱。

卷第514行),并且用奥德修斯躲避塞壬女妖(Siren),来比喻自己躲避苏格拉底(216a6–216a7;请参见《奥德修纪》第12卷第173至200行),还引用了苏格拉底对荷马的引述(219a1;请参见《伊利亚特》第6卷第236行),另外还把苏格拉底的坚强与埃阿斯的坚强相比较(219e2),以及把苏格拉底的忍耐力与奥德修斯的忍耐力相提并论(220c2;请参见《奥德修纪》第4卷第242行),还有就是,还提出阿基琉斯是那种人们可以在真实生活中找到的角色(221c6)。当然,他也引用了一个在赫西俄德的作品中出现过的格言(222b7;请参见《劳作与时日》第218行),不过这个格言也在荷马的作品中出现过两次,①而且在谈话的这个阶段,很少有人还会再想到赫西俄德。

《会饮》也许比任何其他对话作品都更清晰地说明了,柏拉图希望我们读者如何来看待雅典的知识分子,以及他们对荷马与赫西俄德的理解。当雅典的知识分子想要建构起一个关于宇宙或神明的讲辞、或仅仅只是想要吸引别人注意的时候,他们觉得一定要参引赫西俄德——或者是单独运用,或者是将他与荷马相提并论。在这个语境下,一些人甚至可能将赫西俄德说成是超过荷马的(就像在泡萨尼阿斯的讲辞中那样)。苏格拉底则与他们相反,继续着自己对荷马的偏爱。在《会饮》中,当讲辞者从斐德若开始一直轮流到苏格拉底的过程中,赫西俄德渐渐地退出了视线,最终[80]在阿尔喀比亚德的讲辞中,只剩下了荷马—苏格拉底。最后为赫西俄德留下的只有一个用来安慰的陈词滥调——"荷马、赫西俄德与其他伟大的诗人们",这也在柏拉图的全部作品中不断出现。②

---

① 请参见《伊利亚特》第17卷第32行,亦即《伊利亚特》第20卷第198行。
② 顺便一说,在第俄提玛的讲辞中,我们可以发现认为作家之间有着竞争心理的观点,这听起来很像是脱胎于赫西俄德的诗行,请参见《会饮》209d1–209d2以及《劳作与时日》第21至24行。关于对这一段的不同的、更细致的解读,请参见本书第8章。

从《王制》到《法义》

初看起来，在展示华丽辞藻的讲辞中运用赫西俄德，这是非常不符合苏格拉底的风格的，但是却仍然出现在了《王制》之中。在第2卷中，阿德曼托斯扮演了恶魔的拥护者，他挑战了苏格拉底的观点，即正义本身就值得人们践行。阿德曼托斯指出，赫西俄德与荷马(次序如是)μάρτυρας[证实了]，人们之所以想要做正义的事情，仅仅是因为它能带来物质上的利益，以及良好的声誉(μάρτυρας ποιητὰς ἐπάγονται[他们提到说诗人们证实了]，见364c5–364c6；τὸν Ὅμηρον μαρτύρονται[荷马证实了]，见364d4–364d5；另请参见363b-363c、《劳作与时日》第232至234行，以及《奥德修纪》第19卷第109至113行)；而不义之事则更容易做，且只要献上祭品，求神息怒，就能轻易地逃脱惩罚(364c-364d；请参见《劳作与时日》第287至289行，以及《伊利亚特》第9卷第497至501行)。以此为语境，荷马与赫西俄德一同被引用，而这是为紧接下来对所有诗歌的攻讦所做的准备工作的一部分。由于把赫西俄德当成是关于正义问题的专家，所以首先提到并引用了赫西俄德。当阿德曼托斯称赫西俄德为γενναῖος(高贵的：363a8)时候，我们很难完全确定他的意图，不过我们也能明白，至少他的一部分意图看起来是，在有关正义的话题中，赫西俄德是一位理所应当提到的、并无害处的"见证者"。但是，当从赫西俄德的诗作中阿德曼托斯提取出了上述那个危险的观点时，尽管普遍认为在这个问题上赫西俄德具有权威性，但是，很明显，他远非是无害的。

有了这个序曲作为铺垫，我们便不会对之后的内容感到惊讶：当苏格拉底开始批评有害的故事，并指出一定不能用这些东西来教育城邦守卫者的时候，在《王制》377d4–377d5中，"赫西俄德、荷马与其他诗人"(次序如是)同时都受到了攻击。值得注意的是，在这里，柏拉图保留了阿德曼托斯讲辞中列举诗人的顺序，也就是把赫西俄德放在第一位。我们已经看到过，在一些段落中，在与荷马的名字同时出现时，赫西俄德的名字可以放在第一位，但是，如果是荷马、赫西俄德与另一个诗人的名字同时出现时，一般就会将赫西俄德的名字放在[81]中间(荷马、赫西俄德以及某诗人)，从而成为连接荷马的诗作与其他诗歌之间的桥梁。所以，应该十分注意在《王制》第2卷中苏格拉底列举诗人时的顺序。当然，这也呼应了在自己讲辞的开头苏格拉底对赫西俄德的作品的参引，由于《神谱》讲述了众神历史的开端，所以，这样的开头是很自然的。不过，苏格拉底也离开了自己的主题来攻评赫西俄德关于众神间权力更替的神话，认为这是 τὸ μέγιστον καὶ περὶ τῶν μεγίστων ψεῦδος [关于最重要的东西的最大的谎言](请参见377e6–378a1;《神谱》第153至210行、第453至506行)。这段讲辞的一层意思可能是，攻击赫西俄德是一个开始攻击荷马的很好的方法，因为《神谱》中写到的缪斯女神们自己也承认说她们常常说假话。① 就像在《伊翁》中一样，赫西俄德与荷马的相似之处主要在于他们对众神与英雄的描述存在相似性，这主要是由于柏拉图将赫西俄德当成《神谱》(可能也包括《列女传》)的作者(请参见《王制》第2卷377e1–377e2: περὶ θεῶν τε καὶ ἡρώων οἷοί εἰσιν [关于众神与英雄们的本质])。《伊翁》与《王制》对荷马与赫西俄德诗作的相似性的发掘，在修辞上的意义是相同的，都是为了让荷马作为所有诗歌的代表。

在说明了《神谱》的内容不适合教育城邦的护卫者之后，苏格拉底把自己的注意力转到了其他诗人，尤其是荷马身上。在自己的城邦中，他封杀了关于赫拉被她的儿子绑起来的故事(即赫淮斯托斯: 378d3),② 关于赫淮斯托斯被自己的父亲从天国扔下的故

---

① 请参见《神谱》第27行。
② 请参见仅存残篇、由West重建的《致狄奥尼索斯的颂诗》(*Hymnus in Dionysum*)，第28行。按照克莱门斯(Titus Flavius Clemens)的说法，这个故事也曾在品达的诗作中出现过，请参见J. Adam,《柏拉图的〈王制〉》(*The Republic of Plato*, 2 vols., Cambridge, 1902)中对378d3的注疏。

事(即宙斯: 378d3–378d4),[1]以及"荷马所说的关于众神之战的故事"(378d4–378d5)。[2]在此之后,苏格拉底的注意力几乎完全集中在了荷马身上。[3]在379d-379e中,因为荷马描述说众神需要为世界上的邪恶负责,苏格拉底就批评荷马"不虔敬",并连续对荷马的诗行进行了五次引用。接下来的是,对荷马诗行不断的引用与参考,按照笔者的计算,一共有接近50次,这贯穿于第2卷的整个后半部分,直到第3卷的412b。最值得注意的不仅仅是对荷马诗作的参引次数,还有对荷马诗作的参引的集中性与强度。在讨论的开头部分,当苏格拉底批评赫西俄德的时候,他简短地描述了《神谱》的梗概[82]并提到了其中几个主要角色,从而暗指了这部诗作。而在对荷马叙事诗绝大多数的参引中,苏格拉底都选择了直接引用荷马笔下的诗行或短语,而且常常是连续引用。[4]从这其中,不可避免地是,我们能够感受到苏格拉底非常喜爱仔细研究这位诗人。[5]的确,我们一直都能感受到苏格拉底对荷马的喜爱。在整个《王制》当中,苏格拉底不断地重申自己对荷马的赞赏之情

---

[1] 请参见《伊利亚特》第1卷第590至594行。
[2] 请参见《伊利亚特》第20卷第1至74行、第21卷第385至513行。
[3] 请参见Penelope Murray编,《柏拉图论诗歌——〈伊翁〉、〈王制〉376e至398b、〈王制〉595至608b》(*Plato on Poetry: Ion, Republic 376e-398b, Republic 595–608b*, Cambridge, 1996),第22页,其中讨论了荷马在这一个段落中的统治性地位。
[4] 请参见《王制》第2卷379d。其他格外值得注意的例子包括: 386c-387b,在这里,为了攻评荷马对死后世界的描述,苏格拉底七次引用了荷马(依次是:《奥德修纪》第11卷第489至491行、《伊利亚特》第20卷第64至65行、《伊利亚特》第23卷第103至104行、《奥德修纪》第10卷第495行、《伊利亚特》第16卷第856至857行、《伊利亚特》第23卷第100至101行、《奥德修纪》第24卷第6至9行);另外还包括388a-388d,在这里,为了攻评荷马描写了众神与英雄表现出极度的悲伤,苏格拉底六次引用了荷马(依次是:《伊利亚特》第24卷第10至13行、第18卷第23至34行、第22卷第414至415行、第18卷第54行、第22卷第168至169行、第16卷第433至434行)。
[5] 色诺芬在《回忆苏格拉底》第1卷第2章第58节中记述说,攻击苏格拉底的人们批评他总是不断地引用《伊利亚特》中的两个段落(请参见《伊利亚特》第2卷第188至191行、第198至202行)。因而,柏拉图把苏格拉底描绘成一个荷马的喜好者与这个记述相符,尽管在柏拉图笔下,苏格拉底从来没有直接引用过这两段。

(请参见383a、391a), 其中最值得注意的是第10卷595b9–595c2, 在这里, 苏格拉底表示很不愿意将荷马逐出城邦。但是越是优秀的诗人, 他的那些在道德上并不合适的诗行所造成的影响就越恶劣(387b1–387b6): 尽管荷马与赫西俄德是一同受到指责的, 尽管赫西俄德第一个就遭到了驱逐, 但是在这个驱逐诗人的问题上, 荷马的名字似乎才是唯一一个真正重要的。

从这方面来看——就像从其他方面中也能看出的那样——我们能看到《王制》与柏拉图晚期对话作品之间一个有趣的反差。确实,《法义》的第2卷重复了一些《王制》中对诗歌的批评, 但是其中并没有对荷马、赫西俄德或其他诗人的持续的批评。不可否认的是, 就像卢瑟福(R. B. Rutherford)指出的那样,"诗人的成就得到了承认但其价值却下降了: 在评价文学作品时, 愉快不再是一个可以接受的标准, 不过, 诗人们能给人们带来的东西除了愉快却很少再有其他的了。"① 但是在《王制》中, 苏格拉底提出的把诗人一棍子打死的观点, 在《法义》中却不再被接受了。我们能从表4.1中看出,《法义》中对荷马与赫西俄德的参引并不像在《王制》中那么频繁。在《法义》中, 谈话者在提到或引用这两位诗人时往往采取赞扬的态度, 其作用大多只是为了说明某个观点。举例来说, 在《法义》690e中, 将赫西俄德的诗行(《劳作与时日》第40至41行: νήπιοι, οὐδὲ ἴσασιν ὅσῳ πλέον ἥμισυ παντός [这些愚蠢的人啊, 他们不知道一半是多于全部的])作为节俭的标准。在《法义》713b中, 雅典客人把克洛诺斯统治的时代中的城邦当作理想的[83]城邦。② 毕竟, 赫西俄德的作品可以是很有价值的, 尤其是《劳作与时日》, 而恰好就在

---

① 请参见Richard B. Rutherford,《柏拉图的艺术——关于阐释柏拉图的十篇研究文章》(*The Art of Plato: Ten Essays in Platonic Interpretation*, London, 1995), 第308页。
② 在《法义》680c6–680d3中, 在听到了一处对《奥德修纪》第9卷(说的是独目巨人的生活方式)的引用之后, 梅吉洛斯(Megillus)甚至歌唱了自己对荷马的赞扬。

《王制》中，在很大程度上柏拉图忽略了这部诗作。①

赫西俄德风格的神话

最后，笔者将会简单地考察一下柏拉图笔下的神话，这些神话很可能是柏拉图与荷马及赫西俄德之间产生关系的最重要的领域，而研究这个问题的难度也最大，在这里笔者所能做的一切也就只能是，让读者们对本书中关于这个问题的其他讨论产生更大的兴趣。对柏拉图笔下的神话的贡献，荷马与赫西俄德要多于其他任何一位诗人。笔者已经谈到了赫西俄德对《会饮》里阿里斯托芬讲辞中的神话的影响，而除此之外，柏拉图笔下至少有四个非常重要的神话是从赫西俄德的作品中吸取了核心成分的：

1. 普罗塔戈拉在《普罗塔戈拉》中讲述的神话：320c–323a。
2. 苏格拉底在《王制》中讲述的"高贵的谎言"：414b–415c。
3. 蒂迈欧在《蒂迈欧》中讲述的宇宙创生的神话：29a以下。
4. 埃利亚的异邦人在《治邦者》中讲述的关于宇宙循环的故事：268c–274d。

以上这些神话都是关于宇宙论的故事，其中都包含了关于人类创生或人类发展阶段的内容。在普罗塔戈拉讲述的神话中，创造人类的是众神，其中包括宙斯以及其他奥林波斯众神，还有普罗米修斯与厄庇米修斯，这个神话能够直接让人回想起赫西俄德笔下潘多拉的故事。从很多方面来说，这个神话都可以算作是普罗塔戈拉的代表作，它非常突出地具有赫西俄德的风格，故而完全不符合苏格拉底的风格，这加强了我们对《普罗塔戈拉》中赫西俄德的印

---

① 在《王制》中，柏拉图主要的攻击目标就是《神谱》，在这一个段落中苏格拉底还曾经带有赞赏之情地引用了《劳作与时日》中的诗行，请参见《王制》466c2。关于柏拉图对赫西俄德的态度的发展演变，请参见本书第三章。关于柏拉图对《神谱》与《劳作与时日》的不同态度，请参见本书第七章。

象，[84]让我们更深刻地感受到赫西俄德和那些与苏格拉底对话的智术师们的关联。

在《王制》中，苏格拉底曾经讲过一个具有非常明显的赫西俄德风格的故事，即所谓"高贵的谎言"(414b—415c)，这个故事非常紧密地模仿了《劳作与时日》第109至201行。这是赫西俄德再一次为关于人类创生的故事提供了范本。在这里，苏格拉底很像《普罗塔戈拉》中的普罗塔戈拉，既没有把自己讲述的神话归于赫西俄德（他说这个神话是一个腓尼基人的故事），也没有声称这个神话具有真实性。与普罗塔戈拉不同的是，苏格拉底把自己所说的这个神话称作一个谎言(414b8—414c2；414e7)，而且在讲述的时候十分犹豫(414c9—414d2)。①我们应该如何理解这个故事，它和《劳作与时日》的关系，以及它是如何融入《王制》的总体结构中的，这些都是非常困难的问题，但本书中的其他章节将对这些问题进行详细的讨论。②我们现在需要注意到的就是，苏格拉底既没有把自己讲述的故事归于赫西俄德，也没有声称这个故事具有真实性。

而《蒂迈欧》中的神话则为我们提出了更为困难的问题。在笔者列举出的最重要的从赫西俄德的作品中吸取了核心成分的神话中，关于这个神话讲述得最为详尽，很有可能也是最重要的一个，但它同时也有可能是最让人难以理解的一个。从表面上看来，这个神话所依据的模式是那些除苏格拉底之外的谈话者们将自己与赫西俄德关联起来的模式。然而，这个最初的印象并不能帮助我们理解《蒂迈欧》中的这个神话与赫西俄德的诗作的关联，以及这个神话与柏拉图哲学思想主体的关联。而这些关联的本质是本书其

---

① 苏格拉底讲述这个故事的唯一理由是它对城邦有利。请参见Malcolm Schofield，《高贵的谎言》("The Noble Lie")，载于G. R. F. Ferrari编，《剑桥柏拉图〈王制〉指南》(*The Cambridge Companion to Plato's* Republic, Cambridge, 2007)，第138至164页，尤其是第162页。
② 请参见本书第九章。

他章节讨论的主题。[①]到目前为止,笔者只是想指出,至少在总体上,《蒂迈欧》中的这个神话与柏拉图作品中其他非苏格拉底谈话者讲述的赫西俄德风格的神话并无太大差别。

《治邦者》中所讲述的关于宇宙循环的故事(268d–274d)也是同样复杂的,虽然与《蒂迈欧》中的神话复杂的原因不尽相同。很明显,《治邦者》中的这个神话的某些组成部分是脱胎于赫西俄德的作品的,比如说克洛诺斯的统治(269a7),头发灰白[85]的新生儿(270e;请参见《劳作与时日》第181行),以及普罗米修斯当作礼物送给人类的火(274c–274d;请参见《神谱》第566至569行以及《劳作与时日》第50至52行)。[②]讲述这个故事的人是埃利亚的异邦人,他讲述的方式与其他那些非苏格拉底谈话者运用赫西俄德的方式是相符的。不过,我们并不容易断定这个故事的结构与它所反映的事实究竟意义何在。埃利亚的异邦人本人把这个故事描述为 $\pi\alpha\iota\delta\iota\acute{\alpha}$ [游戏](268d7–268e6),并坚持说这是他自己的创作(269b8–269c1)。[③]这样,我们就有了另一个非苏格拉底谈话者所讲述的、没有声称其具有真实性的赫西俄德风格的神话,尽管这个神话就像《蒂迈欧》中的神话一样,需要本书中的其他章节对它的地位与意义进行详细的讨论。[④]

柏拉图对这几个脱胎于赫西俄德作品的神话的处理,与三个主要吸收了荷马作品元素的神话形成了有趣的对比。这三个神话是:

1.《高尔吉亚》中的神话: 523a–526d。

[①] 请参见本书第十至十三章。
[②] 这个神话也包括与赫西俄德无关的元素,诸如阿特柔斯(Atreus)与提厄斯特斯的争斗,请参见Stanley Rosen,《诗与哲学之争——古代思想研究》(*The Quarrel Between Philosophy and Poetry: Studies in Ancient Thought*, London, 1988),第67页。
[③] 请参见Stanley Rosen, 前揭, 第68页。
[④] 请参见本书第十四章与第十五章。

2. 《王制》中关于厄尔(Er)的神话: 614b—621b。
3. 《斐多》中的神话: 108e—114d。

与柏拉图笔下那些脱胎于赫西俄德作品的神话不同的是，这三个主要脱胎于荷马作品的神话都是由苏格拉底讲述的。按照《伊利亚特》中的说法，在《高尔吉亚》中，苏格拉底提到了几位神明对世界的划分(523a3—523a5；请参见《伊利亚特》第15卷第187行以下)，在塔尔塔洛斯(Tartalus)中，坦塔洛斯(Tantalus)、希绪弗斯、帝图俄斯(Tityus)受到永恒的惩罚(请参见《奥德修纪》第11卷第576行以下)，同时也注意到了特尔希特斯(Thersites)并没有出现在谈话中(525e2—525e5)。此外，在描述冥府大判官米诺斯时，苏格拉底还使用了荷马叙事诗中的一行(516d2；请参见《奥德修纪》第11卷第569行)。苏格拉底宣称这个故事是真实的(523a2—523a3)，他还说，尽管在其他人看起来它可能像是虚构的($\mu\tilde{\upsilon}\vartheta o\varsigma$)，但对他本人来说这是一个很有道理的说法($\lambda \acute{o} \gamma o \varsigma$)。这里在修辞上对故事真实性的强调，与四个脱胎于赫西俄德的神话形成了有趣的对比，因为那四个神话对真实性的宣称远远要弱得多。同样的观点也适用于《王制》中脱胎于荷马作品的厄尔的神话，尽管苏格拉底说它是个$\mu\tilde{\upsilon}\vartheta o\varsigma$[虚构的故事]，但它是被作为一个有目击者所见的可信的事情来讲述的(621b—621c)。柏拉图首先展示出了[86]死后对正义的奖励与不义得到的报应，然后又说了灵魂的投胎。在这里，尽管有几处对赫西俄德的暗示，[①]但其主题脱胎自《奥德修纪》却是无可置疑的。除去几处细节之外，从总体上来看，这个神话讲的是一

[①] 尤其是在提到塔尔塔洛斯的时候(616a3—616a7)我们能看到与赫西俄德的关联，请参见《神谱》第682行、第725行、第736行、第822行、第868行，等等。然而，《斐多》111e6—112a5中在提到塔尔塔洛斯时，遵循的是荷马作品的方式，请参见本书第121页注②。

个荷马笔下的英雄与其他英雄灵魂的大游行,①与荷马笔下的νέκυια(通过宗教仪式将亡魂从地府中召唤出来为活人预言未来)有着明显的呼应。更值得注意的是,在重新展现这个故事的时候,厄尔扮演着奥德修斯的角色,而通过讲述这个故事,苏格拉底则扮演了荷马的角色。

《斐多》中的灵魂审判神话,也是被当作真事来讲述,尽管有些细节可能禁不住推敲:ἢ ταῦτ' ἐστὶν ἢ τοιαῦτ' ἄττα[这件事或是类似的事情是真实的](114d2–114d3)。这个神话的主要成分也是从荷马的作品中提取出来的:塔尔塔洛斯(111d6–112a5,其中引用了《伊利亚特》第8卷第14行)、②俄克阿诺斯(Oceanus)、阿克隆河(Acheron)、皮利弗莱格通河(Pyriphlegethon)、斯提克斯河(Styx)与科其托斯河(Cocytus;请参见《斐多》113a以下、《奥德修纪》第10卷第508至514行)。

在这里,我们可以谨慎地给出结论——柏拉图不仅倾向于将脱胎自赫西俄德的神话与非苏格拉底的谈话者联系起来,而且这些谈话者并不保证自己讲述神话的真实性。如果有人想要询问,为何柏拉图用这些不同的方式对待脱胎于荷马作品与赫西俄德作品的神话,一个可能的答案也许出自埃德尔斯坦(Ludwig Edelstein)关于柏拉图笔下的神话的著作。③他把柏拉图笔下的神话分为两组,第一组是关于创世与人类开端的神话(《蒂迈欧》、《克里提阿》、《治邦者》),第二组则是关于灵魂在生前与死后的命运(《斐

---

① 诸如俄耳甫斯(620a3–620a6)、塔米利斯(Thamyris;620a6–620a7;请参见《伊利亚特》第2卷第594至600行)、埃阿斯(620b1–620b3)、阿伽门农(620b3–620b5)、特尔希特斯(620c2–620c3)以及奥德修斯(620c3–620d2)。
② 在将关于塔尔塔洛斯的内容放入表4.1中时,尽管这很明显是柏拉图对荷马作品的参引,但笔者仍然将其归于"荷马"一栏,也归于了"赫西俄德"一栏。
③ 请参见Ludwig Edelstein,《神话在柏拉图哲学中的作用》("The Function of the Myth in Plato's Philosophy"),载于 *Journal of the History of Ideas*,第10期,第463至481页。

多》、《高尔吉亚》、《斐德若》、《王制》)。①他论证说,第一组神话所处理的"事实"是关于自然与历史的,最终也就是猜测而已,所以只能是"智力的消遣",②而第二组神话则提供了更可靠的知识,因为"人类的理性能够妥善地处理它所从事的任务"。③在鲜明地亮出这个观点之后,埃德尔斯坦也冒着过度简化的风险,[87]不过这还是能够给我们带来一些有趣的启发。柏拉图笔下的赫西俄德神话与荷马的神话之间的对比,与上述分类有惊人的一致:那些脱胎于赫西俄德的神话本身就富含了有关早期世界的历史与人类发展的早期阶段。而因为从很早开始,苏格拉底就已经放弃了追寻那些有关自然的知识,所以就更倾向于让其他谈话者口中说出这些神话。而从另外一方面来看,那些关于人死之后的神话直接与苏格拉底的好人必有好报的信念相符。关于人死之后的事情,荷马叙事诗则提供了一些非常合适的主题。不过,可能更重要的是,荷马叙事诗是苏格拉底最喜爱参引的文献。所以,我们可以得出的结论是,柏拉图笔下的那些出自荷马叙事诗的神话,在内容与特征上都与苏格拉底十分相符,而那些基于赫西俄德作品的神话则大都出自其他谈话者。

结　论

在本章中,笔者探寻了柏拉图和赫西俄德的关系应如何与他和荷马的关系相比较。我们已经看到了,在他的全部作品中,柏拉图都表现出喜爱荷马胜于赫西俄德。总体看来,柏拉图对这两位诗人的参引都很频繁,而且并没有很明显地暗示过他们谁高于谁。

---

① 请参见Ludwig Edelstein, 前揭, 第467页。
② 同上, 第474页。
③ 同上, 第472页。

不过，通过更加仔细的考察我们就能够得知，其实，通常情况下，柏拉图最主要的关注点是荷马，而赫西俄德的名字往往被加在后面——并进行了处理——而如此处理赫西俄德，其目的就是为了将高光打在荷马身上。举例来说，在《伊翁》和《王制》中，赫西俄德的名字与荷马一同出现，为的是让苏格拉底在把关注点保持在荷马身上的同时对诗歌进行总体性评论。而在《王制》中，提到赫西俄德也是为了给攻击荷马做好准备。对赫西俄德与荷马的引用，柏拉图的处理也不相同。首先，引用这两位诗人的是不同的谈话者；其次，引用的原因也不相同：在《会饮》、《卡尔米德》、《吕西斯》、《普罗塔戈拉》与《王制》中，引用赫西俄德为的是支撑不同种类的展示华丽辞藻的讲辞。谈话者们使用荷马也可能为的也是同样的目的(《王制》)，但是在一些对话作品中，引用荷马的一个很明显的倾向是，把智术师对赫西俄德的运用与苏格拉底对荷马的运用加以对比(诸如《吕西斯》、《普罗塔戈拉》)。[88]即使是在那些苏格拉底意欲攻讦荷马的对话作品中，苏格拉底也很明显地喜爱荷马胜于赫西俄德(《伊翁》、《王制》)。在一些情况下，通过苏格拉底的荷马与智术师们的赫西俄德之间的对比，有助于塑造整篇对话的结构(诸如《会饮》、《普罗塔戈拉》)。笔者最后提出的观点是，在架构那些赫西俄德风格的神话与那些更具荷马风格的神话时，柏拉图的处理有所不同：后者都是由苏格拉底讲述的，并且相对来说更加雄心勃勃地宣称他所说的神话具有真实性。[1]与此相反的是，在绝大多数情况下，柏拉图笔下那些更像赫西俄德风格的神话都是由非苏格拉底的谈话者讲述的，而且有可能只是将这些神话

---

[1] 请参见Mark J. Edwards,《普罗塔戈拉与柏拉图的神话》("Protagorean and Socratic Myth")，载于*Symbolae Osloenses*，第67期，第89至102页，第90至91页中关于厄尔的神话与《高尔吉亚》中的神话的考察。

当成是娱乐(《普罗塔戈拉》)、游戏(《治邦者》)或者仅仅有可能是真实的事情(《蒂迈欧》)来塑造的。由苏格拉底讲出的一个最主要的赫西俄德式神话,则被说成是一个"腓尼基人的谎言"。

第五章 柏拉图笔下的赫西俄德：不仅与柏拉图有关[①]

科宁(Hugo Koning)

引 言

[89]柏拉图笔下的赫西俄德究竟是谁？回答这个问题最明显、最直接的方式就是像本书第3章一样，把所有柏拉图引用或指涉赫西俄德的段落都列举出来(这样的段落大概有四十个左右)，然后对它们一一进行分析。从这些段落中，人们会希望找到某些共同的特性——所有或大多数段落所共有的要素，也许还能尝试着从柏拉图这些作品中了解他对赫西俄德的观点是如何发展的。

然而，这样的尝试并不能帮助我们理解柏拉图作品对赫西俄德作品的多种多样的使用。很多情况下，在引用赫西俄德的作品的时候，柏拉图只是将其作为Hilfszitate[旁征博引]，即一个能够支持或说明作者观点的引言，却起不到核心的作用。[②]

[①] 在此，笔者想感谢2006年在杜伦大学举办的研讨会，与会学者提出了很多积极、有益的建议。笔者还想感谢斯鲁伊特(Ineke Sluiter)、莫斯特(Glenn Most)、范·拉尔特(Marlein van Raalte)与德·荣格(Casper de Jonge)，他们为本章的草稿提出了非常有价值的建议。

[②] 请参见Krause 1958，第54页，Hilfszitate似乎已经变成了一个学术名词，另请参见诸如Jan F. Kindstrand，《第二代智术师中的荷马——普鲁士的迪奥、泰尔的马克西莫斯与阿里斯泰迪斯作品中对荷马的阅读与荷马的形象》 （转下页）

而且，即使在一些段落中赫西俄德与他的作品扮演了重要的角色，这些段落对赫西俄德作品的评价往往也是各不相同的。举例来讲，在《王制》377c至378a，柏拉图抨击了赫西俄德，称他是个骗子，因为他捏造了 τὸ μέγιστον καὶ περὶ τῶν μεγίστων ψεῦδος[关于最重要的东西的最大的谎言]；后来，还将赫西俄德的作品当成是社会的威胁。而由于赫西俄德认为阿佛洛狄忒是因她从中诞生出来的ἀφρός[泡沫]（《神谱》第197行）而得名的，所以在《克拉底鲁》406b至406d，[90]苏格拉底说赫西俄德 παιδικῶς[戏谑地]对阿佛洛狄忒的名字进行了解释。与之相对的是，在《苏格拉底的申辩》中，苏格拉底却说，就算死后能在冥间遇到赫西俄德仅仅只是一种可能，那死亡也是值得的，之所以这样说，应该是由于在正义与知识方面赫西俄德受到人们的称颂。[①]类似的是，在《卡尔米德》163b至163c，将赫西俄德呈现为一个正直而且φρόνιμος[心智成熟]的人，赫西俄德给出了一个非常精彩的建议（也是符合柏拉图观点的建议）：人们应该管好个人自己的事情。在以上举出的四个例子中，赫西俄德的形象从道德的威胁与戏谑的诗人，变成了公认的智者与道德完整的人。

在柏拉图的作品中，对赫西俄德做出的这些相互矛盾的评价十分引人注目。我们可以把赫西俄德在上述作品中的转变，与他在

（接上页注②）(*Homer in der Zweiten Sophistik.: Studien zu der Homerlektüre und dem Homerbild bei Dion von Prusa, Maximos von Tyros und Ailios Aristeides*, Uppsala, 1973)，第32页；以及Suzanne Saïd，《迪奥对神话的运用》("Dio's Use of Mythology")，载于Simon Swain编，《金口迪奥——政治学、书信与哲学》(*Dio Chrysostom: Politics, Letters, and Philosophy*, Oxford, 2000)，第161至186页，第180页。

① 请参见《苏格拉底的申辩》41a，在这里，苏格拉底列举了一些逝者的名字，赫西俄德的名字处在中央位置，在他之前提到的是正义的冥府大判官米诺斯与拉达曼提斯(Rhadamanthys)，之后则是帕拉梅德斯(Palamedes)与几个因不公正的审判而死的人。苏格拉底之所以想要见到赫西俄德，很可能是因为赫西俄德对正义的理解极为深刻。

《王制》中的转变进行比较。在《王制》这同一部对话作品中,赫西俄德同样也从一个城邦的邪恶敌人,变成了柏拉图优生学的鼻祖;一开始赫西俄德还因为自己作品中的不道德的观点而受到攻击,后来竟然又因为提出了符合道德标准的建议而受到称赞。① 在同样一部作品中,同样一个诗人为什么会有如此不同的形象? 柏拉图笔下的赫西俄德究竟是谁?

有人可能会认为笔者在这里提出了一个错误的问题。古代的通例是,只要有可能,作者就会引用前代诗人们的作品(尤其是荷马的作品)。引用他人的作品可以让作者本人的作品变得更加生动形象;② 而且,能够在叙事诗、抒情诗或者悲剧作品中找到相关的诗行,这说明了作者的智慧、教养与博学,这不仅仅限于会饮中,在创作自己的诗歌作品时、在写作严肃的哲学著作时都是这样——事实上,人们在从事任何活动的时候都是这样的。③ 时而同意一个作者的观点,[91]时而又反对他,这也是十分正常的。举一个简单的例子,亚里士多德同意赫西俄德关于家庭最基本要素的说法,但却不同意赫西俄德关于"饿急的章鱼会不会吃自己的触角"这个问题的观点。④ 每个不同的语境都是完全不同的情况,亨特(R. L. Hunter)指出过,柏拉图作品中出现的荷马笔下的那些英雄"必须在不同的

---

① 请分别参见诸如《王制》377c至378a, 546e至547a, 364c至364d, 以及466c。
② 塔尔索斯的赫耳墨戈内斯(Hermogenes Tarsensis)说,柏拉图的作品因为经常引用荷马与赫西俄德而有了γλυκύτης[甜味]。请参见《论多样的风格》(περὶ ἰδεῶν)第336至337节,载于Hugo Rabe编,《赫耳墨戈内斯作品集》(Hermogenis Opera, Teubner, 1913)。
③ 第欧根尼·拉尔修的作品中记载了好几个轶闻,其中哲学家们在不同场合中引用荷马诗作来展示自己的机智:柏拉图在烧毁自己的诗作时(《名哲言行录》第3卷5节)、色诺克拉底(Xenocrates)想要放走雅典战俘时(《名哲言行录》第4卷9节)、当克拉底(Crates)自己被人拽着双脚拖行的时候(《名哲言行录》第6卷90节)、阿纳克萨尔科斯(Anaxarchus)在亚历山大大帝受伤时(《名哲言行录》第9卷60节)都引用了荷马的诗歌。犬儒派的第欧根尼则经常会这么做(《名哲言行录》第6卷52、53、57、63、66、67节)。
④ 请参见托名亚里士多德,《齐家》(Oeconomicus)1343a18至1343a21; 亚里士多德,《动物志》(Historia Animalium)591a4至591a6。

语境下对其进行不同的考察",①我们完全有理由相信,在改换几个必要条件之后,这个观点对柏拉图笔下的赫西俄德也同样适用。因为语境不同,所以柏拉图笔下的赫西俄德也是各不相同的。

不过,我们至少有一个理由要在柏拉图作品中努力找出一个前后一致的赫西俄德的形象。到目前为止,学者们普遍指出,柏拉图对赫西俄德作品的使用主要有两个机制:(1)柏拉图的创作天才;(2)对赫西俄德作品多种不同解读的可能性。②不过,其实还有第三个方面——而这也正是本章的主题——即,对赫西俄德的接受传统(the tradition of Hesiod's reception)。柏拉图既不是唯一一位也不是第一位在自己的作品中提到赫西俄德的作家。在柏拉图的时代,赫西俄德是一个文化符号,人们时常听到、解释赫西俄德的作品,而且至少在一个世纪的时间里,许多人都会根据自己的不同需求而使用赫西俄德的作品。所以,人们在许多不同的方面利用、塑造赫西俄德。当柏拉图在自己的作品中使用赫西俄德时,事实上是加入了一个非常激烈的争论,而争论的内容是:赫西俄德究竟是谁,如何理解他的作品。所以,在自己的作品中,柏拉图并不仅仅对赫西俄德本人做出反应,同时他也是在对其他人——既包括他的前辈,也包括他的同辈作家们——笔下的赫西俄德做出反应。笔者想要指出的是,正是这种对赫西俄德的接受传统能够帮助我们更好地理解在柏拉图作品中赫西俄德的多种形象。

---

① 请参见Richard L. Hunter,《荷马与希腊文学》("Homer and Greek Literature"),载于Robert L. Fowler编,《剑桥荷马指南》(*The Cambridge Companion to Homer*, Cambridge, 2004),第235至253页,第249页。

② 赫西俄德的作品(事实上所有作家的作品都一样)会为受众带来理解上的限制。请参见Jeffrey K. Olick与Joyce Robbins,《社会记忆研究——从"共同记忆"到记忆行为的历史社会学》("Social Memory Studies: From 'Collective Memory' to the Historical Sociology of Mnemonic Practices"),载于*Annual Review of Sociology*,第24期,第105至140页,第128至130页,其中指出,文化记忆的研究内容的一部分是,文化是如何为当代人重塑过去的,这也适用于后世人们对赫西俄德作品的接受:赫西俄德的形象是没有"无限的延展性"(infinite malleability)的。

在本章中，笔者想要说明，柏拉图使用了这个传统中的两个潮流，这能帮助[92]我们解释为什么对赫西俄德的不同评价与这些不同评价的相互关联性并不矛盾。笔者想要讨论的这两个传统潮流是，"与荷马相比较的赫西俄德"以及"智者赫西俄德"。需要说明的是，对这些传统要素的探讨并不是想要否定柏拉图对赫西俄德的理解是独一无二的，笔者的意图是想要说明，柏拉图笔下的赫西俄德虽然独一无二，但却是新旧元素的结合体。

与荷马相比较的赫西俄德

在本书第四章的考察之后，笔者想要首先重新检验在柏拉图作品中赫西俄德与荷马之间的关系。一个非常简单的量化考虑就能让我们明白，事实上，赫西俄德与荷马的关系是很紧密的：在所有柏拉图提到赫西俄德的段落中，大约40%是把赫西俄德与荷马相提并论的。①但与之相反的是，在所有柏拉图提及荷马的段落中，只有大约15%是把荷马与赫西俄德直接联系起来的。②当我们把关注点从简单的数据统计转移到这些段落的文字本身之后，我们就能够看到，柏拉图表明了赫西俄德与荷马在好几个方面都有相似性。比如，两位诗人作品的题材十分相似。苏格拉底是这样总结二人诗作的内容的：

---

① 关于更详细的信息，请参见本书第四章。
② 这种区别的出现，当然是因为柏拉图提到荷马的地方远比提到赫西俄德的地方更多：他共在40处提到赫西俄德，96处提到荷马（包括疑为托名柏拉图的作品）。这个比例在古代——至少在古典时代——应该还是很常见的，请参见诸如希罗多德提及两位诗人的次数(4:8)，以及亚里士多德提到两位诗人的次数(32:83)。

περὶ πολέμου τε τὰ πολλὰ ... καὶ περὶ ὁμιλιῶν πρὸς ἀλλήλους ἀνθρώπων ἀγαθῶν τε καὶ κακῶν καὶ ἰδιωτῶν καὶ δημιουργῶν, καὶ περὶ θεῶν πρὸς ἀλλήλους καὶ πρὸς ἀνθρώπους ὁμιλούντων, ὡς ὁμιλοῦσι, καὶ περὶ τῶν οὐρανίων παθημάτων καὶ περὶ τῶν ἐν Ἅιδου, καὶ γενέσεις καὶ θεῶν καὶ ἡρώων ...

……许多有关战争的故事以及有关凡人相互之间交往的故事——既包括好人也包括坏人、既有一无所知的人也有技术出众的人——还有众神互相交往以及他们与凡人之间交往的故事,[93]还有关于天国与冥界中各种事件的故事,以及众神与英雄们的诞生……①

此外,对于同一个问题,赫西俄德与荷马的说法也比较类似(《王制》中也指出了这一点),②而他们的作品往往也都吸引同样的听众:主要是老人——在《法义》中,雅典客人就是这么说的(《法义》658d)。

然而对我们来说,更有吸引力的段落应该是,当柏拉图将赫西俄德与荷马相提并论时,我们能发现某个特定的模式——在不同的单独段落反复出现相同的观点。当柏拉图把这两位诗人并列起来时,他主要想说话题的是他们如何在整体上影响了希腊人的思想,也就是说,在希腊人的教育与他们的共同思想中,两位诗人的作品所占据的地位。这种地位非常像《摩西五经》(Pentateuchus)、《吉尔伽美什》(Epic of Gilgamesh)与《亡灵书》

---

① 请参见《伊翁》531c。
② 请参见《王制》363a至363c,364c至364e,377d至378e,390e(在这里,柏拉图列举了很多他认为荷马写得非常卑劣的诗行,不过这其中还插入了一行据称是赫西俄德所写的诗),600c至600e,612b。

(*Book of the Dead*)这些各自文明中的奠基性作品,①而这些作品在"走上神坛"(enshrinement)之后,②它们都变成极为类似于一种价值规范。而说到赫西俄德与荷马的作品,希腊人会认为他们诗歌已经变得类似于律法。在整个古代,这种感受在几个方面中都得到了表达。③

[94]在柏拉图的作品中,比如在笔者刚刚提到的《苏格拉底的申辩》中,我们可以发现一些正面评价这种价值规范的痕迹。类似地,在《会饮》中,第俄提玛对苏格拉底说,精神上的爱欲比肉体上的爱欲更为优越,为了证明自己的观点,她指出,精神上的爱欲所产下的后代更加优越(《会饮》209c至209d):

---

① 请参见Jan Assmann,《宗教与文化回忆:十篇研究文章》(*Religion und kulturelles Gedächtnis: Zehn Studien*, Munich, 2000),第43页,其中所使用的术语是identitätfundierend(奠基性特征)。
② 这个术语所表达的是,在某一个阶段,传统的经典作品在人们心中变得神圣不可侵犯。它拥有了神圣的地位,并且不再可以被改动;而且,通过诠释它的作品,它影响了其所在文化的发展,并为之带去了价值规范。请参见Jan Assmann,前揭,第142至147页。
③ 荷马与赫西俄德的作品至少在四个方面被人们赋予了类似律法的品质:首先,人们很明显地将他们的作品与律法等同(请参见卢齐阿诺斯[Lucianus],《论哀痛》[*De Luctu*]第2节;普鲁塔克,《青年该如何聆听诗歌》[*Quomodo Adolescens Poetas Audire Debeat*]28b;恩皮利科斯(Sextus Empiricus),《反数学家》(*Adversus Mathematicos*)第9卷第15节);第二,古代作者将诗人们与立法者联系起来(请参见上文中关于《苏格拉底的申辩》的段落,以及下文中关于《会饮》的段落);第三,当古代作者们写作时,他们经常会把荷马与赫西俄德引为自己的证人:在柏拉图、色诺芬与亚里士多德的作品中,只有四位诗人被称作μάρτυρες(证人)或提供μαρτυρία(证言)者:荷马(十次)、赫西俄德(四次)、格言诗作家特欧格尼斯(两次)与梭伦(一次);第四,律法与法律条文有时与诗歌(尤其是赫西俄德与荷马的作品)有类似的地位,举例来说,在公元前四世纪及其后的法庭演讲中,演讲者往往会交替引用诗歌作品(最多引用的是赫西俄德与荷马的作品)与法律条文,请参见Shalom Perlman,《公元前4世纪阿提卡演讲家对诗歌的引用》("Quotations from Poetry in Attic Orators of the Fourth Century BC"),载于*American Journal of Philology*,第85期,第155至172页;Andrew L. Ford,《演讲台上的荷马解谈——埃斯基涅斯〈反蒂马尔科斯演讲〉中的诗歌与法律》("Reading Homer from the Rostrum: Poems and Laws in Aeschines' *Against Timarchus*"),载于Simon Goldhill与Robin Osborne编,《表演文化与雅典民主政制》(*Performance Culture and Athenian Democracy*, Cambridge, 1999),第231至256页。

> καὶ πᾶς ἂν δέξαιτο ἑαυτῷ τοιούτους παῖδας μᾶλλον γεγονέναι ἢ τοὺς ἀνθρωπίνους, καὶ εἰς Ὅμηρον ἀποβλέψας καὶ Ἡσίοδον καὶ τοὺς ἄλλους ποιητὰς τοὺς ἀγαθοὺς ζηλῶν, οἷα ἔκγονα ἑαυτῶν καταλείπουσιν, ἃ ἐκείνοις ἀθάνατον κλέος καὶ μνήμην παρέχεται αὐτὰ τοιαῦτα ὄντα. εἰ δὲ βούλει, ἔφη, οἵους Λυκοῦργος παῖδας κατελίπετο ἐν Λακεδαίμονι σωτῆρας τῆς Λακεδαίμονος καὶ ὡς ἔπος εἰπεῖν τῆς Ἑλλάδος. τίμιος δὲ παρ᾽ ὑμῖν καὶ Σόλων διὰ τὴν τῶν νόμων γέννησιν ...

可能每个人都会更愿意自己生育出这样的孩子而不是那种出自凡胎的孩子,在看到荷马、赫西俄德以及其他优秀诗人之后他们会非常羡慕,他们留下的子女是不死的,故此也为他们带来了不朽的荣名和回忆。她说,如果你愿意的话,想想吕库古(Λυκοῦργος)在拉凯戴孟(Λακεδαίμονι)留下的后代,它们是拉凯戴孟的拯救者,它们说他们还是整个希腊的拯救者。梭伦因为法律的创立而在你们当中享有荣誉……

很明显,这段文字说的就是赫西俄德与荷马"走上神坛"的地位,以及他们的作品像律法那样受到尊崇:人们认为他们的诗作是不朽的(意思就是永远存在而且不得变更),而且将他们与吕库古(Lycurgus)和梭伦相比较就十分清楚地说明了,他们的诗作就像是 νομοί(律法)一样具有普世价值。① 此外,在说到他们的这种特殊地位时,第俄提玛所用的是褒扬的语气:将赫西俄德与荷马称作 ποιηταὶ ἀγαθοί[优秀诗人],而且他们似乎是仅有的值得被提到名字的优秀诗人,此外,第俄提玛将他们的作品与作为"整个希腊的拯

---

① 吕库古所创法律的影响从斯巴达一处延伸到了整个希腊。关于荷马作品听众的广泛性,请参见 Barbara Graziosi,《发明荷马——对叙事诗的早期接受》(*Inventing Homer: The Early Reception of Epic*, Cambridge, 2002),第58至60页。

救者"的法律条文相提并论。①

然而，更加常见且更加明确的是，柏拉图之所以同时提到这两位诗人，为的是对他们进行攻击。[95]在很大程度上，正是由于他们的这种重要地位才招来了柏拉图的抨击。关于在《王制》与一些其他作品中柏拉图对诗歌的攻讦，已有许多学者进行了许多研究，②所以，本章对此无须过多讨论，笔者只想提出以下两点。

首先，应该注意的是，对柏拉图在《王制》第2、3、10卷中所扮演的角色，至今都没有进行全面的考察。尽管由于赫西俄德说了"关于最重要的东西的最大的谎言"(《王制》377e)，所以柏拉图第一个攻击对象就是赫西俄德，但是，有的学者还是说柏拉图的关注点在于"荷马的叙事诗，以及埃斯库罗斯、索福克勒斯与欧里庇得斯的悲剧作品";③也有人在提到柏拉图对文学的观点时说，"柏拉图认为，许多人在按照道德规范生活时，荷马的影响是首要的"。④

---

① 在《会饮》209e，第俄提玛还说，诗人与立法者都属于这样一种人：πολλὰ καὶ καλὰ ἀποφηνάμενοι ἔργα, γεννήσαντες παντοίαν ἀρετήν· ὧν καὶ ἱερὰ πολλὰ ἤδη γέγονε διὰ τοὺς τοιούτους παῖδας ...(他们展示了自己的众多美好事迹，创生了各种美德：而由于这些后代，他们已经有了许多圣坛……)。
② 请参见诸如Iris Murdoch，《火焰与太阳——柏拉图对艺术家的放逐》(*The Fire and the Sun: Plato Banished the Artists*, Oxford, 1977)；另请参见Penelope Murray编，《柏拉图论诗歌——〈伊翁〉、〈王制〉376e至398b、〈王制〉595至608b》(*Plato on Poetry*: Ion, Republic *376e-398b*, Republic *595-608b*, Cambridge, 1996)，前言第3至32页，其中对这些研究成果进行了全面的总结。
③ 请参见Penelope Murray编，前揭，第15页。
④ 请参见Julia Annas，《柏拉图关于文学之浅薄的论述》("Plato on the Triviality of Literature")，载于J. Moravcsik与P. Temko编，《柏拉图论美、智慧与艺术》(*Plato on Beauty, Wisdom, and the Arts*, Totowa, 1982)，第1至28页，第11页。在现当代古典学术中，将荷马作为一切的中心(Homerocentrism)是一个非常明显的缺陷，这不仅出现在柏拉图研究中；在解释某个文本时，学者们往往会把注意力全部放在荷马身上，并且把"叙事诗"与"荷马叙事诗"完全等同起来，甚至当赫西俄德的作品能够提供最直接的语境时也是如此。关于这种完全偏向荷马的研究倾向，请参见Kevin Robb，《古代希腊的读写能力与教育》(*Literacy and Paideia in Ancient Greece*, Oxford, 1994)，第161页：这是一部非常优秀的著作，但是作者　(转下页)

笔者想提出的第二点,也是更加密切相关的一点是这样的:柏拉图之所以对诗歌(以及作为总体的"艺术")进行抨击,其理由还有许多。比如,他认为艺术只是对这个世界的模仿,而这个世界又是对真实世界(即理型世界)的模仿,所以艺术让我们与真实世界的距离更为遥远,而且,艺术是作用于情感而非理性的。但是,当柏拉图把赫西俄德与荷马并列起来时,他更倾向于强调,这些诗人所讲述的故事在道德上存在误区,而且为人们树立了错误的榜样。尤其是,对那些很难得到确定知识的领域——即众神与冥界等等——人们会认为自己十分在行,而在这些领域中,他们讲的故事似乎更成问题。稍后,笔者会继续讨论在这个方面赫西俄德与荷马所造成的不良影响。

除去诗作的内容之外,赫西俄德与荷马作品中的另外一个特质也让柏拉图感到担忧:人们经常(有意地)对他们的作品断章取义,以在道德上支撑自己不伦的行为。柏拉图的理想城邦的统治者是一些经过了特别遴选并且受到了特殊养育与训练的哲学家,他们利用一些明确的规定来领导城邦前进(或者让城邦坚守自己的位置)。然而,在完全说不上符合这一理想的雅典,公民们可以随意按照自己的意愿来诠释荷马与赫西俄德提供的、那些他们十分熟悉的"法律"。[96]这就导致了混乱,而在这种混乱中,未经特殊训练的普通人可以使用这些诗人的作品来为自己的恶行找到依

(接上页注④)只讨论了克赛诺芬尼与赫拉克利特对荷马的攻击(连赫西俄德的名字都没有提到);另请参见Froma I. Zeitlin,《荷马的观念与观念重塑》("Visions and Revisions of Homer"),载于Simon Goldhill编,《罗马统治下的希腊人——文化身份、第二智术师学派与帝国的建立》(*Being Greek under Rome: Cultural Identity, the Second Sophistic and the Development of Empire*, Cambridge, 2001),第195至266页,第204页,作者认为,古希腊的知识精英们把"荷马(以及俄耳甫斯与缪赛俄斯)"当成"文明的奠基人以及教育的大师"。不过,因为关于赫西俄德研究以及赫西俄德接受的研究正吸引到越来越多的注意力,这种将荷马作为一切的中心的倾向看起来已经开始衰退了。然而,近年来仍然还有很多学术作品如是说,如果它们的视野能够开阔一些,则会优秀得多。

据。

对于这一点柏拉图非常担忧。在《王制》中,共有两次同时提及赫西俄德与荷马,而在这两个相关段落中,柏拉图都说明了人们是如何滥用这两位诗人的作品的。最好的例子出现在《王制》363e至364e(另一处在363a至363b)。在这里,阿德曼托斯说存在着 εἶδος λόγων περὶ δικαιοσύνης τε καὶ ἀδικίας ἰδίᾳ τε λεγόμενον καὶ ὑπὸ ποιητῶν[一类有关正义与不义的言论,普通个人与诗人们都说过]。根据这 εἶδος λόγων[一类言论],做到放纵与不义不仅更简单,也更为令人愉快;此外,由于祭司与代神明传言的预言家们可以很轻易地说服众神,让他们通过符咒与魔法来服务富人,所以,这些富人就既可以伤害不义之人,也可以伤害正义之士。在这里,笔者引用《王制》364c至364e:

> τούτοις δὲ πᾶσιν τοῖς λόγοις μάρτυρας ποιητὰς ἐπάγονται οἱ μὲν κακίας πέρι, εὐπετείας διδόντες, ὡς
>
> τὴν μὲν κακότητα καὶ ἰλαδὸν ἔστιν ἑλέσθαι
> ῥηιδίως: λείη μὲν ὁδός, μάλα δ' ἐγγύθι ναίει:
> τῆς δ' ἀρετῆς ἱδρῶτα θεοὶ προπάροιθεν ἔθηκαν
>
> καὶ τινα ὁδὸν μακράν τε καὶ τραχεῖαν καὶ ἀνάντη. οἱ δὲ τῆς τῶν θεῶν ὑπ' ἀνθρώπων παραγωγῆς τὸν Ὅμηρον μαρτύρονται, ὅτι καὶ ἐκεῖνος εἶπεν
>
> λιστοὶ δέ τε καὶ θεοὶ αὐτοί,
> καὶ τοὺς μὲν θυσίαισι καὶ εὐχωλαῖς ἀγανῇσιν
> λοιβῇ τε κνίσῃ τε παρατρωπῶσ' ἄνθρωποι
> λισσόμενοι, ὅτε κέν τις ὑπερβήῃ καὶ ἁμάρτῃ.

[97]一方面,他们在发表关于恶的轻易性时,把诗人们当作全部这些说法的证人,他们说:

> 沾染罪恶十分容易,并且数量巨大,

> 通往它的道路十分平顺,而且它的处所近在眼前,
> 而众神在美德之前放置了汗水,
> 而且这是一条漫长、艰难且陡峭的道路。另一方面,他们把荷马当作证人来证明众神被凡人误导,因为他也说过:
> 就连众神自己都会被祷告打动,
> 而通过献祭与温婉的祝愿以及
> 祭酒与牺牲的香气,祈祷的凡人能
> 转开众神的怒火,当有人逾制或犯罪之时。

当代读者立刻就能发现,这两段引文分别来自《劳作与时日》(第287至289行)与《伊利亚特》(第9卷497至501行),但柏拉图已经将它们与其最初的情境脱离开了,并且赋予其新的、颠覆性的意义——笔者认为,柏拉图是想要古代的读者注意到这点的。尽管我们不清楚在柏拉图眼中,究竟什么才是对一部诗作的正确解读,[①]但是笔者认为,这几行说明了美德之路十分艰难的诗,在古代是最为人所熟知的赫西俄德的作品段落,人们反复引用它们以鼓励人们坚守正义,所以,柏拉图的读者们不可能会认为,赫西俄德的这几行诗是在鼓励人们因为容易而走上罪恶的道路。柏拉图的观点实际上是,普通公民——也就是那些没有资格统治城邦或设立法律的公民——可以通过断章取义而让这些诗人的作品拥有各种不同的意义。[②]这就是为什么柏拉图说,普通个人与诗人所说的是

[①] 请参见诸如苏格拉底向斯科帕斯解读西蒙尼德斯的颂诗(《普罗塔戈拉》339a至347b);另请参见Glenn W. Most,《西蒙尼德斯献给斯科帕斯的颂诗的语境》("Simonides' Ode to Scopas in Contexts"),载于Irene J. F. de Jong与John P. Sullivan编,《现代批评理论与经典文学》(*Modern Critical Theory and Classical Literature* [即*Mnemosyne Supplementum*,第130期], Leiden, 1994),第127至152页,其中关于这个问题进行了总述并提供了有用的参考书目。

[②] 事实上,柏拉图还在其他三处提到了这几行诗(《斐德若》272b、《普罗塔戈拉》340b、《法义》718a),而每一次都对这几行有关美德的诗进行了不同的解释。

同样的 εἶδος λόγων[一类言论]：ἴδιος[普通个人]，也就是作为城邦治理者与法律创立者的反面，① 会断章取义诗人作品中的段落（对于这类人来说，诗人是他们的"证人"；在该段落中两次使用了这一说法），好为自己的错误行为开脱。[98]通过把诗人与那些不承担统治职务的人 λεγόμενον[所说的话]等同起来，柏拉图含蓄地夺去了诗人们治理城邦与订立法律的资格②——而对于柏拉图来说，治理城邦与订立法律是只属于哲学家的领域。

所以我们能发现，当柏拉图把赫西俄德与荷马并列起来的时候，赋予赫西俄德三个最基本的特点。首先，赫西俄德是一个影响巨大的权威——尤其是在有关宗教信仰的问题上——他的影响十分巨大，在人们心目中其作品的地位就好似律法；其次，在赫西俄德对众神的描述中，众神做了特别损害城邦的事情，而这样的众神为读者建立了错误的榜样；第三，因为人们可以滥用他的作品，所以赫西俄德的作品很可能是危险的。

这样的一个赫西俄德——一个"与荷马相比较的"赫西俄德——其实并不止出现在柏拉图一个人的笔下。[99]举例来说，希罗多德也曾经提到过，赫西俄德的作品影响了人们的价值规范；而克

---

① 关于这个词在这里的意义，请参见 Henry G. Liddell 与 Robert Scott 编，Henry S. Jones 增订，《牛津古希腊文大词典》(*A Greek-English Lexicon*, Oxford, 9th ed., 1996)，其中该词的第一个意思最适用于此。另请参见亚里士多德，《尼各马可伦理学》(*Ethica Nicomachea*)1113b21至1113b23，其中将 ἰδίᾳ[作为本人]的普通个人与 αὐτῶν τῶν νομοθετῶν[立法者们本人]对立起来。也许，ἴδιος(普通个人)这个词语还可以指代没有 τέχνη[技艺、技术、知识]的个人，所以在这里，诗人也变成了没有 τέχνη[技艺、技术、知识]的人（这与苏格拉底在《伊翁》以及其他作品中的说法是一致的），请参见 Lene Rubinstein，《雅典对 ἰδιότης 的政治观点》("The Athenian Political Perception of the *Idiotes*")，载于 Paul Cartledge、Paul Millett 与 Sitta von Reden 编，《宇宙——关于古典时代雅典的秩序、冲突与共同体的研究文章》(*Kosmos: Essays in Order, Conflict and Community in Classical Athens*, Cambridge, 1998)，第125至143页，第140页。

② 请参见《王制》366e，该段中，苏格拉底在讨论正义这个概念时，又一次将 ἴδιοι λόγοι[普通个人的谈话]与 ποίησις[诗歌]等同起来。

赛诺芬尼也指责过赫西俄德的作品中众神的行为——这两位作家都在《王制》之前很久就开始写作了。①在柏拉图的著作以外的古代作品中，我们也能发现有人提到过对赫西俄德诗作的滥用；事实上，最有趣的例子来自于柏拉图的同时代人色诺芬的著作，他记述说，苏格拉底本人也被人指责过："控方还声称他从最富盛名的诗人的作品中选取了最有害的内容，并且用这些内容作为证据，教育他的追随者们成为作恶事的人与支持僭政的人。"②而"最富盛名的诗人"正是赫西俄德与荷马，在这里也将他们当成了"证人"。③

所以，在把赫西俄德与荷马并列起来时，无论是从褒扬还是攻讦的角度来论述，都不是柏拉图的原创——当柏拉图想要论述一个诗人所具有的众所周知的特质时，他所指的是传统意义上的赫西俄德：在这个时候，柏拉图就会使用前人所用过的批判方式，并因此站在大众的角度上对赫西俄德进行攻击。在这个意义上，柏拉图追随并延续了传统。但这并不意味着柏拉图仅仅是一个追随者：他虽然明白在传统上赫西俄德与荷马就是并列关系的，但他却能控制并操纵这种关系。从这个角度看来，柏拉图更新并重塑

---

① 请参见希罗多德，《原史》第2卷第53节；克赛诺芬尼残篇第11号，载于H. Diels与W. Kranz编，《前苏格拉底哲学残篇辑》(Die Fragmente der Vorsokratiker, 6th edn. Berlin, 1951-2)(很可惜的是，由于篇幅所限，本章无法对这两位作者的观点进行更为深入的探讨)。我们能够从现存的古代著作中找出一些蛛丝马迹(比如寓言化写作手法的兴起)来说明，在公元前五世纪初期，赫西俄德的作品就已经十分普及了。

② 请参见《回忆苏格拉底》第1卷第2章第56节："ἔφη δ' αὐτὸν ὁ κατήγορος καὶ τῶν ἐνδοξοτάτων ποιητῶν ἐκλεγόμενον τὰ πονηρότατα καὶ τούτοις μαρτυρίοις χρώμενον διδάσκειν τοὺς συνόντας κακούργους τε εἶναι καὶ τυραννικούς..."关于对这一段的深入讨论与苏格拉底对赫西俄德作品的阐释，请参见本书第六章。

③ 在柏拉图之后，将赫西俄德与荷马并列起来也十分常见，只可惜本章无法深入讨论这个话题。在与荷马相提并论之后，主要是由于其中记述了很多众神所做的并不符合神明身份的事情，所以，赫西俄德的作品经常遭到攻击。请参见诸如菲洛(Philo Judaeus Alexandrinus)，《论天意》(De Providentia)第1卷第34至37节；卢齐阿诺斯(Lucianus)，《梅尼波斯》(Menippus)第3节；迪奥(Dio Chrysthomus)，《讲辞》(Oratio)第14号第21节；恩皮利科斯(Sextus Empiricus)，《皮浪思想概论》(Pyrrhoniarum hypotyposeon)第3卷第210至211节；尤利安(Julianus Apostatus)，《书简》(Epistulae)423b。

了传统。笔者将简短讨论《伊翁》中的一个段落,这个段落虽然已经在前文中引用过,但在这里却能够说明柏拉图的创新之处,也能很好地作为本节的结尾。

在《伊翁》中,苏格拉底试图说明,叙事诗吟诵家的τέχνη(技艺、技术)其实并不是τέχνη[技艺、技术],而是一种由神明触发的癫狂状态或μανία[疯癫]。而既然吟诵家并不具有τέχνη[技艺、技术],那么他也就不具有知识。[①]所以在这里,柏拉图不把吟诵家的技艺算作τέχνη(技艺、技术),其原因是"任何τέχνη[技艺、技术]的基本准则是,对其有所了解的人必须将之看作一个整体,"[②]而叙事诗吟诵并不是这样的。这恰好就是柏拉图在这一段中将赫西俄德与荷马相提并论的原因:尽管赫西俄德与荷马所写的都是同样的主题,伊翁仍然声称他只懂得荷马的作品——所以,叙事诗吟诵并不算是一种技艺。

当我们重读苏格拉底对赫西俄德与荷马的诗作的概述时,这一论述逻辑是显而易见的:

> 许多有关战争的故事以及有关凡人相互之间交往的故事——既包括好人也包括坏人、既有一无所知的人也有技术出众的人——还有众神互相交往以及他们与凡人之间交往的故事,还有关于天国与冥界中各种事件的故事,以及众神与英雄们的诞生……

当然,人们并没有普遍将赫西俄德认作是一个主要描绘战争的诗人,也没有普遍将荷马认作是一个主要讲述众神降生的诗人——事实是恰好相反的:为了通过修辞技巧让赫西俄德与荷马尽

---

① 很明显,柏拉图这样说其实风险很大:"在塑造对话作品中的次要角色时、在塑造吟诵家的形象时,苏格拉底真正的目的是想要描绘荷马本人",请参见John M. Cooper编,《柏拉图全集》(*Plato: Complete Works*, Indianapolis, 1997),第937页。
② 请参见Penelope Murray编,前揭,第107页。

可能地相像，柏拉图蓄意创造出多种叙事诗风格的结合体，他非常注意不将这两位诗人的特点排列在一起（"有关战争的故事"与"众神与英雄们的诞生"分别位于[100]这一段的开头与结尾）。在设下这个陷阱之后，可怜的伊翁掉了进去：他同意了苏格拉底的概述，但却仍然自称只懂得荷马——这样，苏格拉底就成功地得出结论：叙事诗吟诵并不算一种技艺。传统上，人们常常将赫西俄德与荷马相提并论，而柏拉图就利用了这一点，他进一步将两位诗人互相类比，并以此让叙事诗吟诵家们走向没落。

智者赫西俄德

现在让我们来讨论柏拉图笔下的另一位赫西俄德，笔者称之为"智者赫西俄德"。众所周知，公元前五世纪与四世纪的智术师们经常使用赫西俄德与荷马的作品。他们大量学习、使用并再造诗歌——尤其是叙事诗——对于他们而言，这样做在许多方面都具有巨大价值。[①]

在柏拉图笔下，智术师们化用诗人作品的最明显的例子出现在普罗塔戈拉讲辞的开头（《普罗塔戈拉》）。在这里，普罗塔戈拉做了自我介绍，他自称是一个智术师，然后又列举出一系列著名的教育家，并声称他们也都是智术师——尽管他们并不会自称为智术师（《普罗塔戈拉》316d至316e）：

> ἐγὼ δὲ τὴν σοφιστικὴν τέχνην φημὶ μὲν εἶναι παλαιάν, τοὺς δὲ μεταχειριζομένους αὐτὴν τῶν παλαιῶν ἀνδρῶν, φοβουμένους τὸ ἐπαχθὲς αὐτῆς, πρόσχημα ποιεῖσθαι καὶ προκαλύπτεσθαι,

---

① 请参见Kathryn A. Morgan，《前苏格拉底哲人至柏拉图的神话与哲学》（*Myth and Philosophy from the Pre-Socratics to Plato*, Cambridge, 2000），第4章"智术师与他们的同时代人"（The Sophists and Their Contemporaries），第96至97页，其中有一段非常有用的段落，综述了智术师们笔下谈论到的赫西俄德与荷马的作品。

第五章 柏拉图笔下的赫西俄德：不仅与柏拉图有关   141

> τοὺς μὲν ποίησιν, οἷον Ὅμηρόν τε καὶ Ἡσίοδον καὶ Σιμωνίδην, τοὺς δὲ αὖ τελετάς τε καὶ χρησμῳδίας, τοὺς ἀμφί τε Ὀρφέα καὶ Μουσαῖον· ἐνίους δέ τινας ᾔσθημαι καὶ γυμναστικήν, οἷον Ἴκκος τε ὁ Ταραντῖνος καὶ ὁ νῦν ἔτι ὢν οὐδενὸς ἥττων σοφιστὴς Ἡρόδικος ὁ Σηλυμβριανός ... καὶ ἄλλοι πολλοί.

> 我认为智术师的技艺是很古老的，但古人中施展这种技艺的人担心这其中所含的敌意，他们设置了伪装，有些人将其伪装成诗歌，就好似荷马、赫西俄德与西蒙尼德，另一些人将其伪装成宗教秘仪与预言，比如追随俄耳甫斯与缪赛俄斯的人们。我发现甚至有些人还将其伪装成体育，好比塔兰托的伊科斯，现在又有了不逊于任何人的智术师赛林布里亚人希洛狄科斯……还有许多其他人。

严格说来，这些并不是普罗塔戈拉的话，而是柏拉图的话，不过还是有很多原因让我们感觉柏拉图的描述[101]是接近真实情况的。其中之一就是，普罗塔戈拉给自己加上了其他人的权威，其方式是非常典型的智术师方式，[①]而且这种方式非常类似于希庇阿斯（Hippias）在自己类似百科全书的作品《总集》（*Synagoga*）开端所说的话：

> τούτων ἴσως εἴρηται τὰ μὲν Ὀρφεῖ, τὰ δὲ Μουσαίῳ κατὰ βραχὺ ἄλλῳ ἀλλαχοῦ, τὰ δὲ Ἡσιόδῳ τὰ δὲ Ὁμήρῳ, τὰ δὲ τοῖς ἄλλοις τῶν ποιητῶν, τὰ δὲ ἐν συγγραφαῖς τὰ μὲν Ἕλλησι τὰ δὲ βαρβάροις· ἐγὼ δὲ ἐκ πάντων τούτων τὰ μέγιστα καὶ ὁμόφυλα συνθεὶς τοῦτον καινὸν καὶ πολυειδῆ τὸν λόγον ποιήσομαι.

> 这其中某些也许是俄耳甫斯所说，有些也许是缪赛俄斯所

---

① 请参见 Kathryn A. Morgan，前揭，第89至105页。

说，某些地方比较简短，这些可能是赫西俄德所说而那些是荷马所说，还有其他诗人所说的，有些则出现在散文中，一些是希腊人所说，一些则是异邦人所说。但是在把这一切中最重要且一脉相承的说法集合起来之后，我将写作新鲜且多样的作品。①

在以上举出的例子中，两位智术师都将不同的知识结合到一起，并声称自己已经全部都掌握了。有趣的是，两位智术师都在自己的长篇作品的开始列举了各类作家，不过对于我们来说，最值得注意的是，在这两段文本中，将赫西俄德与荷马都作为同一类诗人。②在这两个例子中，我们再一次看到，在传统中常常是将赫西俄德与荷马联系在一起的。③

不过，现在笔者想要关注的是，事实上有一些智术师的确将赫西俄德与荷马区分开来，也承认对这两位诗人需要不同的知识与理解。在这里笔者[102]不会讨论这些智术师对荷马的运用，而只

---

① 希庇阿斯，残篇第6号，载于H. Diels与W. Kranz编，《前苏格拉底哲学残篇辑》(*Die Fragmente der Vorsokratiker*, 6th edn. Berlin, 1951-2)。
② 在《普罗塔戈拉》中的这个段落里，普罗塔戈拉明确地指出了不同的类别（诗歌、预言、体育等）；希庇阿斯也列举出了一些写作形式上的区分标准（例如诗歌与散文——这个有可能是希庇阿斯本人的创举——、希腊人与异邦人之间的区别），而在词序上则将赫西俄德与荷马紧密地排列在一起。请参见 Andreas Patzer,《作为哲学史家的智术师希庇阿斯》(*Der Sophist Hippias als Philosophiehistoriker*, Freiburg, 1986)，第20页，其中将赫西俄德与荷马跟其他作家（包括诗人与散文作家）区分开来，但却又将他们与俄耳甫斯与缪赛俄斯并列起来。
③ 在整个古代，都将赫西俄德与荷马并列起来，并且与其他诗人或其他文学形式（尤其是悲剧）对立起来，请参见诸如[托名]柏拉图，《米诺斯》318e；普鲁塔克，《特修斯》(*Theseus*)第16章第2至3节；卢齐阿诺斯，《论舞蹈》(*De Saltatione*)第61章第2节；另请参见《伊利亚特》第16卷第336行、第21卷第430行、《神谱》第691行、《劳作与时日》第3行的古代手抄本上的注释。关于"赫西俄德与荷马及其他诗人"这种常见的表达方式，请参见诸如，伊索克拉底，《泛雅典娜节时的讲辞》(*Panathenaicus*)第18节及第33节；斐洛德莫斯(Philodemus)，《论音乐》(*De Musica*)，第4卷第83节，载于Annemarie J. Neubecker编，《斐洛德莫斯〈论音乐〉第4卷：文本、译文与注疏》(*Philodemus, Über die Musik, IV. Buch: Text, Übersetzung und Kommentar*, Naples: Bibliopolis, 1986)；卢齐阿诺斯，《论哀痛》第2 （转下页）

讨论他们对赫西俄德的运用。

奥沙利文(Neil O'Sullivan)似乎第一个注意到了,普罗狄科对赫西俄德有着特别的兴趣。比如,普罗狄科的宇宙论与赫西俄德十分类似,而且,当写作在岔路口赫拉克勒斯遇到道德抉择时,普罗狄科很明显地受到了赫西俄德笔下的美德之路与罪恶之路的影响。[1]此外,与我们的讨论格外相关的一点是,普罗狄科很可能将赫西俄德描绘成了一个思想家,他预示了普罗狄科本人有关同义词与ὀρθότης ὀνομάτων[词语的正确性]理论。[2]简单说来,普罗狄科的理论认为,词语与其所指代的对象之间有着一对一的关系,而同义词的出现完全是表面现象:人们错误地认为不同的几个词义可以有着完全一样的意义。[3]看起来,普罗狄科的立场十分特殊,因为其他智术师都否认这种一对一的关系,而且事实上,他们会为了自己的论述目的而利用词语在意义上的重叠。由于这些智术师所关注的是那些明显有着道德含义的词字,所以他们在这些词字上的魔法往

(接上页注③)节;盖伦(Claudius Galenus),《论希波克拉底与柏拉图的主张》(De Placitis Hippocratis et Platonis),第3卷第3章第28节;赫耳墨戈内斯,《论多样的风格》,载于Leonhard von Spengel编,《希腊演讲家》(Rhetores Graeci, Teubner, 1853)第2卷第362页;利比阿诺斯(Libianus),《书简》(Epistulae)第181号第4节;当然还有柏拉图的《蒂迈欧》21d、《会饮》209d、《王制》377d、《伊翁》531c,另请对照本书第四章。

[1] 请参见Neil O'Sullivan,《阿尔基达马斯、阿里斯托芬与古希腊风格理论的开端》(Alcidamas, Aristophanes and the Beginnings of Greek Stylistic Theory, [Hermes Einzelschriften, 第60期], Stuttgart, 1992),第75至79页。

[2] 虽然我们有其他证据表明,普罗狄科曾尝试过区分一些有争议的同义词的意思,但是将普罗狄科与ὀρθότης ὀνομάτων[词语的正确性]理论连接起来的说法全部来自于柏拉图的作品,所以,我们应该注意,不要把柏拉图笔下与该理论有关的说法强加到历史上的普罗狄科身上,请参见Detlev Fehling,《对古希腊的语言哲学的两篇研究》("Zwei Untersuchungen zur griechischen Sprachphilosophie"),载于Rheinisches Museum,第108期,第212至229页,第216至217页。不过对于笔者来说,讨论柏拉图笔下所常常描绘的普罗狄科就足够了。

[3] 关于对普罗狄科同义词理论更为详细的论述,请参见诸如Mario Untersteiner,《智术师》(The Sophists, Kathleen Freeman译, Oxford, 1954),第212至216页;George B. Kerferd,《智术师运动》(The Sophistic Movement, Cambridge, 1981),第69至74页。

往会导致"实用相对主义"(practical relativism)[①]。而普罗狄科则不然,与许多人(例如高尔吉亚)的观点截然相反,他对这种怀疑论的反应是,在单个词语中寻找单独的、准确的意义,并坚信通过语言来沟通有关事实真相的知识是可能的。

柏拉图提到了普罗狄科对"语言纯洁主义者"赫西俄德的重塑与运用。举例来说,在《卡尔米德》中,一个非常清晰的观点是,赫西俄德非常注重词语的正确性,比如他区分了 ποιεῖν [制作] 和 ἐργάζεσθαι [劳作] 的不同,而普罗狄科也接受并运用了这种方式。[②]在[103]《普罗塔戈拉》中,再一次很清楚地表现出赫西俄德对 ὀρθότης ὀνομάτων [词语的正确性]的关注以及他对普罗狄科的影响:普罗塔戈拉认为,当人们在讨论西蒙尼德斯的一首颂诗时,其实诗人是自相矛盾的,因为他在诗中似乎说,变为好人不易,但是做好人很简单。之后,苏格拉底向普罗狄科(当时他也在场)求助,后者指出"变成好人"与"做好人"是有区别的,从而捍卫了西蒙尼德斯的作品。对于我们的讨论来说,接下来发生的事情最为重要:苏格拉底突然引用了赫西俄德笔下众所周知的关于美德的诗行:

> ... μακρὸς δὲ καὶ ὄρθιος οἶμος ἐς αὐτὴν
> καὶ τρηχὺς τὸ πρῶτον: ἐπὴν δ' εἰς ἄκρον ἵκηται,
> ῥηιδίη δὴ ἔπειτα πέλει, χαλεπή περ ἐοῦσα.
> ……(众神)在她(美德)之前设下了漫长而陡峭的道路,
> 而且开端极为困难;但当到达顶峰,

[①] 请参见 Arnaldo Momigliano,《基俄斯岛的普罗狄科与从德谟克利特到犬儒学派的语言学说》("Prodico da Ceo e le dottrine sul linguaggio da Democrito ai Cinici"),载于 *Atti della Reale Accademia delle Scienza di Torino*,第65期,第95至107页,第102页。

[②] 请参见《卡尔米德》163b至163c,在这一段中,克里提阿说,自己从赫西俄德的作品中学会了如何区分那些显而易见的同义词的意义: ἔμαθον γὰρ παρ' Ἡσιόδου(因为我是从赫西俄德那里学到的)。

第五章　柏拉图笔下的赫西俄德：不仅与柏拉图有关　　145

那么之后的保持就很容易，尽管困难的是之前。①

在这里柏拉图意在让我们明白，赫西俄德再一次教导我们"变为好人"与"做好人"是有区别的。而当苏格拉底接下来立刻指出，普罗狄科的"神赐智慧"与西蒙尼德斯一样古老，甚至可能更古老，我们明显知道，这种ἔτι παλαιοτέρα[还更古老的]智慧究竟属于谁(请参见《普罗塔戈拉》341a)：古代诗人赫西俄德。

不过，这个"智慧的"赫西俄德并不仅仅是名词意义的专家——在柏拉图的其他作品中他还出现过，每次的出现他都与某种哲学方法相联系，而且他尝试着通过区别与分类的方法来理解世界。这个说法的确比较模糊与普遍，②不过，如果我们仔细考察相关段落，这个说法就能够变得更为清晰更为具体。[104]关于这些与区分和分类有关的哲学方法，笔者在接下来会论述其中的两个。

第一个方法是词源学。③《克拉底鲁》是一部探索词语的正确

---

① 请参见《普罗塔戈拉》390d。我们还应该注意的是，在《王制》中(364c至364d)赫西俄德的同一段诗的用途却截然相反：苏格拉底引用它为的是说明诗歌的危险。柏拉图可以很轻易地做到这一点，因为他只引用对自己有用的诗行：在《王制》中他引用的是《劳作与时日》第287至289行，而在《普罗塔戈拉》中他引用的是第290至292行。
② 笔者使用这种模糊的说法为的是避免我们把柏拉图的对分法(diaeresis)与赫西俄德联系起来。在表面上两者的确有一些相似性，我们也可以对两者进行某些笼统的概括："简单说来，赫西俄德的《神谱》是想要将神明的世界整合起来……而柏拉图和他的学园则通过对分法来整合大部分人类世界与其他世界"，请参见Friedrich Solmsen，《柏拉图作品中的赫西俄德动机》("Hesiodic Motifs in Plato")，载于Kurt von Fritz 编，《赫西俄德与他的影响》(*Hésiode et son influence* [*Entretiens sur l'antiquité classique*，第7期]，Geneva，1962)，第171至211页，第179页。但是，柏拉图的对分法与赫西俄德的谱系学相反，其最终目的并不是(系统的)分类，而是定义。柏拉图的对分法会创造出一个树状图，但只有一个分支是最终目的，即定义；而赫西俄德的谱系树则力求把每个分支都表现出来。
③ 普罗狄科也使用过这个方法，尽管我们不能肯定他在多大程度上使用了这种方法，请参见Mario Untersteiner，前揭，第213页。

性及其形成原因的对话,在这部作品中,赫西俄德经常被提及。首先,在这部作品中将赫西俄德当成是最早的词源学家,在之前笔者已经提到过,苏格拉底认为赫西俄德对阿佛洛狄忒名字的解释是"戏谑的"。①第二,赫西俄德为词源学的运用提供了许多名字与词语。②

在分析宙斯、克洛诺斯与乌拉诺斯的名字时,苏格拉底都使用了如此的词源学方法(《克拉底鲁》396b至396c)。③他继续又说(《克拉底鲁》396c):

> εἰ δ' ἐμεμνήμην τὴν Ἡσιόδου γενεαλογίαν, τίνας ἔτι τοὺς ἀνωτέρω προγόνους λέγει τούτων, οὐκ ἂν ἐπαυόμην διεξιὼν ὡς ὀρθῶς αὐτοῖς τὰ ὀνόματα κεῖται ...
>
> 如果我能回忆起赫西俄德笔下的谱系,在那里他提及了众神

---

① 请参见《克拉底鲁》406b至406d。也许柏拉图称赫西俄德的词源学解释为"戏谑的",原因是,赫西俄德只是在表面的相似性上寻找词源学的依据;更古老更智慧的词源学家则能通过表面,看到一个词语的真正词根。很偶然的是,一些当代学者也把赫西俄德当成"一个敏感的词源学家以及双关语的发明家",请参见Mitchell H. Miller,《"首先"——论赫西俄德的宇宙创生中的语义学与伦理学》("'First of All': On the Semantics and Ethics of Hesiod's Cosmology"),载于 *Ancient Philosophy*,第21期,第251至276页,第261页;另请参见Marie-Chritine Leclerc,《赫西俄德作品中的言辞——搜寻逝去的回忆》(*La parole chez Hésiode. À la recherche de l'harmonie perdue*, Paris, 1993),第272至278页。
② 尽管这个说法既可以用来说明赫西俄德,也可以用来说明荷马,但还是有说法认为,词源学是与赫西俄德格外相关的。比如,在《克拉底鲁》中,荷马共出现过七次,而赫西俄德出现了五次(这个比例在柏拉图作品中非常特殊),而且《克拉底鲁》完全没有说过荷马曾解释什么名字或词语;此外,在古代,人们普遍认为荷马是一切文学形式、科学与哲学的发明者,但是并没有将词源学算在其中,这是个很引人注意的现象。不过笔者并不想就这一点引申过多,笔者想讨论的是更加具体的词源学与谱系学的结合体跟赫西俄德的联系(请详见下文)。
③ 按照这一段的说法,宙斯的意思是δι' ὃν ζῆν ἀεὶ πᾶσι τοῖς ζῶσιν ὑπάρχει[因为他一切活物得以生存]。柏拉图对克洛诺斯这个名字的解释与大多数人的想法相反,他认为这个名字来源于κορός[纯粹的],其意思是"纯粹且明晰的头脑",因为克洛诺斯的父亲乌拉诺斯就像一个哲学家那样"看着上面的事物"(ὁρῶσα τὰ ἄνω)。

们的那些还更古老的祖先,那么我不会停止检验他为他们所起的名字的正确性如何……

[105]在这里,苏格拉底提到赫西俄德笔下的谱系,这是因为他在解释宙斯、克洛诺斯与乌拉诺斯的名字的词源时,所依照的权力传承神话来自于赫西俄德的《神谱》(从乌拉诺斯到克洛诺斯再到宙斯),只不过是将顺序颠倒了一下:苏格拉底将有关所有生物的起源与原因都回溯到一种智识上的原则("纯粹且明晰的头脑"),而这种原则又是来自天文学研究("看着上面的事物")。[①]苏格拉底从词源学上将这三位神明联系起来,从而更加确定了他们在谱系上的联系。现在让我们将这里的词源学研究与《泰阿泰德》中的一段相比较(155d):

μάλα γὰρ φιλοσόφου τοῦτο τὸ πάθος, τὸ θαυμάζειν: οὐ γὰρ ἄλλη ἀρχὴ φιλοσοφίας ἢ αὕτη, καὶ ἔοικεν ὁ τὴν Ἶριν Θαύμαντος ἔκγονον φήσας οὐ κακῶς γενεαλογεῖν.

因为这种惊异很典型地属于哲学家;这就是哲学的起点,除此无他,而那个说伊里斯是陶玛斯之女的人似乎创作了一个不错的谱系。[②]

最吸引笔者注意的是,以上的这两个段落都暗示了,谱系学与词源学是很相似的,而且这两点都与赫西俄德直接相关。(以上这个段落中所提到的那个谱系创作者当然就是赫西俄德,他在《神谱》中两次说伊里斯是陶玛斯的女儿[分别是第266行和第780行]。)

---

① 请参见David N. Sedley,《柏拉图的〈克拉底鲁〉》(Plato's Cratylus, Cambridge, 2003),第91页,其中更全面地讨论了在柏拉图全部作品中这个观点的作用。
② 苏格拉底的意思是,先有θαυμάζω[惊异]才会有εἴρω[说],或者θαυμάζω[惊异]就是εἴρω[说]的原因——而这两个词的词源也出现在《克拉底鲁》中(408a)。

一些当代学者也指出过谱系学与词源学之间的相似性,有学者曾说过,两者都是"控制当下的策略",①或至少是为了得到关于当下的知识。除了在目的上的相似性以外,谱系学与词源学至少还在其他三个方面具有相似性。首先,两者都想要整合并澄清过去。这在谱系学中体现得十分明显,而在词源学中也是一样,尽管词源学的关注重点并不在历史沿革上,不过它也在寻找最原初的词语,它的前提也同样是,随着时间的推移,一个词语会变得越来越不清晰明了;而且,词源学家需要纠正时间推进所造成的变化,并且重塑最初的结构。②第二,两者都不够系统化,而且往往[106]只是为了一个临时的目的。也许看起来谱系学的树状结构(尤其是像《神谱》这种比较系统的谱系学作品)与词源学的那种"什么都有可能"的策略并不相容,但这只是表面上的:在谱系学中,变化同样是无穷尽的,后代可以有一个或两个父母,有时甚至一个都没有;此外,不同的家族谱系可以同时存在,且同时作为当下的基础。③第三点也许比较明显,通常情况下,谱系学与词源学都基于对结果的预知:往往在进行考察之前,人们就已经知道最终的结果了。

在古代,谱系学与词源学之间的相似性很可能更为明显,因为

---

① 请参见Ineke Sluiter,《希腊传统》("The Greek Tradition"),载于Wout van Bekkum、Jan Houben与Ineke Sluiter编,《四个语言传统中语义学的兴起——希伯来语、梵语、希腊语、阿拉伯语》(*The Emergence of Semantics in Four Linguistic Traditions: Hebrew, Sanskrit, Greek, Arabic*, Amsterdam, 1997),第156页。

② 请参见诸如《克拉底鲁》414c至414d,在这里,苏格拉底指出,人们总是在修饰 πρῶτα ὀνόματα[最初的词语],直到最后这个词再也没人能理解。苏格拉底所举的例子是 Σφίγξ[斯芬克斯]这个名字,而它最初的形式是 Φίξ[菲克斯],我们还能在赫西俄德的《神谱》中看到这个形式(第326行)。

③ 比如,我们可以想想赫西俄德、俄耳甫斯、缪赛俄斯与菲瑞齐德斯(Pherecydes)笔下的众神谱系,以及一些比较特殊的神明谱系,例如《会饮》203b至203d中讲述说,厄若斯的父母是丰饶神(Poros)与贫乏神(Penia)。在这个方面,谱系学与词源学的相似性格外明显,请参见诸如《克拉底鲁》404e至406a,在这里,赋予"阿波罗"这个名字至少四个同样有效的词源学解释(与这位神明的四种主要力量相对应)。古代作品手抄本上的众多注释中也充满着这种多样的且均有可能的词源学解释。

第五章 柏拉图笔下的赫西俄德：不仅与柏拉图有关 149

词源学所使用的神话信息通常也是以谱系的形式组织起来的；所以，以上提到的《普罗塔戈拉》与《泰阿泰德》中的相关段落就暗示了，赫西俄德同时掌握了谱系学与词源学。对于《神谱》中出现的众神，他们的名字的"Benennungsgrund"（命名根据）得自于他们各自的祖先。这是以谱系学为手段的词源学，同时也是以词源学为手段的谱系学。不管苏格拉底与柏拉图对此抱何想法，这种研究方式都是十分真实的——而且也肯定与赫西俄德密切相关。

我们第二个将要论述的与区分和分类有关的哲学方法，笔者将其称为"原子论方法"（atomistic）。这种方法的基本前提是，可以将事物的总体分成无数最小的部分，而理解这个事物，也可以通过理解它最小的组成部分而完成。这种观点也同样与赫西俄德密切相关，我们在柏拉图的作品中也能发现一些这种关联的迹象。

其中一处出现在《泰阿泰德》中。在这篇对话临近结尾的地方（201d至202c），讨论的主题是 ἐπιστήμη（知识）[107]的本质，在这里，将知识定义为 μετὰ λόγου ἀληθὴς δόξα[对事实的意见以及其说法]。这一段中共提出了三种理解这个 λόγος[说法]的方式，其中之一就是将已知事物的所有元素都列举出来（《泰阿泰德》206e至207a）。为了理解在这个语境中何为"元素"，年轻的泰阿泰德需要一个例子，于是苏格拉底引用了《劳作与时日》的第456行，ἑκατὸν δέ τε δούρατ' ἁμάξης[马车上的一百个木质零件]，他接下来解释说（《泰阿泰德》207a）：

> ἃ ἐγὼ μὲν οὐκ ἂν δυναίμην εἰπεῖν, οἶμαι δὲ οὐδὲ σύ: ἀλλ' ἀγαπῷμεν ἂν ἐρωτηθέντες ὅτι ἐστὶν ἅμαξα, εἰ ἔχοιμεν εἰπεῖν τροχοί, ἄξων, ὑπερτερία, ἄντυγες, ζυγόν.
>
> 我无法说出它们都是什么，我觉得你也不行；但当我们被问到何为马车时，如果能够说出轮子、车轴、车身、护栏、车辕，那就可以满足了。

当然, 苏格拉底也暗示说, 赫西俄德本人确实知道马车的一百个零件都是什么(《泰阿泰德》207b至207c):

> τὸν δὲ διὰ τῶν ἑκατὸν ἐκείνων δυνάμενον διελθεῖν αὐτῆς τὴν οὐσίαν ... ἀντὶ δοξαστικοῦ τεχνικόν τε καὶ ἐπιστήμονα περὶ ἁμάξης οὐσίας γεγονέναι, διὰ στοιχείων τὸ ὅλον περάναντα.

> 而一个能够通过这一百个零件而搞清马车整体的人……已经变得对马车精熟于心且知识丰富而非单纯猜测, 他通过探究每个元素而掌握整体。

所以, 在这里, 柏拉图引用赫西俄德并不仅仅为了说明这种对"λόγος"[说法]的"原子论的"理解方式, 也为了说明赫西俄德其实就是一个"原子论的"思想家。对于赫西俄德来说(《泰阿泰德》207b):

> ... τὸ δ' οὐκ εἶναι ἐπιστημόνως οὐδὲν λέγειν, πρὶν ἂν διὰ τῶν στοιχείων μετὰ τῆς ἀληθοῦς δόξης ἕκαστον περαίνῃ τις ...

> ……某人在带着真实意见探究每个元素之前, 是不可能发表有见解的说法的……

不过, 在语言学内, 这种对λόγος[说法]的理解方式最终是无效的: 当我们分析语言中最小的元素——即字母——时会发现, 一个懂得字母拼写(即只懂得字母)的人并不一定懂得音节或整个词语(《泰阿泰德》207c至208b)。与此类似的是, 只知道木质零件不一定就懂得何为马车。

另外一个例子出现在《克拉底鲁》中, 而这个例子显示了, 这个"智者"赫西俄德的好几个方面相互之间是紧密相连的。在这部对话中(428a), 邀请克拉底鲁加入 [108]之前, 仅有苏格拉底与赫

第五章 柏拉图笔下的赫西俄德：不仅与柏拉图有关

耳墨戈内斯(Hermogenes)参加讨论。克拉底鲁本人也是个词源学家，他相信词语的正确性是由语言的本质所决定的，所以一开始婉拒了邀请：赫耳墨戈内斯与苏格拉底当然不敢在这么短的时间之内就自认为理解了这么庞大的主题吧？赫耳墨戈内斯对此回答说：

> μὰ Δί', οὐκ ἔμοιγε. ἀλλὰ τὸ τοῦ Ἡσιόδου καλῶς μοι φαίνεται ἔχειν, τὸ εἰ καί τις σμικρὸν ἐπὶ σμικρῷ καταθείη, προὖργου εἶναι.
>
> 宙斯啊，我当然不能。但是在我看来赫西俄德的说法也很好："即使为一件很小的事做出一点很小的贡献"，也能出现进展。

赫西俄德的名字出现在这里并不是偶然的：笔者认为，在这里引用《劳作与时日》第361行，至少在三个层面上是十分有效的。首先，引用这行诗的表面原因是为了邀请克拉底鲁并让他不要害羞：就算他只能做出一点点贡献，也是应该加入进来的。第二，由于苏格拉底与赫耳墨戈内斯讨论的是字母的意义——语言中最小的元素，所以这行诗也是对整个对话的评论。第三，赫西俄德很有可能对克拉底鲁格外具有吸引力(也可以将赫西俄德理解为一个秉持词语正确性理论的词源学家)，无论如何，克拉底鲁最终同意加入讨论了。

这样看来，在柏拉图笔下还有另外一个赫西俄德——一个"一致论"的赫西俄德：这个赫西俄德与区分和分类有关的"科学"方法相连，他相信词语与其表达的客体之间有着一对一的关系，他进行词源学研究，并且通过列举组成元素来解释事物。不过，就像与荷马相比较的赫西俄德一样，这个赫西俄德并非柏拉图的独创——这个赫西俄德也来自于传统。我们已经看到了，普罗狄科把赫西俄德看作是自己的ὀρθότης ὀνομάτων[词语的正确性]理论的先驱,不过其他古代作家也提到过赫西俄德为词语或概念做出界定。①赫拉克利特批评赫西俄德说,他不仅仅是堆砌信息,而且把信息与智慧混为一谈;[109]克赛诺芬尼则批评赫西俄德,说他相信真理可以用言辞来表达。②

然而,尽管柏拉图也能够让赫西俄德的作品为己所用,但在这里我们并不能把柏拉图看作仅仅是传统的追随者。其中一个方式是非常明显的:我们已经看到,在上文中,是可以用赫西俄德来说明某个特定的哲学方法或进路的,而当柏拉图这样使用赫西俄德的时候,他比别人做得都好。在《克拉底鲁》中,柏拉图也这样地使用了赫西俄德:苏格拉底与赫耳墨戈内斯鼓励克拉底鲁通过概述自己的理论好为已有的智慧做出贡献,并以此"为一件很小的事做出一点很小的贡献"(《克拉底鲁》428a:请参见《劳作与时日》第361行);此外,当柏拉图否认了赫西俄德笔下关于马车的所谓 λόγος [说法]时,也就否认了原子论者关于语言与事物的观点。

---

① 请参见色诺芬,《回忆苏格拉底》第1卷第2章第56至58节,关于同样的 ποιεῖν [制作]和 ἐργάζεσθαι [劳作] 之间的区别,另请参见德谟克利特(Democritus)残篇第128号,载于H. Diels与W. Kranz编,《前苏格拉底哲学残篇辑》(*Die Fragmente der Vorsokratiker*, 6th edn. Berlin, 1951-2);迪奥,《讲辞》第7号第110至111节;关于类似于《劳作与时日》第287至292行中为"变为"与"做"所作的区分,请参见特奥格尼斯(Theognis)作品第1卷第1027至1028行。请参见希庇阿斯,残篇第86号,载于H. Diels与W. Kranz编,《前苏格拉底哲学残篇辑》(*Die Fragmente der Vorsokratiker*, 6th edn. Berlin, 1951-2),第2卷第16页;厄庇卡尔莫斯(Epicharmus),残篇第269行,载于Georg Kaibel编,《希腊喜剧诗人残篇》(*Comicorum Graecorum Fragmenta*, Weidmann, 1890);德谟克利特(Democritus)残篇第68号,载于H. Diels与W. Kranz编,《前苏格拉底哲学残篇辑》(*Die Fragmente der Vorsokratiker*, 6th edn. Berlin, 1951-2)第2卷;欧里庇得斯,《希波吕托斯》(*Hippolytus*)第385至386行、第630至633行,其中都包含了类似赫西俄德笔下这种对不同概念的界定(比如 ἔρις [纷争、竞争]与 αἰδώς [羞耻]的区别),所以也就说明了赫西俄德是在检验词语与其界定的对象。

② 请参见赫拉克利特残篇第40号(以及第57号与106号),克赛诺芬尼残篇第35号,载于H. Diels与W. Kranz编,《前苏格拉底哲学残篇辑》(*Die Fragmente der Vorsokratiker*, 6th edn. Berlin, 1951-2),两个残篇都提到了《神谱》第27至28行;另请参见Kathryn A. Morgan,前揭,第51页。

第五章 柏拉图笔下的赫西俄德:不仅与柏拉图有关

此外还有很多。智术师们一厢情愿地将自己与诗人们——尤其是赫西俄德与荷马——算作一类,在自己的笔下,柏拉图很好地利用了这一点,并很轻易地把他们与自己早已坚决反对的 παιδεία[教育]联系在了一起。在《普罗塔戈拉》中这一点最为明显,在这里柏拉图把普罗狄科的 ὀρθότης ὀνομάτων[词语的正确性]理论与古老的赫西俄德联系起来,这是柏拉图一个策略的一部分,这个策略让他能把智术师与诗人合为一类:当然人们也可能会认为,为达到这个目的,苏格拉底本人使用的一些手段其实就是智术师所用的手段,比如,他把智术师与荷马笔下冥界中的灵魂并列起来,或者在讨论西蒙尼德斯的颂诗时,他间接地指涉了普罗塔戈拉所写的关于荷马的研究作品。① 在这部作品的后半部分,苏格拉底明确指出,让诗人的作品成为 παιδεία[教育]的根本具有误导性:②

> τοὺς τοιούτους μοι δοκεῖ χρῆναι μᾶλλον μιμεῖσθαι ἐμέ τε καὶ σέ, καταθεμένους τοὺς ποιητὰς αὐτοὺς δι' ἡμῶν αὐτῶν πρὸς ἀλλήλους τοὺς λόγους ποιεῖσθαι, τῆς ἀληθείας καὶ ἡμῶν αὐτῶν πεῖραν λαμβάνοντας ...

我认为你我更应该模仿这类人,我们须将诗人们置于一旁,然后在相互的对话中只通过我们自己,好着手检验事实与我们自己……

智术师与他们教育方式都深深植根于[110]诗歌中,故而无法

---

① 请参见《普罗塔戈拉》315c 至 315d、340a,另请对照 Capra,《普罗塔戈拉口中的阿基琉斯——指涉荷马以作为讽刺的武器》("Protagoras' Achilles: Homeric Allusion as a Satirical Weapon [Pl. Prt. 340a]"),载于 *Classical Philology*,第 100 期,第 274 至 277 页。
② 请参见《普罗塔戈拉》348a。

满足辩论(eristic)与辩证(dialectic)的要求。这样,柏拉图利用智术师们自己对诗歌的运用而剥夺了他们作为教育者的资格。

结　论

在本章的开始处,笔者论述了柏拉图作品中关于赫西俄德的四个相互矛盾的评价:赫西俄德讲述道德上有害的故事、一个毫无价值的宇宙论思想家、他有着让人艳羡的智慧、他又是一个得体而又正直的公民。笔者已经说明,这些观点都绝对不是柏拉图的原创,而是反映了阅读、阐释与理解赫西俄德的古老传统。然而,这并不代表柏拉图仅仅接受了这个传统:他为了自己的需求而重塑了这个传统,我们能从《伊翁》中的相关段落以及他对赫西俄德有关马车与木质零件的诗行的诠释中看到这点。在这些地方,柏拉图运用传统理解中的赫西俄德来反对那些主张诗人对于教育与道德至关重要的人。

所以,柏拉图笔下的赫西俄德永远是柏拉图的神来文笔、赫西俄德作品中蕴含的多种可能的解释以及第三个要素——传统理解中的赫西俄德,也就是其他人所理解并在各自作品中所塑造的赫西俄德的形象——的结合体。在不同的具体段落中这三个要素的重要性各不相同。当然,我们完全可以假定,在柏拉图在利用赫西俄德来说明自己的个人观点时,传统理解中的赫西俄德的重要性相对最弱:比如,我们可以设想一下柏拉图论述理想城邦中对守卫者的教育时赫西俄德的观点有多么重要;当然还有赫西俄德对黄金、白银、青铜与黑铁种族所作的界定,对"高贵的谎言"有多么重要。[1]柏拉图以此将赫西俄德融入了自己的哲学、政治学与修辞学体系中——这为赫西俄德这个不停变化的全希腊的标志又加入了另一个理解维度。

---

[1] 该问题在本书的其他章节中得到更深入的讨论,请参见诸如本书第一章、第九章。

第六章　古典时代雅典的赫西俄德
——职业吟诵家、演讲家与柏拉图笔下的对话

格拉齐欧西(Barbara Graziosi)

引　论

[111]本章所要考查的是赫西俄德在古典时代雅典文化中的地位，而由于绝大多数雅典人都是通过聆听吟诵家与演讲家才接触到赫西俄德的诗作，所以，笔者主要的关注点就放在职业诗歌吟诵家的演出与公开的演讲上。接下来，本章会提出问题：在公元前四世纪的雅典，公众所接受的对赫西俄德作品的理解，与柏拉图对这些作品的运用以及处理是如何相互关联的。受篇幅所限，在这里笔者主要分析赫西俄德诗歌中的三个段落，因为这三段应该是最为著名也是人们最常引用的：当我们把这些段落与赫西俄德在雅典所具有的更为广泛且明显的影响相提并论时，它们的意义可能会变得相对有限，但笔者希望，这三个段落能够为讨论柏拉图笔下的赫西俄德奠定坚实的基础。

当我们考虑雅典人究竟是如何开始与赫西俄德的诗作发生关系时，首先必须考虑吟诵家们的演出所造成的影响。我们知道，职业诗歌吟诵家是为了经济收入才去吟诵诗歌的，他们的表演场合既包括公共节庆，也包括私人聚会。现存的一些资料提到过一些公开演出的场合，比如大泛雅典娜节与布劳荣节(Brauronia)，

也提到过中心广场(agora)上的演出,此外,也有一些类似尼奇阿斯(Nicias)那样的富有公民家中举办的比较私人的[112]演出场合。①准确判断吟诵家的演出中包括了哪些作家的哪些作品是非常困难的,不过赫西俄德的作品肯定包括在内。证明这一点的一部分证据出现在柏拉图本人的作品中:在《伊翁》531a1-531a2,苏格拉底询问了著名的吟诵家,在自己的演出中究竟是否加入了赫西俄德与阿尔基洛科斯的作品,还是在他的演出中就只有荷马的作品。这个问题非常符合苏格拉底本人在这次谈话中的逻辑:随着对话的不断进行,他先是将吟诵家的职业技能限制在荷马的作品上,然后进而限制在军事战术上,最后则推断出吟诵家根本没有职业技能这样的结论。不过,苏格拉底的这个问题也非常符合公元前四世纪雅典文化的语境。我们知道,在最重要的城邦节庆——大泛雅典娜节——中,吟诵家可以演出的就"只有荷马"。②在柏拉图的这部对话作品中,伊翁刚刚来到雅典,他来此的目的是要在泛雅典娜节上演出,他是一位吟诵荷马的专家,不过苏格拉底的这个问题暗示了一些吟诵家也经常演出赫西俄德与阿尔基洛科斯的作品。柏拉图笔下的另外一个段落也表明,赫西俄德是吟诵家演出中的一个重要内容:《法义》658d6-658d9。在讨论最重要的娱乐形式究竟是哪一种时,雅典异邦人指出,这个问题的答案在于你所提问的对象是谁:小孩子可能更喜欢木偶戏,而更大一点儿的孩子会更喜欢喜剧,而青年与受过教育的女子则更喜欢悲剧:"而我们老年人最大

---

① 关于诗歌吟诵的公开演出,请参见 Haritini Kotsidu,《古风与古典时代中泛雅典娜节庆上的音乐竞赛——历史与考古方面的研究》(*Die musischen Agone der Panathenäen in archaischer und klassischer Zeit: Eine historisch-archäologische Untersuchung*, Munich, 1991);关于私人场合中的诗歌吟诵,请参见诸如色诺芬《会饮》第3卷第5节。
② 请参见吕库古(Lycurgus),《反列奥克拉底演讲》(*Oratio in Leocratem*)第102节;另请参见 Barbara Graziosi,《发明荷马——对叙事诗的早期接受》(*Inventing Homer: The Early Reception of Epic*, Cambridge, 2002),第196页,其中有对这个段落的讨论。

第六章 古典时代雅典的赫西俄德

的乐趣就是倾听一个吟诵家优美地吟诵《伊利亚特》与《奥德修纪》,抑或是赫西俄德的诗作。"所以,赫西俄德与荷马的关系十分紧密(当然,一般都将他当作第二伟大的诗人),而且,他的地位是由完善的道德判断与"老年人"的权威支持的。①

那么,我们可以放心地推断,众多雅典人都是通过聆听吟诵家们的表演,来熟悉赫西俄德作品的。各种资料都告诉我们,在雅典吟诵家们的表演非常受欢迎,韦斯特(Martin L. West)考证了,一些吟诵家们索取的报酬是非常优厚的:他们的收入也证实了他们的演出受欢迎的程度。②当然,这并不意味着每个雅典人都能熟背[113]赫西俄德的作品:伊索克拉底指出,在吟诵家表演的时候,只有一半雅典人能尽力保持清醒(请参见伊索克拉底《集会演说辞》第263节)——而对于那些睡着了的观众来讲,赫西俄德的作品只是无聊的背景声。尽管如此,吟诵家们的演出保证了赫西俄德的名字、权威性和声誉得到广泛传播,而且对于许多雅典人来说,无论能否上得起学,这些演出都确保了他们能接触到赫西俄德的作品。那些上得起学的人能够在学校里更加细致地学习、研究赫西俄德的作品,埃斯基涅斯(Aeschines)在《反克特希丰演讲》(*In Ctesiphonem*)第135节中证实了,赫西俄德的作品确实是学校的授课内容。③对于那些除了接受基础教育之外还有更大经济能力的人来说,智术师们能给他们提供研究与解释诗歌上的训练。④按照柏拉图的说法,智术师普罗塔戈拉曾经宣称:ἡγοῦμαι, ἔφη, ὦ Σώκρατες, ἐγὼ ἀνδρὶ παιδείας μέγιστον μέρος εἶναι περὶ ἐπῶν δεινὸν εἶναι[苏格拉底啊,我认为对于一个人来说,教育中最重要的部分

---

① 关于赫西俄德仅次于荷马的地位,请参见本书第四章。
② 请参见Martin L. West,《古希腊音乐》(*Ancient Greek Music*, Oxford, 1992), 第368页。
③ 关于赫西俄德的作品与雅典学校中的教育,另请参见本书第七章。
④ 关于赫西俄德与智术师之间的关系,请参见本书第五章。

是敏锐地掌握诗歌]（《普罗塔戈拉》339a）。在古代雅典，解释诗歌的能力为什么如此重要呢，这是一个重要但却复杂的问题。[①]在本章中，笔者力图提供一个具体的答案。我们知道，受过良好教育的精英人士会在他们的社会生活中引用、选取并解释古老诗歌中的段落：诗歌的功能就是阐释并支撑他们在法庭或是公共集会中发表的各种观点。在笔者看来，在公众演讲家所受到的教育与吟诵家的演出之间，有着某种非常明显的关联。受过良好教育的精英人士能够驾驭古代诗歌的权威性与流行性，从而让这些作品为自己的目的服务：由于我们完全可以推断，无论是否接受过正规教育，雅典人都非常熟悉赫西俄德的诗作，所以参引赫西俄德这种诗人的作品是一种十分有效的方式。因此，演讲家们给我们留下的印象是，由于通过聆听吟诵家们的表演，公众至少在概念上对叙事诗有了一定的了解，从而使每个听者都能理解，所以，当演讲家们在讲辞中引用古代诗歌时，他们运用的都是公众的常识，并且向公众展示了在学校与智术师的圈子里是如何研究诗歌的。

《劳作与时日》第763至764行：传言的力量

[114]埃斯基涅斯与德莫斯提尼相互讨论了应该如何正确地解释《劳作与时日》第763至764行，这是一个很好的例子。这个例子告诉我们，在自己的讲辞中，演讲家们是如何慢慢教导听众去理解诗歌，并以此让自己的观点更具权威性和普遍性的。

在《反蒂马尔科斯演讲》中，埃斯基涅斯认为被告卖淫，因此

[①] 关于对这个问题的深入考察，请参见Andrew L. Ford，《评论的诞生——古典希腊的文学文化与诗歌理论》（*The Origins of Criticism: Literary Culture and Poetic Theory in Classical Greece*, Princeton, 2002）；另请参见本书导言部分。

应该判处耻辱罪($\dot{\alpha}\tau\iota\mu\iota\alpha$)并将其逐出公共生活。①为了使自己的指控更加有力,埃斯基涅斯讨论并解释了许多法律著作与诗歌作品中的篇章。②显然,埃斯基涅斯之所以使用这种方法是要强调,梭伦、荷马、赫西俄德以及埃斯基涅斯本人的智慧和权威性与蒂马尔科斯的行为之间的差别(埃斯基涅斯有能力让古代那些最有发言权的人士为自己所用)。③很明显,这篇演讲辞是在利用陪审团在关于年轻人的教育这个问题上的紧张态度,但是对于埃斯基涅斯来说,主要的问题是他并没有确凿的证据能够证明蒂马尔科斯卖淫。埃斯基涅斯只能依靠传言。④他指出,赫西俄德说过传言是一位女神,所以值得我们尊重(《反蒂马尔科斯演讲》第129至130节):

ὁ δ' Ἡσίοδος καὶ διαρρήδην θεὸν αὐτὴν ἀποδείκνυσι, πάνυ σαφῶς φράζων τοῖς βουλομένοις συνιέναι: λέγει γάρ,

---

① 为这部演讲辞所作的最近一篇导言载于Nicolas Ralph Edmund Fisher,《反蒂马尔科斯演讲——译文附导言与注疏》(*Against Timarchos: Translated with Introduction and Commentary*, Oxford, 2001),第1至68页;另请参见Andrew L. Ford,《演讲台上的荷马解谈——埃斯基涅斯〈反蒂马尔科斯演讲〉中的诗歌与法律》("Reading Homer from the Rostrum: Poems and Laws in Aeschines' Against Timarchus"),载于Simon Goldhill与Robin Osborne编,《表演文化与雅典民主政制》(*Performance Culture and Athenian Democracy*, Cambridge, 1999),第231至256页,其中对这篇演讲辞中对诗歌的运用进行了出色的研究。
② 在这篇讲辞的古代手抄本β组中,记载了一些曾经认为是古代希腊法典的选段,但这些内容现在已经被公认为伪作了,请参见Nicolas Ralph Edmund Fisher,前揭,第68页中列举了更多的参考资料。
③ 请参见Nicolas Ralph Edmund Fisher,前揭,第286至287页,其中提供了非常完整的相关参考书目。
④ 请参考Nicolas Ralph Edmund Fisher,前揭,第54至58页及第270页,其中对这个问题发表了观点,并且,还认为埃斯基涅斯映射蒂尔马克斯的昵称是πόρνος(妓女)。关于流言蜚语与古代雅典文化的关系,请参见Virginia J. Hunter,《古典雅典的声誉政治与流言蜚语》("Gossip and the Politics of Reputation in Classical Athens"),载于*Phoenix*,第44期,第299至325页;以及Virginia J. Hunter,《巡查雅典——前420至320年阿提卡诉论中的社会控制》(*Policing Athens: Social Control in the Attic Lawsuits, 420-320 BC*, Princeton, 1994),第4章,尤其是第104至106页,其中讨论了这篇演讲辞。

"φήμη δ' οὔτις πάμπαν ἀπόλλυται, ἥντινα λαοὶ
πολλοὶ φημίξωσι· θεός νύ τίς ἐστι καὶ αὐτή."
   καὶ τούτων τῶν ποιημάτων τοὺς μὲν εὐσχημόνως βεβιωκότας εὑρήσετε ἐπαινέτας ὄντας· πάντες γὰρ οἱ δημοσίᾳ φιλότιμοι παρὰ τῆς ἀγαθῆς φήμης [115]ἡγοῦνται τὴν δόξαν κομιεῖσθαι· οἷς δ' αἰσχρός ἐστιν ὁ βίος, οὐ τιμῶσι τὴν θεὸν ταύτην· κατήγορον γὰρ αὐτὴν ἀθάνατον ἔχειν ἡγοῦνται.

赫西俄德还很明确地将其描述成一位神明，他非常明确地对那些愿意理解的人讲述说：

传言不会完全消亡，许多人都会
将其传扬，她也是一位神明。

诸位会发现，那些生活得体面高贵的人们都热爱这些诗歌，因为所有那些渴望在公众中赢得声望的人们都认为赞誉会通过良好的传言而到来，然而可耻地生活的人们却并不尊重这位神明，因为他们认为她是他们不朽的指控者。

在参引赫西俄德的诗句时，埃斯基涅斯奉承了自己的听众，请注意这里的用词："他……对那些愿意理解的人讲述。"埃斯基涅斯还说，生活得体面高贵的人都会赞赏赫西俄德的诗作并听从他的教导。这样，听众必须选择是当好人埃斯基涅斯，还是当坏人蒂马尔科斯，而如果他们想要理解赫西俄德，他们就与埃斯基涅斯以及所有正直的人是一样的了。在这里，最令人感兴趣的地方是，埃斯基涅斯截取了赫西俄德的诗行，表达的意思却跟赫西俄德在《劳作与时日》中暗指的意思非常不同。以下是《劳作与时日》第753至764行的原文与译文：

μηδὲ γυναικείῳ λουτρῷ χρόα φαιδρύνεσθαι
ἀνέρα· λευγαλέη γὰρ ἐπὶ χρόνον ἔστ' ἐπὶ καὶ τῷ

第六章 古典时代雅典的赫西俄德

ποινή. μηδ' ἱεροῖσιν ἐπ' αἰθομένοισι κυρήσας
μωμεύειν ἀίδηλα· θεός νύ τι καὶ τὰ νεμεσσᾷ.
ὧδ' ἔρδειν· δεινὴν δὲ βροτῶν ὑπαλεύεο φήμην.
φήμη γάρ τε κακὴ πέλεται, κούφη μὲν ἀεῖραι
ῥεῖα μάλ', ἀργαλέη δὲ φέρειν, χαλεπὴ δ' ἀποθέσθαι.
φήμη δ' οὔτις πάμπαν ἀπόλλυται, ἥν τινα πολλοὶ
λαοὶ φημίξωσι· θεός νύ τίς ἐστι καὶ αὐτή.

男人不该用女人的沐浴香汤清洁自己的
皮肤，因为这样做在一段时间内都会造成不好的
效果。当你来到燃烧祭品的祭礼中时，不要
恶毒地批评它，因为很可能神明也对它不满。
你要照这样做：必须避开人们散播的可怕传言。
因为传言有害，很轻易就会沾惹上身，一开始十分微小，
但背负在身上会非常痛苦，想要铲除则更为困难。
传言不会完全消亡，许多人都会
将其传扬，她也是一位神明。

[116]对于赫西俄德来说，传言非常可怕，人们应该尽力躲避，而埃斯基涅斯则正好相反，他在自己的演讲辞中指出，人们应该尊敬并崇拜传言。[①]事实上，埃斯基涅斯甚至暗指自己就是传言女神本人：他把这位女神描述为一位不朽且不可战胜的控诉者。对于演讲家以及其他古典时代的作家来说，引用一段诗歌并肆意曲解其意义是十分常见的。很明显，埃斯基涅斯认为自己的听众并不会记得在赫西俄德作品中这两行诗的语境，还认为听众不会质疑自己

---

① 请参见Nicolas Ralph Edmund Fisher，前揭，第269至270页，其中指出埃斯基涅斯误读了赫西俄德的诗行，并认为他很可能是通过巴库利德斯的视角来解读赫西俄德的：请参见巴库利德斯，《凯歌第二》第1和3行；《凯歌第五》第191至194行；《凯歌第十》第1至3行。

对这两行诗的诠释。不过在这里，埃斯基涅斯还是失算了，他没有考虑到公众在演讲之后还会仔细地阅读他的演讲辞。

在演讲辞《论卖国的使节》(*De Falsa Legatione*)中，德莫斯提尼重新提到了埃斯基涅斯对赫西俄德的诠释，他还尝试利用同样的两行诗来控诉埃斯基涅斯本人的行为(《论卖国的使节》第243至244节)：

> ἀλλὰ μὴν καὶ ἔπη τοῖς δικασταῖς ἔλεγες, οὐδένα μάρτυρ' ἔχων ἐφ' οἷς ἔκρινες τὸν ἄνθρωπον παρασχέσθαι:
> "φήμη δ' οὔ τις πάμπαν ἀπόλλυται, ἥντινα λαοὶ πολλοὶ φημίξωσι: θεός νύ τίς ἐστι καὶ αὐτή."
> οὐκοῦν, Αἰσχίνη, καὶ σὲ πάντες οὗτοι χρήματ' ἐκ τῆς πρεσβείας φασὶν εἰληφέναι, ὥστε καὶ κατὰ σοῦ δήπουθεν 'φήμη δ' οὔ τις πάμπαν ἀπόλλυται, ἥντινα λαοὶ πολλοὶ φημίξωσιν.'

你在指控那个人的时候其实并没有任何证据作支撑，但是你甚至还给法官们背诗：

传言不会完全消亡，许多人都会
将其传扬，她也是一位神明。

埃斯基涅斯啊，所有这些人都说你靠使节的职位挣了大钱，所以"传言不会完全消亡，许多人都会将其传扬"这句话也适用于你。

在这里，德莫斯提尼把埃斯基涅斯的修辞学策略转而用到了他本人身上，他认为，辩论对手之所以引用诗歌中的段落，只是由于没有确凿的证据。德莫斯提尼进而还用赫西俄德的同一段诗歌来质疑埃斯基涅斯本人的名誉，由此，两人陷入了一场关于正确解读赫西俄德诗歌的论争当中。德莫斯提尼对这段赫西俄德诗作的运用更贴近赫西俄德在《劳作与时日》中所表达的原意：人们必须尽量避开传言,而不能崇拜它。[117]这样,德莫斯提尼就暗示了埃斯基涅斯误读了赫西俄德的诗行,而且更重要的是,埃斯基涅斯没有能够把这两行诗中所说的道德标准运用到自己的生活当中。

而埃斯基涅斯在为自己辩护的演讲辞中也并没有放弃这个话题,他决定为自己的听众们全面地讲解赫西俄德在这两行诗中的用词(埃斯基涅斯《论卖国的使节》第144至145节):

> ἐτόλμησε δ' εἰπεῖν ὡς ἐγὼ τοῖς ἐμαυτοῦ λόγοις περιπίπτω. φησὶ γάρ με εἰπεῖν, ὅτ' ἔκρινον Τίμαρχον, ὅτι πάντες κατ' αὐτοῦ τὴν τῆς πορνείας φήμην παρειλήφασι, τὸν δ' Ἡσίοδον ποιητὴν ἀγαθὸν ὄντα λέγειν,
>
> "φήμη δ' οὔτις πάμπαν ἀπόλλυται, ἥντινα λαοὶ
> πολλοὶ φημίξωσι: θεός νύ τίς ἐστι καὶ αὐτή."
>
> τὴν δ' αὐτὴν ταύτην θεὸν ἥκειν νῦν κατηγοροῦσαν ἐμοῦ: πάντας γὰρ λέγειν ὡς χρήματα ἔχω παρὰ Φιλίππου. εὖ δ' ἴστε, ὦ ἄνδρες Ἀθηναῖοι, ὅτι πλεῖστον διαφέρει φήμη καὶ συκοφαντία. φήμη μὲν γὰρ οὐ κοινωνεῖ διαβολῇ, διαβολὴ δὲ ἀδελφόν ἐστι συκοφαντία. διοριῶ δ' αὐτῶν ἑκάτερον ἐγὼ σαφῶς.

他竟敢说我被自己说过的话绊倒了。因为他说,当我在控诉蒂马尔科斯的时候曾经说过,所有人都听到了他卖身的传言,而且赫西俄德这位杰出的诗人也说过:

> 传言不会完全消亡,许多人都会
> 将其传扬,她也是一位神明。

德莫斯提尼说就是这位神明现在转而来控诉我了,理由是每个人都说我从腓力国王那儿收了钱。但是,雅典人民啊,你们非常明白传言与谄媚有着很大的不同。因为传言与诽谤并无共同之处,而诽谤则是谄媚的兄弟。我会明确地定义它们。

在这里，埃斯基涅斯仍然坚持自己之前对赫西俄德诗行的解释，即传言是一位神圣的控诉者——而一个神圣的指控者并不是谄媚者或诽谤者。在指出这其中的区别时埃斯基涅斯所使用的语言，让人想到赫西俄德对神明谱系的记述，"诽谤是谄媚的兄弟"，听上去很像赫西俄德，但其实跟赫西俄德并没有关系。①这样，通过一个模仿赫西俄德的句子，就将赫西俄德《劳作与时日》第763至764行的意义与隐微的内涵变得适用于埃斯基涅斯本人的观点了。

埃斯基涅斯与德莫斯提尼之间的争论清晰地展示了，在公众场合中是如何运用诗歌并对其进行不同解释的。演讲家以及那些训练他们的智术师们都能够引用[118]同样的一段诗歌，并用它来支撑各自非常不同的观点。在《普罗塔戈拉》316d3–316d9中，柏拉图让笔下的普罗塔戈拉宣称说，荷马、赫西俄德与西蒙尼德斯是智术师的前辈，或者说是"伪装下的智术师"：对于智术师来说，这些诗人们也是教师与教育家，当然他们并不愿意自称为"智术师"，因为这个名号会招来批评。②很明显，智术师与诗人之间的这种紧密的相似性——甚至是相同性——影响了柏拉图自己对诗歌的看法：他对诗歌自始至终的批评是，对诗歌的意义是无法确定的。在《伊翁》中，柏拉图指出，由于在写作时诗人们是受到神灵启示的，所以他们对于自己写下来的东西通常没有准确的理解，因此，即使我们去问古代诗人们，他们诗作的意义究竟是什么，这些诗人们也不会提供一个可靠的答案。③对于柏拉图来说，由于诗人们的无知与好口才，再加上变化无常的特点，他们逐渐变得越来越像智术师与演讲家们了。

柏拉图将自己彻底区别于古典时代雅典对诗的主流解读。不过

---

① 在《神谱》中对神明谱系的记述非常典型，不过并不经常出现在《劳作与时日》中，埃斯基涅斯的语言非常有趣地暗指了赫西俄德的全部作品。
② 关于这个问题，另请分别参见本书第一、第二与第五章。
③ 请特别注意《伊翁》533c9–535a2。

与此同时,他却非常了解这些解读方式,并且经常在自己的作品中相当准确地反映了他同时代的作家们对诗歌的考虑与引用。举例来说,在《法义》中,梅吉洛斯(Megillus)问雅典异邦人,他该如何防止公民之间发生同性恋关系。雅典异邦人回答说,φήμη[传言]是最好的威慑物。对传言的恐惧已经非常有效地防止了人们与自己的亲属发生性关系——如果公众的意见一致地谴责同性恋行为——那么同样,传言也能够有效地防止男人之间的同性恋行为。梅吉洛斯回答说(《法义》838c8–838d2):

> ὀρθότατα λέγεις τό γε τοσοῦτον, ὅτι τὸ τῆς φήμης θαυμαστήν τινα δύναμιν εἴληχεν, ὅταν μηδεὶς μηδαμῶς ἄλλως ἀναπνεῖν ἐπιχειρήσῃ ποτὲ παρὰ τὸν νόμον.
>
> 你说的这些非常正确——传言的确拥有很大的震慑力量,因为绝对没有人胆敢尝试哪怕提及任何有违律法的事。

[119]在这里,梅吉洛斯似乎参引了我们那两行赫西俄德,虽然他在这里的用词并没有让他——或者让柏拉图——承认传言是一位真正的女神,但是当人们都赞同应该避免某些行为的时候,它有着"很大的震慑力量"。[①]

在讨论男人之间的同性恋行为时,梅吉洛斯与埃斯基涅斯一样,都想起了赫西俄德笔下关于传言的诗行。而有一点值得我们注意:在《劳作与时日》中,赫西俄德完全没有涉及这个话题。在赫西俄德的原文中,关于谣言的力量那一段是以一大段关于道德上与宗

---

① 请参见Marcel Detienne,《就连说话也在某种程度上是神圣的》("Even Talk is in Some Ways Divine"),载于Marcel Detienne,《俄耳甫斯的写作——文化语境下的希腊神话》(*The Writing of Orpheus: Greek Myth in Cultural Context*, Janet Lloyd译, Baltimore, 2002),第70至77页,第76至77页,其中暗示说,在这里柏拉图确实运用了赫西俄德的诗行,当然,作者并没有明确地表达或讨论这个观点。

教仪式中的禁忌的介绍作为结尾的,而这些内容则和同性恋行为或是卖淫行为毫无关联。与之相反且更加值得注意的是,在古典时代的雅典,赫西俄德关于传言的诗行不断地出现在关于男人间同性恋行为的争论中。在讨论蒂马尔科斯是否有可能向比自己年老的男子卖淫的时候,演讲家们引用了赫西俄德的作品;而在想要立法防止年老的男子与年轻的男子之间发生的同性恋关系产生恶劣影响时,梅吉洛斯也引用并改写了赫西俄德的诗行。我们可以询问,这些不同的文本之间是否有着直接的联系。埃斯基涅斯很有可能是想起了梅吉洛斯的话,才在《反蒂马尔科斯演讲》中更加充分地运用了赫西俄德的诗行;不过,更可能的情况是,柏拉图与演讲家们是各自独立地对同一个社会现实进行回应的:他们都想到了赫西俄德的诗行与男同性恋行为之间的联系,其原因是,他们都生活在同一个城邦中、都处在同样的社会环境中、也都有着同样的一些想法——关于男同性恋行为的传言、对男孩与年轻男子的教育(与性有关或无关的)、赫西俄德的诗歌(以及各种教育性作品)中所代表的旧时价值观,以及青年男子和他们的老师或(与)有情人(lovers)所面对的新的道德挑战。更多的证据能够进一步证明,在古典时代的雅典关于男性卖淫问题的争论中,赫西俄德的名字也曾出现:在下文笔者将会讨论其中的几个相关段落。不过现在,笔者想要强调,柏拉图与古典时代雅典的谈话非常一致——在同样的一个话题中,他引用了德莫斯提尼与埃斯基涅斯所引用的同样两行赫西俄德诗歌。

《劳作与时日》第311行:可耻的工作

[120]同样,在与苏格拉底受审这件事直接相关的文献中,也出现了对诗歌作品的解释这个问题。在公元前395、394年之后不久,波吕克拉底(Polycrates)写了一部名为《指控苏格拉底》(*Accusatio*

Socratis)的作品，在这部作品中，他宣称苏格拉底运用诗歌来提高自己反民主的论调的地位。如果我们将波吕克拉底《指控苏格拉底》的残篇，与色诺芬在《回忆苏格拉底》中为苏格拉底所作的辩护相比较的话，就会发现，对赫西俄德作品的正确解读是其中一个非常重要的问题。①对于这位指控者来说，苏格拉底利用自己对《劳作与时日》第311行的解释来为所有种类的工作辩护，无论某些工作是多么不道德：

ἔργον δ' οὐδὲν ὄνειδος, ἀεργίη δέ τ' ὄνειδος
劳作是不应遭到谴责的，无所事事才可鄙

从这行的原文来看，赫西俄德是用οὐδὲν（没有、不是）来修饰ὄνειδος（该受到谴责的、可鄙的）："劳作是不应遭到谴责的，无所事事才可鄙"。但是，我们所掌握的来自于古典时代雅典的文本却让这一行的意思变成了："没有（一种）劳作是应该受到谴责的，无所事事才可鄙"。这种翻译方法最接近苏格拉底对这一行的解读。

在《回忆苏格拉底》第1卷第2节第56至57段中，色诺芬为苏格拉底辩护，认为苏格拉底并没有误读赫西俄德的诗行，因为在苏格拉底看来，ἔργον（劳作、工作）的意思是"符合道德准则的善的劳作"：

---

① 一段提到波吕克拉底《指控苏格拉底》的资料载于G. Dindorf编，《古代手抄本上的注疏：智术师埃利俄斯·阿利斯提德斯泛雅典娜节演讲与关于柏拉图对话的演讲》(*Scholia in Aelii Aristidis sophistae Orationes Panathenaicam et Platonicas*, New York, 1826)第3卷第480页29行至第481页第2行：从中我们可以发现，波吕克拉底批评苏格拉底认同了《伊利亚特》第2卷中奥德修斯的行为。许多学者都认为，色诺芬逐条辩驳了波吕克拉底对苏格拉底的指控，在《回忆苏格拉底》第1卷第2节第56至58段中，他同时为苏格拉底对《伊利亚特》第2卷，以及对《劳作与时日》第311行的解读进行了辩护。所以最有可能的情况是，波吕克拉底讨论过苏格拉底对这两部作品的解读。

ἔφη δ' αὐτὸν ὁ κατήγορος καὶ τῶν ἐνδοξοτάτων ποιητῶν ἐκλεγόμενον τὰ πονηρότατα καὶ τούτοις μαρτυρίοις χρώμενον διδάσκειν τοὺς συνόντας κακούργους τε εἶναι καὶ τυραννικούς, Ἡσιόδου μὲν τὸ

"ἔργον δ' οὐδὲν ὄνειδος, ἀεργίη δέ τ' ὄνειδος",

τοῦτο δὴ λέγειν αὐτόν, ὡς ὁ ποιητὴς κελεύει μηδενὸς ἔργου μήτ' ἀδίκου μήτ' αἰσχροῦ ἀπέχεσθαι, ἀλλὰ καὶ ταῦτα ποιεῖν ἐπὶ τῷ κέρδει. Σωκράτης δ' ἐπεὶ [121] διομολογήσαιτο τὸ μὲν ἐργάτην εἶναι ὠφέλιμόν τε ἀνθρώπῳ καὶ ἀγαθὸν εἶναι, τὸ δὲ ἀργὸν βλαβερόν τε καὶ κακόν, καὶ τὸ μὲν ἐργάζεσθαι ἀγαθόν, τὸ δ' ἀργεῖν κακόν, τοὺς μὲν ἀγαθόν τι ποιοῦντας ἐργάζεσθαί τε ἔφη καὶ ἐργάτας ἀγαθοὺς εἶναι, τοὺς δὲ κυβεύοντας ἤ τι ἄλλο πονηρὸν καὶ ἐπιζήμιον ποιοῦντας ἀργοὺς ἀπεκάλει. ἐκ δὲ τούτων ὀρθῶς ἂν ἔχοι τὸ "ἔργον δ' οὐδὲν ὄνειδος, ἀεργίη δέ τ' ὄνειδος."

控方还声称他从最富盛名的诗人的作品中选取了最有害的内容，并且用这些内容作为证据教育他的追随者们成为作恶事的人与支持暴政的人。控方还说，赫西俄德的这行诗：

"没有劳作是应该遭到谴责的，无所事事才可鄙"

被苏格拉底说成是诗人在宣称没有一种工作应该被认作不义的或可鄙的，而做这些事也都是有好处的。不过既然苏格拉底会认同劳作者是善的，并且也对世人有帮助；无所事事则是恶的，并且对世人有害处；而劳作是善的，无所事事是恶的，所以他说的其实是，那些做善事的人才算是在劳作，才能算是劳作者，而他则称赌徒或那些做其他不义与不法之事的人为无所事事之人。综合以上所说才能正确地理解"没有劳作是应该遭到谴责的，无所事事才可鄙"这行诗。

通过重新定义ἔργον[劳作、工作]这个词的意思，色诺芬不仅为苏

第六章 古典时代雅典的赫西俄德　　　169

格拉底进行了辩护,还为赫西俄德的诗行确立了其中包含的真理与道德准则。在这一段的结尾中,色诺芬非常明确地说明了这一点,并且暗示说,那些指控苏格拉底的人同时也没能正确地欣赏赫西俄德的智慧。这样看来,色诺芬的修辞方式跟埃斯基涅斯让听众与自己和赫西俄德站在一方反对蒂马尔科斯的方法并无很大区别。

柏拉图非常清楚《劳作与时日》第311行所引起的争议,在《卡尔米德》中他间接地提出了自己的理解。在这部对话作品中,苏格拉底、克里提阿与年轻且谦逊的卡尔米德辩论了 σωφροσύνη [正直、审慎、节制]这个词的本质,他们还考虑将这个词引申解释成 τὸ τὰ ἑαυτοῦ πράττειν [管好个人自己的事](《卡尔米德》161b6)。苏格拉底反说说,鞋匠与其他手艺人并不仅仅为自己制作产品,他们还会为其他人提供鞋子或者其他产品,而这并不能说明他们缺乏 σωφροσύνη [正直、审慎、节制]的品质。在讨论的这个阶段,克里提阿将 πράττειν [做]与 ποιεῖν [制作]这两个词做了严格的区分,他还加入了一个很明显的多余的概念 ἐργάζεσθαι [劳作、工作]。在《卡尔米德》163b1–163d7中,苏格拉底讲述了自己与克里提阿关于这个问题的探讨:

[122]εἰπέ μοι, ἦν δ' ἐγώ, οὐ ταὐτὸν καλεῖς τὸ ποιεῖν καὶ τὸ πράττειν;

οὐ μέντοι, ἔφη: οὐδέ γε τὸ ἐργάζεσθαι καὶ τὸ ποιεῖν. ἔμαθον γὰρ παρ' Ἡσιόδου, ὃς ἔφη ἔργον [δ'] οὐδὲν εἶναι ὄνειδος. οἴει οὖν αὐτόν, εἰ τὰ τοιαῦτα ἔργα ἐκάλει καὶ ἐργάζεσθαι καὶ πράττειν, οἷα νυνδὴ σὺ ἔλεγες, οὐδενὶ ἂν ὄνειδος φάναι εἶναι σκυτοτομοῦντι ἢ ταριχοπωλοῦντι ἢ ἐπ' οἰκήματος καθημένῳ; οὐκ οἴεσθαί γε χρή, ὦ Σώκρατες, ἀλλὰ καὶ ἐκεῖνος οἶμαι ποίησιν πράξεως καὶ ἐργασίας ἄλλο ἐνόμιζεν, καὶ ποίημα μὲν γίγνεσθαι ὄνειδος ἐνίοτε, ὅταν μὴ μετὰ τοῦ καλοῦ γίγνηται, ἔργον δὲ οὐδέποτε οὐδὲν ὄνειδος: τὰ γὰρ καλῶς τε καὶ ὠφελίμως ποιούμενα ἔργα ἐκάλει, καὶ ἐργασίας τε καὶ πράξεις τὰς τοιαύτας ποιήσεις. φάναι δέ γε χρὴ καὶ οἰκεῖα μόνα τὰ τοιαῦτα ἡγεῖσθαι αὑτόν, τὰ δὲ βλαβερὰ πάντα ἀλλότρια: ὥστε καὶ Ἡσίοδον χρὴ οἴεσθαι καὶ ἄλλον ὅστις φρόνιμος τὸν τὰ αὑτοῦ πράττοντα τοῦτον σώφρονα καλεῖν.

ὦ Κριτία, ἦν δ᾽ ἐγώ, καὶ εὐθὺς ἀρχομένου σου σχεδὸν ἐμάνθανον τὸν λόγον, ὅτι τὰ οἰκεῖά τε καὶ τὰ αὑτοῦ ἀγαθὰ καλοίης, καὶ τὰς τῶν ἀγαθῶν ποιήσεις πράξεις: καὶ γὰρ Προδίκου μυρία τινὰ ἀκήκοα περὶ ὀνομάτων διαιροῦντος. ἀλλ᾽ ἐγώ σοι τίθεσθαι μὲν τῶν ὀνομάτων δίδωμι ὅπῃ ἂν βούλῃ ἕκαστον: δήλου δὲ μόνον ἐφ᾽ ὅτι ἂν φέρῃς τοὔνομα ὅτι ἂν λέγῃς. νῦν οὖν πάλιν ἐξ ἀρχῆς σαφέστερον ὅρισαι ...

请为我讲讲，我说，你认为 *ποιεῖν*（制作）与 *πράττειν*（做）并不相同?

他说，完全不同，而且 *ποιεῖν*（制作）与 *ἐργάζεσθαι*（劳作、工作）也不相同。我从赫西俄德那里学到的这些，他说没有劳作是应该受到谴责的。请想一想，如果赫西俄德认为做与劳作的内容是这些你所提到的工作，那么他是否会表明制鞋、贩卖咸鱼干或者在妓院里坐台都不应该受到谴责呢？苏格拉底啊，不能这么想，我觉得他的观点也是"制作"与"做"和"劳作"并不相同，而且制作出来的东西有时是应受谴责的——当一个产品与善的概念不相符的时候——但劳作永远是不会受责备的，因为他认为，做那些善的或是有益处的事才算是劳作，而只有做（*ποιήσεις*）这类事他才会称为"劳作"与"做"。我们还必须说，他认为只有这些事才是个人自己的事，而那些有害的事则不是。所以我们一定要明白，赫西俄德与其他正直的人会称那些做好了自己的事的人们为 *σώφρονα*（正直的、审慎的、有自制力的）。

我说,克里提阿啊,你刚一开始我就知道了你的观点:你会说个人该做的事与他自己的事为善事,而做善事你才会称之为 πράξεις(做)。因为我也曾经听普罗狄科讲过无数这种词义上的区分。但是我会让你按照自己的意愿定义任何一个词,可是请明确指出你是如何在言辞中运用这些词的,现在,请你重新开始并且更加明确地进行定义……

[123]与色诺芬相似,克里提阿也把"劳作"定义为"善的工作",从而在波吕克拉底的指控面前为赫西俄德的诗行进行了辩护(并且由此间接地为苏格拉底死后的声誉进行了辩护)。柏拉图笔下的苏格拉底承认这是一个非常著名的话题("你刚一开始我就知道了你的观点"),但是他立刻就让自己与这个话题拉开了距离:普罗狄科也可以讲授这种微妙的词义差别,而对于苏格拉底而言(柏拉图笔下的苏格拉底),唯一重要的是克里提阿知道自己在说些什么,并且开始严肃地探讨了 σωφροσύνη[正直、审慎、节制]这个词。

这一段回应了苏格拉底对《劳作与时日》第311行的解读所造成的争议,这个回应是非常复杂的:为了搞清在这里柏拉图到底说了些什么,考虑《卡尔米德》文本内与文本外的时间顺序是非常重要的。色诺芬与波吕克拉底是在苏格拉底死后写作有关《劳作与时日》第311行的文献的——而《卡尔米德》也是在苏格拉底死后创作出来的。[①]不过,在这部对话作品中,柏拉图所描绘的是一个较早的年代:苏格拉底、克里提阿与卡尔米德之间这次对话,据

---

① 波吕克拉底的《指控苏格拉底》的写作时间是在公元前394、393年之后不久。而大多数学者都认定,《卡尔米德》的写作时间在公元前四世纪八十年代:请参见 Charles H. Kahn,《柏拉图写过苏格拉底对话吗?》("Did Plato Write Socratic Dialogues?"),载于 Classical Quarterly,第31期,第305至320页。《回忆苏格拉底》很可能也是在这段时间中成型的,当然,很可能直到公元前371年,这部作品也没有完成。

说发生在公元前五世纪20年代。当柏拉图呈现这段对话的时候，他似乎采用了两种不同的方式来回应波吕克拉底的指控。首先，柏拉图宣称，很久以前，苏格拉底就从普罗狄科这个以自己的辞书享有盛名的老智术师那里得知，对赫西俄德这行诗有多种可能的解释方法。①有一些人声称，苏格拉底运用赫西俄德的作品只是为了提高恶事的地位，他们并不了解苏格拉底的精妙思想：苏格拉底当然知道，ἔργον[劳作、工作]可以有不同的定义方法，所以他引用赫西俄德诗行的目的，不可能像他的指控者们所说的那么幼稚。柏拉图在这一段中的第二个回应是，强调了讨论赫西俄德这行诗的意义其实并不重要：对于有关σωφροσύνη[正直、审慎、节制]的争论来说，探讨赫西俄德这行诗的含义并没有什么意义，其实还是一种跑题。克里提阿不应该因词义的细小差异或是对诗歌的解释而偏离话题，他应该为真正的哲学发展而专注于自己[124]与苏格拉底——柏拉图笔下的苏格拉底——的讨论。所以，在《卡尔米德》中，柏拉图笔下的苏格拉底将对赫西俄德《劳作与时日》第311行的解释看成是一个完全离题的问题，我们不该忘记，在苏格拉底死后的文献中，这个问题与控诉并处决苏格拉底这个事件直接相关。

当我们考察柏拉图笔下的赫西俄德时，《卡尔米德》的这个段落中似乎还有一个细节十分重要，也就是克里提阿在自己讲辞的中段提到了男性卖淫的事情(ἐπ' οἰκήματος καθημένῳ[在妓院里坐台：阳性单数])。在这段讲辞之前，苏格拉底刚刚指出σωφροσύνη[正直、审慎、节制]与制造和贩卖鞋子的工作也不相违背。②而在自己的讲辞中克里提阿运用赫西俄德的诗行则是为了证明截然相反的观

---

① 请参见本书第五章，其中讨论了普罗狄科关于"命名的正确性"的专业知识，还指出了普罗狄科对赫西俄德非常感兴趣。
② 请参见柏拉图《卡尔米德》161e10-162a2。

点：由于克里提阿说，我们不能推断赫西俄德认为制鞋、卖咸鱼干或者在妓院里卖身并不可鄙，所以，按照克里提阿的说法，《劳作与时日》第311行说的根本不可能是那些卑微的、为了钱而做的工作。克里提阿对赫西俄德诗行的解释是在炫耀自己的贵族身份，而且很没有说服力。就算是仅仅粗略了解《劳作与时日》的人也会明白，赫西俄德很重视地位低下的手工劳作。似乎仅仅在涉及男性卖淫这个问题时，克里提阿的观点才有一些分量：即赫西俄德似乎应该不会赞成这种行为。但是卖鞋和卖身并不一样，柏拉图表明了克里提阿的解读十分荒谬而且不符合民主精神。对于苏格拉底来说，制鞋的工作与 σωφροσύνη[正直、审慎、节制] 并不相违背；而克里提阿则与他相反，认为制鞋与卖淫一样可鄙。用赫西俄德的作品来支撑这种论调再一次说明了柏拉图的主要观点：可以用诗人们的作品来支撑任何论点。与此同时，这也可以使苏格拉底免受波吕克拉底的主要指控：按照柏拉图的描述，苏格拉底表现出了很好的民主价值观。

以上就是《克里提阿》中的这一段所反映的，柏拉图的作品与同时期人们对苏格拉底的描述之间的关系。但是，如果我们要问，这一段究竟告诉我们哪些有关赫西俄德以及古典时代雅典对其作品的接受的信息，笔者认为有一点是非常明显的。即便是克里提阿对《劳作与时日》第311行的荒唐解读，也是建立在一个普遍的共识之上的：[125]赫西俄德不可能赞同男性卖淫。在上文中，笔者讨论了埃斯基涅斯如何使用赫西俄德的诗行控诉蒂马尔科斯——他是一个被指控向比自己年老的男性卖淫的年轻男子。接下来，笔者又考察了在《法义》中柏拉图对赫西俄德作品的暗指，这一段的语境是谈话者们尝试立法，以反对同性恋行为与年轻人的堕落。而刚才，我们研究了《卡尔米德》这部比《法义》早得多的对话作品，那里讨论了有关俊美男子的 σωφροσύνη[正直、审慎、节制]——或者说是有关性生活的节制——问题，在其中我们再次发现了赫西俄德是反对男性卖淫行为的。笔者已经指出过,赫西俄德从来没有涉及过男性同性恋或男性卖淫的话题,所以,这个观点并非直接出自赫西俄德本人的作品。这是一个在雅典才有的问题,而且我们能够发现,在几乎半个世纪中这个话题都是对赫西俄德作品的接受的决定性因素。①就像柏拉图本人所指出的那样,赫西俄德所代表的是古老的杰出人物的旧式价值观。②对于卡尔米德与蒂马尔科斯这些后来的年轻人来说,他们的道德操守也需要用赫西俄德以及梭伦——《卡尔米德》与《反蒂马尔科斯演讲》中都提到过梭伦——所制定的准则来衡量。③在这里,我们能够发现文本接受过程中所出现的非常典型的动力,即对赫西俄德的诗歌进行挑战、争论,并以多种不同的方式加以解读。不过与此同时,多种关于赫西俄德的声音却又加强了这位诗人在道德伦理方面的权威性。年轻人,或者不如说是年轻的观点必须要以赫西俄德作为标准来衡量。

《劳作与时日》第383至392行:和平优于战争

到目前为止,笔者已经简单介绍过,在古典时代雅典,有两个情境能够欣赏到赫西俄德的作品:职业诗歌吟诵家的演出,以及公众演讲家们在自己演讲中对某些诗行的重新诵读,而这些演讲家解读诗歌的方法就是一般认为的智术师式的方式。[126]笔者曾经指出过,对于精英阶层来说,学会如何选择并解释赫西俄德的作品是很有意义的,其原因是,通过吟诵家的演出,雅典的普通公众对赫西俄德的诗歌都非常熟悉。不过这个观点所表现出的现象太过简单了,因为吟诵家们并不仅仅为了公众利益而简单地照本宣科朗

---

① 一般都认为《卡尔米德》这部对话作品的写作时间在不晚于公元前四世纪八十年代后期;埃斯基涅斯宣读《反蒂马尔科斯演讲》的时间是公元前346或345年;德莫斯提尼与埃斯基涅斯的《论卖国的使节》则是在公元前343年宣读的。
② 请参见《法义》658d6-658d9,本章上文对这一段有过讨论。
③ 请参见柏拉图《卡尔米德》155a2-155a3;埃斯基涅斯《反蒂马尔科斯演讲》第25至26节。

诵诗歌作品，他们的朗诵还会与当时的思想发展息息相关。柏拉图笔下的伊翁看起来也许愚蠢得无药可救，但即便是他，也想要赶上当时最富盛名的荷马专家：他想要解释诗歌作品，而不仅仅是把这些作品背下来并在演出中吟诵出来（请格外注意《伊翁》530c7–530d3）。有一个文本格外值得注意，它让我们考虑，在古典时代的雅典，吟诵家们是如何运用各种方式加入知识精英之间的辩论的——这部作品就是《荷马与赫西俄德之争》(Certamen Homeri et Hesiodi)。在别的地方笔者曾经比较细致地讨论过这个文本，① 所以在这里，笔者可以简单一些：笔者将会首先概述《荷马与赫西俄德之争》的思想背景，然后便重点关注在竞赛结尾处赫西俄德引用他自己诗行的方式。

由于我们现在所掌握的文本经过了许多个世纪的扩充和增补，所以，要考证《荷马与赫西俄德之争》这部作品准确的写作日期与写作背景是非常困难的。作品的开头提到了哈德良皇帝(Hadrianus)，但是作品的中段似乎在很大程度上模仿了阿尔基达马斯(Alcidamas)的《缪斯神坛》(Musaeum)——一部写作于公元前四世纪的作品。② 在自己的作品中，阿尔基达马斯收集了时代更早

---

① 请参见Barbara Graziosi，《智慧的竞争》("Competition in Wisdom")，载于Felix Budelmann与Pantelis Michelakis编，《荷马、悲剧及其他——伊斯特林纪念文集》(Homer, Tragedy and Beyond. Essays in Honour of P. E. Easterling, London, 2001)，第57至74页。
② 请参见Friedrich W. Nietzsche，《佛罗伦萨论荷马与赫西俄德的文献——他们的先辈与他们之间的竞赛》("Der florentinische Tractat über Homer und Hesiod, ihr geschlecht und ihren Wettkampf")，载于Rheinisches Museum，第25期，第528至540页及第28期，第211至249页；Martin L. West，《荷马与赫西俄德的竞赛》("The Contest of Homer and Hesiod")，载于Classical Quarterly，第17期，第433至450页，第444页；Neil O'Sullivan，《阿尔基达马斯、阿里斯托芬与古希腊风格理论的开端》(Alcidamas, Aristophanes and the Beginnings of Greek Stylistic Theory, [Hermes Einzelschriften，第60期], Stuttgart, 1992)，第63至66页；Barbara Graziosi，前揭，第57至74页，第59页。

的故事与轶闻，其中有一些在公元前六世纪就已经为人们所知。[①]这个文本植根于叙事诗传统，而且很明显，它是以吟诵家们的表演为模板创作的：在《荷马与赫西俄德之争》中，赫西俄德对荷马的挑战，是建立在他熟练地掌握了六步格韵律的基础之上的，并且，在深思熟虑之后，他还会刻意突破某种叙事诗人们通常都会遵守的规则。在早期叙事诗歌中，一个六步格诗行一般都会包含可以独自成立的单元，或者能够成为下一行进一步细化解释的对象。[②]这条规则并不是绝对的，但是总体来看，[127]叙事诗人在一行的起手处可以选择的是开始一个新的句子，或者继续上一行中没有结束的句子，也就是在新的一行中继续讲述一些非本质的要素，这种方式被称作"跨行续写"(enjambement)。[③]换句话说，在吟诵完每行诗之

[①] 请参见Barbara Graziosi，前揭，第57至74页；有一些学者不同意关于《荷马与赫西俄德之争》中有许多故事都有古老源头的观点：请参见Martin L. West，前揭，以及Nicholas J. Richardson，《荷马和赫西俄德的竞赛与阿尔基达马斯的〈缪斯神坛〉》("The Contest of Homer and Hesiod and Alcidamas' *Mouseion*")，载于*Classical Quarterly*，第31期，第1至10页。

[②] 请参见Barbara Graziosi，前揭，第64至65页；最近的相关研究文献是Collins 2005，第185至191页，其中强调了在使用六步格韵律上《荷马与赫西俄德之争》以及荷马叙事诗之间的传承。

[③] 最初描述这种写法的文献是Milmam Parry，《荷马诗歌里跨行续写的突出特征》("The Distinctive Character of Enjambment in Homeric Verse")，载于*Transactions of the American Philological Association*，第60期，第200至220页。在这之后出现了更多更进一步的研究考察：请参见诸如Albert B. Lord，《故事的歌唱者》(*The Singer of Tales*，[中华书局有中译本——译注]Harvard, 1960)；Carolyn Higbie，《节律与音乐——〈伊利亚特〉中的跨行续写与句子结构》(*Measure and Music: Enjambment and Sentence Structure in the Iliad*, Oxford, 1990)；Egbert J. Bakker，《荷马作品的论述方式与跨行续写：以认识论角度出发进行的研究》("Homeric Discourse and Enjambment: A Cognitive Approach")，载于*Transactions of the American Philological Association*，第120期，第1至21页；Matthew Clark，《荷马叙事诗的六步格节律中的跨行续写与词句整合》("Enjambment and Binding in Homeric Hexameter")，载于*Phoenix*，第48期，第95至114页； Matthew Clark，《诗行之外——六步格节律之外的荷马叙事诗创作》(*Out of Line: Homeric Composition Beyond the Hexameter*, Lanham, 1997)。"违反规则的跨行续写"这个概念出现在Geoffrey S. Kirk，《对荷马风格中的一些技术方面的研究II——荷马作品的诗行结构与句子结构》("Studies in some Technical Aspects of Homeric Style II: Verse Structure and Sentence Structure in Homer")，载于Yale *Classical Studies*，第20期，第105至152页，这个术语与《荷马与赫西俄德之争》中的六步格叙事诗的写作方法相符。

后表演者都可以稍微停顿一下,并整理思绪,接下来他既可以通过跨行续写解释、发展上一行的内容,也可以开始一个全新的句子。而《荷马与赫西俄德之争》中的赫西俄德则与之相反,他写了一系列不能独自成立的诗行,只有之后立刻创作出恰当的额外部分,才能"拯救"这些诗行:荷马也可以做到这一点,但那只是因为他有着出众的技巧。我们知道,在朗诵诗歌作品时吟诵家们是一个接一个的。[1]我们已经不可能准确地得知他们是在何处断开的了,但是在现存的叙事诗作品中,确实能够发现一些多多少少比较适合断开并由下一个表演者继续朗诵的地方。那些急需跨行续写的诗行结尾当然是最不适合断开的,简单说来,在《荷马与赫西俄德之争》中,赫西俄德所创作的诗歌是吟诵家们的噩梦:在克服这些困难时,荷马所运用的技术展示出他对六步格韵律的驾轻就熟。但是荷马与赫西俄德之间的交锋,并不仅仅发掘了吟诵家们在创作和表演中所使用的技巧,还与当时流行的话题与辩论直接相关。笔者已经在别的地方指出过,《荷马与赫西俄德之争》里,赫西俄德的诗行发掘了荷马叙事诗中的语法和叙事诗词汇、叙事诗中众神的道德品质、英雄们的饮食习惯,以及远征特洛伊时军队的规模——所有这些都是古典时代雅典人所讨论的话题。[2]所以看起来,在《荷马与赫西俄德之争》里,荷马与赫西俄德并不仅仅是以杰出的吟诵家的形象出现的,他们还与古典时代雅典知识界讨论的话题息息相关。

《荷马与赫西俄德之争》的最后一部分告诉我们,这两位诗人不仅仅是最出色的吟诵家,还是集大成的智术师:在比赛中,人们

---

[1] 请参见Derek Collins,《吟诵表演中的即兴》("Improvisation in Rhapsodic Performance"),载于*Helios*,第28期,第11至27页,Derek Collins,《现场表演中荷马与吟诵竞赛》("Homer and Rhapsodic Competition in Performance"),载于*Oral Tradition*,第16期,第129至167页;Derek Collins,《竞赛中的大师——古希腊诗歌的竞赛与演出》(*Master of the Game: Competition and Performance in Greek Poetry*, Cambridge Mass., 2005),第167至202页。

[2] 请参见Barbara Graziosi,前揭,第57至74页。

要求他们选出自己作品中最优秀的段落来进行比拼。决定两位诗人谁能够获胜的终极条件是他们选择的能力,而智术师们与他们的学生们重点关注的就是这种能力。赫西俄德选择的是《劳作与时日》第383至392行,这一段诗非常著名,它首先[128]讲述了昴宿星团(Pleiades)的升起,然后描述了整个农事年。荷马的回应则是《伊利亚特》第13卷第126至133行以及该卷第339至344行,这几行描述了重装步兵(hoplite)的作战——至少对雅典人来说是这样的。[①]荷马的选择,似乎在于迎合古典时代雅典的思想感情——而《荷马与赫西俄德之争》中的听众们也的确欣赏他的演出并希望荷马能够获得胜利。然而,评委们却把胜利判给了赫西俄德,原因是赫西俄德颂扬农业与和平,而不是战争与杀戮[②]:

> θαυμάσαντες δὲ καὶ ἐν τούτῳ τὸν Ὅμηρον οἱ Ἕλληνες ἐπῄνουν, ὡς παρὰ τὸ προσῆκον γεγονότων τῶν ἐπῶν, καὶ ἐκέλευον διδόναι τὴν νίκην. ὁ δὲ βασιλεὺς τὸν Ἡσίοδον ἐστεφάνωσεν εἰπὼν δίκαιον εἶναι τὸν ἐπὶ γεωργίαν καὶ εἰρήνην προκαλούμενον νικᾶν, οὐ τὸν πολέμους καὶ σφαγὰς διεξιόντα.

> 希腊人在这种情况下十分惊讶,他们同样赞扬荷马——因为荷马的诗作超乎想象——并且要求将胜利给予他。但是国王却给赫西俄德戴上了桂冠,他说宣扬农业劳作与和平的人理应获胜,而不是描述战争与杀戮的人。

这个评判结果确立并加强了赫西俄德作为一位智慧诗人的声

[①] 请参见Barbara Graziosi,前揭,第175至177页。
[②] 《荷马与赫西俄德之争》第13节,载于Martin. L. West编,《荷马风格颂诗、荷马伪作、荷马生平》(Homeric Hymns, Homeric Apocrypha, Lives of Homer),Cambridge, 2003。

名——他可能没有荷马那么流行、那么动人心魄,但在道德方面他的作品是完整的。

当柏拉图在《伊翁》中展开对诗歌的批评时,他完全避免了直接攻击智者赫西俄德——《劳作与时日》的作者,当然在整篇对话中,读者都能感觉到赫西俄德的存在。在对话的开始,苏格拉底与伊翁都同意将他们的讨论集中在荷马上,因为他们都同意,所有的诗人所处理的话题都大同小异,而荷马则是到目前为止最出色的(《伊翁》531c1–531d11):

> Σωκράτης. τί οὖν ποτε περὶ μὲν Ὁμήρου δεινὸς εἶ, περὶ δὲ Ἡσιόδου οὔ, οὐδὲ τῶν ἄλλων ποιητῶν; ἢ Ὅμηρος περὶ ἄλλων τινῶν λέγει ἢ ὧνπερ σύμπαντες οἱ ἄλλοι ποιηταί; οὐ περὶ πολέμου τε τὰ πολλὰ διελήλυθεν καὶ περὶ ὁμιλιῶν πρὸς ἀλλήλους ἀνθρώπων ἀγαθῶν τε καὶ κακῶν καὶ ἰδιωτῶν καὶ δημιουργῶν, καὶ περὶ θεῶν πρὸς ἀλλήλους καὶ πρὸς ἀνθρώπους ὁμιλούντων, ὡς ὁμιλοῦσι, καὶ περὶ τῶν οὐρανίων παθημάτων καὶ περὶ τῶν ἐν Ἅιδου, καὶ γενέσεις καὶ θεῶν καὶ ἡρώων; οὐ ταῦτά ἐστι περὶ ὧν Ὅμηρος τὴν ποίησιν πεποίηκεν;
>
> [129] Ἴων. ἀληθῆ λέγεις, ὦ Σώκρατες.
>
> Σωκράτης. τί δὲ οἱ ἄλλοι ποιηταί; οὐ περὶ τῶν αὐτῶν τούτων;
>
> Ἴων. ναί, ἀλλ', ὦ Σώκρατες, οὐχ ὁμοίως πεποιήκασι καὶ Ὅμηρος.
>
> Σωκράτης. τί μήν; κάκιον;
>
> Ἴων. πολύ γε.
>
> Σωκράτης. Ὅμηρος δὲ ἄμεινον;
>
> Ἴων. ἄμεινον μέντοι νὴ Δία.

苏格拉底:那么为什么你会这么懂得荷马,却不懂赫西俄德或其他诗人呢?荷马所讲述的内容和其他所有诗人们讲述的内容不一样吗?他讲述的内容大多数难道不是与战争有关的事?还有好人、坏人、无业者与有技能的人们之间的交流? 以及神明与神明、神明与凡人之间的交往? 以及天国中与冥府中发生的事与众神和英雄们的诞生? 难道这些不是荷马写作诗歌时的题材吗?

伊翁: 你说得对, 苏格拉底。

苏格拉底: 那么其他诗人们呢? 他们讲述的难道不是这些内容吗?

伊翁: 对, 但是苏格拉底啊, 他们可不是像荷马一样创作的。

苏格拉底: 怎么不同了? 他们不如荷马?

伊翁: 他们差远了。

苏格拉底: 荷马写得更好?

伊翁: 凭着宙斯说, 当然更好。

在自己讲辞的进程中, 苏格拉底偷偷地从荷马的专业范围(战争)转移到了赫西俄德的诗作: "众神和英雄们的诞生"很好地描述了《神谱》与《列女传》。苏格拉底并没有提到的是让赫西俄德在本质上与荷马不同的部分, 也就是《劳作与时日》的核心部分, 即农作与和平, 苏格拉底之所以没有提到这点, 是因为这会让他的论证过于困难。不过, 作为一位描述和平的诗人, 赫西俄德间接地成为了这部对话的组成部分。在苏格拉底的逼问面前, 伊翁承认说, 在本质上荷马教人与战争有关的事(这与《荷马与赫西俄德之争》中的评判结果相同), 在伊翁承认这点之后, 苏格拉底证明了, 其实, 荷马并不是军事专家。出于同样的原因, 我们也可以自己得出结论: 赫西俄德并不是一个真正的关于和平与农作的专家, 不过, 由于某种正当的理由, 对这一点一直没有清晰地表达出来。我们不能将《劳作与时日》简单地归为模仿式的作品乃至是受缪斯女神启示的作品, 而在《伊翁》中[130]苏格拉底对诗歌的攻击并不包括赫西俄德这一作品。①在涉及到《劳作与时日》时,柏拉图关于神明的启示与听众之陶醉的观点很少或根本就没有什么分量。这样,在这篇对话作品中柏拉图与赫西俄德的关系仍然是不明显的,而且比起他对荷马叙事诗的全面抨击来说,这种关系要复杂得多。

尾　声

在本章中,笔者重点考察了赫西俄德笔下在古典时代雅典格外流行并且备受争议的三段诗歌。要想全面考察赫西俄德对古典时代雅典人的谈话的影响,是需要更大的篇幅与更广的视野的,不过,在本章中笔者还是希望得出一些结论,并且回答为何这三段诗对于我们理解柏拉图与赫西俄德的关系非常重要。

就赫西俄德来说,笔者认为本章讨论的材料可以为我们提供一个理解这位诗人作品的新角度。近代对赫西俄德作品的接受是极端分裂的:从一方面来看,常常将赫西俄德描述为古代一个不能完整表达自己思想的朴实乡民;另一方面,赫西俄德则启发了一些影响最深远的、最有争议的现代理论——例如巴霍芬(Johann Jakob Bachofen)在《母权论》(*Das Mutterrecht*)中详细阐述了《神谱》,②或者盖亚假说(Gaia Hypothesis)运用了赫西俄德笔下大地神的母亲形象——这是在过去四十年中影响最深远的、最有争议的

---

① 关于在《劳作与时日》中赫西俄德与缪斯女神们的关系,请参见Jenny S. Clay,《赫西俄德的宇宙》(*Hesiod's Cosmos*, Cambridge, 2003),第72至76页;另请分别参见本书第一、第二章。

② 请参见Johann Jakob Bachofen,《母权论:根据古代世界的宗教和法权本质对古代世界中妇女统治的研究》(*Das Mutterrecht: eine Untersuchung über die Gynaikokratie der alten Welt nach ihrer religiösen und rechtlichen Natur*, Stuttgart, 1861)。关于对巴霍芬作品的最近评论,请参见Philippe Borgeaud,《母权统治的神话:巴霍芬作品研究》(*La mythologie du matriarcat: l' atelier de Johann Jacob Bachofen*,该作合作者包括Nicole Durisch、Antje Kolde与Grégoire Sommer,　（转下页）

科学假说。①对待赫西俄德精神分裂式的态度来自于对他两部诗作截然不同的接受：认为《劳作与时日》主要是混乱地整合了一些有关古风时代希腊的资料；而《神谱》则正好相反，它是当代了解古希腊神话的核心文本，而且经常认为其包含了一些有关人类[131]与世界的深刻事实。古典时代雅典流传下来的一些证据能够表明，《劳作与时日》在古代比在当代享有更高的声誉。笔者的本意并不是想专门关注这部诗作，但是，笔者后来逐渐发现，在众多文献中，比起《神谱》，人们更加明确、更加集中地引用了《劳作与时日》。古典时代雅典的演讲家、吟诵家、智术师、哲学家对《劳作与时日》中所包含的智慧传统似乎格外感兴趣。《神谱》可以和荷马叙事诗，或者和传统神话的形成联系在一起，但是当我们讨论典型的赫西俄德——人类智慧与道德的捍卫者——时，《劳作与时日》更加有用。

就柏拉图来说，本章中所讨论的文本促使我们更进一步探索他与他同时代人之间的关系。在苏格拉底被处决之后的时代中，几十位作者写作了数以百计与苏格拉底有关的作品。②但是，除去柏拉图本人与色诺芬的作品之外，其他这类作品中的存世者现在已

（接上页注②）Geneva, 1999）。关于巴霍芬对精神分析学派的影响，请参见Daniel Burston,《神话、宗教与母权：巴霍芬对精神分析理论的影响》("Myth, Religion and Mother Right: Bachofen's Influence on Psychoanalytic Theory"), 载于 *Contemporary Psychoanalysis*, 第22期，第666至687页。

① 关于盖亚假说，请参见James Lovelock,《盖亚——地球生活的新观点》(*Gaia: A New Look at Life on Earth*, Oxford, 1979), 与James Lovelock,《盖亚的时代——我们这个生活着的地球的传记》(*The Ages of Gaia: A Biography of Our Living Earth*, New York, 1988)。另请参见Midgley 2001, 与Mary Midgley编,《大地的现实主义——盖亚的意义》(*Earthy Realism: The Meaning of Gaia*, Exeter and Charlottesville, 2007); 以及Stephen H. Schneider、James R. Miller、Eileen Crist与Penelope J. Boston编,《科学家争论盖亚——下个世纪》(*Scientists Debate Gaia: The Next Century*, Harvard, 2004), 其中讨论了洛夫洛克对大地神形象的使用。

② 关于本章中引用的有关苏格拉底的文献，请参见Gabriele Giannantoni,《苏格拉底与苏格拉底的遗迹》(*Socratis et Socraticorum reliquiae*, 4卷本，第2版，Napoli, 1990); Diskin Clay,《苏格拉底对话的创始》("The Origins of the （转下页）

经非常稀少，一部分原因是，柏拉图成功地用自己的作品替代了所有其他关于苏格拉底的文献。不过在古典时代的雅典，这种情况还没有发生，柏拉图的作品与同时代其他对苏格拉底的描述联系十分密切——虽然这种联系往往比较间接。柏拉图多次挑战并替代其他人对苏格拉底的刻画，其中一个例子出现在笔者对《卡尔米德》163b1–163d7的论述里，在这一段中，柏拉图很有说服力地暗示了，在严肃的哲学讨论中，色诺芬与波吕克拉底笔下的苏格拉底太过头脑简单、太过无趣了，所以，他们对苏格拉底的描绘实在没有可信度。在柏拉图处理其他题目时——诸如在公众场合对诗歌的运用与曲解——也表现出了这种参与并升华时髦话题讨论的决心。在本章中讨论过的段落中，笔者表现了柏拉图对古典时代雅典的流行看法的准确把握与清醒认识。柏拉图引用的诗行同样让当时的其他人也感兴趣，但与此同时柏拉图又从根本上质疑了这些人的权威性。[132]所以看起来，当我们把柏拉图与赫西俄德联系在一起进行考察时，我们对这两位作家的理解分别都会产生变化——而且，从某些方面说来，他们之间会慢慢变得越来越有相似性。作为一位道德导师，赫西俄德会变得越来越有权威性；而柏拉图则会变得越来越有竞争性，也愈发明显地介入到其时代的论争中。

（接上页注②）Socratic Dialogue"），载于Paul A. Vander Waerdt编，《苏格拉底运动》(*The Socratic Movement*, Ithaca, 1994)，第23至47页；Charles H. Kahn，《柏拉图与以苏格拉底为主人公的对话——一种文学形式的哲学用途》(*Plato and the Socratic Dialogue: The Philosophical Use of a Literary Form*, Cambridge, 1996)；另请参见Mario Vegetti，《苏格拉底文学与文学体裁之争》("La letteratura socratica e la competizione tra generi letterari")，载于Fabio Roscalla编，《作者与作品——古希腊时代的作者判定、作品运用与伪作》(*L' autore e l' opera: attribuzioni, appropriazioni, apocrifi nella Grecia antica*, Pisa, 2006)，第119至131页，其中有着非常精彩的相关讨论。

第七章　柏拉图笔下的两个赫西俄德

福特(Andrew. L. Ford)

引　言

[133]索尔姆森(Friedrich Solmsen)突破性地研究了赫西俄德对柏拉图的影响，他的主要关注点在这两位作家作品中的共同"动机"(motif)上。索尔姆森希望从两位作家的伦理思想中提炼出"一脉相承的线索"，他明确地表示，要将文段中对赫西俄德作品的直接引用都抛弃掉，并解释说："大致说来，在柏拉图所在的思想层次上，从字面上与赫西俄德作品进行直接沟通无法起到什么太大的作用。"①毫无疑问，柏拉图认为，与赫西俄德"意见相同"在总体上是很好的，但其实，在自己的作品中，哲学家直接引用诗人笔下的诗行也是非常值得考察的。本书中有好几章——包括本章——都处理了这个问题，而到目前为止，人们还主要是因为校勘原因才研究这个问题的②。笔者的主要意图是要理解，在这些直接引用中体现出来的一个很简单的模式：柏拉图一共对赫西俄德作

---

① 请参见Friedrich Solmsen，《柏拉图作品中的赫西俄德动机》("Hesiodic Motifs in Plato")，载于Kurt von Fritz 编，*Hésiode et son influence: six exposées et discussions*, Geneva, 1962, 第179页
② 请参见G. E. Howes,《柏拉图与亚里士多德作品中对荷马叙事诗的引用》("Homeric Quotations in Plato and Aristotle")，载于*Harvard Studies in Classical Philology* 6 1895

品中的诗行或短语进行了15次明确的引用(而对荷马叙事诗的引用则为146次),其中14次引自《劳作与时日》;而对《神谱》的直接引用则只有一次,当然,还有几处是特意地参考了《神谱》中记载的众神谱系。① 我们可以看到,柏拉图对赫西俄德两部诗作引用的比例十分不均衡,无论是否应该对这么少的样本数中表现的比例不均衡 [134]进行质疑,反正这不是仅仅在柏拉图作品中才出现的情况:亚里士多德一共17次引用赫西俄德的诗行,其中14次引用的都是《劳作与时日》,此外,他对《神谱》的3次引用都出自同一个段落(第116至120行),而这个段落刚好是柏拉图唯一一次引用《神谱》时所采用的那一段。② 对此,我们立刻便能够想象出几种解释:《劳作与时日》本来就是一部更加"适合引用"的诗作,因为它其中充满了格言与训诫;柏拉图和亚里士多德之所以更倾向于引用《劳作与时

---

① 请参见Leonard Brandwood,《柏拉图作品用词索引》(*A Word Index to Plato*, Leeds, 1976),第996至1001页;G. E. Howes,《柏拉图与亚里士多德作品中对荷马叙事诗的引用》("Homeric Quotations in Plato and Aristotle",载于*Harvard Studies in Classical Philology 6* 1895),第161至174页;另请参见本书第3章中的列表。笔者并没有将三部真伪度存疑的柏拉图作品列入本文的讨论范围中,它们是:《米诺斯》320d(即《列女传》残篇第144号,载于Reinhold Merkelbach与Martin L. West编,《赫西俄德作品残篇》[*Fragmenta Hesiodea*, Oxford, 1967])、《德谟多科斯》383c(即《列女传》残篇第338号,载于Reinhold Merkelbach与Martin L. West编,《赫西俄德作品残篇》[*Fragmenta Hesiodea*, Oxford, 1967];请参见《列女传》残篇第293号,载于Glenn W. Most译,《赫西俄德:〈神谱〉、〈劳作与时日〉及论述》[*Hediod: Theogony, Works and Days, Testimonia*, Harvard, 2006]、《赫西俄德:〈赫拉克勒斯之盾〉、〈列女传〉及其他残篇》[*Hediod: Shield, Catalogue of Women, Other Fragments*, Harvard, 2007]),以及《书简第十一》395a(即《列女传》残篇第324号,载于Merkelbach与West 1967;请参见《列女传》残篇第223号,载于Alois Rzach,《赫西俄德的诗歌——扩充版》[*Hesiodi Carmina: Editio Maior*, Leipzig, 1902])。而在Jacques Schwartz,《赫西俄德伪作——古代托名于赫西俄德的作品的创作、流传与失传之研究》(*Pseudo-Hesiodeia. Recherches sur la composition, la diffusion et la disparition ancienne d'œuvres attribuées à Hésiode*, Leiden, 1960),第580至582行中,这些都被纳入了讨论范围中。
② 请参见H. Bonitz编,《亚里士多德索引》(*Index Aristotelicus*, Berlin, 1870)中的"Ἡσίοδος"[赫西俄德]辞条;另请参见G. E. Howes,前揭,第168至172页。色诺芬、伊索克拉底以及演讲家们对赫西俄德作品的引用(请参见本书第六章)也都出自《劳作与时日》,但是这些引用的数量太少了,不太能说明问题。

日》,是因为他们关于伦理与社会的论述要比关于神话与神明谱系的论述多。但是,对这些篇章进行进一步考察却会表明,这种比例上的不均衡并不是偶然的,而是体现了,在古典时代后期的雅典社会生活中,赫西俄德的两部主要作品有着两种不同的位置,并扮演着两种不同的角色。笔者接下来的任务将会是尝试描述这两种不同的赫西俄德,并解释他们是如何存在于柏拉图的作品中的。

首先,我们必须承认,柏拉图作品对赫西俄德的直接引用最多也只能解释一部分的Hésiode et son influence("赫西俄德与他的影响",而这也是收录了索尔姆森那篇论文的著作的标题),不过,直接的引用为文学史研究提供了非常宝贵的样本,能让我们明白人们是如何暗指并诠释诗人具体的用词的。这些直接引文所提供的细节会要求我们仔细分辨关于赫西俄德在公元前四世纪时的权威性的几种说法,也应该让我们暂时先不要把一些理所当然的对赫西俄德的诠释当成古代希腊的成果。现当代对赫西俄德作品的文学与哲学方面的研究——无论它们是将赫西俄德当成一位历史上真实存在过的人物,或是代表了一个文学传统的名字——大多都认为诗人的全部作品包括《劳作与时日》和《神谱》(有些学者把《列女传》也列入其中,认为这部作品是另外两部的延续或收尾);[1]此外,当代学者们认为,赫西俄德的核心作品之间能够相互解释,克莱在自己最近出版的《赫西俄德的宇宙》一书中,对它们的描述是:

---

[1] 关于《列女传》与《神谱》的关系,请参见Martin L. West,《赫西俄德的〈列女传〉——其本质、结构与起源》(*The Hesiodic* Catalogue of Women: *Its Nature, Structure, and Origins*, Oxford, 1985),第124至127页; Richard Hamilton,《赫西俄德诗歌的建筑架构》(*The Architecture of Hesiodic Poetry*, Baltimore, 1989),第96至99页; Richard L. Hunter编,《赫西俄德的〈列女传〉——组建与重新组建》(*The Hesiodic* Catalogue of Women: *Constructions and Reconstructions*, Cambridge, 2005)。

第七章 柏拉图笔下的两个赫西俄德

"它们都是一个有机的整体中的部分,这个整体就像是一张双连画(diptych),其中每个部分为另一个部分进行着补充说明。"[1]柏拉图对赫西俄德的作品[135]似乎也有同样的解释角度,因为他对赫西俄德的直接引用表明了,他"很明显是最早的一个在赫西俄德的作品中只引用《劳作与时日》和《神谱》的作家"。[2]不过仔细考察这些直接引用了赫西俄德作品的章节之后,我们会发现,事实上,引自《劳作与时日》的诗行与引自《神谱》的诗行没有什么相互关系;再对比柏拉图的同时代作家们对赫西俄德作品的引用,我们就能发现,在公元前四世纪一共有两个截然不同的赫西俄德,他们在当时的文化中占据着完全不同的位置,有着完全不同的权威性。将这两个赫西俄德放到一起进行研究,能让我们更加全面、更加真实地了解柏拉图与赫西俄德的关系,这种关系并不是像奥林波斯众神之间那永恒的对话,而是一个捍卫古老作品对社会制度的塑造,并限

---

[1] 请参见Jenny Strauss Clay,《赫西俄德的宇宙》(*Hesiod's Cosmos*, Cambridge, 2003),第6页。在Jenny S. Clay,《〈列女传〉的开头与结尾以及它与赫西俄德的联系》("The Beginning and End of the *Catalogue of Women* and its Relation to Hesiod"),载于Richard L. Hunter编,《赫西俄德的〈列女传〉——组建与重新组建》(*The Hesiodic Catalogue of Women: Constructions and Reconstructions*, Cambridge, 2005),第25至34页中,作者认为《列女传》是双连画的"补充"。

[2] 请参见Glenn W. Most编译,《赫西俄德:〈神谱〉、〈劳作与时日〉及论述》(*Hesiod: Theogony, Works and Days, Testimonia*, Harvard, 2006)、《赫西俄德:〈赫拉克勒斯之盾〉、〈列女传〉及其他残篇》(*Hesiod: Shield, Catalogue of Women, Other Fragments*, Harvard, 2007),第243页。《王制》390e中所引用的那个六步格诗行——《苏达辞书》(*Suda*)认为这行诗是赫西俄德所作的(请参见赫西俄德存疑残篇第361号,载于Reinhold Merkelbach与Martin L. West编,《赫西俄德作品残篇》(*Fragmenta Hesiodea*, Oxford, 1967)——即赫西俄德残篇第272号,载于Rzach)让这个问题变得更为复杂,而《厄庇诺米斯》990e将赫西俄德作为一个写作与天文有关的诗歌的作家,这也同样使问题复杂化(请参见Reinhold Merkelbach与Martin L. West编,《赫西俄德作品残篇》(*Fragmenta Hesiodea*, Oxford, 1967),第148页,即赫西俄德证言第72号,载于Most)。请读者们注意,除非Rzach与Most这两个出色版本中在对同一个残篇的处理上着重点不同,或是提供了值得注意的解释,否则笔者不会同时列出同一个残篇的两个编号。

定这些作品意义的过程中的一部分。笔者的研究会先从分析柏拉图对《神谱》第116至120行的引用着手,然后再总揽柏拉图对《劳作与时日》的运用,但是,一开始笔者会考察公元前五世纪流传下来的两段著名的证言,并证明当时在引用赫西俄德时,完全有可能只把他当作一部诗作的作者,而不考虑另一部。

《神谱》的作者和《劳作与时日》的作者

希罗多德同时列出了荷马与赫西俄德作为证据,说明古希腊人比较晚才有了对众神的描述(《原史》[Historiae]第2卷第53节):

> ... Ἡσίοδον γὰρ καὶ Ὅμηρον ἡλικίην τετρακοσίοισι ἔτεσι δοκέω μευ πρεσβυτέρους γενέσθαι καὶ οὐ πλέοσι: οὗτοι δέ εἰσι οἱ ποιήσαντες θεογονίην Ἕλλησι καὶ τοῖσι θεοῖσι τὰς ἐπωνυμίας δόντες καὶ τιμάς τε καὶ τέχνας διελόντες καὶ εἴδεα αὐτῶν σημήναντες. οἱ δὲ πρότερον ποιηταὶ λεγόμενοι τούτων τῶν ἀνδρῶν γενέσθαι ὕστερον, ἔμοιγε δοκέειν, ἐγένοντο.
>
> ……因为,我推断赫西俄德与荷马的年代比我的年代早四百年,而这并不十分久远,他们为希腊人写作了众神的谱系、给众神命名并分配荣誉和技能,还描绘了他们的形象。而那些据说比他们更早的诗人在我看来其实是晚于他们的。

[136]在这个著名的段落中,有两点值得强调。首先,这里所说的赫西俄德是作为《神谱》的作者。我们会发现,当赫西俄德的名字与荷马并列时,他往往都是作为《神谱》的作者。[①]某些学者会从这里

---

① 所以,笔者相信,早在克赛诺芬尼(Xenophanes)残篇第11号(载于DK)中就在指责"荷马与赫西俄德",因为他们让众神有了"相互偷盗、通奸和欺诈"的行为。另请参见克赛诺芬尼残篇第12号第2行(载于DK)以及恩皮利科斯(Sextus Empiricus),《反数学家》(Adversus Mathematicos)第1卷第289节。

推断出,因为赫西俄德的名字出现在荷马之前(在《原史》第2卷第53节中一共出现过两次),故而希罗多德认为赫西俄德的时代要早于荷马。很可能在希罗多德之前,关于赫西俄德与荷马谁的时代更早的古老争论就已经开始了(请参见克赛诺芬尼残篇第13号,载于 DK),但是,在这一段里,希罗多德的重点是把其他宗教性诗歌的时代放到赫西俄德与荷马之后,尤其是俄耳甫斯与缪赛俄斯的作品,而希腊尼科斯(Hellanicus)则认为他们比荷马与赫西俄德更早。①希罗多德将赫西俄德的名字置于荷马之前,更有可能是因为他在以沃尔特·翁(Walter Ong)所说的"诗歌的主题排列法"来考虑这两位诗人的作品,这种排列法是古希腊人整理从古代传下来的长篇六步格诗歌的方法,其依据是这些诗歌是如何在总体的叙事 οἴμη (路径)上排列的②。这种排列法是非常普遍而且传统的,尤其是当人们已经没有充分的证据可以证明某些诗歌的作者身份或创作时间的时候,这种排列法就十分有用。从这个角度出发,人们倾向于将赫西俄德的叙事性诗歌和格言体的《劳作与时日》分离开来看待,并认为,在总体的叙事路径中,这些叙事性诗歌主要讲述的是早期历史。由于《神谱》的作者讲述的是最早期的上古故事,以及(在《列女传》中)那些在特洛伊作战的英雄们的先祖,所以他自然而然地排在荷马之前。而在古希腊人看来,由于非叙事性的、以激励读者为主要目标的《劳作与时日》是一部与叙事诗完全不同的文学作品③,所以,即使除了《神谱》之外,还需要将赫西俄德这另一部最著名的作品包括进来,也不妨碍这种排列法的成立。

---

① 请参见希腊尼科斯残篇第5a、5b号,载于 *FGrHist*(即希腊尼科斯残篇第5a、5b号,载于R. L. Fowler 2000)。
② 请参见A. L. Ford,《荷马:过往时代的诗歌》(*Homer: The Poetry of the Past*), Ithaca, New York, 1992, 第40至48页。
③ 请参见A. L. Ford,《作为一种体裁的叙事诗》("Epic as Genre")载于I. Morris与B. Powell编, *A New Companion to Homer*, Leiden, 1997, 第409至411页。

在希罗多德笔下的这段证言中，第二个值得强调的要点是，赫西俄德远远算不上具有绝对的权威。希罗多德认为，对于古希腊人关于众神的观点来说，赫西俄德与荷马的作品是早期影响深远的来源，但是他并没有支持这两位诗人笔下的众神谱系。[1]除了第2卷第53节之外，只有在他论述斯奇提亚人的风俗时[137]希罗多德才明确地提到过赫西俄德[2]：ἀλλ' Ἡσιόδῳ μὲν ἐστὶ περὶ Ὑπερβορέων εἰρημένα, ἔστι δὲ καὶ Ὁμήρῳ ἐν Ἐπιγόνοισι, εἰ δὴ τῷ ἐόντι γε Ὅμηρος ταῦτα τὰ ἔπεα ἐποίησε.[但是北风之北的部族被赫西俄德提到过，荷马也在他的《后裔》(Epiqonoi)中提到过——如果这部诗作的确是荷马所做的话。]一种常见但冒险的假设是，希罗多德在这里所参考的是赫西俄德笔下一个具体的段落，这个段落流传到了今天，而唯一符合这种说法的是《列女传》中对北风之北的部族(Hyperboreans)的简短提及[3]；如果情况真的是这样，那么希罗多德的这句话就说明了，他认为《列女传》也是由赫西俄德所作的(我们并不能确定希罗多德认为《列女传》是《神谱》的一部分，还是与《神谱》全然分离的另一部作品)。那么，希罗多德所感兴趣的这个

---

[1] 请参见Walter Burkert,《作为异邦宗教历史作家的希罗多德》("Herodot als Historiker fremder Religionen")，载于《希罗多德与希腊之外的人们》(*Hérodote et les peuples non grecs* [即*Entretiens sur l' antiquité classique*，第35期], Geneva, 1990)，第1至32页，第26页。另请参见Paul Veyne,《希腊人是否相信他们的神话：论构建的想象》(*Did the Greek Believe their Myths? An Essay on the Constitutive Imagination*, Paula Wissing译, Chicago, 1988)，第33页，其中很好地总结了希罗多德对赫西俄德(以及荷马)的态度："希罗多德是一位反复核对信息的研究者，他把对连贯性的需要加在了对事实的论述上。神话讲述的事情的发生时间已经不能再与我们的时间处在两个不同的维度上了。神话里的故事也不过是发生在我们的时代以前而已。"
[2]《原史》第2卷第32节；另请参见J. Schwartz,《赫西俄德的伪作：关于托名赫西俄德的作品本身、传播以及失传情况的研究》(*Pseudo-Hesiodeia. Recherches sur la composition, la diffusion et la disparition ancienne d' oeuvres attribuées à Hésiode*, Leiden, 1960)，第575页。
[3] 请参见《列女传》残篇第150号第21行，载于Merkelbach与West 1967；另请参见《列女传》残篇第209行，载于Rzach。

"赫西俄德"是一位我们可以向他询问早期信仰与民族的古老诗人。希罗多德并没有表现出对《劳作与时日》的任何兴趣。①

而《劳作与时日》的诗人则出现在阿里斯托芬的《蛙》(Ranae)第1030至1036行列举出的一个完全不同的列表中。在这里,"埃斯库罗斯"捍卫着社会对诗歌的使用,其方式是展示出ὡς ὠφέλιμοι τῶν ποιητῶν οἱ γενναῖοι γεγένηνται(最杰出的诗人是如何发挥功用的:第1031行);他说人类文明的出现多亏有俄耳甫斯教的秘仪与对杀戮的禁忌;多亏有缪赛俄斯揭示了治病的仪式与预言的技艺;而赫西俄德则是教导人们如何 Ἡσίοδος δὲ / γῆς ἐργασίας, καρπῶν ὥρας, ἀρότους(赫西俄德|则[教给人们]在大地上劳作、收获果实的季节以及耕耘:第1033至1034行);最后则是"神一样"的荷马,他的荣耀与盛名来自于他教会人们 τάξεις ἀρετὰς ὁπλίσεις ἀνδρῶν(排列战阵、勇往直前与准备武装:第1036行)。在这里,代表赫西俄德的是《劳作与时日》,而代表荷马的《伊利亚特》则与之相对,在"埃斯库罗斯"所说的文学进化理论中,它们标志着两个阶段。这些对诗歌作品的简单化阐释符合剧中言辞的逻辑,这些言辞其实是对智术师们探索技艺发展进程的滑稽模仿。有许多阿里斯托芬的观众都会认为,这个诗人的列表反映了真实的时间顺序——当然,希罗多德是反对这个时间顺序的——但是,这一段主要是为了表现出隐藏着的"诗歌主题分类法",其主要目的是,按照容易理解的类属关系去划分值得注意的早期六步格诗作:将《劳作与时日》置于那些讲述人类社会最基本的前提的诗歌之后,[138]但也排在《伊利亚特》之前,因为战争所需要的是财富与

---

① 在《原史》第6卷第86γ节所引用的神谕中,引文第52行(神谕的最后一行)为:"ἀνδρὸς δ' εὐόρκου γενεὴ μετόπισθεν ἀμείνων." [遵守誓约之人的族群比后来的族群更好。]这一行与《劳作与时日》第285行完全一样,但这并不能说明希罗多德知道这部作品。除了荷马叙事诗之外,希罗多德引用的诗歌主要都是抒情诗:阿尔凯俄斯(第5卷第95节第2段)、萨福(第2卷第135节第6段)、西蒙尼德斯(第5卷第102节第5段,等等),还有一些是对品达的智慧的研究(第3卷第38节)。

社会阶层的区分，而这些都是因为农业才有可能实现的。智术师希庇阿斯(Hippias)也持有这种基本观点，他写过一部论著，其中按照俄耳甫斯、缪赛俄斯、赫西俄德、荷马，以及其他诗人与散文作者的顺序，收集了一些作品的片段(请参见希庇阿斯残篇第6号，载于DK，另请参见下文)。

写作《神谱》的诗人

有的人可能认为，柏拉图会在自己的作品中紧扣赫西俄德，因为在柏拉图看来，他与荷马都是向希腊人散布伤风败俗故事的领军人物(请参见《王制》377d)，然而在《王制》对诗歌的臭名昭著的抨击中，提到赫西俄德的地方却都非常简短并模糊。苏格拉底首先说"最大的谎言"说的都是那些最重要的事——ὡς Οὐρανός τε ἠργάσατο ... ὅ τε αὖ Κρόνος ὡς ἐτιμωρήσατο αὐτόν. τὰ δὲ δὴ τοῦ Κρόνου ἔργα καὶ πάθη ὑπὸ τοῦ ὑέος[天神乌拉诺斯都做了什么，以及克洛诺斯是如何复仇的。还有克洛诺斯在他的儿子手中遭遇的事情与灾难](377e-378a)。从这里开始，由于柏拉图接下来的论述转向了别的诗人：当苏格拉底从世代更替的神话转向众神之间争斗的故事时(378b-378d)，他改用了荷马以及其他资料作为例子，所以，赫西俄德就消失在视线之外了。① 在《王制》中，对《神谱》的参引改换了一种说法，从而变得不那么明确，这或许代表了苏格拉底对众神的虔敬，也说明了苏格拉底认为这种故事对年轻人是有害的，甚至只是听听都不应该；而在参引这些故事时，柏拉图笔下的其他谈话

---

① 关于对伊索克拉底《布西里斯演讲》(*Busiris*)第35至37节中相同主题的评注，请参见Niall Livingstone,《伊索克拉底的〈布西里斯演讲〉的注解》(*A Commentary on Isocrates' Busiris*, Leiden, 2001)，第171至176页，而对柏拉图笔下表面上的诸多参引，这些评注同样也提供了有价值的解读。

者都没有这样的迟疑,他们的用词在当时是表达"阉割"的医学术语,而赫西俄德的用词仅仅是比喻义的ἤμησε[收割](《神谱》第181行)或者是比较笼统的说法:ἀποτμήξας[砍下](《神谱》第188行)。①

苏格拉底说,即使在其中找到ἐν ὑπονοίαις(暗藏的寓意:378d),这些故事也并不能得到宽恕,所以我们可以推断出,《神谱》用寓言的形式捍卫了神明也会犯有暴行的观点,而在荷马笔下的众神之战以及德尔维尼纸草书(Derveni Papyrus)中的托名俄耳甫斯的众神谱系里,我们也能发现类似的观点,所以,这种观点在柏拉图的时代是十分盛行的。更多的证据[139]来自《游叙弗伦》:游叙弗伦在有关神明的问题上是专家,他看不起那些批评他指控自己父亲的οἱ ἄνθρωποι[人,凡人],而这些人却还相信宙斯监禁了他的"吞掉了"自己孩子们的父亲(请参见《游叙弗伦》6b)。游叙弗伦攻讦的不仅仅是人们在观点上的不一致性,还有他们对《神谱》的文本的理解。②人们往往将游叙弗伦本人的理解看作是俄耳甫斯式的,因为他常常夸耀自己关于"神明的事情"的知识是神秘的(请参见《游叙弗伦》3e;另请参见《克拉底鲁》396d),他还想告诉苏格拉底:θαυμασιώτερα, ὦ Σώκρατες, ἃ οἱ πολλοὶ οὐκ ἴασιν[苏格拉底啊,更令人惊异的事大多数人都不知道](《游叙弗伦》6b)。

在柏拉图的时代,《神谱》中最受重视的一个段落应该是众神谱系的开端,这一段讲述了混沌神以及最原初的各种要素的出现③。在阿里斯托芬的《鸟》(Aves)的合唱段(尤其是第

---

① 在《会饮》195c处,阿伽通的用词是ἐκτομαί[阉割];在伊索克拉底的《布西里斯演讲》第38节,其中的用词是πατέρων ἐκτομάς[对父亲们的阉割],请参见Niall Livingstone,《伊索克拉底的〈布西里斯演讲〉的注解》(*A Commentary on Isocrates' Busiris*, Leiden, 2001),第175页。与此相同,游叙弗伦在《游叙弗伦》6b处的用词是ἐκτεμεῖν[阉割、割下]。
② 游叙弗伦的用词κατέπινεν(吞掉)表明了他所参考的就是赫西俄德的《神谱》(请参见《神谱》第459、467、472以及497行)。
③ 请参见Rzach 1902,第21至25页中的校勘记录(apparatus criticus)。

691至694行)中,为了炮制出一个"正确的"众神谱系,作者使用了赫西俄德笔下的版本,同时也使用了类似德尔维尼纸草书的其他一些版本①。在赫西俄德的版本中,人们最常引用的是描写众神谱系开端的几行,不过这些引用与参考一般都是有选择性的,所以在这里给出原文应该是很有帮助的(《神谱》第116至120行):

> ἦ τοι μὲν πρώτιστα Χάος γένετ', αὐτὰρ ἔπειτα   116
> Γαῖ' εὐρύστερνος, πάντων ἕδος ἀσφαλὲς αἰεί   117
> ἀθανάτων, οἳ ἔχουσι κάρη νιφόεντος Ὀλύμπου,   118
> [Τάρταρά τ' ἠερόεντα μυχῷ χθονὸς εὐρυοδείης,]   119
> ἠδ' Ἔρος, ὃς κάλλιστος ἐν ἀθανάτοισι θεοῖσι,   120
> 最初诞生的是混沌神,在这之后则是
> 胸怀宽广的大地神,她永远是所有众神的坚实
> 根基,众神掌握着终年积雪的奥林波斯山的顶峰,
> [又有昏暗的塔尔塔洛斯在道路宽阔的大地深处,]
> 还有爱欲之神厄若斯,不朽众神中的最美者,

在《会饮》中,柏拉图笔下的斐德若引用了这一段,作为自己对爱欲之神厄若斯的赞辞的一部分。②柏拉图作品的编辑者们将文本进行了重新的编排,但是如果保留了原始诗行的编排方式,我们就能更好地领会斐德若的逻辑:

> [140]γονῆς γὰρ Ἔρωτος οὔτ' εἰσὶν οὔτε λέγονται ὑπ' οὐδενὸς οὔτε ἰδιώτου οὔτε ποιητοῦ, ἀλλ' Ἡσίοδος πρῶτον μὲν Χάος φησὶ γενέσθαι —
> αὐτὰρ ἔπειτα   [116]

---

① 请参见Betegh 2004,第153至169行。
② 另请参见本书第八章中对这一段的讨论。

第七章 柏拉图笔下的两个赫西俄德

Γαῖ' εὐρύστερνος, πάντων ἕδος ἀσφαλὲς αἰεί, [117]
ἠδ' Ἔρος [120]
φησὶ ⟨δὴ⟩ μετὰ τὸ Χάος δύο τούτω γενέσθαι, Γῆν τε καὶ Ἔρωτα. Παρμενίδης δὲ τὴν γένεσιν λέγει —
πρώτιστον μὲν Ἔρωτα θεῶν μητίσατο πάντων.
Ἡσιόδῳ καὶ Ἀκουσίλεως ὁμολογεῖ. οὕτω πολλαχόθεν ὁμολογεῖται ὁ Ἔρως ἐν τοῖς πρεσβύτατος εἶναι.[①]

因为厄若斯并没有父母,也没有普通人或者诗人提到过他有父母,不过赫西俄德说过最早出现的是混沌神——
在这之后则是 [116]
胸怀宽广的大地神,她永远是万物的坚实根基, [117]
还有厄若斯 [120]
他说,在混沌神之后又出现了两位神明,即大地神与厄若斯。巴门尼德讲到创生时也说——
她(他/它)在所有众神中第一个生下了厄若斯
阿库希勒俄斯与赫西俄德的说法相同。所以绝大多数人都同意厄若斯是众神里最年长的一位。

斐德若对《神谱》的引用虽然是有选择的,但是柏拉图并没有让自己所省略的部分影响读者识别出这段直接引文的出处。斐

---

① 引文出自《会饮》178b–178c。关于与笔者意见不同的说法,请参见Ulrich von Wilamowitz-Moellendorff,《柏拉图》(Platon, 两卷本,第2版, Berlin, 1920),第2卷第341页; Kenneth J. Dover,《柏拉图的〈会饮〉》(Plato: Symposium, Cambridge, 1980),第90与91页。笔者同意Robert L. Fowler,《早期希腊的神话写作——第1卷,文本与导言》(Early Mythography. Vol. I: Text and Introduction, Oxford, 2000),第5页的说法,即为了让 φησὶ ⟨δὴ⟩ μετὰ ... Ἔρωτα[他说,在混沌神之后……厄若斯]跟在 Ἡσιόδῳ καὶ Ἀκουσίλεως ὁμολογεῖ[阿库希勒俄斯与赫西俄德的说法相同]这一句之后而调换原文的句子顺序是不必要的。(Fowler重建了阿库希勒俄斯笔下的谱系:混沌神——埃瑞波斯——夜女神——以太神——厄若斯——梅提斯[Metis],而这个重建之后的谱系似乎排除掉了这种改动的可行性。)

德若之所以省略了第118行，也许是因为，这一行把大地神后来所扮演的角色描述为"众神的坚实根基"，可能会妨碍人们理解爱欲之神厄若斯的古老性。与之相似，塔尔塔洛斯出现在第119行，这也显得好像有一位神明夹在了大地神与厄若斯之间(普鲁塔克《论亚历山大大帝的财富与美德》[*De Alexandri Magni Fortuna aut Virtute*]343C以及泡萨尼阿斯《希腊地志》第9卷第27章第2节对这一行都是这么理解的)；而如果仅仅把塔尔塔洛斯理解为大地神的一部分的话，这个问题也许就可以忽略了①。斐德若从赫西俄德的《神谱》中引用了足够多的证据来说明，当厄若斯在第120行处"诞生"的时候，诗人并没有提到厄若斯有父母，而且无论引用什么资料，厄若斯都是在宇宙的早期就出现了。

[141]我们可以说斐德若"过度解读"了《神谱》，他关心的是从赫西俄德的文本中能够推断出什么东西来。文本中没有提到的事，以及赫西俄德没有明确提到在厄若斯之前有着人格化的先辈，这些都被斐德若拿来当作证据证明他的观点。也许能够将赫西俄德的文本当作权威，但这并不足以颠覆巴门尼德的说法(请参见巴门尼德残篇第13号，载于*DK*)，因为在这里斐德若并没有回答的一个问题是：究竟厄若斯是第一位神明还是最早的神明之一。斐德若还引用了阿库希勒俄斯的说法(阿库希勒俄斯残篇第6a号，载于*FGrHist*，即残篇第6a号，载于Fowler)，但这并不是为了回答这个问题，而只是当成一个出自散文作家的资料来源而已。有的学者可能会进一步推断，引用阿库希勒俄斯的说法为的是让取证的来源达到三处，在公元前四世纪参引赫西俄德的文段中，这种修辞方式经常出现。在古希腊文化中，人们认为三个事物的结合本身就是充满

---

① 但是，《神谱》第729至819行提供了相反的证据，请参见M. L. West，《赫西俄德神谱：附导言与注疏》(*Hesiod Theogony: with prolegomena and commentary*, Oxford, 1966)，第192页。

美感的，但在这里，三个取证来源有着一定的逻辑力量：单独一个证据来源只能说明有一个诗人抱有这种观点；只有两个证据来源有可能是个常见的错误；而如果一个陈述已经成熟到拥有三个证据来源——如果在这里我们能够发现诗人们的说法和散文作家相同的话就更好了——那么，在这里就能够将斐德若的陈述算作证实了"在各方面这个说法都成立……"。在《王制》中，当其挑战苏格拉底认为正义只是因为正义本身而存在的说法时，阿德曼托斯也使用了类似的修辞手段，他说，在教导自己的孩子们应该秉持正义时，父亲们总是用反例来支撑自己的观点，同时也会引用γενναῖος Ἡσίοδός τε καὶ Ὅμηρος(高贵的赫西俄德与荷马：《王制》363a)来证明繁荣昌盛是众神赐给正义的国王们的观点(请参见《劳作与时日》第233至234行；《奥德修纪》第19卷第109行、111至113行)，并认为比他们的说法更好的是，缪赛俄斯保证，品德优良的人能够在身后永享宴乐(《王制》363b-363c)。这段文本表明了在公元前四世纪仍然会提到赫西俄德的名字，而且柏拉图与他的同时代人都很有可能在自己的修辞与推断中求助于赫西俄德的智慧。

柏拉图从《神谱》中只引用过一个段落，而这个段落也曾三次出现在亚里士多德的作品中，在托名为亚里士多德的作品中也曾出现过一次。与《会饮》中的相关段落最接近的段落出现在《形而上学》(Metaphysica)第1卷第4节，在这里，亚里士多德讨论的是，阿那克萨戈拉是否为第一个在物质动因之外寻找运动与秩序的成因的思想家。在可能的先例中就包括了赫西俄德(请参见《形而上学》984b23–984b31；另请参见赫西俄德证言第117c号，载于Most第2卷)：

[142]ὑποπτεύσειε δ' ἄν τις Ἡσίοδον πρῶτον ζητῆσαι τὸ τοιοῦτον, κἂν εἴ τις ἄλλος ἔρωτα ἢ ἐπιθυμίαν ἐν τοῖς οὖσιν ἔθηκεν ὡς ἀρχήν, οἷον καὶ Παρμενίδης· καὶ γὰρ οὗτος κατασκευάζων τὴν

τοῦ παντὸς γένεσιν

'πρώτιστον μέν' φησιν 'ἔρωτα θεῶν μητίσατο πάντων',
Ἡσίοδος δὲ

'πάντων μὲν πρώτιστα χάος γένετ', αὐτὰρ ἔπειτα [116]

γαῖ' εὐρύστερνος ... [117]

ἠδ' ἔρος, ὃς πάντεσσι μεταπρέπει ἀθανάτοισιν', [120]

ὡς δέον ἐν τοῖς οὖσιν ὑπάρχειν τιν' αἰτίαν ἥτις κινήσει καὶ συνάξει τὰ πράγματα.

有人可能会猜测赫西俄德是第一个探寻这种成因的人，也许还包括有的人将爱欲或是欲望当作存在的最初成因，比如巴门尼德，因为巴门尼德在讲述万物创生时也说道：

"她(他/它)在所有众神中第一个生下了厄若斯"

而赫西俄德则说：

万物中最初诞生的是混沌神，在这之后则是 [116]

胸怀宽广的大地神，…… [117]

还有爱欲之神厄若斯，不朽众神中的最杰出者， [120]

这种说法就好像在存在中一定会有某种成因作为肇始，并且推动事物以及将事物组合起来。

在这里亚里士多德与柏拉图一样引用了《神谱》中相同的诗行，也引用了巴门尼德的同一行诗，这很有可能说明，在这里亚里士多德参引了《会饮》。但是所引用的诗行中的些许不同表明了，即使亚里士多德主要参阅的是柏拉图，但他也是在参阅（或回想）赫西俄德。在《会饮》中，斐德若省略了第116行的前三分之二，而亚里士多德则引用了整行。在亚里士多德所引用的第116行中(这一行也以这种形态出现在《物理学》208b27–208b32)，将表示确定的语气词ἤτοι省略掉了，从而将说教式的格言转变成了更为内敛的建议；而用 πάντων[万物]替代语气词 ἤτοι 则更确切地表明了，赫西俄德和哲学家巴门尼德所说的是同样的事——宇宙运动的终极成因。[1]至于《神谱》第117行，斐德若引用了整行，而亚里士多德在引用了大地神的名字和修饰词之后就停止了，这就排除了第117行后半部分所说的关于"一切"的内容，这些内容会分散读者的注意力，也会与亚里士多德在第116行开头加入的"一切"一词产生重复。亚里士多德与斐德若类似，他并没有引用第118至119行，而是直接跳到第120行，[143]但是与斐德若不同的是，亚里士多德引用了整个第120行，他的引文与赫西俄德的原文不尽相同，强调了爱欲之神厄若斯的杰出，而非美丽[2]。在阿卡德米学园（Academy）与吕克昂学园（Lyceum）中，这种对《神谱》第116至120行的简约化理解很可能是标准解读：另一个文段类似地引用了《神谱》第116、117行以及亚里士多德改写过的第120行，这一段出现在托名亚里士多德的《论梅利索斯、克赛诺芬尼与高尔吉亚》(*De Melisso, Xenophane et Gorgia*)中，而出现这段引文的上下文则是作者正在讨论的是否"无"中能生出存在[3]；亚里士多德《物理学》第4卷第1节（208b29-208b35）引用了《神谱》第116行与第117行的前半部分，其目的是提出以下问题：如果混沌神（这里可以理解为"裂缝"的意思）先于大地神而生，那么这是否暗中提出了空间先于 σώματα（实体）而存在的说法。

---

[1] 请参见《形而上学》984b22: ὅθεν ἡ κίνησις ὑπάρχει τοῖς οὖσιν [推动力开始在存在中发生作用的成因]。笔者引用984b22为的是表明，巴门尼德的诗行与亚里士多德观点是一致的，所以亚里士多德引用了这一行来说明"宇宙的起源"。
[2] 请参见G. E. Howes, 前揭, 第173页。
[3] 请参见《论梅利索斯、克赛诺芬尼与高尔吉亚》975a9-975a14；另请参见梅利索斯生平与学说第5号，载于DK。

在作品中，柏拉图与亚里士多德很有可能还回应了另一个原始资料，这让两位哲学家与赫西俄德之间的三角关系变得更为复杂。《克拉底鲁》402b是这一点的证据，在此处，苏格拉底考察了一种看法，即最初为众神命名的人持有赫拉克利特的宇宙观。"瑞亚"(Ῥέα)的词源有可能是ῥέω[流动]，而"克洛诺斯"(Κρόνος)则可能是κρουνός[源泉]，这都是这个看法的证据，另外，苏格拉底还从古代诗歌中提出了三个诗人关于宇宙创生的说法来证明(《克拉底鲁》403b–403c)：

> ὥσπερ αὖ Ὅμηρος
> 'Ὠκεανόν τε θεῶν γένεσίν' φησιν 'καὶ μητέρα Τηθύν,'
> οἶμαι δὲ καὶ Ἡσίοδος. λέγει δέ που καὶ Ὀρφεὺς ὅτι
> 'Ὠκεανὸς πρῶτος καλλίρροος ἦρξε γάμοιο,
> ὅς ῥα κασιγνήτην ὁμομήτορα Τηθὺν ὄπυιεν.'

就好像荷马也说：
"俄刻阿诺斯是众神的起源，还有他们的母亲忒提斯"，
我认为赫西俄德的说法也是这样的。而俄耳甫斯也曾在某个地方说过：
"优美地流动着的俄刻阿诺斯是第一个结婚的，
他娶了自己美丽的同母姊妹忒提斯。"

在这一段中，从荷马叙事诗中引作证明的诗行出自《伊利亚特》(第14卷第201行，即第14卷第302行)，苏格拉底认为"忒提斯"(Τηθύς)的词源是"被滤净的水"(请参见《克拉底鲁》403c-403d)。有趣的是，在此处苏格拉底对赫西俄德的说法并没有发表意见，也没有注明出处，这让我们难以确定参引的是赫西俄德笔下的哪段诗，不过学者们一般的推测是《神谱》第337行: Τηθύς δ' Ὠκεανῷ ποταμοὺς τέκε δινήεντας[忒提斯为俄刻阿诺斯生下了旋流

湍急的众河神]。①尽管这一行所写到的流动性很有可能与赫拉克利特学派的观点相符,但却没有什么能够证明水神之间的结合是最原初的(俄刻阿诺斯是大地神与天神所生的儿子)。可能这也就是为什么,在《形而上学》稍早处,当亚里士多德探讨同一个问题时,选取了与此不同的一段赫西俄德作品当作背景。在这里,亚里士多德讨论的是,泰勒斯把"水"作为第一原则的观点[144]是否有先例,他引用了"某些"对自然持有类似观点的人的说法,并认为这些人属于那些在古代 πρώτους θεολογήσαντας [最早讲述众神事迹的人]:Ὠκεανόν τε γὰρ καὶ Τηθὺν ἐποίησαν τῆς γενέσεως πατέρας, καὶ τὸν ὅρκον τῶν θεῶν ὕδωρ, τὴν καλουμένην ὑπ' αὐτῶν Στύγα τῶν ποιητῶν [因为他们把俄刻阿诺斯与忒提斯当作创世的父母,他们还把水当作众神的誓约,这些诗人将其称作斯提克斯:《形而上学》983b28-983b32, 即赫西俄德证言第117c号,载于Most第一卷]。亚里士多德并没有引用俄耳甫斯,但却引用了荷马叙事诗中的同一诗段,②而他模糊地参引的赫西俄德的诗段则是《神谱》中讲述众神在斯提克斯河边盟誓的一段(第775至806行),亚里士多德特别强调 τιμιώτατον μὲν γὰρ τὸ πρεσβύτατον, ὅρκος δὲ τὸ τιμιώτατόν ἐστιν [因为最值得尊崇的是最古老的事物,而誓约则是最值得尊崇的事物],从而把这一段的意义扩大到了全宇宙的层面上。由于从此处开始亚里士多德结束了关于这个问题的讨论,而且并没有接受任何

---

① 请参见俄耳甫斯残篇第2号,载于DK,以及其中的注释;另请参见G. E. Howes, 前揭,第167至168页。
② 关于与此不同的观点,请参见Glenn W. Most编译,《赫西俄德:〈神谱〉、〈劳作与时日〉及论述》(Hediod: Theogony, Works and Days, Testimonia, Harvard, 2006)、《赫西俄德:〈赫拉克勒斯之盾〉、〈列女传〉及其他残篇》(Hediod: Shield, Catalogue of Women, Other Fragments, Harvard, 2007), 第247页,其中认为,在这里亚里士多德所想的与其说是《伊利亚特》,不如说是《神谱》第337到370行所列出的俄刻阿诺斯与忒提斯的后裔们,不过在赫西俄德笔下,俄刻阿诺斯与忒提斯的子孙只有河神与泉神,而《伊利亚特》第14卷第401行的"θεῶν γένεσίν"[众神的起源]则更贴合亚里士多德的解读——τῆς γενέσεως πατέρας [创世的父母]。

解答方案,所以,我们无法断定这处参引是根据了"某些人"的说法,还是亚里士多德本人改进了《神谱》第337行关于俄刻阿诺斯与忒提斯的说法。

斯内尔(Bruno Snell)在他关于泰勒斯学说的重要分析中[①]认为,柏拉图与亚里士多德笔下的相关篇章都使用了希庇阿斯著作中的诗歌选录,其中将荷马、赫西俄德、俄耳甫斯的诗作,与泰勒斯把水当作最初要素的观点结合了起来。斯内尔强有力的观点自然与希庇阿斯本人对自己这部作品的描述相符合(请参见希庇阿斯残篇第6号,载于 *DK*):

> τούτων ἴσως εἴρηται τὰ μὲν Ὀρφεῖ, τὰ δὲ Μουσαίῳ κατὰ βραχὺ ἄλλῳ ἀλλαχοῦ, τὰ δὲ Ἡσιόδῳ τὰ δὲ Ὁμήρῳ, τὰ δὲ τοῖς ἄλλοις τῶν ποιητῶν, τὰ δὲ ἐν συγγραφαῖς τὰ μὲν Ἕλλησι τὰ δὲ βαρβάροις. ἐγὼ δὲ ἐκ πάντων τούτων τὰ μέγιστα καὶ ὁμόφυλα συνθεὶς τοῦτον καινὸν καὶ πολυειδῆ τὸν λόγον ποιήσομαι.

> 这些事中有些也被俄耳甫斯讲到过,而有些则被缪赛俄斯简短地提到过,其他诗人也在其他地方涉及,赫西俄德讲过一些,荷马也讲过一些,别的诗人也讲过一些,散文作家也讲过,无论希腊人还是异邦人都讲过。从所有这些内容当中我将会把最重要并且相符合的内容结合起来,从而将我的这篇作品写得新颖并多样化。[②]

---

① Bruno Snell,《泰勒斯学说的相关研究与古希腊哲学及文学史的开端》("Die Nachrichten über die Lehren des Thales und die Anfänge der griechischen Philosophie und Literaturgeschichte"), *Philologus* 96, 1944, 第178至180页。
② 笔者认为,这段残篇中的最后一句(ἐγὼ δὲ ἐκ πάντων τούτων τὰ μέγιστα καὶ ὁμόφυλα συνθεὶς τοῦτον καινὸν καὶ πολυειδῆ τὸν λόγον ποιήσομαι)并不是伪作。关于在柏拉图与赫西俄德之间关系中希庇阿斯扮演的重要角色,请参见本书第五章。

所以，亚里士多德很有可能是从希庇阿斯的作品中接受了荷马与泰勒斯之间具有的相互关系，他对赫西俄德的引用有可能也是来自希庇阿斯的作品(也许亚里士多德认为，希庇阿斯选用的赫西俄德比自己的选择更好，于是就做了替换)。而在《克拉底鲁》中，柏拉图并没有强调赫西俄德[145](也许柏拉图是想避讳冥河斯提克斯的名字)，但却保留了俄耳甫斯的诗行(请参见俄耳甫斯残篇第15号，载于Kern，即残篇第2号，载于DK，即残篇第22号，载于Bernabé)，从而把泰勒斯关于水生万物的背景转变成了柏拉图笔下那个"让人反感的"(bête noire)赫拉克利特学派的流动论。

尽管相关的引用比较稀少，但是我们还是能从以上引文中看出公元前四世纪人们对《神谱》的两个主要的理解角度。在研究赫西俄德对柏拉图的影响时，我们不应该将他们想象成超越历史时代的电视节目中的两个名嘴在直接面对面地交流。像柏拉图这样的读者肯定是反复地阅读过赫西俄德的全部作品的(他读过的赫西俄德甚至可能比我们现在掌握的全部赫西俄德作品还要多)，但是希庇阿斯的作品属于那种在《神谱》与他的同代人之间架起桥梁的著作——其他这样的著作在《鸟》中的滑稽神谱里被暗中提到——这类著作把注意力放到具体的诗段上，并指出这些段落应该被放到什么样的背景中解读。亚里士多德对柏拉图的理解受到了柏拉图的影响，但这类作品的影响同样不容忽略。

第二个需要注意的地方是，尽管公元前四世纪的人们普遍同意赫西俄德是一位有智慧的诗人，但是，虽然阿卡德米学园中的思想家们非常关心赫西俄德的权威性，但他们也同样关注赫西俄德的古老性问题。当然，与其说柏拉图笔下的斐德若是一个哲学家，倒不如说是一个宴会上的发言者，他利用公认的权威说法来赞扬自己颂歌中的对象。在《会饮》的后半部分，阿伽通的讲辞驳倒了斐德若对赫西俄德的运用，阿伽通认为，如果厄若斯先于其他众神诞生这个不完全严谨的前提成立的话，οὐ γὰρ ἂν ἐκτομαὶ οὐδὲ δεσμοὶ ἀλλήλων ἐγίγνοντο καὶ ἄλλα πολλὰ καὶ βίαια[因为这样就不会有相互阉割与监禁以及其他暴行的存在了](195c)。亚里士多德对《神谱》的运用是在讲堂中的运用：他愿意考虑诗中的宇宙学所传达的可能的哲学内涵，但却总是在祈愿语态(optative)下论述它们：有的人"可能会认为"赫西俄德发现了运动的成因(请参见《形而上学》第1卷第4节, 984b23-984b24)；他把混沌神(即空间)当作最早出现的事物"可能看起来是正确的说法"(请参见《物理学》208b27-208b28)；"某些人"持有这样的观点，即古代诗人保存了古老的事实(请参见《形而上学》第1卷第3节, 983b27-983b30)。①

在古希腊文化中，广泛认同古代人富有智慧的观点，这种认同甚至达到了一种不可思议的程度，在其他地方柏拉图也写到过，从《神谱》中苏格拉底[146]把他认为值得在哲学论辩中维护的观点提了出来，不过在作品中柏拉图从来没有把赫西俄德的说法当作采纳一个观点的充足凭据。这样，苏格拉底就赞美了一个没有被提到名字的众神谱系作家——其实就是赫西俄德在《神谱》第266、780行的说法——将伊里斯当作陶玛斯之女的写法。不过，这个睿智的观点更多的是来自柏拉图本人的独创见解，而非来自赫西俄德的见解。柏拉图发现，伊里斯(Ἴρις)的名字中含有ἐρῶ[言说]的词根，而陶玛斯(Θαύμας)的名字中则含有θαυμάζω[惊叹、惊异](请参见《泰阿泰德》155d)的词根。在《克拉底鲁》406c中，苏格拉底同意接受赫西俄德关于阿佛洛狄忒的名字的见解，赫西俄德认为阿佛洛狄忒的名字来自于她从中诞生出来的泡沫(《神谱》第197至198行)，苏格拉底认为这是παιδικῶς[戏谑地]进行词源学解释(关于这个问题，亚里士多德则倾向于一种自然主义的解释方式，

---

① 另请参见[托名]亚里士多德《论梅利索斯、克赛诺芬尼与高尔吉亚》，其中的写法并没有这么保守，作者认为赫西俄德οὐχ ὅτι οἱ τυγχάνοντες, ἀλλὰ καὶ τῶν δοξάντων εἶναι σοφῶν[并不是偶然的某个人，而是因智识得到承认的人](975a6-975a7)。

因为精液看起来有些类似泡沫:请参见《动物志》[*Historia animalium*]736a18–736a21)。尽管在近年来人们承认《克拉底鲁》中的诸多词源学解释是有着哲学的暗示在其中的,而非正统的词源学研究,但柏拉图一直坚持并且从未放弃的观点却是,关于神明们的名字我们其实一无所知,充其量只能研究那些凡人给众神取的名字(请参见《克拉底鲁》400d-401a)。赛得利(David Sedley)指出,对于柏拉图来说,词源学说到底"并不是可靠的通往真理的路径",①而同样的话也可以应用于《神谱》。在早先的讨论中,就已经明确了柏拉图关于《神谱》文本的戏谑态度,在那里,苏格拉底对宙斯、克洛诺斯与乌拉诺斯的名字进行了词源学解释,但却没有回到"赫西俄德笔下的众神谱系"中,他说自己已经记不得更早的论述了(ἐμεμνήμην: 396c)。这里传达出的信息是,我们必须依仗我们自己的记忆与能力,而不是姆内莫绪涅(Mnemosyne,古希腊文为:*Μνημοσύνη*,直译为"记忆"或"记忆女神")的女儿们——缪斯女神们,尽管《神谱》第1至116行对她们大加赞扬。

写作《劳作与时日》的诗人

在公元前四世纪的散文作品中,引用《劳作与时日》的次数不仅远远多于《神谱》,它与《神谱》的不同之处还在于,在当时的学校中,《劳作与时日》曾被用作教材。柏拉图笔下曾经有过一段非常珍贵的对古希腊基础教育中课程的描述,在这里,普罗塔戈拉指出,启蒙教师们*παρατιθέασιν αὐτοῖς ἐπὶ τῶν βάθρων ἀναγιγνώσκειν ποιητῶν ἀγαθῶν ποιήματα καὶ ἐκμανθάνειν ἀναγκάζουσιν, ἐν οἷς πολλαὶ*

---

① 请参见David N. Sedley,《柏拉图的〈克拉底鲁〉》(*Plato's* Cratylus, Cambridge, 2003),第34页;关于柏拉图的时代严肃对待诗歌中的说法的"人类学依据",请参见该书第30至34页。

μὲν νουθετήσεις ἔνεισιν πολλαὶ δὲ διέξοδοι καὶ ἔπαινοι καὶ ἐγκώμια παλαιῶν ἀνδρῶν ἀγαθῶν [在他们面前的座位上摆好优秀诗人们的作品让他们学习[147]并强迫他们背诵，这些作品中写有许多戒律，也写有许多对古老的杰出人物的描写、颂扬与赞美]（《普罗塔戈拉》325e-326a）。假设在当时赫西俄德的作品已经是学校中的标准读物①，那么在这段引文中，唯一适用于赫西俄德作品而非叙事诗作品的就是"戒律"，这说明他笔下的那些格言体的诗行已经进入了学校的课程中。有一个制作时间为公元前五世纪初期的"κύαθος"（长柄杯），上面的图案是现存最早的对古希腊书卷的描绘：上面画着一位青年人手持一卷展开的莎草纸书卷，他的两旁各有一位拿着手杖的青年正在倾听；读书的青年面前有一个箱子，箱子上放着另外一卷书，标题是"克戎纪"（Chironeia）。②很明显，这个男孩已经可以阅读诸如托名赫西俄德的《克戎的箴言》（Praecepta Chironis，请参见赫西俄德残篇第283至285号，Merkelbach与West 1967）一类的教育诗了，而且他正在读的很可能就是这部作品：赫西俄德的《克戎的箴言》中关于教授方法的合适性因其"内容"而得到了加强，这部作品包含了高贵的马人克戎传授给年轻的阿基琉斯的一系列箴言。

更多的证据出自伊索克拉底《致尼科莱斯》（Ad Nicolem）第

---

① 就像在这之后一样，请参见R. Cribiore，《头脑的体操：希腊化时代与罗马时代埃及的古希腊教育》（Gymnastics of the Mind: Greek Education in Hellenistic and Roman Egypt, Princeton, 2001），第197至198页。
② 请参见J. D. Beazley，《阿提卡红彩陶瓶画家》（Attic Red-Figure Vase-Painters, 2nd edn, Oxford, 1963）第329.134号插图。关于这件器物的论述，请参见J. D. John D. Beazley爵士，《致赫尔墨斯的颂诗》（"Hymn to Hermes"），载于American Journal of Archaeology，第52期，第336至340页，第337页；关于与克戎(Chiron)有关的文学作品，请参见Leslie Kurke，《品达的〈皮托凯歌第六号〉与建议诗歌的传统》（"Pindar's Sixth Pythian and the Tradition of Advice Poetry"），载于Transactions of the American Philological Association，第120期，第85至107页，第92页。

第七章 柏拉图笔下的两个赫西俄德

42至44节的一个规劝性的段落,这一段落提到了关于赫西俄德的格言体诗歌的流行看法,伊索克拉底附带地对其发表了自己的见解:

> ... τὰ συμβουλεύοντα καὶ τῶν ποιημάτων καὶ τῶν συγγραμμάτων μάτων χρησιμώτατα μὲν ἅπαντες νομίζουσιν, οὐ μὴν ἥδιστά γ' αὐτῶν ἀκούουσιν, ἀλλὰ πεπόνθασιν ὅπερ πρὸς τοὺς νουθετοῦντας· καὶ γὰρ ἐκείνους ἐπαινοῦσι μέν, πλησιάζειν δὲ βούλονται τοῖς συνεξαμαρτάνουσιν ἀλλ' οὐ τοῖς ἀποτρέπουσιν. σημεῖον δ' ἄν τις ποιήσαιτο τὴν Ἡσιόδου καὶ Θεόγνιδος καὶ Φωκυλίδου ποίησιν· καὶ γὰρ τούτους φασὶ μὲν ἀρίστους γεγενῆσθαι συμβούλους τῷ βίῳ τῷ τῶν ἀνθρώπων, ταῦτα δὲ λέγοντες αἱροῦνται συνδιατρίβειν ταῖς ἀλλήλων ἀνοίαις μᾶλλον ἢ ταῖς ἐκείνων ὑποθήκαις. ἔτι δ' εἴ τις ἐκλέξειε τῶν προεχόντων ποιητῶν τὰς καλουμένας γνώμας, ἐφ' αἷς ἐκεῖνοι μάλιστ' ἐσπούδασαν, ὁμοίως ἂν καὶ πρὸς ταύτας διατεθεῖεν· ἥδιον γὰρ ἂν κωμῳδίας τῆς φαυλοτάτης ἢ τῶν οὕτω τεχνικῶς πεποιημένων ἀκούσαιεν.

……所有人都认为,诗歌与散文中那些为错误提出建议的作品极为有用,但是并没有人会非常乐意地从这些作品中听取建议,他们的态度就像对那些批评他们的人一样。因为他们也同样会赞美这些人,但他们却更愿意接近那些和他们犯同样错误的人,而不是那些劝阻他们的人。有的人可能会将赫西俄德与特奥格尼斯或佛基利德斯的诗作作为例子。因为人们说他们在所有人里是最出色的给出生活建议的人,但是尽管他们给出了建议,人们却更倾向忙于那些错误的行为,而非听取他们的建议。而且,就算有人从这些杰出诗人的作品中选出所谓的至理名言——他们为这些至理名言付出了极大的努力,人们还是会喜爱那些廉价的喜剧,因为他们更愿意聆听这些喜剧,而不是那些通过高超技艺被写作出来的诗作。

　　[148]在这里,将赫西俄德与其他一些作家一同列为创作格言并"给出生活建议"的人。很明显,人们更愿意只在嘴边说说这些格言体作品的价值,而只有极少数的人才会为了听取这些建议而花掉比那些自己不得不做的事更多的时间。荷马的叙事性诗歌并不属于这种作品的范畴,虽然伊索克拉底也暗示了荷马同样属于"杰出诗人",而人们可以从杰出诗人的作品中筛选出"所谓的至理名言"(εἴ τις ἐκλέξειε τῶν προεχόντων ποιητῶν τὰς καλουμένας γνώμας[就算有人从这些杰出诗人的作品中选出所谓的至理名言]:《致尼科莱斯》第44节)。①但是就算有一些可以被提取出来列成选集的格言,这些内容也不能算作叙事诗作品的特点,所以接下来伊索克拉底就将荷马与悲剧作家一起列为戏剧诗人,他们通过对神话故事鲜活的呈现而取悦自己的听众(或观众),而劝诫或建议对他们来说则只是次要的(请参见《至尼科莱斯》第48至49节)。

　　那么,一般的学校课本更可能会包括赫西俄德格言体诗歌,而非《神谱》中的内容。这些"古老智者留下并以书籍形式流传的财宝"很可能就是色诺芬笔下的苏格拉底用来 ἀνελίττων κοινῇ σὺν τοῖς φίλοις διέρχομαι, καὶ ἄν τι ὁρῶμεν ἀγαθὸν ἐκλεγόμεθα[常常展开并与朋友们一同阅读,挑选出那些我们看到的很好的内容](色诺芬《回忆苏格拉底》第1卷第6节第14段)的东西。在波吕克拉底(Polycrates)的《指控苏格拉底》(Accusatio Socratis)中,我们发现苏格拉底为他的学生们诠释《劳作与时日》的选段,波吕克拉底的这部作品指控苏格拉底败坏了他的学生们,τῶν ἐνδοξοτάτων ποιητῶν ἐκλεγόμενον

---

① 请参见亚里士多德在《修辞术》第2卷第21节中关于格言所作的讨论,其中举出的例子来自于荷马叙事诗(但却并没有来自于赫西俄德诗作的例子)。

τὰ πονηρότατα[从最受推崇的诗人的作品中拣选出那些最堕落的内容],并且利用这些内容唆使他身边的人支持暴政(请参见《回忆苏格拉底》第1卷第2节第56至57段)。这里所选取的例子是《劳作与时日》第311行(ἔργον δ' οὐδὲν ὄνειδος, ἀεργίη δέ τ' ὄνειδος[劳作是不应遭到谴责的,无所事事才可鄙]),而按照苏格拉底的解释,这一行诗的意思则变成了"没有行为是应该遭到谴责的",这是在有意地对ἔργον δ' οὐδὲν ὄνειδος这半行诗断章取义。而在柏拉图的《卡尔米德》中,赫西俄德笔下同样的这半行诗再一次成了断章取义的对象,在这部对话作品中,谈话者认为这半行诗将实用性行为与自由行为区分了开来(《卡尔米德》163b)。① 这里,诠释这半行诗的人并非别人,正是克里提阿——苏格拉底的独裁者朋友,这说明了柏拉图与色诺芬并不是在直接与赫西俄德对话,而是将赫西俄德的名字与公元前四世纪的修辞学作品以及其他资料联系起来——在这些资料中,很有可能包括了普罗狄科的作品(《卡尔米德》163d;另请参见阿里斯托芬《鸟》第692行)。与《神谱》一样,对《劳作与时日》的解读[149]也需要与其他文学作品联系起来。

早在品达的作品中就已经从《劳作与时日》中抽取出格言警句并调整它们的意义。品达在对埃吉纳(Aegina)的兰彭(Lampon)之子的赞辞中引用了《劳作与时日》第412行的后半部分(μελέτη δὲ τὸ ἔργον ὀφέλλει[投入有助于劳作]): Λάμπων δὲ μελέταν / ἔργοις ὀπάζων Ἡσιόδου μάλα τιμᾷ τοῦτ' ἔπος, / υἱοῖσί τε φράζων παραινεῖ,(兰彭在勉励自己的儿子们时送给他们"投入到工作中"这句话,他发扬了赫西俄德的诗作:《地峡凯歌》[Isthmica]第6首第66至68行)。一个地位显赫的贵族为自己的儿子们引用赫西俄德的诗作似乎是最受尊敬的事,不过在品达的作品中,微妙地调整了赫西俄德的诗行:在《劳作与时日》的用词中,μελέτη(投入、执着)的意思

---

① 关于进一步讨论,请分别参见本书第五、第六章。

是农业生产(ἔργον)中所需要的那种勤恳的态度；而在品达笔下，兰彭对这个词的使用却更着重于"身体锻炼"这层意思，一般是那些地位崇高的职业训练师对受训的运动员们才会这样说。据说著名的雅典训练师梅勒希阿斯(Melesias)就曾经使用过这个词，巴库利德斯(Bacchyldes)则将兰彭侄子们的训练师描写为μελέτα[ν τε] βροτωφ[ε]λέα Μενάνδρου[米南德洛斯的训练为人们带去了帮助](巴库利德斯《凯歌第十三》第154至155行)。βροτωφελέα[为人们带去帮助的、有益处的]这个复合形容词只在巴库利德斯的作品中出现过，这说明他笔下的这段诗也同样是对赫西俄德诗行的调整：这个复合形容词的后半部分让人想到赫西俄德笔下的ὀφέλλω这个词——在农业生产的语境下，它的意思是"使增长、使扩展"——并且让这个词与ὠφελέω[有助于、帮助、形容某人提供帮助或服务]产生了联系(请参见本文中引用的《蛙》第1031行中的ὠφέλιμοι[发挥功用]这个词)。就算是在传统主义者的笔下，也需要不断地调整赫西俄德使用的词汇。

在色诺芬的笔下，当苏格拉底阐释《劳作与时日》中的另外半行时，他就是依据这种传统的。在这里，色诺芬为苏格拉底进行了辩护，说明苏格拉底并没有违背公众的宗教信仰。色诺芬解释说，苏格拉底常常进行小规模的献祭仪式，但却丝毫不比那些铺张的献祭仪式差(《回忆苏格拉底》第1卷第3节第3至4段)：

> ἐπαινέτης δ᾽ ἦν καὶ τοῦ ἔπους τούτου·"κὰδ δύναμιν δ᾽ ἔρδειν ἱέρ᾽ ἀθανάτοισι θεοῖσι," καὶ πρὸς φίλους δὲ καὶ ξένους καὶ πρὸς τὴν ἄλλην δίαιταν καλὴν ἔφη παραίνεσιν εἶναι τὴν καδδύναμιν δ᾽ ἔρδειν.

他非常赞赏这句诗："按照自己的能力来向不朽的众神献祭"(《劳作与时日》第334行)，他还说，在对待朋友、宾客以及其他生活内容中，按照能力行事都是很好的建议。

第七章 柏拉图笔下的两个赫西俄德

[150]这段故事告诉我们,苏格拉底是敬神的,而且他还调整了赫西俄德古老格言的意义,"ἔρδειν"这个词的意义从最初的"献祭"被扩展为广义上的"行事"。柏拉图的《吕西斯》中概述了一段智术师式的论辩,其中对赫西俄德的运用与色诺芬笔下的苏格拉底相类似:"口才出众的"谈话者所辩护的主题是,相似的事物之间是最具敌意的,他首先引用了赫西俄德的诗行作为证明——κεραμεὺς κεραμεῖ κοτέει καὶ ἀοιδὸς ἀοιδῷ καὶ πτωχὸς πτωχῷ[陶工嫉恨陶工,歌手嫉恨歌手,乞丐嫉恨乞丐](《吕西斯》215c,压缩了《劳作与时日》第25至26行)——然后便扩展了这句经常被引用的格言的意义[①],并将其运用在所有事情上,其中也包括物质元素(《吕西斯》215e)。就像亚里士多德可能会说的那样,作为《劳作与时日》的读者,苏格拉底与波吕克拉底或那位不知名的智术师之间的差别,仅仅在道德意向(moral intent)上,而不是在解读方法上。

柏拉图的《普罗塔戈拉》说明了一个像普罗狄科这样的智术师是如何运用《劳作与时日》中最著名的一章的——即赫西俄德对 ἀρετή(美德)的寓言化表达。在一个人们经常引用的诗段中[②],赫西俄德解释说,卑贱或悲惨(κακότητα)总是在我们身边,很容易就能发现,而杰出或兴盛(ἀρετῆς)总是在一条曲折漫长的路途终点,不付出汗水与辛劳是难以获得的(请参见《劳作与时日》第287至292行)。按照苏格拉底的说法(《普罗塔戈拉》340d):

φαίη Πρόδικος ὅδε καὶ ἄλλοι πολλοὶ καθ' Ἡσίοδον γενέσθαι

---

① 仅仅在亚里士多德笔下,这句格言就被引用了四次,请参见G. E. Howes,《柏拉图与亚里士多德作品中对荷马叙事诗的引用》("Homeric Quotations in Plato and Aristotle",载于 *Harvard Studies in Classical Philology 6*, 1895),第162页。
② 早在西蒙尼德斯的作品中,这段诗就被转写并引用过,请参见西蒙尼德斯残篇第579号,载于D. L. Page编,《古希腊抒情诗人》(*Poetae Melici Graeci*, Oxford, 1962)。

μὲν ἀγαθὸν χαλεπὸν εἶναι—τῆς γὰρ "ἀρετῆς ἔμπροσθεν" τοὺς θεοὺς "ἱδρῶτα" θεῖναι—ὅταν δέ τις αὐτῆς "εἰς ἄκρον ἵκηται, ῥηιδίην δήπειτα πέλειν, χαλεπήν περ ἐοῦσαν", ἐκτῆσθαι.

普罗狄科和其他许多人都同意赫西俄德的说法，即正义是很难达到的——因为众神在"在美德之前"铺下了"汗水"——而当一个人"到达顶峰，那么之后的保持就很容易，尽管困难的是之前"的获取。

我们可以从这段诗行中推断出，普罗狄科曾经使用过这个诗段来说明自己能够区别词语之间的微小差别，从而展示自己技巧的价值；对这一诗段中的解读同时也为赫西俄德这最后一行诗的意义提供了解释。这行诗的意义十分模糊，按照莫斯特的解释则应当是：当一个人"到达顶峰，那么之后的保持就容易了，尽管仍然会很艰难"。①

如果说一个智术师对这段人们熟知的诗歌的解释是，得到ἀρετή[美德]需要付出艰辛，那么柏拉图笔下的恶"乞丐祭司"却似乎使用了不同的方式对此进行了解释。阿德曼托斯提到，祭司们解释说，即使是有德行的人（以及富有的人）也需要敬神的祭礼，因为——就像赫西俄德所说的那样——众神也向好人送去悲惨（《王制》364b-364d）。由于祭司们并不想疏远那些潜在的客户，所以他们仅仅引用了[151]赫西俄德关于悲惨命运占主导的诗行（《劳作与时日》第287至289行），而并没有引用关于通过艰辛努力获得美德的诗行（《劳作与时日》第290至292行）。有能力的谈话者们——祭司们——同样引用了荷马的诗行来证明众神是可以为祭品和礼物所动摇的（请参见《伊利亚特》第9卷第497至500行），他们还提到了俄耳甫斯与缪赛俄斯关于祭礼的"大量著作"，从而让证据来源达

---

① 关于这一段的相关讨论，请参见本书第四章。

到三处(请参见本书第5章中的相关讨论)。与古典语文学家们可能的预计相反,这个诗段的流行程度让它的意义变得不那么鲜明:当色诺芬笔下的苏格拉底将这段诗与体育训练师的类似观点及厄庇卡尔莫斯的诗行结合起来,说明要让工作获得成功就必须不断付出努力的道理时(请参见《回忆苏格拉底》第2卷第1节第20段),赫西俄德笔下的寓言与较为朴素的文本结合了起来,从而传达出了一个比较简单的讯息。笔者认为,当《劳作与时日》第289至292行在柏拉图笔下被雅典异邦人曲解时,我们就更加接近柏拉图本人的解读:当赫西俄德说并没有很多人热衷于获得美德时,"有许多证据都能证明赫西俄德是明智的",尤其是大多数人的确只有很少的美德(请参见《法义》718e)。

只有在想象中或者有转换余地时,人们才会这样利用一位诗人的权威性。苏格拉底从诗人们的作品中进行引证以帮助自己定义友情,因为诗人们"对于我们来说就像父亲一样,他们导引我们走向智慧"(《吕西斯》214a),但是最终他们的作品也没能提供清晰的引导:他们先是认为有益的是众神恩赐的亲密关系,"我觉得他们对此的描述是这样的:'神明总是将相似的二者结合起来'并使它们相互熟悉"(214a,其中引用了《奥德修纪》第17卷第218行;亚里士多德在《修辞术》1371b中把这一行当作一个谚语)。不过诗人们的作品也有可能会支持与此相反的观点,比如苏格拉底就注意到,赫西俄德笔下关于不和与纷争的诗行就曾经表达过这样的观点,即相似的事物之间最具有敌意(《吕西斯》215c)。综上所述,柏拉图笔下的苏格拉底与色诺芬笔下的苏格拉底解读《劳作与时日》的方法一样,常常是从这部诗作中抽取出一个短语或诗行来单独考察,并以此论证诗人的声望是否名副其实。经验会告诉我们,当他说出"半多于全"(《劳作与时日》第40行)这句话时,"实际上就是假定赫西俄德是个明智的人"(《王制》466c)或"终归是正确的"(《法义》690e)。关于那些我们并没有确实了解的事情,我们可以依靠诗人们的说法。所以,举例来说,苏格拉底会采纳荷马笔下的习俗,使用精选的肉和酒来款待英雄人物(请参见《王制》468d-

468e,其中引用了《伊利亚特》第7卷第321行以及第8卷第162行,并提到说勇士们需要足够的营养);而当这些人物在战场上牺牲时,[152] 苏格拉底会"相信赫西俄德"并引用《劳作与时日》第109行来说明这些人物是属于"黄金时代的人类"(请参见《王制》468e;请注意"黄金的"一词在《克拉底鲁》398a中被解释为"高贵的");苏格拉底还会引用《劳作与时日》第121至122行来表明这些人物已经变成了护佑我们的神灵(《王制》469a)。① 当然,有时我们也不能完全相信诗人们的说法(请参见诸如《王制》468e,其中引用了《劳作与时日》第122至123行,并认为不应该接受这两行的说法)。

这些对《劳作与时日》的引用告诉柏拉图同时代的读者们,赫西俄德的这部作品经常是在被预先截取了、甚至是已经被预先解释好了的选段中出现。可以肯定的是,职业诗歌朗诵者会表演"τι τῶν Ἡσιοδείων"(赫西俄德作品中的某些部分:《法义》658d),但是我们并不知道,在这些朗诵者的表演曲目中,会包含赫西俄德的哪些作品(同时还会提到荷马与阿尔基洛科斯的诗作)。② 伊索克拉底讲到过,在大泛雅典娜节期间智术师们游涉在吕克昂学园附近,并"讨论诗人们——尤其是荷马与赫西俄德的诗歌,他们还说这些诗人的作品并不是自己的创作,而仅仅是在朗读诗作,并从回忆中找到某些人关于一些事说过的最睿智的话"(请参见《泛雅典娜节演讲》[Panathenaicus]第18节)。③ 在柏拉图和色诺芬笔下都没有证

---

① 请参见Friedrich Solmsen,前揭,第171至211页,第184至185页以及第195页,其中注意到了,后代的作家经常改写赫西俄德笔下关于人类发展时代以及δαίμονες(神灵)的诗行,并认为这些诗行"只有一部分权威性"。
② 请参见柏拉图《伊翁》531a。人们也曾认为赫西俄德本人是一位职业诗歌朗诵者:请参见《王制》600d,另参见本书第6章。
③ 尽管亚里士多德学派曾经写过一部有关"赫西俄德问题"(ἀπορήματα[问题、疑问],请参见赫西奇俄斯[Hesichius],《亚里士多德生平》[Vita Aristotelis]第143号,载于V. Rose编,《亚里士多德残篇辑》[Aristotelis Qui Ferebantur Librorum Fragmenta, 3rd edition, Leipzig, 1886])的书,但笔者并不认为伊索克拉底所说的"吕克昂学园"专指廊下派思想家:在节庆期间,许多知识分子、教师与作家都会聚在一起。

据表明他们会整篇地阅读赫西俄德的作品，或是把这些作品都结合在一起进行解读，他们的解读方式更像是伊索克拉底所抱怨的：

"παραναγιγνώσκοντες ὡς δυνατὸν κάκιστα τοῖς ἑαυτῶν καὶ διαιροῦντες οὐκ ὀρϑῶς καὶ κατακνίζοντες"[他们用最糟糕的方式解读我的作品，将它们拆碎、歪曲意思并肢解]（《泛雅典娜节演讲》第17节）。

结　　语

赫西俄德两部最富盛名的作品分别属于两种不同的体裁，而在古典时代，体裁依然是与表演的场合密不可分的。在学校中，常常用赫西俄德这些睿智的作品的选段进行教学，[153]在学校中，许多人都学会了教育者们的论调，即赫西俄德的诗作尽管可能会让他们觉得无聊，但是这位诗人仍然为生活提出了许多高明的建议。可以将《劳作与时日》中的许多说法看作是值得尊敬的智慧，当然，在实际生活中这些古老的格言往往都需要一些诠释的手法才能融入当时社会的语境。在《吕西斯》中，类似《指控苏格拉底》或智术师创作的自然哲学著作这样的作品，强调了《劳作与时日》中某些被认为是值得注意或存在问题的特定段落。综上所述，《劳作与时日》最多地以片段式的引文形式出现，无论是智术师还是普通人都是以此来判断赫西俄德能够给出很明智的建议的声誉是否恰如其分。

《神谱》则可能更多地是出现在职业朗诵者们的表演中，而不是在学校里。人们认为这部诗作是关于众神故事的非常古老且非常有影响力的资料（当然，对于某些人来说可能其影响力仅仅因为它年代久远），而且就像大多数处理类似主题的诗歌一样，《神谱》的叙事是寓言化的、加入了词源学解释的、并且在某些方面还是被"哲学化了的"。在古代，人们将《神谱》看作是荷马叙事诗的补充，因为它提供了关于众神的资料，而且其中的记叙是连贯一致的，其内容在整个希腊世界都得到承认。从这个角度说来，俄耳甫斯的诗作以及与之类似的作品也与赫西俄德的《神谱》属于同一类型，不过俄耳甫斯的那些关于神明谱系的诗作并没有在整个希腊世界流传得那么广，而且也并不能让公众的宗教信仰有更多的素材。然而，俄耳甫斯的诗作与这些作品所宣扬的来世说与救世论一样，都有了足够的声望与知名度，从而使赫西俄德的《神谱》在讲述众神谱系的作品中的地位并不如荷马叙事诗在英雄叙事诗中的地位（以及《劳作与时日》在格言体诗歌中的地位）那样高。所以在古代希腊，古代智慧的全部并不仅仅是赫西俄德与荷马，而很可能还是需要和俄耳甫斯与缪赛俄斯的作品结合在一起的。

至于柏拉图，我们一定要将他看成是那个时代中最敏锐的古代作品解读者，但是他对赫西俄德作品的解读方式，与雅典文明保存并传承这部古老诗歌的方式是相同的。尽管在古代，关于究竟哪些被说成是赫西俄德所作的作品是真作这个问题从来没有获得过共识[1]，但似乎与我们一样，柏拉图把关注点主要放在《神谱》和《劳作与时日》这两部作品上。不过现存那些被记载下来的公元前四世纪的解读并没有一致地认为赫西俄德是某些特定作品的作者，而且这些解读也从来不会通过赫西俄德的其他作品来判断他某一部作品的意义。当然，我们只能猜测那些秘密的团体[154]究竟是怎么样解释赫西俄德，不过值得注意的是，在柏拉图笔下，两个赫西俄德是完全没有交集的。笔者认为，其中原因在于，柏拉图在写作时并不仅仅是一位阅读古代诗歌的具有高度创造性的思想家，同时也是一位社会批评家，他观察并评论自己社会中的音乐文化。所以，柏拉图在引用那些为赫西俄德赋予永恒价值的论断时，他也向这些论断提出了重要的挑战。柏拉图作品的文本十分珍贵，因为这些文本经常改写、有时又仿写赫西俄德的诗句，而且还总是能表明诗人的用词之所以能发生效果的诸多有趣的方式。

---

[1] Most编译，《赫西俄德：〈神谱〉、〈劳作与时日〉及论述》，(*Hesiod*: Theogony, Worksand Days, *Testimonia*, Havard, 2006)，第188至第215页。

第二部分 单篇对话研究

第八章 赫西俄德的诱惑
——柏拉图《会饮》中的潘多拉

克纳安(Vered Lev Kenaan)

导 论

[157]在《会饮》中,柏拉图很明显对赫西俄德非常感兴趣:在这部对话中的许多关键位置上,他既直接引用了赫西俄德的诗行,也借用了赫西俄德笔下的叙事动机与观念。而且就像山形直子在本书中所指出的那样,在《会饮》里柏拉图引用赫西俄德的诗句,为的是表明一种从辞藻华丽的修辞风格到苏格拉底式思辨的转变过程,而这个过程是就广义的思想领域而言的。①本章中,笔者希望通过一条稍微不同的路径再次探寻一下这部对话作品。笔者主要的目标是让我们更好地理解《会饮》与赫西俄德诗作之间的一些微妙的关系,而不是分别探讨柏拉图引用赫西俄德诗句的个别例子。本章的论述总共将分为两部分。首先,笔者会提出这样一个问题:柏拉图在《会饮》中是如何阐述自己与赫西俄德的关系,以及这部作品与赫西俄德作品的关系的,而他阐释的方式能够如何帮助我们理解这种关系。笔者将以第俄提玛的讲辞为出发点,并且将会尝试

---

① 请参见本书第四章。

论证,《会饮》主要是把赫西俄德的作品当作爱欲启示的谱系来接受的;另外,在论述第俄提玛的理论时,这篇对话主要使用的是赫西俄德笔下的主题以及叙事结构。在此之后,笔者将转而论证,在《会饮》中苏格拉底所扮演的最重要的角色是与爱欲有关的。笔者会指出,柏拉图将苏格拉底设定为一个类似潘多拉的角色,他为人们[158]带来惊奇,并由此引导我们走上了一条通往哲学思考的道路。赫西俄德将潘多拉描绘为一个καλὸν κακόν[美丽的恶魔],而与之相似地,柏拉图也将苏格拉底描绘为一个外表与内在存在惊人差异的人。在赫西俄德的诗作中,这种差异或对比表明了人类生存中拥有的巨大需求。潘多拉教导我们不要相信世界的表面。苏格拉底同样也激励我们进行思考,但是与潘多拉相反,他将隐藏在表面之下的真理发掘出来。就像潘多拉一样,他通过自己的形象与讲辞让我们的思考不断深入,然而和潘多拉不同的是,苏格拉底让我们重新接触到了神圣的真理,而我们本来以为在人世间这真理早就不复存在了。

柏拉图与赫西俄德在爱欲主题上的相互关系

如果第一个读者第一眼就能理解一段文本里的写作方法以及游戏规则,那么这段文本就称不上是一段文本。而且,一段文本永远都是让人捉摸不透的。不过,这些方法与规则并不意味着我们无法接触到文字中的什么秘密;它们只是永远无法立刻就被记录为一种能够称之为观念的东西。①

---

① 请参见Jacques Derrida,《柏拉图的药》("Plato's Pharmacy"),载于Jacques Derrida,《撒播》(*Dissemination*), Barbara Johnson 译(Chicago, 1981),第63至171页,第63页。

在《会饮》中，赫西俄德对柏拉图的影响格外明显。在这部对话中，柏拉图不仅选取了《神谱》里的诗行，并在论述宇宙起源与神明的时候引用了赫西俄德的作品，还在第俄提玛的讲辞中赞美了赫西俄德(请参见《会饮》209c–209d)：

> καὶ πᾶς ἂν δέξαιτο ἑαυτῷ τοιούτους παῖδας μᾶλλον γεγονέναι ἢ τοὺς ἀνθρωπίνους, καὶ εἰς Ὅμηρον ἀποβλέψας καὶ Ἡσίοδον καὶ τοὺς ἄλλους ποιητὰς τοὺς ἀγαθοὺς ζηλῶν, οἷα ἔκγονα ἑαυτῶν καταλείπουσιν, ἃ ἐκείνοις ἀθάνατον κλέος καὶ μνήμην παρέχεται αὐτὰ τοιαῦτα ὄντα.

> 可能每个人都会更愿意自己生育出这样的孩子而不是那种出自凡胎的孩子，在看到荷马、赫西俄德以及其他优秀诗人之后他们会非常羡慕，他们留下的子女是不死的，故此也为他们带来了不朽的荣名和回忆。

在这里，第俄提玛将赫西俄德这个不朽诗篇的伟大作者描述成一个真正的父亲，她还让赫西俄德(以及荷马)从众多被当作英雄崇拜的优秀诗人(ποιητὰς τοὺς ἀγαθοὺς)当中凸显出来。如同赫西俄德笔下那些在冥府中逃过了"难以名状的"(νώνυμνος：《劳作与时日》第154行)死亡的"半神们"(ἡμίθεοι：《劳作与时日》第160行)[159]一样，赫西俄德与荷马获得了"不朽的荣名和回忆"(ἀθάνατον κλέος καὶ μνήμην)。

正是在这个讨论ἔρος[爱欲]与不朽性的语境下，第俄提玛把生儿育女的父亲当作模仿的范本。为爱欲所推动，荷马与赫西俄德创作出美丽的艺术作品，但是——我们将会在后文中看到——这些作品对读者们(或听者们)的影响也主要是与爱欲相关的。对于第俄提玛来说，所有的生育过程——无论是身体上的还是精神上的——都依赖于一位父亲角色与一位母亲角色之间的连结。她说，在与一位其灵魂能够刺激并反映这些欲望的人接触之后，向往智慧、美与善的被爱者会变得更能生育。通过与自己的灵感源泉亲密共处，被爱者"想起了那种美，并且与他一同抚育那些新生儿"（《会饮》209c）。

在作者与读者之间的相互关系中，这种生育的过程同样显而易见；此外，作者本身也是其他作品的读者，这也促使我们从不同的角度看待作者与影响他们的作品之间的关系。正是因为对于其他的作品越来越熟悉，读者们"孕育并生出了他们内心中已经存在了很久的东西"（《会饮》209c）。所以，一个作品从来都不是由一个作者单独创作出来的。这样，由于第俄提玛是从爱欲的角度理解不同文本间的相互关系的，这也就让我们能够从一个不同的角度考察《会饮》与其本身的文学先驱之间的关系。在本章中，笔者将像第俄提玛那样，追问苏格拉底的哲学论述是否并不只是一个作者的独创？柏拉图笔下的对话作品是从什么样的文本传承中孕育出来的？柏拉图的哲学是有可能孕育出与诗歌相同的观点的，关于这一点，对话录又是怎么回应的？

第俄提玛把作者对读者的影响放在爱欲的语境下，描述为：
"可能每个人都会更愿意自己生育出这样的孩子而不是那种出自凡胎的孩子，在看到荷马、赫西俄德以及其他优秀诗人之后他们会非常羡慕"（《会饮》209d）。在这里，第俄提玛把读者转化成了羡慕地看着优秀作家们的人（ἀποβλέψας），从而有效地将他们刻画成了ἐραστής[爱者]。而当爱者本人成为一个作者的时候，他对自己的模板的迷恋很可能带来一些特殊的问题。举例说来，在《斐德若》中，苏格拉底警告我们说，要留心那些热情四溢的爱者会让被爱者完全失去独立性（《斐德若》239b: πάντα ἀποβλέπων εἰς τὸν ἐραστήν）。与之相对，爱者本人[160]也有可能太过依赖他所热爱的对象，就像卡尔米德的崇拜者们那样（请参见《卡尔米德》154c）。

不过,《会饮》的读者们并不是那种十分强势的控制者,也不会过于依赖伟大诗人们的作品,因为读者们会受到激励去向这些伟大的诗人们看齐(ζηλοῦν)。在提到赫西俄德对有益的不和女神的分析之后(请参见《劳作与时日》,尤其是第23至24行),柏拉图建议我们应该把读者向伟大诗人看齐的心理当作是一种孕育更好后代的野心。

柏拉图把荷马当作一个充满魅力的父亲形象,而在他的作品中,他与荷马的竞争关系却表露得十分明显,尤其是在《王制》中,当柏拉图尝试用厄尔(Er)的神话代替荷马对冥府的描写(请参见《奥德修纪》第11卷)时,这种竞争达到了顶峰。与此相反的是,柏拉图似乎并没有在《王制》中集中地表达自己与赫西俄德的关系。[1]但是笔者认为,在《会饮》这部对话作品中,柏拉图集中地表达了自己与赫西俄德的关系。在这里,笔者主要想分析的并不是柏拉图从赫西俄德的作品中所借来的段落、主题或观点,当然,这些内容在柏拉图的作品中是非常明显的,而且本书的其他章节也对其进行了许多讨论;[2]笔者更想说的是,柏拉图是在用一种更加微妙的方式将赫西俄德的诗歌融入到了《会饮》之中。把柏拉图的《会饮》与赫西俄德的作品对照起来阅读,很可能使我们有希望看到——德里达所说的——使人无法"第一眼就能理解"的东西;也许我们还会发现一些有助于理解《会饮》独特的文本结构的隐藏线索。

所以,笔者认为,我们应该以这个生育的比喻为出发点,研究柏拉图对赫西俄德的作品的接受。然而,这个比喻是十分不稳定的,因为柏拉图与赫西俄德之间的感情(φιλία)并不是对等的。事

---

[1] 另请参见本书中由山形直子撰写的第四章与诺登撰写的第九章,其中提出了不尽相同的观点。

[2] 请参照本书第四章。

实上，在《会饮》中，柏拉图对赫西俄德的作品的接受表现出新旧观念之间的紧张关系，以及柏拉图的个人独创与他的参考资料之间的冲突，但这些却都是《会饮》这部作品的组成部分。当然，仅靠观察柏拉图如何在引文这个层面上"使用"赫西俄德的作品，是不能解决《会饮》是如何告诉我们它的生养者这个题目的，不过，这也并不仅仅是两个作者在一部作品中和谐共处的问题。笔者认为，在其文本结构中，《会饮》让我们看到的是它的两个父亲——柏拉图与赫西俄德——之间的有机互动。对于笔者来说，这才是解释柏拉图的《会饮》与赫西俄德的作品之间联系的关键所在。

[161]《会饮》所探讨的核心问题是事物的诞生与起源。从最开始，这部对话就提出了一个问题，即：该作品最主要的来源究竟是哪个，而这个问题并不仅仅和作品的"内容"相关，也和它的写作形式紧密连接。《会饮》中出现了许多个不同的谈话者，究竟哪个人是可靠的？这次会饮在历史上的真实情况和记载它的文献之间又有着什么样的联系？这些都是我们从一开始就要考虑的问题。在苏格拉底和他的两个追随者——阿里斯托德莫斯（Aristodemus）与阿波罗多洛斯（Apollodorus）——之间的神秘关系中，关于事物起源的问题表露得格外明显。而当叙述者尝试确定究竟是哪位谈话者发起的讨论时，这个问题又一次浮现出来，在此之后，每当一个不同的谈话者谈论到自己讲辞的材料来源时，这个问题都需要加以考虑。比如，厄律科希马科斯称斐德若为 $\pi\alpha\tau\dot{\eta}\rho\ \tau o\tilde{v}\ \lambda \acute{o}\gamma o v$ [这个话题的父亲]（《会饮》177d）；而苏格拉底回忆起第俄提玛对自己的教导，并以此让她成为了自己关于爱欲的知识的母亲（《会饮》201d、212b）。不过，《会饮》虽然展示出许许多多创造了观点的谈话者，但它却似乎并没有十分注意谈话者之间关于究竟是谁创造了哪个观点的争论。这部对话更多地是强调了谈话者之间的较为间接的联系。比如，在《会饮》的开始，苏格拉底带有讽刺意味地说

道: εὖ ἂν ἔχοι … εἰ τοιοῦτον εἴη ἡ σοφία ὥστ' ἐκ τοῦ πληρεστέρου εἰς τὸ κενώτερον ῥεῖν ἡμῶν, ἐὰν ἁπτώμεθα ἀλλήλων[如果智慧是这样一种东西,只要我们触摸他人,它就从更富于智慧的人身上流淌到更缺乏的人身上那就好了](《会饮》175d)。在这里,苏格拉底事实上就已经率先提到了第俄提玛所说的"带有爱欲的触摸"。在这篇对话开始苏格拉底的说法呼应了第俄提玛在结尾处的说法,这表现出了《会饮》的内在结构——各篇讲辞的作者并不是相互孤立的,只有在形成一个共同体之后才具有创造力。

在《会饮》中,柏拉图向我们展现出了不同来源与其后继者的多种结合方式(例如苏格拉底与他的追随者们、具有开创意义的文学作品与受其影响的作品等等),由此,这部作品的结构在很大程度上依赖于它对许多不同作品的吸收以及转化。《王制》第10卷的读者也很可能会询问,模仿性的艺术到底会不会阻碍我们通过这类艺术作品回溯到真正的源头。我们是不是应该保护模仿的艺术作品与其模仿对象之间的区别?① 但是按照《会饮》中说法,当一部作品表现出它与自己的来源具有相似性时,它并不仅仅是在模仿这个来源的表象。事实上,第俄提玛说,对于获得智慧而言,这样一部作品所反映出的[162]追寻自己来源的欲望是至关重要的。所以,作家与他们的文学前辈们之间存在共同之处并不是坏事:这些共同点能够帮助我们找到文学传统中的精华,每当一个新作家出现在这个传统中,他都会让这些精华重新创生一次。这个过程并不是表面现象,也没有什么离奇之处:就像第俄提玛所说的那样,在人类的谱系中,情欲的力量在于它能让终有一死的事物获得不朽性(请参见《会饮》208a-208b):

τούτῳ γὰρ τῷ τρόπῳ πᾶν τὸ θνητὸν σῴζεται, οὐ τῷ

---

① 请参见《王制》第10卷601c,在这里,苏格拉底说模仿者只知道事物的表象。

παντάπασιν τὸ αὐτὸ ἀεὶ εἶναι ὥσπερ τὸ θεῖον, ἀλλὰ τῷ τὸ ἀπιὸν καὶ παλαιούμενον ἕτερον νέον ἐγκαταλείπειν οἷον αὐτὸ ἦν.

故此，通过这种方式，所有终有一死的事物都能得到保存，他们并不像神明那样在每个方面都保持原样，而是通过把消逝的、老去的替换为新兴的来使其好似本来的事物。

按照第俄提玛的说法，在人类创作的衍化链条中，即使是极为新奇的作品也肯定会占有一席之地，而且在这个意义下，尽管这种作品极具独创性，但也是之前出现过的作品的变形。

爱欲的主题

第俄提玛讲辞的主要框架讲述了一个谱系的故事，这与她所提出的理论都反映了《会饮》这篇对话作品的总体结构——不同的谈话者共同探索了厄若斯的谱系。在阐述这个主题时，柏拉图与赫西俄德格外相似。总的说来，柏拉图从赫西俄德那里继承了对谱系神话以及对这些神话的意义的兴趣。赫西俄德的《神谱》既是古希腊神明的谱系，也是一部论述宇宙创生衍化的叙事诗，在这部作品中，诗人向缪斯女神们提出了如下的请求（请参见《神谱》第108至115行）：

εἴπατε δ', ὡς τὰ πρῶτα θεοὶ καὶ γαῖα γένοντο
καὶ ποταμοὶ καὶ πόντος ἀπείριτος, οἴδματι θυίων,
ἄστρα τε λαμπετόωντα καὶ οὐρανὸς εὐρὺς ὕπερθεν
οἵ τ' ἐκ τῶν ἐγένοντο θεοί, δωτῆρες ἑάων
ὥς τ' ἄφενος δάσσαντο καὶ ὡς τιμὰς διέλοντο
ἠδὲ καὶ ὡς τὰ πρῶτα πολύπτυχον ἔσχον Ὄλυμπον.
ταῦτά μοι ἔσπετε Μοῦσαι, Ὀλύμπια δώματ' ἔχουσαι

第八章 赫西俄德的诱惑

ἐξ ἀρχῆς, καὶ εἴπαθ', ὅ τι πρῶτον γένετ' αὐτῶν.
请讲述最初众神与大地是如何诞生的,
以及河流与无边的大海——在波浪下涌动着,
还有明亮的星辰与头上广袤的天空,
再加上从这些事物中诞生出来的神明们——善的给予者们,
他们如何划分财富,如何分配荣名,
又是怎样第一次获得了层层叠叠的奥林波斯山。
缪斯女神们,请对我讲述这一切,你们在奥林波斯山上
拥有住所,请从开头讲吧,他们当中第一个出现的是谁。

[163] 在这段谱系的开头,赫西俄德的目标并不是要让自己的诗作超越一切存在,而是想要为还是空无一物的宇宙描绘一幅图像。而由于自己的眼中仍然充满着河流、大海、星辰与天空,他转而向缪斯女神们寻求帮助。靠着女神们超脱人世的知识,赫西俄德尝试重塑绝对开端时(ἐξ ἀρχῆς)的世界景象,这幅景象已经消逝了,只有在女神的帮助下才能让我们一窥究竟。从这里开始,我们有了四个最初出现的事物:混沌神、大地神、塔尔塔洛斯和厄若斯。其他的事物很快便加入到他们当中,但是这四个宇宙的根本并不消失,也不会失去他们的本质属性。所以,尽管这个世界十分复杂,奥林波斯众神和人类与这四个事物都不一致,但是他们却是起源于这四个事物的,他们身上最重要的特质也是从这四个事物身上继承而来的。只要众神与人类不丢弃他们继承的这些东西,这四个最初出现的事物就是我们理解世界意义的主要源泉。

对于本章来说,赫西俄德笔下这四个事物中最重要的是厄若斯。他是其中最后一个出现的,但赫西俄德却用了整整三个六步格诗行来描写他(请参见《神谱》第120至122行):

> ἠδ' Ἔρος, ὃς κάλλιστος ἐν ἀθανάτοισι θεοῖσι,
> λυσιμελής, πάντων δὲ θεῶν πάντων τ' ἀνθρώπων
> δάμναται ἐν στήθεσσι νόον καὶ ἐπίφρονα βουλήν.
> 还有爱欲之神厄若斯，不朽众神中的最美者，
> 能让筋骨松弛，也能让一切众神与凡人
> 心中的想法与深思熟虑都混乱颠倒。

厄若斯在很多方面不同于另外几个最初出现的事物。[1]混沌神、大地神和塔尔塔洛斯是空间与物质的存在，而厄若斯却并没有这种物质与空间的维度。此外，厄若斯对这个世界所做的贡献当时尚未出现。从某些方面来说，大地神也是这样的，赫西俄德在提到她的时候说"她永远是所有众神的坚实根基，众神掌握着终年积雪的奥林波斯山的顶峰"（请参见《神谱》第117至118行）。但是只有厄若斯这位神明才能预见到众神与人类的出现，故此，他也就能预见到赫西俄德的读者们所生活的、已经发展完善的世界。笔者认为，这一点是非常根本的：赫西俄德很明白地告诉读者们，如果我们想要理解厄若斯的本质，我们就不能在《神谱》第120至123行处止步，而是必须熟悉宇宙创生发展的各个过程，因为厄若斯在每个过程中都使用了自己对世界的转变能力。

[164]在这些过程中，对于我们定义厄若斯有两点最为重要：阿佛洛狄忒的诞生，以及第一个女人——潘多拉——的出现。[2]在《神

---

[1] 请参见Vered Lev Kenaan,《潘多拉的感官——古代文献中女性的角色》(*Pandora's Senses: The Feminine Character of the Ancient Text*, Madison, 2008)，第一、三章，在本章接下来的部分中，笔者阐述的一些主题与该书中的讨论直接相关。

[2] 请参见Jean-Pierre Vernant,《一、二、三：厄若斯》("One ... Two ... Three ...: Erōs")，载于John J. Winkler、David M. Halperin与Froma I. Zeitlin编，《性别之前——古希腊世界中爱欲体验的塑造》(*Before Sexuality: The Construction of Erotic Experience in the Ancient Greek World,* Princeton, 1990)，第465至478页。

第八章　赫西俄德的诱惑

谱》的所有角色中,这两个角色最能代表厄若斯的力量,前者使众神的意志"臣服",而后者则使人类的意志"臣服";而且,在可见世界的领域中也是阿佛洛狄忒和潘多拉定义了厄若斯的力量——故此,柏拉图与赫西俄德紧密相连的重要主题在这里出现了。

赫西俄德首先讲述了厄若斯的美丽,从而将爱欲的吸引力与视觉感受联系起来。不过,厄若斯这种美丽总体上仍然是抽象的,因为赫西俄德从来都不会描绘神明的具体形象:关于厄若斯,他所说的只是 ὃς κάλλιστος ἐν ἀθανάτοισι θεοῖσι [不朽众神中的最美者](《神谱》第120行)。伴随着阿佛洛狄忒的诞生,视觉感受更加明显地成为了爱欲力量的一个方面,当然,到这里赫西俄德仍然还保持着相对克制。他的确将阿佛洛狄忒描述为 καλὴ θεός [一位美丽的女神](《神谱》第194行),还说她有着 ποσσὶν ... ῥαδινοῖσιν [纤秀的双足](《神谱》第195行)。此外,如果我们认同第196行是真作的话,赫西俄德还称阿佛洛狄忒为 ἐυστέφανον [头戴优美花冠的]。但是,只有当潘多拉作为第一个女人降临人世之时,视觉感受才真正开始占有重要地位。

在美丽的女神阿佛洛狄忒的神圣影响下,女性比男性更能代表可见世界,因此事实上,在人类世界中女性是爱欲现象的首要载体。所以,在厄若斯的抽象力量转变为现象世界的过程中,最终的一环是以第一个女性的出现为标志。

在《神谱》中,阿佛洛狄忒与潘多拉的诞生并不是直接相关的,当然,在《劳作与时日》中,在塑造潘多拉的美丽形象的过程中,阿佛洛狄忒扮演了一个重要角色。[①]不过,潘多拉与阿佛洛狄忒的共同之处告诉我们——至少在赫西俄德诗行的字面意义上来

---

① 然而,即使是在《劳作与时日》中,潘多拉也主要是由男性的概念塑造而成的。

看——潘多拉是阿佛洛狄忒的直系后裔。①的确,潘多拉的出现只是宇宙在爱欲层面[165]的发展过程中的最后一步,而这个过程的开端是厄若斯作为宇宙原初事物的出现,其发展则是阿佛洛狄忒女神的诞生。②然而,潘多拉的出现将爱欲的发展推向了顶峰,并不仅仅因为她为人类世界带去了厄若斯的力量,也是因为她的出现让爱欲的力量更完整地与视觉感受结合了起来,并由此标志了现象世界发展的一个关键阶段。

赫西俄德笔下这种对爱欲之神谱系的独特建构,深刻地影响了《会饮》中讨论厄若斯的方式。与赫西俄德类似,在斐德若开头的讲辞中,同样地,柏拉图首先为我们介绍了厄若斯神圣的原初力量(178b),而在结尾处阿尔喀比亚德的讲辞(事实上也就是苏格拉底本人的讲辞)中则描述了在人类世界中这股力量的传导渠道与表现形式。而在这个过程中,第俄提玛重述了整部对话中的总体结构——也就是从厄若斯最原始的形态到他在人间的表现,从神话中Πόρος[丰饶神]与Πενία[贫乏神]的儿子到现实世界中爱者的形象。在把厄若斯描写成μήτε οἱ σοφοὶ μήτε οἱ ἀμαθεῖς[既不智慧又不无知]《会饮》204a)时,事实上第俄提玛是明确地预示着爱智慧者在人间的出现。更具体地说,从第俄提玛对厄若斯的描述中,我们

---

① 请参见Ann L. T. Bergren,《致阿佛洛狄忒的荷马风格颂诗:传统与修辞,颂扬与指责》("The Homeric Hymn to Aphrodite: Tradition and Rhetoric, Praise and Blame"),载于*Classical Antiquity*,第8期,第1至41页,其中首次提出了《神谱》里女性世代传承的脉络。
② 请参见Page duBois,《厄若斯与女人》("Eros and the Woman"),载于*Ramus*,第21期,第97至116页,尤其是第102页,该文指出,在《神谱》中,阿佛洛狄忒与潘多拉的出现搅乱了男性世界中的和谐,其中还论述了她们之间的关系。另请参见A. S. Brown,《阿佛洛狄忒与潘多拉情结》("Aphrodite and the Pandora Complex"),载于*Classical Quarterly*,第47期,第26至47页,其中指出了,在赫西俄德的作品中,有意将潘多拉给人的视觉感受描述得与潘多拉的纯金冠冕上的阿佛洛狄忒造像十分相似。

能看到苏格拉底的一些典型特征,比如他很清楚地知道自己缺乏知识、他对智慧的热爱、以及他在知识与无知之间不停的游移。

学者们普遍认同在《会饮》中,厄若斯的形象与苏格拉底的形象是结合在一起的,而这种结合具有很深的象征意义。当第俄提玛将厄若斯描绘为一个神话中的δαίμων[神灵、精灵](《会饮》202d–203d)时,苏格拉底同样也具有这种特征,这一点是格外明显的。[①]阿尔喀比亚德进一步强调了这个联系,在自己的讲辞中,阿尔喀比亚德不仅用脱胎于δαίμων[神灵、精灵]的形容词δαιμονίον[精灵一般的、有仙气的]来称呼苏格拉底,也描述了苏格拉底的相貌、性格与哲学倾向,而这些描述正好能够让我们回想起在第俄提玛讲辞中厄若斯的一些关键特征。与厄若斯相同,苏格拉底也常常赤着足并且爱好智慧与美。[②]此外,在《会饮》中苏格拉底的角色是具有爱欲的沉思者,介于人类和众神之间、也介于朝生暮死与永不磨灭之间,在这里我们理解了苏格拉底作为爱情导师的事业。对于我们理解《会饮》这部作品的诱惑性本质来说,苏格拉底与厄若斯之间的相似之处[166]是十分重要的。更具体地说,在赫西俄德的诗作与柏拉图的《会饮》之间的关系中,这些相似性扮演着核心的角色。

我们已经知道,在《神谱》中,厄若斯对于理解现象世界的出现至关重要。这位神明最初出现时是一种抽象的原始力量,但是随着可感知的世界不断形成并发展,带有爱欲的吸引力以美和视觉感受(阿佛洛狄忒)的形式不断地具象化。在潘多拉作为最终的爱欲形象出现的时候,这种趋势达到顶点。不过,尽管柏拉图在

---

① 请参见Alexander Nehamas与Paul Woodruff译,《柏拉图的〈会饮〉》(*Plato: Symposium*, Indianapolis, 1989),导言第23页。
② 请参见《会饮》203d。

自己的对话作品中有几处对潘多拉的影射,①但是他始终都没有直接提到过她。然而,在柏拉图的笔法与赫西俄德笔下的这段神话之间却有着内在联系;而这个联系则因为柏拉图作品的主要角色——苏格拉底——而凸显出来。

从表面上看来,苏格拉底与潘多拉似乎的确是截然不同的两个角色。追求真理与智慧的人怎么可能与最经典的femme fatale(法语:红颜祸水)、与性别歧视文化的化身结合在一起呢?但是,我们已经知道,赫西俄德的《神谱》与柏拉图的《会饮》都把厄若斯的后代作为自己的主角。事实上,第一个女性与柏拉图笔下理想的哲学家之间的关系并不局限在《会饮》这部作品中。比如,在《苏格拉底的申辩》中,柏拉图就将苏格拉底展现为神赐的礼物。当苏格拉底请求法官与听众回想他的存在对城邦的意义时,他也是在让他们思考一个更有挑战性的问题:究竟是否$ἐγὼ\ τυγχάνω\ ὢν\ τοιοῦτος\ οἷος\ ὑπὸ\ τοῦ\ θεοῦ\ τῇ\ πόλει\ δεδόσθαι$[我刚好就是那个由神明赐予这座城邦的人](《苏格拉底的申辩》31b)?在这部作品中,苏格拉底认为自己应该被当作众神赐给这座已经忘记了自己高贵起源的城邦的礼物。但他又是一个多么奇怪的礼物啊,简直是一只恼人的牛虻叮在一匹尊贵的高头大马身上(请参见《苏格拉底的申辩》30e)。

苏格拉底像牛虻一样$προσκείμενον$[附在](《苏格拉底的申辩》30e)妄自尊大的雅典城身上并让它感到十分讨厌。尽管在这个语境下,柏拉图并没有使用赫西俄德的用词$δῶρον$[礼物],但他在

---

① 在柏拉图的一些对话作品中,赫西俄德笔下的这段神话出现过。例如,笔者认为《斐勒布》59e与61c是在暗指赫西俄德在《劳作与时日》中所讲述的潘多拉的创生。在《会饮》中,阿里斯托芬讲辞中的神话具有这段故事的一些关键元素。请参见本书第四章。

第八章 赫西俄德的诱惑

《苏格拉底的申辩》30d7处使用的短语 τὴν τοῦ θεοῦ δόσιν [神明的赠礼]仍然[167]让人想到赫西俄德笔下对潘多拉的描述 δῶρον θεῶν（众神的礼物：《劳作与时日》第85行）。赫西俄德的《劳作与时日》与柏拉图的《苏格拉底的申辩》所描述的都是社会所不想要的神赐礼物。在柏拉图看来，对苏格拉底的谴责表现出了社会的弊端。换句话说，苏格拉底是一个礼物，但却被误解与误用了。在苏格拉底本人的个性和行为中，有一些关键的地方是含义不清的，这与雅典民众对苏格拉底的敌对态度并非毫无关系：苏格拉底宣称自己关心每个与自己谈话的人的灵魂，但这种关心却总是让他们感到十分难堪。这是因为苏格拉底的善往往是以令人反感的形式表现出来的。所以，尽管他是一个神赐的礼物，但是对绝大多数雅典人来说都看不到这份礼物的用途。事实上，这座城邦无法理解苏格拉底让人反感的行为却正是他的用途。

现在让我们回到赫西俄德的作品中。我们已经看到，在《苏格拉底的申辩》中，苏格拉底被描述为神赐的礼物，这一点与赫西俄德的作品存在一些关联。潘多拉也同样是一个意义模糊的礼物，在《神谱》中，但尤其是在《劳作与时日》中——因为这部作品和人类世界的联系更为紧密——她标志着人类黄金时代的结束，人们不再像众神一样生活在理想的状态中。潘多拉这一礼物是人类现今处境的开端，可以将这种处境描述为缺乏资源、疫病横行、艰苦的劳作，以及小心翼翼地盘算着未来。最后这一点十分重要，因为人类与众神的全新关系以及人类在世界上的地位让他们必须反思自身。就像自己的后代苏格拉底一样，潘多拉激励人类认识到自己的处境，并且懂得自己与这个世界以及这个世界的化身——众神——是截然不同的。潘多拉这种启蒙的力量让看到她的人们修正自己过去的世界观，并重新认识自己在世界上的位置。

笔者已经指出过，在《劳作与时日》中，潘多拉为读者带来的挑战主要是来自各种伦理学上的寓意,这个人物还促使我们把应该如何生活当成一个更为迫切的问题来思考。而在《神谱》里,潘多拉这个人物在本质上更多地是具有知识论的含义的。为了理解她在这两部诗作中的不同角色,我们必须考虑她在这两部作品中是何时出现的。在《劳作与时日》中,潘多拉的故事主要是赫西俄德的伦理学教导的前奏;而与之相反的是,她在《神谱》中出现的地方几乎正好是宇宙诞生与发展故事的中点。① 这种叙事上的选择十分有趣,这段神话是非常重要的,但是为了理解它的[168]重要性,我们必须要再一次回到《神谱》的宇宙学叙事的开端。

我们已经知道,在赫西俄德笔下,整个宇宙的初始状态是非常简单的:四个最初出现的事物组成了宇宙,宇宙是黑暗的,绝大部分是没有相互区别的。随着宇宙诞生与发展的故事不断展开,宇宙看起来开始越来越像我们所知道的这个地方——河流与山川星罗棋布地点缀着它,还有大海、头上的苍穹以及太阳和月亮。直到十分靠后的地方,赫西俄德才在整体上清晰地介绍了世界的概况;② 而且,就算在赫西俄德尝试进行更为综合性的描述时,他强调的更多也是宇宙可怖与昏暗的一面。③ 在《神谱》全诗的结尾处——在宇宙演化的最后一个阶段之前——宇宙最根本的基石再一次出现,这一次为的是描绘世界的总体景象。而关于这一总体景像,就像韦斯特(Martin L. West)所指出④,全诗"还没有过一处描写"(《神谱》

---

① 请参见Froma I. Zeitlin,《玩弄另一方——古典时代希腊文学中的性别与社会》(*Playing the Other: Gender and Society in Classical Greek Literature*, Chicago, 1996),第73页以及注35。
② 与此相反的例子有柏拉图的《蒂迈欧》,其中写到,我们能从世界美好的景象得知它在总体上是善的。
③ 请参见柏拉图《蒂迈欧》29a-29c与92c,其中强调了世界给人带来的视觉感受,并且指出,这种视觉感受能够让世界的创造者和观赏者都感到十分满足。
④ 请参见Martin L. West编,《赫西俄德〈神谱〉》(*Hesiod:* Theogony, Oxford, 1966),第363页。

第八章　赫西俄德的诱惑

第736至739行，另请参见第807至810行）：

> ἔνθα δὲ γῆς δνοφερῆς καὶ Ταρτάρου ἠερόεντος
> πόντου τ' ἀτρυγέτοιο καὶ οὐρανοῦ ἀστερόεντος
> ἑξείης πάντων πηγαὶ καὶ πείρατ' ἔασιν
> ἀργαλέ' εὐρώεντα, τά τε στυγέουσι θεοί περ.
> 这里有着黑暗的大地与昏冥的塔尔塔洛斯
> 与贫瘠的大海与繁星点点的天空
> 以及一切事物——一个接一个——的源泉与界限，
> 它们令人痛苦、阴冷腐坏，就连众神也厌恶。

在描绘令人鄙夷的冥府时，以上这幅图景浮现出来，在这里，非常鲜明的特点是，《神谱》似乎是第一次将宇宙当作一个整体来描述。但是，诗中其实已经有过一次类似的尝试，而这处尝试则刚好是第一个女性出现在众神与人类之中的时候。

与《神谱》中的物质世界相反，潘多拉有一个创造者，而这位创造者在创造她的时候具有一个目的。潘多拉首先是宙斯的思维的产物，如果没有潘多拉，宙斯便和宇宙的形成没有任何直接关系。尽管与这个世界有所不同，但潘多拉也与它有着关联。事实上，她在很多方面都代表着一个缩小版的世界：她的金冠上刻画的物种生活在陆地和海洋中，而这些物种本身又分别代表着各自在世界上的领域(请参见《神谱》第581至584行)。此外，潘多拉的身体是被泥土塑造而成的，而她的头则恰如其分地环绕着青草与鲜花(请参见《神谱》第571行、576行)。虽然她同时也是[169]大地神——第二个最早出现的事物——的后裔，但是我们已经看到了她与厄若斯——第四个最早出现的事物——之间的紧密联系。从第三个元素塔尔塔洛斯中，赫西俄德构建出了这个世界不可见的一面(请参见《神谱》第713至819行)，不过在此之前很久，他就已经为我们展现出了可见世界的一个微缩景观，它结合了第二元素大地神与第四元素厄若斯。这就是潘多拉，她同时出自大地神与厄若斯，并且以一种十分独特的方式把人类与世界联系起来，而对人类来说，这种方式是既颠覆却又富于诱惑力的。

当我们把潘多拉当作可见世界的微缩表达之后，这个角色在《神谱》中的哲学性核心就变得十分明显了。《神谱》这部诗作在其他任何地方，都没有以这种方式为读者把可见世界展示成发人深思令人赞赏的样子。只有在第一个女性出现之后，我们才有可能思考世界中的现象，并以此预见到未来。所以，在《神谱》中，潘多拉的这段故事标志着赫西俄德的宇宙演化神话中的一个关键转折。尽管这部诗作从来没有在整体上具体地描述过宇宙，甚至都没有把宇宙当作一个整体概念，但是从某种意义上说来，当人们凝视潘多拉的时候，这种整体概念的缺乏得到了弥补，赫西俄德通过对她的描写说明了，想要在整体上把握可见世界是有可能的。

所以，潘多拉第一次让人们懂得了自己看到的是一个现象世界。我们还能记得，在这个语境下，潘多拉是作为火的替代品而出现的(请参见《神谱》第570行)。一些古代的语文学家认为，在这里火指的是女性的激情，所以对于他们来说，潘多拉是女性的不灭激情的象征。[①]然而，尽管火的确代表热，不过在古希腊叙事诗中，火却主要是与光相连的。[②]在《神谱》讲述潘多拉的故事中，[170]火也

---

① 请参见Jean-Pierre Vernant,《古代希腊的神话与社会》(*Myth and Society in Ancient Greece*, Janet Lloyd译, Brighton, 1980)，第180页，其中提到了亚历山德里亚的帕拉达斯(Palladas Alexandrinus)，这位诗人在诠释潘多拉是火的替代品的故事时指出，潘多拉与火不同，因为火是可以被扑灭的，而女人的火焰是无法被扑灭的。

② 请参见Raymond A. Prier,《看到神奇——古风时代希腊语中视界与外观的现象学研究》(*Thauma Idesthai: The Phenomenology of Sight and Appearance in Archaic Greek*, Tallahassee, 1989)，第46至50页，其中指出，在荷马叙事诗中，也将火用来描绘强大的事物与英雄的形象。

主要是以一种视觉现象出现的,故而这层关联显得格外清楚。①此外,在这段诗作中把火与视觉感受关联起来是非常恰当的,因为,在古希腊早期文化中,火这个阴性形象一个鲜明的特征就是光辉灿烂。在《神谱》第713至819行,赫西俄德说宇宙在总体上是昏冥黑暗的,而潘多拉的女性形象则带来了光明的一瞬、带来了启蒙的源泉。应该说,在实际意义上潘多拉就是能浑身发光的,这些光芒来自于她的华丽服装与神赐的魅力。②而正因为潘多拉的形象能够放出光芒,她身边的神和人不仅看着她,也通过她来观察世界。所以,凝视潘多拉是一种充满爱欲的行为,不仅因为她的身体性感撩人,也因为,在一种更深刻的、柏拉图的意义上,她激励我们探索事物的谜一样的本质。

任何这类探索的起点都是潘多拉的出现诱使人们做出的一种回应:《神谱》不止一次告诉我们,她那光芒四射的形象 ϑαῦμα ἰδέσϑαι[看上去让人惊异]。③潘多拉是"惊异"这种行为的源泉,这就让我们想起在柏拉图的哲学中,"惊异"所占的重要地位。苏格拉底向青年泰阿泰德解释说:μάλα γὰρ φιλοσόφου τοῦτο τὸ πάϑος, τὸ ϑαυμάζειν: οὐ γὰρ ἄλλη ἀρχὴ φιλοσοφίας ἢ αὕτη[因为这种感受属于哲学家——惊异,因为哲学除此之外并没有其他的源头]。④为了说

---

① 请参见《神谱》第566行、第569行: πυρὸς τηλέσκοπον αὐγήν[火焰那耀眼的光芒]。另请注意,在《神谱》第569行,宙斯是"看到"火的。这里的侧重点与《劳作与时日》有一些区别,但是,在《劳作与时日》中,诗人使用的"隐藏"一词再次说明了,在赫西俄德的作品中,主要是把火构思成一种视觉现象。
② 请参见Raymond A. Prier,前揭,第83页,其中指出,《神谱》在这里所说的是χάρις[优美、魅力]在视觉层面上的力量,而这个主题在荷马的叙事诗中重复出现过许多次:"事实上,众神非常善于让必要的'优美'环绕人类,好让他们在视觉上感受到惊异。"关于荷马叙事诗中的相关例子,请参见Raymond A. Prier,前揭,第83至84页。
③ 请参见《神谱》第575行与581行,另请参见该诗第584行与598行。
④ 请参见柏拉图,《泰阿泰德》155d,亚里士多德在自己的作品中有一处对这个观点的著名阐发,请参见亚里士多德,《形而上学》982b11–982b12。

明这个观点,苏格拉底把赫西俄德的诗作当作权威加以引用: καὶ ἔοικεν ὁ τὴν Ἶριν Θαύμαντος ἔκγονον φήσας οὐ κακῶς γενεαλογεῖν[而且似乎那个说伊里斯(Ἶρις,意思是"彩虹")是陶玛斯(Θαύμας,意思是惊异、惊叹)的后裔的人所创作的谱系相当不错]。① 在某种层面上说,在这里,对赫西俄德的引用只是说明柏拉图十分欣赏赫西俄德所写的宇宙演变故事,通过神明之间的血缘联系,这个故事表达出了隐藏的含义。但是在另一种层面上说,这个引用将哲学的起点直接放到了可见的现象世界中。彩虹不仅因为其美丽而让双眼感到惊叹,也促使人们对它进行解释。而且,就算我们已经能够解释并理解彩虹的成因,彩虹的美丽让人感到的惊叹仍然存在,[171]而我们(人类)是不可能彻底理解这个世界的秘密的。②

所以,潘多拉虽然令人目眩神迷,但这本身并不代表她具有毁灭性。事实上,她的出现让人们的思维更加敏锐了。在《劳作与时日》中,潘多拉的出现在这个方面的意义格外突出,这里,潘多拉成了黑铁时代人类思维的实例:我们一定要建立起洞察力,以看到事物隐含的本质,否则就要面对可怕的后果。但是,即使在《劳作与时日》中,尽管潘多拉的故事传达了相当明显的道德信息,不过如果要搞清潘多拉究竟代表的是什么,我们还是没有任何希望的。以此看来,潘多拉和苏格拉底用一种本质上相同的方式影响着那些观看自己的人:美丽的女子与丑陋的哲学家都让他人感到某种无法完

---

① 请参见柏拉图,《泰阿泰德》155d,此处所说的很有可能就是赫西俄德的《神谱》第265至266行。荷马叙事诗中从来没有提到过伊里斯的父母,当然,在《伊利亚特》第11卷201行,伊里斯将宙斯称作"我们的父亲"。
② 潘多拉的光辉让她的观赏者们想到了另一个σῆμα[标志]——宙斯在德尔菲作为纪念碑树立起来的石头。这块石头最初是用来代替襁褓中的宙斯的,因为宙斯之父克洛诺斯想要吞掉他。后来,克洛诺斯将这块石头吐了出来,宙斯赋予它荣耀的形象,这形象让人感到ϑαῦμα[惊异、惊叹](请参见《神谱》第500行)。潘多拉也与此相似,她具有照明的能力,而这种能力主要在于她能够把深藏于宇宙发端中的秘密阐发出来。

全克服的惊异,因为这种惊异的根本在于,外在与内在——也就是传统意义上所说的表象与实质——之间无法缓和的张力。

最终,这又让笔者回到了《会饮》这部作品。在《会饮》中,在阿尔喀比亚德思考自己的老师苏格拉底时,爱欲、惊异与哲学探索之间的关联变得最为明显。在阿尔喀比亚德刚一来到阿伽通的家中时,他并没有注意到苏格拉底的存在。当时阿尔喀比亚德喝得酩酊大醉,头上戴的花冠由彩带和鲜花编制而成,非常美丽,按照他自己的话来说,他将会把这顶花冠戴在最有智慧、最英俊的人头上(请参见《会饮》212e)。然后,阿尔喀比亚德很自然地转向英俊的阿伽通——悲剧大奖的获得者。但是这时,他突然注意到了苏格拉底,并且惊呼道(《会饮》213b–213c):

ὦ Ἡράκλεις, τουτὶ τί ἦν; Σωκράτης οὗτος; ἐλλοχῶν αὖ με ἐνταῦθα κατέκεισο, ὥσπερ εἰώθεις ἐξαίφνης ἀναφαίνεσθαι ὅπου ἐγὼ ᾤμην ἥκιστά σε ἔσεσθαι.

噢,赫拉克勒斯啊,这是怎么回事!这不是苏格拉底嘛?你坐在这,又把我逮住了!你总是在我最想不到你会在的地方突然出现!

阿尔喀比亚德感到十分惊讶,他再一次体会到了苏格拉底让自己感到的爱欲,并且谴责苏格拉底对自己故技重施,又一次出现在自己意想不到的地方。[1]阿尔喀比亚德熟悉这个老把戏,[172]

---

[1] 请参见柏拉图,《普罗塔戈拉》的开篇(309a),其中描写苏格拉底猎捕阿尔喀比亚德的俊美相貌。关于柏拉图作品中这个狩猎的比喻,请参见Martha C. Nussbaum,《善之脆弱——希腊悲剧与哲学中的运数与伦理》(*The Fragility of Goodness: Luck and Ethics in Greek Tragedy and Philosophy*, Cambridge, 1986),第92页。

也十分熟悉苏格拉底,但是在见到苏格拉底的时候,他仍然感到惊讶,以至于扯下了已被阿伽通戴上的花冠,而将其戴到了苏格拉底头上。他说,苏格拉底有着τὴν θαυμαστὴν κεφαλήν(最让人惊异的头颅:《会饮》213e)。① 这样,阿尔喀比亚德不仅宣称苏格拉底是世界上最聪明的人,同时,也让人意想不到地把苏格拉底说成了καλλίστου(最英俊的人:《会饮》212e)。

阿尔喀比亚德对苏格拉底外貌的反应就是惊异。他完全不是没有注意到苏格拉底丑陋的相貌,但他却高兴地宣称苏格拉底是个美男子,还对苏格拉底表达了强烈的爱欲。从表面上很难评价这一切,尤其是我们还记得,阿尔喀比亚德自己也曾经把苏格拉底这个"最英俊的人"描绘成丑陋的赛勒诺斯(Σειληνός)或半羊人(σάτυρος)。② 我们可能会问,苏格拉底的相貌怎么可能会以一种与潘多拉如此相像的方式让看到他的人目瞪口呆呢?因为就算是一个人有着美好的头脑,他丑陋的相貌仍然是毫无吸引力的。③ 柏拉图在介绍泰阿泰德的形象时所说的与此十分相似——泰阿泰德是一个阳光而且年轻的思想家,但相貌丑陋。泰阿泰德的老师特奥多洛斯(Theodorus)是这样向苏格拉底描述他的(《泰阿泰德》143e-144a):

> καὶ μήν, ὦ Σώκρατες, ἐμοί τε εἰπεῖν καὶ σοὶ ἀκοῦσαι πάνυ
> ἄξιον οἵῳ ὑμῖν τῶν πολιτῶν μειρακίῳ ἐντετύχηκα. καὶ εἰ μὲν ἦν

---

① 在《会饮》219c,阿尔喀比亚德称苏格拉底为"令人惊奇的人",在217a,他还提到了苏格拉底让人惊异的内在。
② 请参见《会饮》215b与221d。
③ 请参见Paul Zanker,《苏格拉底的面具——古代的思想家形象》(*The Mask of Socrates: The Image of the Intellectual in Antiquity*, Alan Shapiro译, Berkeley, 1995),第32至39页,其中讲述了对苏格拉底相貌的描述的历史。

καλός, ἐφοβούμην ἂν σφόδρα λέγειν, μὴ καί τῳ δόξω ἐν ἐπιθυμίᾳ αὐτοῦ εἶναι. νῦν δέ—καὶ μή μοι ἄχθου—οὐκ ἔστι καλός, προσέοικε δὲ σοὶ τήν τε σιμότητα καὶ τὸ ἔξω τῶν ὀμμάτων: ἧττον δὲ ἢ σὺ ταῦτ᾽ ἔχει. ἀδεῶς δὴ λέγω. εὖ γὰρ ἴσθι ὅτι ὧν δὴ πώποτε ἐνέτυχον —καὶ πάνυ πολλοῖς πεπλησίακα—οὐδένα πω ᾐσθόμην οὕτω θαυμαστῶς εὖ πεφυκότα. τὸ γὰρ εὐμαθῆ ὄντα ὡς ἄλλῳ χαλεπὸν πρᾷον αὖ εἶναι διαφερόντως, καὶ ἐπὶ τούτοις ἀνδρεῖον παρ᾽ ὁντινοῦν, ἐγὼ μὲν οὔτ᾽ ἂν ᾠόμην γενέσθαι οὔτε ὁρῶ γιγνόμενον.

　　苏格拉底啊，我绝对应该说说，而你也完全应该听听我遇到的你们城里的这个小孩。如果他很英俊的话，我肯定会非常害怕提到他，免得有人会觉得我对他有意思。不过呢——你别生我气啊——他可不英俊，那塌鼻子和暴突眼跟你特像，只不过他这特征没你那么厉害。所以我现在才敢说。你要清楚地知道，我碰到的所有人里——这绝对有一大堆人了——还从来没有见到过一个生得这么让人惊异的。因为他敏于学，别人很难做到，还格外温和，而且再加上他比任何人都勇敢，我觉得这种人根本就不存在，我也没见过谁是这样的。

　　[173]多亏了高超的智慧，泰阿泰德才能让人对自己有正面的印象，但他在形象上是毫无吸引力的。他的老熟人特奥多洛斯以极大的热情向苏格拉底夸耀自己。特奥多洛斯知道，带着强烈的感情色彩描述一个青年，会让人觉得自己只是在贪图美色，但他也知道，提到泰阿泰德的时候是不会有人误解他的：因为泰阿泰德长相丑陋，所以不会有人觉得特奥多洛斯是被他的外表吸引。在此之后，特奥多洛斯进一步指出，泰阿泰德和苏格拉底其实十分类似。但是仅仅长相上的相似并不足以说明泰阿泰德就是另一个苏

格拉底。①所以，现在的问题仍然是，怎么会认为苏格拉底丑陋的相貌是英俊的呢？《会饮》中苏格拉底身上那种激发别人爱欲的吸引力的秘密又是什么呢？

为了更好地理解苏格拉底的诱惑力，让我们稍稍考虑一下苏格拉底观看别人的方式。在《卡尔米德》中，苏格拉底说自己对那些在 σοφία[智慧]或 κάλλος[英俊的相貌]或同时在这两方面都十分突出的青年们很有兴趣（请参见《卡尔米德》153d）。当苏格拉底瞥见卡尔米德时，他发现了卡尔米德的英俊容貌并称之为 θαυμαστός[令人惊异的]。卡尔米德极具诱惑力的外表让看到他的人变成了迷恋他的人。苏格拉底解释说，这些人的欲望不仅仅是说他们把卡尔米德当作一尊美丽的 ἄγαλμα[雕塑]来欣赏。②这种欲望还让他们目瞪口呆，因为他们在看到卡尔米德的容貌时还感到了震惊与疑惑（请参见《卡尔米德》154c-154d）。当然，苏格拉底在这里的回答也带有很强的爱欲色彩，但他不同于其他看到卡尔米德的人，因为他还会探索英俊的容貌里那看不见的本质。对于苏格拉底来说，观看卡尔米德这种行为包含着一种冲动：探索他的英俊容貌下所隐藏的东西——他的 ψυχή[灵魂]（《卡尔米德》154e）。

在上文的讨论过后，让我们再一次通过阿尔喀比亚德的眼睛观察一下苏格拉底。在《会饮》中，阿尔喀比亚德的凝视让苏格拉底转变成了一个类似于潘多拉的角色，换句话说也就是，苏格拉底的外表让人想要探索这外表下隐藏的内在。当阿尔喀比亚德看着苏格拉底的时候，他所体会的视觉感受，很像赫西俄德笔下男人们

---

① 请参见 Ruby Blondell，《柏拉图对话作品中的角色塑造游戏》(*The Play of Character in Plato's Dialogues*, Cambridge, 2002)，第260至313页，其中讨论了泰阿泰德与苏格拉底之间的相似性。

② 请参见 Deborah Steiner，《为了对一尊塑像的爱——对柏拉图〈会饮〉215a至215b的一种解读》("For Love of a Statue: A Reading of Plato's *Symposium* 215a-b")，载于 *Ramus*，第25期，第89至111页，第91页，其中反对把卡尔米德看作是被爱者。

第八章 赫西俄德的诱惑

看到潘多拉时的感受(《会饮》215b)：

[174]φημὶ γὰρ δὴ ὁμοιότατον αὐτὸν εἶναι τοῖς σιληνοῖς τούτοις τοῖς ἐν τοῖς ἑρμογλυφείοις καθημένοις, οὕστινας ἐργάζονται οἱ δημιουργοὶ σύριγγας ἢ αὐλοὺς ἔχοντας, οἳ διχάδε διοιχθέντες φαίνονται ἔνδοθεν ἀγάλματα ἔχοντες θεῶν.

因为我的确也说他像极了雕塑家的商店里的那些赛勒诺斯坐像，工匠们把他们雕刻成手里拿着短笛或奥洛斯笛的样子，这些雕塑被分为两半注模，是中空的，里面则是众神的小雕像。

潘多拉与苏格拉底都是厄若斯在人间的化身，他们的结构是十分类似的：两者在本质上的基本特征都是表象和实质之间的强烈张力。潘多拉和苏格拉底都会让看到他们的人想要掌握他们谜一样的实质，想要探索表象之下的"事实真相"。如果美说的是一种对现象世界的超越，如果它虽然是可见的但却又肯定在表象下隐藏着实质，那么我们就可以说，潘多拉和苏格拉底都是美丽的、英俊的。

当然，他们之间也存在着差异。我们已经知道，潘多拉在赫西俄德的作品中，苏格拉底在《会饮》中，都让看到他们的人搜寻内在的事实真相。然而，在赫西俄德的作品中，探索内在事实这种行动的环境与结果都是悲剧性的：神赐的美丽让我们发现了欺骗、人类的惨境以及丑恶。从这个方面来说，柏拉图把赫西俄德笔下的潘多拉形象从恶名中解救了出来，人们知道潘多拉美丽的外表下隐藏着丑恶故而感到紧张，《会饮》使这种紧张感得到了升华，并且让潘多拉这个象征幻想破灭与怀疑困惑的角色，变成了促使人们充满激情地探索真与美的动力。当然，在这里，我们并不应该说柏拉图"改写"了赫西俄德的诗作，而应当说：如果笔者的论断是正确无误的,那么就应该将《会饮》中阿尔喀比亚德对苏格拉底的描述——以及苏格拉底本人与《神谱》和《劳作与时日》中的潘多拉之间的间接关联——当成一个典型范例,它说明了文本之间带有爱欲色彩的关系。就在阿尔喀比亚德出现之前不久,苏格拉底通过第俄提玛的讲辞运用并发展了这种关系。

尾　声

　　笔者已经指出,柏拉图在《会饮》中既直接引用了赫西俄德的诗句,也改造了赫西俄德诗作中的段落与主题,通过这些方法,他建立起了一个更为宏大的文本相互关联的范本,同时还说明了可以将文学传统的发展看成是一种爱欲的延续。[175]这个范本说明了作者之间、文本之间是如何相互联系的,在这里,赫西俄德扮演了一个关键角色,笔者希望自己已经证明了,赫西俄德并不仅仅是柏拉图在刻画苏格拉底形象时的灵感来源。柏拉图肯定和比自己年代更早的诸多作家一样,对赫西俄德笔下潘多拉这个角色感到十分惊异;但是与大多数其他作家不同的是,柏拉图不仅把潘多拉看作是人类幻想破灭的源泉与象征,还能够把自己对潘多拉的这种惊异转变成自己的哲学灵感中的一个重大事件——而这个事件本质上是与爱欲相关的——其结晶就是《会饮》这部作品中所描绘的苏格拉底形象。

　　而潘多拉留给柏拉图的还不仅仅是苏格拉底这个角色的创造。其实《会饮》的整个文本有很多潘多拉的特征,而不仅是因为苏格拉底的形象内藏玄机。苏格拉底所说的话也是以含沙射影与洞若观火之间的张力为基础的(请参见《会饮》222a)。阿尔喀比亚德告诉我们,一个人需要"超越表象"才能理解苏格拉底说的话。另外还需要再一次加以说明的是,我们在这里也能看到柏拉

第八章　赫西俄德的诱惑

图是在间接地阐述自己:《会饮》这部作品就像潘多拉和苏格拉底一样,它是一个现象,其可见的表象让人能够窥见一小部分藏在外表之下的东西,这促使读者开始永不停息地探寻这部作品的意义。

第九章 "赫西俄德笔下的种族与你们公民中的种族"
——苏格拉底的"赫西俄德"计划[①]

范·诺登(Helen Van Noorden)

第1节 导　论

[176]本章将通过再次评价柏拉图在《王制》中对"赫西俄德的种族"这个神话的使用，来讨论赫西俄德对柏拉图的重要性。大凡要对柏拉图 φιλοσοφία[哲学]本身"指涉、面对与吸收诗歌作品"[②]的方式进行批判性的评价，一般都会从《王制》第10卷对 μίμησις[模仿]的讨论开始。在那里，苏格拉底[③]似乎并没有说赫西俄德与荷马作为——τῶν καλῶν ἁπάντων τούτων τῶν τραγικῶν πρῶτος διδάσκαλός τε καὶ ἡγεμών[所有优美的悲剧作家的第一个老师与领

[①] 在这里，笔者想要感谢剑桥大学克莱尔学院(Clare College)、本书的编辑们以及在杜伦大学的那次研讨会之前、之时、之后和笔者讨论过柏拉图与赫西俄德关系的人们，尤其是博伊-斯通(George Boys-Stones)、福勒(Robert Fowler)、亨特(Richard Hunter)、科宁(Hugo Koning)、朗(Alex Long)、斯科菲尔德(Malcolm Schofield)与赛得利(David Sedley)，因为他们为本章的写作提出了非常具有启发意义的评论。

[②] 请参见 Francis Stephen Halliwell,《"μῦθος"对"λόγος"的妥协——柏拉图对诗人的引用》("The Subjection of 'μῦθος' to 'λόγος': Plato's Citations of the Poets")，载于 Classical Quarterly, 第50期，第94至112页，第95页。

[③] 本章中提到的苏格拉底都是柏拉图笔下的苏格拉底。

袖]——有什么特别的不同(请参见《王制》第10卷595c1–595c3)。①不过,本章将关注苏格拉底与格劳孔(Glaucon)与阿德曼托斯对话中的另一个部分,并试图以此说明,为什么说仅仅将赫西俄德对柏拉图"哲学"论述的建构的重要性与荷马归为一类是不够的。②

[177]在《王制》中,苏格拉底尝试证明正义的价值,但是,他并没有提到正义带来的物质上的回报,这与赫西俄德、荷马以及其他诗人十分不同(请参见《王制》第2卷363b以下)。不过,当苏格拉底讲述所谓"高贵的谎言"时,读者们还会想到赫西俄德笔下将人类发展时代(γενή[时代、种族])比作金属的故事(请参见《劳作与时日》第106至201行)。在《王制》第8卷,当缪斯女神们论述理想城邦(Callipolis)谜一样的必然衰落时,读者就能确定赫西俄德与柏拉图之间存在这种联系了。苏格拉底又将讨论继续发展到政治层面上,并且论述了"有问题的"诸政体(这些政体自亚里士多德以来就经常被批判)③,但是,人们很少将这个部分与《王制》第3卷联系起来进行理解。④

---

① 请参见诸如Penelope Murray编,《柏拉图论诗歌——〈伊翁〉、〈王制〉376e至398b、〈王制〉595至608b》(*Plato on Poetry: Ion, Republic 376e-398b, Republic 595–608b*, Cambridge, 1996); Myles F. Burnyeat,《柏拉图的〈王制〉中的文化与社会》("Culture and Society in Plato's Republic"), 载于Grethe B. Peterson编,《坦纳人类价值讲座:第20辑》(*The Tanner Lectures on Human Values 20*, Salt Lake City, 1999), 第215至314页。
② 关于这个问题, 本书第四章和第五章还有更多的讨论。
③ 请参见亚里士多德,《政治学》1316a1–1316b2;另请参见Julia Annas,《柏拉图的〈王制〉导论》(*An Introduction to Plato's* Republic, Oxford, 1981), 第294页以下,其中评价说,《王制》第8卷与第9卷"让人困惑, 其本身也没写明白"。
④ 一个例外是: Malcolm Schofield,《"兄弟之爱、不平等性:神的讲辞"——柏拉图笔下关于政治合法性的独裁主义神话》("'Fraternité, inégalité: la parole de Dieu': Plato's Authoritarian Myth of Political Legitimation"), 载于Catalin Partenie编,《柏拉图作品中的神话》(*Plato's Myths*, Cambridge, 2009), 第101至115页,第108至109页。另请参见Friedrich Solmsen,《柏拉图作品中的赫西俄德动机》("Hesiodic Motifs in Plato"), 载于Kurt von Fritz 编,《赫西俄德与他的影响》(*Hésiode et son influence* [即*Entretiens sur l'antiquité classique*, 第7期], Geneva, 1962), 第171至211页, 第182页, 其中声称,《王制》第8卷并没有为全作的意义加入什么新鲜元素, 而且暂时地引用赫西俄德笔下被比作金属的人类发展时代的故事"并没有能够帮助柏拉图阐明自己的观点"。

在重新注意这两个段落的结构和着重点之后(本章第3节会进行详细讨论),我们就能够理解《王制》是如何运用赫西俄德笔下的时代(或种族)——尤其是英雄与黑铁种族,而柏拉图的这种运用为《王制》赋予了《劳作与时日》中那种含义更为广泛的伦理劝诫。接下来(在本章第4节中)笔者将会指出,苏格拉底运用赫西俄德笔下的白银时代,重新向格劳孔与阿德曼托斯提出了一种解释与警告的结合体,他说明了在白银时代,个人的选择与正义或非正义的社会有关。此外(本章第5节),笔者还会尝试说明,把《王制》第8卷至第10卷放到赫西俄德的语境中理解的结果也许能够说明,赫西俄德的作品影响了苏格拉底对正义的多角度论述。

在这方面,苏格拉底将自己伪装成赫西俄德风格,这看起来可能与智术师非常相似,但是,有人说,柏拉图使用了神秘的缪斯女神们来解释理想城邦的最初衰落,而这能够通过诗歌的声音,将《劳作与时日》和《神谱》联系起来。笔者将会在本章第6节说明,提出这种说法的人是错误的,而且是明知故犯的。在结尾一节中,笔者将会指出,赫西俄德的人类发展时代的故事是一种在有意识地重新讲述事物存在的方式,这种存在方式其实是一系列循环重复与衍生变化的开端,以此为基础,苏格拉底用他典型的"哲学的方法"重新定义了通往美德的道路,所以,在《王制》中柏拉图对赫西俄德笔下这段故事的运用是对赫西俄德的作品的发扬光大。

第2节 苏格拉底对正义的支持:
一个"赫西俄德"计划?

[178]《王制》中的苏格拉底与《劳作与时日》的叙事者的基本意图是一样的,都是要说服特定的对象,使其选择正义,而这些人他们本来都是倾向于不义的。无论人们如何重建《劳作与时日》这

部作品的写作背景,[1]有一点是可以肯定的：叙述者(赫西俄德)想要警告自己的兄弟珀尔赛斯,让他远离βασιλῆς … δωροφάγοι[贪爱贿礼的君王们],这些人就算不是在故意给自己的尊贵地位抹黑,至少也得说οὐδὲ ἴσασιν ὅσῳ πλέον ἥμισυ παντός[他们不知道一半是多于全部的]这个道理(请参见《劳作与时日》第40行)。对正义的论述也是适用于君王的。让我们来对比促使苏格拉底在《王制》中进行论辩的危机：在《王制》第2卷中,格劳孔与阿德曼托斯要求知道,为什么他们行事的目的不应该是看起来是正义的,而私下却是不义的(请参见《王制》第2卷367c2)。

面对这个挑战,苏格拉底提出,要先从宏观上看问题,再从微观上看问题；他还建议,为了看清正义和不义存在于城邦的哪些地方,应该先搞明白一座城邦是以什么样的理论基础建构起来的(请参见《王制》第2卷369a1)。在建立起了正义的城邦和它的组成部分之后,苏格拉底又说明了,这个城邦中的每个部分应该都只从事属于自己份内的工作(请参见《王制》第4卷443b),然后,他被迫暂停自己的论述来捍卫自己的观点中容易引起争论的部分(也就是关于共有妻子与子女的部分)。直到《王制》第8卷,计划中的论述才重新走上正轨；很明显,苏格拉底的目的是,指明城邦中最正义的与最不义的组成部分,且将之对比起来,并以此来判定,与这些城邦相对应的个人中,究竟哪种比较快乐(请参见《王制》第8卷544a6—544a7),这样也就能知道人们究竟是应当行正义之事,还是不义之事(请参见《王制》第8卷545b1—545b2)。

为了敦促人们做出正确的道德选择,苏格拉底使用的论述策略是,引入乌托邦城邦以及反面乌托邦(dystopian)城邦的景象,而

---

[1] 请参见Glenn W. Most编译,《赫西俄德：〈神谱〉、〈劳作与时日〉及论述》(*Hediod: Theogony, Works and Days, Testimonia*, Harvard, 2006)、《赫西俄德：〈赫拉克勒斯之盾〉、〈列女传〉及其他残篇》(*Hediod: Shield, Catalogue of Women, Other Fragments*, Harvard, 2007),导言第44至45页。

这两个景象最早出现于《劳作与时日》,在这部作品中(《劳作与时日》第225至237行、第238至247行),这两个并列出现的景象之间形成了尖锐的对比(《劳作与时日》第225至227行、第232至234行、第238至242行):

Οἳ δὲ δίκας ξείνοισι καὶ ἐνδήμοισι διδοῦσιν
ἰθείας καὶ μή τι παρεκβαίνουσι δικαίου,
τοῖσι τέθηλε πόλις, λαοὶ δ' ἀνθεῦσιν ἐν αὐτῇ.
那些为异邦人与同邦人都给予
公正并且绝不背离正义的人,
城邦因他们而繁荣,人民宽裕富足于其中。

[179] τοῖσι φέρει μὲν γαῖα πολὺν βίον, οὔρεσι δὲ δρῦς
ἄκρη μέν τε φέρει βαλάνους, μέσση δὲ μελίσσας·
εἰροπόκοι δ' ὄιες μαλλοῖς καταβεβρίθασιν.
大地为他们带去丰富的食物,高山上的橡树
在树梢上结出橡果,树冠内则是蜂群,
毛茸茸的绵羊身上坠着沉甸甸的羊毛。

οἷς δ' ὕβρις τε μέμηλε κακὴ καὶ σχέτλια ἔργα,
τοῖς δὲ δίκην Κρονίδης τεκμαίρεται εὐρύοπα Ζεύς.
πολλάκι καὶ ξύμπασα πόλις κακοῦ ἀνδρὸς ἀπηύρα,
ὅς κεν ἀλιτραίνῃ καὶ ἀτάσθαλα μηχανάαται.
τοῖσιν δ' οὐρανόθεν μέγ' ἐπήγαγε πῆμα Κρονίων
λιμὸν ὁμοῦ καὶ λοιμόν· ἀποφθινύθουσι δὲ λαοί...
但是对那些想要暴行与残忍的邪恶之事的人,
高瞻远瞩的克洛诺斯之子宙斯申明正义。
而且往往整座城邦都遭受苦难,
只因一个犯罪的人、一个作恶的人。

第九章 "赫西俄德笔下的种族与你们公民中的种族" 251

克洛诺斯之子从天上为他们降下巨大的灾难……

在赫西俄德的诗作中,有很大一部分内容是对良善生活的支持,而以上引文中所描写的景象正是这种支持的一部分。[①] 而在人类发展时代的故事中,正义与 ὕβρις(暴行、不义)的对立才真正开始,这种对比的发展是通过赫西俄德所写的寓言、拟人化、对城邦景象的描写,还有对君王的劝诫表现出来的。如果柏拉图作品中的相关文段促使我们,把苏格拉底的论述计划与赫西俄德在这里的教导进行比较,那么,在某种程度上,苏格拉底把灵魂比作城邦的比喻,从根本上转变了赫西俄德这种混合了多个意象的讲说方式。本章的最终目的就是要证明以上这个观点的正确性:本节中,笔者想要说明,在《王制》运用赫西俄德笔下的人类发展时代故事时,同时也借鉴了赫西俄德诗作的论述流程。

《王制》中第一次提及赫西俄德,正是为了展示《劳作与时日》中描述的正义,这一点十分重要。阿德曼托斯引用了赫西俄德对正义城邦的部分描写(《劳作与时日》第233至234行),并且以此将正义与物质上的繁荣富裕联系了起来(请参见《王制》第2卷363a8以下)。此时,苏格拉底必须要从一个完全不同的基础出发来支持正义。故此,《劳作与时日》最早出现在《王制》中的目的,是为了和苏格拉底本人的论述规划进行比较。

不过,尽管《王制》第2卷对《劳作与时日》进行了参考,但参考时的语境并不会让柏拉图的读者只想到赫西俄德,因为阿德曼托斯还提到了荷马。在论述正义的时候,阿德曼托斯说,荷马的作品中还有一些与自己的观点 παραπλήσια[类似的东西]:《奥德修纪》第19卷109行以下(关于正直的君王,《王制》第2卷363b5以下

[①] 请参见A. S. Brown,《从黄金时代到有福者的岛屿》("From the Golden Age to the Isles of the Blest"),载于 *Mnemosyne*,第51期,第385至410页,第389至390页。

对之进行了引用)。① 如果也可以将荷马的作品定义为是一种"支持正义"的说法的话,那么,阿德曼托斯对赫西俄德的引用[180]本身并不能说明,柏拉图将会(通过苏格拉底这个角色)非常严肃地运用"赫西俄德的"论述方法。②

苏格拉底本人也在《王制》中引用了《劳作与时日》,并表示了赞赏(请参见《王制》第5卷466b):苏格拉底反对阿德曼托斯的说法并断定,理想城邦的优秀守卫者γνώσεται τὸν Ἡσίοδον ὅτι τῷ ὄντι ἦν σοφὸς λέγων πλέον εἶναί πως ἥμισυ παντός[会懂得,赫西俄德的确明智,因为他说,一半有时是多于全部的]。③ 在写这一段的时候,柏拉图不仅希望读者们想起《劳作与时日》,还希望他们记得,《劳作与时日》中的这一段是向君王们提出的劝诫。④ 然而,我们知道古希腊文化传统中有关至理名言的内容,所以我们应该明白,《王制》和《劳作与时日》之间特殊关系的基础,肯定是赫西俄德的作品中那些特殊段落,这些段落既要区别于βίβλων δὲ ὅμαδον ... Μουσαίου καὶ Ὀρφέως[缪赛俄斯与俄耳甫斯的喧闹书卷](参见《王制》第2卷364e3以下),也要区别于那些更直接影响过柏拉图关于城邦正义的思想的人——比如梭伦⑤或埃斯库罗斯——以及《劳作与时日》和

---

① 请参见Michael Erler,《为城邦带去幸福的正义(ΔIKH)——从赫西俄德到卡利马科斯的作品中主题的融合》("Das Recht [ΔIKH] als Segensbringerin für die Polis. Die Wandlung eines Motivs von Hesiod zu Kallimachos"),载于*Studi italiani di filologia classica*,第80期,第5至36页,其中讨论了古代作家们对"正直的君王"这个主题的评论。

② 另请参见David K. O'Connor,《在柏拉图笔下的角色中重塑诗人》("Rewriting the Poets in Plato's Characters"),载于G. R. F. Ferrari编,《剑桥柏拉图〈王制〉指南》(*The Cambridge Companion to Plato's Republic*, Cambridge, 2007),第55至89页,其中提出了不同观点,该文认为《王制》第2卷对《奥德修纪》与赫西俄德作品讨论的主题的引用其实是混为一体的。

③ 请参见《王制》第5卷466c,其中引用了《劳作与时日》第40行。

④ 请参见Francis Stephen Halliwell,《柏拉图的〈王制〉第5卷》(*Plato: Republic 5*, Warminster, 1993)中的相关讨论。

⑤ 请参见Elizabeth Irwin,《梭伦与早期希腊诗歌——劝勉的政治学》(*Solon and Early Greek Poetry: The Politics of Exhortation*, Cambridge, 2005),第163页。

《神谱》之后所有对君主制与正义之间关系的讨论。

在《王制》中,有一系列对赫西俄德的参考的确符合以上条件:苏格拉底对赫西俄德笔下关于人类发展时代神话的参考(请参见《劳作与时日》第106至201行)。这个对人类历史的独特阐述并没有在荷马叙事诗中出现过,也没有在梭伦、伊索(Aesopus)或埃斯库罗斯的现存的任何文献中出现过。在《劳作与时日》中,叙事者讲述了除普罗米修斯与潘多拉的故事之外的 ἕτερόν ... λόγον [另一种说法](第106行),他先后为读者呈现出了黄金、白银、青铜与黑铁 γενή (世代、种族),这四个世代是按照先后顺序出现的,但讲述方法却不是连续的。在《王制》中,将人类发展时代比作金属的故事出现在苏格拉底为理想城邦所讲述的臭名昭著的"高贵的谎言"中(请参见《王制》第3卷414b-415c),在这一段中,苏格拉底说公民从大地中诞生出来时,其灵魂就分为黄金、白银、青铜与黑铁四种等级,而应该以此将这些公民分成三个不同的阶层;苏格拉底还说,由于神谕说,如果拥有黑铁或青铜灵魂的公民当上了护卫者,那么就会使这座城邦遭到毁灭,所以,每一代人的统治者都一定要维持好每一个阶层的构成。有人认为,在苏格拉底建构理想城邦的计划中,将"高贵的谎言"与基于出身的等级制度[181]联系了起来,一个强有力的证据是,在"高贵的谎言"中,柏拉图直接转化了神话中被比作金属的人类,并将其放到了苏格拉底提出的理想的政治共同体中: ἡμεῖς δὲ τούτους τοὺς γηγενεῖς ὁπλίσαντες προάγωμεν ἡγουμένων τῶν ἀρχόντων [让我们将这些大地生养的人们武装起来,领导他们,并且让他们有自己的领袖]。①

---

① 请参见《王制》第3卷415d5–415d6;另请参见Adi Ophir,《柏拉图的隐形城邦——〈王制〉中的论述与权力》(*Plato's Invisible Cities: Discourse and Power in the Republic*, London, 1991),第75页,其中指出:"苏格拉底把一个讲给城邦中的公民们听的神话,与一个有关这个城邦的神话结合起来,这是一种非常难以共融的结合。"

不过，苏格拉底最初将这两个神话结合起来的时候——将"高贵的谎言"称作是 Φοινικικόν τι[腓尼基人的某种说法]（《王制》第3卷414c4]①——他并没有声称自己对赫西俄德笔下故事的运用是他描绘理想城邦的理论基础。②苏格拉底建构理想城邦的灵感来源于赫西俄德，《王制》第5卷468e5–469a3间接地承认了这一点，在这里，苏格拉底为理想城邦中所有出色的"守护者"确定了死后的尊称，而这些尊称来自于赫西俄德笔下黄金时代人类的故事——根据赫西俄德的说法，黄金种族的人类死后变成了 δαίμονες[神灵、精灵]、成了活人的 φύλακες[守护者]。③不过，在赫西俄德之后，关于 δαίμονες[神灵、精灵]的具体意义有许多不同的说法，也可以

---

① 关于这个短语，请参见Malcolm Schofield，《柏拉图的政治哲学》(*Plato: Political Philosophy*, Oxford, 2006)，第284页，其中有相关讨论。

② 苏格拉底选用了赫西俄德的故事，而不是某些东方文明中的故事，这些故事也会将人类发展时代比作金属，但是顺序与赫西俄德的故事不一样，此外，苏格拉底也没有使用其他古代流传下来的三社会阶层说。请参见Hartman,《柏拉图笔下的金属种族神话在赫西俄德作品中的根源》("The Hesiodic Roots of Plato's Myth of the Metals")，载于*Helios*，第15期，第103至114页，其中指出，理想城邦中的社会阶层是"以赫西俄德为根的"，但是该文并没有参考除了《王制》第4卷之外的文献，仅仅指出了其他一些提到人类种族神话的研究文献：这些文献包括Jean-Pierre Vernant,《赫西俄德笔下的人类种族神话——对其结构的分析研究》("Le mythe hésiodique des races: Essai d'analyse structurale")，载于*Revue de l'histoire des religions*，第157期，第21至54页；Gregory Nagy，《最好的阿开亚人——古风时代希腊诗歌中的英雄概念》(*The Best of the Achaeans: Concepts of the Hero in Archaic Greek Poetry*, Baltimore, 1979)。

③ 出自《劳作与时日》第122至123行，另请参见第252至253行。请参见Martin L. West编，《赫西俄德〈劳作与时日〉》(*Hesiod:* Works and Days, Oxford, 1978)，第181至182页，其中的论述解释了，为什么柏拉图脑中的《劳作与时日》在文字上与我们现在掌握的手抄本有差异；另请参见诸如Friedrich Solmsen，前揭，第171至211页；Angelica Fago,《赫西俄德笔下的人类种族神话与柏拉图对灵魂的论述——历史与宗教比较》("Mito esiodeo delle razze e logos platonico della psychè: una comparazione storico-religiosa")，载于*Studi e materiali di storia delle religioni*，第15期，第221至251页，第230页。

将柏拉图的这个说法纳入其中;① 直到苏格拉底在第8卷重回自己的论述计划中时,《王制》第5卷468e5-469a3这一段在整部作品中的全部含义(尤其是,《克拉底鲁》397e5-398b7对赫西俄德的这段诗以相同的顺序进行了重新阐释)才展现出来,其中更加明确地指出了,苏格拉底将人类比作金属的神话是来自赫西俄德的。

在《王制》第8卷中,苏格拉底通过"缪斯女神们"的声音警告说,当不同金属属性的人混合起来的时候,理想城邦必将因内乱而衰落。按照缪斯女神们的说法,如果统治者们在错误的时间为城市中的公民们组织婚姻的话(其原因是统治者们不知道标志着人类繁衍循环的"几何数字"),这种衰落就会发生。因为出生于错误的时间,这些公民的后代们便会开始忽视缪斯女神们,而且,他们当中那些变成统治者的人将不再能区分 τὰ Ἡσιόδου τε καὶ τὰ παρ' ὑμῖν γένη(字面意义为:"赫西俄德笔下的人类种族,也就是你们公民中的种族",请参见《王制》第8卷547a1)。接下来[182]就会出现 στάσις[内乱](参见《王制》第8卷547a1-547a6),而这又会导致青铜、黑铁公民积累财富的冲动与那些"内在充实"着美德的人的向往之间的让步(请参见《王制》第8卷547b2以下)。在547c6-547c7,苏格拉底重新以自己的身份进行论述,在这里他提出了一个问题,而这个问题是把缪斯女神们的描述放进了政治的语境中: οὐκοῦν ... ἐν μέσῳ τις ἂν εἴη ἀριστοκρατίας τε καὶ ὀλιγαρχίας αὕτη ἡ πολιτεία[这难道不是介乎于贵族政治与寡头政治之间的一种政治体制吗?]在将人的灵魂比作城邦的比喻中,苏格拉底又简述了四种"病态的"

---

① 请参见赫拉克利特残篇第B63、B119号,载于Hermann A. Diels与Walther. Kranz编,《前苏格拉底哲学残篇辑》(*Die Fragmente der Vorsokratiker*, 第6版, Berlin, 1951-2); 以及W. K. C. Guthrie编著,《古希腊哲学史》(*A History of Greek Philosophy*, Cambridge, 1962-1981), 第1卷第483页。关于对恶魔的研究与讨论,在柏拉图《法义》第4卷中也出现过,请参见Bodo Gatz,《世界时代、黄金时代以及表达类似观念的词语》(*Weltalter, goldene Zeit und sinnverwandte Vorstellungen*, Hildesheim, 1967), 第56至57页。

政治体制——荣誉政体、寡头政体、民主政体与僭主政体,并把它们当成理想城邦衰落过程中的阶段。

在苏格拉底的论述中,缪斯女神们强调了要维护理想城邦,就要依赖于"测试"并区分公民中的不同金属种族,并且以此重新确立了一点:在苏格拉底论述正义与不义的极端状况的计划里,"高贵的谎言"处于中心地位。不过,在苏格拉底重新开始按计划论述的这个转折点时,柏拉图为何要把理想城邦中公民的种族与赫西俄德联系起来,其原因尚不明确。在本章下一节的开始,笔者将会探讨,在《王制》第8卷中提升赫西俄德的地位究竟是如何有利于苏格拉底的论述的。

第3节 迫切的选择

在本节中,笔者将首先论证,苏格拉底所讲述的理想城邦的制度性衰落让《王制》说明了选择正义的迫切性,而这种迫切性正好暗藏在赫西俄德对珀尔赛斯与君王们的劝诫中。由于苏格拉底宣称他论述的目的是,说明正义与不义的极端状态,并将双方进行对比,所以,有一些人认为,他对极端正义与极端不义之间各种制度的详细分析是"不必要的复杂"。① 然而,施特劳斯(Leo Strauss)发现了一点并对其进行了思考:当苏格拉底把缪斯女神们所说的衰落放进政治的语境中重述时,他所说的衰落的各个阶段让人想到了赫西俄德笔下按时间顺序讲述的黄金、白银、青铜与黑铁种族。② 在苏格拉底回顾[183]这个神话之前,刚好重新提到赫西俄德

---

① 请参见 Nicholas Pappas,《柏拉图与〈王制〉——劳特利奇哲学导读》(*Routledge Philosophical Guidebook to Plato and the* Republic, London, 1995),第165页。

② 请参见 Leo Strauss,《城邦与人》(*The City and Man*, Chicago, 1964),第130至132页。另请把苏格拉底对这个顺序的回顾(καὶ τῷ ὄντι τὸ ἄγαν τι ποιεῖν μεγάλην φιλεῖ εἰς τοὐναντίον μεταβολήν ἀνταποδιδόναι, ἐν ὥραις τε καὶ ἐν φυτοῖς καὶ ἐν (转下页)

第九章 "赫西俄德笔下的种族与你们公民中的种族"

的名字,这似乎的确是在请读者再一次将赫西俄德的神话与苏格拉底的神话进行比较。①

对于施特劳斯来说,最引人注意的是,在《劳作与时日》与《王制》所论述的五个部分中,最与众不同的都是第四部分,分别是英雄种族与民主政治,这两者都很明显地打破了衰落的过程。在描述寡头政治的"病体"之后(请参见《王制》第8卷556e4),苏格拉底又介绍了民主政治,并说 κινδυνεύει... καλλίστη αὕτη τῶν πολιτειῶν εἶναι [它有可能是所有政治体制中最美的一种](《王制》第8卷557c4),还强调了这种政体中的自由与快乐。在《劳作与时日》中也一样,将英雄种族的人类描述为比前代的青铜种族 δικαιότερον καὶ ἄρειον [更为正义、更优秀](《劳作与时日》第158行),不过,极富攻击性与暴力倾向的青铜种族死后降入冥府,并且自此 νώνυμνοι [湮没无闻](《劳作与时日》第154行),而至少某些英雄种族的人死后会住在 ἐν μακάρων νήσοισι [收祝福的岛上](《劳作与时日》第171行)。这里显示出英雄种族的与众不同之处——这个种族也是赫西俄德笔下各个种族中唯一一个没有被比作金属的②——这对于苏格拉底的论述也

(接上页注②) σώμασιν, καὶ δὴ καὶ ἐν πολιτείαις οὐχ ἥκιστα.[而且说真的,一件事做得过火了会导致相反的情况出现,这在季节中、植物中与人体中都会出现,而且在政治中出现得也不算少。];《王制》第8卷563e9–563e10)与Jenny S. Clay的论述对照来看,后者认为,在赫西俄德笔下有不同的人类种族,其原因是,在创造理想中的人类种族时,神明进行的不同尝试以及犯下的不同错误,请参见Jenny S. Clay,《赫西俄德的宇宙》(*Hesiod's Cosmos*, Cambridge, 2003),第4章。

① 请参见Godefroid de Callataÿ,《柏拉图作品中的几何数》("Il numero geometrico di Platone"),载于Mario Vegetti编,《柏拉图的〈王制〉:翻译与注疏——第6册:原书第8、9卷》(*Platone. La Repubblica: traduzione e commento. Vol. 6: Libri VIII e IX*, Napoli, 2005),第169至187页,第186页注28。有一些研究文献进行了相关比较,例如Hanasz,《柏拉图的民主中的诗学正义》("Poetic Justice for Plato's Democracy"),载于*Interpretation*,第25期,第37至57页,第40页,其中指出,在苏格拉底看来,寡头政治中富人和穷人共同存在,而这种政治制度的崩溃是因为富人和穷人相互的攻击,就像赫西俄德笔下的青铜种族一样。

② 请参见Glenn W. Most,《赫西俄德笔下五个人类发展阶段(或者三个、或者四个)的神话》("Hesiod's Myth of the Five [or Three or Four] Races"),载于   (转下页)

很重要，因为苏格拉底说，民主政治并不只是单独一个政治制度，而是 παντοπώλιον ... πολιτειῶν[多种政治制度的集市]（《王制》第8卷557d6）。以此，施特劳斯给出的结论是，除了理想城邦之外，民主政治是唯一一种哲学家可以不受干扰地生存的政体。从柏拉图的其他对话作品中，施特劳斯和他的追随者们还找来了一些能用得上的段落，据此他们认为，其实柏拉图并不是像我们想象的那样反对民主制度的。①

在分析了赫西俄德在《王制》第8卷中所扮演的角色之后，施特劳斯提出的这种纯粹的政治学结论并不能让人满意，主要有以下两个原因：首先，我们并不能肯定，在自己所有对话作品中，柏拉图对诗歌作品的引用是否可靠地反映了他本人的政治观点，而且这种对柏拉图运用赫西俄德诗歌的评述，也不能说明《王制》为什么要按照一个特定的模式来运用赫西俄德的人类发展时代的神话。此外，苏格拉底又说到 τὰ Ἡσιόδου τε καὶ τὰ παρ' ὑμῖν γένη[赫西俄德笔下不同的人类种族，也就是你们公民中的种族]（《王制》第8卷547a1），将这个短语放到其语境下（在苏格拉底对格劳孔与阿德曼托斯的谈话中），应该能够指导我们解释苏格拉底对各个政体的简要论述。在"高贵的谎言"中，[184]苏格拉底有所取舍地运用了"赫西俄德笔下不同的人类种族"，所以到了《王制》第8卷，我们并没有理由假设缪斯女神们的述说顺序与赫西俄德笔下的神话是一一对应的。这样的假设忽略了苏格拉底论述中的某些部分，而这些部分很可能为我们解释苏格拉底对赫西俄德的运用提供线索。

从第二个对施特劳斯观点的反驳中，也能看出这一点。施特劳斯所强调的内容会让人误解。柏拉图所写的民主政治的确与赫西

（接上页注②）*Proceedings of the Cambridge Philological Society*，第43期，第104至127页，第117至118页，其中讨论了不同种族的不同命运。

① 请参见 Leo Strauss，前揭，第131页；Hanasz《柏拉图的民主中的诗学正义》("Poetic Justice for Plato's Democracy")，第37至57页。

俄德笔下英雄种族的死后情形有相似之处,但柏拉图的写法在极大程度上是辛辣的讽刺,①而且稍后苏格拉底还会称僭主为"欢乐的、受祝福的",这也是一个有力的证据。在民主政治中,一个被判处死刑或流放的罪犯大摇大摆地照常在城中行走ὥσπερ ἥρως[就像个英雄](《王制》第8卷558a8),而事实上,这些罪犯应该——像赫西俄德笔下的英雄们一样——死去或者脱离人类社会(请参见《劳作与时日》第167行)。柏拉图还写道,只有"妇女和儿童"才会认为民主政治是"最好最美的"政体,就像他们喜欢彩色的外衣一样(请参见《王制》第8卷557c5–557c9)。民主政治带来的ϑεσπεσία καὶ ἡδεῖα ἡ τοιαύτη διαγωγὴ ἐν τῷ παραυτίκα[欢乐是如天神般美好的,但却又稍纵即逝](《王制》第8卷558a1–558a2)。苏格拉底的描述远远不是对民主政治的称赞,事实上,当他使用ὥσπερ ἥρως(就像个英雄:《王制》第8卷558a8)这个短语时,的确会让读者想到赫西俄德笔下英雄种族的死后情形,但是其目的是为了让讽刺的意味达到顶点。

通过仔细观察,《王制》第8卷中还有其他一些细节能够证实这里的讽刺意味,但这个文段让读者想到的不是英雄种族,而是赫西俄德对"黑铁"的未来的观点。按照赫西俄德的说法,头发灰白的婴儿的诞生标志着人类发展到最后一个阶段;家庭将会丧失其和谐,而传统的家庭观念将会遭到忽视(《劳作与时日》第180至182行、第185行):

> Ζεὺς δ' ὀλέσει καὶ τοῦτο γένος μερόπων ἀνθρώπων,
> εὖτ' ἂν γεινόμενοι πολιοκρόταφοι τελέθωσιν.
> οὐδὲ πατὴρ παίδεσσιν ὁμοίιος οὐδέ τι παῖδες...

---

① 请参见Hanasz,前揭,第41页:"苏格拉底对各种政治制度的论述充满讽刺、挖苦与荒诞,但是看起来却并非完全充满敌意。"不过,笔者对这种观点持保留态度。

αἶψα δὲ γηράσκοντας ἀτιμήσουσι τοκῆας...
宙斯也会毁灭善于表达的凡人中的这个种族,
当他们在出生时额头上就长出灰白头发的时候。
父亲与自己的孩子们不再是一条心,孩子们也一样……
他们立刻就会让自己老去的父母蒙羞……

[185]苏格拉底把僭主描述为弑杀父母者与χαλεπὸν γηροτρόφον［老年人的残暴护士］(569b7–569b8),这与以上诗段有着相似之处。另外的一个相似之处是,苏格拉底描述了当民主政治发展到极端自由时,那种对"相似性"或平等的盲目追求就会导致长辈对晚辈的权威失去效力,甚至完全颠倒(《王制》第8卷562e6–563a1、563a7–563b3):

οἷον πατέρα μὲν ἐθίζεσθαι παιδὶ ὅμοιον γίγνεσθαι καὶ φοβεῖσθαι τοὺς ὑεῖς, ὑὸν δὲ πατρί, καὶ μήτε αἰσχύνεσθαι μήτε δεδιέναι τοὺς γονέας, ἵνα δὴ ἐλεύθερος ᾖ ...

父亲习惯于变得像自己的孩子那样并且害怕自己的孩子们,而孩子则变得像父亲一样,而且他们为了自由,在自己的父母面前既无羞耻也无敬畏……

καὶ ὅλως οἱ μὲν νέοι πρεσβυτέροις ἀπεικάζονται καὶ διαμιλλῶνται καὶ ἐν λόγοις καὶ ἐν ἔργοις, οἱ δὲ γέροντες συγκαθιέντες τοῖς νέοις εὐτραπελίας τε καὶ χαριεντισμοῦ ἐμπίμπλανται, μιμούμενοι τοὺς νέους, ἵνα δὴ μὴ δοκῶσιν ἀηδεῖς εἶναι μηδὲ δεσποτικοί.

而且总体上看来,年轻人在言辞和行为上模仿比自己年长的人并且争取超过他们,而年长者与年轻人共处,通过模仿他们而充满活力与幽默机智,这样就能避免显得乏味与独裁。

在赫西俄德的诗歌中,"头发灰白的婴儿"宣告着人类命运的最低点,而以上这些描述让人回想起这个比喻,甚至对长幼无序的合理性进行了解释,苏格拉底对这几种政治制度描述的篇幅让我们注意到,在赫西俄德的人类发展时代神话中,描绘未来黑铁种族的篇幅几乎是描述其他任何一个种族的两倍。在《劳作与时日》里,这种比例是一个修辞策略,它标志着这一段是叙事者在回应珀尔赛斯与君王们的不义行为所带来的直接威胁。①在我们考虑到这一点之后,苏格拉底对理想城邦衰落的描述在结构和内容上就都有了根据,因为这段描述是在间接回应《王制》第2卷里格劳孔与阿德曼托斯用寓言的方式进行的逼问。苏格拉底增加了自己对僭主制与民主制的描述,②并且让两者部分地混合了起来,③以此,苏格拉底暗示了民主政治是理想城邦最后的急剧恶化的一部分,并且加强了民主政治带来衰落的意味。

我们可以通过仔细观察苏格拉底的论述,来得知这种"加入个人感情色彩"的目的。虽然苏格拉底并没有明确强调"赫西俄德的"[186]主题是这两段描述的主要含义,④但是,对赫西俄德的

---

① 请参见Carl W. Querbach,《赫西俄德的"四"种族神话》("Hesiod's Myth of the Four Races"),载于 Classical Journal,第81期,第1至12页,该文认为,黑铁种族是赫西俄德自己加入的,而早在赫西俄德之前就存在四个发展时代的说法,赫西俄德加入第五个种族是为了强调,在现实世界中 ὕβρις(暴行、不义)的毁灭性效果。

② 在斯蒂芬版的柏拉图全集中,对僭主制的描述占据了整整十五页(565c-576b)、对民主制的描述也超过了十三页(557a-565c);而理想城邦衰落的其他阶段总共才占了大约十五页。

③ 在开始描述僭立制之后,苏格拉底又两次提到了民主制(《王制》第8卷562a10-562a11、564a10-564b1)。

④ 请参见诸如Fabio Roscalla,《蜜蜂的城邦》("La città delle api"),载于Mario Vegetti编,《柏拉图的〈王制〉:翻译与注疏——第6册:原书第8、9卷》(Platone. La Repubblica: traduzione e commento. Vol. 6: Libri VIII e IX, Napoli, 2005),第397至422页,第398至413页,其中指出,最坏的三种政治制度具有"单调的"特征。

参引，似乎至少能够说明这里的修辞计划中的一处细节：在苏格拉底描述民主政治时，突然出现ὕβρις(暴行、不义)这个词语，它的功能是使用赫西俄德的说法来提醒读者，做出正确的伦理选择非常迫切。在苏格拉底眼中，民主城邦对应的灵魂，其优势与劣势都得到了彻底的重新评价与重新命名(《王制》第8卷560d-561a)：

> καὶ τὴν μὲν αἰδῶ ἠλιθιότητα ὀνομάζοντες ὠθοῦσιν ἔξω ἀτίμως φυγάδα, σωφροσύνην δὲ ἀνανδρίαν καλοῦντές τε καὶ προπηλακίζοντες ἐκβάλλουσι ...;
>
> 他们难道不会把敬畏称作愚蠢并将其当作一个逃犯侮辱性地赶走吗？他们难道不会把审慎叫作懦弱并且无礼地将其驱逐吗？……

> τούτων δέ γέ που κενώσαντες καὶ καθήραντες τὴν τοῦ κατεχομένου τε ὑπ' αὐτῶν καὶ τελουμένου ψυχὴν μεγάλοισι τέλεσι, τὸ μετὰ τοῦτο ἤδη ὕβριν καὶ ἀναρχίαν καὶ ἀσωτίαν καὶ ἀναίδειαν λαμπρὰς μετὰ πολλοῦ χοροῦ κατάγουσιν ἐστεφανωμένας, ἐγκωμιάζοντες καὶ ὑποκοριζόμενοι, ὕβριν μὲν εὐπαιδευσίαν καλοῦντες, ἀναρχίαν δὲ ἐλευθερίαν, ἀσωτίαν δὲ μεγαλοπρέπειαν, ἀναίδειαν δὲ ἀνδρείαν.
>
> 他们掏空并洗净了这些年轻人灵魂中那些曾经坚守并切实在重大仪式中践行的东西，在此之后，他们又将暴行、混乱、荒淫与无耻用火炬与舞队迎了回来，并且为它们戴上花冠、赞扬它们、用盛名粉饰它们，把暴行称作历练、把混乱称作自由、把荒淫称作宏伟庄严、把无耻称作勇气。

ὕβρις[暴行、不义]在这里十分突出，因为《王制》里只有第3卷400b2和403a2，以及在描述民主政治制度时(除以上引文之外还有

第9卷572c7)使用过这个词语。在讲述颠倒价值观的语境中,这个词语的重复出现格外引人注目。颠倒的价值观让人想到,在赫西俄德笔下,人类最后一个发展时代中受人赞美与责怪的东西也起了变化(《劳作与时日》第190至192行):

> οὐδέ τις εὐόρκου χάρις ἔσσεται οὔτε δικαίου
> οὔτ' ἀγαθοῦ, μᾶλλον δὲ κακῶν ῥεκτῆρα καὶ ὕβριν
> ἀνέρα τιμήσουσι...
> 不再会有恩惠赐予坚守誓言者、践行正义者
> 或品格正直者,他们将会尊崇作恶之人与
> 奸邪之徒……

在《劳作与时日》中,这一段对于赫西俄德的论述来说是很关键的,因为这里的方法是将鼓励正义与避免 ὕβρις [暴行、不义]并列起来。在《劳作与时日》中,ὕβρις [暴行、不义]这个词首先出现于白银种族(第134行:其中说到,当白银种族的人类成年之后,他们无法避免出现共同的 ὕβρις),此后,这个词语又成为了青铜种族的一个核心定义(第146行:其中说到,这个种族的人类只在乎战争与 ὕβρις)。[187]接下来,赫西俄德又论述了在最糟糕的黑铁种族中,ὕβρις [暴行、不义]是如何取代 δίκη [正义]的,之后,这两个词语变成了珀尔赛斯与君王们面前选择的两个极端。① 当黄金种族与英雄种族中的一些细节重新出现在 δικαίου (正义的)城邦的景象里,以及 οἷς δ' ὕβρις τε μέμηλε κακὴ καὶ σχέτλια ἔργα (那些想要暴行与残忍的邪恶之事的人:第238行)的命运让人想到白银、青铜与黑铁种族之

---

① 请参见Jean-Pierre Vernant,《赫西俄德笔下的人类种族神话——对其结构的分析研究》("Le mythe hésiodique des races: Essai d'analyse structurale"),载于 *Revue de l'histoire des religions*,第157期,第21至54页,其中对其进行了解构主义的分析。

后，ὕβρις[暴行、不义]与δίκη[正义]的人格化表达被描写成正在相互赛跑(请参见《劳作与时日》第213行以下)。所以，在苏格拉底将灵魂比作城邦时，ὕβρις[暴行、不义]很有可能是为了让读者想到赫西俄德，[①] 其目的是表明，苏格拉底旨在将理想城邦的衰落描绘为一个敦促读者进行伦理选择的故事——就像赫西俄德笔下的人类发展时代神话一样。

笔者应该强调，在《王制》中，苏格拉底使用ὕβρις[暴行、不义]这个词语为的是突出做出正确伦理选择的迫切性，而不仅仅是因为恶行会带来报应。在赫西俄德笔下，ὕβρις[暴行、不义]是黄金种族之后的每个种族——除了第四个δικαιότερον καὶ ἄρειον[更为正义、更优秀](《劳作与时日》第158行)种族——共有的特征。在ὕβρις[暴行、不义]这个词语重新出现之后，苏格拉底立刻重新提到了阻止个人衰落的可能性(请参见《王制》第8卷561a)似乎就不是意外了(苏格拉底是在第8卷560a第一次说起这个话题)。这些细节表达了绝望与希望，在苏格拉底的描述中，民主制结合了赫西俄德笔下的英雄种族和黑铁种族所具有的一些特征(上文已经讲述过了)。所以，在格劳孔与阿德曼托斯面前，苏格拉底暗示了，赫西俄德笔下的五个种族中，英雄种族与黑铁种族之间有着巨大的差别，以此，苏格拉底说明了：今天，他的听众也可以在这两条路之间做出选择。

赫西俄德的种族之所以被挑选出来，可能也是从苏格拉底当时听众的不同社会阶层出发。ὕβρις[暴行、不义]与εὐπαιδευσίαν[好教养](《王制》第8卷560e5)之间的对比不仅说明，在古典时代

---

① 请参见Hanasz，前揭，第44页。

的雅典, ὕβρις[暴行、不义]是上层社会的典型特征,也说明了它是年轻人们的罪行,①但在这里的语境中,这一点与格劳孔与阿德曼托斯直接相关,因为在现实中,可以将他们看作是民主政治里的青年精英。在下一节中,笔者将论述的观点是,《王制》中有一些细节会提示读者对照赫西俄德笔下的白银种族,而这说明了,在创作《王制》的时候,柏拉图头脑里既有赫西俄德笔下的人类发展时代神话,也同时考虑到了苏格拉底的时代。

第4节 瞄准次优的政体

[188]在苏格拉底刚刚开始描述理想城邦的衰落时,对话者们表示了关注。在听到荣誉政体的细节描述之前,阿德曼托斯提出把格劳孔当作这种体制的典型,他说格劳孔 φιλονικία[热衷于胜利](《王制》第8卷548d8–548d9)。苏格拉底只是部分地同意了这个观点,他说格劳孔比荣誉政体中的公民更有教养(请参见《王制》第8卷548e以下)——这处更正的目的首先是为了与把灵魂比作城邦的比喻划清界限,此外还为了重新强调这个比喻的教育意义,并说明这一比喻并不仅仅是在评价现实中的诸多政治体制。②不过,苏格拉底接下来进行的描述表明,阿德曼托斯说自己的兄弟将成为

---

① 请参见Nicolas Ralph Edmund Fisher,《暴行——古代希腊荣辱观研究》(*Hybris. A Study in the Values of Honour and Shame in Ancient Greece*, Warminster, 1992),第195页,其中认为《王制》提到这一点事实上说的是阿尔喀比亚德,另请参见该书第457至458页。
② 请参见Francesca Calabi,《荣誉政治》("Timocratia"),载于Mario Vegetti编,《柏拉图的〈王制〉:翻译与注疏——第6册:原书第8、9卷》(*Platone. La Repubblica: traduzione e commento. Vol. 6: Libri VIII e IX*, Napoli, 2005),第263及293页,不过该文称荣誉政治为"克里特式"政体;另请参见Malcolm Schofield, 前揭, 第35页以下。

在《王制》第8卷描述的衰落中的个人,是有道理的,因为苏格拉底的目的就是要避免他们这种年轻人在灵魂上衰退。[1] 柏拉图在参引赫西俄德笔下的人类种族神话时依据了特定的顺序,仔细观察这个顺序就能够告诉我们,苏格拉底格外警惕一点:那些能力强大的公民如果不是或还没有成为哲人王者,那么就需要限制他们的力量。笔者认为,通过文本相互之间的关联性,将苏格拉底的这个论述目的与赫西俄德的人类发展时代神话连接了起来,而在赫西俄德笔下这个神话是诗人对珀尔赛斯与君王们的复杂劝诫中的一部分。

在《王制》第8卷547a中,缪斯女神们提到了金属,如果在苏格拉底描述理想城邦从荣誉政体到僭主政体的衰落中,这一点第一次标志着这个衰落的过程与第3卷"高贵的谎言"都脱胎自赫西俄德笔下的人类发展时代神话的话,那么在苏格拉底的描述中,最低潮中的一个意向尤其让人想到白银种族人类的特点。民主政治中最受民众推举的人将会退化为一个丧心病狂的暴君,这时,也将他比作一头狼(第8卷565e1、566a4),这切中并表达了苏格拉底心中最大的恐惧。在第3卷结尾,他对格劳孔与阿德曼托斯透露说,(白银灵魂的)辅助者——那些 τῶν γενναίων κυνῶν [种性纯良的猎犬]《王制》第2卷375d11以下)——会变得像是羊群中的狼,而不再像是猎犬(参见《王制》第3卷416a5–416a6)。一定不能让护卫者接触到人世间的"金银财帛"(参见《王制》第3卷416d4–417a5),因为如果被凡人的财富玷污,他们就会从内部毁掉城邦:πολὺ πλείω καὶ μᾶλλον δεδιότες τοὺς ἔνδον ἢ τοὺς ἔξωθεν πολεμίους [攘外必先安内](《王

---

[1] 请参见诸如G. R. F. Ferrari,《柏拉图的〈王制〉中的城邦与灵魂》(*City and Soul in Plato's* Republic, Sankt Augustin, 2003),第21页,另外,该书第35页指出,施特劳斯学派解释《王制》的传统就是将对话者们完全当作戏剧角色进行阐释。并请参见Leon H. Craig,《好战者——柏拉图的〈王制〉研究》(*The War Lover: A Study of Plato's* Republic, Toronto, 1994)。

制》第3卷417b2–417b4)。白银灵魂的公民是有可能堕落腐化的，只有这样才能解释"高贵的谎言"将亲属关系与等级关系平衡起来的迫切性：①[189]血气方刚的护卫者的社会地位得到了重新定义，即黄金灵魂统治者的辅助者，而苏格拉底必须调和这两者，否则共同体的利益就会受到威胁。②

护卫者或士兵必须被控制，③这一点变得越来越清晰，而且，在《王制》第5卷中，柏拉图写到了黄金种族公民死后的崇高地位，以及辅助者为城邦服务的动力，这里，将控制护卫者的迫切性与赫西俄德的诗作联系了起来。④在论说白银种族公民中那些光荣牺牲的人时，苏格拉底很精明地使用了赫西俄德对黄金种族人类进行的描述中最后说的话(请参见《王制》第5卷469a2)。赫西俄德说，黄金种族的人类在死去之后会变成 $\delta\alpha\iota\mu o\nu\varepsilon\varsigma$ [神灵、精灵]与活人的 $\varphi\acute{u}\lambda\alpha\varkappa\varepsilon\varsigma$ [守护者]。柏拉图的读者们可能还会记得，在赫西俄德笔下，白银种族人类的命运是与之截然相反的(《劳作与时日》第127至142行)：⑤

δεύτερον αὖτε γένος πολὺ χειρότερον μετόπισθεν
ἀργύρεον ποίησαν Ὀλύμπια δώματ' ἔχοντες,

---

① 请参见Malcolm Schofield，前揭，第286页，其中强调说，在《王制》里，不能靠理性获得对城邦的无偿热爱(不同于坚信自己的个人利益与城邦利益一致)。
② 在整个"高贵的谎言"中，只有文段的语义和修辞说统治者与辅助者是统一体的时候，这二者才算有差别(如果能算是差别的话)。
③ 请参见J. Patrick Coby，《为什么柏拉图的〈王制〉中存在武士？》("Why are there Warriors in Plato's *Republic*")，载于*History of Political Thought*，第22期，第377至399页。
④ 请参见Francis Stephen Halliwell，《柏拉图的〈王制〉第5卷》(*Plato: Republic 5*, Warminster, 1993)，第188页。
⑤ 请参见Francis Stephen Halliwell，《"$\mu\tilde{\upsilon}\vartheta o\varsigma$"对"$\lambda\acute{o}\gamma o\varsigma$"的妥协——柏拉图对诗人的引用》("The Subjection of '$\mu\tilde{\upsilon}\vartheta o\varsigma$' to '$\lambda\acute{o}\gamma o\varsigma$': Plato's Citations of the Poets")，载于*Classical Quarterly*，第50期，第94至112页第96页，其中认为，苏格拉底的论述对以下一整段诗都有提及。

χρυσέῳ οὔτε φυὴν ἐναλίγκιον οὔτε νόημα.
ἀλλ' ἑκατὸν μὲν παῖς ἔτεα παρὰ μητέρι κεδνῇ
ἐτρέφετ' ἀτάλλων, μέγα νήπιος, ᾧ ἐνὶ οἴκῳ.
ἀλλ' ὅτ' ἄρ' ἡβήσαι τε καὶ ἥβης μέτρον ἵκοιτο,
παυρίδιον ζώεσκον ἐπὶ χρόνον, ἄλγε' ἔχοντες
ἀφραδίης: ὕβριν γὰρ ἀτάσθαλον οὐκ ἐδύναντο
ἀλλήλων ἀπέχειν, οὐδ' ἀθανάτους θεραπεύειν
ἤθελον οὐδ' ἔρδειν μακάρων ἱεροῖς ἐπὶ βωμοῖς,
ἣ θέμις ἀνθρώποις κατὰ ἤθεα. τοὺς μὲν ἔπειτα
Ζεὺς Κρονίδης ἔκρυψε χολούμενος, οὔνεκα τιμὰς
οὐκ ἔδιδον μακάρεσσι θεοῖς, οἳ Ὄλυμπον ἔχουσιν.
αὐτὰρ ἐπεὶ καὶ τοῦτο γένος κατὰ γαῖ' ἐκάλυψε,
τοὶ μὲν ὑποχθόνιοι μάκαρες θνητοῖς καλέονται,
δεύτεροι, ἀλλ' ἔμπης τιμὴ καὶ τοῖσιν ὀπηδεῖ.

在此之后，在奥林波斯山上拥有住所的众神
又创造了第二个种族，比起之前有很大退化。
他们在身体和心灵上都与黄金种族不同。
一个孩子会在珍爱的母亲身边被抚养上
一百年，在自己的家里玩耍，一个大笨蛋。
但是当他们长大并步入青春期末端之后，
就只有很短暂的时间可活，而且充满痛苦
只为自己的愚蠢，因为他们无法控制
相互之间邪恶的暴行，也不愿意奉养
不朽的众神或在圣坛上向永享天国之福者献祭，
合乎人之习俗的礼法。在这之后，盛怒之下的
克洛诺斯之子宙斯将他们埋葬，因他们不向
[190]永享天国之福的众神表示敬意，那些占领奥林波斯山者。
后来，因为大地也埋葬了这个种族，

第九章 "赫西俄德笔下的种族与你们公民中的种族" 269

他们被凡人称作在地府中的永远欢乐者,
这个种族只排名第二,① 但荣耀同样伴随他们。

因为在赫西俄德的论述中,这个阶段的重要性并未得到重视,所以值得对此强调,其实当人们讨论苏格拉底对政治衰落的描述时,经常注意到这段故事中的两个部分。第一个部分是其中有针对性的解释(targeted explanation)。在赫西俄德笔下,白银种族的人类是在我们的种族出现之前唯一一个受到宙斯怒火的。② 这段描述中的句法结构十分值得注意——整段诗被ἀλλά[但是](第130、132、142行)、αὖτε[在此之后](第127行)与αὐτάρ[后来](第140行)所连接。这种句法再一次说明了,这段叙事和永远富足与年轻的黄金种族不同,③ 它应该格外引起赫西俄德懒惰的兄弟的注意。学者们已经注意到,两次将μέγα νήπιος[一个大笨蛋](《劳作与时日》第131行)这个短语用到珀尔赛斯身上(第286、633行,另请参见第397行),④ 因为他需要知道一个

---

① 这里重复了第127行的用词"δεύτερον"[第二],这也许启发了苏格拉底,让他为白银灵魂的公民进行了等级划分。
② 请参见Stephanie Nelson,《神明与土地——赫西俄德与维吉尔作品中农作的形而上学》(God and the Land: The Metaphysics of Farming in Hesiod and Vergil, Oxford, 1998),第69页。
③ 就算传统还没有形成,黄金种族的生活听上去也十分熟悉(所以第116、117与118行用了更为婉转的连词"δέ"),因为《劳作与时日》第90至92行已经有了一丝失乐园的味道。
④ 关于"对珀尔赛斯的教育"这个主题,请参见Jens-Uwe Schmidt,《受众与劝诫类文体——论赫西俄德〈劳作与时日〉的写作意图》(Adressat und Paräneseform: Zur Intention von Hesiods Werken und Tagen, Göttingen, 1986),第31至40页; Jenny. S. Clay,《珀尔赛斯的教育——"非常愚蠢"与"神明的种族"之间的往复》("The Education of Perses: From 'Mega Nepios' to 'Dion Genos' and Back"),载于Alessandro Schiesaro、Phillip Mitsis与Jenny S. Clay编,《非常愚蠢——叙事诗教诲的接受者》(Mega nepios: il destinatario nell'epos didascalico[即Materiali e discussioni per l'analisi dei testi classici,第31期], Pisa, 1993),第23至33页;以及Claude Calame,《时代的交替与讲述正义的实用性诗歌》("Succession des âges et pragmatique poétique de la justice : le récit hésiodique des cinq espèces humaines"),载于Kernos,第17期,第67至102页,第77页。

愚蠢软弱的个人是如何变成混乱社会中的一部分的。①

与此同时,白银种族的人类"在身体和心灵上都与黄金种族不同"(《劳作与时日》第129行),这说明,尽管这个故事处在人类发展历史的架构中,②但是在《劳作与时日》所论述的语境中,这段故事的最终目的其实并不是对人类衰落进行解释,而只是讲述一个警示性的故事。白银种族人类的童年时间极长,这和之后所说的头发灰白的婴儿十分相似,而且头发灰白的婴儿标志着黑铁种族人类的毁灭(请参见《劳作与时日》第180至181行)。由于白银种族人类堕入[191] ὕβρις[暴行、不义]的故事对于赫西俄德的听众来说是一种警示,其原因是,他们都处在ὕβρις[暴行、不义]与δίκη[正义]中间,所以,认为这两点之间有相似性的说法是很有道理的。

在《王制》第8卷里,当苏格拉底描述荣誉政体时,该体制内的公民年轻时与成年时的区别也很大,这一点暗示了城邦衰落的原因,却又没有明确解释,这与白银种族的人类在赫西俄德诗作中所起的作用十分相似——尽管还没有学者考虑过这个相似性。苏格拉底在解释衰落的起点时说这反映了"世界的本然",一些学者并不能理解这一点,③因为在他们看来,这一点会影响苏格拉底对各个政体起源的解释,④也会影响城邦与灵魂比喻的有效

---

① 古代手抄本上对《劳作与时日》第130至131行的注释(这段注释还引用了柏拉图《法义》第3卷694c以下)认为,在成年之后白银种族之人的ὕβρις(暴行、不义)的主要原因是,他们在成长中受到了母亲的过分溺爱。
② 在叙述人类发展时代的神话时,诗人声称自己讲的是,事物是如何发展到今天的(请参见《劳作与时日》第108行: ὡς ... γεγάασι)。
③ 例如Julia Annas,前揭,第298页。
④ 请参见《王制》第8卷544e1;以及Mario Vegetti,《时间、历史、乌托邦》("Il tempo, la storia, l'utopia"),载于Mario Vegetti编,《柏拉图的〈王制〉:翻译与注疏——第6册:原书第8、9卷》(*Platone. La Repubblica: traduzione e commento. Vol. 6: Libri VIII e IX*, Napoli, 2005),第137至168页,第147至151页; J. Patrick Coby,《苏格拉底论政体衰落——〈王制〉的第8卷与第9卷》("Socrates on the Decline and Fall of Regimes: Books VIII and IX of the *Republic*"),载于*Interpretation*,第21期,第15至39页,第22至27页。与第8卷相反的是,在"高贵的谎言"与赫西俄德的诗作中,不同的人类种族都是由神灵或超自然的力量创造出来的,这就不需要对其堕落解释了。

性。① 苏格拉底并没有描述与理想城邦相对的个人的衰败,而是描述了荣誉政体中的公民的衰败,他把这些公民比作 πατρὸς ἀγαθοῦ [正义的父亲](549c1)之子,而他们却 ἐν πόλει οἰκοῦντος οὐκ εὖ πολιτευομένῃ [生活在没有得到完善治理的城邦中](549c2),在这种城邦中,本分的人们不受重视,反倒是与他们相反的那些人得到褒扬。父亲们不想担任公职或参与审判案件(δίκας),就算这会对他们很不利,他们也只想管好自己的事(请参见《王制》第8卷549c3—549c5)。因此,妻子们责骂他们,并认为自己 ἐλαττουμένης διὰ ταῦτα ἐν ταῖς ἄλλαις γυναιξίν [因此在其他妇女中间抬不起头来](第8卷549c8—549d1);她们与仆人们会激励自己的儿子们,想让他们比父亲更像男人。

从某种层面上说来,儿子们因他们身边的人们而腐化堕落,这与苏格拉底在《王制》第6卷的观察完全一致:哲学家不可能像现在的很多事物一样发展壮大,因为智术师以及其他一些人在教导年轻人的时候会腐蚀其"哲学家的天性"(请参见《王制》第6卷491e—492a)。不过,因为《王制》第8卷曾经参引过赫西俄德笔下的人类发展时代神话,而对于荣誉政体中的公民来说,他们灵魂中欲望与激情(θυμοειδές:第8卷550b3)这两部分在发展时,母亲扮演着极为重要的角色,② 所以,这就又能让我们将荣誉政体的衰落与赫西俄德笔下的白银种族进行比较:白银种族的人类在孩童时期 παρὰ μητέρι κεδνῇ [在珍爱的母亲身边](《劳作与时日》第130行)成

---

① 不过,也请参见Janathan Lear,《〈王制〉之内与之外》("Inside and Outside the Republic"),载于 *Phronesis*,第37期,第184至215页,第207页,其中指出,在这段故事中人类灵魂的衰落能够支持柏拉图的哲学观点:只有完全正义的城邦才是完全稳定的,除此之外其他政体都不稳定,所以才可以将人类灵魂用政治体制来比喻。

② 关于《王制》第8卷549d1—549d6的句法结构,请参见J. Adam,《柏拉图的〈王制〉》(*The Republic of Plato*, 2 vols., Cambridge, 1902)对这一部分的注释。

长，而长大后又会陷入 ὕβρις（暴行、不义）之中。①

[192]《王制》第8卷参引了赫西俄德笔下的人类发展时代神话，并以此为开端描述了政治体制的衰落，这本身就足以向我们指出一点，《劳作与时日》讲述的五个人类的发展阶段——尽管最初是对赫西俄德的兄弟珀尔赛斯所说的——中暗含着一段复杂的论证，而其真正的受众是那些对政治共同体有影响力的人们。② δωροφάγοι[贪爱贿礼的]（第39行、第264行）君王们 οἳ λυγρὰ νοεῦντες ἄλλῃ παρκλίνωσι δίκας σκολιῶς ἐνέποντες[心里转着招祸的念头，他们让自己的判决向一方倾斜，不诚实地宣判]（第261至262行），赫西俄德给他们的劝诫与对"愚蠢的"珀尔赛斯的警告，最初在正义与不义城邦的景象中结合了起来（在《劳作与时日》第248行，君王们也被请来倾听这一段）。上面第3节已经指出，在赫西俄德第一次出现在《王制》中之后（第3卷363b以下），每一个种族都在《王制》接下来的相关段落中有所反映。对《王制》的相关段落，赫西俄德这些描述能够起到解释作用，此外也对读者和听众具有警示作用，然而这些作用主要是植根于个人与社会的联系上的，这一点是由白银种族人类的悲剧第一次表明的。赫西俄德最终是依靠着这个种族的故事，强调了个人选择会对政治共同体产生重要影响，而他的听众们也是这些共同体中的一部分（请参见《劳作与时日》第240行：ολλάκι καὶ ξύμπασα πόλις κακοῦ ἀνδρὸς ἀπηύρα[而且往往整座城邦都遭受苦难，只因一个犯罪的人]）。

在构架自己的伦理观点时，苏格拉底使用了赫西俄德笔下的

---

① 请参见Martin L. West编，《赫西俄德〈劳作与时日〉》(Hesiod: Works and Days, Oxford, 1978)，第174页，其中指出，在这段神话中只有白银种族的人类没有另一个种族与之对应。

② 请参见Jenny S. Clay, 前揭，第38至42页，其中指出，赫西俄德之所以进行了如此复杂的论证过程，其原因是，诗人想要说服他的每一个听众，让他们全部都能明白，个人利益的达成与践行正义是一致的。

人类发展时代神话,如果这能够让我们想到赫西俄德的劝诫的话,也许苏格拉底还从这段神话的双重目标中找到了灵感。荣誉政体中的公民是贵族政体中的公民之子,贵族政体中的公民们不受社会价值观的腐蚀,但荣誉政体中的公民却不尽然,他们不仅反映了"世界的本然",更有针对性的是,他们反映了苏格拉底的对话者——格劳孔与阿德曼托斯所面对的危险。格劳孔与阿德曼托斯描绘了一幅非常悲观的画面,其中,最为正义的人出现在了不义的世界中,也许正是这一点促使苏格拉底讽刺性地使用了同时代人对他们的赞扬之辞:"阿里斯同的儿子们"(译按:也可意译为"最好者的儿子们")。①这对兄弟与忒拉叙马霍斯不同,他们站在苏格拉底一边,但是尽管天赋异禀而且处在精英阶层中,如果不能坚信正义值得无条件践行的话,他们对共同体就是一个威胁。②从这个角度说来,他们就像是"和最优秀者只差一步的"护卫者,而护卫者对理想城邦来说至关重要。苏格拉底将这些重要公民[193]当作自己的听众,他们或许就是来自赫西俄德笔下的白银种族,因为在《劳作与时日》中,白银种族的故事向珀尔赛斯与君王们同时说明了正确的个人伦理选择的重要性。

第5节 "解读"与运用

赫西俄德对正义进行了多方面的论述——其中还有一部分是对君王们所说的——通过"解读"这种论述的不同部分,我们便能明白,苏格拉底对人类发展时代神话的运用还提供了许多其他信息,这些信息能够告诉我们,他还运用了《劳作与时日》中许多其

---

① 请参见《王制》第1卷367e5–368a5。
② 请参见J. Patrick Coby,前揭,第35页,其中认为,格劳孔与阿德曼托斯并不明白"自己到底是否应该选择僭立式的、混乱的生活方式"。

他大大小小的主题。举例说来,把灵魂比作城邦的比喻能说明,与阿德曼托斯不同,像苏格拉底一样,赫西俄德不仅仅想"指导人们如何在政治共同体中生活",①也想告诉人们如何作为个人生活。赫西俄德首先警告君王们说(《劳作与时日》第268至269行):

... ἐπιδέρκεται, οὐδέ ἑ λήθει,
οἵην δὴ καὶ τήνδε δίκην πόλις ἐντὸς ἐέργει.
……(宙斯)非常清楚,也不会忽视,
城邦中拥有的究竟是怎样的正义。

他还说(《劳作与时日》第265至266行):

οἷ γ' αὐτῷ κακὰ τεύχει ἀνὴρ ἄλλῳ κακὰ τεύχων,
ἡ δὲ κακὴ βουλὴ τῷ βουλεύσαντι κακίστη.
当一个人谋害他人时,他也是在谋害自己,
阴谋诡计对策划者本人才是最邪恶的。

对他人行不义之事导致不义者本人受到伤害,而当格劳孔与阿德曼托斯兄弟要求苏格拉底证明正义本身的价值时,这一观点是苏格拉底的中心论据。②

---

① 请参见G. R. F. Ferrari,前揭,第79页。
② 我们有理由认为,《王制》是证明《劳作与时日》是一部关于伦理的诗歌的最早证据之一,换言之,有可能是《王制》让人们把《劳作与时日》当作一部关于伦理的诗歌来理解。请参见Richard L. Hunter,《赫西俄德、卡利马科斯与道德准则的发明》("Hesiod, Callimachus, and the Invention of Morality"),载于Guido Bastianini与Angelo Casanova编,《赫西俄德——手抄本的百年纪念》(*Esiodo: cent' anni di papiri*, Fiorentina, 2008),第153至164页,其中指出,卡利马科斯(Callimachus)在《起源》(*Aetia*)中运用了《劳作与时日》第265至266行(卡利马科斯《起源》残篇第2号第5行,载于Rudolf Pfeiffer编纂,《卡利马科斯》[*Callimachus*, Oxford, 1949]),这明显是为了让读者联想到整部《劳作与时日》。

苏格拉底在灵魂与城邦的比喻中还选取了第二个"赫西俄德"伦理观点：正义与人性之间联系紧密。在向一个没提到名字的听众讲述了普罗米修斯、潘多拉与人类发展时代的故事之后（《劳作与时日》第42至105行），赫西俄德又为"有心的"君王们讲述了一个 αἶνός[故事]，这个故事讲得是一只鹞鹰[194]对一只夜莺施以肢体上的"正义"（第202至212行）。不过后来，赫西俄德在对珀尔赛斯进行论述时又对这个故事进行了纠正——如果人类不践行正义，那就不能称之为人类；如果没有宙斯的正义法律，人类就只是"鱼、野兽和鸟"（第276至280行）。① 在柏拉图笔下，苏格拉底口中城邦衰落的顺序质疑了忒拉叙马霍斯所说的"鹞鹰式"的论点（请参见《王制》第1卷338c3：正义就是"强者的利益"）。② 苏格拉底把逻辑建立在僭主就像饿狼这个比喻上（请参见《王制》第8卷569b1-569b2），而政治体制衰落的极点就是：统治者不再完全符合人类的标准（以寡头政治的"单调乏味"为开端）。在苏格拉底对灵魂的三个部分进行阐述时，这个观点得到了扩展，在后来厄尔的神话中又得到了改写。在厄尔的神话中，柏拉图创造性地融合了赫西俄德更为宏观的论据和鹞鹰的αἶνός[故事]，以此，他吸收了赫西俄德神话中对人性的展示。③

所以，尽管不能像赫西俄德与荷马那样进行论述，但苏格拉底借助对这一神话的使用，指明了他从赫西俄德对珀尔赛斯与君王们

---

① 赫西俄德这个伦理观点为他的αἶνός[故事]赋予了其他一些可能的语境，请参见 Michael J. Mordine，《对国王说话——赫西俄德笔下的αἶνός与〈劳作与时日〉中隐喻的修辞》（"Speaking to Kings: Hesiod αἶνός and Rhetoric of Allusion in the *Works and Days*"），载于 *Classical Quarterly*，第56期，第363至373页，以及其中列出的参考文献。
② 请参见 Richard L. Hunter，前揭，第158至159页，其中讲述了柏拉图之后的作家们对这段αἶνός[故事]与《劳作与时日》第274行以下的阐释。
③ 请参见 David K. O'Connor，《在柏拉图笔下的角色中重塑诗人》（"Rewriting the Poets in Plato's Characters"），载于 G. R. F. Ferrari 编，《剑桥柏拉图〈王制〉指南》（*The Cambridge Companion to Plato's* Republic, Cambridge, 2007），第55至89页，第76至77页，其中提出，柏拉图在厄尔的神话中参引了赫西俄德对美德的论述。

的论述中提取出了许多不同的观点。在公民中"测试"他们灵魂的金属成分与保卫理想城邦是一致的(缪斯女神们的说法也暗示了这一点, τὰ Ἡσιόδου τε καὶ τὰ παρ' ὑμῖν γένη[赫西俄德笔下的种族, 也就是你们公民中的种族](《王制》第8卷547a1]), 所以, 苏格拉底把公民们放到赫西俄德的语境中测试了他们潜在的种族, 这就像赫西俄德劝诫珀尔赛斯与君王们那样, 是在确保格劳孔与阿德曼托斯拥有正义灵魂的潜能。《王制》在第8卷和第9卷中使用了金属的比喻、公共集会的意象、对政治制度的描述, 并且描写了对话者们的心理, 这些都能够说明苏格拉底——就像赫西俄德那样——在论述正义时使用的诸多修辞方法之间是有着一些联系的。

不过, 有人可能会表示反对, 因为如果苏格拉底真的"用赫西俄德的方式"进行论述, 那么这就正好让他像普罗塔戈拉与其他智术师们那样改造与运用了赫西俄德的诗作。① 在《普罗塔戈拉》中, 普罗塔戈拉把赫西俄德笔下的神话用于教育目的(请参见320d以下), [195]而苏格拉底自己也化用赫西俄德笔下普罗米修斯的神话对其进行了反驳, 苏格拉底还说, 普罗米修斯能够为他自己的生活提供预先提示(请参见361c-361d)。② 在《王制》第8卷中, 苏格拉底论述的构架很明显地让人注意到, 个人是可以自发地明白知识的, 这个观点让赫西俄德格外适合柏拉图对其进行运用与修正。③ 关键就在于, 在开始论述理想城邦的衰落时, 苏格拉底是借用缪斯女

---

① 请参见本书第五、第六章。其中讨论了西蒙尼德斯在《王制》第1卷中的作用, 也鼓励我们将《王制》与《普罗塔戈拉》进行比较与对照。
② 关于苏格拉底与普罗塔戈拉之间的竞争, 请参见Kathryn A. Morgan, 《前苏格拉底哲人至柏拉图之间的神话与哲学》(*Myth and Philosophy from the Pre-Socratics to Plato*, Cambridge, 2000), 第147至153页, 以及其中列出的参考文献。
③ 关于对赫西俄德诗作的"修正", 请参见Angelica Fago, 《赫西俄德笔下的人类种族神话与柏拉图对灵魂的论述——历史与宗教比较》("Mito esiodeo delle razze e logos platonico della psychè: una comparazione storico-religiosa"), 载于*Studi e materiali di storia delle religioni*, 第15期, 第221至251页, 第224页。

神之口的。

第6节 赫西俄德与苏格拉底口中的缪斯女神们

笔者现在想要证明的是,在苏格拉底的口中,缪斯女神们的言辞与《神谱》和《劳作与时日》的开头有相似之处,①这将苏格拉底的论述与赫西俄德的诗作联系了起来。在这里,苏格拉底"就像荷马那样",请求缪斯女神们说明"内乱最初是如何爆发的"(请参见《王制》第8卷545d8—545e1);在论述时,苏格拉底依赖神明的帮助,这表明,凡人往往是无法理解苏格拉底所进行的阐述的。②不过,这一点并没有得到突出,因为柏拉图强调的是缪斯女神们在回应时的诗化、揶揄的口吻(《王制》第8卷545e1—545e3):

φῶμεν αὐτὰς τραγικῶς ὡς πρὸς παῖδας ἡμᾶς παιζούσας καὶ ἐρεσχηλούσας, ὡς δὴ σπουδῇ λεγούσας, ὑψηλολογουμένας λέγειν;
我们是不是能够说,她们用悲剧的口吻真诚骄傲地对我们述说,就像对玩耍嬉戏的孩子们一样?

此外,缪斯女神们说,对理想城邦衰落之谜的解释是,凡人不能明白什么叫完美,所以也就保持不住完美,完美是通过极为晦涩难懂的数学语言表达的,这也强调了这层意思。③从这里开始,她们引用了赫西俄德的人类发展时代传说,并且解释了理想城邦最初的衰落(《王制》第8卷547a2—547a6):

---

① 这两部诗作最开头的词语都是"缪斯女神们",请参见本书第二章。
② 请参见Mary M. McCabe,《柏拉图与他的先辈们——理性的戏剧化》(*Plato and his Predecessors. The Dramatisation of Reason*, Cambridge, 2000),第9页。
③ 请参见J. Adam,《柏拉图的〈王制〉》(*The Republic of Plato*, 2 vols., Cambridge, 1902),其中的相关注释。

[196]ὁμοῦ δὲ μιγέντος σιδηροῦ ἀργυρῷ καὶ χαλκοῦ χρυσῷ ἀνομοιότης ἐγγενήσεται καὶ ἀνωμαλία ἀνάρμοστος, ἃ γενόμενα, οὗ ἂν ἐγγένηται, ἀεὶ τίκτει πόλεμον καὶ ἔχθραν… . εἶναι στάσιν, ὅπου ἂν γίγνηται ἀεί.

把黑铁与白银结合、青铜与黄金结合会孕育出相似性丧失与缺乏和谐的不均衡，无论这种事在任何地方出现，总会繁育出战争与仇恨……内乱到处都有，永远都存在。

在这段讲辞中，缪斯女神们还引用了《伊利亚特》第6卷里格劳科斯(Glaucus)的话，格劳科斯讲的是自己家族谱系，后来格劳科斯用自己的黄金铠甲换取了狄奥墨得斯(Diomedes)的青铜铠甲，[①] 通过这段典故，缪斯女神们开始讲述理想城邦悲剧性的衰落。不过另外，缪斯女神们在讲辞中把金属与婚姻和繁育的意象结合了起来，这与《神谱》的开头十分相似，[②]这个观点也通过听众的回答得到了说明。格劳孔对苏格拉底说：καὶ ὀρθῶς γ᾽ … αὐτὰς ἀποκρίνεσθαι φήσομεν[我们会说她们就是这么回答的]，苏格拉底回答说：καὶ γάρ … ἀνάγκη μούσας γε οὔσας[那肯定的，她们是缪斯女神们嘛：547a8–547a9]。这是在"很精明地评论"缪斯女神；[③]换句话说，在这里，缪斯女神们并不像在荷马笔下那样能够无条件地

---

① 请参见David K. O'Connor，前揭，第79页，其中指出了苏格拉底对这个典故的其他引用，不过在柏拉图的时代，这个典故已经变成了一个谚语，用来比喻划不来的买卖。
② ὁμοῦ … μιγέντος [结合] σιδηροῦ ἀργυρῷ καὶ χαλκοῦ χρυσῷ ἀνομοιότης ἐγγενήσεται[将会孕育出] … ：《王制》第8卷547a2–547a3(请参见赫西俄德，《神谱》第56行、第46行)；ἐγγένηται[存在、出现、出生]：《王制》第8卷547a4；τίκτει πόλεμον[繁育出战争]：《王制》第8卷547a5(请参见赫西俄德，《神谱》第45行、第60行)；ταύτης τοι γενεᾶς [家族]… εἶναι στάσιν：《王制》第8卷547a5–547a6。请对照柏拉图，《智术师》242c以下，其中也有"就像赫西俄德笔下一样的"缪斯女神们。
③ 请参见R. E. Allen，《柏拉图：〈王制〉》(Plato: The Republic, New Haven, 2006)，第266页中的相关注释。

担保叙事者讲述的是事实真相。实际上,缪斯女神们的口吻并不是完全真诚的,她们的讲辞其实强调的是凡人的不可靠,这让我们想到《神谱》中缪斯女神们的话(第26至28行):

> ποιμένες ἄγραυλοι, κάκ' ἐλέγχεα, γαστέρες οἶον,
> ἴδμεν ψεύδεα πολλὰ λέγειν ἐτύμοισιν ὁμοῖα,
> ἴδμεν δ', εὖτ' ἐθέλωμεν, ἀληθέα γηρύσασθαι.
> 原野中的牧羊人啊,可鄙的坏家伙,只知吃喝的馋虫,
> 我们知道怎样把很多谎言讲得听上去就像真相,
> 但是当我们愿意的时候,我们也知道如何咏唱事实。

这种有利用价值的"听上去就像真相的谎言"受到过一些批评,[①]但在《王制》中(第2卷382d3–382d4),我们可以说,在缪斯女神们提到"赫西俄德笔下的种族与你们公民中的种族"之前,苏格拉底所说的"高贵的谎言"就是从《神谱》第27行脱胎而来的。

在这里,如果苏格拉底口中的缪斯女神们参引并融合了荷马与赫西俄德的诗作,那么这样做的一个效果很可能就是将赫西俄德的论述压缩为一个观点。在《劳作与时日》中,赫西俄德信心满满地把航海[197]教给珀尔赛斯,但他却提醒珀尔赛斯说,其实自己的航海经验很有限,赫西俄德这样说的目的就是让大家想起他在奥利斯(Aulis)的诗歌赛会上打败其他诗人获得了头奖,当时他获胜的原因是,在赫利孔山上缪斯女神们赋予他特殊的知识(《劳作与时日》第646至662行)。与之相反的是,苏格拉底具体地描述了缪斯女神们的讲辞,而这就指出了,《神谱》中的缪斯女神们

---

① 请参见Elizabeth Belfiore,《"不同于事实的谎言":柏拉图评论赫西俄德的〈神谱〉第27行》("Lies Unlike the Truth": Plato on Hesiod, *Theogony* 27),载于 *Transactions of the American Philological Association*,第115期,第47至57页,其中认为柏拉图在《王制》中对这几行进行了阐释,而其目的是为了质疑赫西俄德本人的诗歌创造力。

在启示赫西俄德时,其实只是随意地夸大了自己在知识上的优越性。① 柏拉图表明了人类认知的局限性,并以此让苏格拉底讽刺性地把自己打扮成"赫西俄德"。②

不过,与此同时,缪斯女神们的讲辞把《劳作与时日》的题材与《神谱》的语言结合起来,它指明了这两部诗作之间在《王制》中的联系,这说明,对于苏格拉底,赫西俄德完全不是他自己声称的那种全知的人。事实上,στάσις[内乱]的"谱系"把两部赫西俄德诗作结合了起来,在《王制》第8卷547a2–547a6对理想城邦衰落(可能还要包括内乱)的描述,参引了《劳作与时日》的开头,而《劳作与时日》的开头改造了《神谱》所描写的不和女神的谱系(请参见《劳作与时日》第11至12行): οὐκ ἄρα μοῦνον ἔην ἐρίδων γένος, ἀλλ᾽ ἐπὶ γαῖαν εἰσὶ δύω· τὴν μέν κεν ἐπαινήσειε νοήσας[矛盾(即不和女神)共有两种。当一个人理解了其中一种时,他会赞扬它;而另一种则应受到谴责。此二者在内质上截然不同]。③ 以苏格拉底在《王制》第8卷的观点看来,不和女神的谱系是值得提到的,因为这段谱系反映了赫西俄德也同样关注矛盾的多种形态。此外,这段谱系紧接在《劳作与时日》的开篇之后,而在开篇中,赫西俄德把自己的论述目的与宙斯的论述目的进行了坚决的区分,并且暗示了,在《劳作与时日》中,"有意识的修正"会扮演重要角色。而在《王制》里缪斯女神们的讲辞中,赫西俄德笔下的人类发展时代神话正好在好几个方面上强调了这一点;各个人类种族之间并不是连续出现、连贯一体的,这其实也是整段神话的作用,它实际上是普罗米修斯与潘多

---

① 请参见Kathryn Stoddard,《赫西俄德〈神谱〉中的叙事声音》(*The Narrative Voice in the Theogony of Hesiod*, Leiden, 2004),第3章,其中考察了对《神谱》第26至28行的诸多种解读,最后的观点是,苏格拉底在这里其实是在嘲弄赫西俄德。

② 这也不是《王制》中的唯一一次,请参见Helen Van Noorden,《玩弄赫西俄德——古典时代中的"人类种族神话"》(*Playing Hesiod: The "Myth of the Races" in Classical Antiquity*, Cambridge, 即出),其中研究了《王制》第5卷450b,并且指出,这里参引了赫西俄德,以此来建立起苏格拉底的权威性。

③ 请参见Jenny S. Clay,前揭,第33页。

拉故事的"另一种说法"[ἕτερον](《劳作与时日》第106行)[1],而潘多拉的故事其实是《神谱》中潘多拉故事的"另一种说法"。[2]在缪斯女神们的讲辞中,柏拉图让苏格拉底把自己对人类发展时代神话的异议与两篇赫西俄德诗作的开篇都连接了起来,也许其目的是要表明,在这个语境里,对这个神话的运用象征了赫西俄德那种多元的、运动的宇宙观。[3]

从缪斯女神们的讲辞中我们可以找出诸多与赫西俄德的联系,其中还能找到一处积极的观点:健康灵魂组成的体制需要对缪斯女神们加以正确运用;按照她们的讲辞,政治的衰亡是因为护卫者变得 ἀμουσότεροι(过于缺乏文艺教育:《王制》第8卷546d5-546d7)。在缪斯女神们的讲辞中,荣誉政体下的公民在成长起来之后忽视了"真正的缪斯女神——也就是掌管哲学讨论的缪斯女神"(第8卷548b8-548c1),这说明,546-547中的缪斯女神们其实是掌管哲学讨论的缪斯女神们,而在《王制》第5至第7卷中也描述了在理想城邦中她们所扮演的角色。[4]本章论述了,缪斯女神们提到赫西俄德笔下的人类发展时代神话,[198]并不完全是在反对赫西俄德的诗歌,更主要是对这些诗歌的新运用。"高贵的谎言"对理想城邦中的上层社会进行了重新划分,而《王制》第8卷重新提到了人类发展时代的神话,目的并不完全是要拒绝赫西俄德的诗歌,更多其实是要更好地对其进行运用。在"高贵的谎言"中,苏格拉底对

---

[1] 请参见本书第一章,其中也论述了,这些故事是有意识地修正与调换说法。
[2] 关于赫西俄德对潘多拉传说的多种运用,请参见Christopher J. Rowe,《赫西俄德作品中的古风时代思想》("Archaic Thought in Hesiod"),载于 *Journal of Hellenic Studies*,第103期,第124至135页。
[3] 关于赫西俄德作品对这个观点的表达,请参见Jenny S. Clay,前揭。
[4] 请参见《王制》第6卷499d3-499d4,对照Penelope Murray,《缪斯女神们与她们的艺术》("The Muses and their Arts"),载于Penelope Murray与Peter Wilson编,《音乐与缪斯——古典时代雅典城邦中的音乐传统》(*Music and the Muses: The Culture of Mousike in the Classical Athenian City*, Oxford, 2004)第365至389页,第374页以下,其中讨论了苏格拉底对掌管哲学的缪斯女神们的运用。

理想城邦的两个高等阶层进行了重新分类(请参见本章第4节),而现在,在《王制》第8卷里,赫西俄德的金属种族又一次成为重新分类的焦点,而这一次是在苏格拉底对美德之路的界定中出现(而不再是纯诗学或纯政治的)。

第7节 结 论

至少在《王制》中,人类发展时代神话并不是刚好出自赫西俄德而非荷马的一段随机选择的故事,[①]而且,苏格拉底反复提到赫西俄德笔下的人类种族也并不仅仅是想在某些特定细节上对其进行更正或对其表示理解。在某种层面上,《王制》化用了《劳作与时日》中的某些种族来表达两种共同体之间的对立。苏格拉底发展了白银与黑铁这两个种族,尤其是在他用之教导格劳孔与阿德曼托斯的时候。不过,更进一步来说,《王制》在多次运用赫西俄德写到的人类种族的衰落次序时,主要是把赫西俄德当作[199]模板,因为赫西俄德在迫切需要表达某个伦理学观点时,往往会将以前提出过的理论重新加以整合。[②]苏格拉底所说的"赫西俄德的缪斯女神们"其实是哲学女神们,通过提及她们,柏拉图表明自己非常有兴趣把赫西俄德多次强调的"世界的本然"改写为一种方法

---

① 《王制》最后一次提到赫西俄德(请参见《王制》612b)时并没有将他与荷马区分开来,但苏格拉底回顾了他的对话者们对赫西俄德的观点的反驳。
② 《王制》鼓励人们秉持正义,而这种鼓励在多大程度上是"辩证的",人们往往争论不休,但如果我们这样认识《劳作与时日》,或许就可以在某种程度上解决这种争论。《劳作与时日》第9行强调了《王制》中的一个非常严肃的论点,即,正义是有代价的,这与某些学者的观点并不一致,请参见David Roochnik,《美丽的城邦——柏拉图〈王制〉的论辩特征》(*Beautiful City: The Dialectical Character of Plato's Republic*, Ithaca, 2003);Christopher J. Rowe,《〈王制〉的文学与哲学风格》("The Literary and Philosophical Style of the *Republic*"),载于Gerasimos X. Santas编,《布莱克维尔柏拉图〈王制〉导读》(*The Blackwell Guide to Plato's Republic*, Oxford, 2006)。

论上的自觉,并以此达到伦理学上的真理。

有学者将 τὰ Ἡσιόδου τε καὶ τὰ παρ' ὑμῖν γένη (《王制》第8卷547a1)这个短语译为"赫西俄德笔下的人类种族与你们公民中的种族",这种译法所指涉的是作为诗人的苏格拉底以及"高贵的谎言"中通晓万物的结构,而这些学者认为柏拉图在某种程度上是化用了赫西俄德的作品的。①《王制》提到了赫西俄德笔下的种族,它也对神话进行了自觉的运用,此外它还对众神、人类和动物 γένη (种族)进行了区分,而它将这三者联系了起来,这样,《王制》为《治邦者》打好了基础——《治邦者》更加激进地检验了赫西俄德笔下种族神话中的"哲学观点"的可能性。②也许,只有最终注意到柏拉图作品对"哲学观点"的重复与对素材的不断改进,③我们才能真的将 γένη[种族]称为"赫西俄德笔下的人类种族与你们公民中的种族"。

---

① 事实上,索尔姆森认为柏拉图只是有限地运用了赫西俄德笔下的神话(请参见本书第247页注④),而他将这个短语翻译为"你们按照赫西俄德的作品所区分出的种族"(请参见Friedrich Solsmen, 前揭,第183页)。
② 请分别参见本书第十四章与第十五章,另请参见Helen Van Noorden, 前揭。
③ 请参见Kathryn A. Morgan,《柏拉图》("Plato"),载于Irene J. F. De Jong、René Nünlist与Angus M. Bowie,《古希腊文学中的叙述者、叙述的受众与叙述》(*Narrators, Narratees, and Narratives in Ancient Greek Literature*, Leiden, 2004),第357至376页,第369页:哲学观点的重复论述能够帮助人们"把关注点放到不同的重要部分上"。

第十章　柏拉图的赫西俄德与宙斯的意愿
——《蒂迈欧》与《克里提阿》中的哲学狂想诗[①]

卡普拉(Andrea Capra)

导　论

[200]在赫西俄德的《神谱》中，许多讲述众神之间杀戮与弑杀的可怕故事占据了显要地位，而在《王制》中，柏拉图在对诗歌进

---

① 在阅读过切里(Giovanni Cerri)对《王制》第10卷的精彩分析(Giovanni Cerri,《叙事诗中的辩证——柏拉图的〈王制〉第10卷、〈蒂迈欧〉与〈克里提阿〉》("Dalla dialettica all'epos: Platone, *Repubblica* X, *Timeo e Crizia*")，载于Giovanni Casertano编，《柏拉图对话的结构》[*La struttura de dialogo platonico*, Napoli, 2000]，第7至34页)之后，笔者开始构思本章的内容。不过，切里只在三条线上对《蒂迈欧》与《克里提阿》进行了分析，他认为，《王制》第10卷、《蒂迈欧》与《克里提阿》都旨在"为诗歌的政治正确性提出范例，这些范例出现在《王制》第10卷(一部讲述死后世界的诗歌)、《蒂迈欧》(一部讲述宇宙生成及宇宙理论的诗歌)与《克里提阿》(一部英雄叙事诗)中"(alla esemplificazione di poemi *politically correct*, esemplificazione contenuta nello stesso libro X [poema escatologico], nel *Timeo* [poema cosmogonico-cosmologico] e nel *Crizia* [poema eroico]: 第34页)。在这里，笔者想要感谢阿里盖蒂(Graziano Arrighetti)、卡帕尼尼(Rudolf Carpanini)、多尼尼(Pierluigi Donini)、豪波德(Johannes Haubold)、坦佩斯塔(Stefano Martinelli Tempesta)、皮佐内(Algae Pizone)与萨希(Maria Michela Sassi)，他们为笔者完成本章给予了热心帮助，并提出了宝贵建议。另外，笔者想要感谢科林伍德学院研讨会中的参与者，以及在2006至2007学年中在米兰大学选修了笔者讲授的课程的同学们，与他们讨论相关话题不仅让笔者获益匪浅，也十分愉快。

行臭名昭著的攻击时,这些故事成为了首要目标。[1]按照柏拉图的说法,这些故事反映出赫西俄德对众神本质的无知,但柏拉图的这一说法与这些故事本身一样骇人听闻。在《王制》进行了这些攻击之后,柏拉图的关注点又转移到了荷马叙事诗中的众神——尤其是英雄们身上,柏拉图强烈地谴责了他们的行为,[201]进而从理想城邦中摒弃了这些故事。[2]荷马与赫西俄德对人类的描述与对众神和英雄的描述是不同的,关于人类的这些故事是可以进入理想城邦的,但是因为缺少了对正义令人满意的定义,在《王制》中就放下了这个话题(请参见《王制》392a以下),在后文中也再没有提起过。但是,柏拉图并不满意叙事诗中对英雄时代之后人类的描述(即《劳作与时日》),这一点还是很明显的。[3]于是,由于诗人们没有正确理解叙事诗中的三个主要方面,即众神、英雄与人类,柏拉图将希罗多德所说的希腊神话的鼻祖(请参见《原史》第2卷52节)都赶出了理想城邦。

到目前为止,柏拉图的这个说法还不错,但问题是,既然柏拉图对神话下了禁令,那他怎么又在《王制》第10卷中讲起了自己的神话故事呢? 从古代开始,柏拉图的读者们要么强调、要么忽略这个明显的矛盾。从传统上来讲,学者们一般都会说柏拉图作品中的矛盾其实并不是矛盾,因为他的思想是"不断发展的";也因为在一生中柏拉图经常在作品里改变自己的想法。但是,对于《王制》中的这一处,这种解释并不适用,因为这部对话作品的结尾就是一

---

[1] 请参见《王制》377e以下;另请参见《法义》886b、《游叙弗伦》5e。
[2] 关于对荷马叙事诗中众神的讨论,请参见《王制》378d以下、379d以下、386a以下;关于对英雄的讨论,请参见《王制》386a至392a。
[3] 柏拉图认为,赫西俄德无法为正义本身的价值而对其进行颂扬(请参见《王制》612a以下)。另请参见Friedrich Solmsen,《柏拉图作品中的赫西俄德动机》("Hesiodic Motifs in Plato"),载于Kurt von Fritz 编,《赫西俄德与他的影响》(*Hésiode et son influence* [即*Entretiens sur l'antiquité classique*, 第7期], Geneva, 1962),第171至211页,第174页以下。

段非常有名的讲述人死之后世界的神话故事。①但是也有人认为，②这个神话开头的引言(614a)提供了一种可能的解释方法：

> ἀλλ' οὐ μέντοι σοι, ἦν δ' ἐγώ, Ἀλκίνου γε ἀπόλογον ἐρῶ, ἀλλ'
> ἀλκίμου μὲν ἀνδρός ...
>
> 我说：不过我并不会给你讲阿尔基诺俄斯(Ἀλκίνου)听到的那种故事，而是一个强大(ἀλκίμου)的勇士所讲的……

"阿尔基诺俄斯听到的故事"是《奥德修纪》第9至12卷的传统题目，而Ἀλκίνου[阿尔基诺俄斯]与ἀλκίμου[强大的]两词的谐音则表示，柏拉图是有意识地将荷马叙事诗中的神话故事和自己的神话故事对立起来。在《王制》早先的段落中，苏格拉底尖锐地批评了荷马对冥间可怕的描述，因为这种描述肯定会使人害怕死后的世界，并且会最终导致怯懦(请参见《王制》386a以下)。这样一说，就可以令人信服地将柏拉图的这则神话故事解释成，是在修正荷马叙事诗对冥间的描绘，其目的尤其是让人鼓起勇气面对死亡，只要你一生是虔敬正义的。其实可以将《王制》中的这段新神话看作是为新诗歌所作的示范，而不是完整的一首"新诗"[202](请参见《王

---

① 早在公元前三世纪，伊壁鸠鲁(Epicurus)的学生科洛特斯(Colotes)就批评过这个矛盾，请参见Giovanni Cerri, 前揭, 第25页。
② 请参见Charles Segal, 《神话得救了——重新思考荷马与柏拉图〈王制〉中的神话》("The Myth was Saved: Reflections on Homer and the Mythology of Plato's Republic"), 载于*Hermes*, 第106期, 第315至336页; Giovanni Cerri, 前揭, 第7至34页。另请对照Francis Stephen Halliwell, 《柏拉图与亚里士多德对悲剧的否认》("Plato and Aristotle on the Denial of Tragedy"), 载于*Proceedings of the Cambridge Philological Society*, 第30期, 第49至71页; Joachim Dalfen, 《神话之外的柏拉图——一个"新的神话"吗？》("Platons Jenseitsmythen: Eine 'neue Mythologie'?"), 载于Christian Schäfer与Markus Janka编, 《神话作家柏拉图——对柏拉图对话作品中的神话的新解读》(Platon als Mythologe: Neue Interpretationen zu den Mythen in Platons Dialogen, Darmstadt, 2002), 第214至230页。

制》379a以及其他地方)。

在《奥德修纪》中，由于荷马对冥间的描绘占据了关键地位，所以柏拉图选择重写这段神话是非常说明问题的。已经有学者非常具有说服力地指出过，奥德修斯下到冥间($\varkappa\alpha\tau\acute{\alpha}\beta\alpha\sigma\iota\varsigma$)是他冒险旅程中的中心部分，而且这段故事是荷马在隐晦地表达自己对其他诗歌传统的观点。[1]那么，从结构上来看，以及从反思诗歌的角度来看，《奥德修纪》的核心为柏拉图的新诗歌提供了起点。除此之外，$\varkappa\alpha\tau\acute{\alpha}\beta\alpha\sigma\iota\varsigma$[下降、下到冥间]塑造了《王制》的整体。这部对话作品的第一个词是$\varkappa\alpha\tau\acute{\epsilon}\beta\eta\nu$[我下到]，再加上通过文字上对《奥德修纪》的引用，关于下到冥间这一故事的各种主题，后来又出现在类似《奥德修纪》的洞穴神话中，而最后则由整部作品的结尾呼应——可以将《王制》的结尾看成是哲学家的上升之路。[2]所以，这可以说是从《奥德修纪》的中心来到了《王制》的中心。

在柏拉图的对话作品中，重塑诗歌传统是十分常见的现象。[3]但是《王制》中最独特的则是《奥德修纪》的显而易见的影响，而在一部公开批评荷马与赫西俄德的对话作品中，这是更加值得注意的。那么这跟赫西俄德有什么关系呢？这种关系就是，苏格拉底

---

[1] 请参见Glenn W. Most，《奥德修斯之"申辩"的结构与功能》("The Structure and Function of Odysseus' *Apologoi*")，载于*Transactions of the American Philological Association*，第119期，第15至30页，与Glenn W. Most，《冥界中的诗人——从荷马到维吉尔之间的降入冥界、叙事诗与叙事诗理论》("Il poeta nell' Ade: catabasi, epico e teoria dell' epos tra Omero e Virgilio")，载于*Studi italiani di filologia classica*，第10期，第1014至1026页，以及其中的参考书目。
[2] 请参见Mario Vegetti，《降入冥界》("Katabasis")，载于Mario Vegetti编，《柏拉图的〈王制〉：翻译与注疏——第1册：原书第1卷》(*Platone. La Repubblica: traduzione e commento. Vol. 1: Libri I*, Napoli, 1998)，第93至104页，以及其中的参考书目。在施特劳斯学派中，把《王制》看成是一部哲学家的《奥德修纪》是非常受欢迎的观点，请参见诸如Jacob Howland，《〈王制〉——哲学的奥德赛》(*The Republic: The Odyssey of Philosophy*, New York, 1993)。
[3] 请参见Fabio M. Giuliano编，《希腊文学研究》(*Studi di letteratura greca*, Pisa, 2004)第240页以下，其中有非常有益的讨论，以及非常全面的参考书目。

所讲述的"高贵的谎言"中的三个社会阶层来自于赫西俄德笔下的五个人类种族(请参见《王制》546e),在其他的地方我们也能看到对赫西俄德的引用,①尽管这些地方不可能像《奥德修纪》一样影响整部对话作品的结构。②然而,在本章中,笔者的关注点并不在《王制》上,而是在《蒂迈欧》与《克里提阿》上,完全可以将这两部对话理解为——尽管并不直接——是《王制》的续篇。首先,笔者将指出,这两部对话作品也是在一个很隐晦的层面上重写了叙事诗;其次,笔者将指出,为什么按照柏拉图本人的标准,他所改写的叙事诗比传统的叙事诗作品更高等;最后,笔者当然将会讨论,在这个语境中赫西俄德所扮演的角色。

《蒂迈欧》与《克里提阿》的叙事诗框架

[203] εἷς, δύο, τρεῖς [一、二、三]:这就是《蒂迈欧》著名的开头。这三个人作为主人招待了苏格拉底,他们是蒂迈欧、克里提阿和赫尔莫克拉底(Hermocrates),苏格拉底是由后者邀请到这次宴会上的。③与此相对的是,该宴会应该共有三段讲辞献给这位客人,为的是回报苏格拉底之前的讲话,而他的这段讲话——按照苏格拉底本人的概述——主要回顾了《王制》中跟政治学关系更紧密的部分。④蒂迈欧贡献了这三段中的第一段讲辞,我们可以说这段讲辞讲

---

① 请参见诸如Friedrich Solmsen, 前揭, 第171至211页。
② 有关的相反的观点请参见本书第九章。
③ 请参见《蒂迈欧》17a, 另请参照Svetla Slaveva-Griffin,《讲辞的盛宴——柏拉图〈蒂迈欧〉的形式与内容》("'A Feast of Speeches': Form and Content in Plato's *Timaeus*"), 载于*Hermes*, 第123期, 第312至327页。
④ 请参见《蒂迈欧》17c以下。关于《蒂迈欧》与《王制》之间的并不明显的联系,请参见Mario Vegetti,《〈王制〉中对话的社会与论证的策略》("Società dialogica e strategie argomentative nella *Repubblica*"), 载于Giovanni Casertano编,《柏拉图对话的结构》(*La struttura de dialogo platonico*, Napoli, 2000), 第74至85页。

述的是宇宙和众神的出现,以及世界、众神和人类的创生。作为《蒂迈欧》的后续,《克里提阿》包括了克里提阿讲辞的开头部分。这段讲辞中最重要的题材是传说中的亚特兰蒂斯帝国与上古雅典之间的战争,在这里,克里提阿将上古雅典与苏格拉底所说的理想城邦等同起来(请参见《克里提阿》26c至26d)。需要格外注意的是,对于克里提阿来说,这两个城邦中的公民都是众神的后代。①

从表面上来看,《克里提阿》并没有完全结束,它结束的地方刚好是宙斯准备发动战争,所以我们完全没有赫尔莫克拉底的讲辞。这一点非常奇怪,而且使我们不禁要问,为何柏拉图没有让亚特兰蒂斯帝国的故事收尾。②至少,人们可能会猜测缺失的讲辞究竟是什么内容。在修昔底德的作品中,叙拉古的将军赫尔莫克拉底永远都在批评雅典的扩张(请参见《伯罗奔战争史》第4卷58节)。因此,在柏拉图未完成的对话三部曲中,他很可能将同时代的雅典与克里提阿在自己讲述的神话中描绘的雅典进行了比较,尽管这种比较不太讨人喜欢。③

这样看来,柏拉图将这个未完成的三部曲构思为描绘三个不同

---

① 请参见《蒂迈欧》24d "众神的孩子们"($παιδεύματα\ θεῶν$);另请参见《克里提阿》113c以下、120e。
② 请参见Heinz-Günther Nesselrath,《柏拉图的〈克里提阿〉——译文与注疏》(Platon, Kritias : Übersetzung und Kommentar, Göttingen, 2006),第34页以下,以及其中的参考书目。
③ 请参见 Luc Brisson,《叙事诗中的政治哲学——柏拉图的〈克里提阿〉》("De la philosophie politique à l'épopée. Le « Critias » de Platon"),载于Revue de Métaphysique et de Morale,第75期,第402至438页,第404页以下;Diskin Clay,《柏拉图的〈克里提阿〉的计划》("The Plan of Plato's Critias"),载于Tomás Calvo Martínez与Luc Brisson编,《阐释〈蒂迈欧〉与〈克里提阿〉》(Interpreting the Timaeus-Critias [Symposium Platonicum 4], Sankt Augustin, 1997),第49至54页;Gerald Naddaf,《亚特兰蒂斯帝国的神话——柏拉图晚期历史哲学导论》("The Atlantis Myth: An Introduction to Plato's Later Philosophy of History"),载于Phoenix,第48期,第189至209页;Jean-François Pradeau,《柏拉图笔下的亚特兰蒂斯帝国——真实的乌托邦》("L'Atlantide de Platon, l'utopie vraie"),载于Elenchos,第22期,第75至98页;Alessandro Iannucci,《言语与行动——〈克里提阿〉的宴会讲辞中的残篇》(La parola e l'azione. I frammenti simposiali di Crizia, Bologna, 2002),第8页以下。

时代的三部分,即众神与[204]自然界的创生、半神与英雄之间的战争与厮杀,以及当代人类的惨境。这种构思很容易让人回想起叙事诗歌,因为希腊叙事诗与整个英雄诗系都是设定在这三个时代中的,这种三部分的构思是希腊思维的共同特征。①我们可以看到,柏拉图对诗歌的攻讦也是以这三个时代为架构的:众神、英雄与人类。

关于这些对话作品中所蕴含的与叙事诗相关的内容就是这么多,不过《蒂迈欧》与《克里提阿》中肯定还有更多与诗歌有关的内容。在很长一段时间中,《蒂迈欧》是西方世界唯一知晓的柏拉图作品,而这一情况至今仍然影响着人们对这部作品的各种观点。《蒂迈欧》影响了诸如洛伦佐·德·美第奇(Lorenzo de' Medici)与拉斐尔(Raphael)等文艺复兴时代的艺术家,后者在自己的作品《雅典学派》中也描绘了《蒂迈欧》(Scuola di Atene)开头的情景,其中,在画面左方,苏格拉底面对着招待他的三位主人。②硕尔瑞(Paul Shorey)甚至将《蒂迈欧》称作"歌颂宇宙的赞歌",他还告诉我们说,在19世纪的法国,人们常常想象柏拉图正在苏尼翁海角(Sounion)上诵读自己的作品。③可以肯定的是,这些说法虽然很有吸引力,但却太过主观,而且经常只是顺带一提。④我们可以对比

---

① 请参见本书第一章。
② 洛伦佐·德·美第奇还写作过一首以《蒂迈欧》为模板的诗歌,请参见Paul Shorey,《古代与现代的柏拉图主义》(Platonism, Ancient and Modern, Berkeley, 1938),第110页以下;关于拉斐尔在《雅典学派》中描绘的柏拉图,请参见Glenn W. Most,《解读拉斐尔——〈雅典学园〉及其之前的文本》(Leggere Raffaello. La Scuola di Atene e il suo pre-testo, Torino, 2001)。
③ 请参见Paul Shorey,《古代与现代的柏拉图主义》(Platonism, Ancient and Modern, Berkeley, 1938),第104、166页。
④ 请参见Pierre Hadot,《柏拉图的〈蒂迈欧〉中的物理学与诗学》("Physique et poésie dans le Timée de Platon"),载于Revue de Théologie et de Philosophie,第115期,第113至133页;Marcelle Laplace,《柏拉图的〈克里提阿〉——或一部叙事诗的椭圆结构》("Le «Critias» de Platon, ou l'ellipse d'une épopée"),载于Hermes,第112期,第377至382页; Diskin Clay,《柏拉图笔下的亚特兰蒂斯帝国——解剖一个虚构的故事》("Plato's Atlantis: The Anatomy of a Fiction"),载于Proceedings of the Boston Area Colloquium in Ancient Philosophy,第15期,第1至21页,其中关于《蒂迈欧》与《克里提阿》两部作品中的诗歌特质提出了很好的见解。

一下传统上对《蒂迈欧》所作的哲学理解，这些理解一般将《蒂迈欧》看作是柏拉图的"物理学"、或者是柏拉图将自己的"伦理学"隐藏在物理学的外表下、更或者就简单说成是柏拉图的哲学(还有一些其他说法)。① 不过，近来，纳芝(Gregory Nagy)非常有力地指出，《蒂迈欧》与《克里提阿》中使用了一些诗歌吟诵家们所使用的词汇，他也列举了一些相关的段落。② 在本章中，笔者想为纳芝教授的这些讨论补充一些细节。

据克里提阿说，埃及的祭司们将亚特兰蒂斯帝国的故事记载在档案中，而这些祭司们后来把这个故事讲给了梭伦，然后这个故事又流传到了克里提阿的祖父老克里提阿那里，再后来克里提阿听到了这个故事，之后又把它讲给了苏格拉底(请参见《蒂迈欧》21a以下)。总的来说，同样的一个故事，我们有四种说法，背景各不相同。让我们现在来看看这个故事传承下来的路径。

[205]第一个说法是亚特兰蒂斯帝国的故事来自于埃及的祭司们，这些祭司们是出于对雅典娜女神的敬意而讲述给梭伦的，而且这是一个前后相继的故事($πάντα$ ... $ἑξῆς$ $διελθεῖν$[有次序地讲述一切……]:《蒂迈欧》23d; $ἐφεξῆς$ ... $διέξιμεν$[我们来有序地讲述……]: 24a)。这里的用词与《希帕库斯》中描述叙事诗演出的用词十分相似，在《希帕库斯》中，职业吟诵家们在泛雅典娜节上用前后相继的次序来吟诵荷马叙事诗($ἐφεξῆς$ $αὐτὰ$ $διιέναι$[有次序地讲述这些内容]: 228b)。③ 此外，这些职业吟诵家们显然都是出于对雅典娜女神的敬意而吟诵荷马叙事诗的，还需注意的是，在《蒂迈欧》与《希帕库斯》中，都将这类演出描述为对智慧的自由呈示

---

① 请参见本书第十二章。
② 请参见Gregory Nagy,《柏拉图的狂想曲与荷马的音乐——古典时期雅典的泛雅典娜节庆的诗学》(*Plato's Rhapsody and Homer's Music: The Poetics of the Panathenaic Festival in Classical Athens*, Harvard, 2002), 第2章。
③ 请参见Gregory Nagy, 前揭, 第66页。

($φθόνος$ $οὐδείς$[并非不情愿]: 23d; 另请参见$οὐδενί$ ... $φθονεῖν$[不对任何人吝惜……]: 228c)。

第二种说法是在雅典讲述的, 当时梭伦刚好正在尝试将这个亚特兰蒂斯帝国的故事用诗歌的形式表达出来。可惜, 梭伦的政治事业妨碍了他实现自己创作诗歌的理想。不过, 如果梭伦完成了这部作品的话, 那么 $κατά$ $γε$ $ἐμὴν$ $δόξαν$ $οὔτε$ $Ἡσίοδος$ $οὔτε$ $Ὅμηρος$ $οὔτε$ $ἄλλος$ $οὐδεὶς$ $ποιητὴς$ $εὐδοκιμώτερος$ $ἐγένετο$ $ἄν$ $ποτε$ $αὐτοῦ$ [在我看来, 就算是赫西俄德、荷马与其他任何诗人都不可能会比他更有名望] (21d)。① 至少老克里提阿是这么说的。

第三种说法认为这个故事同样是在雅典讲述的, 当时正好是一个叫作"阿帕图里亚"的节庆, 此时老克里提阿已经是一个古稀老人, 而克里提阿还是个孩子。按照这个节庆的传统, 雅典的男孩们相互比试自己吟诵诗歌的水平, 其中许多人都会采用梭伦的诗作, 在当时这些诗作新奇而且时髦。②

第四种说法是这个故事是在泛雅典娜节当天讲述的——而这个场合刚好就是人们吟诵荷马诗作的场合。这并不是偶然的, 克里提阿认为, 自己的和蒂迈欧的讲辞都是在泛雅典娜节当天献给女神的赞美诗(21a)。③ 此外, 蒂迈欧与克里提阿, 有可能还包括赫尔莫克拉底, 他们的讲辞都是像传统上那样从呼唤神明与缪斯女神们开始的。④ 最后, 但同样是重要的, 在开始自己讲辞的正文之前, 蒂迈欧还有一段导言。请注意, [206]在这段导言中, 他使用了 $προοίμιον$[导言]、$νόμος$[主旨]、$ἐφεξῆς$[有次序地]这几个词, 这几个词也同样是职业吟诵家所用的词汇, 同时也是许多其他文学作品

---

① 请参见Gregory Nagy, 前揭, 第55至56页。
② 请参见《蒂迈欧》21a与26e; 另请参照Gregory Nagy, 前揭, 第54页。
③ 请参见Gregory Nagy, 前揭, 第53页以下。
④ 请参见《蒂迈欧》27c至27d;《克里提阿》108c至108d。

开始部分的惯用词汇。①

笔者指出的这些内容，可以让我们得出两重结论。首先，所有柏拉图关于亚特兰蒂斯帝国的说法，以及他笔下人物对这段故事的讲述，都和叙事诗演出与叙事诗歌传统有关。其次，蒂迈欧的讲辞和亚特兰蒂斯帝国的故事一样，表现出了叙事诗歌的特征。后一个结论非常重要，但却并不令人惊讶。《蒂迈欧》与《克里提阿》共用一段导言，这两部作品显然也是作为一个整体构思的："在这部作品中，雅典城是一个小世界，而与之相对的是，整个宇宙是一个大世界。"②

到目前为止，笔者尝试指出《蒂迈欧》与《克里提阿》这两部对话作品与叙事诗歌之间的复杂关系。至少，在某种程度上我们必须将蒂迈欧、克里提阿与赫尔莫克拉底的讲辞都看成是叙事诗演出，或者是叙事诗歌的范例——这一点与《王制》第10卷并不相同。接下来，在笔者更仔细地考察过《蒂迈欧》与《克里提阿》之后，这个结论便能够——也将会——得到证实。但是，笔者现在的关注点在于另一个问题：为什么梭伦的诗作——也就是《克里提阿》，某种程度上看也包括《蒂迈欧》——比赫西俄德与荷马的诗

---

① 请参见诸如《神谱》108行以下。
② 请参见Reginald Hackforth,《亚特兰蒂斯帝国的故事——其目的与其寓意》("The Story of Atlantis: Its Purpose and its Moral")，载于 Classical Review，第58期，第7至9页，第8页；另请参照Warman Welliver,《柏拉图〈蒂迈欧〉与〈克里提阿〉中的角色、剧情与思想》(Character, Plot and Thought in Plato's Timaeus-Critias, Leiden, 1977); Gerald Naddaf,《柏拉图与"关于自然"的传统》("Plato and the peri physeos Tradition")，载于Tomás Calvo Martínez与Luc Brisson编，《阐释〈蒂迈欧〉与〈克里提阿〉》(Interpreting the Timaeus-Critias [Symposium Platonicum 4], Sankt Augustin, 1997)，第27至36页; Laurent Ayache,《医疗技艺在〈蒂迈欧〉中真的是一个问题吗？》("Est-il vraiment question d'art médical dans le Timée?")，载于Tomás Calvo Martínez与Luc Brisson编，《阐释〈蒂迈欧〉与〈克里提阿〉》(Interpreting the Timaeus-Critias [Symposium Platonicum 4], Sankt Augustin, 1997)，第55至67页; Thomas K. Johansen,《柏拉图的自然哲学——〈蒂迈欧〉与〈克里提阿〉研究》(Plato's Natural Philosophy: A Study of the Timaeus-Critias, Cambridge, 2004)，第7页以下。

作更好?

柏拉图对优秀诗歌的评判

老克里提阿的一位同族人对梭伦的一个关键描述让我们能够接受他的诗歌比赫西俄德与荷马更优秀的说法(《蒂迈欧》21c):

> τά τε ἄλλα σοφώτατον γεγονέναι Σόλωνα καὶ κατὰ τὴν ποίησιν αὖ τῶν ποιητῶν πάντων ἐλευθεριώτατον...
> 梭伦不仅在其他事情上最为智慧,而且在诗歌创作方面他是最为自由的(ἐλευθεριώτατον)……

[207]这个描述很让人困惑。梭伦的智慧毋庸置疑,但说他在创作诗歌方面是ἐλευθεριώτατον[最为自由的],这意味着什么呢?[1]笔者认为,可以在《泰阿泰德》中找到这个问题的答案。在《泰阿泰德》的中心位置有一个非常著名插段,其中苏格拉底将他心中理想的哲学家与其反面——即演讲家——进行了比较(172c以下):演讲家鼠目寸光、常常时间紧迫,并且总是全神贯注于细节琐事;与之相对,哲学家总是在闲暇中、看着天空、将自己的视野拓宽得足以容纳整个宇宙,并且因为这个比较抽象的优势,而能够理解人类事物的无足轻重。[2]请看这个插段中一个非常重要的段落的结尾部分

---

[1] 一些学者并没有对这个细节做出解释,诸如Warman Welliver,《柏拉图〈蒂迈欧〉与〈克里提阿〉中的角色、剧情与思想》(*Character, Plot and Thought in Plato's Timaeus-Critias*, Leiden, 1977); Ephraim David,《再现柏拉图运动中的理想城邦之困难》("The Problem of Representing Plato's Ideal State in Action"),载于*Rivista di filologia e di istruzione classica*,第112期,第33至53页。

[2] 关于这个插段的形而上学含义以及它对苏格拉底哲学的思考,请参见David N. Sedley,《柏拉图主义的接生者——柏拉图〈泰阿泰德〉的文字与文字背后的内容》(*The Midwife of Platonism: Text and Subtext in Plato's* Theaetetus, Oxford, 2004),第65页以下;另请参照Maria M. Sassi,《柏拉图作品中的自然与历史》("Natura e storia in Platone"),载于*Storia della Storiografia*,第9期,第104至128页,第115页。

(175d 至 176c):

> οὗτος δὴ ἑκατέρου τρόπος, ὦ Θεόδωρε, ὁ μὲν τῷ ὄντι ἐν ἐλευθερίᾳ τε καὶ σχολῇ τεθραμμένου, ὃν δὴ φιλόσοφον καλεῖς, ᾧ ἀνεμέσητον εὐήθει δοκεῖν καὶ οὐδενὶ εἶναι ὅταν εἰς δουλικὰ ἐμπέσῃ διακονήματα, οἷον στρωματόδεσμον μὴ ἐπισταμένου συσκευάσασθαι μηδὲ ὄψον ἡδῦναι ἢ θῶπας λόγους· ὁ δ' αὖ τὰ μὲν τοιαῦτα πάντα δυναμένου τορῶς τε καὶ ὀξέως διακονεῖν, ἀναβάλλεσθαι δὲ οὐκ ἐπισταμένου ἐπιδέξια ἐλευθερίως οὐδέ γ' ἁρμονίαν λόγων λαβόντος ὀρθῶς ὑμνῆσαι θεῶν τε καὶ ἀνδρῶν εὐδαιμόνων βίον ἀληθῆ.

特奧多洛斯啊，这就是这两者各自的特性，前者在自由与闲暇中成长，你称他作哲学家，当他陷于奴隶的低贱工作时，人们不必责怪他笨拙无用，他不知如何铺好床罩、也不懂如何为菜肴调味、更不会阿谀奉承；而后者纵然能够伶俐而精明地当好这样的奴隶，但却不知道如何像一个自由人那样 (ἐλευθερίως) 穿衣，也不会从左至右轮流用和谐的言辞歌颂众神与有福的人们那真实的生活。

在文本和解释上的疑难让人们很难真正理解这个有趣的段落。① 包含了这个段落的整个部分很可能采用了会饮的意象，会饮中的侍者们就是演讲家，而自由自在地喝酒的宾客们则是哲学家。前者的工作是铺好坐榻、在桌前侍奉并且奉承他们的主人，而后者——古希腊人认为，有教养的希腊人都应该参加会饮——则必

---

① 请参见 Lewis Campbell，《柏拉图的〈泰阿泰德〉——重新修订的文本与英语注解》(*The Theaetetus of Plato: With a Revised Text and English Notes*, 第2版, Oxford, 1883) 对这一段的疏解。

须知道如何从左至右轮流为众神与英雄们献上虔敬的赞歌。①不过即使这种解释并不完全正确,也仍然值得注意,[208]而且也足以说明笔者的观点:在这段演讲家与哲学家的对比中,最重要的意象便是自由的哲学家在闲暇时间歌颂众神与英雄们。②我们将会看到,这种哲学家和柏拉图笔下的那个智慧且自由的梭伦是十分一致的。

按照《泰阿泰德》的说法,哲学家是唯一能够为众神、英雄们与"有福的人们"献上赞歌的,前提是他必须有闲暇的时间。以此为基础,我们现在便可以全面理解苏格拉底在《蒂迈欧》中提出的一个观点了。在这篇对话的开始部分,苏格拉底说,歌颂那些有福的公民是蒂迈欧、克里提阿、赫尔莫克拉底、尤其是梭伦这样的人们的职责。③只有这样的人才有适合的智慧,而智术师们都忙着在自己的顾客之间周旋,传统的诗人们也都在错误的价值观念中成长,只能为自己的同胞公民们考虑一些非常琐碎的小利(请参见《蒂迈欧》19d)。这样看来,与《泰阿泰德》中的演讲家们十分相似,《蒂迈欧》中提到的智术师们和诗人们,他们都过于卑躬屈膝,所以不能创作出适于众神与英雄们的诗作。

笔者刚才论证的观点引申出一个很明显的问题:哲学家的诗歌在哪些方面优于诗人们的诗歌?《泰阿泰德》又一次成为了一个很好的出发点。与演讲家们和传统的诗人们不同,哲学家在正确的价值观念中成长(《泰阿泰德》179d,请注意 $\tau\varrho\acute{\varepsilon}\varphi\omega$ [养育]这个动词

---

① 请参见克塞诺芬尼,残篇第1号,载于Martin. L. West编,《古希腊抒情诗歌:公元前450年以前的古希腊语抑扬体、悲歌体与歌唱体诗歌与残篇(不包括品达与巴库利德斯的作品)》(*Greek lyric poetry: the poems and fragments of the Greek iambic, elegiac, and melic poets [excluding Pindar and Bacchylides] down to 450 B.C.*, Oxford, 1999)。

② 请参见诸如Paulo Butti De Lima,《柏拉图:在青年泰阿泰德身上进行的哲学实践》(*Platone. esercizi di filosofia per il giovane Teeteto*, Venice, 2002),第33页以下。

③ 见《蒂迈欧》19c至19e,另请参见Ephraim David,前揭,第33至53页。

的使用以及它的衍生词,与《蒂迈欧》中十分相似)。因此——笔者已经讲到过——哲学家面对宇宙有着更宏博的视野,而并不会注意同胞公民们拥有的那些看似充足的财富,或是他们自称古老的谱系(《泰阿泰德》174e以下)。因此,一个哲学家才专注于让自己的诗歌赞颂众神与真正有福的人们——也就是英雄们。所以,似乎这种更宏大的视野对于更优秀的、哲学性的诗歌来说是十分必要的。按照《蒂迈欧》的说法,埃及的祭司们拓宽了梭伦的视野。对于梭伦来说,亚特兰蒂斯帝国这个如此宏大庄严的故事肯定是重要的一课,也就是说,古代世界比我们所认为的远远更为宏大(《蒂迈欧》24e以下),而且,希腊人所说的自己家族的谱系其实只是很幼稚的故事,在时间跨度和范围广度上都极为有限(23b以下;另请参见22c)。所以,[209]通过埃及祭司们的故事,梭伦让自己的视野在时间和空间上都变得更加开阔,故而成为理想的诗人哲学家。现在,他看起来十分像《泰阿泰德》中的那些虔敬的会饮宾客,也很像《王制》里的那个按照最崇高的理式世界创作出这个世界的神明艺术家(《王制》500e以下)。①果然,在《蒂迈欧》中的宴会上,梭伦也发表了自己的讲辞。

《王制》中的许多段落都提到了优秀诗歌的第二个——也是更加明显的——必备条件(诸如379a):众神必须是善的、无可指摘的——这也是柏拉图攻击诗歌的重要前提。不用说,赫西俄德与荷马笔下的众神远远算不上无可指摘,而在柏拉图笔下讲述的人死后世界的神话中,他着重强调了众神在本质上就是无可指摘的(请着重参见617e)。总的说来,《王制》教导诗人必须用正确的——也就是道德的——方式来表现众神、英雄们以及人类。

---

① 另请参见《王制》472d与484c;对照Fabio M. Giuliano,《柏拉图与诗歌——创作理论与实际的接受》(*Platone e la poesia. Teoria della composizione e prassi della ricezione*, Sankt Augustin, 2005),第95页以下,以及其中的参考书目。

所以说，柏拉图认为，必须正确地将优秀的诗歌呈现给众神、英雄们以及人类，同时也要拓宽读者眼界（这一点表达得并不十分明显）。笔者将这两个要求分别称作"道德原则"(moralizing rule)与"拓宽视野原则"(broadening rule)。以此为出发点，我们现在就能真正站在柏拉图的角度上重新考察《蒂迈欧》与《克里提阿》。这些作品真的是更优秀的诗歌吗？笔者在下一节中将会着手处理这个问题。

柏拉图笔下的赫西俄德与宙斯的意愿

笔者先来将蒂迈欧的讲辞与赫西俄德的《神谱》进行比较。毋庸置疑，柏拉图和赫西俄德对"道德原则"的处理十分不同：按照《王制》的说法，赫西俄德笔下嗜杀的众神是 τὸ μέγιστον ... ψεῦδος［最大的……谎言］(377e)，而蒂迈欧则强调说，神明永远是无可指摘的（诸如《蒂迈欧》42d），神明的[210]行为永远都为了最大的善(29a)。应该承认，造物主(Demiurge)暗示过，他只要愿意就能摧毁乌拉诺斯、克洛诺斯和宙斯；但是当然，他并不想要摧毁他们，其原因正是因为，他的"意愿"(βούλησις)是至善的(41a至41b)。所以，造物主让自己与赫西俄德笔下众神之间的可怕战争远离开来了。在本书中雷加利已经指出过，δι' ἐμοῦ［通过我］而创作出ἔργα［作品］是造物主对自己的名字来由的解释。在这里，柏拉图暗指了《劳作与时日》的开场白，而在那里，赫西俄德将宙斯的名字(Δία)解释为人间事情发生的原因(διά: 通过)。但是，赫西俄德强调了宙斯同时是善的事情与恶的事情发生的原因，而柏拉图笔下的造物主只会带来善的事情。根据"道德原则"来评判，纯善的造物主要比赫西俄德笔下那个经常作恶的宙斯强得多。

如果我们现在开始说"拓宽视野原则"，那么在这方面赫西俄德的《神谱》似乎做得还不错。这部作品的视野开阔，它讲的毕竟

第十章 柏拉图的赫西俄德与宙斯的意愿

是强大的众神的降生与他们在世界上扮演的角色,并从最原初的混沌一直讲到宙斯的统治:看起来,在这部作品中,赫西俄德将全部的时间、空间与神明都包括进去了。事实上,赫西俄德本人似乎也对自己故事的规模和范围感到十分自豪。克莱(Jenny Strauss Clay)曾经指出,"赫西俄德想要让我们将他的诗作与荷马的作品进行比较",这样我们就能知道他的作品"远远更加宏大与全面"。[1]赫西俄德笔下的缪斯女神们知晓过去、现在与未来,而且很显然,再也不可能有比这个更全面的了。然而如果将这部作品与《蒂迈欧》相比,人们就会有另一种感受了。

首先,《神谱》和《蒂迈欧》都把宇宙当作一个整体来讨论它的运行规律,但后者指出,我们的世界其实只是更好世界的摹本,而这个更好的世界距离我们的世界十分遥远(28a以下)。其次,在《蒂迈欧》中,造物主创造时间只是为了在这个物质世界中加入一种能够模仿永恒的东西(37d以下)。第三,即使在我们这个次等的世界中,传统的众神也只是次等的存在。在这里,众神并不像在《神谱》中那样是最高等的神明,甚至都不是永恒的(41b),而且他们需要最高等的神明——即造物主——进行进行指导。[2][211]下面让我

---

[1] 请参见Jenny S. Clay,《赫西俄德的宇宙》(*Hesiod's Cosmos*, Cambridge, 2003),第25至34页,第180至181页,其中评述了《神谱》第653至659行。

[2] 从古代开始就有很多学者对这些指导的准确意义进行争论,而读者们也不能确定,究竟是应该按照它们的字面意思还是象征意义进行理解。关于古代学者对这个问题的争论,请参见Enrico Berti,《"εἰκὼς μῦθος"在柏拉图的〈蒂迈欧〉中所指涉的对象》("L'oggetto dell' εἰκὼς μῦθος nel *Timeo* di Platone"),载于Tomás Calvo Martínez与Luc Brisson编,《阐释〈蒂迈欧〉与〈克里提阿〉》(*Interpreting the Timaeus-Critias [Symposium Platonicum 4]*, Sankt Augustin, 1997),第119至131页。关于折中的解释,请参见诸如Donini,《〈蒂迈欧〉——对话的整体性,论述的可能性》("Il *Timeo*. Unità del dialogo, verosimiglianza del discorso"),载于*Elenchos*,第9期,第5至52页,第37页以下; Catalin Partenie,《〈蒂迈欧〉的"制造论"架构》("The 'Productionist' Framework of the *Timaeus*"),载于*Dionysius*,第16期,第29至34页; Walter Mesch,《柏拉图的宇宙学中的意象——论〈蒂迈欧〉中"μῦθος"与"λόγος"的关系》("Die Bildlichkeit der Platonischen Kosmologie. Zum Verhältnis von Logos und Mythos im *Timaios*"),载于Christian Schäfer与Markus Janka (转下页)

们来看看《蒂迈欧》中的一段原文(40d至41a):

> ἱπεῖν καὶ γνῶναι τὴν γένεσιν μεῖζον ἢ καθ' ἡμᾶς, πειστέον δὲ τοῖς εἰρηκόσιν ἔμπροσθεν, ἐκγόνοις μὲν θεῶν οὖσιν, ὡς ἔφασαν, σαφῶς δέ που τούς γε αὑτῶν προγόνους εἰδόσιν· ἀδύνατον οὖν θεῶν παισὶν ἀπιστεῖν, καίπερ ἄνευ τε εἰκότων καὶ ἀναγκαίων ἀποδείξεων λέγουσιν, ἀλλ' ὡς οἰκεῖα φασκόντων ἀπαγγέλλειν ἑπομένους τῷ νόμῳ πιστευτέον. οὕτως οὖν κατ' ἐκείνους ἡμῖν ἡ γένεσις περὶ τούτων τῶν θεῶν ἐχέτω καὶ λεγέσθω. Γῆς τε καὶ Οὐρανοῦ παῖδες Ὠκεανός τε καὶ Τηθὺς ἐγενέσθην, τούτων δὲ Φόρκυς Κρόνος τε καὶ Ῥέα καὶ ὅσοι μετὰ τούτων, ἐκ δὲ Κρόνου καὶ Ῥέας Ζεὺς Ἥρα τε καὶ πάντες ὅσους ἴσμεν ἀδελφοὺς λεγομένους αὐτῶν, ἔτι τε τούτων ἄλλους ἐκγόνους ...

关于其他的神明们,探寻并讲述他们的诞生对我们来说太过困难了,必须相信那些之前已经讲述过这些事情的人们,据说他们都是众神的后代,那么他们理当更加了解自己的祖先;[①]不能不相信众神的孩子们,尽管他们在讲述时缺乏可信并强有力的证据,但是既然他们所说的是他们自己家族的故事,那么我们就必须按照传统相信他们。那么,就让有关这些神明降生的故事按照他们的说法成立并为我们讲述吧。大地神与天神的孩子们,俄刻阿诺斯与忒提斯降生了,佛基斯、克洛诺斯与瑞亚也在其中,还有

(接上页注②)编,《神话作家柏拉图——对柏拉图对话作品中的神话的新解读》(*Platon als Mythologe: Neue Interpretationen zu den Mythen in Platons Dialogen*, Darmstadt, 2002),第194至213页。另请参见Geoffrey Ernest Richard Lloyd,《对立与相似——早期希腊思想中的两类论证方式》(*Polarity and Analogy: Two Types of Argumentation in Early Greek Thought*, Cambridge, 1966),第222页以下、第282页以下; Elizabeth E. Pender,《隐形之人的形象——柏拉图对众神与灵魂的隐喻》(*Images of Persons Unseen: Plato's Metaphors for the Gods and the Soul*, Sankt Augustin, 2000),第100页以下,其中都将这个问题放在了更广泛的语境中进行探讨。

① 这里有可能是在暗指《劳作与时日》第299行:"δῖον γένος" [神明的后代]。

他们之后的那些，瑞亚与克洛诺斯生下了宙斯、赫拉以及我们知道的那些兄弟姐妹们，他们又生了其他的后裔们……

这区区几行就涵盖了诸如《神谱》之类的诸多诗歌的全部内容。①柏拉图在这里略过了传统众神之间不光彩的争斗，而且也一点都没提到他们想要统治世界。而且，造物主还训导这些传统神明，他们也必须把造物主当成是自己模仿的标准。②造物主还说道，如果没有人类的降生，那么所创造的整个宇宙也是不完整的(41b以下)。所以，用布尔科特（Walter Burkert）的话说，柏拉图在另一个重要方面"纠正了"赫西俄德的作品，因为在《神谱》中人类的创生刚好"很奇怪地被略过了"。③因此，与《蒂迈欧》相比，赫西俄德的《神谱》其实只展现了一个很小的世界。

现在，让我们再来考察一下亚特兰蒂斯帝国的故事。毫无疑问，柏拉图创作的这个故事是有着许多来源的，在很多方面，古希腊的历史学家们都为柏拉图提供了[212]重要的范例。首先，有学者指出过，事实上，亚特兰蒂斯帝国与上古雅典分别代表了雅典城邦发展的两个不同的历史阶段。④这样看来，这个故事中的雅典代表

---

① 请参见本书第十二章，及本书第353页注③。另请参见《法义》886c、《厄庇诺米斯》988c，并对比Maria M. Sassi,《论〈蒂迈欧〉对神的可知性的观点》("Sulla conoscibilità di Dio secondo *Timeo*")，载于Adriano Fabris、Gianfranco Fioravanti与Enrico Moriconi编，《逻辑与神学——为纪念赛纳提所作的研究文章》(*Logica e teologia: Studi in onore di Vittorio Sainati*, Pisa, 1997)，第229至234页，第232页。
② 请参见《蒂迈欧》41a以下、42e；另请参见Elizabeth E. Pender，前揭，第105页。
③ 请参见Walter Burkert,《宇宙诞生的逻辑》("The Logic of Cosmogony")，载于Richard Buxton编,《从神话到理性？——希腊思想发展研究》(*From Myth to Reason? Studies in the Development of Greek Thought*, Oxford, 1999)，第87至106页，第101页。
④ 最近的讨论这个问题的著作是Pierre Vidal-Naquet,《亚特兰蒂斯帝国的神话——柏拉图所作神话的简短历史》(*L'Atlantide: Petite histoire d'un mythe platonicien*, Paris, 2005)，另请参见该作中列举的参考书目。关于柏拉图所使用的一些历史著作常用语，诸如τεκμήριον[证据]，请参见Maria M. Sassi，前揭，第119页。

了第一次希腊波斯战争之前古老的、朴素的雅典。这个城邦是清白的,毫无疑问也是理想化的,在与波斯帝国的第二次碰撞时,它经历了巨大的改变。按照希罗多德的说法(请参见《原史》第7卷143至144节;第8卷41节),在这个时期,特弥斯托克利(Themistocles)说服了他的同胞公民们离开自己的家园并且 θαλασσίους γενέσθαι [变成水手]。此外,修昔底德也告诉我们说(请参见《伯罗奔战争志》第1卷143至145节),伯利克里幻想着让雅典成为一个强大的岛国。旧势力的寡头统治者们也尖锐地批评说,雅典已经变成了一个侵略成性的孤岛帝国了(请参见《伯罗奔战争志》第2卷14节以下)。所以,柏拉图笔下的亚特兰蒂斯帝国其实就是指旨在侵略扩张的雅典,换言之,这就是伯利克里幻想成真——也可能是柏拉图的噩梦成真。[①]因此,亚特兰蒂斯帝国的故事其实就是柏拉图脑海中那个古老朴素的雅典与新的海上霸主雅典进行的一次内战。

按照一些历史学家的理解,两次希腊波斯战争还在第二个重要方面为亚特兰蒂斯帝国的故事提供了模板。在雅典与亚特兰蒂斯帝国的冲突中,前者就像是杀死歌利亚的大卫,这很明显就是从两次希腊波斯战争的史实中脱胎出来的。[②]与希罗多德的《原史》类似,柏拉图笔下的上古雅典也同样作为整个希腊的拯救者,打败了庞大的异邦帝国(《克里提阿》109a)。然而,雅典与亚特兰蒂斯帝国之间的战争中出现了神明的干预(120d以下),而且这场战争发生在距这一对话的九千年之前(请参见《蒂迈欧》23e),战争双方都被称作神明的后代。换言之,这场战争发生在英雄时代,当时生活

---

① 请参见Jean-François Pradeau,《政治学的世界——论柏拉图的亚特兰蒂斯帝国故事、〈蒂迈欧〉(17至27)、〈克里提阿〉》(*Le monde de la politique: Sur le récit atlante de Platon,* Timée *[17–27] et* Critias, Sankt Augustin, 1997),第106页。
② 请参见诸如Slobodan Dusanic,前揭,第25至52页,以及Kathryn A. Morgan,《设计出的历史——柏拉图笔下的亚特兰蒂斯帝国故事与公元前四世纪的观念》 ("Designer History: Plato's Atlantis Story and Fourth-Century Ideology"),载于 *Journal of Hellenic Studies*,第118期,第101至118页。

第十章　柏拉图的赫西俄德与宙斯的意愿　　303

在世间的人们更加强大,而且和众神之间有很多互动。按照古希腊文学的标准,这刚好就是叙事诗与所谓历史学作品的区别,[1]很明显,亚里士多德也认为亚特兰蒂斯帝国的故事[213]与《伊利亚特》非常类似。[2]而这与《蒂迈欧》和《克里提阿》的叙事诗结构是一致的。[3]

因此,与《蒂迈欧》中的宇宙学一样,在某种程度上,亚特兰蒂斯帝国的故事也是一部新叙事诗,所以,在阅读这个故事的时候,我们必须把它与传统诗歌——尤其是赫西俄德的与荷马的——相互参照。可惜的是,我们只能在《蒂迈欧》的开始部分找到这场战争的一个非常简略的概括,从中我们只能知道雅典最终击败了亚特兰蒂斯帝国的庞大舰队,而且后来海水吞没了亚特兰蒂斯帝国所在的岛屿与雅典的部队。[4]《克里提阿》为这个故事提供

---

[1] 请参见诸如Christopher Gill,《亚特兰蒂斯帝国故事的体裁》("The Genre of the Atlantis Story"),载于*Classical Philology*,第72期,第287至304页,第293页。关于更加综括的说法,请参见Simon Hornblower,《叙事诗与英雄显灵——希罗多德与"新的西蒙尼德斯"》("Epic and Epiphanies: Herodotus and the 'New Simonides'"),载于Deborah Boedeker与David Sider编,《新西蒙尼德——赞颂与欲望的语境》(*The New Simonides: Contexts of Praise and Desire*, Oxford, 2001),第135至147页。注重于名字的意义(《克里提阿》113a至113b)或许进一步指明了《蒂迈欧》与《克里提阿》的诗歌特质。请参见亚里士多德,《论诗术》1451a36至1451b23,参照Mauro Tulli,《〈克里提阿〉与柏拉图的家庭》("Il *Crizia* e la famiglia di Platone"),载于*Studi classici e orientali*,第44期,第95至107页,第99页以下。

[2] 请参见Christopher J. Rowe,《论柏拉图、荷马与考古学》("On Plato, Homer and Archaeology"),载于*Arion*,第6期,第134至144页,第142页,其中讨论了斯特拉波《地理学》第2卷3章6节;第13卷1章36节。

[3] 关于《蒂迈欧》与《克里提阿》中出现的历史学与诗学,请参见Graziano Arrighetti,《神话、诗歌与历史中间的柏拉图》("Platone fra mito, poesia e storia"),载于*Studi classici e orientali*,第41期,第13至34页;Luc Brisson编,《柏拉图的〈蒂迈欧〉与〈克里提阿〉》(*Platon. Timée/Critias*, Paris, 1992),第319页以下。另请参见Gregory Nagy,前揭,第67页以下,其中讨论了《克里提阿》107d至107e与121a可能暗指了《原史》与《伯罗奔战争志》的开始部分。

[4] 这很有见解地让人想到了关于神义论的问题,相关讨论请参见Sarah Broadie,《〈蒂迈欧〉中的神义论与伪历史》("Theodicy and Pseudo-History in the *Timaeus*"),载于*Oxford Studies in Ancient Philosophy*,第21期,第1至28页。

了更多信息,其中既有对亚特兰蒂斯帝国的描写,也有对上古雅典的描写。在很长一段时间的和平以后,亚特兰蒂斯帝国的人民开始向贪婪与罪恶屈服,从而也就引来了宙斯的怒火(《克里提阿》121b至121c):

> θεὸς δὲ ὁ θεῶν Ζεὺς ἐν νόμοις βασιλεύων, ἅτε δυνάμενος καθορᾶν τὰ τοιαῦτα, ἐννοήσας γένος ἐπιεικὲς ἀθλίως διατιθέμενον, δίκην αὐτοῖς ἐπιθεῖναι βουληθείς, ἵνα γένοιντο ἐμμελέστεροι σωφρονισθέντες, συνήγειρεν θεοὺς πάντας εἰς τὴν τιμιωτάτην αὐτῶν οἴκησιν, ἣ δὴ κατὰ μέσον παντὸς τοῦ κόσμου βεβηκυῖα καθορᾶ πάντα ὅσα γενέσεως μετείληφεν, καὶ συναγείρας εἶπεν ...

> 宙斯——神中之神——在律法中统治,他能够知晓这些事,也就知道了这个正义的种族已经变得罪恶,他想让(βουληθείς)他们付出正义的代价,好让他们在受到惩罚之后能与正义更加相符。他把所有的神明都召集到自己的住所——这住所在宇宙的中心,俯视着一切与创生有关的事物——在召集起他们之后,他说……

宙斯将众神召集起来,这其实是一个叙事诗中的场景,但是就在这里,《克里提阿》结束了,我们无从知晓宙斯都说了些什么。Διὸς βουλή[宙斯的意愿]更加充满叙事诗的意味,"想让"(βουληθείς)一词所说的就是这点。①自然,宙斯召集的众神集会能让人想到《奥德修纪》中的场景(第1卷19行以下),②同时,"宙斯的意愿"也会让人想到《伊利亚特》的开篇(第1卷1至5行):

---

① 请参见Alfred E. Taylor,《柏拉图其人与其作品》(*Plato: The Man and his Work*, London, 1926),该书在讨论《蒂迈欧》的一章的结尾处简短地讨论了《克里提阿》。另请参见Gregory Nagy,前揭,第66页。
② 请参见Diskin Clay,《柏拉图的〈克里提阿〉的计划》("The Plan of Plato's *Critias*"),载于Tomás Calvo Martínez与Luc Brisson编,《阐释〈蒂迈欧〉与〈克里提阿〉》(*Interpreting the Timaeus-Critias [Symposium Platonicum 4]*, Sankt Augustin, 1997),第49至54页,第52页。

> [214]μῆνιν ἄειδε θεὰ Πηληϊάδεω Ἀχιλῆος
> οὐλομένην, ἣ μυρί' Ἀχαιοῖς ἄλγε' ἔθηκε,
> πολλὰς δ' ἰφθίμους ψυχὰς Ἄιδι προΐαψεν
> ἡρώων, αὐτοὺς δὲ ἑλώρια τεῦχε κύνεσσιν
> οἰωνοῖσί τε πᾶσι, Διὸς δ' ἐτελείετο βουλή …
>
> 愤怒，女神啊，唱咏佩琉斯之子阿基琉斯那
> 毁灭性的愤怒吧，这愤怒为千万阿开亚人带去了痛苦，
> 将无数英雄们的英勇灵魂送入冥府，
> 使他们成为各种野狗与飞禽的
> 食物，宙斯的意愿实现了……

很有趣的是，《克里提阿》就结束在传统叙事诗应该开始的地方。那么，宙斯的意愿究竟是什么呢？在这里，柏拉图使用了我们已经很熟悉的"道德原则"，因为在《克里提阿》中，宙斯的意愿有着很强的伦理学倾向，这很明显地与《蒂迈欧》中造物主意愿的至善性形成呼应（请参见《蒂迈欧》41b）。① 不过在《伊利亚特》中，宙斯的意愿无疑有更阴暗的意蕴，甚至有可能比阿基琉斯的愤怒范围更广。从古代开始，荷马叙事诗的读者就已经发现了，《伊利亚特》第1卷第5行之后潜藏着的是，众神想要通过战争和自然灾害来毁灭人类的计划。② 在古希腊叙事诗歌以及西亚叙事诗歌中，这都

---

① 因为宙斯与其他众神必须模仿造物主（请参见《蒂迈欧》42e），所以宙斯很可能与造物主在行为方式上十分相似。
② 请参见《伊利亚特》抄本上对这一行的注疏。另请参见Ruth Scodel,《阿开亚人的墙与毁灭的神话》("The Achaean Wall and the Myth of Destruction")，载于 Harvard Studies in Classical Philology，第86期，第33至50页，第39页，第46页以下；Mayer,《海伦以及"宙斯的意愿"》("Helen and the ΔΙΟΣ ΒΟΥΛΗ")，载于 American Journal of Philology，第117期，第1至15页，以及其中列举的参考书目。对照欧里庇得斯《俄瑞斯特斯》(Orestes)，第1639至1642行；《厄勒克特拉》(Electra)，第1282至1283行；《海伦》(Helena)，第36至41行。

是很常见的主题,许多留存至今的文本都能证明这一点。[①]与此相似,笔者还想指出一点:《列女传》结尾部分的残篇。[②]这几个保存得很不完整的诗行提出了一些笔者并不能在这里讨论的问题,所以,在这里笔者仅仅是使用这一段的大致意思。[③]

在一长列海伦追求者的名单以及对她与莫涅拉奥斯的婚姻的描述之后(《列女传》残篇第204号,第41至95行),由于宙斯正在酝酿着一些"让人惊讶的事"(第95至98行),于是,众神开始了争吵。事实上,宙斯想要清除一大部分人类,同时,他也具有毁掉半神们的πρόφασις——这个词的意思可以是"原因"或"动机"。[④]从这里开始,手抄本受到的损毁变得十分严重,而很可能接下来的诗行提到了众神的孩子们,因为正是这些人表现出了[215]凡人与众神的紧密联系。我们首先在《列女传》中看到这一点,不过它肯定在残篇204的结尾处划上了句号。所以,必须将半神们清除,有可能杀死他们,也有可能把他们放逐到有福之人居住的岛屿上。[⑤]在我们可

[①] 请参见诸如Geoffrey S. Kirk,《古希腊神话———些新角度》("Greek Mythology: Some New Perspectives"),载于*Journal of Hellenic Studies*,第92期,第74至85页,第79页。

[②] 《列女传》残篇第204号,载于Reinhold Merkelbach与Martin L. West编,《赫西俄德作品残篇》(*Fragmenta Hesiodea*, Oxford, 1967)。

[③] 关于其他解释方式,请参见Maria V. Cerutti,《关于毁灭的神话,关于建立的神话:赫西俄德残篇第204、第95至103号》("Mito di distruzione, mito di fondazione: Hes. fr.204, 95–103 M. -W"),载于*Aevum antiquum*,第11期,第127至178页;Martina Hirschberger,《〈列女传〉与〈伟大的女子〉——两部赫西俄德叙事诗的残篇注疏》(*Gynaikon Katalogos und Megalai Ehoiai. Ein Kommentar zu den Fragmenten zweier hesiodeischer Epen*),第407行以下。

[④] 关于πρόφασις这个词,请参见J. S. Clay, 前揭,第29页以下;关于这个词,柏拉图学者们经常会引用修昔底德的《伯罗奔战争志》第1卷第23章第6节,请对照Heinz-Günther Nesselrath,《柏拉图的〈克里提阿〉——译文与注疏》(*Platon, Kritias : Übersetzung und Kommentar*, Göttingen, 2006),第429行。

[⑤] 请参见Maria V. Cerutti,《关于毁灭的神话,关于建立的神话:赫西俄德残篇第204、第95至103号》("Mito di distruzione, mito di fondazione: Hes. fr.204, 95–103 M. -W"),载于*Aevum antiquum*,第11期,第127至178页,第166页,其中提到,这部诗作在这里完满地结束,就像是卡图卢斯(Catullus)第64首诗作中表 (转下页)

以读懂的残篇中,我们知道英雄们被送入了冥间(《列女传》残篇第204号,第118至119行),这让人想到《伊利亚特》中的说法。我们同时也看到,宙斯的意志是神妙莫测的(第116至117行)。这场战争标志着一个新的时代,这个新的时代能让人想象到"核战后的寒冬"(nuclear winter)。最初的秋季与冬季——或者说是"自然界的大变动"[①]——降临到世界,为仍活着的人类带去了更多的苦难(第124行以下)。在一个有关蛇类生命周期的段落之后,我们所掌握的文本又一次断开了,不过很可能也接近结尾了。事实上,这个灾难"让英雄的时代落下了帷幕",[②]也让众神与凡人女子之间的关系划上了句号,而这正好是《列女传》的主题。

在《蒂迈欧》中,埃及祭司们取笑了梭伦,因为他给他们讲述了几个非常幼稚的神话——佛洛内俄斯(Phoroneus)、尼俄柏(Niobe)、丢卡利翁(Deucalion)与皮拉(Pyrrha)的故事,这几个人都是古希腊神话中大洪水的幸存者(请参见《蒂迈欧》22a以下)。在这里,尼俄柏是宙斯爱上的第一个凡人女子,[③]而另外几个故事都在《列女传》中占有显要的地位。[④]此外,我们所掌握的赫西

(接上页注⑤)现的一样;请参见Filippomaria Pontani,《卡图卢斯诗歌第64首与赫西俄德〈列女传〉———条建议》("Catullus 64 and the Hesiodic *Catalogue*: A Suggestion"),载于*Philologus*,第144期,第267至276页。在《劳作与时日》中,大洪水之后,凡人与众神不再有紧密的相互联系,请参见诸如Graziano Arrighetti,《赫西俄德作品中的人与神》("Uomini e dei in Esiodo"),载于*Grazer Beiträge*,第7期,第15至35页。

① 请参见Ruth Scodel,《阿开亚人的墙与毁灭的神话》("The Achaean Wall and the Myth of Destruction"),载于*Harvard Studies in Classical Philology*,第86期,第33至50页,第39页。
② 请参见Martin L. West,《赫西俄德的〈列女传〉——其本质、结构与起源》(*The Hesiodic* Catalogue of Women: *Its Nature, Structure, and Origins*, Oxford, 1985),第43页。
③ 请参见阿库希勒俄斯,残篇第25号,载于Robert L. Fowler,《早期希腊的神话写作——第1卷,文本与导言》(*Early Mythography. Vol. 1: Text and Introduction*, Oxford, 2000)。
④ 请参见《列女传》残篇第2、4、5、6、7、123、234号。这个版本的尼俄柏 (转下页)

俄德残篇通过海伦而与阿特拉斯的后人（[译注]或称"亚特兰蒂斯人"）在谱系上连接了起来，而在《列女传》之前的残篇中也提及了阿特拉斯的后人。① 故而，柏拉图很有可能通过《蒂迈欧》和《克里提阿》，与赫西俄德联系在了一起。② 所以，更有趣的是，《克里提阿》也同样提到了宙斯发动战争的 προφασις [原因、动机]：③

[216] ταύτην δὴ τοσαύτην καὶ τοιαύτην δύναμιν ἐν ἐκείνοις τότε οὖσαν τοῖς τόποις ὁ θεὸς ἐπὶ τούσδε αὖ τοὺς τόπους συντάξας ἐκόμισεν ἔκ τινος τοιᾶσδε, ὡς λόγος, προφάσεως：

当时，这些地方有着这种规模、这种形式的战力——就像故事讲述的那样，而神明以这样的一些缘由给我们的这些地方带来了这些战力：

（接上页注④）虽然并不确定，但很有可能出现在了《列女传》中。请参见Martin L. West, 前揭, 第76页；Giovan B. D'Allesio,《〈伟大的女子〉：残篇研究》("The *Megalai Ehoiai*: A Survey of the Fragments"), 载于Richard L. Hunter编,《赫西俄德的〈列女传〉——组建与重新组建》(*The Hesiodic Catalogue of Women: Constructions and Reconstructions*, Cambridge, 2005), 第176至216页, 第202页。

① 请参见Martin L. West, 前揭, 第43页。
② 我们也不能排除其他可能的影响，但这其中赫西俄德是最著名的诗人，也与雅典的诗歌传统有着非常紧密的联系。关于描写谱系的文学作品，请参见Martin L. West, 前揭, 第3页以下。关于《列女传》与雅典的关系，请参见Martin L. West, 前揭, 第168页以下；另请参见Elizabeth Irwin,《凡人之中的众神？——赫西俄德的〈列女传〉中社会与政治之间的张力》("Gods among Men? The Social and Political Dynamics of the Hesiodic *Catalogue of Women*"), 载于Richard L. Hunter编,《赫西俄德的〈列女传〉——组建与重新组建》(*The Hesiodic* Catalogue of Women: *Constructions and Reconstructions*, Cambridge, 2005), 第35至84页。关于柏拉图对《列女传》的了解，请参见《会饮》219e；《法义》944d、948b；另请参照Jacques Schwartz,《赫西俄德伪作——古代托名于赫西俄德的作品的创作、流传与失传之研究》(*Pseudo-Hesiodeia. Recherches sur la composition, la diffusion et la disparition ancienne d'œuvres attribuées à Hésiode*, Leiden, 1960), 第580至581页。
③ 请参见《克里提阿》120d。

在这里,"道德原则"很明显地适用于这一段。宙斯发动战争的πρόφασις[原因、动机]当然是正义的,他的原因就是亚特兰蒂斯人不敬神明,这些人本来是有神明属性的,但他们却选择了自己灵魂中属于凡人的部分。所以,在《列女传》中,宙斯其实并不想毁灭所有半神。实际上,是这些半神们扼杀了自己本质中属神的部分,所以才受到了惩罚。此外,宙斯更想重塑他们,而并不是想摧毁他们;宙斯的想法——与赫西俄德的观点一样——并非神秘莫测,也不会引起众神的争执,而是在《克里提阿》结束之前就表现得十分清楚了。以上这一切其实都为的是对古老的故事进行改进:早在《克里提阿》109b中,克里提阿就非常明确地表达了,在这部对话作品中,众神之间是不可能有ἔρις(争执)的。①

我们现在再来看一看《克里提阿》与《列女传》中的"拓宽视野原则"。很明显,柏拉图又一次走在了前面。首先,在《列女传》中,丢卡利翁在大洪水中的故事肯定占据着非常重要的地位,但克里提阿却很不经意地提到说,丢卡利翁在大洪水中的故事其实只发生在一个范围更广的灾难中的最后一个阶段(请参见《克里提阿》112a)。仅从这一点来讲,如果与《克里提阿》相比,《列女传》中描述的时间维度是非常小的。此外,雅典与亚特兰蒂斯帝国之间的战争发生在九千多年以前,而后者是一个比亚洲与欧洲加起来还大的岛屿,它位于赫拉克勒斯之柱以外,并且面对着"真正的大陆"(请参见《蒂迈欧》24e至25a;另请参见《斐多》109a以下)。在柏拉图之前一个多世纪,埃斯库罗斯就已经非常生动地描绘了波斯军队的规模以及波斯帝国的奇妙。就连修昔底德也费尽心思

---

① 请参见《法义》715e至716d,另请参见Heinz-Günther Nesselrath,《柏拉图的〈克里提阿〉——译文与注疏》(*Platon, Kritias: Übersetzung und Kommentar*, Göttingen, 2006),第431页。

地想要表明,伯罗奔战争比特洛伊战争的规模更大、更为重要。不过,在幻想中,上古雅典在空间与时间上都要广阔得多,"这个击败了亚特兰蒂斯帝国的城邦比任何历史作品中[217]写到的雅典都更加荣耀,也是最为典型的"。①所以,特洛伊战争——在这个方面也包括希腊波斯战争与伯罗奔战争——都无法和雅典与亚特兰蒂斯帝国的战争相提并论。

结　　论

由于许多原因,柏拉图在许多方面重塑了赫西俄德叙事中的手法与主题,如果我们仔细考察这些内容,会获益匪浅。②作为本章的结论,笔者只想在三个方面对《蒂迈欧》与《克里提阿》的文学地位进行说明。

首先,在《蒂迈欧》中柏拉图令人十分惊讶地强调了其内容的真实性,由于赫西俄德在《神谱》中就做出了这种大胆的声明,所以,这很可能是受到了《神谱》的影响。③毕竟,在《王制》中他将赫西俄德所声称的事实真相当成了"最大的谎言",而且,在《蒂迈欧》中,苏格拉底十分满意亚特兰蒂斯帝国的故事中表现出的是"真实的故事",而并不像某些"编造出来的神话故事"。苏格拉底在这里所说的很可能就是赫西俄德作品中"伪装成真相的谎言"与柏拉图笔下的真实诗歌之间的区别(请参见《蒂迈欧》26e至27b;赫西俄德,《神谱》第27行),④而"伪装成真相的谎言"很可能

---

① 请参见Sarah Broadie,前揭,第27至28页。
② 相关内容请参见本书第十一、十二章。
③ 请参见《蒂迈欧》21d、26c至26d、26e,另请对照《神谱》第28行。
④ 这两部作品中的相关段落之后都是讲述宇宙学的段落,而且它们之间有着很多相似性。

第十章 柏拉图的赫西俄德与宙斯的意愿

就是荷马与赫西俄德这些诗人们作品的标志。[1]我们可以看到,柏拉图声称自己表现了事实真相,其基础是他拓展了赫西俄德笔下的宇宙,并且为这个宇宙赋予了更高的道德标准。

第二,在赫西俄德与柏拉图笔下,宙斯的意愿都通过战争(以及其后的自然灾难)的方式为英雄时代划上了句号。[2]在此之后,人类中的幸存者发现世界是如此贫瘠:关于这一点,在《克里提阿》中柏拉图做出了一个鲜明的对比,当时的雅典郊区十分富裕,[218]而现在的雅典郊区变得贫瘠而荒芜,就好像"病人的干枯骨骼一样"(111a以下)。这一切都与叙事诗十分相似:叙事诗的一个特点就是,总会将英雄时代的广大与现实世界的渺小贫瘠进行对比。[3]

最后,《列女传》与《神谱》的故事的主体是神明与凡人女子之间的爱情,这些故事涵盖了众神、半神,以及英雄时代的结尾。柏拉图也使用了相同的方式将《蒂迈欧》与《克里提阿》连接在了一起:克里提阿在自己的讲辞中延续了蒂迈欧的讲辞——赞歌,他也

---

[1] 请参见Graziano Arrighetti,《赫西俄德作品》(*Esiodo. Opere*, Turin, 1998)前言第19页以下,以及Thomas A. Szlezák,《亚特兰蒂斯帝国与特洛伊、柏拉图与荷马——关于亚特兰蒂斯帝国神话声明其真实性的观点》("Atlantis und Troia, Platon und Homer: Bemerkungen zum Wahrheitsanspruch des Atlantis-Mythos"),载于*Studia Troica*,第3期,第233至237页,第234页。关于与之不同的观点,请参见Gregory Nagy,《赫西俄德〈神谱〉中的权威和作者》("Autorité et auteur dans la «Théogonie» Hésiodique"),载于Fabienne Blaise、Pierre Judet de la Combe与Philippe Rousseau编,《神话之艺——关于赫西俄德的讲座》(*Métier du mythe. Lectures d'Hésiode*, Lille, 1996);以及Jenny S. Clay, 前揭,第58页以下。

[2] 请参见《蒂迈欧》25d,其中很有可能暗指了赫西俄德的作品中的段落。请参见Maria M. Sassi, 前揭,第112页;Ruth Scodel,《阿开亚人的墙与毁灭的神话》("The Achaean Wall and the Myth of Destruction"),载于*Harvard Studies in Classical Philology*,第86期,第33至50页,以及其中的参考书目。

[3] 请参见Mark Griffith,《赫西俄德作品中的人格》("Personality in Hesiod"),载于*Classical Antiquity*,第2期,第37至65页;Barbara Graziosi与Johannes H. Haubold编,《荷马——叙事诗的回响》(*Homer: The Resonance of Epic*, London, 2005)。

同样运用了诗歌吟诵家们所使用的词汇。①此外，柏拉图将亚特兰蒂斯帝国的起源归于波塞冬与一位女英雄，而他特意将这位女英雄称为"凡人女子"（请参见《克里提阿》113c），这并不是偶然的。所以《蒂迈欧》与《克里提阿》既是两部不同的作品，同时又形成了一个整体：尽管这其中有很多不同的含义，这与叙事诗人的作品一脉相承——很有可能是以赫西俄德的作品为模板的。②

毫无疑问，柏拉图的文学规划极其复杂而又野心勃勃。不过，有一点却是可以肯定的：就算不考虑他想要替代伟大的前代诗人的野心，在考察过他的"道德原则"与"拓宽视野原则"之后，我们也能够明白什么是他所说的优秀诗歌，也能够明白在后世中为什么将他称作最伟大的作家。归根结底，用朗基诺斯的说法，柏拉图超越了我们身边的世界，并且在我们的心中激起了朝向永恒与神圣的热情。③

---

① 请参见《克里提阿》106b。
② 至少自从20世纪初期开始就有着这些观点，请参见Ulrich von Wilamowitz-Moellendorff，《柏拉图》(Platon，两卷本，第2版，Berlin，1920)，第1卷590页至592页、第2卷255页以下。很早以前，《蒂迈欧》与《克里提阿》之间的关系就是一个人们争论不休的话题。关于这两部作品以手抄本形式的传承，请参见Jonkers 1989，牛津古典文本系列即将出版《蒂迈欧》的新版本(Gerald. J. Boter编)，《克利托丰》的新版本也已经出版(S. R. Slings编)。然而，历代手抄本传承的研究成果并不足以让我们得出任何确定的结论，请参见M. W. Haslam，《有关柏拉图未完成的对话作品的一个注解》("A Note on Plato's Unfinished Dialogues")，载于American Journal of Philology，第97期，第336至339页。
③ 请参见朗基诺斯，《论崇高》第35章1至4节。

第十一章 被纠正的混乱
——柏拉图创世神话中的赫西俄德

彭德尔(Elizabeth E. Pender)

引 言

[219]柏拉图的对话作品明确地表达了他对古希腊文化传统的尊敬,但是,与这种尊敬相对的则是柏拉图的强烈的竞争意识,而这种竞争意识又因为他对自己在哲学思辨中不断取得进展的自信而更为加强。[①]在柏拉图生活的雅典,赫西俄德的《神谱》有着很大的影响力,雅典人认为这部作品是一个古代流传下来的最值得尊敬的创世神话。在写作关于宇宙诞生的新神话时,柏拉图效法了赫西俄德这一范本中的精华,而更为重要的是,他的意图是与《神谱》展开竞争。尽管柏拉图的《蒂迈欧》与《神谱》之间有着明显的差别,但是也表现出与《神谱》有着深刻的联系。在《蒂迈欧》的开篇,赫西俄德的名字与荷马一同被提及。在他的宇宙学叙述中,柏拉图采用并改编了赫西俄德叙述中的许多特征,这包括使用重要属性的神格化、以家族血脉作为主要动机,并添加许多对立的概念作为辅助。另外,在蒂迈欧的叙述里最关键的转折性段落中,柏拉

[①] 当然,关于这个问题也有学者提出不同的观点,请参见本书第二章。

图明确地通过暗指赫西俄德,而强调自己对《神谱》的回应。通过这些对《神谱》的暗指与模仿,我们知道《神谱》给《蒂迈欧》带来的影响是成体系的,而且,《蒂迈欧》在所有的创世神话中都有着非常具体的源头。柏拉图笔下的神话来自古希腊神话,但是我们又必须将其区别对待。在柏拉图的时代,目的论(teleology)的学说有了突飞猛进的发展,[220]这就要求柏拉图在《蒂迈欧》中纠正前辈作家的一些根本错误——这包括关于神明的本质、被创造的宇宙以及他们之间关系的观点。

保持传统

《蒂迈欧》开篇的讨论表明了柏拉图对古希腊诗歌传统的复杂评价。在最开始的谈话中,苏格拉底提到了理想城邦以及它的好处,他还说自己并没有充足的能力歌颂这样的城邦,然后便把这个任务交给了自己的同伴们。在这些准备阶段的讨论中,苏格拉底提到了诗人的局限性(19d3–19e2),而克里提阿则说,梭伦本来是有潜力超过赫西俄德与荷马的。①这些与主题关联不大的简短说法体现出了雅典的文化背景,同时,也间接地表明了柏拉图有资格作为故事的讲述者与改编者。柏拉图向已经确立的古希腊思想提出挑战,但同时也留意着古代作者的权威说法,尤其是那些与神明有关的观点。当苏格拉底的朋友们为了支持苏格拉底对理想城邦所给出的革命性提议时(17c1–19c6),他们提到了自己为古代故事所

---

① 请参见《蒂迈欧》21d1–21d3(克里提阿关于梭伦所说的话): κατά γε ἐμὴν δόξαν οὔτε Ἡσίοδος οὔτε Ὅμηρος οὔτε ἄλλος οὐδεὶς ποιητὴς εὐδοκιμώτερος ἐγένετο ἄν ποτε αὐτοῦ. [照我说,无论赫西俄德、荷马还是其他诗人本来都不能比他更出名的]。本章中《蒂迈欧》的原文出自John Burnet编,《柏拉图作品:重订本并附简短校勘记》(*Platonis Opera: Recognovit Brevique Adnotatione Critica Instruxit*, Oxford 1899–1907)。

作的有价值的续篇,在这里,传统与创新之间的张力第一次出现。此外,克里提阿还把苏格拉底理想城邦中的"想象中的公民"从 ἐν μύθῳ[神话中](26c8)转移到了历史的ἐπὶ τἀληθές[现实中],他认为这些公民事实上就是他们的祖先(προγόνους ἡμῶν[我们的祖先]:26d3)——也就是古代的雅典人。

《蒂迈欧》的开篇主要关注的是过去,对话者们谈到了过往的故事以及故人的谱系。克里提阿讲述了当他还是个孩子的时候是如何从自己的祖父(他的名字也叫克里提阿)那里听说了关于亚特兰蒂斯帝国的故事,而老人讲述这个故事的时候已经将近九十岁了(21b1)。[221]克里提阿的祖父是从自己的父亲德洛庇德斯(Dropides)那里继承的这个故事,而德洛庇德斯则是从原作者那里听到这个故事的:原作者是德洛庇德斯的οἰκεῖος καὶ σφόδρα φίλος[亲戚与挚友]梭伦(20e1-20e2)。通过提到克里提阿的祖父与曾祖父,柏拉图强调了克里提阿是他的家族中听到这个故事的第三代人。②此外,这个故事还说到,甚至连那些讲述τὰ ἀρχαιότατα[最古老的故事](22a5)的前辈雅典人都不知道更古老的史前历史。克里提阿讲述了梭伦是如何游历埃及并在埃及的萨伊斯(Σάϊς、Saïs)与当地祭司谈话的,而这些祭司是古代知识的守护者(21e1-22a2)。梭伦为那些祭司们讲述了古代希腊关于最早的人类以及大洪水的幸存者——丢卡利翁(Deucalion)与皮拉(Pyrrha)——的传说并γενεαλογεῖν[追溯](22b2)了他们后代的谱系。而其中一个"年

---

① 请参见《蒂迈欧》21a7-21b1: ἐγὼ φράσω, παλαιὸν ἀκηκοὼς λόγον οὐ νέου ἀνδρός. ἦν μὲν γὰρ δὴ τότε Κριτίας, ὥς ἔφη, σχεδὸν ἐγγὺς ἤδη τῶν ἐνενήκοντα ἐτῶν, ἐγὼ δέ πῃ μάλιστα δεκέτης[我会讲的,这个故事很古老,我是从一个并不很年轻的人那里听说的。按照克里提阿自己的说法,他当时已经接近九十岁了,而我当时也就差不多十岁]。

② 请参见《蒂迈欧》20e1-20e4: [Σόλων] ἦν μὲν οὖν οἰκεῖος καὶ σφόδρα φίλος ἡμῖν Δρωπίδου τοῦ προπάππου ... πρὸς δὲ Κριτίαν τὸν ἡμέτερον πάππον εἶπεν, ὡς ἀπεμνημόνευεν αὖ πρὸς ἡμᾶς ὁ γέρων[梭伦是我的曾祖父德洛庇德斯的亲戚与挚友……他将其讲给了我的祖父克里提阿,而他在年老的时候凭记忆讲给了我]。

龄很老的"(μάλα παλαιόν)祭司在回答时责备了他(22b4–22b5)：ὦ Σόλων, Σόλων, Ἕλληνες ἀεὶ παῖδές ἐστε, γέρων δὲ Ἕλλην οὐκ ἔστιν. [梭伦啊，梭伦，你们希腊人永远都是孩子，希腊根本就没有老人]。这位祭司认为希腊人并没有οὐδεμίαν ... δι' ἀρχαίαν ἀκοὴν παλαιὰν δόξαν[任何基于长远传统的古老观念](22b7–22b8)，他还批评梭伦γενεαλογηθέντα[所讲述的谱系](23b4)其实παίδων βραχύ τι διαφέρει μύθων[跟儿童故事之类的差不多]。他解释说，希腊人不知道他们自己真正的历史，其原因就是他们的文学传统曾经中断过，雅典人并不知道，他们其实是世界上最勇敢的一个种族的后代(23b6–23c2)。这个祭司接下来又讲述了最早的雅典人的故事，这个故事发生的时间距雅典ἐκ Γῆς τε καὶ Ἡφαίστου τὸ σπέρμα παραλαβοῦσα ὑμῶν[从大地神与赫淮斯托斯那里接过你们这些人的种子]的九千年之前。①

在克里提阿讲述梭伦的故事时，进一步加强了对知识在世代间传承的强调。克里提阿描述了，在庆贺阿帕图利亚节(Apaturia)的时候，他是如何从他的祖父那里听说这个故事的。他还特意点出了当时的具体场合——"儿童节"(Κουρεῶτις: 21b1–21b5)：

> ἡ δὲ Κουρεῶτις ἡμῖν οὖσα ἐτύγχανεν Ἀπατουρίων. τὸ δὴ τῆς ἑορτῆς σύνηθες ἑκάστοτε καὶ τότε συνέβη τοῖς παισίν: ἆθλα γὰρ ἡμῖν οἱ πατέρες ἔθεσαν ῥαψῳδίας. πολλῶν μὲν οὖν δὴ καὶ πολλὰ ἐλέχθη ποιητῶν ποιήματα.
>
> 当时我们恰好在庆贺阿帕图利亚节中的儿童节。这是个为孩子们举办的传统节庆，每次都是在这一天的，父亲们会为我们设置各种朗诵诗歌的奖项。许多诗人的诸多作品被朗诵了出来。

---

① 请参见《蒂迈欧》23e1–23e2。

[222]阿帕图利亚节庆祝的是雅典社会中的"兄弟情谊"(φρατ-ρίαι),这个社会认为,在久远的过去自己有着一个共同的祖先。而在"儿童节"这天,会将雅典的孩子们登记到家谱上,从而他们也会在这一天成为"兄弟情谊"中的一份子。雅典人通过克里提阿回忆中的"传统节庆"——也就是朗诵传统诗歌的比赛——来保护自己的文学传统与家族谱系。①由于在这里克里提阿所描述的是柏拉图的曾外祖父,所以柏拉图于此处也是在保护并思考自己的家族谱系,而这条谱系可以向上追溯至梭伦,甚至更早。通过以上所说的诸多手法,《蒂迈欧》在开始部分着重关注了家族传统、家族谱系,以及文化知识从远古到当代的传承等问题。所以,谱系的主题为讲述神明创生宇宙做好了铺垫,同时也暗指了柏拉图本人十分清楚自己笔下的神话在古希腊创世神话的谱系中的地位。

《蒂迈欧》的开篇部分关注了对传统知识的保存,这进一步引出了讲述关于神明与古老历史的权威归属问题。在讲述亚特兰蒂斯帝国的故事时,埃及祭司将雅典的建立看作是众神的创造,他说雅典是雅典娜与赫淮斯托斯共同建立的。尽管克里提阿在这里所说的只是对神话的引用,但苏格拉底对这个故事的回应却是τό τε μὴ πλασϑέντα μῦϑον ἀλλ' ἀληϑινὸν λόγον εἶναι πάμμεγά που[最重要的是,这个故事并不是捏造出来的,而是真实的](26e4–26e5)。在克里提阿讲述的故事中,最高的权威是那位埃及祭司。但是,当蒂迈欧讲述一个更加古老的故事时,权威又该是谁呢?蒂迈欧关于神明创造世界的讲辞是否也会是真实的历史呢?在自己讲辞的开头,蒂迈欧向神明求助,这就表现出了在讲述神明创造整个宇宙的

---

① 关于柏拉图把阿帕图利亚当作一个含有暗示意义的地名的研究,请参见Elizabeth E. Pender,《柏拉图〈蒂迈欧〉与〈斐德若〉中对诗歌的暗指》("Poetic Allusions in Plato's *Timaeus* and *Phaedrus*"),载于*Göttinger Forum für Altertumswissenschaft*,第10期,第51至87页。

故事时所产生的挑战。苏格拉底建议蒂迈欧*κατὰ νόμον*(依照传统)向神明求助,而蒂迈欧则回答说(27c1-27d1):

> ἀλλ', ὦ Σώκρατες, τοῦτό γε δὴ πάντες ὅσοι καὶ κατὰ βραχὺ σωφροσύνης μετέχουσιν, ἐπὶ παντὸς ὁρμῇ καὶ σμικροῦ καὶ μεγάλου πράγματος θεὸν ἀεί που καλοῦσιν· ἡμᾶς δὲ τοὺς περὶ τοῦ παντὸς λόγους ποιεῖσθαί πῃ μέλλοντας, ἢ γέγονεν ἢ καὶ ἀγενές ἐστιν, εἰ μὴ παντάπασι παραλλάττομεν, ἀνάγκη θεούς τε καὶ θεὰς ἐπικαλουμένους εὔχεσθαι πάντα κατὰ νοῦν ἐκείνοις μὲν μάλιστα, ἑπομένως δὲ ἡμῖν εἰπεῖν. καὶ τὰ μὲν περὶ θεῶν ταύτῃ παρακεκλήσθω.

> 但是苏格拉底啊,所有人——就算是很缺乏智识的人也会这么做——无论小事还是大事,在开始着手之前都会祈求神明。我们将要发表一个关于宇宙万物的讲辞——它是如何出现的,又或者它根本没有起源——[223]只要我们还没有失去理智,那么就必须要用祈祷向众神以及众女神呼唤,希望我们所说的话全部都能在最大程度上合他们的心意,其次也能合我们自己的心意。那么就照这样向众神祈祷吧。

在这里,蒂迈欧按照传统的形式祈求众神支持自己的讲辞,同时,我们早已在叙事诗中(包括赫西俄德在《神谱》第104至115行对缪斯女神们的祈祷)熟知了这种祈祷。赫西俄德所讲述的是关于众神出生的故事,他采取的方式是将讲述的权威归于缪斯女神们,并声称自己是在赫利孔山上直接听缪斯女神们讲述的。但是,尽管诗人已经很勇敢地迈出了这一步,但他仍然认为十分有必要将注意力转移到缪斯女神们所讲述的内容的真实性上。于是,在《神谱》的起始部分,赫西俄德让缪斯女神们把诗人当作人类的代表,并对他

说(第26至28行)①:

> *ποιμένες ἄγραυλοι, κάκ' ἐλέγχεα, γαστέρες οἶον,*
> *ἴδμεν ψεύδεα πολλὰ λέγειν ἐτύμοισιν ὁμοῖα,*
> *ἴδμεν δ', εὖτ' ἐθέλωμεν, ἀληθέα γηρύσασθαι.*
> 原野中的牧羊人啊,可鄙的坏家伙,只知吃喝的馋虫,
> 我们知道怎样把很多谎言讲得听上去就像真相,
> 但是当我们愿意的时候,我们也知道如何咏唱事实。

缪斯女神们表达了她们对人类的鄙夷,也强调了可怜的牧羊人与她们在知识与能力上的巨大差距,这里所说的其实就是所有人类的局限。在缪斯女神们讲述了自己的反复无常(第28行)之后,疑问仍然没有解开: 她们这一次是不是会咏唱事实? 在自己笔下的众神谱系真正开始之前,赫西俄德先提出了这个讲述众神谱系的权威性的问题。

与赫西俄德相似,在自己的文本中,柏拉图也首先提出了讲述宇宙创生故事的权威性与真实性的问题。在《神谱》的开篇以及蒂迈欧所讲述的宇宙创生故事的开头都提出了所述内容是否是真实发生过的事情的问题。但是与赫西俄德不同的是,在真实性这个问题上,柏拉图采取了一个不同的解决方案,这个解决方案为我们所熟知,也就是柏拉图说这只是一个"很有可能发生过的故事"。②柏拉图给出了两个理由: 首先,因为宇宙[224]本身也只是一个模仿的产物,故而关于它的讲辞就不像关于实际理型的讲辞一样完全可

---

① 本章中的赫西俄德作品原文摘自Friedrich Solmsen编,《赫西俄德的〈神谱〉、〈劳作与时日〉以及〈赫拉克勒斯之盾〉》(*Hesiodi Theogonia, Opera et Dies, Scutum Oxonii : E Typographeo Clarendoniano*, 1970)。
② 柏拉图将蒂迈欧的宇宙创生故事称作是"很有可能发生过的"故事,请参见29d2、44d1、48d2、53d5、55d5、56a1、56b4、56d1、68b7、72d7以及90e8。

靠，所以这个讲辞本身仅仅只能是"很有可能发生过的"(29c2)。而随着解释的进一步深入，又出现了另一个更为人们所熟知的理由(29c4–29d3)：

> ἐὰν οὖν, ὦ Σώκρατες, πολλὰ πολλῶν πέρι, θεῶν καὶ τῆς τοῦ παντὸς γενέσεως, μὴ δυνατοὶ γιγνώμεθα πάντῃ πάντως αὐτοὺς ἑαυτοῖς ὁμολογουμένους λόγους καὶ ἀπηκριβωμένους ἀποδοῦναι, μὴ θαυμάσῃς· ἀλλ' ἐὰν ἄρα μηδενὸς ἧττον παρεχώμεθα εἰκότας, ἀγαπᾶν χρή, μεμνημένους ὡς ὁ λέγων ἐγὼ ὑμεῖς τε οἱ κριταὶ φύσιν ἀνθρωπίνην ἔχομεν, ὥστε περὶ τούτων τὸν εἰκότα μῦθον ἀποδεχομένους πρέπει τούτου μηδὲν ἔτι πέρα ζητεῖν.

> 苏格拉底啊，如果在关于许多事情的许多内容上——也就是关于众神以及一切万物的创生——我们并不能让讲辞在所有内容上和原本情况完全一致并全然精确的话，请你不要惊讶。如果我们能得出一个说法，并且除此之外没有别的说法能更接近事实，那么就应该满足了，我们应该记住，我作为讲述者、而你们作为我的评判者都只是人而已，所以很明显地，我们应该接受这个近似事实的故事，而不应该求取更多了。

在这里，人类与神明在知识上的差距变成了解释这个故事为什么只是"很有可能发生过"的另一理由。这让我们会想到赫西俄德笔下缪斯女神们对牧羊人的嘲笑，而在《蒂迈欧》后面的部分中，再次出现了关于人类局限性的主题(40d6–40e4)。① 在讲述完星体的创造之后，蒂迈欧再一次提到了这些有关神明的讲辞的真实性问题(40d6–40d7)：

---

① 同时，在《蒂迈欧》53d6–53d7，也强调了人类与神明在知识上的差距，在那里，蒂迈欧说道，只有众神以及众神所青睐的人们才能得知物质的遥远开端。

第十一章 被纠正的混乱

> περὶ δὲ τῶν ἄλλων δαιμόνων εἰπεῖν καὶ γνῶναι τὴν γένεσιν μεῖζον ἢ καθ' ἡμᾶς.

关于其他的神明们,探寻并讲述他们的诞生对我们来说就太过困难了。

在27c1–27d1,蒂迈欧依靠了向神明的祈求,而在这里,他又使用了一个不同的方式来处理神明谱系的问题(40d7–40e4):

> πειστέον δὲ τοῖς εἰρηκόσιν ἔμπροσθεν, ἐκγόνοις μὲν θεῶν οὖσιν, ὡς ἔφασαν, σαφῶς δέ που τούς γε αὐτῶν προγόνους εἰδόσιν: ἀδύνατον οὖν θεῶν παισὶν ἀπιστεῖν, καίπερ ἄνευ τε εἰκότων καὶ ἀναγκαίων ἀποδείξεων λέγουσιν, ἀλλ' ὡς οἰκεῖα φασκόντων ἀπαγγέλλειν ἑπομένους τῷ νόμῳ πιστευτέον. οὕτως οὖν κατ' ἐκείνους ἡμῖν ἡ γένεσις περὶ τούτων τῶν θεῶν ἐχέτω καὶ λεγέσθω.

必须相信那些之前已经讲述过这些事的人们,据说他们都是众神的后代,那么他们理当更加了解自己的祖先;不能不相信众神的孩子们,尽管他们在讲述时缺乏可信并强有力的证据,但是既然他们所说的是他们自己家族的故事,那么我们就必须按照传统相信他们。[225]那么,就让有关这些神明降生的故事按照他们的说法成立并为我们讲述吧。

在这里,柏拉图明显是在暗指赫西俄德的《神谱》。那些在柏拉图之前讲述神话并自称为众神后代的人,指的是诸如俄耳甫斯与缪赛俄斯这样的人物,但是,当柏拉图提到神明降生的故事时,他指的就肯定是赫西俄德的《神谱》。在《神谱》的第132至138行,大地神与天神产下了他们的第一代后裔:

> αὐτὰρ ἔπειτα

Οὐρανῷ εὐνηθεῖσα τέκ' Ὠκεανὸν βαθυδίνην,
Κοῖόν τε Κρῖόν θ' Ὑπερίονά τ' Ἰαπετόν τε
Θείαν τε Ῥείαν τε Θέμιν τε Μνημοσύνην τε
Φοίβην τε χρυσοστέφανον Τηθύν τ' ἐρατεινήν.
τοὺς δὲ μέθ' ὁπλότατος γένετο Κρόνος ἀγκυλομήτης,
δεινότατος παίδων· θαλερὸν δ' ἤχθηρε τοκῆα.
后来，
她又与天神合卺，产下了漩涡深邃的俄刻阿诺斯，
还有科伊俄斯、科利俄斯、许佩里翁与伊阿佩托斯，
又有忒亚、瑞亚、特弥斯和摩内莫绪涅，
以及黄金冠冕的光明神福布斯与可爱的忒提斯。
此后，狡猾多端的克洛诺斯最后一个降生，
他是最可怕的一个后代，嫉恨着自己那欲火炙烈的父亲。

第二代众神则由瑞亚与克拉诺斯所生，这在《神谱》第453至458行中有着相近的记载：

Ῥείη δὲ δμηθεῖσα Κρόνῳ τέκε φαίδιμα τέκνα,
Ἱστίην Δήμητρα καὶ Ἥρην χρυσοπέδιλον
ἴφθιμόν τ' Ἀίδην, ὃς ὑπὸ χθονὶ δώματα ναίει
νηλεὲς ἦτορ ἔχων, καὶ ἐρίκτυπον Ἐννοσίγαιον
Ζῆνά τε μητιόεντα, θεῶν πατέρ' ἠδὲ καὶ ἀνδρῶν,
τοῦ καὶ ὑπὸ βροντῆς πελεμίζεται εὐρεῖα χθών.
瑞亚屈从于克洛诺斯，为他生下了光辉的后代：
希斯提亚、德墨特尔与黄金足履的赫拉，
以及强大的哈德斯，他内心残忍无情，居住在
下界的洞府中，还有响声隆隆的震地神波塞冬
以及英明的宙斯，众神与凡人的父亲，
宽广的大地在他放出的雷电下震荡。

当蒂迈欧讲述传统的神明家族时,很显然,他是在暗指赫西俄德的《神谱》(《蒂迈欧》40e5-41a3):

> Γῆς τε καὶ Οὐρανοῦ παῖδες Ὠκεανός τε καὶ Τηθὺς ἐγενέσθην, τούτων δὲ Φόρκυς Κρόνος τε καὶ Ῥέα καὶ ὅσοι μετὰ τούτων, ἐκ δὲ Κρόνου καὶ Ῥέας Ζεὺς Ἥρα τε καὶ πάντες ὅσους ἴσμεν ἀδελφοὺς λεγομένους αὐτῶν, ἔτι τε τούτων ἄλλους ἐκγόνους.

> 大地神与天神的孩子们,俄刻阿诺斯与忒提斯降生了,佛基斯、[①]克洛诺斯与瑞亚也在其中,还有他们之后的那些,瑞亚与克洛诺斯生下了宙斯、赫拉以及我们知道的那些兄弟姐妹们,他们又生了其他的后裔们。

把这处对赫西俄德的暗指放到40e5-41a3,就标识着柏拉图在他的两个解释宇宙的范本之间——即科学的解释与神话的解释——的转换,他在这两者之间的转换是多种多样的。从38c3至40d5,蒂迈欧讲述了神明对星体的创造,最终在40b8又讲述了地球的创造。他恭敬地把地球这颗星球人格化地称为τροφὸν ... ἡμετέραν[我们的养育者]与πρώτην καὶ πρεσβυτάτην θεῶν ὅσοι ἐντὸς οὐρανοῦ[天空的众神中的第一位,也是最古老的一位],而这种人格化贯穿于赫西俄德的《神谱》中。创造地球的过程结束了蒂迈欧关于星体创生的讲辞(40d4-40d5):ἀλλὰ ταῦτά τε ἱκανῶς ἡμῖν ταύτῃ καὶ τὰ περὶ θεῶν ὁρατῶν καὶ γεννητῶν εἰρημένα φύσεως ἐχέτω τέλος. [但这已经足够了,就让我们不再讨论关于可见的与被创生的神明的本质的问题了吧。]在接下来的几行中(40d6-40e4),蒂迈欧指出,[226]讨论其他神明的谱系并非自己能力所及,这让他必须求助于赫西俄德关于大地神与天神产下所有传统神祇的相关说

---

① 在《神谱》第237行,佛基斯是庞托斯(Pontos)与大地神的孩子。

法(40e5–41a3)。从这里开始,蒂迈欧的叙述立刻转向了造物主(Demiurge)向一系列较低等级的众神——即他的子女们[①]——所传达的指示:他让他们着手创造人类(41a5–41d3)。这样,蒂迈欧就重新开始了关于人格化的造物主的故事,造物主上一次出现还是在37c6–37d2,而在这里,就像一个父亲一样,他很高兴地看到自己后代的诞生。在37c6–37d2之后,将造物主表现为一个父亲的段落让位给了对星体创造的科学性解释,而在41a5,柏拉图重新回到了父亲这个主题,并让这个段落得到了完整的讲述。所以,在40e5–41a3蒂迈欧的叙述中,在关于提坦与奥林波斯众神的诞生的话题上,赫西俄德式的众神谱系又占据了主导地位。但是,柏拉图小心地将这个段落放在星体的创造之后的,因而在全局上,这一段的地位也较靠后,通过这种方式,柏拉图就能够强调,自己有关地球的本质与状态的说法是可以与前人一较高下的。传统神话把大地神与天神当作众神的父亲,而蒂迈欧对这段神话的运用则使科学性的解释向神话性的说辞(即新编的将造物主作为众神与凡人父亲的神话)之间的转变更为平滑。最后,蒂迈欧又提到了他的说辞中有一部分是 τῷ νόμῳ [根据传统的](40e3),这在结构上与他最开始时(27b9)对神明的祈祷起到了呼应的作用(κατὰ νόμον [根据传统]),这再一次强调了,蒂迈欧在表达神明的起源时,通过回溯古代希腊传统的方式来克服诸多困难。综上所述,柏拉图将他对赫西俄德的暗指融入了自己的独特见解中,同时也说明了他非常乐意维护并尊重前人的说法——只要这些说法能够为他所用。

[①] 请参见《蒂迈欧》41a7: θεοὶ θεῶν, ὧν ἐγὼ δημιουργὸς πατήρ τε ἔργων [众神之神啊,你们是我的作品,我是你们的造物主与父亲]。关于较低等的众神是造物主子女的说法,另请参见42e6以及69c4。关于对这一段的更深入的讨论,请参见本书第十三章。

新讲述的故事

尽管《蒂迈欧》与许多传统故事紧密相关，但柏拉图的说法仍然是新颖的，并且，他的目的在于摒除传统创世神话中的道德混乱。由于赫西俄德的《神谱》[227]记述了众神的不道德，而这就扭曲了众神的形象，故而柏拉图必须对其进行纠正。他完全不能接受关于众神的阴谋、欺诈与暴力行为的故事。在《法义》886c中，可以直接将柏拉图对古代神话的批评运用到《神谱》上，而且，在《王制》377d4，当柏拉图在解释为什么不能接受这些关于众神的不道德事迹的故事时，他提到了赫西俄德的名字。在《王制》中，因为其所写的克洛诺斯阉割自己父亲的故事(377e)以及巨人之战(378c)而将赫西俄德单独提出来进行了批评。然后，在379a7–379b2，柏拉图在实质上展开了对传统神话的转变：因为神明是绝对ἀγαθός(善的)，所以，关于众神不道德事迹的故事并不能为神明的本质给出一个合理的解释。在《王制》接下来的章节中(379b-379c)，认为神明并不是一切万物的αἴτιον[起源、源头、原因]，而只是善的事情的源头，其原因是，神明的善的本性让他们不可能成为恶或伤害的源头。在《蒂迈欧》中，将人格化的造物主说成是宇宙的αἴτιον[起源、源头](28c2–30c1)，①这种说法让我们想到《王制》，而这种说法的根基也就在《王制》中。在《蒂迈欧》中，将宇宙万物的源头很清晰地表达为"善的"，而且这个源头发生作用的动机是完全合乎道德的(29d7–29e2)：

---

① 请参见《蒂迈欧》28c2–28c5：τῷ δ' αὖ γενομένῳ φαμὲν ὑπ' αἰτίου τινὸς ἀνάγκην εἶναι γενέσθαι. τὸν μὲν οὖν ποιητὴν καὶ πατέρα τοῦδε τοῦ παντὸς εὑρεῖν τε ἔργον καὶ εὑρόντα εἰς πάντας ἀδύνατον λέγειν.[而通过演变过程而出现的东西一定是由于某个原因而出现的。而寻找万物的创造者与父亲是非常困难的，而且即便找到了，要对所有人讲述也是不可能的］。

λέγωμεν δὴ δι' ἥντινα αἰτίαν γένεσιν καὶ τὸ πᾶν τόδε ὁ συνιστὰς συνέστησεν. ἀγαθὸς ἦν, ἀγαθῷ δὲ οὐδεὶς περὶ οὐδενὸς οὐδέποτε ἐγγίγνεται φθόνος.

那么就让我们说说这个将被造物与一切万物建构起来的造物主将它们建构起来的原因吧。他是善的，正因为他是善的，关于任何事情，在任何时候，嫉恨都不会出现。

用于强调的否定词以及对ἀγαθός[善]的重复都强调了神明完全合乎道德的本质，而且在29e4，又将它进一步称为被造物与整个宇宙的ἀρχὴ κυριωτάτη[最具权威性的准则]。与赫西俄德笔下的乌拉诺斯、克洛诺斯与宙斯不同的是，柏拉图笔下至高的神明并不是仅仅为了让自己得到并掌控权力才为世界创造规则的。这位至高的神明，以及他所创造的诸多神明都是善的，而他们的目标则是创造更多的善。这样，就必须将赫西俄德笔下的那些王朝更替的冲突与政治权力的斗争完全放到一边。

[228]在展示了宇宙是通过善的准则建构起来的之后，柏拉图又讲了一个新故事。不过，尽管蒂迈欧的讲辞会对宇宙进行理想化与科学化的解释，但是，这些解释也只能在读者中间起到娱乐化的效果而已。在《蒂迈欧》的开篇中，娱乐化的效果是一个一直贯穿的主题，对话者在讲辞中重复使用的比喻都渲染了友好的、娱乐化的宴会气氛。① 柏拉图的神话不仅必须能够纠正以前的诗人们所犯下的错误，同时还要对抗这些错误言论的影响力。他必须要将故事中的恶人、诡计与暴行抹去，同时还要保留听众的兴趣。为了达到这个目的，柏拉图使用的一个非常主要的手法就是，提出赫

---

① 请参见《蒂迈欧》17a2–17a3: "δαιτυμόνων"[宾客]、"ἑστιατόρων"[主人]; 17b2–17b4: "ξενισθέντας"[受到款待]、"ξενίοις"[周到的]、"ἀνταφεστιᾶν"[回请]; 20c1: "ξένια"[宴飨]; 27a2: "ξενίων"[宴飨]; 27b8: "ἑστίασιν"[酒席]。

西俄德《神谱》中关于世界出现与众神谱系的故事线索，并将其和叙事中的两极矛盾以及这些矛盾的解决结合起来。所以，在赫西俄德的影响下，柏拉图借助众神家族的语境与张力表现出了宇宙的创生与发展。

养育宇宙

柏拉图的叙事以完全不同的切入点展现了宇宙的诞生，这就挑战了赫西俄德笔下的创世神话，也让宇宙发展的模式与赫西俄德作品中的模式完全不同。不过，尽管二者有着诸多不同之处，柏拉图仍然像赫西俄德一样使用人格化的方式表现宇宙诞生之初的诸多动力与事件，并且在建立故事结构的时候使用各种矛盾对立的人格化表达方式。让我们从赫西俄德的作品开始讨论。

《神谱》中的原初事物

在《神谱》开篇的最后部分，赫西俄德笔下的诗人向缪斯女神们进行了祝祷（第104至115行），而他所讲述的众神谱系是在第116至122行正式开始的：

> ἦ τοι μὲν πρώτιστα Χάος γένετ', αὐτὰρ ἔπειτα
> Γαῖ' εὐρύστερνος, πάντων ἕδος ἀσφαλὲς αἰεὶ
> [229]ἀθανάτων, οἳ ἔχουσι κάρη νιφόεντος Ὀλύμπου,
> [Τάρταρά τ' ἠερόεντα μυχῷ χθονὸς εὐρυοδείης,]
> ἠδ' Ἔρος, ὃς κάλλιστος ἐν ἀθανάτοισι θεοῖσι,
> λυσιμελής, πάντων δὲ θεῶν πάντων τ' ἀνθρώπων
> δάμναται ἐν στήθεσσι νόον καὶ ἐπίφρονα βουλήν.
> 最初诞生的是混沌神，在这之后则是

> 胸怀宽广的大地神，她永远是所有众神的坚实
> 根基，众神掌握着终年积雪的奥林波斯山的顶峰，
> [又有昏暗的塔尔塔洛斯在道路宽阔的大地深处，]
> 还有爱欲之神厄若斯，不朽众神中的最美者，
> 能让筋骨松弛，也能让一切众神与凡人
> 心中的想法与深思熟虑都混乱颠倒。

笔者同意关于在这里是将塔尔塔洛斯包含在大地神之内的观点，[①]那么，最原初的事物就只有三个：混沌神、大地神与爱欲之神。[②]关于宇宙真正的开始并没有详尽地出现在赫西俄德的叙事中，不过这几行也并没有说大地神与爱欲之神是从混沌神中诞生出来的，这三者似乎是分别诞生的，而混沌神是第一个。在古希腊文中，Χάος[混沌]一词的本意是"鸿沟"，这个词语是中性的，而它的意义和本质被赋予了许多不同的解释。最稳妥的解释是，Χάος是"裂缝"或"大开的缺口"的意思。[③]故此，从宇宙诞生的一开始，对于赫西俄德来说，就只有一个事物存在———一个裂缝，但它并没有独自繁衍出接下来出现的诸多事物。所以这里并没有米利都(Miletus)的哲学家们所说的一种或多种关系，他们认为，整个宇宙

[①] 从古代开始，"昏暗的塔尔塔洛斯"是否为最原初的事物就存有争议，请参见 Jenny S. Clay,《赫西俄德的宇宙》(*Hesiod's Cosmos*, Cambridge, 2003)，第15至16页。

[②] 在柏拉图的《会饮》178b3–178b9对赫西俄德笔下这几行的概括佐证了笔者在这里的观点。但是关于另外的看法，请参见本书第8章。

[③] 这解释了这个词在《神谱》第736至745行以及第807至814行的用法，一些学者对这个词的解释是"黑暗的、昏暗的"，请参见Martin L. West编，《赫西俄德〈神谱〉》(*Hesiod: Theogony*, Oxford, 1966)；另一些学者则根据第742至743行认为："更深一层的解释很可能是……这表现出了一种内在的运动"，请参见Michael C. Stokes,《赫西俄德与米利都学派的宇宙诞生理论——第二部分》("Hesiodic and Milesian Cosmogonies - II")，载于*Phronesis*，第8期，第1至34页，第21页。但是除了第742行所写的猛烈的风暴之外，似乎并没有其他迹象表明Χάος代表了混乱。

都是从一个事物或一个 *ἀρχή*[本原]中诞生出来的。① 然而，混沌神的确孕育了两个后代[230]——埃瑞波斯("Ἔρεβος; 字面意思是: 黑暗)与夜女神(*Νύξ*)——从而繁殖出了自己的整个家族。"Ἔρεβος"这个词在语法上是中性词，但是在概念上则是一个阳性词。*Νύξ* 是一个阴性词，于是，混沌神的两个孩子相互结合并产下了与他们的概念相对的以太神(*Αἰθήρ*; Aether; 古人想象的天国中的极轻薄、极明亮的空气物质)与白日女神(*Ἡμέρη*; Hemera;《神谱》第123至125行)。混沌神的两个孩子的相互结合以及其后各个后代之间的结合是因为爱欲之神厄若斯的存在才变为可能的，而爱欲之神自己则并没有产下任何后代。韦尔南(Jean-Pierre Vernant)思考了爱欲之神在赫西俄德笔下最初的三个事物中的地位，并指出②：

> 爱欲之神厄若斯说明了……隐秘地包藏在他的祖先中的东西……他让对立性、多样性与整体都变得清晰明了。

按照这种解读，在宇宙形成之初的第一个阶段，爱欲之神起到了积极的作用，他影响到了其他事物并使孕育繁衍成为可能。③ 混沌神与大地神都分别从自身中繁衍出了后代，于是多种多样的诸多个体从最初的整体中间出现。从形成之后的宇宙的角度来看，我

---

① 请参见Michael C. Stokes,《赫西俄德与米利都学派的宇宙诞生理论——第一部分》("Hesiodic and Milesian Cosmogonies - I"), 载于 *Phronesis*, 第7期，第1至37页; Michael C. Stokes,《赫西俄德与米利都学派的宇宙诞生理论——第二部分》("Hesiodic and Milesian Cosmogonies - II"), 载于 *Phronesis*, 第8期，第1至34页。
② 请参见Jean-Pierre Vernant,《一……二……三: 爱欲之神厄若斯》(One ... Two ... Three: Eros), 载于D. M. Halperin, J. J. Winkler与F. I. Zeitlin编,《性别出现之前: 古希腊世界中爱欲体验的建立》(*Before Sexuality: The Construction of Erotic Experience in the Ancient Greek World*) Princeton, 1990, 第466页。
③ 关于赫西俄德笔下的爱欲之神厄若斯，另请参见本书第八章。

们一共有两个始祖,这两个始祖各自分别繁育出了后代。在众神降生的最初阶段,一与多、男性与女性的对立就已经出现了,不过在有关大地神与天神的故事中,男性与女性的对立扮演着主要角色。在赫西俄德的笔下,大地神是最早出现的事物中繁育能力最强的一个,对于后来出现的诸多事物来说,她也是最主要的养育者。在爱欲之神厄若斯的推动下,大地神产下了她的雄性伴侣(《神谱》第126至128行):

Γαῖα δέ τοι πρῶτον μὲν ἐγείνατο ἶσον ἑαυτῇ
Οὐρανὸν ἀστερόενθ᾽, ἵνα μιν περὶ πάντα καλύπτοι,
ὄφρ᾽ εἴη μακάρεσσι θεοῖς ἕδος ἀσφαλὲς αἰεί.
大地神最初产下的是与她大小相同的天神,
星光灿烂的乌拉诺斯,这样他就可以整个将她包裹住,
于是,享天国之福的众神便永远有了坚实的根基。

尽管大地神后来又通过无性繁殖或者与其他性伙伴一起产下了一些后代,但天神仍然是大地神最主要的性伙伴,而这对"天"与"地"的结合是一段最重要的谱系的开端,而奥林波斯众神也在这段谱系中。而按照韦尔南的说法,天神与大地神的结合是最为"无休止的交配",其动力是"一种最原始的欲望,也是一种盲目的、不断发展的宇宙冲动"[①],而他们的结合繁育出了 ἱερὸν μένος [神圣家族](第21行以及第105行,[231]另请参见第43至46行)。在天神与大地神的结合中,雄性与雌性各自所扮演的角色得到了平衡,但是,就像克莱(Jenny S. Clay)所指出的一样,这段故事中有着一种雌性主导并推动变化的模式。在《神谱》中的世代更替的语境下,大地神与天神开始了相互的争斗,其原因是天神想要阻止自己

---

① 请参见Jean-Pierre Vernant,前揭,第466页。

后代的诞生。雄性渴望不停的性行为，但却不希望出现世代变化，而雌性则渴望保证后代的诞生以及更多世代的不断出现。在评论天神被阉割的故事、克洛诺斯吞掉自己的孩子们的故事、以及宙斯吞掉自己的妻子梅提斯（Metis）的故事时，克莱指出了雄性与雌性之间反复出现的权力争夺①：

> 大地神永远都支持后代的诞生，她在两代神明的争斗中也永远都站在较年轻的一代一方。……就算只有她自己，也会继续孕育出后代来，也都不会损害到无穷的多样性与不停息的繁衍。而与这股推动变化的力量相对的则是雄性主导的法则，而这一法则的第一个化身就是天神。……事实上，在总体上可以将众神的历史看作是，为了让自己所控制的整个宇宙获得稳定，掌握至高权力的雄性通过多种手段来尝试阻止雌性的生育欲望。

在接下来的故事中，雄性与雌性的矛盾对立最终被宙斯获得的胜利所化解，宙斯又进一步通过各种暴力手段压制这种雌性主导的原则。宙斯以取得或巩固政权为目的的婚姻，既帮助他巩固了自己的执政基础，也让他有了"众神与凡人之父"这样一个可怕的头衔（请参见诸如《神谱》第47行与第457行）。②作为一切万物的父亲，一人独裁的体制为他提供了稳定与秩序。让我们记住《神谱》中的诸多雄性努力限制或管理雌性的生殖冲动，然后进入《蒂迈欧》中的创世神话，并比较在那里最初出现的事物。

---

① 请参见Jenny S. Clay，前揭，第17至18页。
② 另请参见《神谱》第468行与第542行。

《蒂迈欧》中原初的事物

柏拉图笔下的宇宙的开端是在永恒的事物已经出现之后。对于赫西俄德来说，宇宙的开端是最初三个事物的出现，而对于柏拉图来说，宇宙则是通过本来就存在的、并非被创生出来东西之间的相互作用而出现的。[232]在他的叙事中，柏拉图展现了一大批非常复杂的永恒存在的事物。按照它们在文本中出现的顺序以及词性（阳性、阴性、中性），这里把柏拉图笔下的最初存在的事物完整地列举如下：

1. 宇宙的永恒理型(Form)，也被称作"一切生物的模式"(中性)；
2. 造物主，这个世界的雄性创造者(Demiurge, 阳性)；
3. 理性(Reason, 阳性)；
4. 必然性(Necessity, 阴性)；
5. 游移不定的"原因"(Cause, 阴性)；
6. 未来将出现的事物的载体(Receptacle, 阴性)；
7. 宇宙出现之前的多种多样的、杂乱的物质，例如复数形式的"力"(powers, 阴性)；以及
8. 空间(Space, 阴性)。

许多学者都尝试过为这些事物的实质提供准确的解释，而笔者的关注点则是在柏拉图笔下"究竟谁做了什么"。为了理解这些最初出现的事物的作用与职能，我们应该同时考虑到，在宇宙创生故事中，它们的顺序以及它们相互的关系。

《蒂迈欧》的叙事结构是十分复杂的。为了解释整个宇宙，柏拉图采用了许多不同的切入点，27c1-29d6是整个故事的前奏，而在这之后，柏拉图进行了三段截然不同的论述：第一部分(27d7-47e2)讲述的是，造物主为宇宙创造出各种能够永远存在的组成部分；第二部分(47e3-69a5)则展示了，造物主和理性必须与之对抗的

非理性的诸多要素——将这些要素总称为"必然性";而第三部分(69a6—92c3)讲述了,理性与必然性开始合作并一同在所有细节上创造了人类。①在全部叙事中,从第一部分到第二部分之间的过渡是最为困难的,在这里,蒂迈欧从讲述理性的造物主转而开始解释非理性的必然性所产生的作用。这处过渡开始于47e3,蒂迈欧讲明了自己的新主题(47e3—48a2):

[233]τὰ μὲν οὖν παρεληλυθότα τῶν εἰρημένων πλὴν βραχέων ἐπιδέδεικται τὰ διὰ νοῦ δεδημιουργημένα· δεῖ δὲ καὶ τὰ δι' ἀνάγκης γιγνόμενα τῷ λόγῳ παραθέσθαι. μεμειγμένη γὰρ οὖν ἡ τοῦδε τοῦ κόσμου γένεσις ἐξ ἀνάγκης τε καὶ νοῦ συστάσεως ἐγεννήθη.

之前所讲述的内容除了一小部分之外都是在解释那些通过理性而被创造出来的事物,但是现在必须要在说完这些事情之后加上那些因必然性而出现的事物。因为这个世界的诞生是必然性与理性紧密结合之后才发生的。

蒂迈欧又进一步解释说,从理性到必然性的转变是十分显著的,这要求他必须重新开始自己叙述(48a7—48b3):

ὧδε οὖν πάλιν ἀναχωρητέον, καὶ λαβοῦσιν αὐτῶν τούτων προσήκουσαν ἑτέραν ἀρχὴν αὖθις αὖ, καθάπερ περὶ τῶν τότε νῦν οὕτω περὶ τούτων πάλιν ἀρκτέον ἀπ' ἀρχῆς.

那么,我们就必须得退回去,并且根据我们现在要论述的内容再一次从头开始,就像在之前的叙述中我们必须从头开始一样。

---

① 康福德(Francis M. Cornford)为《蒂迈欧》所作的注疏很好地把握住了柏拉图的叙事的内部结构,请参见Francis M. Cornford,《柏拉图的宇宙学:柏拉图的〈蒂迈欧〉全译全注》(*Plato's Cosmology: the* Timaeus *of Plato Translated with a Running Commentary*, London, 1937)第xv至xviii页。

接下来，蒂迈欧第二次向神明祝祷，这一祝祷强调了此处新起点的重要性，①也与前奏(27c1–27d1)相呼应。这样，第一部分与第二部分同样都是从祈求神灵开始的。在第一部分的起首，就已经将理型作为永恒的模式展示出来了(28a7、30c5–30c8以及37c8)，紧接着的便是造物主的出现(28c3与29a3)。在第一部分到第二部分之间的过渡中，将第一部分的内容概括为 τὰ διὰ νοῦ δεδημιουργημένα[通过理性而被创造出来的事物](47e4)。这样，在第二部分开始之前，柏拉图已经展示出了三个永恒的事物：理型、造物主[234]与理性。而在第二部分中则介绍了另外的五个最初出现的事物，它们在第二部分的一开始就很快一个接一个地出现了。最早提到的是必然性(47e5)，在七行之后，游移不定的"原因"也被提到了(48a7)。载体最早是在49a6出现的，接下来，空间很快也出现了(52a8)，然后，则是宇宙出现之前的多种多样的、杂乱的物质(52e2)，而在49e就已经间接地提到了它。

柏拉图十分用心地定位了这些事物，从而强调了它们不同的职能，以及它们在创世神话中的相互关系。一切生物的模式——也就是完美的理型——是整个宇宙的永远不变的模板。作为原初的范例，理型扮演着第一个基础性角色。通过一个值得注意的短语 τὰ διὰ νοῦ δεδημιουργημένα[通过理性而被创造出来的事物](47e4)，在创造并组建宇宙的过程中，柏拉图赋予造物主与理性以相同的功能。所以，造物主——创世神话中的主角——作为创造者以及一切万物的父祖便是第二个基础性的事物。柏拉图观点是，创世就是将理性的、有秩序的结构加在原本混乱的事物上，从而让可以

---

① 请参见《蒂迈欧》48d4–48e1: θεὸν δὴ καὶ νῦν ἐπ' ἀρχῇ τῶν λεγομένων σωτῆρα ἐξ ἀτόπου καὶ ἀήθους διηγήσεως πρὸς τὸ τῶν εἰκότων δόγμα διασῴζειν ἡμᾶς ἐπικαλεσάμενοι πάλιν ἀρχώμεθα λέγειν.[那么此刻，在叙述的开端，就让我们祈求神明保佑我们的叙述不会不合时宜或进入迷途，并能够获得十分接近实际情况的说法，请让我们再一次开始叙述吧]。

被定义的事物出现。这样,造物主的工作则主要包括用理性与秩序塑造物质上的宇宙,而在宇宙以及造物主的作品出现之前的是混乱。在第二部分中,五个最初出现的事物一同组成了这个宇宙诞生之前的原始混乱,这五个事物是:必然性、游移不定的"原因"、载体、宇宙出现之前的物质以及空间。在这里,"必然性"所代表的是随机的不规则性,与造物主相对,这个词的意思在这里暗示了它对被造物产生的不可避免的影响。游移不定的"原因"则是不规则运动的原因,它刚好是造物主——规则运动的原因——的对立面。游移不定的"原因"是在宇宙诞生之前物质中造成的不规则运动,而宇宙诞生之前的物质则处在未来将出现的事物的载体中。最后,载体本身则与空间紧密相关。从这五个事物最核心的功能来看,它们共同的职能就是展现出宇宙诞生之前的、非理性的存在,而造物主必须要将这个存在塑造成物质化的宇宙。以笔者的角度来看,载体这个事物在第一部分与第二部分之间叙述内容上存在的差异,这主要是因为它在故事的第二部分中所扮演的重要角色。所以,作为宇宙创生之前一切混乱现象的化身,载体成了第三个基础性的永恒事物。这样,对于柏拉图笔下的创世故事来说,可以认为理型、造物主与载体是三个最基础的事物。[1]在第一部分与第二部分中都出现了理型,[2]造物主则在第一部分与第三部分占有主导地位,但他的名字并没有出现在第二部分中,而第二部分中的主角则是载体。[3]于是在第二部分中,雄性(造物主)让位给了雌性(载体)。

[235]那么理型、造物主与载体这三者如何与赫西俄德笔下

---

[1] 梅森(Andrew Mason)正确地指出,可以进一步区分第二部分中的这五个事物:载体和空间都是被动的客体,而另外三者则都是主动的主体(于2007年秋季在伦敦举办的一次古典学研究学会[the Institute of Classical Studies]研讨会上的发言)。
[2] 在全文结尾处的92c7处,将会回归模板与模仿的主题。
[3] 在第二部分中,当文本中需要提到造物主的时候,一般只使用 $\dot{o}\ \vartheta\varepsilon\acute{o}\varsigma$ [神,或译为:那位神],请参见诸如53b6、55c5以及56c5。造物主的名字再次出现是在第二部分的正式结尾中(68e2),在那里直接将他称作"$\dot{o}\ \delta\eta\mu\iota o\upsilon\varrho\gamma\acute{o}\varsigma$"[造物主]。

的三个最初出现的事物相比较呢？第一个答案是：我们并不能给出一个直接的或简单的答案。笔者并不想说赫西俄德笔下的混沌神、大地神与爱欲之神可以具体对应或者完全将其看成是《蒂迈欧》中的这三者。柏拉图所讲述的故事是十分独特并且更加复杂的，他的出发点也与赫西俄德完全不同。然而，笔者还是想尝试着指出，在《蒂迈欧》中的这三者，以及另外的一些三个事物的组合中，都能发现赫西俄德的影子。

在第二部分的开始，蒂迈欧呼应了前奏(27d5–28a4)中建立起来的对宇宙的分类，他还说，有两个要素——模板与复制——是最突出的，而现在必须加入第三个要素了(48e2–49a4)：

> ἡ δ' οὖν αὖθις ἀρχὴ περὶ τοῦ παντὸς ἔστω μειζόνως τῆς πρόσθεν διῃρημένη: τότε μὲν γὰρ δύο εἴδη διειλόμεθα, νῦν δὲ τρίτον ἄλλο γένος ἡμῖν δηλωτέον. τὰ μὲν γὰρ δύο ἱκανὰ ἦν ἐπὶ τοῖς ἔμπροσθεν λεχθεῖσιν, ἓν μὲν ὡς παραδείγματος εἶδος ὑποτεθέν, νοητὸν καὶ ἀεὶ κατὰ ταὐτὰ ὄν, μίμημα δὲ παραδείγματος δεύτερον, γένεσιν ἔχον καὶ ὁρατόν. τρίτον δὲ τότε μὲν οὐ διειλόμεθα, νομίσαντες τὰ δύο ἕξειν ἱκανῶς: νῦν δὲ ὁ λόγος ἔοικεν εἰσαναγκάζειν χαλεπὸν καὶ ἀμυδρὸν εἶδος ἐπιχειρεῖν λόγοις ἐμφανίσαι.

当然，再一次开始讲述宇宙必须要比之前所说的更加全面，我们当时说了两种形式，而现在我们必须要指出第三种。因为对于之前的论述来说，两种就足够了，其一被称作模板，它是可以被感知并且永远不变地真实存在着的，第二种则被称作模板的复制，它有着一个诞生过程并且是可见的。而第三种，我们虽然当时认为两种已经足够故而并没有提到，然而现在似乎我们的叙述要求我们必须尝试用语言把一个难以应对并模糊的形式解释清楚。

第十一章 被纠正的混乱

然而在前奏中,模板与复制是由一个第三者结合起来的——将这个第三者称为一个原因(请参见28a4–28a5),后来则将其定义为制造者、父亲,以及造物主(28c3–29a3)。而在第二部分中,则将造物主排除在外,并被一个与之不同的、除模板与复制之外的第三要素所替代,而这个要素则是全新的,并且有着十分特殊的本质,蒂迈欧认为它是"难以应对并且模糊的"。接下来,蒂迈欧使用了较为丰富的措辞介绍了载体(49a4–49a6):

> τίν᾽ οὖν ἔχον δύναμιν καὶ φύσιν αὐτὸ ὑποληπτέον; τοιάνδε μάλιστα: πάσης εἶναι γενέσεως ὑποδοχὴν αὐτὴν οἷον τιθήνην.
>
> 那么我们应该理解它拥有什么样的能力与本质呢?这是非常重要的,它就是载体——好似一切被造物的养育者。

除了这里提问的方式、滞后出现的"载体"一词、"养育者"的比喻之外,还应该注意的是,在介绍宇宙中另外三个原初事物的组合时,48e2–49a4这一段呼应了全篇对话十分醒目的开头 εἷς, δύο, τρεῖς[一、二、三](17a1)。

[236]在继续自己对有关载体的这个十分困难的问题的论述时(49a6–50c6,请参见诸如50c6: τρόπον τινὰ δύσφραστον καὶ θαυμαστόν[一种难以言表又令人惊奇的方式]),[①]蒂迈欧通过另一个三种事物的组合来回到自己的重点(50c7–50d2):

> ἐν δ᾽ οὖν τῷ παρόντι χρὴ γένη διανοηθῆναι τριττά, τὸ μὲν γιγνόμενον, τὸ δ᾽ ἐν ᾧ γίγνεται, τὸ δ᾽ ὅθεν ἀφομοιούμενον φύεται τὸ γιγνόμενον.
>
> 在当下,我们必须要考虑三类事物:那些被创生的事物、这

---

① 此处所说的是载体的衍生过程。

些事物从其中生成的事物,以及被有创生过程的事物所模仿的事物。

在进一步表明了论述载体的困难之后(50d4–51e6;请参见诸如51b1: ἀπορώτατά πῃ ... δυσαλωτότατον[从某些方面来讲最为困难……且最难以捉摸的]),①蒂迈欧又使用了另一种方式来总结他之前所说过的内容。在这里,他再一次提到了三个要素:理型、复制,以及空间(51e6–52b1):

> τούτων δὲ οὕτως ἐχόντων ὁμολογητέον ἓν μὲν εἶναι τὸ κατὰ ταὐτὰ εἶδος ἔχον, ἀγέννητον καὶ ἀνώλεθρον ... τὸ δὲ ὁμώνυμον ὅμοιόν τε ἐκείνῳ δεύτερον, αἰσθητόν, γεννητόν, πεφορημένον ἀεί ... τρίτον δὲ αὖ γένος ὂν τὸ τῆς χώρας ἀεί, φθορὰν οὐ προσδεχόμενον, ἕδραν δὲ παρέχον ὅσα ἔχει γένεσιν πᾶσιν ...

> 这样,以此为基础,我们必须要承认存在有一个自在的形式(理型),它不是诞生出来的,也不可能被毁灭……第二种则是与理型同名并相似的事物,它是可以被感知的、是诞生出来的,而且永远处于动态中……第三种则是永恒的空间,它不会朽坏,也为所有诞生出来的事物提供了处所……

接下来,蒂迈欧将宇宙的秩序综合地定义为由自在者、空间以及生成者所组成的——在这里,他再一次强调了"三"这个数字(52d2–52d4):

---

① 此处所说的是载体可以被感知,但被感知的方式是"从某些方面来讲最为困难……且最难以捉摸的"。

> οὗτος μὲν οὖν δὴ παρὰ τῆς ἐμῆς ψήφου λογισθεὶς ἐν κεφαλαίῳ δεδόσθω λόγος, ὄν τε καὶ χώραν καὶ γένεσιν εἶναι, τρία τριχῇ, καὶ πρὶν οὐρανὸν γενέσθαι.
>
> 那么，就让我们根据我的判断来将这段叙述总结一下，共有自在者、空间以及生成者三种不同的事物，它们甚至在天空出现之前就已经存在了。

于是，在前奏中，单独一组三个事物的组合定义了宇宙(模板、复制，以及原因: 27d5–28b2)，它贯穿于整个讲述了造物主工作的第一部分。而到了第二部分，柏拉图调整了这个组合，让载体(或空间)替代原因并与模板与复制结合起来。在这些组合中用载体(或空间)替代原因(或造物主)的主要理由在于，论述的着重点已经从理性的原因转移[237]到了非理性的"必然性"所造成的影响上了。这样，在前奏与第一部分中，已经恰如其当地介绍过可被智识感知的理型与拥有智识的造物主之后，接下来，在当蒂迈欧的讲辞的全新开端过后，第二部分的内容就一定是非理性的载体以及与它相关的那些无规则的事物(它们的词性都是阴性的)了。因为这个创世神话在结构上是分部分的，所以造物主与载体不会同时出现在一个部分中。

综观《蒂迈欧》全篇，宇宙的秩序共由四个要素组成：理型、复制、造物主(或原因)以及载体(或空间)。那么柏拉图又为什么要建立起并不断修改共包含三个要素的组合呢？通过不停地变动描述宇宙秩序与宇宙形成之前的秩序的方式，柏拉图似乎使确定地讲述原初的事物变得更加困难。的确，看上去蒂迈欧是让自己进入了不断修改的各种解释方式中，但是纵观蒂迈欧关于宇宙学的整个论述，坚持使用"三"这个数字这一点一直没有变。也许答案就在于，柏拉图将《神谱》当作自己作品的模板，想要把三个事物的组合变成最有效的主题来进行叙事与解释，而同时他又希望表明单独一个这样的组合并不足以支撑他的这个十分复杂的论述。简而言之,柏拉图知道"三"这个数字能够帮助他讲述一个优秀的创世神话。再进一步说来,在这个由三部分构成的创世神话中,以雄性为主导的第一部分结束之后被换成了以雌性为主导的第二部分,这就平衡了整个神话的结构,也让柏拉图通过自己独创的方式再次引出赫西俄德笔下的神话中最重要的主题——雄性与雌性的对立。这样,柏拉图回到了赫西俄德所讲述的原始神明家族的主题,但是与赫西俄德不同的是,他并没有使用世代更替与争斗的故事,而是从一种新奇而又和谐的视角说明了世界是如何被养育的。

宇宙家庭

尽管柏拉图并没有把世界创生的过程表现为赫西俄德笔下的那种ἱερὸν μένος[神圣家族]的繁衍,但他仍然像《神谱》那样将谱系(lineage)当作自己的宇宙学叙述中一个极为重要的主题。在《蒂迈欧》的宇宙诞生故事中,神明家族的意象仍然扮演着重要角色,只不过柏拉图用一些出乎意料的方式对这个意象进行了改造。

在《蒂迈欧》的第一部分中,创造宇宙的唯一代理人是雄性的造物主。而且,造物主既是宇宙的制造者,同时也是[238]它的父亲。[①]当我们读到在看到自己的孩子降生时造物主的情感流露时,将他人格化为一个父亲的手法获得了最强烈的效果(37c6–37d1):

ὡς δὲ κινηθὲν αὐτὸ καὶ ζῶν ἐνόησεν τῶν ἀιδίων θεῶν γεγονὸς ἄγαλμα ὁ γεννήσας πατήρ, ἠγάσθη τε καὶ εὐφρανθεὶς ἔτι δὴ μᾶλλον ὅμοιον πρὸς τὸ παράδειγμα ἐπενόησεν ἀπεργάσασθαι.

---

① 关于将造物主称作父亲的段落,请参见28c3、32c1、34a7、34b9、37a2、37d4、38b6、38c4、38e5、39d7、以及68e4。

第十一章 被纠正的混乱　　*341*

当这位创造生命的父亲看到它运动起来、有了生命,并成为了不朽的众神的圣坛之后,他非常高兴并欣然地将它造就得与它的模板更为相似。

与此同时,造物主还是等级较低的众神的父亲。[①]值得注意的是,在第一部分中,宇宙并没有母亲,但所有完美的、理性的存在却都是在第一部分中被创造出的。不过,到了第二部分,随着另外三个事物——必然性(阴性)、游移不定的"原因"(阴性)与载体(阴性)——的神秘组合出现,这种状况完全改变了。这三者是非理性的雌性事物,但它们仍然是永恒的,它们出现在一个非常关键的段落中(47e-49a),这个段落引出了第二部分,同时也开始了对物质宇宙的创造的介绍。

当载体第一次出现时,它是出现在一个非常引人注意的比喻中——οἶον τιθήνην[好似一位养育者(或可译为"护士")](49a6)。稍后,又将它明确地形容为可感知的世界的μητέρα(母亲: 51a4-51a6):

> διὸ δὴ τὴν τοῦ γεγονότος ὁρατοῦ καὶ πάντως αἰσθητοῦ μητέρα καὶ ὑποδοχὴν μήτε γῆν μήτε ἀέρα μήτε πῦρ μήτε ὕδωρ λέγωμεν.
> 那么因此,我们不该称那可见的与一切可感知的生成物的母亲与载体为土、气、火或水。

此外,在这几段之间,当柏拉图解释"被创生的事物"、"这些事物从其中生成的事物"以及模板这三个事物的组合时,他又使用了一个家庭的比喻(50d2–50d4):

[①] 请参见《蒂迈欧》41a7、42e6以及69c4。

καὶ δὴ καὶ προσεικάσαι πρέπει τὸ μὲν δεχόμενον μητρί, τὸ δ' ὅθεν πατρί, τὴν δὲ μεταξὺ τούτων φύσιν ἐκγόνῳ.

那么非常明显地，载体可以被比作"母亲"、模板可以被比作"父亲"，而从他们之中诞生出来的大自然可以被比作"孩子"。

在蒂迈欧的宇宙学论述的第一部分中，造物主才是最原始的父亲，但是，在这个家庭的比喻中，宇宙的父亲却是理型(模板)。作为父亲，理型并不能直接和[239]母亲产生相互作用，因为它根本不能独自产生作用，所以在整个故事中，它还需要一个给予动力的因素，而这个因素变成了另一个父亲——造物主。不过，既然理型不能与宇宙的母亲及养育者发生性关系，那么造物主可以吗？

泽达(Sergio Zedda)在自己那部发人深思的著作中[1]指出，造物主可以也的确和宇宙的母亲及养育者发生了性关系。能说明这一点的段落有两段：第一个段落是47e5—48a5，第二个段落是56c3—56c7，其中第一段出现在第二部分的开头：

(一)*μεμειγμένη γὰρ οὖν ἡ τοῦδε τοῦ κόσμου γένεσις ἐξ ἀνάγκης τε καὶ νοῦ συστάσεως ἐγεννήθη: νοῦ δὲ ἀνάγκης ἄρχοντος τῷ πείθειν αὐτὴν τῶν γιγνομένων τὰ πλεῖστα ἐπὶ τὸ βέλτιστον ἄγειν, ταύτῃ κατὰ ταῦτά τε δι' ἀνάγκης ἡττωμένης ὑπὸ πειθοῦς ἔμφρονος οὕτω κατ' ἀρχὰς συνίστατο τόδε τὸ πᾶν.*

因为这个世界的诞生是在必然性与理性紧密结合之后才发生的。理性统治着必然性，其方式是说服必然性引导最多的被创生的事物达到最完美，因而以这种方式，必然性从根本上被说服

---

[1] 请参见Sergio Zedda，《柏拉图的〈蒂迈欧〉中的比例论：宇宙灵魂以及作为结构的宇宙》(*Theory of Proportion in Plato's* Timaeus: *The World-Soul and the Universe as Structure.*) PhD diss., University of Exeter 2003.

了，这样，宇宙万物从此刻开始被组建出来。

(二)καὶ δὴ καὶ τὸ τῶν ἀναλογιῶν περί τε τὰ πλήθη καὶ τὰς κινήσεις καὶ τὰς ἄλλας δυνάμεις πανταχῇ τὸν θεόν, ὅπηπερ ἡ τῆς ἀνάγκης ἑκοῦσα πεισθεῖσά τε φύσις ὑπεῖκεν, ταύτῃ πάντῃ δι' ἀκριβείας ἀποτελεσθεισῶν ὑπ' αὐτοῦ συνηρμόσθαι ταῦτα ἀνὰ λόγον.

关于它们的数量、运动以及其他所有作用力，(我们应该发现)必然性的本质自愿地或被说服之后顺从于神，以此为前提，神在各方面都十分准确地进行了组合并通过言辞令它们和谐共处。

泽达的观点十分有趣，他认为在这两段中，应该将说服理解为与性爱有关的。这种解释确实有趣：当理性(或文段中的"神")想要为世界带来秩序时，它对非理性的必然性甜言蜜语并引诱它与自己合作。被赋予秩序的是混乱的原初物质(Proto-Matter)，它在载体中运动，在这里，载体与必然性在角色上的区分变得模糊了。那么，如果我们再考虑到载体的职能被柏拉图比作"母亲"与"被创生的事物的养育者"，在宇宙诞生(将宇宙的诞生比喻为一个孩子的诞生)之前，造物主或理性的这种说服就更有理由被我们理解为一种性引诱，就像泽达指出的那样[①]：

> 笔者在这里的观点是，柏拉图把性爱与繁殖当作范式，以表现造物主与载体之间的相互作用。……造物主与必然性通过说服的行为而自愿地开始相互的合作。这种合作是一个最为基础的概念，[240]这暗示了，从一方面来说，必然性是愿意合作的……从另一方面来说，很明显造物主并不能(或不会)独自繁育出他所

---

① 请参见Sergio Zedda, 前揭, 第152至153页。

创造的宇宙秩序的任何一种具体表现。……只有在理性的原则与非理性的原则的协作下,才能在载体中创造出可感知的物体。

泽达发现理性(或造物主)并不能简单地让必然性屈从于自己,而是必须要与必然性在相互妥协的基础上互相合作,这种观点是十分正确的,而他的结论也十分具有吸引力①:

> 造物主让两种完全不同的事物相互合作,这时他才能真正地宣称,这样诞生出来的宇宙是无所不包的。甚至更重要的是,这样造物主才可以宣称自己是按照真正"和谐"(harmonia)的原则建造了这个宇宙的。由造物主与必然性共同创造的宇宙代表了一切存在——既包括理性的,也包括非理性的——进入到了同样的一种相互关系中:φιλια[爱]。

不过这种诠释的一个问题是,直到91a1–91a2, ἔρος[爱欲、性欲]才正式出现在对话中。在这里,对话的内容是,当女人从男人中脱离出来之后,众神创造了性交这种行为(θεοὶ τὸν τῆς συνουσίας ἔρωτα ἐτεκτήναντο[众神创造了性交中的爱欲])。② 也就是说,在ἔρος[爱欲、性欲]正式出现之前,也存在着ἀφροδίσια ἀκολασία[性放纵、性生活无度]的情况,因为在86d3,柏拉图提到了这种情况(尽管在词汇上并没有使用ἔρος这个词)。因为ἔρος这个词是有问题的,③ 我们能看出柏拉图不愿意在造物主创造世界的段落中直接写出这个词的原因,但是,生殖繁衍的意象看起来仍然表明了——尽管是非常含蓄地——性吸引力是有可能存在的。

---

① 请参见Sergio Zedda, 前揭, 第155至156页。
② 感谢布罗迪女士(Sarah Broadie)为笔者指出了这一点。
③ 《会饮》中第俄提玛的讲辞表达得非常清楚:如果ἔρος[爱欲]是一种缺乏,那么它则与神明的完美性相冲突。

第十一章 被纠正的混乱

我们已经知道，柏拉图将造物主与理型比作父亲，将载体比作母亲，事实上，《蒂迈欧》中的两性关系与赫西俄德的《神谱》中的两性关系有许多共同之处。在柏拉图的宇宙学论述中，赫西俄德笔下作为地球这颗星球的大地神有着一席之地，而同样值得注意的是，大地神也与雌性（或阴性）的载体——整个物质化的宇宙都是从其中生成的——有着共同之处。[①][241]大地神与载体都是原初的事物，它们都因为自己"物质接受者"的职能而被认为是母亲——载体是 πανδεχές[接受一切的]（51a7），而大地神则是"永远在接受中的"（请参见诸如 δέξατο[接受]：《神谱》第184行；ἐδέξατο[接受]：《神谱》第479行）。而当蒂迈欧将地球与载体都称为"养育者"时，这两者之间的关联就更加紧密了：在40b8，将地球称作 τροφός[哺育者]；在49a6与52d5，则将载体称作 τιθήνη[护士、养育者]；而在88d6，则将载体同时称作宇宙的 τροφός[哺育者]与 τιθήνη[护士、养育者]。与大地神一样，载体似乎也是"雌性的生育冲动"的化身，克莱谈到过这一点，因为它与大地神一样，作为永不停止出现的（ἀεί: 51a1、52e5）生成物的养育者，它是"无限地增长的"。除此之外，我们还能发现，在赫西俄德笔下，两次将大地神描述为 ἔδος ἀσφαλὲς αἰεί[永远是……坚实的根基]（《神谱》第117行与128行），而在柏拉图笔下，也将载体（或空间）说成是能够为一切被创造的事物提供永恒的 ἕδρα[处所、根基]（52a8–52b1），因为它的空间是 ἀεί[永恒的]。这样，柏拉图模仿赫西俄德用人格化的方式呈现出了一个最原初的母亲形象，她在自身中提供了安全性以及稳定

---

① 请参见本书第十二章，其中指出了柏拉图笔下的载体参考了赫西俄德笔下的混沌神：两者都出现于宇宙诞生之前，而当宇宙有了秩序之后，它们又都仍然存在于宇宙内部；而且载体就像混沌神的家族一样，"代表了这个世界在空间与时间上的易变性。"认为柏拉图笔下的载体同时模仿了赫西俄德笔下的大地神与混沌神应该是没有问题的，因为这种多样性是柏拉图在暗指其他经典作品时惯用的手法，另请参见 Elizabeth E. Pender，前揭，第51至87页。

性。从这点出发,我们可以认为,《蒂迈欧》重新塑造了大地神与她的伴侣。因为,赫西俄德通过他笔下的大地神与天神乌拉诺斯为众神间的权力争斗与两性冲突设置了一个模板,而在柏拉图笔下,宇宙诞生伊始,造物主(阳性)与载体(或必然性:阴性)一同绘制出的是一幅和谐与协作的画面。这个过程使用的是说服而非暴力或计谋,它要比赫西俄德笔下的讲述更加有秩序、更加理性,而且更加温和。赫西俄德将天神乌拉诺斯的子女们很明确地写为"被他们的父亲所憎恨的"(第155行),因为天神想要尽可能压制新世代的诞生,而造物主则因自己子女的出生而十分高兴(37c7)。天神乌拉诺斯"嫉恨"布里阿瑞欧斯(Briareus)、科托斯(Cottus)与巨吉斯(Gyges)的力量、形象与身高(第619行),而造物主则被着重强调为没有嫉妒心的(29e1–29e2): ἀγαθὸς ἦν, ἀγαθῷ δὲ οὐδεὶς περὶ οὐδενὸς οὐδέποτε ἐγγίγνεται φθόνος[他是善的,正因为他是善的,关于任何事情,在任何时候,恨都不会出现]。因此,两者最关键的区别在于,尽管造物主也有着一个非理性的雌性伴侣,他却会寻求并提升善,并从而创造和谐与秩序。

在赫西俄德与柏拉图的目的论(teleology)中缪斯女神们的职能

[242]在《蒂迈欧》中柏拉图对《神谱》的暗指表明了他对古希腊文学与文化传统的尊重,但同时也与这些传统保持了一定的距离。这种同时有着两种不同效果的写作技法的最后一个重要例子,就是哲学家对赫西俄德笔下的缪斯女神们的重新塑造。

缪斯女神们贯穿于整个《神谱》当中。她们的名字在作品伊始出现,听上去十分庄严: μουσάων Ἑλικωνιάδων ἀρχώμεθ' ἀείδειν[让我从赫利孔山上的缪斯女神们开始唱咏],她们在《神谱》的主要段落中都有出现,而且全诗的结尾也是由她们的美妙歌声结束的(第

965至966行以及第1021至1022行)。从第25行开始,反复地将缪斯女神们称为宙斯的女儿们("奥林波斯山上的缪斯女神们——手提大盾的宙斯的女儿们"),①很明显,她们与宙斯十分亲近的原因是,她们用自己的甜美歌声"取悦"了他(请参见第37、51行)。缪斯女神们是宙斯与姆内莫绪涅(Mnemosyne,古希腊文为:$M\nu\eta\mu o\sigma\acute{v}\nu\eta$,直译为"记忆"或"记忆女神")所生,赫西俄德在第53-67行讲述了她们诞生的故事,他后来又在第915至917行重新讲述了这段故事,而在第77至79行,他分别列举了这九位女神的名字。②诗人将全诗都奉献给了缪斯女神们,③所以他遵照她们的旨意,在自己的诗作中$\pi\rho\tilde{\omega}\tau\acute{o}\nu\ \tau\epsilon\ \varkappa\alpha\grave{\iota}\ \H{v}\sigma\tau\alpha\tau o\nu\ \alpha\grave{\iota}\acute{\epsilon}\nu$[第一个、最后一个并且始终]歌唱她们(第34行)。

综观全诗,从总体上来说众神是"善的事物的赐予者"(请参见诸如第46行:$\delta\omega\tau\tilde{\eta}\varrho\epsilon\varsigma\ \grave{\epsilon}\acute{\alpha}\omega\nu$),④但是他们也会送出邪恶,比如潘多拉(第570行:$\varkappa\alpha\varkappa\acute{o}\nu$[灾难];第585行:$\varkappa\alpha\lambda\grave{o}\nu\ \varkappa\alpha\varkappa\acute{o}\nu$[美丽的灾难])和命运女神都会同时送出"善的与恶的事物"(第906行)。缪斯女神们则与此相反,她们是上天恩赐的福祉的化身:她们送出的礼物得到了非常正面的描述(请参见诸如第93行:$\grave{\iota}\epsilon\varrho\grave{\eta}\ \delta\acute{o}\sigma\iota\varsigma$[神圣的恩赐];第102行:$\delta\tilde{\omega}\varrho\alpha\ \vartheta\epsilon\acute{\alpha}\omega\nu$[众神的礼物]),而且她们的歌声是$\lambda\eta\sigma\mu o\sigma\acute{v}\nu\eta\nu\ \tau\epsilon\ \varkappa\alpha\varkappa\tilde{\omega}\nu\ \check{\alpha}\mu\pi\alpha\upsilon\mu\acute{\alpha}\ \tau\epsilon\ \mu\epsilon\varrho\mu\eta\varrho\acute{\alpha}\omega\nu$[可以让灾难被遗忘、使担忧得以止息](第55行),能够抚平一切烦恼(第98至103行)。她们的歌声令人愉悦,其原因是她们是$\varphi\omega\nu\tilde{\eta}\ \acute{o}\mu\eta\varrho\epsilon\tilde{v}\sigma\alpha\iota$[齐声歌唱](第39行)的,也是$\acute{o}\mu\acute{o}\varphi\varrho o\nu\alpha\varsigma$[团结一致的](第60行)。与权力争斗中所爆发出的喧嚣相

---

① 关于诗中其他将缪斯女神们称作宙斯的女儿们的地方,请参见第29、36、40、52、71、104、917、966以及1022行。
② 关于缪斯女神们的名字的探讨,请参见本书第十三章。
③ 提到这一点的诗行有:第1、22至24、29、33、36至52、75、104至105、114至115、965至968,以及1021至1022行,另请参见本书第一章中的相关探讨。
④ 关于众神赐予善的事物,另请参见第111以及664行。

反，缪斯女神们代表了宙斯的政权中的和谐、和平与友爱。所以，缪斯女神们代表了宙斯对原始矛盾的文明化影响，故而《神谱》这部诗作也是在颂扬宙斯的统治对原始矛盾的文明化影响。[①]

[243] 在柏拉图笔下的造物主与他创造的和谐宇宙的故事中，这种从混乱进步到有序的叙事动机重新扮演了重要角色。[②]柏拉图改写了δεσμοί[锁链、链条]这个主题，这似乎是讽刺性地暗指了赫西俄德笔下的宙斯。在《神谱》中，宙斯像他的祖父天神乌拉诺斯那样，用锁链监禁了许多自己的敌人。[③]但是在柏拉图笔下，δεσμοί(锁链、链条)则成为了造物主创造万物的一部分，他将两个分离的存在结合在一起从而组建成一个整体，这是《蒂迈欧》中有关神明创世的部分里的一个不变的意象。[④]另外，造物主所使用的锁链是通过几何比例得到的，它能将宇宙结合为一体并能为它非理性的部分赋予情感上的和谐(32b8–32c4)：

---

① 在《神谱》第74行，诗人写到宙斯为他治下的众神διέταξεν[分派]了他们各自统辖的范围。
② 表达赋予秩序的词汇体现出了造物主是如何整合宇宙的。请参见诸如διατάξας[分派](42e5)、διάταξιν[安排](53b8)、διατέτακται[分配](75e1)；ἀτάκτως[混乱地](30a5)、εἰς τάξιν ... ἐκ τῆς ἀταξίας[从无序……到有序](30a5)；ἀτάκτως[混乱地](43b1以及69b3)、ἄτακτον[混乱的](46e5)；以及προσέταξεν[安放、安置](69c5)。
③ 《神谱》中有关锁链与监禁的诗行包括：第157行、第501至502行、第515行、第521至522行、第527至528行、第616行、第618行、第651至653行、第658至660行、第669行、第717至718行、第729至733行以及第868行。
④ 请参见《蒂迈欧》31b8–31c4：δύο δὲ μόνω καλῶς συνίστασθαι τρίτου χωρὶς οὐ δυνατόν: δεσμὸν γὰρ ἐν μέσῳ δεῖ τινα ἀμφοῖν συναγωγὸν γίγνεσθαι. δεσμῶν δὲ κάλλιστος ὃς ἂν αὑτὸν καὶ τὰ συνδούμενα ὅτι μάλιστα ἓν ποιῇ, τοῦτο δὲ πέφυκεν ἀναλογία κάλλιστα ἀποτελεῖν.[但仅仅有两个事物而没有第三个是不能很好地结合在一起的，因为在两个事物中间必须要有一条锁链将它们连接在一起。而最完美的锁链应该能将它自己与那两个事物最融洽地结合为一体，要实现这一点则必须达到最完美的数学比例。]《蒂迈欧》中有关锁链与捆绑的段落包括：32b1、32b7、32c4、36a7、37a4、41a8–b6、43a2–3、43a5、43d6–7、44d5、45a7、45b4、69e4、70e3、73c3、74b5、74d7、以及81d6–7。

καὶ διὰ ταῦτα ...τὸ τοῦ κόσμου σῶμα ἐγεννήθη δι' ἀναλογίας ὁμολογῆσαν, φιλίαν τε ἔσχεν ἐκ τούτων, ὥστε εἰς ταὐτὸν αὑτῷ συνελθὸν ἄλυτον ὑπό του ἄλλου πλὴν ὑπὸ τοῦ συνδήσαντος γενέσθαι.

而因为这些原因……宇宙因为数学比例而拥有了形态、达到了和谐一致并获得了内部的融洽，它是一个自在的整体，除了那个把它结合起来的人之外，它是不可分解的。

在整部作品的结尾处，造物主所创造的和谐完整的宇宙得到了赞美(92c7–92c9)[1]，也在第一部分的结尾处得到了颂扬。在全作的结构中第一部分的结尾非常重要，[244]在此处，"理性的工程"已经结束了，而柏拉图则让缪斯女神们在自己的目的论中拥有了新的职能。

在44d至46c，蒂迈欧开始讲述人类身体、四肢及五脏的结构。在解释了眼睛与视觉之后，他说这些都是"附属的因素"，造物主是用它们来实现"最好的结果"的(请参见46c7–46d1)。在《蒂迈欧》中，众神只会赐予人类善的事物，并且致力于建立一个能让所有元素都自由自在地正确发挥作用的宇宙，他们的动机纯粹只是善的。接下来，我们知道了视觉的目的是让人类能够观察天体、发明数字、时间以及自然科学，并从而能够发现哲学——最伟大的 δωρηθὲν ἐκ θεῶν [来自众神的恩赐]。蒂迈欧解释说，众神将视觉赐予我们，好让我们能够观察天体的运转，并从而能够纠正 τὰς ἐν ἡμῖν πεπλανημένας [我们心中的错误观念](47c2–47c4)。这一段(47c4–47e2)的最后几行则转而开始论述声音，而在这里，相似地

---

[1] 在作品最后的这几行中，将宇宙赞美为 θεὸς αἰσθητός, μέγιστος καὶ ἄριστος κάλλιστός τε καὶ τελεώτατος γέγονεν εἷς οὐρανὸς ὅδε μονογενὴς ὤν.[一位可感知的神明，他最强大、最善、最美也最完整，他是独一无二的天]。

也将声音描述为 παρὰ θεῶν δεδωρῆσθαι[由众神赐予的](47c5–47c6)。尽管有关声音的话题很适合与视觉的话题一同论述,但是这段论述却短得多,相比之下,有关视觉的论述则更长也更加充分(45b2–47c4)。① 笔者认为,柏拉图加入这个关于声音的简短论述,其目的是为了通过缪斯女神们的出现而让第一部分的结尾出人意料。

就像视觉一样,声音和听觉是为了同样的神圣目的而设计出来的。哲学的地位不仅仅因为言辞,同时也因为和谐的音乐这种恩赐(请参见47c7–47d1: δοθέν[恩赐])而变得更加崇高。这样,缪斯女神们就进入了《蒂迈欧》中(42d2–42d7):

> ἡ δὲ ἁρμονία, συγγενεῖς ἔχουσα φορὰς ταῖς ἐν ἡμῖν τῆς ψυχῆς περιόδοις, τῷ μετὰ νοῦ προσχρωμένῳ Μούσαις οὐκ ἐφ' ἡδονὴν ἄλογον καθάπερ νῦν εἶναι δοκεῖ χρήσιμος, ἀλλ' ἐπὶ τὴν γεγονυῖαν ἐν ἡμῖν ἀνάρμοστον ψυχῆς περίοδον εἰς κατακόσμησιν καὶ συμφωνίαν ἑαυτῇ σύμμαχος ὑπὸ Μουσῶν δέδοται.
>
> 和谐——它的运动与我们灵魂的旋转是十分相似的——被赐给那些通过理性而向缪斯女神们诉求的人,这些人的目的不是不理智的欢愉,尽管现在一般都这么认为,但这其实是缪斯女神们恩赐的一位同盟,为的是对抗那些在我们心中生成的[245]灵魂的不和谐运转,并让这种运转变得有秩序并和谐。

因此,缪斯女神们带来的真正的恩赐其实是帮助灵魂变得有秩序而又和谐,这是神明引导人类的计划中的一部分。就像赛得利(David Sedley)指出的那样,《蒂迈欧》展示了人类应该如何通过获

---

① 有关声音的论述大概用去了12行,而有关视觉的论述则用去了大约82行。

取内心的和谐而"变得像众神一样"。①这样,对于柏拉图来说,在他的目的论中缪斯女神们的职能就是引领人类灵魂迈向神圣的和谐与理性。在这里,柏拉图是在向赫西俄德致敬,但也给这位古代诗人的见解赋予了新的意义。在《神谱》的第26行,正是有着缪斯女神们的恩赐,牧羊人才有可能幻想着自己也能从"只知道贪吃"变成一个诗人。但是在柏拉图笔下,缪斯女神们的恩赐与赫西俄德笔下的有相似之处,不过也经过了一个很彻底的转变:被创造的世界在许多方面都能够让人类有机会完全突破自己的生理限制,从而变成神明,而缪斯女神们的恩赐只是其中的一方面。

柏拉图将《神谱》中写到的最初的神明家族中的争斗放到了一边,他独自讲述了一个全新的有关世界诞生初始的故事。在这个故事中,善的原则是永远都存在的,秩序与理性的胜利因神明的计划而得到确保,而且人类还有变得与众神相似的方法。所以,柏拉图笔下的缪斯女神们象征的是一个从诞生开始就完全和谐的宇宙。

---

① 请参见David N. Sedley,《〈蒂迈欧〉与亚里士多德作品中的"变得像神那样"》("'Becoming like God' in the *Timaeus* and Aristotle"),载于Tomás Calvo Martínez与Luc Brisson编,《阐释〈蒂迈欧〉与〈克里提阿〉》(*Interpreting the Timaeus-Critias* [*Symposium Platonicum 4*], Sankt Augustin, 1997),第327至339页,第328页:"《蒂迈欧》表明了,人类灵魂模仿神明思想的能力完全不是偶然的,这种能力其实直接反映了灵魂的本质、起源以及世界作为一个整体的目的论结构。"

第十二章　赫西俄德的《神谱》与柏拉图的《蒂迈欧》

赛得利(David Sedley)

[246]柏拉图的《蒂迈欧》很有可能是整个古代出现的影响最为深远的哲学文献。其实这是很出人意料的，因为《蒂迈欧》是柏拉图创作的一篇有关物理学的对话作品，而在柏拉图看来物理学只是哲学的一个分支，此外，他似乎还认为物理学在智识上并没有他的其他哲学思想深刻。然而，这部对话却从他通过自己的其他作品——尤其是他的心理学、伦理学与形而上学等等作品——表达出的不同观点里，整合出了一个系统化的宇宙观，这在柏拉图的全部作品中是独一无二的。所以，从某个方面来看，《蒂迈欧》是柏拉图主义(Platonism)的伟大宣言，而柏拉图主义则是从古代世界流传下来的影响最为深远的、最富盛名的哲学思想。

尽管《蒂迈欧》这部作品影响深远，但它同时也是最难读、最难解释的一部文献。在创作《蒂迈欧》时，柏拉图使用了一种文辞夸张的散文体，这使它与诗歌有许多共同之处，此外，它的内容还不断地在创世神话、科学论文、颂诗、哲学辩论与起源神话(aetiological fable)之间转换。自从这部对话作品于公元前四世纪中叶问世以来，关于它的意义的争论从来就没有停息过——关于这个问题，柏拉图的学生们就已经发表了截然相反的论点。因此，如果在解释这部对话作品时能够取得进展，那就可以极大地帮助我们在整体上理解古代哲学。

第十二章 赫西俄德的《神谱》与柏拉图的《蒂迈欧》

赫西俄德的《神谱》是流传至今的最古老的古希腊诗歌之一，其创作时间很可能在大约公元前700年。总体来说，这部诗作中的叙事[247]是以两个神明家族的历史为主的，①而我们可以将这两个家族的世代更替以及他们之间的关系看成是，从宗教起源学（religious aetiology）的角度解释世界是如何演变成现在这个样子的。因为《神谱》中讲述的神话与其他相邻文明的创世神话有许多共同点，所以，它成为了古希腊文明中最典型的一个创世神话。在柏拉图写作的时代，赫西俄德的作品的声望如日中天，而且，我们还有充足的证据（读者完全可以在本书的其他章节中多加考察）可以证明，在柏拉图接触到的全部文化中，赫西俄德的作品处于中心地位。不过，柏拉图对赫西俄德的作品最明显、众所周知的兴趣点是在他的另一部主要作品上——即《劳作与时日》。②而当我们将研究重点转向《蒂迈欧》时，《神谱》才真正处在关注点之上。尽管赫西俄德的名字与作品段落并没有直接出现在《蒂迈欧》中，③但他毫无疑问地存在于《蒂迈欧》的背景中。

---

① 关于如何理解混沌神(Chaos; Χάος)的家族，参考Glenn W. Most编译，《赫西俄德：〈神谱〉、〈劳作与时日〉及论述》(Hediod: Theogony, Works and Days, Testimonia, Harvard, 2006)、《赫西俄德：〈赫拉克勒斯之盾〉、〈列女传〉及其他残篇》(Hediod: Shield, Catalogue of Women, Other Fragments, Harvard, 2007)的序言部分是非常有帮助的。
② 请进一步参考本书中由福特与艾尔-穆尔所撰写的章节，分别为第七章与第十四章。
③ 然而，赫西俄德的《神谱》非常清晰地出现在《蒂迈欧》40d6–41a3中，蒂迈欧在描述宇宙中主要神明们的出现之后，接受了诗人们关于其他次等神明谱系的说法，其中也包括奥林波斯众神（40d6–40e5）：

περὶ δὲ τῶν ἄλλων δαιμόνων εἰπεῖν καὶ γνῶναι τὴν γένεσιν μεῖζον ἢ καθ' ἡμᾶς, πειστέον δὲ τοῖς εἰρηκόσιν ἔμπροσθεν, ἐκγόνοις μὲν θεῶν οὖσιν, ὡς ἔφασαν, σαφῶς δέ που τούς γε αὐτῶν προγόνους εἰδόσιν· ἀδύνατον οὖν θεῶν παισὶν ἀπιστεῖν, καίπερ ἄνευ τε εἰκότων καὶ ἀναγκαίων ἀποδείξεων λέγουσιν, ἀλλ' ὡς οἰκεῖα φασκόντων ἀπαγγέλλειν ἑπομένους τῷ νόμῳ πιστευτέον.

讲述关于其他神明的事并了解他们的诞生，这对我们来说太繁重了，我们应该相信那些之前已经说过这些事的人，按照这些人自己的说法，他们出自众神的血脉，很可能清楚地了解自己的先人。因此，我们不可不相信众神的孩子们，尽管他们在讲述的时候并没有展示出合理的、有力的证据，但是既然他们把这些是当作自家事情来说的，我们还是应该遵照惯例相信他们。 （转下页）

本章的目标是提纲挈领性的：笔者想要鼓励古典学家与哲学史家多用一些时间把《神谱》与《蒂迈欧》放在一起进行比较研究。在充分考虑了这两部作品在内容上的共同点、共同的问题以及在表现宇宙事实时使用的共同的神学范式之后，[248]我们对这两部作品中的宇宙学观点的理解都肯定会得到提升。举例说来，如果不时刻牢记赫西俄德曾经在作品中把整个世界当作众神家族的话，我们就很难理解柏拉图为什么要把世界当作被创造出来的神明们的集合。同样地，如果我们不考虑柏拉图是怎样对赫西俄德的作品进行加工与表述的，那我们也就很难理解赫西俄德在作品中的说法。

　　世界是否有一个开端，它又是否会有消亡的那一天？大多数古代思想家都认为世界既有开端也有尽头，不过亚里士多德认为世界是无始无终的。有一个思想传统① 认为，只有两个权威思想家拒绝承认有这种开头与结尾的优美对称存在，他们就是赫西俄德与柏拉图，两人都认为世界有开端却并没有尽头而会永远存在下去。

（接上页注③）接下来，柏拉图结合赫西俄德的传统与俄耳甫斯诗人的传统讲述了众神的谱系，他把众神共分为五代：大地神与天神($Γῆ$, $Οὐρανός$；或译作盖亚与乌拉诺斯)；俄刻阿诺斯与忒提斯(Tethys)；佛基斯(Phorcys)、克洛诺斯、瑞亚(Rhea)等；宙斯、赫拉以及他们这一代的其他神明们；以及奥林波斯众神的后代们。蒂迈欧说，诗人们是讲述众神谱系的权威，尽管这更像是在说俄耳甫斯与缪赛俄斯而非赫西俄德，但无可否认的是，所有这三位诗人都应该包括在内。几乎所有为上述引文做过注疏的学者们都指出，这个段落并不是讽刺性的：蒂迈欧与苏格拉底不同，他并不是个说话带刺的人。蒂迈欧想表达的仅仅是，一方面他并不希望在讲辞中一下子全盘否定所有的传统神明，而另一方面，由于蒂迈欧并不是一个创作有关众神谱系诗歌的诗人，所以，除了诗人们已经写过的东西之外，他关于众神谱系并没有什么别的可说的。

① 请参见诸如菲洛(Philo Judaeus Alexandrinus)，《论世界的不朽性》(*De Incorruptibilitate Mundi*)第13至17节。另请参见诸如菲洛波诺斯(Ioannes Philoponus)，《论世界的永恒性——反普罗克洛斯》(*De aeternitate mundi contra Proclum*)，第212页20至22行(载于Hugo Rabe编，*De aeternitate mundi contra Proclum*, Leipzig, 1899)，其中将赫西俄德与诸如俄耳甫斯一道算作$τῶν\ θεολόγων$ (神学家)。

第十二章 赫西俄德的《神谱》与柏拉图的《蒂迈欧》

赫西俄德的诗作写的全都是关于"永恒的"存在的"诞生",比如组成世界的大地神与天神。所以从表面上看起来,赫西俄德想要描述的的确是一个在时间上不对称的世界——它是被创造出来的,但却没有终点。(从理论上来说,大地神与天神是可以分离并各自为是的,但是笔者认为赫西俄德根本不可能这样构思。)而从表面上来看,柏拉图的《蒂迈欧》也是同样的。世界是由一位会思想的神明创造的,作为一个具有创造性的艺术家,他的权威保证他完全有能力毁掉他自己的作品,然而他的美德却又保证他不可能选择这么做。所以,他所创造的一切会永远地持续下去。

柏拉图所宣称的世界在起点与终点上的不对称性从一开始就激起了反对与争议。亚里士多德认为,他自己可以说明这种不对称性违背了模态逻辑(modal logic)的法则,当然,他尝试说明这个问题的产物是他所写过的最复杂的章节(请参见《天论》[De Caelo]第1卷第12节)。与此同时,柏拉图的许多更为忠诚的学生们则尝试证明,如果进行适当的思考与解释的话,那么他们的老师的作品其实根本没有提到宇宙演变具有不对称性,而且按照《蒂迈欧》的潜台词来说,世界的确会永远存在下去,但它并不是被创造出来的,而是一直存在的。这一派思想家认为,表面上柏拉图说世界是被神明创造出来的,[249]但这其实只是他说明世界具有永恒独立性的方式而已,而具有这种独立性的原因则是一种更高等的、有意识的存在。他们的解释与这种解释的变体到今天一直在持续出现,其数目不可胜数。

关于这个问题,争论的焦点主要在于,如果从字面上理解《蒂迈欧》所描述的创世,其中会出现许多前后不一致的地方。有人认为,柏拉图是有意地让我们注意这些前后不一之处,并以此暗示我们，不应该完全从字面上来把这个宇宙学神话理解为一个按照时间顺序讲述的故事。①

举个例子来说，如果从字面上来理解柏拉图的文本，那么世界必然有一个出现过程，因为世界是可感知的，而所有可感知的东西都是被产生出来的(《蒂迈欧》28b7-28c2)。那么，世界是如何出现的呢？由于它是一个善的产品，所以它的出现必定是一个善的造物主经过了深思熟虑之后的结果，这个造物主将规则加入了此前一直处于混沌状态的物质中。从这篇对话的后半部分我们能够得知，在宇宙形成之前，处于混沌状态的物质由宇宙基质(universal substrate)和处于其中的杂乱无章的运动组成，柏拉图将这种宇宙基质称为"载体"，它似乎包含了我们所说的物质和空间。②

当我们注意到柏拉图将宇宙形成前的混沌本身也形容为，"可感知的"时候παντοδαπὴν μὲν ἰδεῖν φαίνεσθαι[展现出多种表象] (30a3、52e1)，柏拉图的叙述本身也展现出了这种前后不一致的危险性。如果真的是这样的话，那么按照之前的逻辑，宇宙形成之前

---

① 笔者此前已经论证过，在这里柏拉图的确是想要表明宇宙是有一个开端的，请参见David N. Sedley,《古代的创始论与其评论》(*Creationism and its Critics in Antiquity*, Berkeley, 2007)，第98至107页。关于古代思想家们对这个问题的争论，请参见Matthias Baltes,《古代阐释者眼中柏拉图〈蒂迈欧〉的宇宙观》(*Die Weltentstehung des platonischen* Timaios *nach den antiken Interpreten*, 2 vols., Leiden, 1976至1978)；关于现代学者们反对从字面意义上理解这个创世神话的论述，请参见诸如《"降生"(柏拉图,〈蒂迈欧〉28b7)：现实世界到底是不是被创造的？》("γέγονεν(Platon, *Tim.* 28 B 7). Ist die Welt real entstanden oder nicht?")，载于Keimpe Algra、Pieter W. Van der Horst与Douwe Runia编,《博学者：古代哲学史与古代哲学史写作之研究》(*Polyhistor: Studies in the History and Historiography of Ancient Philosophy*, Leiden, 1996)，第76至96页；John Dillon,《〈蒂迈欧〉的谜题：柏拉图真的在作品中种下了线索吗？》("The Riddle of the *Timaeus*: Is Plato Sowing Clues?")，载于Mark Joyal编,《柏拉图与柏拉图传统之研究》(*Studies in Plato and the Platonic Tradition*, Aldershot, 1997)，第25至42页。

② 请参见Keimpe A. Algra,《古希腊思想中的空间观念》(*Concepts of Space in Greek Thought*, Leiden, 1995)，第三章，其中认为，在宇宙基质中物质和空间这两者是缺一不可的，笔者同意这个观点。

的混沌本身肯定也是被产生出来的。①但它是从哪里被产生出来的呢? 柏拉图像其他古代思想家们一样, 都不会允许完全的"无"中能产生存在。②但是同样的, 混沌状态也是不可能从有秩序的状态中产生出来的, 因为善的造物主不可能让这种事情发生。因此, 如果把宇宙形成前的混沌状态理解为, 是一个按照时间顺序叙述的故事所讲到的某个暂时的阶段, 那我们就无法前后一致地讲述这个混沌状态了。

[250]到这里, 我们应该转入对赫西俄德的讨论了。赫西俄德设问, 哪个神明是最先诞生的(《神谱》第115行)。他的回答是, 混沌神(Chaos; Χάος)。χάος[混沌]这个名词与我们现在理解的"混乱"(chaos)这个意思并不一样。它的字面意思是"张开的空间", 与chasm[裂口]这个词并不是完全不一样的, 后者也是从χάος[混沌]这个词演化而来的。③当然, 从很早的时候开始, 赫西俄德的作品的解释者们还将这个词与χεῖσθαι[流动]一词联系起来,④于是在经过许多年的变化与演进之后, 这个词就有了现在我们英语中使用的"不规则的变化"这个意思。

赫西俄德笔下的混沌是一位神明, 当然, 这个词是中性的(neuter), 在赫西俄德的作品中那么多的神明里, 只有混沌神与他

---

① 关于这个问题, 我们不能仅仅回答说, 在宇宙形成前的混沌中, 每个独立的"阶段"(phase)都是由之前的阶段产生出来的, 因为这种解释并不充分。柏拉图设定的前提是, 如果一个存在是"可感知的", 那么它就一定是被产生出来的, 这个前提必须既适用于整体, 也适用于部分, 否则28b4—28c2所说的宇宙有开端的观点就不成立了。

② 在我们现在掌握的文献中, 克赛尼阿德斯(Xeniades)是一个例外, 有记载说他的观点是, 一切万物都是从"无"中产生的(请参见恩皮利科斯[Sextus Empiricus],《反数学家》[*Adversus Mathematicos*]第7卷第53节)。

③ 请参见《神谱》第700行、814行, 以及第740行的χάσμα[裂缝、深渊], 另请参见本书第十一章。

④ 菲瑞齐德斯(Pherecydes)就已经表达过这种观点, 请参见菲瑞齐德斯残篇第7号、第1a号, 载于Hermann A. Diels与Walther. Kranz编,《前苏格拉底哲学残篇辑》(*Die Fragmente der Vorsokratiker*, 第6版, Berlin, 1951–2)。

的直系后代埃瑞波斯(Erebos)的名字是中性的,①这在语法上给混沌神赋予了某种特殊性。作为一个神明,混沌神仍然没有消亡,所以他还存在于这个世界中。而且他并不像提坦神与其他一些神明那样,在权力交替的战斗中失败而被永远锁入塔尔塔洛斯,所以,他在世界上仍然是有所表现并且还起着作用的。那么他当下在哪里呢?他现在又是什么呢?一个自然而然的猜测是,这个神明的中性力量就像柏拉图的"载体"一样是以宇宙基质的形式存在的,诸如天神与大地神这些后来的神明们都是从这基质中获得自身的形态的。如果柏拉图的宇宙基质同时包括了物质与空间的话,那么赫西俄德笔下的混沌神很可能也是一样的,尤其是当我们想到,从一开始人们就体会到混沌神的名字中所包含的"流动"的意思,并且后来成为柏拉图笔下的处在混沌状态中的宇宙物质,这时我们就更能明白赫西俄德的混沌神同时也包括了物质与空间。在世界形成之前,赫西俄德的混沌神就存在,而且他现在依然存在,只是在他身上加有一个规则,柏拉图的"载体"也是一样的,它从宇宙形成之前的混沌状态,发展成为今天有了秩序与规则的结构。

在柏拉图去世之后几十年,萨摩斯岛(Samos)上的一个名叫伊壁鸠鲁的学生在读到赫西俄德的诗行"ἤ τοι μὲν πρώτιστα Χάος γένετ"[最先出现的是混沌神](《神谱》第116行)的时候,他问自己的老师,如果赫西俄德所写的是事实,那么混沌神是从哪里来的呢?他的老师并没有正面回答,而只是说这个问题是为那些所谓哲学家们准备的,②从此,[251]伊壁鸠鲁伟大的哲学探索便开始了。不

---

① 请参见本书第十一章。另请参见《神谱》第229行的 Νείχεά τε Ψεύδεά[争斗神与谎言神],库鲁门塔斯博士(Dr. Stavros Kouloumentas)为笔者指出,这两个名字是中性的神明,这两个名字与混沌神的名字有共同之处,但区别在于,混沌神的名字只有在作为专有名词是中性的,而这两个神明的名字则是在作为普通用法时就是中性的。

② 请参见恩皮利科斯,《反数学家》第10卷第18至19节。

过,年轻的伊壁鸠鲁的问题的确提得很好,他自己——在当时或者后来——也会同意,宇宙形成之前的基础状态是从无限的过去开始就一直存在的。①但是,赫西俄德的这部诗作写的是众神谱系,也就是众神的"诞生"或"出现",再加上赫西俄德是用众神的世代更替来解释世界历史的,所以他已经说得很清楚了:就连混沌神也是有出现的(γένετ')。

如果——就像笔者指出的那样——柏拉图的"载体"占有了赫西俄德的混沌神原本所有的性质,那么我们可以说——既然柏拉图没有发表过反对意见——宇宙形成之前的混沌状态也是在某个时间点上"出现"的。当然,就算我们明白柏拉图默认的这个前提是从关于众神谱系的传统说法中继承下来的,那也不代表我们能够解释,在柏拉图眼中,宇宙形成之前的混沌状态是为何或如何出现的,更不可能得知在那之前都有什么,不过这却能转换我们在阅读柏拉图的文本时一定会遇到的问题。也许,柏拉图并不在意自己的论述暗示了宇宙形成之前的混沌状态也一定会有一个出现的过程,而且赫西俄德关于混沌神的描述也支撑了这种可能性,然而,毫无疑问,柏拉图是有意这样进行论述的,因为当他说经验告诉人们一切可感知的存在都有出现过程时,他的意思(类似赫西俄德)很明确:包括最初的混沌状态在内,万物都肯定有一个出现过程。如果柏拉图足够谨慎,他就会在这里让无穷的倒退解释停止,而不是开始辨别这个很可能无穷尽的用先发生之事解释后发生之事的链条,那么这就与《蒂迈欧》(29c4–29d3)中的方法论完全一致了,在这一段中,柏拉图小心翼翼地表述了人类对物质世界理解力的界限,并由此说明了当人类推测物质世界的开端时,完全避免前后矛盾之处是不可能的。所以,把赫西俄德的混沌神与柏拉图描述

---

① 关于伊壁鸠鲁学派以此为基础对《蒂迈欧》的批评,请参见西塞罗,《论神性》(*De Natura Deorum*)第1卷第21节。

的混沌状态相比较,并不能缓和柏拉图论述中的冲突,[252]而是把这些冲突放到更久远的过去,这样就能够降低这些冲突对整个论述连贯性的影响。

将冲突与矛盾转移位置并不仅仅是一种让人不去注意问题的方法,大量成功的历史学解释也都使用了这种方法,它们都将一些待解释的问题(explanandum)放回到某种初始状态中,在那里这些问题会看起来更加容易解释或更合情理一些。尽管事物的初始状态也许并不能让我们使时光倒流从而解释问题——举例来说,我们可以回溯西方语言的发展,不过这种回溯最远只能到达被假定为原始语言的"原始印欧语"(Proto-Indo-European)——但是,这并不影响我们成功地解释问题,恰恰相反,这还能鼓励我们靠着假设这原始状态之前的状态而再次取得成功(当然,上文中所说的问题实在是太过久远了,我们不能再假设一个混沌状态之前的状态了),毕竟,再成功的历史学解释也很少有能够追溯到大爆炸(Big Bang)的,能够追溯到大爆炸之前的则更少了。

那么,如果就像赫西俄德笔下的混沌神一样,柏拉图的确假设了宇宙形成之前的混沌状态也是有某种起源的,但却没有尝试探索这种起源究竟是什么,那么,我们真的应该赞美柏拉图在论述中的谨慎。

这样,充分地参考赫西俄德的作品,既可以让我们从内部角度更好地理解柏拉图笔下的创世神话,也可以让我们重新审视关于这个创世神话的讨论。

现在,笔者将要论述赫西俄德笔下的混沌神所包含的两个联系紧密的内容,也就是空间与流动状态中的物质。当我们观察混沌神的子孙时,他所扮演的双重角色就显得更清楚了(《神谱》第123至125行)。混沌神进行的是无性繁殖,他所生的是埃瑞波斯 (Ἔρεβος;字面意思是:黑暗)与夜女神(Νύξ),他们结合所生的是以太神(Aἰθήρ; Aether;古人想象的天国中的极轻薄、极明亮的空气物质)与白日女神(Ἡμέρη; Hemera)。[1]所以,混沌神家族的前三代中就已经有了(a)空间,(b)黑暗与夜晚,以及(c)明亮与白日的神格化。因此我们应该说,混沌神的家族为这个世界既提供了时间维度,也提供了空间维度,此外还提供了发生变化的可能性。而混沌神本身则代表[253]世界的全部空间范围,各种结构与秩序是后来才被加上去的。此外,夜女神与白日女神合起来代表着这个世界的时间维度以及它的变化性。埃瑞波斯与以太神(黑暗与明亮)分别与夜女神和白日女神相对,他们是这两者的核心组成部分,所以也就是时间进程中的核心。

在笔者之前所论述的内容中,许多都在某种程度上预示了柏拉图笔下的"载体"所扮演的角色。在柏拉图的眼中,正是因为不变的理型($\dot{\eta}$ μορφή)是在这种不断流动中的基质里得到模仿,所以我们的世界才不像理型本身那样不变,而时刻处在变化之中。造物主尽己所能来限制变化的可能性,他采取的方式有两种,第一种是将规律尽可能普遍地赋予世界,第二种则是保护他的造物不会消亡。然而,就像赫西俄德笔下的混沌神家族一样,这种基质代表了这个世界在空间与时间上的易变性。

那么,易变性是坏事吗?这个世界是不是因为空间上的固定性与易变的属性而变得不那么好了呢?从某种意义上来说,是的。因为在柏拉图的形而上学中,变化劣于稳定,模仿劣于原初。不过还有一个非常古老的思想传统——也许最早能够回溯到亚里士多德[2]——认为,在这个问题上柏拉图还有进一步的观点,即物质本身是导致世界并不完美的直接原因,说得程度深一些的话,在某种程度上世界拒绝了造物主加给它的理性规则。为了判断这种说法

---

[1] 笔者已经指出过,在赫西俄德的作品中,除了混沌神之外,埃瑞波斯是唯一一个名字是中性词的神明,但是很明显,他后来与夜女神发生性关系而有了后代,所以,性别之分是在混沌神之后的一代神明中才出现的。

[2] 请参见亚里士多德《形而上学》988a14–988a17。

究竟是否有道理，我们必须再一次比较赫西俄德的作品。

到现在为止，我们已经从混沌神开始，考察了这个家族三代的谱系，不过在第三代之后还有第四代存在，我们也应该一并列举出来。在生下混沌神家族的第三代神明之后，夜女神重新采取了传统的无性繁殖方式，并生下了以下神明（《神谱》第211至232行）：可憎的宿命神（στυγερόν τε Μόρον）、黑色的命运女神（Κῆρα μέλαιναν）、死神（Θάνατον）、睡眠神（Ὕπνον）、一群睡梦神（φῦλον Ὀνείρων）、责难神（Μῶμον）、令人痛苦的悲伤女神（Ὀιζὺν ἀλγινόεσσαν）、赫斯佩里斯仙女们（Ἑσπερίδας）、运数女神（Μοίρας）、无情地给予惩罚的命运女神（Κῆρας νηλεοποίνους）、会死的凡人的苦难——涅墨西斯女神（Νέμεσιν, πῆμα θνητοῖσι βροτοῖσι）、欺诈女神（Ἀπάτην）、情谊女神（Φιλότητα）、可怕的老龄神（Γῆράς τ' οὐλόμενον）、心如铁石的不和女神（Ἔριν καρτερόθυμον）。通过不和女神，夜女神又成为以下神明的祖母：令人痛苦的劳苦神（Πόνον ἀλγινόεντα）、遗忘女神（Λήθην）、饥馑神（Λιμόν）、泪水涟涟的痛苦神（Ἄλγεα δακρυόεντα）、打斗神（Ὑσμίνας）、战斗神（Μάχας）、凶杀神（Φόνους）、屠戮女神（Ἀνδροκτασίας）、[254]争斗神（Νείκεα）、谎言神（Ψεύδεα）、议论神（Λόγους）、质疑女神（Ἀμφιλλογίας）、违法女神（Δυσνομίην）与毁灭女神（Ἄτην）。的确，在夜女神的后代中有一些名字听上去不那么可怕的神明——睡眠神、一群睡梦神、赫斯佩里斯仙女们、情谊女神，而且还有她的孙子誓言神（Ὅρκον）。但是，就连誓言神也有可能是苦难的根源——因为在人类当中伪誓是最大的祸端（请参见《神谱》第231至232行）——我们无需置疑这整个名单展示出的是灾祸的实际形式与潜在形式。①

无论如何，毋庸置疑的是，在赫西俄德的众神谱系中，这么

---

① 真正的例外可能只有赫斯佩里斯仙女们，笔者认为，把她们归入夜女神一脉很可能是与起源学无关的另一个神话传统的残余。

第十二章 赫西俄德的《神谱》与柏拉图的《蒂迈欧》

多的负面属性与负面力量的神格化都属于混沌神的后代，而没有一个是出自另一个主要家族——大地神与天神的后裔。如果混沌神——就像笔者之前指出的那样——的角色与《蒂迈欧》中的"载体"对应的话，我们是否应该认为，柏拉图认为物质是万恶之源的观点也是继承自赫西俄德笔下的这个传统呢？

我们可以询问这样一个问题：为什么赫西俄德笔下的混沌神有这么多负面的后代？暂且不说混沌神的曾孙一辈，可以将他的孙辈——即夜女神的子女们——大致地描述为那些威胁并终结生命进程的东西：宿命、老龄、报应以及死亡。这样，我们可以说，在《神谱》的这一部分中，赫西俄德进行的起源学描述主要是把邪恶与不可逆转的时间流逝联系起来。这种对稍纵即逝的时间的关注非常符合混沌神代表变易的观点，也符合混沌神的谱系赋予夜女神的角色——时间的原始表现。

至于混沌神的曾孙一辈，即他的孙女——不和女神的子女们，可以将他们总结为争斗的直接原因与潜在原因，也就是那些内部存在着使矛盾爆发或者表露出来的因素的事物。赫拉克利特后来指出，早在赫西俄德的作品中，夜女神与她的女儿白日女神就已经代表了矛盾对立的极端化，而正是因为如此，赫拉克利特批评赫西俄德[255]将夜女神与白日女神看作一对分离的概念，而她们事实上应该是一个整体。①

那么，在赫西俄德笔下，混沌神表现为宇宙中万恶的根源，这正是因为，混沌神作为变化流动中的基质，实际上是暂时性与矛盾冲突的基础。这样，当我们转回头来看柏拉图的文本时，就会自然而然地将柏拉图认为世界的物质基质是万恶之源的观点理解为受到了赫西俄德的作品的支持。但是在认同这种对应之前，

---

① 请参见赫拉克利特残篇第57号，载于Hermann A. Diels与Walther. Kranz编，《前苏格拉底哲学残篇辑》(*Die Fragmente der Vorsokratiker*, 第6版, Berlin, 1951–2)。

我们应该先对其进行一下反思。如果赫西俄德的确将最原始的神明——混沌神——写成一个在今天的世界中仍然时时发生作用而且有着破坏性效果的存在，那么我们也不会感到十分惊讶（当然，笔者接下来会表明，我们在解释混沌神的时候应该使用一种更好的表述方式）。但是，柏拉图笔下的物质性基质与赫西俄德笔下的混沌神不同，它并不是一个神明。按照柏拉图的说法，我们这位充满智慧的造物主必须要"说服"这个本身并无固定形态的物质基质进行工作，换句话说，造物主必须引导物质基质进入各种有益的结构中去发生作用。有时候，当物质并没有完全服从来自造物主的"说服"时，某些人就会解释说，宇宙中最低贱最消极的事物能够抵抗最高贵最积极的事物，也就是神明——这种让步是完全不能与柏拉图的宗教思想相容的。笔者认为，这绝不是一种能够说得通的解读柏拉图的方式。①柏拉图也许会接受物质原本是矛盾之源的说法，我们能从柏拉图给物质基质的昵称看出这一点——πλανωμένης αἰτίας[游移不定的原因]（48a7），但是他也清晰地指出，物质具有这种特征是在造物主赋予它规则之前的事情，而且他并没有承认过在将世界创造出来之后，物质还能够反抗造物主的意旨。②

这样，我们逐渐地注意到，在这个问题上，柏拉图与赫西俄德之间的说法并不一致，这敦促我们转回头去更仔细地考察赫西俄德笔下[256]恶的起源。具体说来，在赫西俄德笔下，恶的起源共

---

① 请参见David N. Sedley, 前揭, 尤其是第113至127页, 其中笔者指出了《蒂迈欧》的文本也并不支持这种解读方式。另请参见James G. Lennox,《柏拉图的非自然目的论》（"Plato's Unnatural Teleology"），载于Dominic J. O'Meara编,《柏拉图的探索》（*Platonic Investigation*, Washington, 1985）, 第280至302页。

② 笔者在这里只举出一个例子，认为物质能够反抗神意的观点非常广泛，这导致经常将56c5–56c6错误地翻译为"就必然性的本质屈从于神意的说服的方面来讲……"，这会让人把物质（即文中的"必然性"）理解为不是完全屈从神意的。但是古希腊原文 ὅπηπερ ... ὑπεῖκεν 的意思应该是"从任何方面来说，必然性的本质都是屈从于神意的说服的"。另请参见David N. Sedley, 前揭, 第119页注57。

有两个步骤，因为恶真正出现在人类世界中并不是出自描写混沌神一脉的众神谱系那一段，而是出自内容与之截然不同的后来的一段(请参见《神谱》第570至616行)，这一段所写的是女人的出现。这个创造破坏性因素的行为是宙斯的报复——宙斯因为普罗米修斯盗走火种赐予人类而表示愤怒。在《神谱》中，仅仅是非常简要地提出了晚近出现在人类社会的女人给男人带来的问题的本质(第590至612行)：你不能和她们生活在一起，因为她们是寄生虫；你也不能没有她们，因为这样会让你老而乏嗣。赫西俄德作品的读者们非常熟悉《劳作与时日》中一个更长的而且更著名的说法(第53至105行)，其中讲到潘多拉打开了盒子，并给那个美好的世界带去了类似的问题。《劳作与时日》这个版本的说法与《神谱》中的说法形成了对比，《劳作与时日》这个说法认为女人是恶的媒介，衬托出了赫西俄德在《神谱》所明确强调的：女人并不仅仅导致了人类的悲惨生活，她们其实就是人类悲惨生活的化身。

再来比较一下蒂迈欧关于这个问题的说法，以及他对恶进入世界的解释。这个世界要拥有完整性，所需要的是与它的模板的最大相似度，而生命要拥有完整性，则需要与原始生命体(ἰδέας ... ζῷον)的最大相似度。而这又需要生命中包括所有的动物种类(《蒂迈欧》39e3–40a2)。由于动物都需要灵魂，那么就一定要有能够不断降低等级的灵魂，这样它们才能进入比人类等级更低的动物中。而这种等级的第一次降低就是从男人到女人转变，接下来则是向更低等级的动物的转变(42b2–42d2)。因此，女人的创生直接代表了恶的品质在这个世界中有计划的(请参见42d3–42d4)出现——重要的是，恶最早出现在女人身上。

这样，赫西俄德与柏拉图之间的相似性再一次展现出来。在两位作者的作品中，都是当女人出现在scala naturae[存在链条]中时，灵魂等级的降低与生活的悲惨才清晰地进入世界。当然，我们也不能过度解释这种相似性，因为这两位作者对悲惨

(unhappiness)的理解十分不同。但是，就算不提别的解释方式，我们也能够自然而然地将柏拉图的说法解读成对赫西俄德笔下的起源神话的重新诠释，这种诠释是柏拉图通过自己的道德心理学(moral psychology)对赫西俄德的神话进行的修正。许多学者都坚持认为，柏拉图的叙述要求读者们不能完全从字面意思[257]上去理解文本，而且柏拉图也不可能真的认为这个世界上曾经有一个时期只有男人而没有女人存在。[①]然而，我们恰好应该在这一方面将柏拉图的叙述与赫西俄德的叙述进行一下比较。两者都需要我们选择，到底是否应该从字面上理解它们所讲述的历史。而且不管我们如何选择，两者都明确地对悲惨进行了起源学解释。

那么，我们应该怎么理解赫西俄德笔下对恶的两种起源学解释呢？从一方面来说，许多种类的恶都是神明，他们是混沌神的不朽的后代；从另一方面来说，恶则是在女人进入人类世界时才出现的。但它们不是两种不同的起源学解释，实际上只是一种叙述。所以，我们必须采取的理解方式是，混沌神家族的后代繁育导致了恶的多种形式，而女性的出现则表现了恶第一次对人类世界施加的实际影响。笔者之前已经指出过，混沌神家族的世代更替最初代表的是时间与空间这两个维度，而只有在这样一个环境中，各种不稳定(包括生物的必死性)以及矛盾双方的冲突才可能发生。我们现在应该说的是，在《神谱》中，混沌神的家族所代表的仅仅是这个世界包含的诸多种恶的"潜在性"；而恶的真正出现还需要一个真正的起源性原因，即女性的创生。

那么，我们是不是应该说柏拉图想表达的也是这些呢？恶的真正出现是一种有计划的灵魂等级的降低，以及这些灵魂所对应的物种的创生的结果，潜在的恶早就已经有了，因为世界在创造时就有着空间与时间两个维度。通过在流动的"载体"中对理型进行

---

① 请参见Baltes,前揭,第85页。

第十二章 赫西俄德的《神谱》与柏拉图的《蒂迈欧》 367

模仿,造物主让这个世界变成了善与恶都可能出现的地方,而在宇宙演变的后期,造物主所计划的物种等级的降低正是由于"载体"固有的可变性才可能。

如果笔者的观点正确的话,那么在柏拉图看来,只有在一个非常间接的角度上来看,物质才是恶的根源。《神谱》和《蒂迈欧》都表明了,[258]世界的物质基质只是为恶的出现提供了潜在的可能性。基质本身并不会促进这种可能性的实现,而这种可能性是在生命出现的后期阶段才真正得以实现。而基质——物质——本身也不会反抗创造世界的神明,而是在世界形成的每一个阶段都服从(或"被说服")造物主的。恶的出现所体现出的是神明的意旨,而并不是神意的失败。

在这里,赫西俄德与柏拉图笔下的神明谱系之间的相似性浮现了出来。当然,我们并不应该坚持把这两个神明谱系完全对应起来,但是最终,当我们竭力发掘这两者之间的相似性时,对赫西俄德与柏拉图笔下的恶的根源的理解都能得到加深。

在本章中,笔者的意图是告诉读者,在讨论赫西俄德与蒂迈欧所说的宇宙创造时,如果分别询问同样的问题,进一步的讨论能让我们明白什么,并如何丰富我们的理解。这两位作者写作时所采用的是相同的结构与前提,同时也有着非常明显的区别,归根结底,他们的写作意图并不相同,因此,对他们所写的宇宙创生进行对比研究所获得的收获一定能够比分别研究之后叠加起来的收获更多。[①]

[①] 本书第十一章是笔者所设想的这种对比研究的一个出色的例子。在这里,笔者想要感谢2006年在剑桥大学举办的京都-剑桥座谈会(Kyoto-Cambridge Symposium)的组织者们,本章最初就是为这个座谈会而写的,笔者还想要感谢座谈会的听众们——尤其是库鲁门塔斯(Stavros Kouloumentas)博士,他们在座谈会当时与后来的讨论中在很多方面都让笔者进行了更为深入的思考。

第十三章 《蒂迈欧》中的赫西俄德
——造物主对众神如是说

雷加利(Mario Regali)

引 论

[259]在处理早期诗人们的作品时,柏拉图采用的方式有很多种,从含沙射影地暗指这些作品,到对大段文本的诠释,比如说《普罗塔戈拉》中探讨的西蒙尼德斯的一段诗。柏拉图也曾大段地探讨过诗歌的理论(诸如《法义》第2卷与第7卷),[①]就算在那些他没有明确地将自己的作品和那些早期诗人们的作品联系起来的地方,他也常常从诗歌传统中提取其中的场景、动机与重要主题。[②]比如,《王制》整篇对话的第一个词是 κατέβην[我下到],这就是对《奥德修纪》中有关冥府的章节的著名指涉;[③]而《高尔吉亚》中苏格拉底

---

① 请参见Fabio M. Giuliano,《柏拉图与诗歌——创作理论与实际的接受》(*Platone e la poesia. Teoria della composizione e prassi della ricezione*, Sankt Augustin, 2005)。
② 请参见Andrea W. Nightingale,《对话的体裁——柏拉图与哲学的构建》(*Genres in Dialogue: Plato and the Construct of Philosophy*, Cambridge, 1995)。
③ 指出这一点的学者有很多,比如卡普拉就是其中之一,请参见本书第10章,另请参见Mario Vegetti,《降人冥界》("Katabasis"),载于Mario Vegetti编,《柏拉图的〈王制〉:翻译与注疏——第1册:原书第1卷》(*Platone. La Repubblica: traduzione e commento. Vol. 1: Libri I*, Napoli, 1998),第93至104页。

第十三章 《蒂迈欧》中的赫西俄德

与卡里克勒斯(Callicles)之间辩论的摹本是欧里庇得斯的《安提俄佩》(Antiope)。① 尽管在《王制》第3卷与第10卷中,苏格拉底完全拒绝了古代的文学传统,但这个文学传统仍然很明显地充斥于柏拉图的作品之中,它融入这些对话作品的方式多种多样而且往往非常复杂。同样,柏拉图对赫西俄德的作品的接受也是在赞赏与拒绝之中游移的:由于《神谱》中对乌拉诺斯、克洛诺斯与宙斯的记述,将他们描述得过于暴力而且十分错误,所以,在《王制》的第2卷与第3卷中,柏拉图批评了这些记述(377e6–378b7)。但是,就在此后不久,当柏拉图将赫西俄德《劳作与时日》中[260]关于人类发展时代的神话改写成了所谓"高贵的谎言"时,苏格拉底却说它有益于πόλις[城邦],并且适用于那些城邦的守卫者们(414b7–415d5)。

《蒂迈欧》与《克里提阿》是柏拉图运用赫西俄德的两个很好的例子。与《神谱》一样,《蒂迈欧》讲述了众神的诞生以及宇宙的生成;而在《克里提阿》中,柏拉图则简述了叙事诗中的英雄们以及他们的结局,这与赫西俄德在《列女传》中所做的一样。我们也可以推测,《赫尔莫克拉底》(Hermocrates)会像《劳作与时日》对赫西俄德的时代加以关注一样,关注柏拉图时代的雅典。② 就算把推测中的《赫尔莫克拉底》先放在一旁,《蒂迈欧》与《克里提阿》的整体叙事结构看起来也与赫西俄德的风格十分类似。放到更广大的语境下来看,笔者的目标是考察柏拉图建立的一个与赫西俄德联系格外紧密的关键段落:这一段出现在《蒂迈欧》里,造物主在其中对集合起来的众神发表了讲话。早在古代,人们就承认了这一段的重要性。伊安布利科斯(Iamblichus)曾写了一整本关

---

① 请参见Mauro Tulli,《〈高尔吉亚〉与安菲翁之琴》("Il *Gorgia* e la lira di Anfione"),载于Michael Erler与Luc Brisson编,《〈高尔吉亚〉与〈美诺〉》(*Gorgias-Menon* [*Symposium Platonicum*], Sankt Augustin, 2007),第72至77页。
② 请参见本书第十章。

于它的书,① 而普罗克洛斯则将《蒂迈欧》中的这段讲辞描述为: ἐνθουσιαστικός ... καθαρός τε καὶ σεμνός, καταπληκτικός, καὶ χαρίτων ἀναμεστος, κάλλους τε πλήρης καὶ σύντομος ἅμα καὶ ἀπηκριβωμένος② [富有创见……纯净而又高贵、出人意料、魅力四射、充满美感,而且既简洁又详尽]。普罗克洛斯对《蒂迈欧》的钟爱应该是完全恰当的,因为从中我们能够很清楚地看到,柏拉图是以极度的小心与高度的注意力来创作这段讲辞的。③ 在《蒂迈欧》关于众神在整个宇宙中的角色的论述中,我们能在这一段中看到其核心部分。所以,这一段能够为我们提供一条研究柏拉图与赫西俄德之间关系的格外有益的路径。

---

① 请参见普罗克洛斯(Proclus),《论〈蒂迈欧〉》(De Timaeo)第1卷第308节第19至20行,载于Ernestus Diehl编,《普罗克洛斯为柏拉图的〈蒂迈欧〉所作的注疏》[Procli Diadochi in Platonis Timaeum commentaria, Leipzig, 1903]),以及奥林比欧多洛斯(Olympiodorus,《论〈阿尔喀比亚德前篇〉》第2篇第4至5节,载于Leendert Gerrit Westerink编,《奥林比欧多洛斯: 为〈阿尔喀比亚德前篇〉所作的注疏》[Olympiodorus: Commentary on the first Alcibiades of Plato, Amsterdam, 1956]),这两位作家都提到过伊安布利科斯的这本书。按照普罗克洛斯的说法,这本书的名字叫作περὶ τῆς ἐν Τιμαίῳ τοῦ Διὸς δημηγορίας(论宙斯在《蒂迈欧》中的讲话)。另请参见亚历山德里亚的克莱门斯(Clemens Alexandrinus)《杂编》(Stromata)第5卷第102章第5节,以及俄里根(Origenes)《反凯尔苏斯》(Contra Celsum)。请参见einrich Dörrie与Matthias Baltes编,《基督诞生后2至3世纪中的柏拉图主义》(Der Platonismus im 2. und 3. Jahrhundert nach Christus [即Der Platonismus in der Antike, 第3卷], Stuttgart, 1993),第166页,注4。
② 请参见普罗克洛斯(Proclus),《论〈蒂迈欧〉》(De Timaeo)第3卷第199节第29行至200节第3行。
③ 请参见Francis M. Cornford,《柏拉图的宇宙论: 柏拉图的〈蒂迈欧〉的译文与通篇注疏》(Plato's Cosmology: the Timaeus of Plato Translated with a Running Commentary, London, 1937),第368页,其中指出了这段讲辞开头的第一个短语的节奏型是经过了仔细的设计的。Θεοὶ θεῶν, ὧν ἐγὼ δημιουργὸς πατήρ τε ἔργων (众神之神啊,我是你们的造物主与父亲)的节奏型在散文(请参见德莫斯提尼[Demosthenes],《论专制》[De Corona]第1节第1行)与抒情诗(请参见阿尔克曼[Alcman],残篇第58号,载于PMG)中都出现过。在这之后的短语也有着同样的节奏型。请参见Martin L. West,《古希腊文的节律》(Greek Metre, Oxford, 1982),第146页,其中推断出了一种与德尔菲紧密相连的颂诗传统,这个传统的基础是柏拉图所采用的克里特节奏型(Cretic)与派奥尼亚(Paeonian)节奏型。

造物主的名字

[261]蒂迈欧在讲述了视觉可见的众神的创造(《蒂迈欧》38c3–40d5),并认同了以赫西俄德为核心的关于众神谱系的传统说法(40d6–41a6)之后,他又讲述了造物主把众神集合起来,对他们说的话(41a6–41a8):

θεοὶ θεῶν, ὧν ἐγὼ δημιουργὸς πατήρ τε ἔργων, δι' ἐμοῦ γενόμενα ἄλυτα ἐμοῦ γε μὴ ἐθέλοντος.
众神啊,众神之神,你们是我的作品,我是你们的造物主与父亲,除非我有意愿,否则我的作品是牢不可破的。

造物主称自己为πατήρ[父亲],这让人想到,在叙事诗中将宙斯称作众神与人类的父亲,当然,由于叙事诗中的宙斯并没有采用过造物主所说的关于创造万物的言辞,所以,《蒂迈欧》中的情况要复杂得多。[①]在接下来的短语中,造物主说除非他自己愿意,否则他自己的作品是牢不可破的:δι' ἐμοῦ γενόμενα ἄλυτα。在这里,认真的读者们很有可能会注意到,ἔργων δι' ἐμοῦ[通过我而出现的作品]与造物主对自己的称呼δημιουργός[造物主]之间有着相似性。的确,我们可以将ἔργων δι' ἐμοῦ[通过我而出现的作品]当作δημιουργός[造物主]的词源学解释:可以将造物主定义为,ἔργα[作品]是通过他而出现的,而在《蒂迈欧》的语境下,ἔργα[作品]指的是创造整个

---

① 关于蒂迈欧在《蒂迈欧》28c3中用来指称造物主的短语ποιητὴν καὶ πατέρα[制造者与父亲],请参见: Franco Ferrari,《"诗人与父亲"——中期柏拉图思想对〈蒂迈欧〉28c3的注解》("Poietes kai pater: esegesi medioplatoniche di Timeo, 28c3"),载于Giuseppe De Gregorio与Silvio M. Medaglia编,《传统、传承、解释——多种研究》(Tradizione, Ecdotica, Esegesi: Miscellanea Di Studi, Napoli, 2006),第43至58页。

宇宙。当然，δι' ἐμοῦ[通过我]听起来不是很像δημιου-，所以要是按照现代词源学的观点看来，这两者并没什么关系；但是，在柏拉图笔下，这两者极有可能是非常相关的：在《克拉底鲁》中，苏格拉底解释说，为了从一个词中找到它的词源，是可以添加、减去或是替换某个字母的(394a1-394c8)。① 就像苏格拉底在《克拉底鲁》中指出的那样，《蒂迈欧》中所暗示的δημιουργὸς[造物主]的(伪)词源学解释，是一个词的多种词源学解释中的一种。②[262]这一点以及《克拉底鲁》对语言本身以及名字"正确性"的兴趣，在《蒂迈欧》中也是同样适用的。在自己讲辞的引入部分，蒂迈欧涉及了οὐρανός[天空、宇宙]与κόσμος[宇宙]这两个词在使用时的适当性(28b2-28b3)，③这让人想起在《阿伽门农》第160至162行，埃斯库罗斯对宙斯的名字的思考。同样的兴趣出现在《蒂迈欧》52a，其中说到，可感知的存在的类属与可理解的存在的种类是同样的东西。蒂迈欧并不仅仅是在进行狭义的词源学讨论，他还讨论了αἴσϑησις[感知](43c5-43c7)、ἡμέρα[时日](45b4-45b6)、ϑερμόν[炎热](62a2-

---

① 请参见David N. Sedley，《柏拉图的〈克拉底鲁〉》(Plato's Cratylus, Cambridge, 2003)，第80至82页，其中很正确地把注意力集中了苏格拉底所作的比喻上：苏格拉底说，铁匠们在打造某种形态的器具时所用的金属不一定完全相同，这就像立法者用不同的名称来表达相同的理念一样。
② 柏拉图不是仅在《克拉底鲁》中才表现出对词源学的兴趣。举例来讲，在《斐德若》中，我们能清楚地看到柏拉图对ὕβρις[暴行]一词(238a1-238a5)，以及对μαντική[预言术]与οἰωνιστική[占卜术]的词源的兴趣，请参见David N. Sedley，前揭，第33至34页。对词源学的研究能够帮助推动λόγος[言辞、话语]，当然，也可以参考Ernst Heitsch，《柏拉图的〈斐德若〉》(Platon: Phaidros, Göttingen, 1993)，第92页，其中认为，把方向转到词源学上只能说明其论据不够充分。
③ 请参见Alfred E. Taylor，《柏拉图〈蒂迈欧〉注疏》(A Commentary on Plato's Timaeus, Oxford, 1928)，第65至66页，其中提出的观点是，οὐρανός[天空、宇宙]是传统用法，而κόσμος[宇宙]这个词则是毕达哥拉斯的发明。这种观点来自于阿厄提俄斯(Aetius)作品第2卷第1章第1节(载于Hermann Alexander Diels编，《哲学论集》[Doxographi Graeci, Berlin, 1879])。也请参见Aryeh Finkelberg，《论古希腊κόσμος观念的历史》("On the History of the Greek κόσμος")，载于Harvard Studies in Classical Philology，第98期，第103至136页，第108至109页。

62a5)以及ἐγκέφαλον[头脑](73c6–73d2)这些词的意义。①

在所有时代的古希腊文献里，关于词源学的思考是十分常见的，不过在说到神明们的名字与称谓(epithet)时，最重要的相关文献是赫西俄德的作品。个中原因是十分明显的。《神谱》不仅仅是关于神明们的最重要的古希腊文献，而且它也非常明确地对众神名字的真实意义展开了探寻。这样，在《神谱》的开头段落中，赫西俄德列举出了缪斯女神们的名字(第77至79行)：

Κλειώ τ' Εὐτέρπη τε Θάλειά τε Μελπομέενη τε
Τερψιχόρη τ' Ἐρατώ τε Πολύμνιά τ' Οὐρανίη τε
Καλλιόπη θ': ἣ δὲ προφερεστάτη ἐστὶν ἁπασέων.
克莱欧、欧特尔佩、塔雷娅、梅尔波梅内、
特耳普西科瑞、埃拉托、波林尼娅、乌拉尼娅、以及
卡利俄佩，她是她们全体当中最重要的一位。

这其中的每一个名字都清晰地描述了与之相应的女神，并且说明了每一位缪斯女神是如何为歌咏的艺术做出贡献的。当她们最初出现在这部诗作中时，她们的名字就已经有了回声，因为赫西俄德通过缪斯女神们的名字描述了她们的能力与司职范围。所以，克莱欧(*Κλειώ*, Clio)让人想到了《神谱》第67行的*κλείουσι*[传扬]、欧特尔佩(*Εὐτέρπη*, Euterpe)让人想到第37与51行的*τέρπουσι*[使愉悦]，而塔雷娅(*Θάλειά*, Thaleia)则让人想到第65行的*ἐν θαλίης*[在幸福中]。梅尔波梅内(*Μελπομέενη*, Melpomene)[263]让人想到第66行的*μέλπονται*[歌颂]，特耳普西科瑞(*Τερψιχόρη*, Terpsichore)让我们

---

① 另请参见David N. Sedley,《柏拉图〈克拉底鲁〉中的词源》("The Etymologies in Plato's *Cratylus*")，载于*Journal of Hellenic Studies*，第118期，第140至154页，第141页，其中研究了《蒂迈欧》90c5–90c6里对*εὐδαιμονία*与*δαίμων*这两个词的讨论。

想到之前描述缪斯女神们跳舞的几行诗(第4、7以及63行),同时也让我们想到她们使人愉悦的能力(τέρπουσι;第37、51行)。关于埃拉托的名字(Ἐρατώ, Erato),可参考ἐρατήν[可爱的](第65行)与ἐρατός[可爱的](第70行);关于波林尼娅的名字(Πολύμνιά, Polymnia),可参考ὑμνεύσαις[歌颂](第70行)。乌拉尼娅(Οὐρανίη, Ourania)让人想到第71行的οὐρανῷ ἐμβασιλεύει[统治天空、天国],而最后,卡利俄佩(Καλλιόπη, Calliope)则让人想到第68行的ὀπὶ καλῇ[优美的声音]。① 而且,就像笔者之前已经指出过的一样,这里并不仅仅只有双关语的文字游戏:赫西俄德仔细地构造了缪斯女神们的名单,他的目的是让这些名字真正把握住女神们的本质与行为的核心。②

在荷马叙事诗中并没有出现过缪斯女神们的名字,这些名字很有可能是赫西俄德本人的创造。但是,他也很有兴趣发掘那些更传统的神明名字的意义。举例来说,他在叙述阿佛洛狄忒的诞生时解释了这位女神的名字(请参见《神谱》第188至195行):③ 克洛诺斯割下他父亲的生殖器,并将其扔进了海中,而阿佛洛狄忒则从泛

---

① 请参见Paul Friedländer所撰写的书评,评Felix Jacoby编,《赫西俄德作品:第一部分——〈神谱〉》(*Hesiodi Carmina. Pars I:* Theogonia, *Berlin*, 1930),载于*Göttingischen Gelehrten Anzeigen*,第92期,第241至246页。
② 请参见Marie-Chritine Leclerc,《赫西俄德作品中的言辞——搜寻逝去的回忆》(*La parole chez Hésiode. À la recherche de l'harmonie perdue*, Paris, 1993),第293至296页,其中讨论了缪斯女神们的顺序,并且提出,在列出她们的名字时共分为四对,而特耳普西科瑞独自插在中间。第一对(克莱欧、欧特尔佩)代表诗歌本身,第二对(塔雷娅、梅尔波梅内)代表诗歌的效果,第三对(埃拉托、波林尼娅)代表诗歌的背景,而第四对(乌拉尼娅、卡利俄佩)则代表诗歌的形式。
③ 阿佛洛狄忒的诞生与帕加索斯(Pagasus)的诞生有着紧密的联系(请参见《神谱》第280至286行)。帕加索斯与阿佛洛狄忒一样,他们的诞生都是从伤口中跃出(第280至281行);就在他的诞生之后,赫西俄德以词源学的方式解释了他的名字(第282至283行);然后,他加入了其他神明们中间(第284至285行),并成为不朽的众神中的一员(第285至286行)。请参见Peter Walcot,《赫西俄德献给缪斯女神们、阿佛洛狄忒、斯提克斯河与赫卡特的赞歌》("Hesiod's Hymns to the Muses, Aphrodite, Styx and Hecate"),载于*Symbolae Osloenses*,第34期,第5至14页,第9页;Graziano Arrighetti,《赫西俄德作品》(*Esiodo. Opere*, Turin, 1998),第331页,其中讨论了在叙事中阿佛洛狄忒的四个名字的作用。

起的泡沫中诞生了。也许是因为这其中的词源学关联并不像在之前关于缪斯女神们的段落中那样明显,赫西俄德后来又为我们解释了一遍(第195至198行):

τὴν δ' Ἀφροδίτην
ἀφρογενέα τε θεὰν καὶ ἐυστέφανον Κυθέρειαν
κικλήσκουσι θεοί τε καὶ ἀνέρες, οὕνεκ' ἐν ἀφρῷ
θρέφθη· ἀτὰρ Κυθέρειαν, ὅτι προσέκυρσε Κυθήροις.

众神与人类
都称她作阿佛洛狄忒、生于泡沫中的女神、
花冠优美的库特瑞亚,因为她生于泡沫中,
而称她库特瑞亚,是因为她登上了库特洛伊人的岛屿。

赫西俄德关于众神的知识是众所周知的,而且他的这个名声至少有一部分是因为[264]他能够通过词源学从众神的名字与称谓中推断出他们的本质。同样,这种用词源学解释众神名字的倾向也可以在《荷马风格颂诗》中发现,①不过与这种倾向关联最密切的仍然是赫西俄德。柏拉图本人当然也是将赫西俄德当作是众神名字及其"真实"意义的专家,我们能从柏拉图的一些作品中看到这种观

---

① 请参见诸如《颂诗第六首·致阿佛洛狄忒》(*In Aphroditam*)第5行,其中暗示了阿佛洛狄忒的名字(Ἀφροδίτη)与ἀφρός[泡沫]一词的词源学联系;《颂诗第十九首·致潘神》(*In Panem*)第47行,其中暗示了潘神的名字(Πᾶν)与πάντες[一切的]一词的词源学联系;《颂诗第二十六首·致狄奥尼索斯》(*In Dionysum*)第1、10行,其中暗示了狄奥尼索斯的称谓 "布洛米俄斯" (Bromios; Βρόμιος)与ἐρίβρομος(大声呼喊的)以及βρόμος(大声)之间的词源学联系;《颂诗第二十七首·致阿尔特弥斯》(*In Artemin*)第5至6行则表明,阿尔特弥斯女神的称谓ἰοχέαιρα[射箭的]可能暗示了 "喜爱箭矢的" (χαίρω)与 "广布箭矢的" (χέω)两层意思;《颂诗第二十八首·致雅典娜》(*In Athenam*)第9行,其中暗示了雅典娜的称谓Παλλάς[帕拉斯]与σείσασ' ὀξὺν ἄκοντα[摇动尖利的矛枪]之间存在关系,即Παλλάς[帕拉斯]与动词πάλλω[摇动]之间存在着词源学联系。

点,例如《克拉底鲁》。①

造物主的讲辞和《劳作与时日》的开篇

通过对δημιουργός[造物主]一词进行词源学暗示,柏拉图继续了对神明的名字进行词源学解释的传统,在赫西俄德的作品中,他的读者们很可能已经对这个传统十分熟悉了。柏拉图既使用了赫西俄德的词源学技巧,同时也暗示了,在赫西俄德的作品中这一段有一个具体的模板。在《劳作与时日》的开篇,按照下述方式,赫西俄德描述了宙斯的力量(第1至10行):

μοῦσαι Πιερίηθεν ἀοιδῆσιν κλείουσαι
δεῦτε, Δί᾿ ἐννέπετε σφέτερον πατέρ᾿ ὑμνείουσαι·
ὅν τε διὰ βροτοὶ ἄνδρες ὁμῶς ἄφατοί τε φατοί τε,
ῥητοί τ᾿ ἄρρητοί τε Διὸς μεγάλοιο ἕκητι.
ῥέα μὲν γὰρ βριάει, ῥέα δὲ βριάοντα χαλέπτει,
ῥεῖα δ᾿ ἀρίζηλον μινύθει καὶ ἄδηλον ἀέξει,
ῥεῖα δέ τ᾿ ἰθύνει σκολιὸν καὶ ἀγήνορα κάρφει
Ζεὺς ὑψιβρεμέτης ὃς ὑπέρτατα δώματα ναίει.
κλῦθι ἰδὼν ἀίων τε, δίκῃ δ᾿ ἴθυνε θέμιστας
τύνη· ἐγὼ δέ κε Πέρσῃ ἐτήτυμα μυθησαίμην.
来自皮埃里亚的缪斯女神们,你们用歌声进行赞扬,
请来吧!请讲述并歌颂你们的父亲宙斯,
通过他,凡间的人们默默无闻或万里名扬,
[265]人人歌颂或无人提及,全凭伟大的宙斯的意愿,
因为他能轻易让人强大,也能轻易压垮强大的人,
他还能轻易让发显的事物模糊,也能使隐微的事物发显。

---

① 请参见本书第五章,其中从总体角度讨论了赫西俄德关于众神名字的"正确性"。

第十三章 《蒂迈欧》中的赫西俄德

他还能轻易地让那弯的变直,也能使那如日中天的凋零,
在高天上鸣雷的宙斯,他居住在天顶的官殿中。
请看吧,请听吧,请你用正义让律法正直吧,
而我则将会为珀尔赛斯讲述事实真相。

在祈求缪斯女神们歌咏宙斯之后,赫西俄德用一个很长的定语从句描述了这位神明的本质,这在六步格的颂诗中是很常见的。而不常见的是第3行的短语ὅν τε διά(通过他)非常明确地给宙斯的名字提供了一种词源学的解释,而就在第2行同样的节奏位置上,赫西俄德提到了宙斯的名字,并且用的是与ὅν τε διά[通过他]这个短语最接近的宾格形式Δί(α)。[1]διά[通过]与Διός/Διί/Δία("宙斯"[Zεύς]的属格、与格和宾格形式)之间的词源学关系,很可能已经在Διὸς μεγάλοιο διὰ βουλάς这个短语中得到了暗示,这个短语虽然

---

[1] 请参见Eduard Norden,《不知名的神——宗教讲辞的形成历史之研究》(*Agnostos Theos: Untersuchungen zur Formengeschichte religiöser Rede*,第2版,Leipzig),第259页注1,这似乎是第一个认识到赫西俄德在这里使用了双关语的研究文献。后来,这种观点又得到了进一步的发展,请参见Karl Deichgräber,《Zεύς、Διός、Δία与Δίκη的词源》("Etymologisches zu Zεύς, Διός, Δία, Δίκη"),载于*Zeitschrift für vergleichende Sprachforschung*,第70期,第19至28页,第19至28页;Bruno Snell,《赫西俄德作品中众神的世界》("Die Welt der Götter bei Hesiod"),载于《荷马至柏拉图对神明的理解》(*La notion du divin depuis Homère jusqu'à Platon*[即*Entretiens sur l'antiquité classique*,第1期],Geneva,1954),第97至117页,第111至112页;以及Verdenius 1962,第116至117页,其中讨论了第3行中插入的虚字τε。另请参见Martin L. West编,《赫西俄德〈劳作与时日〉》(*Hesiod: Works and Days*, Oxford, 1978),第138至139页,其中对此仍然持怀疑态度。不过,现在大多数学者都已经接受了这一段中的词源学解释:请参见Rudolf Pheiffer,《古典学术的历史——从最初到希腊化时代的结束》(*History of Classical Scholarship: From the Beginnings to the End of the Hellenistic Age*, Oxford, 1968),第4至5页;Detlev Fehling,《高尔吉亚之前古希腊人的词句重复及其应用》(*Die Wiederholungsfiguren und ihr Gebrauch bei den Griechen vor Gorgias*, Berlin, 1969),第262页;Graziano Arrighetti,《诗人、学者与传记作家——希腊人对文学的一些反思》(*Poeti, eruditi, e biografi. Momenti della riflessione dei Greci sulla letteratura*, Pisa, 1987),第23页;Jenny S. Clay,《赫西俄德的宇宙》(*Hesiod's Cosmos*, Cambridge, 2003),第76页。另请参见W. B. Stanford,《希腊诗歌的声音、感受与音乐》("Sound, Sense, and Music in Greek Poetry"),载于*Greece and Rome*,第28期,第127至140页,第127至140页,其中在第132页指出,这种双关语的使用制造了一种"肃穆的氛围"(atmosphere of solemnity)。

在叙事诗中比较少见,但是在《奥德修纪》与《神谱》的关键地方出现过。①不过,只有在《劳作与时日》中,这种通过διά(通过)对宙斯名字的解释才起到了关键作用。在这部作品的开篇部分,赫西俄德描述了宙斯对凡人施加影响的能力,尤其值得注意的是,在这部诗作中"正义"是一个核心主题。最终是宙斯让宇宙尊崇正义,所以,在《劳作与时日》的总体理念中,也在这部诗作所描绘的世界中,他的名字的词源学解释扮演了核心角色。无论我们认为赫西俄德这样做是有意的还是偶然的,διά(通过)这个词浓缩了宙斯(Δία)的本质,[266]即人类命运的仲裁者。②当赫西俄德祈求宙斯用正义使律法正直时(请参见《劳作与时日》第9至10行),他又加入了第二个引人注意的双关语(ἴθυνε ... τύνη[请你使⋯⋯正直]):宙斯作为正义之神是自然而然的,也是理所应当的。

所以,在《蒂迈欧》里,当柏拉图笔下的造物主对自己的名字进行解释的时候,他在《劳作与时日》的开篇中就有了一个强大的模板。柏拉图当然很熟悉赫西俄德在《劳作与时日》中为宙斯的名字建立起来的词源学解释(《克拉底鲁》396a7–396b3):

> οὐ γὰρ ἔστιν ἡμῖν καὶ τοῖς ἄλλοις πᾶσιν ὅστις ἐστὶν αἴτιος μᾶλλον τοῦ ζῆν ἢ ὁ ἄρχων τε καὶ βασιλεὺς τῶν πάντων. συμβαίνει

---

① 请参见《奥德修纪》第8卷第82行,这个短语出现在德谟多科斯(Demodochus)歌声的结尾处;在《神谱》第465行,这个短语描述了克洛诺斯即将被他的儿子宙斯推翻。这个短语也在《劳作与时日》通行本的第122行出现了。关于διά这个介词在荷马以及之后的文学作品中用来指代神明们的行为,请参见Raphael Kühner与Bernhard Gerth编,《古希腊文语法详述》(*Ausführliche Grammatik der griechischen Sprache*, 两卷本,第3版, Hannover, 1898–1904),第1卷,第483至484页;以及Eduard Fraekel,《埃斯库罗斯:阿伽门农》(*Aeschylus. Agamemnon*, 全三卷, Oxford, 1950),第2卷第333至334页,这种对διά这个介词的使用,似乎是赫西俄德在《劳作与时日》中用来解释宙斯名字的根本原因。

② 请参见Graziano Arrighetti,《赫西俄德作品》(*Esiodo. Opere*, Turin, 1998),第380至382行。关于另外一种解释,请参见Martin L. West编,《赫西俄德〈劳作与时日〉》(*Hesiod*: Works and Days, Oxford, 1978),第141至142行。

οὖν ὀρθῶς ὀνομάζεσθαι οὗτος ὁ θεὸς εἶναι, δι' ὃν ζῆν ἀεὶ πᾶσι τοῖς ζῶσιν ὑπάρχει· διείληπται δὲ δίχα, ὥσπερ λέγω, ἓν ὂν τὸ ὄνομα, τῷ 'Διὶ' καὶ τῷ 'Ζηνί.'

对于我们以及所有其他人来说，生活的原因没有比那统治万物的君王更重要的。通过他，一切生物开始了生活，因此用一个名字来称呼这位神明是非常正确的：这个名字像我说的一样被表达为两个形式，Δία(Dia)与Ζηνά(Zena)。

在苏格拉底提到智慧的"蜂群"(σμῆνος)之前不久，[1]苏格拉底的话题从坦塔洛斯(Tantalus)转移到了坦塔洛斯之父宙斯的名字上，他认为，宙斯的名字代表了一个词语的内质和它所指称的事物之间存在着恰当的关系(《克拉底鲁》395e5-396a2)：φαίνεται δὲ καὶ τῷ πατρὶ αὐτοῦ λεγομένῳ τῷ Διὶ παγκάλως τὸ ὄνομα κεῖσθαι [而他的父亲——被称作宙斯——看上去有着一个非常好的名字]。然而，这种相互关系却并不容易为我们所把握：ἔστι δὲ οὐ ῥᾴδιον κατανοῆσαι[这并不容易理解](369e2)，因为宙斯的名字是由两个词根构成的，而每一个都指向了对该神之本性的解释(《克拉底鲁》396a2-396a7)：

ἀτεχνῶς γάρ ἐστιν οἷον λόγος τὸ τοῦ Διὸς ὄνομα, διελόντες δὲ αὐτὸ διχῇ οἱ μὲν τῷ ἑτέρῳ μέρει, οἱ δὲ τῷ ἑτέρῳ χρώμεθα— οἱ μὲν γὰρ 'Ζῆνα,' οἱ δὲ 'Δία' καλοῦσιν—συντιθέμενα δ' εἰς ἓν δηλοῖ

---

[1] 请参见《克拉底鲁》397a3-421d6。这个"蜂群"接近于一种百科全书式的完整性，关于它的顺序，请参见Konrad Gaiser,《柏拉图的〈克拉底鲁〉中的名与物》(Name und Sache in Platons Kratylos, Heidelberg, 1974)，第54至59页。另请参见Timothy M. S. Baxter,《〈克拉底鲁〉：柏拉图对命名的批判》(The Cratylus: Plato's Critique of Naming, Leiden, 1992)，第88至94页，其中认为这个"蜂群"只是δόξα[观念]的大杂烩而已。

τὴν φύσιν τοῦ θεοῦ, ὃ δὴ προσήκειν φαμὲν ὀνόματι οἵῳ τε εἶναι ἀπεργάζεσθαι.

因为宙斯的名字完全就是一个句子，它被分成两个部分，我们有时使用其中的一个，有时则使用另一个——有时称呼为 Zῆνα，有时则是 Δία——这两者合而为一之后表达了这位神明的本质，按我们所说的，这就是名字应该做到的事情。

[267]苏格拉底所说的是宙斯这个名字的宾格和与格的两个词根，也就是 Δία/Δι" 与 "ῆνα/Zηνί。在宾格和与格中，这两种形式都是可能的，而一个名字有两种形式，这是相互矛盾的，苏格拉底的解释是，这两种形式表达的是，由于(διά，或译为"通过")宙斯，一切众生能够生存(ζῆν)：δι' ὃν ζῆν ἀεὶ πᾶσι τοῖς ζῶσιν ὑπάρχει[通过他，一切生物开始了生活](396b2)。对宙斯的名字的这种词源学解释(Δία——δι' ὅν)很明显地能让人想起《劳作与时日》中的词源学解释，而且很可能也预示了《蒂迈欧》，因为《蒂迈欧》中的造物主也为一切生物注入生命，并使世间万物永存。①

在回到《蒂迈欧》之后，我们就可以询问，除了我们讨论过的词源学关系之外，造物主的讲辞是否与《劳作与时日》有着更多的关联呢。那么，现在让我们再来看一看造物主的讲辞的开始部分吧

---

① 普罗克洛斯就已经使用了《克拉底鲁》与《蒂迈欧》中的词源学解释(请参见普罗克洛斯《论<克拉底鲁>》，第48节第1至12行，载于Georgius Pasquali编，《普罗克洛斯为柏拉图的<克拉底鲁>所作的注疏》[*Proclus Diadochi in Platonis Cratylum Commentaria*, Leipzig, 1908])，因为他在柏拉图的词源学解释中看到了一种将宙斯作为πατρικόν αἴτιον(父亲一般的肇始缘由)的观点。关于普罗克洛斯在《克拉底鲁》与《蒂迈欧》之间通过柏拉图对名字的研究建立起来的关系，请参见Francesco Romano，《阅读者普罗克洛斯与〈克拉底鲁〉的解释者》("Proclo lettore e interprete del *Cratilo*")，载于Jean Pépin与Henri D. Saffrey编，《普罗克洛斯：古代的阅读者与解释者——国际CNRS研讨会(巴黎，1985年10月2日至4日)进程汇编》(*Proclus: lecteur et interprète des anciens: Actes du colloque international du CNRS [Paris, 2–4 Octobre 1985]*, Paris, 1987)，第113至136页，第128至136页。

(41a8–41b6):

> θεοὶ θεῶν, ὧν ἐγὼ δημιουργὸς πατήρ τε ἔργων, δι' ἐμοῦ γενόμενα ἄλυτα ἐμοῦ γε μὴ ἐθέλοντος. τὸ μὲν οὖν δὴ δεθὲν πᾶν λυτόν, τό γε μὴν καλῶς ἁρμοσθὲν καὶ ἔχον εὖ λύειν ἐθέλειν κακοῦ· δι' ἃ καὶ ἐπείπερ γεγένησθε, ἀθάνατοι μὲν οὐκ ἐστὲ οὐδ' ἄλυτοι τὸ πάμπαν, οὔτι μὲν δὴ λυθήσεσθέ γε οὐδὲ τεύξεσθε θανάτου μοίρας, τῆς ἐμῆς βουλήσεως μείζονος ἔτι δεσμοῦ καὶ κυριωτέρου λαχόντες ἐκείνων οἷς ὅτ' ἐγίγνεσθε συνεδεῖσθε.

众神之神啊，你们是我的作品，我是你们的造物主与父亲，除非我有意愿，否则我的作品是牢不可破的。一切牢固的事都会消解，但是只有恶(κακοῦ)才会希望消解和谐与顺遂的事物。因为这一点，也因为你们是被创生出来的，所以你们不是不朽的，也不是完全不会消解的(ἄλυτοι)，但是你们不会被消解(λυθήσεσθέ)，也不会因为必死的命运而死亡，你们被我的意旨束缚，这意旨比你们出生时注定的那些事更重要、更强大。

这一段中最让人注意的是 ἄλυτοι[牢不可破的、不可消解的]与 λυτόν[会消解的、不牢固的]这对反义词。从根本上，造物主是两种事物出现的原因——那些会消解的和那些不会消解的，但是，他和那些永恒的东西——或者应该说是那些他因为自己的本质而不希望消解的东西——有着更为紧密的联系。在柏拉图进行了仔细的建构之后，这个说法让人理解起来非常复杂，这再次让我们想到了[268]《劳作与时日》的开篇。《劳作与时日》的第3与4行设立了两组反义词：ἄφατοί[默默无闻的]与 φατοί[万里名扬的]，ῥητοί[人人歌颂的]与 ἄρρητοί[无人提及的]，这是宙斯能够按照自己的意愿创造出来的两个种类的存在。赫西俄德以这两组反义词中的两个正面描述的词语——即 φατοί[万里名扬的]与 ῥητοί[人人歌颂的]——为中心,在这两行中对用词进行了交错配列(chiasmus)。①这让人想到了《蒂迈欧》中的段落:柏拉图笔下的造物主指出,众神并不是不朽的,其原因是,他们是被创生出来的,而他们的死亡只是因为造物主的意旨而被向后拖延着。请比较一下 ἀθάνατοι μὲν οὐκ ἐστὲ οὐδ' ἄλυτοι τὸ πάμπαν[你们不是不朽的,也不是完全不会消解的](《蒂迈欧》41b2—41b3)与 οὔτι μὲν δὴ λυθήσεσθέ γε οὐδὲ τεύξεσθε θανάτου μοίρας[但是你们不会被消解,也不会因为必死的命运而死亡](41b4—41b5)。在这里,在架构分句的时候,柏拉图同样使用了交错配列的方法——A-B-B′-A′。当然,这种在语句结构与措辞上的相似性可能并不能说明很多,毕竟在这里我们讨论的只是比较常见的修辞手法。但是,在《蒂迈欧》所建构起来的语境中,这种相似性看起来是非常值得注意的:在《劳作与时日》中,宙斯给人类分配的既可能是光荣的名声,也可能是默默无闻,而在《蒂迈欧》中,造物主则以相似的方式统治着宇宙,尤其是众神。

接下来,造物主又解释了众神的职能,其中最主要的一项是为生物赋予必死性(mortality)。在这些生物中,必死是与不朽结合起来的,不朽是 θεῖον λεγόμενον[神明的属性],它引导着那些希望把正义与敬神结合起来的人(41c6—41d3): τῶν ἀεὶ δίκῃ καὶ ὑμῖν ἐθελόντων ἕπεσθαι[那些愿意永远追随正义与你们的人]。在这个语境中,δίκη[正义]这个词的出现再一次暗示了对《劳作与时日》的参引。我们只需要想想赫西俄德在《劳作与时日》中反复地请求自己的"不智的"弟弟珀尔赛斯尊崇正义(第27至39行、第213至218行、第274至

---

① 请参见 Detlev Fehling,《高尔吉亚之前古希腊人的词句重复及其应用》(*Die Wiederholungsfiguren und ihr Gebrauch bei den Griechen vor Gorgias*, Berlin, 1969),第275页,其中把赫西俄德笔下的这个段落当作一个"两极表达"(polare Ausdrucksweise)的例子。

275行),①或者再想想《劳作与时日》中对δίκη(正义)的人格化(即正义女神),在第220至224行中,将正义女神从不义的城邦中强拽了出来。②这个场景中的暴力性暗示了,正义事实上能够、也应该出现在人类中,在后面对正义的城邦的描写中这一点将得到说明(第225至237行)。③赫西俄德在自己对βασιλῆς ... δωροφάγοι[贪爱贿赂的君王们]所说的讲辞的最后部分重新回到了正义的主题:[269]被人格化了的正义(正义女神)现在扮演的角色是人类与神界之间的连接纽带,她坐在宙斯的王座旁,为他讲述人类的思想(《劳作与时日》第256至262行)。在《蒂迈欧》里造物主的讲辞中,δίκη[正义]也以与之类似的方式将神界与人类世界结合起来。的确,所有生物的神性部分正是通过他们对正义的尊崇而体现出来的,《蒂迈欧》中的δίκη[正义]与赫西俄德笔下的正义女神非常相似,它也在(其他)众神组成的不知名的整体之中占据着荣耀的地位。④

这些神明们的首要职责就是模仿造物主:就像造物主通过创

---

① 请参见Jenny. S. Clay,《珀尔赛斯的教育——"非常愚蠢"与"神明的种族"之间的往复》("The Education of Perses: From 'Mega Nepios' to 'Dion Genos' and Back"),载于Alessandro Schiesaro、Phillip Mitsis与Jenny S. Clay编,《非常愚蠢——叙事诗教诲的接受者》(*Mega nepios: il destinatario nell'epos didascalico* [即*Materiali e discussioni per l'analisi dei testi classici*, 第31期], Pisa, 1993), 第23至33页。
② 请参见Luc Brisson编,《柏拉图的〈蒂迈欧〉与〈克里提阿〉》(*Platon. Timée/Critias*, Paris, 1992), 第240页注236, 其中提到了《斐德若》248a1—248a5中的说法:那些最紧密地追随神明的灵魂会升到离天国最近的地方。
③ 请参见Michael Erler,《为城邦带去幸福的正义(ΔΙΚΗ)——从赫西俄德到卡利马科斯的作品中主题的融合》("Das Recht [ΔΙΚΗ] als Segensbringerin für die Polis. Die Wandlung eines Motivs von Hesiod zu Kallimachos"),载于*Studi italiani di filologia classica*, 第80期, 第5至36页。
④ 在《克里提阿》中,远古雅典城的守卫者们以正义为基础领导了阿提卡(Attica)乃至整个希腊(112e2—112e6)。与之相反的是亚特兰蒂斯,它因为自己的πλεονεξία ἄδικος(不义的贪欲)而受到了众神的惩罚(121b6—121b7)。请参见Heinz-Günther Nesselrath,《柏拉图的〈克里提阿〉——译文与注疏》(*Platon, Kritias: Übersetzung und Kommentar*, Göttingen, 2006), 第240至241页以及第430至442页。

造神明们而展示了自己的力量一样,神明们也应该通过创造各种生物展示他们自己的力量。他们的第二个职责是照料这些被他们创造出来的生物(41d2–41d3)。神明们要先将生物创造出来: ἀπεργάζεσθε ζῷα καὶ γεννᾶτε[你们要把生物创造并创生出来];然后要养育他们并照料他们成长: τροφήν τε διδόντες αὐξάνετε[你们要给他们食物让他们成长];在他们死后还要把他们收回: φθίνοντα πάλιν δέχεσθε[你们要在他们死后将他们收回]。柏拉图对众神职能的描述与宙斯在《劳作与时日》开篇中扮演的角色又有了有趣的相似之处。在《劳作与时日》中,宙斯同样主宰着成长与凋零(第6行),当然,他还具有统御一切的力量,这与《蒂迈欧》中的众神并不一样。我们再一次从造物主的这段讲辞中发现了,它与《劳作与时日》开篇的相似之处与不同之处的结合。首先,《蒂迈欧》中的短语αὐξάνετε καὶ φθίνοντα πάλιν δέχεσθε[你们要让他们成长并在他们死后将他们收回]让我们想到赫西俄德的诗行ῥεῖα δ' ἀρίζηλον μινύθει καὶ ἄδηλον ἀέξει[他还能轻易让发显的事物模糊,也能使隐微的事物发显](《劳作与时日》第6行),然而就在我们注意到其中的相似性之时,里面非常关键的差别同时也显现了出来。《蒂迈欧》中的众神只是接受了来自更高等级的力量给他们的命令,①而在《劳作与时日》中,宙斯的行为的目的却并不明确。

[270]我们已经知道,在《蒂迈欧》41a7–41d3中,柏拉图希望读者们能够想起《劳作与时日》的开篇,而当读者们真的开始思考

---

① 众神的这种职能让我们想到《治邦者》,在关于大地生养的人们的神话中,大地收回死去之人的尸体,然后,当宇宙再一次循环的时候重新为他们赋予生命(271b5–271c2)。请参见Harvey R. Scodel,《〈治邦者〉中的对分法与神话》(*Diaeresis and Myth in Plato's* Statesman, Göttingen, 1987),第79至80页。从某种意义上来说,《治邦者》中大地的任务与《蒂迈欧》中造物主为众神分配的任务是相同的。关于《治邦者》与《蒂迈欧》在创作时间上的先后顺序,请参见Leonard Brandwood,《柏拉图对话作品编年》(*The Chronology of Plato's Dialogues*, Cambridge, 1990),第249至252页。

这两者之间的关系时,他们会发现自己面前的这两个文本之间的关系是十分复杂的。① 宙斯与造物主都是有秩序的世界的主宰者与创造者,这是这两个文本之间关系的主要部分。所以,作为这个世界的创造者,宙斯与造物主都对这个世界进行了可能的、有意义的描述。在《劳作与时日》中,宙斯保证了人类世界中存在着正义,所以也保证了赫西俄德可以把 ἐτήτυμα[事实真相]教给珀尔赛斯(第10行)。尽管在《劳作与时日》开篇的最后两行中,赫西俄德把宙斯维持正义的任务与他本人讲授正义的任务区别开来,而事实上这两行之间是有着紧密的关联的。在这部诗作后面的部分里赫西俄德说,人类与动物不同,他们具有正义,所以人类社会中不是简简单单的弱肉强食(第276至280行)。因此,他们必须互相尊重、在土地上劳作并且阅读赫西俄德的作品。如果宙斯能让正义有可能出现,那么他也能让《劳作与时日》有可能出现。在《蒂迈欧》中,造物主给自己分配的任务类似于一部作品的作者。从某种基本的层次上说,造物主创造出了众神,然后又让他们完成宇宙的创造。造物主是整个宇宙的主宰者,而且,由于造物主的行为与言辞是符合理性的,所以蒂迈欧的立场是为他的行为与言辞进行合情合理的解释。②

---

① 笔者所讨论的这两个文本之间的关系体现出了一种文本接受上的范式,即arte allusiva(暗指的艺术),请参见Georgius Pasquali,《暗指的艺术》("Arte allusiva"),载于 *L'Italia che scrive*,第25期(1942),第185至187页。另请参见Gian B. Conte,《诗人的记忆与文学体系——卡图卢斯、维吉尔、奥维德与卢坎》(*Memoria dei poeti e sistema letterario: Catullo, Virgilio, Ovidio, Lucano*,第2版,Torino, 1985),第5至14页,其中在拉丁文学的语境下研究了这种范式。
② 在《蒂迈欧》中造物主为宇宙设立的规则也是《克里提阿》中关于亚特兰蒂斯帝国的故事的基础:只有在造物主设想中的宇宙里,古代雅典才能打败从不义中发展出来的亚特兰蒂斯帝国。古代雅典的人民遵循正义是因为造物主在他们中间创造并植入了神圣的属性,而这种属性能够引导那些遵循正义的人们(请参见《蒂迈欧》41c7—41d1)。请参见Thomas K. Johansen,《柏拉图的自然哲学——〈蒂迈欧〉与〈克里提阿〉研究》(*Plato's Natural Philosophy: A Study of the Timaeus-Critias*, Cambridge, 2004),第9页。所以,在《克里提阿》中亚特兰蒂斯帝国被击败的根本原因是神明的旨意。请参见Luc Brisson编,前揭,第10页;以及Heinz-Günther Nesselrath,前揭,第442至450页。

在柏拉图的全部作品中,这种观点有着更广泛的背景。在《王制》第2卷中,柏拉图修正了文学传统中对众神的描绘,包括《神谱》中描绘的众神之间血腥暴力的权力接替(377e6–378b7)。在修正了神界的图景之后,与《蒂迈欧》中的造物主对众神的设想就是一致的了:神明们 ἀγαϑὸς ... τῷ ὄντι[的确是很好的],而且不会成为恶的源头[271](请参见《王制》第2卷379b1–379c7)。苏格拉底同时还认为,神明不可能有不同的形态,因为神明是至善至美的,所以不可能有所变化。综上所述,《蒂迈欧》中的造物主系统阐释的很多观点已经在《王制》中形成了:以 κάλλος[美丽的形象]与 ἀρετή[优秀、杰出]为评价标准,神明是完美的,而且因为是 κάλλιστος[最美的]与 ἄριστος[最完美的],故而形态不会变化(请参见381b12–381c8)。从某种意义上来说,《蒂迈欧》中的很多元素是为了证明苏格拉底在《王制》中提出的理论。我们还能想到,这个理论的建立与《神谱》中对众神的描述截然相反。以此为基础,在《蒂迈欧》中柏拉图又把《劳作与时日》作为了另一个参照点。

《劳作与时日》的开篇把宙斯放在了当时的世界中进行了描述——《神谱》中的暴力战争已经平息,宙斯已经成为了"当时"人类的主宰。[①]而在《蒂迈欧》中柏拉图继续了这种观点,即宇宙中存在一种超脱众生的存在。这种观点在柏拉图笔下对造物主的描述中体现出来,他只拥有正面的品质,这是他与众神的不同之处:他的行为与他的 νοῦς[思想]是一致的,都是"好的"而且并无嫉妒。他是 ἄριστος[最完美的]而且永远遵循最好的事物(κάλλιστον:29e1–30a7)。就像在《劳作与时日》中,人类世界里正义的事情便是宙斯的行为,而在《蒂迈欧》中,那些 κάλλιστον[最好的事物]与符合 ἀρετή[优秀、杰出]品质的便是造物主的行为。不过造物主与赫西

---

① 请参见Barbara Graziosi与Johannes H. Haubold编,《荷马——叙事诗的回响》(*Homer: The Resonance of Epic*, London, 2005),第35至43页。

俄德笔下的宙斯的不同之处在于，造物主拥有这种属性并不需要时间，他在世界创生之初就已经拥有了这些属性。从某种角度上说，柏拉图在这里回溯了《劳作与时日》中的宙斯，并通过造物主概括了他在人类世界中的某些特质。这些特质包括 Δia [宙斯；宾格形式]来自 $\delta i'$ δv [通过他、由于他]的词源学解释展现出来的内容，以及宙斯与一些超脱万物存在的规则（诸如正义）之间的密切关系。在赫西俄德的笔下，这些特质是漫长的争斗与举世的混乱最终产生的结果，在《王制》中柏拉图批评了这种争斗与混乱。柏拉图批评了《神谱》中的众神，从而抹掉了众神的历史，在柏拉图之前，克赛诺芬尼(Xenophanes)就已经批评说，众神的行为并不合适（按照人类的标准来看）。[1]在《蒂迈欧》中，柏拉图又让这种批评[272]发挥了较为积极的作用：当我们舍弃掉《神谱》之时，可以将《劳作与时日》中的那个不那么令人厌恶的宙斯当作一个研究宇宙之初众神行为的很好的参照点。

有了这一点作为基础，柏拉图便可以在语气和视角上进行另一次转换。笔者已经指出过，《劳作与时日》的开篇在形式和语调上非常类似一首颂诗：[2]赫西俄德请求缪斯女神们歌唱她们的父亲宙斯，接下来他又列出了宙斯的能力，这是古希腊颂诗的典型特征（第1至8行）。[3]在《王制》第10卷，苏格拉底只是接受颂诗类的诗

---

[1] 请参见克赛诺芬尼，残篇第11号，载于Hermann A. Diels与Walther. Kranz编，《前苏格拉底哲学残篇辑》(Die Fragmente der Vorsokratiker, 第6版, Berlin, 1951–2)，请着重参见第2行："ὅσσα παρ' ἀνθρώποισιν ὀνείδεα καὶ ψόγος ἐστίν"（那些在凡人中做下的应受指责的、罪恶的事）。

[2] 请参见Ansgar Lenz，《早期希腊叙事诗的开篇——论诗性的自我理解》(Das Proöm des Frühen griechischen Epos: Ein Beitrag zum poetischen Selbstverständnis, Bonn, 1980)，第214至217页，其中研究了《劳作与时日》的开篇与颂诗在形式上的相似点和不同点。

[3] 请参见Graziano Arrighetti，《赫西俄德作品》(Esiodo. Opere, Turin, 1998)，第380页。关于《荷马风格颂诗》中神明们的τιμαί(荣耀)，请参见Jenny. S. Clay，《奥林波斯山上的政治——主要的荷马风格颂诗中的结构与意义》(The Politics of Olympus: Form and Meaning in the Major Homeric Hymns, Princeton, 1989)。

歌进入他的新πόλις[城邦]——也就是那些赞颂神明们或歌唱高尚的人们的颂诗(607a3–607a4)。而在柏拉图笔下的《蒂迈欧》中，蒂迈欧与克里提阿的言辞清晰地展现出颂诗与赞歌的特征。在对话的开始阶段，苏格拉底自称无法为理想城邦谱写一首赞歌(19c8–19d2)，然后便请求蒂迈欧与克里提阿帮助他，这为蒂迈欧与克里提阿的讲辞定下了基调。克里提阿的回答使用了苏格拉底的表达方式，他说自己知道雅典娜女神所做过的最伟大的事情，讲述这件事情是对苏格拉底表示感谢的方式。此外，他们谈话的时间刚好是雅典娜的节日，所以以颂诗的形式赞扬雅典娜就更是理所应当的了(20e3–21a2)。这里，我们可以再一次看到《王制》中设立的理论与《蒂迈欧》之间的关系。

有了笔者以上说到的这些作为背景，《劳作与时日》的开篇自然而然地成为了一个参照点，因为从很多方面来说，它有着颂诗的核心与形式。当然，不能在严格意义上将造物主的讲辞称为一首颂诗，它更像是《劳作与时日》的开篇，只是展现出了与颂诗这种形式之间的紧密联系：这段讲辞像颂诗一样定义了神明们的本质与他们统辖的领域，当然，它把神明们当成一个整体，这与大多数颂诗并不相同。它与颂诗还有其他不同之处：古希腊颂诗说的是过去的事，它是由人类或是缪斯女神们代表人类歌唱出来的，而《蒂迈欧》中的造物主描述的是他自己的行为，而且预言了众神的行为。[273]在《蒂迈欧》之前，古希腊文学传统中有许多著名的先例，最值得注意的是《神谱》与《荷马风格颂诗》。①我们已经知道，造物主简述了众神的职能以及他们与生物之间的关系。这基本上就是宙

---

① 请参见《神谱》第22至35行，其中缪斯女神们为凡人说明了她们自己的能力与司职范围；在《荷马风格颂诗第三首·致阿波罗》(*In Apollonem*)第131至132行，其中，阿波罗为众神解释了自己的能力与司职范围。在《奥德修纪》第1卷第32至43行，宙斯为集合起来的众神说明了神明与凡人之间的关系。我们还可以从更广泛的意义上思考宙斯在《伊利亚特》中发表的公开讲话，诸如第8卷第5至27行。

斯在《奥德修纪》中、缪斯女神们在《神谱》中所做的事情,只不过造物主在发表这篇讲话时是站在超然于一切之上的立场上的。从某种方面来说,虽然这篇讲辞是对众神所说的,但仍然可以将它看成是呼应了《王制》中理想的柏拉图式颂诗(柏拉图把这种颂诗看作是后来一切凡人的颂诗的模板)。在《蒂迈欧》中,传统的颂诗形式得到了改善并有了全新的、更好的用途,这点与《劳作与时日》的开篇很相似,只不过《劳作与时日》的开篇并没有这么激进。①

就在造物主的讲辞之前,蒂迈欧并没有用传统的方式对众神进行描述,这时,这种改进传统颂诗形式的过程变得更加清晰了。蒂迈欧不使用传统方式描述众神的最明显的原因是,这种描述太困难了(40d6—40d7)。然后,蒂迈欧又说,所以我们应该相信那些描述过众神谱系(γένεσις)的人们,因为他们是众神的后代,所以会更了解自己的祖先(40d7—40d8)。②蒂迈欧把诗人们称作众神的后代是无可辩驳的,尽管这种说法并没有合理与有利的证据来支撑(40d9—40e2)。但是诗人们的说法是可以被替代的,替代品当然就是紧接下来的造物主的讲辞,因为这里关于众神的说法不是来自

---

① 请参见Joachim Dalfen,《城邦与诗歌——柏拉图与其同代人作品的冲突》(*Polis und Poiesis. Die Auseinandersetzung mit der Dichtung bei Platon und seinen Zeitgenossen*, Munich, 1974),第287至304页。
② 因为在《伊翁》、《斐德若》与《法义》中柏拉图建立起来了关于ἐνδουσιασμός(启示)的概念,所以《蒂迈欧》中的这种说法并不是反讽性质的,请参见Friedrich Solmsen,《柏拉图的神学》(*Plato's Theology*, Ithaca, 1942),第117页;Fabio M. Giuliano,《巴门尼德至柏拉图之间的哲学诗人的灵感》("'L'enthousiasmos del poeta filosofo tra Parmenide e Platone"),载于*Studi classici e orientali*,第46期,第515至557页,重印于Fabio M. Giuliano编,《希腊文学研究》(*Studi di letteratura greca*, Pisa, 2004),第137至179页,第156页,其中指出了,亚里士多德的《形而上学》(*Metaphysica*)1074a38—1074b14中,有一处与蒂迈欧的这种说法类似的地方,这也说明了蒂迈欧这样说是十分严肃的。亚里士多德的观点是,传统的说法中包含有真理的精髓,即在最初的存在中含有神性。一旦神话的外壳从这个真理的精髓上被剥离下来,它便能在哲学探索中占有一席之地了。蒂迈欧自称相信诗人们的说法,这让人想到苏格拉底在《斐勒布》(16c7—16c8)与《斐德若》(274c1—274c3)中的说法。

于他们的后代,而是来自于他们的创造者与父亲。造物主就像所有的父亲一样,他知道自己的孩子们是从何而来的,更重要的则是,一位父亲可以用符合孩子的角色与内质的方法对他进行引导。而这正是[274]造物主在自己的讲辞中所做的事情: μάϑετε(你们要懂得: 41b7)。在一定程度上说,《蒂迈欧》从强调"开始"转变为强调 τέλη[结果],这从整体上概括了这篇对话: 尽管蒂迈欧说自己所讲述的仅仅是一个 εἰκὼς μῦϑος[合情理的故事],[1]但他的讲辞不仅仅说明了世界是如何形成的,也解释了世界为何必然如此。

结 语

造物主的讲辞让柏拉图能够在一个关键段落中对《蒂迈欧》这篇对话进行评论,从而也引导了我们对这篇对话的接受。柏拉图希望他的读者们把造物主当作世界的中心,并把传统上属于宙斯的众神之父的角色放到造物主身上。在《神谱》中,宙斯表明自己拥有统御众神的力量,而在《劳作与时日》中,宙斯则表明自己在 δίκη[正义]的帮助下能够统御人类世界。在《蒂迈欧》中,造物主塑造了物质性的世界,而与之相似的是,在《克里提阿》中,造物主塑造了人类世界。在《蒂迈欧》的关键段落中,造物主说明了自己与众神之间的关系(以及众神与生物之间的关系),在此处,柏拉图让我们想起了《劳作与时日》开篇中的宙斯。

柏拉图将《劳作与时日》当成是自己在思考统治一切的神明时的参照点,这与柏拉图想要取代所有过往文学——包括诗歌语言——的野心并不冲突。柏拉图并不只是想简单地取代赫西俄德: 柏拉图把《劳作与时日》中的宙斯当作造物主这个角色的模板与参

---

[1] 请参见 Myles F. Burnyeat, "ΕΙΚΩΣ ΜΥΘΟΣ", 载于 Rhizai, 第2期,第143至165页。

照物,正是因为,他的读者们能够在赫西俄德的作品中发现一种关于神明的知识,这种知识尽管并不成熟也并不完善,却仍然意味着一种更加深刻的理解。柏拉图希望那些真的把这两部作品联系起来的读者们能够踏上从《劳作与时日》到《蒂迈欧》[275]的思想旅程,而这个旅程将让他们从人类世界的外部现象($ἄφατοί$[默默无闻的]与$φατοί$[万里名扬的])来到宇宙的本质($ἄλυτοι$[牢不可破的、不可消解的、永恒的]与$λυτόν$[会消解的、不牢固的]);从一个在他们的期望中秉持正义的主神,来到一个与之不同的神明,他煞费苦心地向人们解释说自己想要的只是善的事物。

第十四章 赫西俄德、柏拉图与黄金时代
——《治邦者》神话中的赫西俄德主题[①]

艾尔·穆尔(Dimitri El Murr)

导　论

[276]在1962年发表的文章"柏拉图作品中的赫西俄德主题"(Hesiodic Motifs in Plato)中,索尔姆森指出:

> 赫西俄德与柏拉图之间存在着某些一致性,更有益处的研究方式是,通过这些一致性来考察柏拉图道德观点的变化,而非仅仅将柏拉图引用赫西俄德诗行的段落记录下来,也不是将柏拉图在作品中通过引用赫西俄德所表明的观点仅仅看作是次要观点。[②]

[①] 笔者在此想要感谢这个题为"柏拉图与赫西俄德"的研讨会的组织者们,其中有许多有趣的讨论,笔者还想感谢本书的编纂者博伊-斯通与豪波德以及讨论的参与者们。另外需要感谢的是两位不具名评审,他们为参考文献给出了非常有价值的建议。笔者最需要感谢的人是德蒙特(Paul Demont),他为本章的草稿做了评注,他的评注为笔者改进本章做出了巨大的贡献,另外需要感谢的是奥布莱恩(Denis O'Brien),他兢兢业业地阅读了笔者的文字并进行了不可或缺的批评。

[②] 请参见Friedrich Solmsen,《柏拉图作品中的赫西俄德主题》("Hesiodic Motifs in Plato"),载于Kurt von Fritz 编,《赫西俄德与他的影响》(*Hésiode et son influence* [即*Entretiens sur l'antiquité classique*,第7期],Geneva, 1962),第171至211页,第179页。

第十四章　赫西俄德、柏拉图与黄金时代

首先,索尔姆森认为,在柏拉图对话作品中出现的赫西俄德,绝不仅仅是柏拉图简单地提及或引用其作品——在当时,柏拉图所使用的某些赫西俄德诗作的段落早已成了经典篇章——这是非常正确的。其次,索尔姆森指出,对柏拉图而言,赫西俄德诗作(尤其是《劳作与时日》)的道德与教育目的[277]是最为重要的,这也同样是正确的。在《王制》第3卷 "高贵的谎言"里,这两个观点都得到体现——通过这个经典例子,我们就能够明白柏拉图是如何通过运用赫西俄德的主题而赋予这一主题以全新意义的。①众所周知,赫西俄德笔下的人类发展时代神话是"高贵的谎言"的模板,而在柏拉图的其他作品中这个神话也时常出现。人们已经广泛地探讨了赫西俄德在"高贵的谎言"中所扮演的角色,但是,关于在《治邦者》中柏拉图创作的神话究竟受到赫西俄德的哪些影响,到目前为止人们居然还普遍忽略这个问题。不过,笔者的目标也并不仅仅是想要讨论《治邦者》神话里的赫西俄德。更加具体地说,在本章中笔者的目的是要考察柏拉图究竟如何继承了这个 ἐπὶ Κρόνου βίος[关于克洛诺斯统治下的生命]的故事——在柏拉图生活的时代,这已经成了一个传统故事,古罗马作家们将其称为 aureum saeclum[黄金时代]。

我们可以说,《治邦者》中的这个神话是柏拉图所虚构的比较复杂的故事,所以,不出意料,这个故事引起了人们的辩论与争议。很显然,受篇幅所限,本章不可能全面论述这个神话的每个涉及考据学与哲学的问题。不过笔者还是希望能够说明,这个神话的一个关键问题与赫西俄德的影响是直接有关的,以此开始,笔者将会更为详细地论述这个问题,并解释赫西俄德在相关的辩论中扮演着什么角色。

在今天,关于断定克洛诺斯统治的神话的本质,以及在整个

---

① 请参见本书第九章,其中对"高贵的谎言"进行了深入而全面的讨论。

《治邦者》神话中柏拉图对这一神话的观点,一直都是一个人们争论不休的问题,而且,对于这个问题也有着多种说法。按照一个传统的解释方式——很可能最早能够回溯到普罗克洛斯——这个神话代表了宇宙发展中的两个截然相反的阶段,而每个阶段又与人类历史中一个不同的时代相对应。[①]在克洛诺斯的统治时期,众神控制着整个世界,而且整个世界都朝着某个方向运转。那时,人类群体有所依靠,人类生活的每个方面都得到了很好的照看;人们并不需要劳作,因为生活所需要的一切都能自动地从大地中生长出来,人们也是从大地中直接生长出来的;不过,他们生长出来之时都已经是老年人了,但是,随着时间的推进,他们会变得越来越年轻,直到他们[278]消失并回到他们从中生长出来的大地里。第二个时代是由宙斯所统治的,此时,世界朝着相反的方向运行,而且或多或少是自发的而不是受众神控制的;现在,人类也必须自己照顾自己了:男人和女人生下孩子们,而孩子们就像我们现在一样,从出生之时开始变老;人们必须努力劳作以获得食物,并保护自己不受其他动物伤害。当克洛诺斯失去自己的统治之后,宙斯的时代到来了,而世界则遭受了巨大的灾难;世界中的一切——人类、动物、植物——都跟随着这个变化了的世界朝着反方向运行。

至今,无论人们是多么广泛地接受了这种观点,其实,在我们仔细思考之后,就会发现它的问题。如果这种观点是正确的话,那么柏拉图通过这个神话所传达出的信息就变成了,这个世界要么受众神的掌控,要么就像现在这样,[②]所发生的一切都与神明所掌

[①] 请参见 John Dillon,《〈治邦者〉神话的新柏拉图注解》("The Neoplatonic Exegesis of the *Statesman* Myth"),载于 Christopher J. Rowe 编,《解读〈治邦者〉》(*Reading the* Statesman[即*Symposium Platonicum*,第3期], Sankt Augustin, 1995),第364至374页。

[②] 关于如何解释埃利亚的异邦人在自己的讲辞中对νῦν[现在]这个词的频繁使用,请参见本章下一节。

控的宇宙中会发生的情况完全相反。如此一来,这就与一般的柏拉图目的论截然相反了,这也与《蒂迈欧》与《法义》中明确表达的观点截然相反。

一些学者,包括本书第十五章的作者若维,为了解决这个谜题,都尽力采取一种截然不同的理解方式。[①]他们认为,在宇宙演进与生物学中,并不能将克洛诺斯统治的时代理解成与我们的时代——宙斯统治的时代——是截然相反的。柏拉图并不认为,克洛诺斯治下的时代的单纯有什么值得怀疑的,也就更谈不上对其有什么敌视态度。柏拉图间接指出,克洛诺斯治下的黄金时代总是处于理性的控制之中,而宙斯治下的人类应该模仿这一点。按照这种理解方式,在《治邦者》中,柏拉图关于"έπὶ Κρόνου βίος"[关于克洛诺斯统治下的生命]的论述与《法义》第4卷中的论述形成了对应。按照传统的说法,生物在生长上的颠倒以及各种灾难都是出现在克洛诺斯统治的时代里的,如此一来,这个时代所说的就是宇宙演进中的一个过渡阶段,在此阶段,众神不再统御世界。所以从这方面说来,《治邦者》中这个克洛诺斯统治时代的神话其实是一个柏拉图创作的赫西俄德式梦境:一个由神明与理性统治的世界,人们就像我们现在一样不断成长(尽管他们[279]是从大地中诞生出来的),他们不用工作,没有痛苦,而且我们可以预料到的是,他们将生活投入到了哲学之中。

在以这种简短的形式展现出来之后,这后一种解释方法还是

---

① 请参见Christopher J. Rowe,《柏拉图〈治邦者〉——译文与注疏》(*Plato, Statesman*, Warminster, 1995),第11至12页; Christopher J. Rowe,《两个还是三个阶段?〈治邦者〉的神话》("Zwei oder drei Phasen? Der Mythos im *Politikos*"),载于Christian Schäfer与Markus Janka编,《神话作家柏拉图——对柏拉图对话作品中的神话的新解读》(*Platon als Mythologe: Neue Interpretationen zu den Mythen in Platons Dialogen*, Darmstadt, 2002),第160至175页。关于其他一些采取这个立场的学者,请参见Luc Brisson,《解读〈治邦者〉神话》("Interprétation du mythe du « Politique »"),载于Luc Brisson编,《关于柏拉图的演讲》(*Lectures de Platon*, Paris, 2000); Gabriela R. Carone,《反转〈治邦者〉神话》("Reversing the Myth of the *Politicus*"),载于*Classical Quarterly*,第54期,第88至108页。

十分有说服力的,然而,笔者也认为,第一种比较传统的解释方法能够更好地说明柏拉图对赫西俄德笔下的人类发展时代神话的运用,也能够更好地说明柏拉图是如何运用文学传统中——除了赫西俄德作品之外的——有关克洛诺斯治下时代的故事的。其原因是——笔者希望说明——关于黄金时代以及克洛诺斯统治时代的主题,柏拉图并非仅仅得自赫西俄德一人:在柏拉图之前不久,即公元前五世纪末期,人们就经常解释与模仿黄金时代的神话。柏拉图并不认为赫西俄德关于黄金时代的说法是理所应当的,与之相反,他一直在自觉地描绘一幅克洛诺斯治下时代的模糊的画卷——从这个方面说来,他使用的是旧喜剧的经典主题。如果在整部对话中解释了两个宇宙发展阶段所扮演的角色,那么,我们就既能理解柏拉图在《治邦者》神话中所使用的几个明确的赫西俄德主题(人类的黄金时代,以及黑铁时代那些头发灰白的新生儿——赫西俄德最害怕发生的事),也能很好地理解他使用的一些传统主题(克洛诺斯治下的时代)。无论在一个神明完全掌控的世界中,还是在一个没有神明的世界中,治邦者的技艺——也就是《治邦者》这部对话尝试说明的主题——都是不可能存在的。在《治邦者》中,这个神话所扮演的角色正是为了同时清除这两种误解。

柏拉图对赫西俄德笔下的黄金种族的评论

尽管《神谱》是柏拉图对话作品中一些段落的背景,[①]不过,

[①] 在柏拉图的对话作品中,仅仅直接引用了一次《神谱》中的诗行(《会饮》178b)。在《克拉底鲁》中(396a至396c),苏格拉底提到了τὴν Ἡσιόδου γενεαλογίαν(赫西俄德笔下的谱系学),其目的是为了说明凡人名字的不确定性与神明名字的确定性之间的差别,因为前者的正确性仅仅依靠运气或诗歌中的解释,而后者真的能够告诉我们众神在宇宙中有着何种不变且永恒的本质。关于这个问题,请参见David N. Sedley,《柏拉图的〈克拉底鲁〉》(*Plato's* Cratylus, Cambridge, 2003),第87页。另请参见,《蒂迈欧》40d至41a。

柏拉图对赫西俄德诗作的主要兴趣却都集中在[280]教育诗《劳作与时日》上，他引用这部作品超过了十二次。[①]更常见的情况是，柏拉图引用或提到赫西俄德的作品是为了说明他后来将会否定的观点。[②]虽然柏拉图不会说赫西俄德"是最出色的诗人与第一个悲剧家"，[③]但他与荷马一样也代表了古代希腊教育传统的一个堡垒。《王制》已经表明，柏拉图认为赫西俄德将众神描写成了不道德的、不稳定的东西，[④]并因此让众神变成了很可能败坏青年的道德榜样。此外，阿德曼托斯认为(请参见《王制》363a至363b)，赫西俄德歌颂正义与正义的生活是因为好的名声所带来的好处，而不是因为正义本身的价值。所以，赫西俄德与荷马一样，其地位是模棱两可的：[⑤]对于老人与博学之士来说，赫西俄德的诗作永远都能带来乐趣，但是，这些作品并不能算作美德教育的一部分。[⑥]

除了《王制》中这个段落对赫西俄德的批评以外，柏拉图作品只是完整地论述了《劳作与时日》中很少几个段落。其中之一与笔者的论述紧密相关，因为这一段能够帮助我们理解赫西俄德笔下的 *δαίμων*(神灵)。

苏格拉底指出，当黄金时代的人类结束了大地上的生活之后，

---

① 请参见本书第三章。更重要的是，在柏拉图的对话以及其他文献中都有证据表明，苏格拉底本人真的对《劳作与时日》很有兴趣。请参见《卡尔米德》163b，其中提到了人们关于《劳作与时日》第311行的争论；另请参见色诺芬，《回忆苏格拉底》第1卷第2章第56至57节，本书第六章对其进行了相关讨论。
② 请参见《吕西斯》215c至215d，这一段证明了《劳作与时日》第25至26行并不能解释何为友谊；又或者《王制》363a至363b，阿德曼托斯引用了《劳作与时日》第232至234行，以图说明正义有助于在众神眼中建立好的名声。
③ 请参见《王制》607a：*ποιητικώτατον εἶναι καὶ πρῶτον τῶν τραγῳδοποιῶν*。
④ 请参见《神谱》第453至507行中讲述的克洛诺斯与宙斯的故事，以及《王制》377e至378a对这个故事的批评。
⑤ 因此在古代作品中，赫西俄德的名字总是与荷马的名字连在一起，并与其他诗人相对起来。请参见《苏格拉底的申辩》41a、《王制》377d、《会饮》209d。
⑥ 请参见《法义》658d至658e，其中指出，老年人因为自己的年龄而能够抗拒赫西俄德与荷马作品中的表面魅力。

会变为δαίμονες(神灵们)。在我们今天所掌握的手抄本中,赫西俄德笔下的这几行诗是这样的(《劳作与时日》第121至123行,按照韦斯特编修的版本):

> [281]αὐτὰρ ἐπεὶ δὴ τοῦτο γένος κατὰ γαῖα ἐκάλυψε,
> τοὶ μὲν δαίμονές εἰσι Διὸς μεγάλου διὰ βουλὰς
> ἐσθλοί, ἐπιχθόνιοι, φύλακες θνητῶν ἀνθρώπων ...
> 而在大地掩埋了这个种族之后,
> 他们便是神灵,因伟大的宙斯的意愿,
> 凡人的慈善的、居于大地之上的守护者……

而《克拉底鲁》397e至398a引用了这三行诗,但却明显地改换了词语:

> αὐτὰρ ἐπειδὴ τοῦτο γένος κατὰ μοῖρ' ἐκάλυψε,
> οἱ μὲν δαίμονες ἁγνοὶ ὑποχθόνιοι καλέονται,
> ἐσθλοί, ἀλεξίκακοι, φύλακες θνητῶν ἀνθρώπων.
> 而在命运掩埋了这个种族之后,
> 他们被称作居于大地之下的圣洁神灵,
> 凡人的慈善的、抵御邪恶的守护者。

《王制》第5卷引用了其中最后两行,只有两处明显的小变动(469a):

> οἱ μὲν δαίμονες ἁγνοὶ ἐπιχθόνιοι τελέθουσιν,
> ἐσθλοί, ἀλεξίκακοι, φύλακες μερόπων ἀνθρώπων.
> 他们成为居于大地之上的圣洁神灵,
> 话语清晰的凡人的慈善的、抵御邪恶的守护者。

毫无疑问,柏拉图对这两段诗作的引用以及这两处引用在文字上出现差异,都是因为柏拉图在写作时是完全依赖自己的记忆的。韦斯特(Martin L. West)指出,在柏拉图的引用中出现的版本不太可能是原始版本。[①]尽管如此,笔者认为,《克拉底鲁》与《王制》里的引文中在动词上的区别(这两个版本都没有出现在任何赫西俄德作品的古代手抄本中)并不仅仅是因为记忆出错。在《王制》第5卷中,当苏格拉底为战斗中牺牲的将士们的荣誉进行辩护时,$\tau\varepsilon\lambda\acute{\varepsilon}\vartheta ουσιν$[成为、变为]这个动词肯定比《克拉底鲁》中同样位置出现的动词$καλέονται$[被称作]更加合适。与之相对,苏格拉底致力于解读$δαίμων$[神灵]这个词语中所蕴藏的古代智慧(至少苏格拉底是这么想的,他认为这个词来自于$δάω$[学到、知道]一词),他还想要搞明白,$δαίμονες$[神灵们]与赫西俄德笔下的黄金[282]时代神话之间的关系。在这个语境下,$δαίμων$[神灵]这个词语或名字是至关重要的,所以柏拉图才用了$καλέονται$[被称作]这个动词。在笔者看来,这些差别足以表明,柏拉图很可能是在某些情况下根据特殊的语境与自己的论述目的而改写赫西俄德笔下的诗行的。

除此之外,还有更多值得讨论的内容。如果我们接受韦斯特编修的版本中给出的文本,那么,在他对赫西俄德的两次引用中,柏拉图都避免了一个非常典型的赫西俄德式的短语$Διὸς\ μεγάλου\ διὰ\ βουλάς$[因伟大的宙斯的意愿]。[②]这难道仅仅是记忆出现了失误么?笔者认为,这些变动其实非常值得考察。在《克拉底鲁》中,苏格拉底所作的评论是十分值得注意的(398b至398c):

---

① 请参见Martin L. West编,《赫西俄德〈劳作与时日〉》(*Hesiod: Works and Days*, Oxford, 1978),第181至183页中对《劳作与时日》中相关诗行的注释。不过也有一些学者认为柏拉图笔下的这个版本就是原始版本,请参见诸如,Walter Ferrari,《赫西俄德〈劳作与时日〉第122行以下》("Esiodo, *Erga* 122 sg."),载于*Studi italiani di filologia classica*,第16期,第229至248页。

② 请参见《神谱》第465行、第572行、第653行、第730行。

> λέγει οὖν καλῶς καὶ οὗτος καὶ ἄλλοι ποιηταὶ πολλοὶ ὅσοι λέγουσιν ὡς, ἐπειδάν τις ἀγαθὸς ὢν τελευτήσῃ, μεγάλην μοῖραν καὶ τιμὴν ἔχει καὶ γίγνεται δαίμων κατὰ τὴν τῆς φρονήσεως ἐπωνυμίαν. ταύτῃ οὖν τίθεμαι καὶ ἐγὼ τὸν δαήμονα πάντ' ἄνδρα ὃς ἂν ἀγαθὸς ᾖ, δαιμόνιον εἶναι καὶ ζῶντα καὶ τελευτήσαντα, καὶ ὀρθῶς 'δαίμονα' καλεῖσθαι.

他（赫西俄德）与其他很多诗人的说法非常好，他们说，在某个好人死去之后，他就拥有了一个伟大的命运与崇高的荣誉，而且他会变成一个δαίμων（神灵），因为这个名字来自于智慧。我自己也认为，每个好人，无论活着的还是死去的，都有神灵属性，都应该被称作δαίμονα（神灵）。

与之相似的是，《王制》第5卷中，苏格拉底描述了葬礼的种类与战死沙场的战士们死后的荣誉，接下来，柏拉图让苏格拉底说(469b)：

> ταὐτὰ δὲ ταῦτα νομιοῦμεν ὅταν τις γήρᾳ ἢ τινι ἄλλῳ τρόπῳ τελευτήσῃ τῶν ὅσοι ἂν διαφερόντως ἐν τῷ βίῳ ἀγαθοὶ κριθῶσιν;

而那些被公认为在一生中都是善者的人，当他们中的某人因年老或其他方式去世时，我们是不是也该采用同样的仪式呢？

以上引用的两段文本都清楚地表明，δαίμονες[神灵们]的价值完全是其自身的价值。很明显，柏拉图之所以煞费苦心地避免提到"宙斯的意愿"，是因为它与这两段文本的特定目的并不相符。δαίμων[神灵]这个名字究竟应该属于谁，对柏拉图来说，最重要不是众神的决定，而是这个决定背后的理性根据。

对黄金时代的描述也是一样的。在赫西俄德笔下，青铜种族与黑铁种族之所以得到各自的名字，是因为他们使用的就是这两种金属（请参见《劳作与时日》第150至151行）。但是，"黄金"这个词的出现[283]也是由于这个原因么?我们应该按照这个词的字面意义来理解么?赫西俄德并没有解释究竟是在什么意义上将第一个人类种族称作"黄金"的。据笔者所知,柏拉图应该是第一个提出这个问题的人,而且他解释说,并不应该将"黄金的"按字面意义解释为"金子做的",在这里,这个词的意义其实应该是"高贵的"(原文为ἀγαθόν τε καὶ καλόν[善且美]:《克拉底鲁》398a)。所以,《克拉底鲁》与《王制》中的这两个段落可以让我们察觉到,在《治邦者》所讲述的克洛诺斯统治时代的神话中,其关键的问题究竟是什么。的确,在《治邦者》中,柏拉图并没有直接写过"黄金"种族,但无论如何,我们还是应该问一问,克洛诺斯治下的生灵究竟是不是在致力于美德与智识。更概括的说法是:在《治邦者》中,克洛诺斯治下的时代是不是一个在道德上至善至美的时代,而且与道德与政治衰落的时代截然相反?在讨论这个问题之前,我们首先需要更加仔细地考察,在柏拉图之前的作者笔下,克洛诺斯治下的时代究竟是什么样的。

黄金时代以及旧喜剧对它的刻画

让我们先来看看赫西俄德是怎样描述黄金时代的生活的吧(《劳作与时日》第109至119行):

χρύσεον μὲν πρώτιστα γένος μερόπων ἀνθρώπων
ἀθάνατοι ποίησαν Ὀλύμπια δώματ' ἔχοντες.
οἳ μὲν ἐπὶ Κρόνου ἦσαν, ὅτ' οὐρανῷ ἐμβασίλευεν·
ὥστε θεοὶ δ' ἔζωον ἀκηδέα θυμὸν ἔχοντες
νόσφιν ἄτερ τε πόνων καὶ ὀιζύος· οὐδέ τι δειλὸν
γῆρας ἐπῆν, αἰεὶ δὲ πόδας καὶ χεῖρας ὁμοῖοι
τέρποντ' ἐν θαλίῃσι κακῶν ἔκτοσθεν ἁπάντων·

> θνῆσκον δ᾽ ὥσθ᾽ ὕπνῳ δεδμημένοι· ἐσθλὰ δὲ πάντα
> τοῖσιν ἔην· καρπὸν δ᾽ ἔφερε ζείδωρος ἄρουρα
> αὐτομάτη πολλόν τε καὶ ἄφθονον· οἳ δ᾽ ἐθελημοὶ
> ἥσυχοι ἔργ᾽ ἐνέμοντο σὺν ἐσθλοῖσιν πολέεσσιν.
> 掌握着奥林波斯山上的住所的不朽众神
> 最先创造了话语清晰的人类中的黄金种族。
> 他们处于克洛诺斯治下——当他在高天上称王之时——
> 就好像众神那样生活,有着无忧无虑的内心,
> 避开辛劳与愁苦;可怕的老年
> 不会降临,他们的手脚都永远不会变化,
> 在宴飨中尽享欢乐,远离所有邪恶;
> 他们就像被睡眠征服那样死去;他们还
> 有着一切美好:肥沃的土地自动地产出
> 繁多且充足的果实。他们自在而又平静地
> 安居在自己的成果上,有着众多美好的事物。

这个段落表明,黄金种族的人们过着极其幸福的生活:他们不用工作,因为一切美好有益的东西都是自动地从大地中生长出来的。他们不仅远离辛劳,甚至连忧虑与愁苦为何物都不知道:他们生活在平静之中,与众神非常相似,[284]而且似乎整天都在饮宴中渡过。年龄不会让他们老化。在从大地之上消逝之后——原因并不清楚,他们与其他种族不同,不是因为自身的愚蠢与无能而消亡——他们继续作为守护神灵而永远生存。[①]

过往的幸福时光这个概念并非赫西俄德的发明。这个概念的

---

① 在这里,笔者并不会考虑这一段诗与《列女传》关于黄金时代的说法之间的关系,这会引起一些非常棘手的问题。《列女传》还讲到了一个类似于黄金时代的阶段,在那时,众神与凡人一起酣饮,一起商议事务,请参见《列女传》残篇第1号,载于Reinhold Merkelbach与Martin L. West编,《赫西俄德作品残篇》(*Fragmenta Hesiodea*, Oxford, 1967)。另请参见《神谱》第535至536行: καὶ γὰρ ὅτ᾽ ἐκρίνοντο θεοὶ θνητοί τ᾽ ἄνθρωποι/Μηκώνῃ ...[而因为当众神与凡人在梅科内产生分歧之时……]。

发端其实还要在时间上往前推很久,①而且很可能在赫西俄德的时代就已经是一个充分发展了的主题。②不过这段文本中有两个特征属于典型的赫西俄德笔法：将这样的一个时代与修饰词"黄金"联系起来，以及将这个时代放到一系列不断退化的"时代"中。此外，据我们所知，赫西俄德还是第一个详细地解说了，在黄金时代中，大地是如何在没有人类劳作的情况下，适合于每个人的需求，自动生产出足够的果实的。绝大多数运用了这个神话的后世作家——就算不是所有的作家——在很大程度上都要依赖 [285]《劳作与时日》中的这些观点。本章并不需要详细考察后世作家们是如何运用赫西俄德笔下的黄金时代神话所有显著要素的，③但是，其中有一点对笔者的论述却是至关重要的：βίος αὐτόματος［自动满足需求的生活］（其意义是，大自然自发地生产出生活的各种必需品）——这个主题首先吸引了旧喜剧的作家们，然后又吸引了柏拉图。

旧喜剧中的相关段落仅仅是以残篇的形式流传到现在，这些残篇绝大多数都记载于雅典奈俄斯的《欢宴的哲人》中。在该著作的第6卷里（267e至270e），尼科梅第亚的德谟克利特（Democritus Nicomedianus）这位哲人告诉我们，曾经有一个时代，当时没有人拥有奴隶。为了证明自己的这个观点，他先后引用了克拉提诺斯

---

① H. C. Baldry,《谁发明了黄金时代？》("Who Invented the Golden Age?"), 载于*Classical Quarterly*, 第2期, 第83至92页；关于赫西俄德作品可能受到的东方影响，请参见Martin L. West编,《赫西俄德〈劳作与时日〉》(*Hesiod: Works and Days*, Oxford, 1978), 第172至177行；Martin L. West,《赫利孔的东方面孔——希腊诗歌与神话的西亚元素》(*The East Face of Helocon: West Asiatic Elements in Greek Poetry and Myth*, Oxford, 1997), 第312至324行。
② 请参见H. C. Baldry, 前揭, 第84至86页；另请参见John Dillon,《柏拉图与黄金时代》("Plato and the Golden Age"), 载于*Hermathena*, 第153期, 第21至36页, 第23至27页, 其中包括了一些非常有用的分析。
③ 请参见Bodo Gatz,《世界时代、黄金时代以及表达类似观念的词语》(*Weltalter, goldene Zeit und sinnverwandte Vorstellungen*, Hildesheim, 1967), 其中对这些要素进行了详尽全面的考察。

(Cratinus)的《财神》(Pluti)、克拉底(Crates)的《野兽》(Theria)、特勒克莱德斯(Telecleides)的《邻邦》(Amphictyoni)以及菲瑞克拉底(Pherecrates)的《矿工》(Metalles)中的相关段落。他所列举的这些段落并没有特别提到奴隶,但是却的确描绘了事物不经人类劳作而"自发"出现的各种情况。

克拉提诺斯作品中的这个段落格外能说明问题。[①]尽管我们不清楚《财神》这部喜剧的情节,但是有学者认为,该剧的合唱团是由生活在克洛诺斯治下的提坦所组成的,他们将自己称为πλοῦτοι[财神]。[②]而在他们出现在当时的雅典之时,所要考察的是雅典的有钱人。很明显,他们来到雅典是想要看看民主政体下的财富分配是不是真的与他们自己的标准相符。与我们的讨论格外相关的是残篇第172号对形容词αὐτόματα[自动生长出来的]的使用,以及残篇第176号中的喜剧性夸张。在克洛诺斯治下,食物太过充足,人们甚至用面包块来玩掷骰子的游戏,并且用糕点来计算摔跤选手获胜的场次。在克拉底的《野兽》中,有两个残篇也出现了类似的喜剧狂想。[③]这里所说的同样也是一个时代,只不过这个时代出现在未来,那个时候会重新出现βίος αὐτόματος[自动满足需求的生活]:桌子、炖肉锅以及食物都会在人们吃饭的时候自动出

---

① 请参见克拉提诺斯,残篇第172号:αὐτόματα τοῖσι θεὸς ἀνίει τἀγαθά[神明送给他们美好的、自动生长出来的事物],以及残篇第176号:οἷς δὴ βασιλεὺς Κρόνος ἦν τὸ παλαιόν/ὅτε τοῖς ἄρτοις ἠστραγάλιζον, μᾶζαι δ' ἐν ταῖσι παλαίστραις/Αἰγιναῖαι κατεβέβληντο δρυπεπεῖς βώλοις τε κομῶσαι[古时,克洛诺斯是他们的王,/那时他们在用面包块玩骰子游戏,而熟透的埃吉纳糕点/大块地长出,在摔跤场上落下],载于Rudolf Kassel与Colin Austin编,《希腊喜剧诗人》(Poetae Comici Graeci, Walter de Gruyter, 1983–2001)。

② 请参见H. C. Baldry,《阿提卡喜剧中懒汉的天堂》("The Idler's Paradise in Attic Comedy"),载于Greece and Rome,第22期,第49至60页,第52页。

③ 请参见克拉底,残篇第17号第6至7行:ἔπειτ' ἀλάβαστος εὐθέως ἥξει μύρου/αὐτόματος, ὁ σπόγγος τε καὶ τὰ σάνδαλα.[然后,盛满香油的石膏瓶、海绵与凉鞋/都会很快自动地来到面前];另请参见残篇第16号第4至10行,载于Rudolf Kassel与Colin Austin编,《希腊喜剧诗人》(Poetae Comici Graeci, Walter de Gruyter, 1983–2001)。

现。[286]香油瓶、海绵与凉鞋都会自动出现并完成各自的任务。与之一脉相承的是,在特勒克莱德斯的《邻邦》中,不知名的角色——很有可能就是克洛诺斯本人——描述了过往的极乐生活:[①]

> ἡ γῆ δ' ἔφερ' οὐ δέος οὐδὲ νόσους, ἀλλ' αὐτόματ' ἦν τὰ δέοντα
> ...
> 大地带来的不是恐惧与疾病,与此相反,必需品都是自动生长出来的……

在这个残篇余下的部分里,我们看到了黄金时代的其他特点,比如和平以及没有疾病与忧愁的生活,此外残篇中还有对其他主题的喜剧夸张,比如家具自动听取主人的号令,食物自发地烹制完毕,并出现在桌子上等待人们享用。

关于旧喜剧中的 βίος αὐτόματος(自动满足需求的生活)还有许多可说的,不过要进行全面的考察,还要求我们去阅读更多的残篇,比如菲瑞克拉底的《矿工》、尼科丰(Nicophon)的《塞壬》(Sirenes)、梅塔格尼斯(Metagenes)《图里亚-波斯人》(*Thurio-Persae*)与欧波利斯(Eupolis)的《黄金种族》(*Aureum Genus*)中的现存段落。不过对于笔者的论述而言,唯一重要的一点是,在所有这些残篇中,将克洛诺斯治下的时代描绘为一个幻想中的富足世界,自发出现的福事也是赫西俄德笔下黄金时代中的幻想,只是在旧喜剧中被荒诞地夸张了。[②]

尽管这些模仿赫西俄德笔下黄金时代的段落都十分滑稽可笑,但它们的目的都是要进行严肃的批判。这些残篇所属的喜剧应

---

① 请参见特勒克莱德斯,残篇第1号第3行,载于Rudolf Kassel与Colin Austin编,《希腊喜剧诗人》(*Poetae Comici Graeci*, Walter de Gruyter, 1983–2001)。
② 请参见Ian Ruffell,《颠倒的世界——旧喜剧残篇中的乌托邦与乌托邦主义》("The World Turned Upside Down: Utopia and Utopianism in the Fragments of Old Comedy"),载于F. David Harvey与John Wilkins编,《阿里斯托芬的竞争者们——雅典旧喜剧研究》(*The Rivals of Aristophanes: Studies in Athenian Old Comedy*, London, 2000),第473至506页,其中对这些残篇进行了仔细而且有启发性的考察。

该全部都是在一个比较短的时期内演出的,这一时期大约是公元前435至415年之间的二十年。反复使用黄金时代的主题是当时的喜剧诗人们竭力抢前辈诗人风头的体现。但是除了文本之间的关联之外,这个现象还说明了更多的问题。已经有学者十分有力地指出,赫西俄德笔下 $βίος\ αὐτόματος$[自动满足需求的生活]的主题让喜剧诗人有了滑稽模仿的可能,他们也以此批判了在与斯巴达进行战争之时,雅典伯利克里的海上霸权政治。[①]悲剧诗人们更喜欢奥林波斯的众神以及荷马描写的时代中的传统英雄们,而喜剧诗人们则与此不同,[②]他们不仅关注着当时的雅典,还很愿意将克洛诺斯统治时代中的神明们与奥林波斯众神对立起来。看起来,当时的雅典卷入了赫西俄德笔下所描写的那种黑铁时代的混乱,而与之相比,克洛诺斯统治时代中的神明们则属于[287]黄金时代——这个时代类似于中世纪欧洲所说的安乐乡(Cockaigne)。对于喜剧诗人们来说,梦想在其他地方有着一个更美好的地方已经不再是对现实的逃避:这其实是对现实的讽刺。他们不会把克洛诺斯治下时代的神话看作是一个严肃的历史学论述。他们对这个主题的运用并不是要简单地躲进"世外桃源"(utopia of escape),而是一个更加复杂的"重筑的乌托邦"(utopia of reconstruction)。[③]克洛诺斯治下的时代也已经不再是神话中的失乐园了,而是一种对进步社会状况

[①] 请参见Paola Ceccarelli,《伯利克里时代的雅典———片"丰饶的土地"?旧喜剧中的民主观念与"自动满足的生活"的主题》("L'Athènes de Périclès: un 'pays de cocagne'? L'idéologie démocratique et le thème de l'*automatos bios* dans la comédie ancienne"),载于*Quaderni Urbinati di Cultura Classica*,第54期,第109至159页。

[②] 关于这个问题,请参见Jean-Claude Carrière,《狂欢与政治——以精选出的残篇为基础介绍古希腊喜剧》(*Le carnaval et le politique: Une introduction a la comédie grecque suivi d'un choix de fragments*, Paris, 1979),第90页。

[③] 请参见Lewis Mumford,《乌托邦的故事》(*The Story of Utopias*, 第2版, Gloucester, 1959),在本章中笔者重新使用了其中的这个术语;另请参见John Dillon, 前揭, 第21至22页。

的严肃思考。①

在公元前五世纪末期,这个神话的讽刺性用途能够极大地帮助我们评价柏拉图笔下讲述克洛诺斯时代的对话作品对这个神话的运用。但是,要解释柏拉图对这个神话的运用,仅仅看到克洛诺斯时代中的赫西俄德元素是远远不够的。只要能感受到公元前五世纪时这个神话背后的讽刺性元素,我们就能明白,完全不用假定柏拉图在描写克洛诺斯时代的婴儿之时完全接受了赫西俄德的赞扬观点。以此为出发点,许多学者以多种形式表明,实际上应该将《治邦者》神话解读为三个不同的动物学阶段。②以这种解释方式为根据,这些学者希望把这个神话隔离出来,让赫西俄德版本里的那些消极内容不影响到它。不过,在考虑到这个神话的讽刺性背景之后,[288]我们便不再需要将这两个时代看作是截然不同的时代——其中一个是赫西俄德笔下的黄金时代,另一个则具有黑铁时代的特征。这些表面上全然不同的特质也就不再是互不相容的了。

那种认为柏拉图将克洛诺斯描绘成一位仁慈而又智慧的神明的观点,也同样是有问题的。已经有学者有力地指出过,在柏拉图的全部作品中,克洛诺斯是一位意义极为模糊的神明,而且,目前

---

① 关于旧喜剧残篇中不同种类的"自动满足需求的生活"的乌托邦,请参见Ian Ruffell,前揭,第473至506页。
② 请参见Christopher J. Rowe,《两个还是三个阶段?〈治邦者〉的神话》("Zwei oder drei Phasen? Der Mythos im *Politikos*"),第169页:"按照这个神话的塑造,也许这一切都只是*paidia*(教育)的一部分。不过在这里,这个故事中包藏着诡计:因为,按照这种讲述方式,世界历史的一半都变得荒唐不堪,而且,由于在这个神话中,克洛诺斯的时代比宙斯的时代更好,那么宙斯的时代肯定就是我们的时代。"另请参见Gabriela R. Carone,前揭,第95页,其中认为:"在克洛诺斯治下,生物的生长方向如果被解释为三个阶段,那么我们便能够将这三个阶段和这个神话背景对应起来",意即,虽然赫西俄德笔下的头发灰白的婴儿来自黑铁时代,但是也保留一些黄金时代的特征,所以我们应该将其看作一个黄金时代与黑铁时代之间的过渡阶段。

我们所掌握的文本表明，他治下的时代绝不是完全令人喜爱的。[1]的确，在《克拉底鲁》396b至396c这一段中，克洛诺斯代表了理性与神明的智慧；但是在《高尔吉亚》中(523b至523e)，克洛诺斯的形象却非常不同，他所作的决策武断而又肤浅。[2]这其中的矛盾性让我们决不能从一个片面的角度来理解柏拉图《治邦者》神话中这位神明所扮演的关键角色。[3]

与之相反的是，在笔者看来，传统中对这个神话的两阶段解释法显然是最好的。柏拉图继承并延续了旧喜剧对克洛诺斯治下时代的看法，他的读者们也肯定早就从旧喜剧中对这些看法十分熟悉了。[4]旧喜剧把克洛诺斯治下时代的混乱当作社会与政治批判的

---

[1] 关于这个问题，请参见Pierre Vidal-Naquet，《〈治邦者〉神话——黄金时代与历史之间的模糊性》("Le mythe platonicien du *Politique*. Les ambiguïtés de l'âge d'or et de l'histoire")，载于Pierre Vidal-Naquet编，《黑色的猎手》(*La Chasseur Noir*, Paris, 1981,)第361至380页；Mauro Tulli，《克洛诺斯的时代与柏拉图〈治邦者〉中对自然的探寻》("Età di Crono e ricerca sulla natura nel *Politico* di Platone")，载于*Studi classici e orientali*，第40期，第97至115页。

[2] 最晚在荷马与赫西俄德的作品中，我们就能发现克洛诺斯这个形象的可塑性与双面性。在《神谱》中——就像在荷马叙事诗中一样——将克洛诺斯描写为 ἀγκυλομήτης[狡猾多端的]（《神谱》第18行、137行、168行、473行、495行；《伊利亚特》第2卷第205行；《奥德修纪》第21卷第415行），并且完全是一个反面形象：他是个弑父者、杀婴者甚至是食人者，完全没有道德准则。而在其他地方，克洛诺斯又是一位最杰出的君王，赫西俄德称其为 ϑεῶν προτέρῳ βασιλῆϊ[众神中的第一个王者]（《神谱》第486行），而且只和幸福美好的生活有关联。在许多对克洛诺斯的崇拜与祭祀（Κϱόνια）中我们都能看到这种模糊性，请参见H. S. Versnel，《希腊神话与仪式——克洛诺斯的案例》("Greek Myth and Ritual: The Case of Kronos")，载于Jan Bremmer编，《希腊神话的诠释》(*Interpretations of Greek Mythology*, London/Sidney, 1987)，第121至152页。

[3] 请对照：Luc Brisson，《解读〈治邦者〉神话》("Interprétation du mythe du «Politique»")，载于Luc Brisson编，《关于柏拉图的演讲》(*Lectures de Platon*, Paris, 2000)，第182至183页，当中用《法义》第4卷中的克洛诺斯形象来支持他对《治邦者》神话的三阶段解释法，其原因恰恰是因为没有考虑到克洛诺斯形象的多重性。

[4] 在《治邦者》中，这个神话并不是柏拉图所使用的唯一来自于旧喜剧的主题。必须将纺织的比喻（《治邦者》279a至283b）当作一个整体，与它在喜剧中的参照物联系在一起理解（请参见阿里斯托芬《吕西斯特拉忒》[Lysistrata]），请参 （转下页）

手段,与此类似的是,柏拉图也在《治邦者》中将克洛诺斯时代神话描绘为一个万物颠倒的时期。我们不能因为有可能与《蒂迈欧》中体现出的目的论[289]与《法义》中的黄金时代相悖,就忽略这种理解方式。在我们研究柏拉图为这个神话所选取的赫西俄德元素时,应该努力让这些元素既符合这个神话,也符合这部对话作品的整体。①

理解赫西俄德:《治邦者》神话中的克洛诺斯时代

在《治邦者》中,埃利亚的异邦人是这样描述克洛诺斯统治时代中新降生的生物的(271c至272b):

> ὃ δ' ἤρου [271δ] περὶ τοῦ πάντα αὐτόματα γίγνεσθαι τοῖς ἀνθρώποις, ἥκιστα τῆς νῦν ἐστι καθεστηκυίας φορᾶς, ἀλλ' ἦν καὶ τοῦτο τῆς ἔμπροσθεν. τότε γὰρ αὐτῆς πρῶτον τῆς κυκλήσεως ἦρχεν ἐπιμελούμενος ὅλης ὁ θεός, ὡς δ' αὖ κατὰ τόπους ταὐτὸν τοῦτο, ὑπὸ θεῶν ἀρχόντων πάντ' ἦν τὰ τοῦ κόσμου μέρη διειλημμένα· καὶ δὴ καὶ τὰ ζῷα κατὰ γένη καὶ ἀγέλας οἷον νομῆς θεῖοι διειλήφεσαν δαίμονες, αὐτάρκης εἰς πάντα ἕκαστος ἑκάστοις [271ε] ὧν οἷς αὐτὸς ἔνεμεν, ὥστε οὔτ' ἄγριον ἦν οὐδὲν οὔτε ἀλλήλων ἐδωδαί, πόλεμός τε οὐκ ἐνῆν οὐδὲ στάσις τὸ παράπαν· ἄλλα δ' ὅσα τῆς τοιαύτης ἐστὶ κατακοσμήσεως ἑπόμενα, μυρία ἂν εἴη λέγειν. τὸ δ' οὖν τῶν ἀνθρώπων λεχθὲν αὐτομάτου πέρι βίου διὰ τὸ τοιόνδε εἴρηται. θεὸς

(接上页注④)见 Melissa S. Lane,《柏拉图的〈治邦者〉中的方法与政治》(*Method and Politics in Plato's* Statesman, Cambridge, 1998),第164至171页;Dimitri El Murr,《συμβολικὴ πολιτική: 柏拉图的〈治邦者〉中纺织的范式,或者武断范式的理性》("La symplokè politikè: le paradigme du tissage dans le *Politique* de Platon, ou les raisons d'un paradigme arbitraire"),载于 Kairos,第19期,第49至95页,第61至66页。

ἔνεμεν αὐτοὺς αὐτὸς ἐπιστατῶν, καθάπερ νῦν ἄνθρωποι, ζῷον ὂν
ἕτερον θειότερον, ἄλλα γένη φαυλότερα αὑτῶν νομεύουσι· νέμοντος
δὲ ἐκείνου πολιτεῖαί τε οὐκ ἦσαν οὐδὲ κτήσεις [272a] γυναικῶν
καὶ παίδων· ἐκ γῆς γὰρ ἀνεβιώσκοντο πάντες, οὐδὲν μεμνημένοι
τῶν πρόσθεν· ἀλλὰ τὰ μὲν[289]τοιαῦτα ἀπῆν πάντα, καρποὺς δὲ
ἀφθόνους εἶχον ἀπό τε δένδρων καὶ πολλῆς ὕλης ἄλλης, οὐχ ὑπὸ
γεωργίας φυομένους, ἀλλ' αὐτομάτης ἀναδιδούσης τῆς γῆς. γυμνοὶ
δὲ καὶ ἄστρωτοι θυραυλοῦντες τὰ πολλὰ ἐνέμοντο· τὸ γὰρ τῶν
ὡρῶν αὐτοῖς ἄλυπον ἐκέκρατο, μαλακὰς δὲ εὐνὰς εἶχον ἀναφυομένης
ἐκ [272β] γῆς πόας ἀφθόνου.

你问到了[271d]一切事物都为了人类而自动生长出来，这极少地属于现在这个阶段，而是属于过去的时代。在那时，神统治并照料一切事物运行，同样以这种方式，宇宙的部分被统治它的众神划分开来；而神明们将生物按照种类与群体划分开来，就好像牧羊人，每个神明独立地为属于他的生物[271e]分配一切，目的是不存在荒蛮的生物、不会相食、也完全没有外战与内斗。这种秩序的结果，有无数可说的。关于人类的"自动满足需求的生活"的说法是这样的。一位神明照料并牧养他们——就好像人类现在的放牧一样，人类作为一种不同的、更神圣的生物，牧养其他比他们劣等的物种。这位神明治理一切，人类并没有政治，也没有[272a]妻子与孩子，因为他们所有人会从大地中重生出来，不记得任何过去的事。不过，一方面他们没有这些东西，但另一方面，他们有着繁多且充足的果实，取自果树与许多林中大树，并非因为劳作而长出，而是由大地自动给出的。[290]他们赤身露体、没有床铺，大多时候住在野外，因为季节混合起来，不为他们带来任何痛苦，他们所有的柔软床铺是[272b]从大地中长出的繁茂草坪。

现在已经很清楚的一点应该是，赫西俄德笔下与柏拉图笔下的克洛诺斯时代之间有着许多很明显的相似之处。大地之中自动生长出各种事物、并不存在农业耕作、人们无须劳作、没有痛苦、没有战争、没有政治组织,这些都是他们之间的共通点。此外,对于柏拉图以及他之前的所有的作家来说,赫西俄德笔下的黄金时代的核心要素正是βίος αὐτόματος[自动满足需求的生活]。这个短语是对整个黄金时代的描述,而且它在这段引文中反复出现(271d1; 271e4),这就已经能够说明问题了。

与此同时,在各自作品中对克洛诺斯治下时代的描述,赫西俄德与柏拉图在基调与范围上都有惊人的不同。赫西俄德仅仅是在列举这种生活中的核心方面,而柏拉图则是在解释。他不仅仅继承了赫西俄德的说法,而且在解释应该如何理解克洛诺斯治下时代的生活。尽管与赫西俄德有这么多联系,但这一段却有了一些在赫西俄德笔下没有出现的特征。

首先,与赫西俄德笔下的黄金时代不同,柏拉图笔下的克洛诺斯时代里新降生的生物并没有ὥστε θεοί[像神明一样](《劳作与时日》第112行),而是好像被众神牧养的动物。所以,正像人类牧羊人与牧群的区别一样,众神与人类之间也有同样的区别。其次,这种"自动生长"的生活并不仅仅与树木植物有关,也不仅仅与食物产出有关,它也与人类有关——人类也是大地所生的。在赫西俄德笔下,众神从黄金种族开始ποίησαν[创造了](《劳作与时日》第110行)这些前后相续的人类种族,而在柏拉图笔下,人类是从大地中自动生长出来的。看起来,人类群体距离动物比距离众神更近,人类的生长也是一样的,他们更像是植物的生长,[291]而非神明所降生的。第三,也是最重要的一点,人类并不仅仅是从大地中生出来的,而且在生出来的时候就是一个已经完全长成了的、头发灰白的人,然后再一点儿一点儿地变回婴儿,直到他们再次消失在大地中。柏拉图的读者们很早就注意到,①这肯定又是一处对赫西俄德作品的参引,而且还是对我们的黑铁种族的指涉: εὖτ᾽ ἂν γεινόμενοι πολιοκρόταφοι τελέθωσιν[当他们在出生时额头上就长出灰白头发的时候]《劳作与时日》第181行),我们的种族将会被毁灭。

所以,这两个田园诗一样的景象,尽管相似,但却并不相同。赫西俄德笔下的βίος αὐτόματος[自动满足需求的生活]仅仅是一种与众神联系更为紧密的生活:所有美好的事物都从大地中自动生长出来,人类能整日饮宴而且永远年轻(请参见《劳作与时日》第113至114行)。而在柏拉图笔下,人类(也一样不会受到饥饿与干渴、痛苦与战争的困扰)并没有和众神生活在一起,而是被众神所照料;所有的事物——包括人类种族本身——都自动地从大地中生长出来,如果说人类并不受到老龄的考验,那只是因为他们随着时间的流逝而逐渐变年轻。柏拉图把这种"自动生长"的生活推向极致,并以此解释人类的降生,而在自己笔下的克洛诺斯时代中,他又加入了赫西俄德笔下黑铁种族的显著特征(比如头发灰白的新生儿),所以柏拉图对克洛诺斯治下的人类的描绘是模糊的。他并没有仅仅使用赫西俄德笔下黄金时代的特征,也没有仅仅吸收了黑铁时代的特征。

那么,柏拉图到底有没有提示我们应该如何理解这个出人意料的克洛诺斯时代呢?当埃利亚的异邦人结束了对克洛诺斯治下新降生的生物的描述后,他问小苏格拉底(《治邦者》272b至272d):

> Ξένος: κρῖναι δ᾽ αὐτοῖν τὸν εὐδαιμονέστερον ἆρ᾽ ἂν δύναιό τε καὶ ἐθελήσειας;

---

① 请参见J. Adam,《柏拉图的〈治邦者〉中的神话》("The Myth in Plato's Politicus"),载于Classical Review,第5期,1891,第445至446页,第445页。

第十四章　赫西俄德、柏拉图与黄金时代

Νεώτερος Σωκράτης: οὐδαμῶς.

Ξ: βούλει δῆτα ἐγώ σοι τρόπον τινὰ διακρίνω;

Σ: πάνυ μὲν οὖν.

Ξ: εἰ μὲν τοίνυν οἱ τρόφιμοι τοῦ Κρόνου, παρούσης αὐτοῖς οὕτω πολλῆς σχολῆς καὶ δυνάμεως πρὸς τὸ μὴ μόνον ἀνθρώποις ἀλλὰ καὶ θηρίοις διὰ λόγων δύνασθαι συγγίγνεσθαι, [272ξ] κατεχρῶντο τούτοις σύμπασιν ἐπὶ φιλοσοφίαν, μετά τε θηρίων καὶ μετ' ἀλλήλων ὁμιλοῦντες, καὶ πυνθανόμενοι παρὰ πάσης φύσεως εἴ τινά τις ἰδίαν δύναμιν ἔχουσα ᾔσθετό τι διάφορον τῶν ἄλλων εἰς συναγυρμὸν φρονήσεως, εὔκριτον ὅτι τῶν νῦν οἱ τότε μυρίῳ πρὸς εὐδαιμονίαν διέφερον· εἰ δ' ἐμπιμπλάμενοι σίτων ἄδην καὶ ποτῶν διελέγοντο πρὸς ἀλλήλους καὶ τὰ θηρία μύθους οἷα δὴ καὶ τὰ νῦν περὶ αὐτῶν [272δ] λέγονται, καὶ τοῦτο, ὥς γε κατὰ τὴν ἐμὴν δόξαν ἀποφήνασθαι, καὶ μάλ' εὔκριτον. ὅμως δ' οὖν ταῦτα μὲν ἀφῶμεν, ἕως ἂν ἡμῖν μηνυτής τις ἱκανὸς φανῇ, ποτέρως οἱ τότε τὰς ἐπιθυμίας εἶχον περί τε ἐπιστημῶν καὶ τῆς τῶν λόγων χρείας ...

埃利亚的异邦人：你能够、你愿意判断这两者中究竟哪个更幸福么？

小苏格拉底：不。

埃：那么你肯定希望我能以某种方式为你做出判断了？

苏：当然。

[292]埃：那么，从一方面说，如果克洛诺斯时代的新生儿——他们有着这么多的闲暇以及不仅把人类且包括动物都集合在一起进行谈话的能力——[272c]能够将这一切运用到哲学上，与动物们并且相互之间进行讨论，而且从各种生物那里了解，是否有谁掌握一种与别人不同的能力，学到如何聚集智慧，那么我们很容易就能判断出，那个时候的人们比现在的人要幸福无数倍。不过从另一方面说，如果他们往腹中塞满食物与酒酿，并且向

动物们并且相互之间讲述那些现在也在讲的[272d]有关他们的故事,那么这——如果表达我的真实想法的话——也是很容易判断的。不过让我们还是把这些事放置一旁,直到某个有能力的人告知我们,究竟当时人们所具有的渴望是出于知识,还是出于对说话的需要……

在这一段文本中,很明显存在着关于黄金时代的两种看法之间的对立。毫无疑问,前者是柏拉图的看法:一个致力于哲学与智识的时代,人类与动物能一起讨论并相互询问哲学真理。[①]而后者——笔者认为——是赫西俄德的看法:这是一个人们整天饮宴的时代,每天往肚子里塞满食物与酒酿。在以上的这段引文中,埃利亚的异邦人很明显地在避免判断哪个时代是真正哲学的时代,哪个又是可笑的安乐乡。但是我们就真应该按照他这番话的表面意思来理解吗?他真的认为这里的选择是都有效的?笔者认为并不是。如果埃利亚的异邦人真的在暗示说,克洛诺斯的时代就是那种完全致力于哲学的黄金时代——就好像苏格拉底在《克拉底鲁》中所说的那种"高贵的"黄金时代那样——那么他完全没有必要不加以明确,而是应该直接地表达出来。在克洛诺斯时代,新降生的生物之所以幸福,完全是因为他们致力于哲学,所以笔者认为[293]埃利亚的异邦人只是提出了一个反问句。在《治邦者》所进行

---

① 与动物交谈也是黄金时代的一个特征,但这个特征并没有出现在赫西俄德笔下。这种说法的源头很可能在恩培多克勒的作品中(请参见残篇第130号,载于H. Diels 与W. Kranz编,《前苏格拉底哲学残篇辑》[*Die Fragmente der Vorsokratiker*, 6th edn. Berlin, 1951–2]),或者出现在俄耳甫斯教派关于植物循环的说法中。在较晚的作品中,我们也能看到黄金时代的这个特征,请参见诸如,巴布里乌斯(Babrius),《抑扬格叙事诗》(*Mythiambica*)第1卷第1至13行,尤其是第5至8行:ἐπὶ τῆς δὲ χρυσῆς καὶ τὰ λοιπὰ τῶν ζῴων/φωνὴν ἔναρθρον εἶχε καὶ λόγους ἤδει/οἵους περ ἡμεῖς μυθέομεν πρὸς ἀλλήλους,/ἀγοραὶ δὲ τούτων ἦσαν ἐν μέσαις ὕλαις[在黄金时代,其他动物也/拥有清晰的话语,而且懂得我们/现在互相讲述故事时使用的言辞,/它们的集会就出现在树林中间]。

的对话之前，在《泰阿泰德》(172c至177b)中苏格拉底已经描述了那种哲学所固有的 σχολή(闲暇)，① 而在《治邦者》中，克洛诺斯的时代并不容许人们拥有这种闲暇。在这里，就算柏拉图像他经常所作的一样，是暂时偏离了正题，但埃利亚的异邦人暗示的黄金时代并无助于哲学生活，这完全类似于他引用赫西俄德笔下黑铁时代特征的方式。

那么我们应该如何理解这种对赫西俄德文本的独特阐释呢？在《治邦者》中，在宇宙学、生物学、伦理学与政治学上，世界的两个时代都是截然相反的。在克洛诺斯治下的时代，世界的发展是由众神来引领的；而在宙斯治下的时代，世界是 αὐτοκράτωρ [独立的](274a5)。在克洛诺斯的时代，初生的人类 ἐν γῇ δι' ἑτέρων συνιστάντων [在大地中通过不同元素组合起来](274a3至274a4)，并且从老年逐渐成长为青年；而在宙斯的时代，人类 ἐξ ἀλλήλων [从其他人中](271a4)诞生出来，他们 κυεῖν τε καὶ γεννᾶν καὶ τρέφειν... αὐτοῖς δι' αὑτῶν [通过自己、怀胎、生育并抚养自己](274a6至274a7)，并且像我们一样成长——从青年直到老年。在克洛诺斯治下的时代，众神照料人类生活的方方面面；② 而在宙斯治下，人类失去了神明的护佑，并且必须自己保护自己(274d4至274d5)：

> δι' ἑαυτῶν τε ἔδει τήν τε διαγωγὴν καὶ τὴν ἐπιμέλειαν αὐτοὺς αὑτῶν ἔχειν ...
> 必须通过自己来掌握生活并照料自己……

最后，也是最重要的，在克洛诺斯的时代，并不存在政治，因

---

① 请参见 Paul Demont,《古风时代和古典时代的希腊城邦与理想中的平静》(*La cité grecque archaïque et classique et l'idéal de tranquillité*, Paris, 1990)，第303至310行。
② 请参见《治邦者》268a至268b中对"牧养"的定义。

为连城邦与政体都不存在;而在宙斯的时代,埃利亚的异邦人并没提到究竟有没有城邦。但是在这个时代,人们很明显需要治邦者的技艺,但是这种技艺无论有多重要,它看起来也是最为令人厌恶的技艺,因为这个世界与它的居民都在不可避免地陷入混乱之中。

柏拉图是以克洛诺斯治下时代与宙斯治下时代之间的对比为基础,来讲述整个《治邦者》的神话的,但是,其意义究竟是什么呢?通过这两个时代在细节上的各种对立,柏拉图究竟想要他的读者得到什么样的哲学信息呢?[294]通过将这两个时代对立起来,柏拉图是在将宇宙与人类境况的两个相反的状态对立起来。两个时代都不容许治邦者的技艺,但是笔者认为,其原因却各不相同。

如果一个全能的、仁慈的神明照料人类生活中的方方面面,那么这个世界会是什么样的呢?这个世界肯定是美好的,埃利亚的异邦人已经反复申明了这一点(请参见诸如《治邦者》273b至273c)。但是尽管如此,人类可能也只是他们自己苍白的影子。他们当然能够与赫西俄德笔下黄金时代的人类有共同特征,但这还算得上是人类吗?他们的这种幸福就好像是畜生的幸福。这就是柏拉图运用赫西俄德作品的原因。克洛诺斯治下的时代是一个模糊的时代:它很好,因为众神让它很好;但是在神明牧羊人的统治之下,人类虽然是"道德的",但是他们并不是因为有着理性上的原因才这样的。所以尽管可以说这种人类是幸福的,但却并不属于柏拉图意义上的幸福。①

---

① 请参见 Andrea W. Nightingale,《柏拉图论邪恶的起源——重新审视〈治邦者〉神话》("Plato on the Origins of Evil: The *Statesman* Myth Reconsidered"),载于 *Ancient Philosophy*,第16期,第65至91页,第76至91页,其中有一些十分有益的分析,当然,在笔者看来,这部著作中对两个时代之间对立的解释并不符合柏拉图的思想。

那么，宙斯治下的时代又是如何呢？这个时代提出了一个截然相反的问题，如果这个世界失去了神明的控制，人类只能自己照料自己，那又会是什么样的呢？在一个没有了神明的世界，人类只能自己管理自己，得不到神明的帮助。按照埃利亚的异邦人的说法，这种状况肯定会让人类落入混乱的边缘。这些就是这个神话告诉我们的，无论是两阶段的解释还是三阶段的解释都会认同这些观点。这两种解释的不同之处就在于，如何理解埃利亚的异邦人在描述宙斯治下时代之时所反复使用的νῦν[现在]一词，这个词也是在指涉我们现在的时代。[①]那么，神话中所说的宇宙发展时代中的"现在"，与我们人类历史中的"现在"究竟有着什么样的关系呢？柏拉图在这里与他在《蒂迈欧》[295]与《法义》中明确表达的观点相反，难道他认为我们的时代不是一个政治的时代，也不能是一个政治的时代吗？笔者认为并不是。

只要我们不把"政治的"这个词理解为柏拉图思想中那种非常确定的意义，那么《治邦者》关于我们这个时代（宙斯治下的时代）的说法其实与《蒂迈欧》和《法义》就是相符的。我们现在的时代就是埃利亚的异邦人与小苏格拉底所生活的时代。也许，我们生活的这个时代也是拥有人本主义的时代——也就是普罗塔戈拉所捍卫的那种人本主义。[②]在这样一个世界中，柏拉图所说的那种真正意义上的治邦者的技艺是不可能的，就好像在克洛诺斯治下的时代中这种技艺是不可能的一样，但并不是出于同一个原因。在以前发表的文章中，笔者已经指出，将整部《治邦者》连接为一个整

---

① 请参见《治邦者》269a3、269a5、270b7、270d4、271d2、271e6、272b2至272b3、272c5、272c7、273b6、274d7以及272e10。而对话中那些用νῦν[现在]来表示现在时的段落，笔者并没有计算在内。
② 所以，《治邦者》中宙斯的时代与《普罗塔戈拉》中的神话相互呼应。请参见Mitchell H. Miller,《柏拉图的〈治邦者〉中的哲人》(*The Philosophy in Plato's Statesman*, Hague, 1980), 第50至52页。

体的这个大段落并不仅仅是现存政体与制度的分类。这些政体与制度存在于我们现在这个宙斯治下的时代,但它们不是πολιτικούς[政治的],而是στασιαστικούς[派系争斗的](303c)。这个大段落的其他地方所论述的是治邦者的技艺究竟应该如何,并不是说在现存的城邦中是如何理解与实践它的。①笔者将再次强调,按照柏拉图喜欢的说法,治邦者的技艺是牧养人类族群的真正技艺,它同时有着克洛诺斯时代的特征,也有宙斯时代的特征,但是单独在克洛诺斯时代或宙斯时代中,这种技艺都是不可能的。笔者认为每个人都会认同,在克洛诺斯的时代没有对政治的需要;而在宙斯治下的时代,尽管政治是十分必要的,但却又是不可能的。

这种尖锐的对立也许看起来有些不着边际,但是笔者认为,另外一种解释方式——三阶段的解释方式——并没有成功地解释这个神话中一个至关重要的问题。难道这种解释能够让这个神话与《蒂迈欧》和《法义》中的说法相符? 无论答案是怎么样的,其中都会存在争议。《治邦者》神话中所讲述的是一个循环的历史——世界历史中相同的阶段以同样的顺序在无限循环着。②《蒂迈欧》与《法义》根本就没有提到过这种[296]循环的历史。这并不一定意味着柏拉图自己糊涂了,或者说他自己的说法自相矛盾,而是我们根本没必要努力将目的论和反目的论的内容契合起来。尽管柏拉图描绘了一个永远处于循环之中的宇宙,但这个神话中的两个世界指得其实就是同一个世界——我们这个世界——中的两个阶段。这种观点和《治邦者》的结尾十分相符,在这里,终于将治邦者

---

① 请参见Dimitri El Murr,《柏拉图的〈治邦者〉中的区别于统一》("La division et l'unité du *politique* de Platon"),载于*Les Études Philosophiques*,第3期,第295至324页。
② 尽管《治邦者》只有一处明确表达了这一点(274d),但是当然可以将副词πάλιν[再一次、又一次]的使用理解成是在指涉永恒的循环:τὸν δὲ δὴ κόσμον πάλιν ἀνέστρεφεν εἱμαρμένη τε καὶ σύμφυτος ἐπιϑυμία[规定好的、内在的欲望再一次让宇宙回转](272e),对ἀεί[永远、一直](273c5)这个词的使用也是一样的道理。

的任务定义出来了。①城邦的王者必须将人类灵魂的两个相反的倾向——审慎与勇气——结合进一个稳固的整体中。审慎让我们获得平静,但却也可能让我们堕入现在所称的"天使论"(angelism),而这两者都是克洛诺斯治下时代的特征;勇气能为我们带来魄力,但也可能使我们陷入战争,而这两者都出现在宙斯治下的时代中。通过调节这两个相反的倾向,治理城邦的真正技艺便不会再被卷入历史循环的罗网中。

在柏拉图笔下还有另一个描绘了克洛诺斯治下时代的段落,它并不含有赫西俄德笔下的那种意味。在《法义》第4卷中,克洛诺斯治下的生活似乎与笔者之前对《治邦者》神话的解读并不相符。神话的内容都是一样的,但是在《法义》中,将克洛诺斯的时代毫无疑问地描述为 μακάρια ζωή[极乐的生活],在这个时代中,ἄφθονά τε καὶ αὐτόματα πάντ' εἶχεν[所有事物自发地生长出来、无穷无尽](713c)。那为什么在《法义》中这个时代变成了极乐的时代呢?雅典客人在他的讲辞中指出,是因为在没有神明指引的情况下,人类没有管理自己的能力,所以,克洛诺斯指派了 δαίμονες[神明们]来治理人类的城邦,并保证正义得到伸张、善法得到推行。这里有着至关重要的分别。在《治邦者》神话中,笔者已经指出过,城邦并不存在于克洛诺斯治下的时代中,在宙斯治下的时代中也一样不存在城邦——所以这就将克洛诺斯的时代描绘为一个不存在政治的时代。与此相反,在《法义》中,克洛诺斯的时代在本质上是一个政治的时代,它能够表明许多柏拉图思想中的政治原则(《法义》713e至714a):

λέγει δὴ καὶ νῦν οὗτος ὁ λόγος, ἀληθείᾳ χρώμενος, ὡς ὅσων ἂν πόλεων μὴ θεὸς ἀλλά τις ἄρχῃ θνητός, οὐκ ἔστιν κακῶν αὐτοῖς οὐδὲ

---

① 请参见《治邦者》305e至311c。

πόνων ἀνάφυξις· ἀλλὰ μιμεῖσθαι δεῖν ἡμᾶς οἴεται πάσῃ μηχανῇ τὸν ἐπὶ τοῦ Κρόνου λεγόμενον βίον, καὶ ὅσον ἐν ἡμῖν ἀθανασίας ἔνεστι, τούτῳ πειθομένους δημοσίᾳ [714a] καὶ ἰδίᾳ τάς τ' οἰκήσεις καὶ τὰς πόλεις διοικεῖν, τὴν τοῦ νοῦ διανομὴν ἐπονομάζοντας νόμον.

即使在现在,这个说法也在讲述事实,即,如果凡人而非神明统治城邦,那么这些城邦便摆脱不掉邪恶[297]与辛劳。我们应该以各种方式模仿人们所说的克洛诺斯治下的生活,无论我们当中有多少神圣的内容,都要在城邦的公共事务与居家的个人事务上遵循它,并称这种理性的分配为"法义"。

这一段文本又一次表达了柏拉图思想中的 τὸν ἐπὶ τοῦ Κρόνου λεγόμενον βίον[人们所说的克洛诺斯治下的生活]。在这里,如果我们把克洛诺斯的时代理解为理性的统治,那是完全没有问题的。但是在《治邦者》中也是一样的么? 在这里,很多人都会觉得应该将《治邦者》神话理解为三阶段,而非两阶段,并认为《治邦者》中所描绘的克洛诺斯时代和《法义》中所描述的十分类似。但是,即使人们这么认为,在《治邦者》中,克洛诺斯治下的时代也完全不需要城邦或任何其他政治组织。从这点看来,《法义》中的这一段与《治邦者》中的神话是完全不同的。在《治邦者》中,柏拉图描写克洛诺斯治下的时代,为的是解释什么是真正符合政治学的统治,即,以智识的力量来统治的政体。但是在《治邦者》中,全然没有提到人类的 νοῦς[智识、理智、理性],所以,我们也就无从知晓,按照柏拉图的标准来说,克洛诺斯时代的新生儿究竟是不是幸福的。

第十五章　头发灰白的新生儿
——柏拉图、赫西俄德与想象中的过去(及未来)

若维(Christopher Rowe)

[298]从直观上看，本章所要讨论的特定主题是《治邦者》中柏拉图笔下的宇宙神话，但是实际上，所要涉及的却是更为宽泛的柏拉图与赫西俄德的关系。毫无疑问，柏拉图对赫西俄德的作品文本十分熟悉，而且时常从这些文本中选取有利于自己论述的段落——当然，柏拉图也会运用其他作家的作品，本章对此也会有所涉及。不过，柏拉图究竟是如何运用赫西俄德的呢？[1]他的目的

---

① 在一定程度上，本章中的讨论也可以适用于对柏拉图与其他的作者及文本之间关系的理解，但既然本书是专门讨论柏拉图与赫西俄德之间关系的，所以，我们还是应该暂时把其他作者放在一边。本章有许多灵感源泉，其中之一是笔者与奥布莱恩(Denis O'Brien)在2000年所进行的辩论，发起者是斯特恩-吉列特(Suzanne Stern-Gillet)，而这场辩论最终集中在恩培多克勒对《治邦者》神话的影响之上。在这里，恩培多克勒的出现明显是必然的，讲话者为两种相反的天体运动提供了自己的解释，这种解释并不仅仅是借助宇宙循环论的观点，而且更直接地是与《治邦者》269e至270a联系在一起的。尤其值得注意的一点是，讲话者认为这两种天体的运动μήτ' αὖ δύο τινὲ θεὼ φρονοῦντε ἑαυτοῖς ἐναντία στρέφειν αὐτόν[并不是由某两个想法相反的神明](270a)所导致的。但是，同样很明显的是另一个问题：柏拉图笔下的宇宙循环在多大程度上是模仿了恩培多克勒的呢？格外需要注意的问题是，柏拉图的宇宙循环是由前进与后退运动的平衡周期构成的呢，还是说后退的运动只是一种比较特殊的状态呢(笔者是这么认为的)？(不过，限于篇幅，本章无法全面讨论这些其他影响。而如果我们不接受这后一种可能性，那么就能够将恩培多克勒的其他影响完全排除在外了，尤其是其中有关动物学或人类　　(转下页)

又是什么? 在《治邦者》神话中, 这个问题显得尤为重要。或者说, [299]至少对于这个神话的最常见也最简单(或者说, 看起来最简单)[①]的解释来说, 这个问题是最为重要的。简单说来, 赫西俄德

(接上页注①)学的内容。)请参见Cristina Viano,《亚里士多德〈论天〉第1卷第10章、恩培多克勒、〈治邦者〉神话的变换》("Aristote, *De Cael.* I 10, Empédocle, l'alternance et le mythe du *Politique*"), 载于*Revue des Études Grecques*, 第107期, 第400至413页, 其中对这个问题有着非常公允的讨论。

[①] 笔者说"看起来最简单", 是因为这种解释方式事实上给这个故事带来了一些让人很困惑的问题——本章会着重讨论其中的一个问题。支持这种解释方式的人大多都会声称, 这种解释是最为"自然"的理解, 也和这个故事的本质最为契合——至少, 由于这种解释更加符合读者的理解, 而非对埃利亚的异邦人的想法进行补充, 所以, 这些学者的解释比笔者所提出的不同观点更为自然, 这些人代表了这个神话的解释者中的多数派, 关于相反观点, 请参见Arthur O. Lovejoy与George Boas,《古代的原始主义与类似观念》(*Primitivism and Related Ideas in Antiquity*, Baltimore, 1935); Luc Brisson,《解读〈治邦者〉神话》("Interprétation du mythe du « Politique »"), 载于Luc Brisson编,《关于柏拉图的演讲》(*Lectures de Platon*, Paris, 2000); Christopher J. Rowe,《柏拉图〈治邦者〉——译文与注疏》(*Plato, Statesman*, Warminster, 1995); Christopher J. Rowe,《两个还是三个阶段? 〈治邦者〉的神话》("Zwei oder drei Phasen? Der Mythos im *Politikos*"), 载于Christian Schäfer与Markus Janka编,《神话作家柏拉图——对柏拉图对话作品中的神话的新解读》(*Platon als Mythologe: Neue Interpretationen zu den Mythen in Platons Dialogen*, Darmstadt, 2002), 第160至175页。在笔者看来, 这个问题的根本在于一个人在解读这个故事时有多么仔细: 至今为止, 还没有人一步接一步地为这种标准解释方式进行证明, 笔者曾经为相反的观点进行过这种一步接一步的详细论证, 请参见Christopher J. Rowe,《柏拉图〈治邦者〉——译文与注疏》(*Plato, Statesman*, Warminster, 1995)。不过无论如何, 这种标准的解释方式所带来的问题应该让我们质疑, 究竟为什么它能这么流行, 请参见Christopher J. Rowe,《柏拉图〈治邦者〉——译文与注疏》(*Plato, Statesman*, Warminster, 1995); Christopher J. Rowe,《两个还是三个阶段? 〈治邦者〉的神话》("Zwei oder drei Phasen? Der Mythos im *Politikos*"), 第160至175页。关于这个最常见的、两阶段的解释方式, 请参见诸如Mary M. McCabe,《混沌与控制——解读柏拉图的〈治邦者〉》("Chaos and Control: Reading Plato's *Politicus*"), 载于*Phronesis*, 第42期, 第94至115页; Mary M. McCabe,《柏拉图与他的先辈们——理性的戏剧化》(*Plato and his Predecessors. The Dramatisation of Reason*, Cambridge, 2000); Christoph Horn,《为何人类历史只有两个时期? 论〈治邦者〉的神话》("Warum zwei Epochen Menschheitsgeschichte? Zum Mythos des *Politikos*"), 载于Markus Janka与Christian Schäfer 编,《作为神话作家的柏拉图——柏拉图对话作品中的神话的新诠释》(*Platon als Mythologe. Neue Interpretationen zu den* (转下页)

笔下的人类种族①中的一个特征并不仅仅属于现在这个显然并不能让人满意的黑铁种族，而且也属于进一步衰落的人类，而这在《治邦者》的神话中——对这个神话的最常见的阐释——大体上属于一个（如果与我们现在这个时代比）还比较可取的时期，这便是克洛诺斯治下的时代。这个时代处于现在这个时代——即宙斯治下的时代——之前，也将出现在这个时代之后。按照公认的说法，讲故事的埃利亚的异邦人并没有明确说克洛诺斯的时代是（或将是）更为可取的，他所说的其实是，这个时代满足了（或将要）满足某种特定的条件。②不过，这个时代是神明直接统治世界的时代，而且[300]这也正是这一神话的前序所提到的主要原因，因为这个神话所说的正是——或主要是——神明或运数的③统治方式，与人类统治者（即治邦者）的统治方式之间的区别。

（接上页注①）*Mythen in Platons Dialogen*, Darmstadt, 2002)，第137至159页；本书第14章。而笔者所给出的两阶段解释法与其他的两阶段解释法也非常不同(Luc Brisson，《解读〈治邦者〉神话》[" Interprétation du mythe du « Politique »"]，载于 Luc Brisson 编，《关于柏拉图的演讲》[*Lectures de Platon*, Paris, 2000])。详细的文本注疏对这种解释方式的内容也涵盖得较少，请参见 Arthur O. Lovejoy 与 George Boas，前揭。

① 请参见《劳作与时日》第106至201行，关于这些诗行的注释，请参见 Thomas G. Rosenmeyer，《赫西俄德与历史写作（〈劳作与时日〉第106至201行）》("Hesiod and Historiography [*Erga* 106–201]")，载于 *Hermes*，第85期，第257至285页；Martin L. West 编，《赫西俄德〈劳作与时日〉》(*Hesiod*: Works and Days, Oxford, 1978)。

② 即，这个时代的人类抓住机会来从事哲学研究，并在获取知识这个方面，能比"其他的人"（这应该说的是宙斯统治时代的人类）取得更大的成果：272b至272c。（这些机会尤其包括，"不仅与人类，而且与其他动物进行对话" [272b9至272c1]。与其他动物的对话，看上去——也的确是——比较奇怪：如果他代表着某种广义的柏拉图/苏格拉底思维[也的确如此]，那为什么他会认为，动物与人类同样具有哲学思维呢？又或者是这里暗指了《斐德若》中的苏格拉底所说的一种哲学生活的状态：与我们内心中的动物交谈？）

③ "运数的"意思是人类在这个时代的每个方面都需要被某种神明的力量所照顾——除了那些最终必须由人类的真实本质所决定的方面（比如那些依靠人类的理性程度的方面）。请参见《治邦者》268c、274e至275c。

这正是问题的关键所在。根据这个神话故事,在世界历史中[①]的某一阶段(《治邦者》270d 至 271a):

> ἣν ἡλικίαν ἕκαστον εἶχε τῶν ζῴων, αὕτη πρῶτον μὲν ἔστη πάντων, καὶ ἐπαύσατο πᾶν ὅσον ἦν θνητὸν ἐπὶ τὸ γεραίτερον ἰδεῖν πορευόμενον, μεταβάλλον δὲ πάλιν ἐπὶ [270e] τοὐναντίον οἷον νεώτερον καὶ ἁπαλώτερον ἐφύετο· καὶ τῶν μὲν πρεσβυτέρων αἱ λευκαὶ τρίχες ἐμελαίνοντο, τῶν δ' αὖ γενειώντων αἱ παρειαὶ λεαινόμεναι πάλιν ἐπὶ τὴν παρελθοῦσαν ὥραν ἕκαστον καθίστασαν, τῶν δὲ ἡβώντων τὰ σώματα λεαινόμενα καὶ σμικρότερα καθ' ἡμέραν καὶ νύκτα ἑκάστην γιγνόμενα πάλιν εἰς τὴν τοῦ νεογενοῦς παιδὸς φύσιν ἀπῄει, κατά τε τὴν ψυχὴν καὶ κατὰ τὸ σῶμα ἀφομοιούμενα· τὸ δ' ἐντεῦθεν ἤδη μαραινόμενα κομιδῇ τὸ πάμπαν ἐξηφανίζετο. τῶν δ' αὖ βιαίως τελευτώντων ἐν τῷ τότε χρόνῳ τὸ τοῦ νεκροῦ σῶμα τὰ αὐτὰ ταῦτα πάσχον παθήματα διὰ [271a] τάχους ἄδηλον ἐν ὀλίγαις ἡμέραις διεφθείρετο.

每个动物的种族都有着各自的寿命,[②]但起初,所有动物的寿命都停止了,一切可死的种族看起来都不再变老,而是[270e]相反地变得更加年轻与柔嫩:年长者的白色[③]毛发渐渐变黑;满脸胡须者的双颊则变得光滑,回到各自已逝的年华之中;青年的身体每日每夜都变得越发光滑与娇小,变回新生婴孩的样子,在心灵与身体上都变得与婴儿相似。从这时开始,他们最终会全然不见并整

---

① 由于这一神话故事所说的是一个循环的宇宙,所以,这个时期会一次又一次地重复。不过,就像这个故事的讲述者(埃利亚的异邦人)那样,笔者会用过去式来讲述这个循环的过程——这个时态能够更明确地表明,在宇宙循环的历史中,克洛诺斯治下的时代处于宙斯统治的时代之前。
② 笔者在自己已出版的著作与译文中常常将其称作"可见的寿命"。
③ 有时也可以被翻译为"灰白的",例如 λευκοί,请参见本书第426页注④。

个消失。至于那些凶死者的尸身,则也会[271a]在几天之内很快地消失于无形。

但是从这里开始,埃利亚的异邦人转而将这个故事与古代作品对那些从大地中生长出来的人所作的记载结合在一起。这是《治邦者》神话中的一个线索,根据埃利亚的异邦人一开始的说法(269b),这个神话——尽管这个神话被伪装成为事实——将会对这个线索所说的内容进行解释(《治邦者》271b至271c):①

> τὸ γὰρ ἐντεῦθεν οἶμαι χρὴ συννοεῖν. ἑπόμενον γάρ ἐστι τῷ τοὺς πρεσβύτας ἐπὶ τὴν τοῦ παιδὸς ἰέναι φύσιν, ἐκ τῶν τετελευτηκότων αὖ, κειμένων δὲ ἐν γῇ, πάλιν ἐκεῖ συνισταμένους καὶ ἀναβιωσκομένους, ἕπεσθαι τῇ τροπῇ συνανακυκλουμένης εἰς τἀναντία τῆς γενέσεως, καὶ γηγενεῖς δὴ κατὰ τοῦτον τὸν [271ξ] λόγον ἐξ ἀνάγκης φυομένους, οὕτως ἔχειν τοὔνομα καὶ τὸν λόγον, ὅσους μὴ θεὸς αὐτῶν εἰς ἄλλην μοῖραν ἐκόμισεν.

[301]我认为必须考虑这里的内容。因为,就像老年人变成孩童的样子,长眠于地下的死者就在那里被整合起来、重新生长起来,这与相反的生长过程相契合,而根据这种理论,[271c]他们必定都是从大地中生长出来的,而这样,他们如此也就有了这个名

---

① 其他的线索有:第一,关于天体暂时的反方向运行的故事,人们认为这个异常现象预示了阿特柔斯(Atreus)与提厄斯忒斯(Thyestes)之间的争执(268e至269a);第二,是一个有关克洛诺斯所统治的时代的故事(269a7至269a8:根据赫西俄德在《劳作与时日》第111至120行的说法,这个时代与人类的黄金种族相连;不过,笔者略去了《劳作与时日》第173a至173e行中对克洛诺斯的另一处指涉,请参见Martin L. West编,《赫西俄德〈劳作与时日〉》[*Hesiod: Works and Days*, Oxford, 1978]);第三, τὸ τοὺς ἔμπροσθεν φύεσθαι γηγενεῖς καὶ μὴ ἐξ ἀλλήλων γεννᾶσθαι[以往的人类从大地中生长出来,而且他们不会生出其他人](269b2至269b3)。

字与这些故事,[①]他们就是那些统治他们的神明并没有为之带来其他命运的人们。

我们知道,某些重生的人会死于老龄、有着灰白的须发,所以必定会有一些人生来——从大地中生长出来之时——就是须发灰白的。因为从我们的视角看来,[②]变老是人类生长的一个正常的部分——那么除非有些出问题的地方,在我们所讨论的这个时代,新生长出来的人类出生时就长着灰白头发是很正常的。

笔者认为(本章也是以此为基础进行论述的),柏拉图正是以这种方式来运用赫西俄德笔下那些生来就有着灰白须发的婴孩的主题的——εὖτ' ἂν γεινόμενοι πολιοκρόταφοι τελέϑωσιν[当他们在出生时额头上就长出灰白头发的时候](《劳作与时日》第181行),宙斯也会毁灭黑铁种族。由于在克洛诺斯治下时代这个题目[③]上,从一开始就与赫西俄德的说法之间建立了总体上的联系,所以说,柏拉图笔下的从大地中生长出来的、须发灰白的人们[④]是直接脱胎于赫西俄

[①] 也就是那些生活在我们这个(宙斯统治的)时代开始阶段的人们,他们曾处于生物生长方向反转的(对于我们来说是反转的)时代:请参见《治邦者》第271a7至271b3。
[②] 只有在我们这个宙斯治下的时代,这个视角是正常的——克洛诺斯的时代与我们这个时代的观点是完全相反的。那些复活的死者会在被埋葬之前先以正常的方式变老(这是过去的克洛诺斯治下时代的生活,因为在宙斯治下的时代中,死亡就意味着消失于空气中,也就没有什么可埋葬的了)。
[③] 请参见本书第425页注①。
[④] 柏拉图使用的词语是λευκοί[白色的、灰白的],而赫西俄德的用词则是πολιός[灰色的、灰白的]:根据《牛津希腊文大词典》,"在阿提卡方言的散文中极少出现"πολιός[灰色的、灰白的]一词,不过柏拉图使用过这个词(比如在巴门尼德的讲辞中,请参见《巴门尼德》127b),请参见Henry G. Liddell与Robert Scott编,Henry S. Jones增订,《牛津古希腊文大词典》(A Greek-English Lexicon, Oxford, 9th ed., 1996)。但是,在《治邦者》中,柏拉图用λευκός[白色的、灰白的]一词来与μέλας[黑色的]一词进行对比("白色的头发变成黑色的",请参见诸如《吕西斯》217d,在这里,μέλας[黑色的]被ξανϑός[金黄色的、金色的]所替代,但表达的却是同样的对比)。

德笔下那些黑铁种族的婴孩的——因为,他们虽然是"老年人",但却其实是婴孩:也正因为这一点,柏拉图让自己笔下的那个讲故事的人明确说明[302] ἐπαύσατο πᾶν ὅσον ἦν θνητὸν ἐπὶ τὸ γεραίτερον ἰδεῖν πορευόμενον, μεταβάλλον δὲ πάλιν ἐπὶ τοὐναντίον οἷον νεώτερον καὶ ἁπαλώτερον ἐφύετο[一切可死的种族看起来都不再变老,而相反地是变得更加年轻与柔嫩]。在那个时代,时间仍然在向前推进,所以我们所说的那些看起来年轻的人们,当时的人会说他们是老年人。当然,时间——即历史——本身是不会向反方向运行的,这也可以从我们所说的那些"凶死者"那里推断出来:他们不能再像凶死之前那样重新生活一遍,而只能短暂地重生,好能以当时其他所有人死去的(或消失的)方式那样死去。[①]所以,尽管对于我们来说,这些从大地中出生的人们是"老人",但在克洛诺斯治下时代的人们眼中,他们其实是婴孩,而他们所认为的"老龄"却是我们的婴儿时代。故而,在埃利亚的异邦人的描述中,世界上曾经有一个时期(这个时期将会再次出现[②],婴儿出生时额头上就长着灰白色头发的。不过,埃利亚的异邦人所讲述的版本与赫西俄德笔下的版本之间是有一些重要的区别的:尤其是,在赫西俄德笔下,[③]人类并没有向相反的方向生长,头发灰白的婴儿只是代表了一个不幸时代的迅速终结——因为这些婴儿出生之后就是老人,他们只有很短的寿命;而在柏拉图的版本中,这些婴儿因为向相反方向生长,所以能够拥有漫长的人生。这个区别还与另一个更关键的区别相连:在赫

---

① 笔者认为,他们不能像其他人那样从大地中重生,只因为他们从来就没有"进入过"大地(或者是因为,他们死亡的时候刚好就是生长方向反转过来的时候,当时其他人并没有时间埋葬他们;又或者是因为,在大灾难的时候,人们顾不上埋葬这些死者)。在这个地方,我们可以说,这个神话将严肃性与一定程度上的戏谑性联系了起来。
② 因为柏拉图笔下的这个故事所说的是时代与种族的不断轮回。
③ 一些学者已经指出过这个重要的不同点,请参见诸如Mary M. McCabe, 前揭,第5章。

西俄德笔下的版本中,这些事情的发生并没有什么特别的原因,而在柏拉图笔下,它们都有着特定的、明确的发生原因。所以我们可以说,就像他一贯的那样,柏拉图改进了(或者无论如何也是改变了)他所运用的材料——在这里,他的改进是解释了人类为什么曾经在出生时就是"老年人"。①

到现在,问题已经很明显了。按照常见的阐释,赫西俄德用头发灰白的新生儿来标识我们这个时代灾难性的结局,而在柏拉图的版本中,这些新生儿成为克洛诺斯治下时代的核心特征。其实,由于在赫西俄德笔下,头发灰白的新生儿出现在一个与克洛诺斯治下的[303]黄金时代相反的时代中:赫西俄德在描述黑铁时代人类的生活时,一开始说的就是,这个时代充满了苦难和艰辛(请参见《劳作与时日》第176至178行。当然,第179行告诉我们,在黑铁时代中,好的事物与坏的事物混合起来了,不过这些好的事物究竟是什么,我们还不得而知),所以,情况还会更加奇怪。现在,按照常见的阐释方式,在《治邦者》的神话中,头发灰白的新生儿所属的时代与克洛诺斯时代和身体上的安逸是契合的。在小苏格拉底的提议下,从271c开始,对这个时代进行了具体的描述。按照柏拉图的思想,人们连手指都不必动就能得到一切生活所需,这并不一定是件好事儿,而就其本身而言,这其实并不比完全相反的情况好到哪里去。②这还暗示着另一个问题的出现:克洛诺斯时代的人类因神明的赐予而获得了大量的闲暇时间,那么,在这些时间里他们究竟都做什么?③从某种角度来说,赫西俄德笔下的黄金时代与黑铁时代的融合本身,很可能就是柏拉图的观点。在这里,人们甚至很有可能会认为,头发灰白的新生儿这个主题已经失去了其中所蕴含

---

① 关于柏拉图对自己所采用材料所作的更多的改进,请见下文。
② 请参见本书第十四章,以及本书第429页注②。
③ 请参见本章第一段。

的可怕之处:又有什么理由不去这样想象这个过往的时代(也会是将来的时代)呢?在这个时代中,年轻人已经是老年人了,而且各方面情况都更好——并不是因为这就是物质上的天堂,而是因为物质的极大丰富让人们有了更多的机会过上更美好的生活。①

不过,当这一切条件都得到满足之后,②我们还要注意一个关键问题:神明为人类分配所需的一切,很明显,这会导致人类行动能力的下降,而非增长。[304]克洛诺斯时代的人们(这里需要再次说明:笔者不同意的是那种最常见的阐释方式,而不是《治邦者》神话本身)③按照我们的观点是向幼年生长的,而按照他们自己的观点则是向老年生长的。无论按照哪种观点来看,这些人类不可避免地都会发展到一种更为戏谑而非严肃的生活状态中——在埃利亚的异邦人开始介绍这个故事的时候,他就向我们提醒了这一点(268e):

> ἀλλὰ δὴ τῷ μύθῳ μου πάνυ πρόσεχε τὸν νοῦν, καθάπερ οἱ παῖδες· πάντως οὐ πολλὰ ἐκφεύγεις παιδιᾶς ἔτη.

---

① "更美好的生活"的含义是指更大程度上的闲暇,也许还包括贪婪、淫欲以及其他欲望的增长(请参见本书第423页注②,也许"更美好的生活"就是能让人类与动物交谈的那种生活)。

② 请参见 Mary M. McCabe,《混沌与控制——解读柏拉图的〈治邦者〉》("Chaos and Control: Reading Plato's *Politicus*"),以及《柏拉图与他的先辈们——理性的戏剧化》(*Plato and his Predecessors. The Dramatisation of Reason*),笔者在这里需要感谢这位作者的启发:他让笔者懂得了以前并不懂得的观点——柏拉图对克洛诺斯治下时代的观点一定是完全模棱两可的。也就是说,埃利亚的异邦人的描述(271c8至271d1)只是强调了克洛诺斯治下的时代是一个物产丰足的时代。笔者说柏拉图对这个时代的观点"一定是"模棱两可的,其原因是,物产丰足并不代表在生活中人们懂得如何利用这个优势,这一点在柏拉图的对话作品中经常出现——我们甚至可以说是无所不在。简而言之,就算曾经有一个一切事物"都为了人类而自动生长出来"的时代(271c8至271d1),就算我们梦中有着这样的一个世界,众神也不能为我们判定我们的生活究竟是否美好。

③ 关于更多相关内容见下文。关于这种最常见的阐释方式与笔者的阐释方式之间的差别,请参见本章附录二。

> 请一定专心注意我的故事,就好像孩子们那样:你离开①孩童的游戏肯定还没有多少年。

此外,对反向生长的描述(270d至271a,本章之前给出了原文以及译文)强调了克洛诺斯时代的成年到幼年的生长方向("变得更加年轻与柔嫩……双颊则变得光滑……青年……变回新生婴孩的样子,在心灵与身体上[我们可以说是幼稚、非理性等方面]都变得与婴儿相似")。换句话说,在克洛诺斯治下的时代,在人类生活中,思考哲学变得不仅仅是很困难的,而且是不可能的。那么,这与神明的意旨又有什么关系呢?

关于这个问题,笔者的观点是,要么(a)柏拉图赞同神明对人类生活的影响(在柏拉图笔下,在克洛诺斯时代里人们的生活,在很重要的方面——甚至是很关键的方面——比起赫西俄德的要差了很多),要么(b)最常见的对《治邦者》神话的阐释方式是错误的。不过,解决方案(a)存在的问题是,它会让我们现在讨论的这个特点——笔者暂且称之为F②——变成了在构思这个故事时柏拉图一个无心造成[305]的结果。而在表面上看来,F与这个故事完成

---

① 字面上的意思是"逃离"(ἐκφεύγεις),这表明了孩童的游戏并不是一种人们应该渴望的东西。请参见Mary M. McCabe,前揭,第150页,注46,其中就提出了这个观点:"埃利亚的异邦人想要提醒我们,老龄与哲学相辅相成,而幼龄则和讲故事相互关联",不过笔者认为,这部研究作品并没有完全发掘出《治邦者》神话的全部内涵。也有可能该作者认为,相反的生长方向也会导致老龄与幼龄的作用的反转?请参见Mary M. McCabe,《混沌与控制——解读柏拉图的〈治邦者〉》("Chaos and Control: Reading Plato's *Politicus*"),以及《柏拉图与他的先辈们——理性的戏剧化》(*Plato and his Predecessors. The Dramatisation of Reason*),第148页,注34。这看起来可能性并不大。在赫西俄德笔下,年龄是一个非常重要的主题:头发灰白的新生儿出现在黑铁时代中,而在黄金时代中,人类永远不会受到老龄的困扰,而白银时代的人类有着一百年之久的童年以及短暂而愚昧无知的成年时代(也许愚昧无知的原因是时间过长的幼年?)。
② 即,按照笔者并不认同的这种最常见的阐释方式,克洛诺斯时代的人们越来越失去了从事哲学的能力——而他们的幸福与否就依赖于这种能力。

自己的中心意图所需的一个方面是截然相对的(即,说明神明的统治——或称"牧养"与人类的统治之间的区别:因为在所论述的这个阶段内,统治人类与牧养其他动物并没有什么分别),可是,由于这种建构方式会导致F的出现,所以,我们很难说柏拉图没有发现这个问题,也很难说如果柏拉图发现了这个问题,他还会以这种方式构建起整个故事。现在,看起来,克洛诺斯时代的人们——在最重要的方面中——并不如我们这个时代的人们。(也许,我们中的很多人会变得有些幼稚,但是,克洛诺斯时代的所有人们都会成长为幼稚的孩子。)可是,"神明"①本来是应该拯救人类,并阻止人类世界堕入全然的混乱之中的(《治邦者》273d至273e)。当然,神明的统治能带来一些益处,但也仅此而已。而正是因为这位神明的干预说明了我们人类没有能力拯救自我,那么如果干预的结果是必要资源的减少(而且,正是因为这些资源的缺少,神明的干预才是必要的),这就太奇怪了。如果想要获得幸福,克洛诺斯时代的人们就和我们一样也需要哲学;也许神明的统治本身并不足以让我们获得幸福,但是至少不应该让我们更加远离幸福。所以,笔者想要提出:以柏拉图思想为出发点来观察,在埃利亚的异邦人所讲述的这个版本的故事中,生来就是头发灰白的人类与在赫西俄德笔下的版本中的人类同样都是在噩梦之中。这个噩梦的一部分是,尽管新生儿长着灰白的头发,但它们却缺少老年人的经验,因为它们没有过去。所以,当时的人类在双重意义上是失败的:不仅仅他们向(我们所称的)孩童方向生长,而且他们的"老年"也没有他们应该具有的优势。

[306]但是,如果情况真的如此,那(b)就是我们唯一的选择了:

---

① 埃利亚的异邦人从来也没有明确指出这位神明就是克洛诺斯。"克洛诺斯"这个名字也许只出现在人们讲述的故事中(就好像现时的人们称现今这个时代为"宙斯的"时代一样:请参见《治邦者》272b2)。在柏拉图版本的这个故事中,非常值得注意的一个方面是,世界上只有一个主神,请参见本书第421页注①。

也就是说，笔者所称的"更常见的阐释方式"必然是错误的。①在埃利亚的异邦人讲述的故事中，这个人类生来就长着灰白头发的时代，肯定不是克洛诺斯治下的时代。笔者认为，其实头发灰白的新生儿这个主题的出现恰好就证明了这一点。在这些新生儿从大地中生长出来之后，它们所处的是一个颠倒的时代，而不是克洛诺斯治下的时代：在其他著作中笔者曾经指出过——与本书第十四章的观点相反——其实，克洛诺斯治下的时代出现在头发灰白的新生儿所处的时代与宙斯治下的时代之前，因此这是第三个时期。在这里，笔者并不打算简单地重复这种阐释方式，②而是会以之为基础更进一步。

首先，这个对《治邦者》神话的三阶段解释方式告诉我们，共有三个人类种族，而非仅仅两个，而三个人类种族能让我们更好地将这个神话与赫西俄德笔下的版本进行比较。事实上，在本章中笔者想要说明的观点是，在这个语境中，柏拉图对赫西俄德的作品的运用并不是仅仅停留在简单选取一个主题上。从某个方面来说，《治邦者》神话是柏拉图本人所写的关于人类种族的神话——即柏拉图本人对人类历史（以及人类的未来）的诠释，这种诠释让人们想到赫西俄德笔下的版本，而这种诠释也改进了赫西俄德笔下的版本。具体来说，之所以说柏拉图"改进了"赫西俄德笔下的版本——笔者之前已经介绍过这一点——是因为，柏拉图在自己的版本中加入了事情发生的缘由，而赫西俄德的版本中却并没有这种缘由，而只是在讲述事情发生的顺序（"接下来出现的种族是……"）。不过与此同时，柏拉图在自己的版本中所讲述的这些缘由，很多也都是直接来自赫西俄德的：克洛诺斯治下的时代、童年时代的愚蠢

---

① 原则上来说，柏拉图并不是不能将赫西俄德的主题完全反转或颠倒过来的，只是——笔者认为——他在这里并没有这么做：在柏拉图笔下，头发灰白的新生儿与在赫西俄德笔下一样，也是件坏事。
② 请格外注意 Christopher J. Rowe,《两个还是三个阶段？〈治邦者〉的神话》("Zwei oder drei Phasen? Der Mythos im *Politikos*"), 第160至175页。关于这个阐释方式的应用，请参见本章附录二。

等等。① 而笔者接下来讨论的重点不在赫西俄德[307]（除了对宇宙循环本身②及其终极因的讨论），而在土生土长(earth-born)这一观念。

至少在某种特定的语境下，以及至少以暗示的形式，雅典人（笔者认为，这是柏拉图心中的最初听众，因为他们就是柏拉图首要的批评对象）喜欢认为自己是土生土长的居民：也就是说，从最初就生长于阿提卡这块沃土之上，所以他们会因身为雅典人而倍感荣光。③ 笔者所说的这个特定语境当然就是指公民们脑海中自己的形象，这在雅典一年一度为逝者举办的演讲活动中看得十分清

---

① 请参见《治邦者》271c2："他们（即按照相反方向生长的人们）就是那些统治他们的神明并没有为之带来其他命运的人们"，这句话很明显地让人想到《劳作与时日》第167至173行，在这里，英雄种族中的一些人逃脱了死亡，并且由宙斯安置在了幸运者所居住的极乐世界。但是，柏拉图笔下的版本给出了对这种情况的原因的说明，而赫西俄德的版本中并没有：既然在赫西俄德的描述中，这些人和其他人没有什么区别，那为什么他们能逃脱死亡呢？我们知道，柏拉图对投身于哲学的生活方式十分赞赏，那么也许在他笔下，尽管形势不利于这种生活方式，但这些逃脱了死亡的人们正是按照这种方式生活的。在那个时代，凶死的人们有着很短暂的人生（《治邦者》270e10至272a2），而这也有可能说的是赫西俄德笔下的青铜种族。不过，笔者并不希望这个大胆的猜测让我们忽视掉更为基本的观点，即，柏拉图并不是在借用赫西俄德的作品，他甚至不是在利用赫西俄德的作品：柏拉图的出发点就是要写出一个优于赫西俄德的版本。柏拉图笔下的版本以哲学为基础，如果不这样的话，那就只是讲给孩童的故事了。（有的时候，柏拉图似乎也会说自己写的故事是讲给孩童听的，比如《治邦者》268e。但是事实情况是更为复杂的，我们可以参考《王制》第2、3卷，其中，柏拉图——或者柏拉图笔下的苏格拉底——认为，诗人所讲的那些故事就连孩童也不该听。）请参见《治邦者》272e5至272e6，其中有着柏拉图对宇宙循环论的解释的核心部分（宇宙作为一个实体所具有的 εἱμαρμένη τε καὶ σύμφυτος ἐπιθυμία[注定的东西以及内在的渴望]），另请参照269d9至269e1(κεκοινώνηκέ γε καὶ σώματος[共同具有身体]）。另请参见下文。

② 有一些学者认为，《劳作与时日》第175行暗示了这种宇宙循环的观点，请参见Martin L. West编，《赫西俄德〈劳作与时日〉》(Hesiod: Works and Days, Oxford, 1978)，不过笔者并不同意这种说法。

③ 不过推论的逻辑方向其实是与此相反的：因为身为雅典人是件好事，所以出生在阿提卡才是件好事。埃利亚的异邦人说（《治邦者》271b2至271b3）：οἳ νῦν ὑπὸ πολλῶν οὐκ ὀρθῶς ἀπιστοῦνται[现在许多人错误地并不相信它们]（即，从大地中生长出来的故事），在柏拉图笔下，这种事后才悟出真相的情况经常出现。不过对错误观点的纠正必须要放在这个神话故事的框架之内来理解。请参见诸如《斐德若》229c至230a，关于对这一段文字的理解，请参见Christopher J. Rowe,《柏拉图〈斐德若〉——译文与注疏》(Plato, Phaedrus, Warminster, 1986)。

楚。①不过，在这个语境下(比如，对于这种演讲活动的听众来说)，从大地中生长出来的人类这种形象说的并不是老年人从坟墓中重回人间。其实这种形象说的是正值壮年的那些勇猛的武士——或者说的是某些真实生活中的新生儿，②他们按照我们所认为的正确方式长大成人。看起来，在《蒂迈欧》中克里提阿也是用这种方式[308]来描绘那些击败了亚特兰蒂斯帝国的最古老的雅典人：这些雅典人真的就是由赫淮斯托斯从地里种植出来的(请参见《蒂迈欧》23e)。③

笔者认为，这一另外的关于地生人故事的版本，与那个让人感觉像噩梦一般的版本一样，也出现在了《治邦者》神话中。在埃利亚的异邦人开始明确地描绘克洛诺斯治下的时代之后(《治邦者》271d3至271d4:"在那时，神统治并照料一切事物运行")，他所论述的第一个话题就是，"一切事物都为了人类而自动生长出来"(《治邦者》271c至271d)。埃利亚的异邦人希望与他对话的人——小苏格拉底——能够将这一点与克洛诺斯治下的时代联系起来。接下来，他又说明了神明"牧养"人类时的一些情况：没有政治体制，也没有婚配与生育，"因为他们所有人(即克洛诺斯时代的人们)都会从大地中重生出来，不记得任何过去的事"(《治邦者》272a)。④

---

① 在《默涅克塞诺斯》中，柏拉图对这种演讲形式进行了模仿，请着重参见237b至238b。在这里，真正的演讲以及柏拉图对这种演讲所进行的模仿之间几乎没有什么差别，尤其是，所有说明种群优越性(即某城邦与该城邦居民的优越性)的故事都倾向于把这种优越性与地理位置的优越性等同起来。
② 这是有可能的，不过在《默涅克塞诺斯》中，柏拉图构思巧妙，并未对其具体说明。
③ 雅典娜建立了这个城市，ἐκ Γῆς τε καὶ Ἡφαίστου τὸ σπέρμα παραλαβοῦσα ὑμῶν[她从盖亚与赫淮斯托斯那里得到了你们这个种族的种子]。因为雅典娜女神永远是处女，所以赫淮斯托斯必须把他自己的精子散播在肥沃的土地上。
④ 埃利亚的异邦人接下来又说，ἀλλὰ τὰ μὲν τοιαῦτα ἀπῆν πάντα, καρποὺς δὲ ἀφθόνους εἶχον ἀπό τε δένδρων καὶ πολλῆς ὕλης ἄλλης, οὐχ ὑπὸ γεωργίας φυομένους, ἀλλ' αὐτομάτης ἀναδιδούσης τῆς γῆς[不过，一方面，他们没有这些东西，但另一方面，他们有着繁多且充足的果实，取自果树与许多林中大树，并非因为劳作而长出，而是由大地自动给出的]《治邦者》272a3至272a5)。这一整段描述很容易　　(转下页)

第十五章 头发灰白的新生儿 435

乍一看来，①由于这些新生儿就是"重新生长起来"(ἀναβιωσκομένους: 271b7)同样的词语在不到一页之前也被用来形容过这些人)的，所以，这一点所指的就仍然是头发灰白的新生儿。但是，在我们往下继续阅读之后，笔者认为，这个观点却变得越来越无力。首先，我们知道埃利亚的异邦人是如何评判克洛诺斯时代人们的生活质量的——但是在这里，他并没有提到这些人会变得越来越幼稚，而只是说到了当时这些人们所具有的机会与选择。接下来，我们来到了整个故事的关键点(272d至272e)：

> οὗ δ' ἕνεκα τὸν μῦθον ἠγείραμεν, τοῦτο λεκτέον ... ἐπειδὴ γὰρ πάντων τούτων χρόνος ἐτελεώθη καὶ μεταβολὴν ἔδει γίγνεσθαι καὶ [272ε] δὴ καὶ τὸ γήινον ἤδη πᾶν ἀνήλωτο γένος, πάσας ἑκάστης τῆς ψυχῆς τὰς γενέσεις ἀποδεδωκυίας, ὅσα ἦν ἑκάστῃ προσταχθὲν τοσαῦτα εἰς γῆν σπέρματα πεσούσης, τότε δὴ τοῦ παντὸς ὁ μὲν κυβερνήτης, οἷον πηδαλίων οἴακος ἀφέμενος, εἰς τὴν αὑτοῦ περιωπὴν ἀπέστη, τὸν δὲ δὴ κόσμον πάλιν ἀνέστρεφεν εἱμαρμένη τε καὶ σύμφυτος ἐπιθυμία.

> 我们提出这个故事的原因必须得到说明……因为当这一切事情的发生时间已经结束、变化必须出现的时候，[272e]而且尤其是当整个大地中出生的种族都逝去了的时候，[309]每个灵魂的诞生都得到了满足，这些灵魂以种子的形式落入了大地，而且已经达到了注定的次数。这个时候，万物的舵手已经放弃了舵柄，他在

(接上页注④) 让人联想到《王制》第2卷中所说的最原初状态下的城邦(格劳孔——而非苏格拉底——称之为"猪的城邦"，因为该城邦的居民靠吃橡果为生。也许橡果就是埃利亚的异邦人所说的"取自大树的果实"？)。很快，埃利亚的异邦人就提出了这个问题：以这种方式生存的人们究竟是否幸福？而在《王制》的语境下这个问题也非常关键，而且，笔者认为，《王制》也用暗示的方式给出了与《治邦者》一样的回答：是的，如果他们致力于哲学研究的话，他们会幸福的。

① 支持最常见的阐释方式的学者们应该会持有这种观点。

离开之后走上了他观察一切的地点,而注定的东西以及内在的渴望让宇宙再次反转了过来。①

字体加粗的部分是最为关键的:"每个灵魂的诞生都得到了满足,这些灵魂以种子的形式落入了大地……"如果我们回到《治邦者》271以及其中对头发灰白的新生儿所作的描述,我们肯定能发现一个十分不同的观点:ἑπόμενον γάρ ἐστι τῷ τοὺς πρεσβύτας ἐπὶ τὴν τοῦ παιδὸς ἰέναι φύσιν, ἐκ τῶν τετελευτηκότων αὖ, κειμένων δὲ ἐν γῇ, πάλιν ἐκεῖ συνισταμένους καὶ ἀναβιωσκομένους[因为,就像老年人变成孩童的样子,长眠于地下的死者就在那里被整合起来、重新生长起来,这与相反的生长过程相契合](《治邦者》271b4至271b7)。那么现在很明显地,我们的确可以说,这两种描述所讲的是同一件事情——许多学者都会持有这种观点,无论是明确地还是暗含地表达,尤其是那些认同最常见的阐释的学者们。②而且,如果要捍卫最常见的阐释,那么我们可以说,《治邦者》271是在实体与发生机制的角度上描述了地生人的出生(他们的身体在大地中被整合起来),而以上引用的这一段则将其放在了更广阔的柏拉图思想的

---

① 这说的是整个宇宙发展方向的反转,其原因是宇宙本身所具有的"内在的渴望"(272e6),这种渴望或欲望立刻就让宇宙朝向与神明所规定的方向相反的方向。但是,在一个相对较短的时期之后(从宇宙发展的角度看来是比较短暂的,但是从我们角度看来仍然是一个时代),宇宙开始τὴν τοῦ δημιουργοῦ καὶ πατρὸς ἀπομνημονεύων διδαχὴν εἰς δύναμιν[以自身的能力回忆起造物主与父亲的教导](273b2至273b3)。所以,根据笔者所提出的阐释方式,这又是一次发展方向的反转。因此,理性——这一次是宇宙本身所具有的理性——重新确立了自己的地位。按照同样的方式,我们建立了科学与艺术(其中也包括——柏拉图暗示了这一点——治邦者的技艺),弥补了人们在失去了克洛诺斯时代的——神明所赋予的——万物丰腴之后的缺憾。请参见本章附录B。
② 这样的话,人类如果要在大地中"被整合起来",就需要一个赫淮斯托斯之类的神明——《蒂迈欧》与《克里提阿》中的万物之父,不过赫淮斯托斯之所以为地生人的父亲,主要还是因为他的精子,而非他的造物能力。而且,灵魂"以种子的形式落入大地"似乎也并不需要一个造物主才能实现(除非这个造物主在这里的身份是给予精子的父亲)。

背景中(活着的身体中包含着灵魂,而灵魂则有着自己的历史……)。但是,这看上去并不可能。因为根据《治邦者》271中的说法,人们从死亡状态中重新生长出来,只是因为宇宙发展方向的反转。也就是说,其原因完全只是实体与发生机制上的——至少这是埃利亚的异邦人在描述中给我们的印象,而且也没有纠正我们的这种印象。反对的意见是:为什么在《治邦者》272中埃利亚的异邦人没有这么说(即,他为什么没有说事实上还有更多的原因)?对此的回应是:将灵魂作为种子播于大地中,与重新整合身体部位是不同的。当然,如果身体得到重生,灵魂必须[310]回到重新整合过的身体中。"灵魂以种子的形式落入了大地"与此并不是一回事,而是更像克里提阿所说的赫淮斯托斯散播的那些种出了古老雅典人的种子(而这些雅典人的生长方向应该是"正确的",即,向着成人方向生长)。

将这两个地生人故事的版本并列起来——如果我们可以称之为"并列"的话①——笔者认为,是蓄意而为的。这个并列代表了《治邦者》神话其中一个主要的功能。②雅典人(以及其他城邦的居民)讲述的故事说明了他们是土生土长的,但是这个故事在埃利亚的异邦人的讲述中是跟恐怖与混乱的时代相连的(《治邦者》271a至271b):

> ... τὸ δὲ γηγενὲς εἶναί ποτε γένος λεχθὲν τοῦτ' ἦν τὸ κατ' ἐκεῖνον τὸν χρόνον ἐκ γῆς πάλιν ἀναστρεφόμενον, ἀπεμνημονεύετο δὲ ὑπὸ τῶν ἡμετέρων προγόνων τῶν πρώτων, οἳ τελευτώσῃ μὲν τῇ προτέρᾳ [271β] περιφορᾷ τὸν ἑξῆς χρόνον ἐγειτόνουν, τῆσδε δὲ κατ'

---

① 因为这两个版本之中只有一个得到了着重强调——这个版本解释了为何地生人的故事会出现;而另一个版本则只是在某个角度上描述了一个人类无需工作的时代(人类无需交配就能生长出来)。

② 请参见本章附录一。

$ἀρχὰς\ ἐφύοντο\ ...$

……人们说这个曾经的从大地中生长出来的种族在那个时代又一次从大地中回来了,我们最初的先祖们还记得这个种族,他们出生于之前那个种族[271b]逝去的时候,而成长于现在这个时代的开端……

所以,与埃利亚的异邦人所说的一样(269b2至269b5),这个故事解释了为何关于地生人的故事会出现。但如果是这样的话,雅典人是土生土长的种族就没什么可骄傲的了;而应该是恰恰相反,就因为他们是土生土长的,这就意味着他们的先祖并不比愚蠢的孩童好到哪里去——按照现在人的观点,他们其实就是愚蠢的孩童。①在《默涅克塞诺斯》中,柏拉图模仿了该观点——即,阿提卡这个地方保证了其居民的品质,因为这个地方是孕育了雅典人先祖的子宫。如果真的要得出这个结论的话(或者说,要得到现实所允许的与此最接近的结论),那么,我们就必须回溯到更早的时间:回到宇宙发展方向反转之前的时期——或者,在《蒂迈欧》与《克里提阿》中的类似故事里,我们要回到雅典击败亚特兰蒂斯帝国的时期(后来雅典被另外一种灾难所毁灭,即地震与洪水)。②但是,即使是这后一种[311]土生土长的方式也无法解决我们的问题。人的质量以及生活的质量仍然必须要通过努力追求才能得到。

问题是:柏拉图为什么没有更明确地说明这两种土生土长的方式之间的区别呢?③笔者的解答是两方面的。首先,笔者认为,柏

---

① 也就是说,如果不从这些先祖本身的角度来看,他们无论如何都是愚蠢的。
② 的确,如果按照《克里提阿》与《蒂迈欧》中的故事,柏拉图时代的雅典人的确是更好的一类地生人的后代。但是,克里提阿所讲述的故事也以自己方式将当时的雅典人与他们智慧而又勇武的祖先区分开来。
③ 其实在本书成书之前的那次研讨会中,就讨论了这个问题,不过,在这里笔者想要提出一种更加深思熟虑的解答。

拉图的确十分明确地区分了克洛诺斯的时代与发展方向出现反转的过渡阶段。埃利亚的异邦人与小苏格拉底共同表达了这一点。在上文引用的段落之后，苏格拉底立刻问道(《治邦者》271c)：

> ἀλλὰ δὴ τὸν βίον ὃν ἐπὶ τῆς Κρόνου φῂς εἶναι δυνάμεως, πότερον ἐν ἐκείναις ἦν ταῖς τροπαῖς ἢ ἐν ταῖσδε; τὴν μὲν γὰρ τῶν ἄστρων τε καὶ ἡλίου μεταβολὴν δῆλον ὡς ἐν ἑκατέραις συμπίπτει ταῖς τροπαῖς γίγνεσθαι.

> 但是你会说克洛诺斯治下时代的生活究竟是出现在那个时期，还是这个时期呢？因为很明显地，星星和太阳的运转在这两个时期中都发生了变化。

笔者认为，在这里苏格拉底的意思是：克洛诺斯是不是统治着你刚才所描述的那个时代(即"那个时期"，也就是头发灰白的新生儿出现的时期)呢？其缘由是，从苏格拉底的遣词造句中我们能看到，宇宙发展方向肯定一共出现过两次反转，第一次让一切事物①以相反方向运行，而第二次又让一切事物回到正常的轨道上。②关于苏格拉底提出的这个问题，埃利亚的异邦人回应说：如果你说的"那个时代"是一切事物都自发生长出来的时代，那么克洛诺斯治下时代的生活绝对不会出现在当下的运行中(请参见《治邦者》272d1至272d2)。笔者认为，克洛诺斯治下时代的人类生活不会属于当下的"运行"(φορά)，其原因是神明已经"已经放弃了"把持整个宇宙的"舵柄"，而我们所说的这个"运行"出现在"这个时代"——即第二次反转发生的时期——以及其后的时代。如果只看

---

① 尤其是星星和太阳等天体。
② 我们应该记得，整个《治邦者》神话的开篇是一个有关阿特柔斯与提厄斯忒斯的故事，而这个故事也与天体暂时的反方向运行有关——即预示了二人之间将会发生争执的征兆：268e。

这一段古希腊文本身,那么笔者所提出的并不一定是最为直接的解读方式,但是笔者相信,如果我们充分理解了《治邦者》神话的整体论述的话,那么笔者的解读方式还是足够有效的。①

[312]笔者所做的这个让步本身实质上也会导出同样的问题:如果柏拉图脑海中确实是这么想的,那他为什么没有更明确地表达出来呢?而在这里,笔者给出第二个方面的解答,也是更具推测成分的解答:柏拉图其实是在蓄意地引诱自己的读者来误解这个故事——而且,那些真心相信雅典人是土生土长种族故事的人们其实自己就误解了他们自己所讲的故事:"我们是雅典人,这就足够好了,因为阿提卡这片土地是如此优秀……很久很久以前(柏拉图也是让自己的故事这样发展的),这片土地就是人间的天堂,那个时代是由克洛诺斯所统治的。而我们则是那个时代的人们的后裔。"但是,在柏拉图笔下的这个文本中,与这个版本相并列的,还有另一个版本,它告诉雅典人,他们其实从来都没有生活在天堂里,②而他们的未来倚仗于他们依靠自己所有的资源能够在何种程度上重塑或模仿神明对人类的治理。而这正是将我们与混乱和噩

---

① 请参见本章附录一。奥布莱恩在2000年(请参见本书第421页注①)曾提出,仅就我们刚刚讨论过的这一段文字本身而言,就足以否定笔者当时提出的三阶段解读方式。但是笔者仍然认为,奥布莱恩的观点低估了这一段古希腊原文(尤其是小苏格拉底的插话)为两阶段阐释方式所提出的难题,而且他的观点并没有考虑到《治邦者》神话其他部分中的细节为这种阐释方式所带来的问题。(当然,本章在开始之时就讨论了这些问题,并且说明了为什么当我们采用三阶段阐释方式之后,这些问题就不再是问题了。)那些支持两阶段阐释法的学者们缺乏的是一个完整的、逐步的说明,他们需要这样一个说明来解释自己的这种解读方式是如何处理这个极度复杂的神话中的诸多细节的,而在过往的著作中,笔者曾经给出过对三阶段阐释法的这种说明,请参见Christopher J. Rowe,《柏拉图〈治邦者〉——译文与注疏》(*Plato, Statesman*, Warminster, 1995); Christopher J. Rowe,《柏拉图〈治邦者〉——译文与导言》(*Plato: Statesman. Translated with Introduction*, Indianapolis, 1999)。

② 笔者要再一次强调,其原因是现实生活中的雅典人和打败了亚特兰蒂斯帝国的雅典人是截然不同的。关于为什么——对于柏拉图来说——相对于击败亚特兰蒂斯帝国的丰功伟绩而言,现实生活中的雅典人对波斯帝国的胜利是无法与之相比的,请参见Christopher J. Rowe,《柏拉图与希波战争》("Plato and the (转下页)

梦隔开的东西(在神话中,它将我们从混乱中拯救出来),而混乱与噩梦来自万物所具有的内在的(以及非理性的)、一再自我颠覆的欲望——或许我们更愿意称之为:将一切颠倒过来的欲望。①

附录一

埃利亚的异邦人描述这个神话的结构如下(《治邦者》268e至274e):②

1. 天体按照反方向运行的故事。

2. 讲述"克洛诺斯的统治"。

3. 讲述由大地中生长出来的人类。

[313]4. 支撑了1的事实,也同样支撑了2与3。

5. 对于宇宙运行方向反转的描述与解释,以及这种反转所导致的剧变(也将会再次导致剧变)。

6. 这种反转所造成的后果:人类向着越来越年轻的方向生长,等等;人们从大地中重生出来——这解释了3。

7. 那么2又是怎么回事?克洛诺斯治下的时代究竟出现在何时?出现在这个时代之前。对克洛诺斯治下时代的描述。

8. 当时的人们是否更加幸福?需要视情况而定……

9. 无论如何,克洛诺斯治下时代在结束之时,神明不再主动控制万物,他让世界以自己的方式运转。这样就带来了灾难性的后果,不过在一段时间之后,世界又开始回想起神明之前的教导,并

(接上页注②) Persian Wars"),载于Emma Bridges、Edith Hall与P. J. Rhodes编,《对希波战争的文化回应》(*Cultural Responses to the Persian Wars*, Oxford, 2007),第85至104页。

① 在某些时候,柏拉图会运用普通人的设想,尽管实际上他是想要否认这些设想。关于柏拉图作品中出现的这些情况,请参见Christopher J. Rowe,《柏拉图与哲学写作的艺术》(*Plato and the Art of Philosophical Writing*, Cambridge, 2007)。

② 以下的结构说明必然更倾向于将整个神话分为三阶段解读的阐释方式。

且慢慢回到合适的、习惯的轨道上。①但是最终，一切万物又开始垮塌，而这时，神明必须再一次加以干预……

10. 第二次反转之后的世界，也就是宇宙按照相反方向运转的时代之后的那个时期：即当今的时代。当今的世界。不同种类的专业技艺(柏拉图也暗示了，这其中包括了治邦者的技艺)的建立与发展。

附录二

[314]对这个神话的两种阐释方式简述如下。在这里，将更常见的阐释方式②与笔者提出的阐释方式对比起来(在适当的地方用斜线符号"/"来区分)：

268e4至269c3：该神话的三个"来源"。

269c4至269d2：两种相反运行方向的转换/相反的运行方向，导致了这些故事中所讲述的三个类型的现象。

---

① 这是笔者对273a4至273b4这一段的关键解释：μετὰ δὲ ταῦτα προελθόντος ἱκανοῦ χρόνου, θορύβων τε καὶ ταραχῆς ἤδη παυόμενος καὶ τῶν σεισμῶν γαλήνης ἐπιλαβόμενος εἴς τε τὸν εἰωθότα δρόμον τὸν ἑαυτοῦ κατακοσμούμενος ἤει, ἐπιμέλειαν καὶ κράτος ἔχων [273β] αὐτὸς τῶν ἐν αὑτῷ τε καὶ ἑαυτοῦ, τὴν τοῦ δημιουργοῦ καὶ πατρὸς ἀπομνημονεύων διδαχὴν εἰς δύναμιν.[在这之后，当充足的时间流过之后，它[宇宙]已经摆脱了噪音与混乱，并且从剧变中得到了宁静，而且按照惯常的轨迹整合了自己。它自己照管并统治自己以及自己内部的事物，并以自身的能力回忆起造物主与父亲的教导。]"惯常的轨迹"是指天体由东向西的运行方向，也就是在克洛诺斯时代中神明为其设定的轨迹。这个轨迹是合适的，原因在于理性——无论是神明的理性还是世界自身的理性——是如此选择的，而这个轨迹是"惯常的"，其原因是相反的运行方向只是非正常的状态，即使它在"无数次的轮回中"都出现过(270a7)。万物运行方向相反的时间长度足够让人们从老龄回到童年(以及最终的消失于无形)，但是在宇宙循环的总时间内来看，这段时间又是很短的——在这个故事中柏拉图把这段时间当作神明"放弃舵柄"的一段很短的(也是纯粹是暂时的)时间(可参见273c4至273d1；请特别将其与270a相对比——在270a中，关注点在于运行方向的反转本身，以及这个反转的原因)。

② 主要根据奥布莱恩给出的框架所列出，请参见本书第421页注①。笔者希望、也相信这个框架所引发的讨论还会继续下去。

第十五章　头发灰白的新生儿　　　*443*

　　269d2至270b2：循环的运行方式的必要性(269d2至269e4)；相反的运行方向相互转换的原因(269e5至270b2)/为何这种反转是必要的(整个段落)。

　　270b3至271c2：两个运行方向互相转化之时的动荡(270b3至270d1)；天体开始从西向东运行、动物的生长方向与我们现在完全相反(270d1至271a1)；人们从大地中生长出来(271a2至271c2)/描述剧变(以及剧变的发生)之后发生的事情，而剧变带来了埃利亚的异邦人最开始所讲述的故事；剧变之后发生的是宇宙按照相反的方向运行，即天体从西向东运行，以及死者从地下重生出来(整个段落)。

　　271c3至271c7：小苏格拉底提问("我们已经有了天体按相反方向运行的故事，也有了地生人的故事，那么第三个故事——关于克洛诺斯治下时代的故事——何时出现呢？")。

　　271c8至271d2：埃利亚的异邦人进行回答——克洛诺斯治下的时代包含了天体按照相反方向运行的时期/克洛诺斯治下的时代处于刚刚描述过的天体按相反方向运行的时期之前，也处于这个时期的开端与结束时出现的剧变之前(所以克洛诺斯治下的时代和我们的时代一样，天体也是自东向西运行的)。

　　271d3至272d4：进一步描述克洛诺斯治下的时代(271d3至272b3)；克洛诺斯时代中哲学的存在或缺乏(272b3至272d4)/描述克洛诺斯治下的时代(271d3至272b3)；克洛诺斯时代中哲学的存在或缺乏(272b3至272d4)。

　　[315]272d5至273b2：天体不再由西向东运行(272d5至273a1)；天体自西向东运行的时代与自东向西运行的时代(我们现在这个时代)之间的混乱；世界自动开始让自己走上之前的轨迹(273a4至273b2)/克洛诺斯治下的时代结束了(272d5至273a1)，接下来出现的是反转的时期(272e5至272e6、273a1至273a3)，接下来天体再次由东向西运转(273a4至273b2)。

273b2至273d4: 天体自东向西运转是一种退化/宙斯治下的时代,它的开端很好,但渐渐变得越来越糟。

　　273d4至273e4: 天体的自东向西运行方向停止了,而相反的运行方向开始了(即由西向东)/神明重新掌控一切,而克洛诺斯的时代再一次开始——相反的运行方向并没有出现,因为天体仍然是自东向西运动的(这个运动方向也是神明所规定的)。

　　273a4: 宇宙发展中的一个循环就这样完成了。

　　273e5至274e4: 这个神话在讨论政治理论时所具有的相关性(273e5至273e6); 在天体自东向西运行的时代(即我们现在这个时代)开始之时,人类社会出现(273e6至274a1); 动物在我们这个时代中的诞生方式: 与270d1至271a1(及274a2至274b1)中描述的动物生长方式相反; 我们这个时代中人类的生存状况(274b1至274d6); 结论/重新提到第二次反转时的故事,这次反转出现在天体自西向东运动的时期的结尾,它能帮助我们理解王者的本质(273e5至273e6); 就像宇宙本身一样(274d6至274d7),我们必须自己学习如何做一切事,神明已经不再代替我们做这些事了(我们甚至必须自己繁育后代,当然这对于总体论述来说并不是最重要的,请参见274a2至274b1、274b1至274b2): 而为了正确地描述王者与治邦者,我们必须要学会做一切事(这个故事结束在当下的时刻,即公元前五世纪)……

总　　结

　　按照更常见的阐释方式,共有两种宇宙的运行方式,以及两种动物生长的方式。

　　而按照笔者所提出的阐释方式,这个神话讲述了三个时期内的三种运行方式,以及人类诞生的三种不同方式: [316]我们所生活的这个宙斯治下的时代,人类依靠男女的性生活来繁育后代。

但是在克洛诺斯治下的时代，并没有男女交配之事，而是 ἐκ γῆς ... ἀνεβιώσκοντο πάντες[所有人会从大地中重生出来]——笔者认为，这说的是将人类的灵魂像种子那样种植在地里，而重生的次数也是规定好了的(请参见272d6至272e3；关于这一整套观点，请着重参见《斐德若》248c至248d)。新时代的人类与旧时代的人类(他们虽然重生过若干次，但在出生时却完全不记得自己以前的生活，请参见272a2)，出生时都是婴孩，也都按照正常的方向生长——这个方向是正常，其原因是，从我们的角度看来，他们都是向着老年成长(就好像现在天体自东向西的运动方向是正常的一样；也像植物那样，很明显地是按照正常的方向生长——越长越大而不是越长越小)。不过，人类的出现，或者说人类的诞生还有第三种方式：在过渡时期——即宇宙运行方向发生反转的时期——死者躺在自己的坟墓中，或者躺在地下，他们是死而复生的，而且从我们观点看来，他们越长越年轻。①

---

① 即使是现在，笔者也不认为自己对神话结构的这种解释是完备而令人满意的。2009年剑桥大学的五月周(May Week)研讨会上一次精彩的讨论表明了，笔者需要更加有说服力地解释274e10至275a1以及273e6至273e7，而这两段恰恰是三阶段阐释方式两个最有力的初步证据。不过，笔者的论述至少在总体上比支持两阶段阐释法的学者们的论述更好，他们的论述过于粗略，并且得不到解读柏拉图作品所需要的细节分析的支持——笔者认为，在解读柏拉图作品时，这种细节分析是永远必须的，而在解读《治邦者》神话时，它是尤其重要的。

参考文献

原典集成缩写

DK: Hermann A. Diels与Walther. Kranz编,《前苏格拉底哲学残篇辑》(*Die Fragmente der Vorsokratiker*, 第6版, Berlin, 1951–2)
LfgrE: Bruno Snell等人编,《早期希腊叙事诗辞典》(*Lexikon des frühgriechischen Epos*, Göttingen, 1955–)
FGrHist: Felix Jacoby编,《希腊历史作家残篇》(*Die Fragmente der griechischen Historiker*, Berlin, 1923–)
MW: Reinhold Merkelbach与Martin L. West编,《赫西俄德作品残篇》(*Fragmenta Hesiodea*, Oxford, 1967)
PMG: Denys. L. Page编,《古希腊抒情诗人》(*Poetae Melici Graeci*, Oxford, 1962)
PMGF: Malcolm Davies编,《希腊抒情诗人残篇》(*Poetarum Melicorum Graecorum Fragumta*, Oxford, 1991–)

学术文献

J. Adam,《柏拉图的〈治邦者〉中的神话》("The Myth in Plato's *Politicus*"), 载于*Classical Review*, 第5期, 1891, 第445至446页
J. Adam,《柏拉图的〈王制〉》(*The Republic of Plato*, 2 vols., Cambridge, 1902)
Keimpe A. Algra,《古希腊思想中的空间观念》(*Concepts of Space in Greek*

Thought, Leiden, 1995)

R. E. Allen, 《柏拉图:〈王制〉》(*Plato:* The Republic, New Haven, 2006)

Barbara Anceschi, 《柏拉图的〈克拉底鲁〉中众神的名字——对比德尔维尼的手抄本》(*Die Gotternamen in Platons* Kratylos. *Ein Vergleich mit dem Papyrus von Derveni*, Frankfurt, 2007)

Julia Annas, 《柏拉图的〈王制〉导论》(*An Introduction to Plato's* Republic, Oxford, 1981)

Julia Annas, 《柏拉图关于文学之浅薄的论述》("Plato on the Triviality of Literature"), 载于J. Moravcsik与P. Temko编, 《柏拉图论美、智慧与艺术》(*Plato on Beauty, Wisdom, and the Arts*, Totowa, 1982), 第1至28页

Graziano Arrighetti, 《赫西俄德作品中的人与神》("Uomini e dei in Esiodo"), 载于*Grazer Beiträge*, 第7期, 第15至35页

Graziano Arrighetti, 《诗人、学者与传记作家——希腊人对文学的一些反思》(*Poeti, eruditi, e biografi. Momenti della riflessione dei Greci sulla letteratura*, Pisa, 1987)

Graziano Arrighetti, 《神话、诗歌与历史中间的柏拉图》("Platone fra mito, poesia e storia"), 载于*Studi classici e orientali*, 第41期, 第13至34页

Graziano Arrighetti, 《赫西俄德作品》(*Esiodo. Opere*, Turin, 1998)

Jan Assmann, 《宗教与文化回忆: 十篇研究文章》(*Religion und kulturelles Gedächtnis: Zehn Studien*, Munich, 2000)

Laurent Ayache, 《医疗技艺在〈蒂迈欧〉中真的是一个问题吗?》("Est-il vraiment question d'art médical dans *le Timée*?"), 载于Tomás Calvo Martínez与Luc Brisson编, 《阐释〈蒂迈欧〉与〈克里提阿〉》(*Interpreting the* Timaeus-Critias [*Symposium Platonicum 4*], Sankt Augustin, 1997), 第55至67页

Johann Jakob Bachofen, 《母权论: 根据其宗教与法律本质而对古代世界母系社会所作的研究》(*Das Mutterrecht: eine Untersuchung über die Gynaikokratie der alten Welt nach ihrer religiösen und rechtlichen Natur*, Stuttgart, 1861)

Egbert J. Bakker, 《荷马作品的论述方式与跨行续写: 从认识论角度出发进行的研究》("Homeric Discourse and A Cognitive Approach")载于*Transactions of the American Philological Association*, 第120期, 第1至21页

Jean-François Balaudé, 《路人希庇阿斯》("Hippias le passeur"), 载于Maria Michela Sassi编, 《前苏格拉底时代哲学论述的构建》(*La costruzione del discorso filosofico nell' età dei Presocratici*, Pisa, 2006), 第287至

304页

H. C. Baldry,《谁发明了黄金时代?》("Who Invented the Golden Age?"),载于*Classical Quarterly*,第2期,第83至92页

H. C. Baldry,《阿提卡喜剧中懒汉的天堂》("The Idler's Paradise in Attic Comedy"),载于*Greece and Rome*,第22期,第49至60页

Matthias Baltes,《古代阐释者眼中柏拉图〈蒂迈欧〉的宇宙观》(*Die Weltentstehung des platonischen* Timaios *nach den antiken Interpreten*, 2 vols., Leiden, 1976至1978)

Matthias Baltes,《"降生"(柏拉图,〈蒂迈欧〉28b7):现实世界到底是不是被创造的?》("γέγονεν(Platon, *Tim.* 28 B 7). Ist die Welt real entstanden oder nicht?"),载于Keimpe Algra、Pieter W. Van der Horst与Douwe Runia编,《博学者:古代哲学史与古代哲学史写作之研究》(*Polyhistor: Studies in the History and Historiography of Ancient Philosophy*, Leiden, 1996),第76至96页

István Bárány,《从普罗塔戈拉到巴门尼德——柏拉图笔下的哲学史》("From Protagoras to Parmenides: A Platonic History of Philosophy"),载于Maria Michela Sassi编,《前苏格拉底时代哲学论述的构建》(*La costruzione del discorso filosofico nell' età dei Presocratici*, Pisa, 2006),第305至327页

Jonathan Bate,《莎士比亚与奥维德》(*Shakespeare and Ovid*, Oxford, 1993)

Timothy M. S. Baxter,《〈克拉底鲁〉:柏拉图对命名的批判》(The Cratylus: *Plato's Critique of Naming*, Leiden, 1992)

John D. Beazley爵士,《致赫尔墨斯的颂诗》("Hymn to Hermes"),载于*American Journal of Archaeology*,第52期,第336至340页

Elizabeth Belfiore,《"不同于事实的谎言":柏拉图评论赫西俄德的〈神谱〉第27行》("Lies Unlike the Truth": Plato on Hesiod, *Theogony* 27),载于*Transactions of the American Philological Association*,第115期,第47至57页

Benarolete. S《柏拉图对荷马的误引》("Some Misquotations of Homer in Plato"),载于*Phronesis*,第8期,第173至178页

Ann L. T. Bergren,《致阿佛洛狄忒的荷马风格颂诗:传统与修辞,颂扬与指责》("The Homeric Hymn to Aphrodite: Tradition and Rhetoric, Praise and Blame"),载于*Classical Antiquity*,第8期,第1至41页

Enrico Berti,《"εἰκὼς μῦθος"在柏拉图的〈蒂迈欧〉中所指涉的对象》("L'oggetto dell' εἰκὼς μῦθος nel *Timeo* di Platone"),载于Tomás Calvo Martínez与Luc Brisson编,《阐释〈蒂迈欧〉与〈克里提阿〉》

(*Interpreting the* Timaeus-Critias [*Symposium Platonicum 4*], Sankt Augustin, 1997), 第119至131页

Ruby Blondell,《柏拉图对话作品中的角色塑造游戏》(*The Play of Character in Plato's Dialogues*, Cambridge, 2002)

Philippe Borgeaud,《母权统治的神话: 巴霍芬作品研究》(*La mythologie du matriarcat: l'atelier de Johann Jacob Bachofen*, 该作合作者包括Nicole Durisch、Antje Kolde与Grégoire Sommer, Geneva, 1999)

George R. Boys-Stones,《希腊化时代之后的哲学——斯多亚派与俄里根之间的哲学发展之研究》(*Post-Hellenistic Philosophy: A Study of its Development from the Stoics to Origen*, Oxford, 2001)

Leonard Brandwood,《柏拉图作品用词索引》(*A Word Index to Plato*, Leeds, 1976)

Leonard Brandwood,《柏拉图对话作品编年》(*The Chronology of Plato's Dialogues*, Cambridge, 1990)

Luc Brisson,《叙事诗中的政治哲学——柏拉图的〈克里提阿〉》("De la philosophie politique à l'épopée. Le « Critias » de Platon"), 载于*Revue de Métaphysique et de Morale*, 第75期, 第402至438页

Luc Brisson编,《柏拉图的〈蒂迈欧〉与〈克里提阿〉》(*Platon. Timée/Critias*, Paris, 1992)

Luc Brisson,《解读〈治邦者〉神话》("Interprétation du mythe du « Politique »"), 载于Luc Brisson编,《关于柏拉图的演讲》(*Lectures de Platon*, Paris, 2000)

Sarah Broadie,《〈蒂迈欧〉中的神义论与伪历史》("Theodicy and Pseudo-History in the *Timaeus*"), 载于*Oxford Studies in Ancient Philosophy*, 第21期, 第1至28页

A. S. Brown,《阿佛洛狄忒与潘多拉情结》("Aphrodite and the Pandora Complex"), 载于*Classical Quarterly*, 第47期, 第26至47页

A. S. Brown,《从黄金时代到有福者的岛屿》("From the Golden Age to the Isles of the Blest"), 载于*Mnemosyne*, 第51期, 第385至410页

Lesley Brown,《创新与传承: 柏拉图的〈智术师〉245至249中的众神与巨人之战》("Innovation and Continuity: The Battle of Gods and Giants in Plato's *Sophist* 245–249"), 载于Jyl Gentzler编,《古代哲学方法》(*Method in Ancient Philosophy*, Oxford, 1998), 第181至207页

Walter Burkert,《公元前6世纪对荷马的塑造: 吟诵家与斯特西科洛斯的不同方式》("The Making of Homer in the 6th Century BC: Rhapsodes versus Stesichorus"), 载于*Papers on the Amasis Painter and his*

World (Malibu, 1987),第43至62页

Walter Burkert,《作为异邦宗教历史作家的希罗多德》("Herodot als Historiker fremder Religionen"),载于《希罗多德与希腊之外的人们》(Hérodote et les peuples non grecs 即[Entretiens sur l'antiquité classique,第35期], Geneva, 1990),第1至32页

Walter Burkert,《宇宙诞生的逻辑》("The Logic of Cosmogony"),载于 Richard Buxton编,《从神话到理性?——希腊思想发展研究》(From Myth to Reason? Studies in the Development of Greek Thought, Oxford, 1999),第87至106页

Myles F. Burnyeat,《柏拉图的〈王制〉中的文化与社会》("Culture and Society in Plato's Republic"),载于Grethe B. Peterson编,《坦纳人类价值讲座:第20辑》(The Tanner Lectures on Human Values 20, Salt Lake City, 1999),第215至314页

Myles F. Burnyeat,《ΕΙΚΩΣ ΜΥΘΟΣ》("ΕΙΚΩΣ ΜΥΘΟΣ"),载于Rhizai,第2期,第143至165页

Daniel Burston,《神话、宗教与母权:巴霍芬对精神分析理论的影响》("Myth, Religion and Mother Right: Bachofen's Influence on Psychoanalytic Theory"),载于Contemporary Psychoanalysis,第22期,第666至687页

Paulo Butti De Lima,《柏拉图:在青年泰阿泰德身上进行的哲学实践》(Platone. esercizi di filosofia per il giovane Teeteto, Venice, 2002)

Carlo Buzio,《古典时代结束之前希腊世界中的赫西俄德》(Esiodo nel mondo greco sino alla fine dell' età classica, Milan, 1938)

Francesca Calabi,《荣誉政治》("Timocratia"),载于Mario Vegetti编,《柏拉图的〈王制〉:翻译与注疏——第6册:原书第8、9卷》(Platone. La Repubblica: traduzione e commento. Vol. 6: Libri VIII e IX, Napoli, 2005),第263至293页

Claude Calame,《时代的交替与讲述正义的实用性诗歌》("Succession des âges et pragmatique poétique de la justice : le récit hésiodique des cinq espèces humaines"),载于Kernos,第17期,第67至102页

Godefroid de Callataÿ,《柏拉图作品中的几何数》("Il numero geometrico di Platone"),载于Mario Vegetti编,《柏拉图的〈王制〉:翻译与注疏——第6册:原书第8、9卷》(Platone. La Repubblica: traduzione e commento. Vol. 6: Libri VIII e IX, Napoli, 2005),第169至187页

Alan Cameron,《卡利马科斯与他的评论者们》(Callimachus and his Critics, Princeton, 1995)

Lewis Campbell,《柏拉图的〈泰阿泰德〉——重新修订的文本与英语注解》(*The* Theaetetus *of Plato: With a Revised Text and English Notes*, 第2版, Oxford, 1883)

Andrea Capra,《言辞的竞争——争辩与喜剧之间的〈普罗塔戈拉〉》(Ἀγὼν λόγων: *Il Protagora di Platone tra eristica e commedia*, Milano, 2001)

Andrea Capra,《普罗塔戈拉口中的阿基琉斯——指涉荷马以作为讽刺的武器》("Protagoras' Achilles: Homeric Allusion as a Satirical Weapon [Pl. Prt. 340a]"), 载于*Classical Philology*, 第100期, 第274至277页

Gabriela R. Carone,《反转〈治邦者〉神话》("Reversing the Myth of the *Politicus*"), 载于*Classical Quarterly*, 第54期, 第88至108页

Jean-Claude Carrière,《狂欢与政治——以精选出的残篇为基础介绍古希腊喜剧》(*Le carnaval et le politique: Une introduction a la comédie grecque suivi d'un choix de fragments*, Paris, 1979)

Paola Ceccarelli,《伯利克里时代的雅典——一片"丰饶的土地"？旧喜剧中的民主观念与"自动满足的生活"的主题》("L'Athènes de Périclès: un 'pays de cocagne'? L'idéologie démocratique et le thème de l'*automatos bios* dans la comédie ancienne"), 载于*Quaderni Urbinati di Cultura Classica*, 第54期, 第109至159页

Giovanni Cerri,《叙事诗中的辩证——柏拉图的〈王制〉第10卷、〈蒂迈欧〉与〈克里提阿〉》("Dalla dialettica all'epos: Platone, *Repubblica* X, *Timeo e Crizia*"), 载于Giovanni Casertano编,《柏拉图对话的结构》(*La struttura de dialogo platonico*, Napoli, 2000), 第7至34页

Maria V. Cerutti,《关于毁灭的神话, 关于建立的神话: 赫西俄德残篇第204、第95至103号》("Mito di distruzione, mito di fondazione: Hes. fr.204, 95–103 M. -W"), 载于*Aevum antiquum*, 第11期, 第127至178页

Matthew Clark,《荷马叙事诗的六步格节律中的跨行续写与词句整合》("Enjambment and Binding in Homeric Hexameter"), 载于*Phoenix*, 第48期, 第95至114页

Matthew Clark,《诗行之外——六步格节律之外的荷马叙事诗创作》(*Out of Line: Homeric Composition Beyond the Hexameter*, Lanham, 1997)

Diskin Clay,《苏格拉底对话的创始》("The Origins of the Socratic Dialogue"), 载于Paul A. Vander Waerdt编,《苏格拉底运动》(*The Socratic Movement*, Ithaca, 1994), 第23至47页

Diskin Clay,《柏拉图的〈克里提阿〉的计划》("The Plan of Plato's *Critias*"), 载于Tomás Calvo Martínez与Luc Brisson编,《阐释〈蒂迈欧〉与〈克里提阿〉》(*Interpreting the* Timaeus-Critias [*Symposium*

Platonicum 4], Sankt Augustin, 1997),第49至54页

Diskin Clay,《柏拉图笔下的亚特兰蒂斯帝国——解剖一个虚构的故事》("Plato's Atlantis: The Anatomy of a Fiction"),载于*Proceedings of the Boston Area Colloquium in Ancient Philosophy*,第15期,第1至21页

Jenny. S. Clay,《奥林波斯山上的政治——主要的荷马风格颂诗中的结构与意义》(*The Politics of Olympus: Form and Meaning in the Major Homeric Hymns*, Princeton, 1989)

Jenny. S. Clay,《珀尔赛斯的教育——"非常愚蠢"与"神明的种族"之间的往复》("The Education of Perses: From 'Mega Nepios' to 'Dion Genos' and Back"),载于Alessandro Schiesaro、Phillip Mitsis与Jenny S. Clay编,《非常愚蠢——叙事诗教诲的接受者》(*Mega nepios: il destinatario nell'epos didascalico*[即*Materiali e discussioni per l'analisi dei testi classici*, 第31期], Pisa, 1993),第23至33页

Jenny S. Clay,《赫西俄德的宇宙》(*Hesiod's Cosmos*, Cambridge, 2003)

Jenny S. Clay,《〈列女传〉的开头与结尾以及它与赫西俄德的联系》("The Beginning and End of the *Catalogue of Women* and its Relation to Hesiod"),载于Richard L. Hunter编,《赫西俄德的〈列女传〉——组建与重新组建》(*The Hesiodic Catalogue of Women: Constructions and Reconstructions*, Cambridge, 2005),第25至34页

J. Patrick Coby,《苏格拉底论政体衰落——〈王制〉的第8卷与第9卷》("Socrates on the Decline and Fall of Regimes: Books VIII and IX of the *Republic*"),载于*Interpretation*,第21期,第15至39页

J. Patrick Coby,《为什么柏拉图的〈王制〉中存在武士?》("Why are there Warriors in Plato's *Republic*"),载于*History of Political Thought*,第22期,第377至399页

Derek Collins,《吟诵表演中的即兴》("Improvisation in Rhapsodic Performance"),载于*Helios*,第28期,第11至27页

Derek Collins,《现场表演中荷马与吟诵竞赛》("Homer and Rhapsodic Competition in Performance"),载于*Oral Tradition*,第16期,第129至167页

Derek Collins,《游戏中的大师——古希腊诗歌的竞赛与演出》(*Master of the Game: Competition and Performance in Greek Poetry*, Cambridge Mass., 2005)

Gian B. Conte,《诗人的记忆与文学体系——卡图卢斯、维吉尔、奥维德与卢坎》(*Memoria dei poeti e sistema letterario: Catullo, Virgilio, Ovidio, Lucano*,第2版, Torino, 1985)

John M. Cooper编,《柏拉图集》(*Plato: Complete Works*, Indianapolis, 1997)

Francis M. Cornford,《柏拉图的宇宙论:柏拉图的〈蒂迈欧〉的译文与通篇注疏》(*Plato's Cosmology: the Timaeus of Plato Translated with a Running Commentary*, London, 1937)

Leon H. Craig,《好战者——柏拉图的〈王制〉研究》(*The War Lover: A Study of Plato's Republic*, Toronto, 1994)

Giovan B. D'Allesio,《〈伟大的女子〉:残篇研究》("The *Megalai Ehoiai*: A Survey of the Fragments"),载于Richard L. Hunter编,《赫西俄德的〈列女传〉——组建与重新组建》(*The Hesiodic Catalogue of Women: Constructions and Reconstructions*, Cambridge, 2005),第176至216页

Joachim Dalfen,《城邦与诗歌——柏拉图与其同代人作品的冲突》(*Polis und Poiesis. Die Auseinandersetzung mit der Dichtung bei Platon und seinen Zeitgenossen*, Munich, 1974)

Joachim Dalfen,《神话之外的柏拉图——一个"新的神话"吗?》("Platons Jenseitsmythen: Eine 'neue Mythologie'?"),载于Christian Schäfer与Markus Janka编,《神话作家柏拉图——对柏拉图对话作品中的神话的新解读》(*Platon als Mythologe: Neue Interpretationen zu den Mythen in Platons Dialogen*, Darmstadt, 2002),第214至230页

Ephraim David,《再现柏拉图笔下运动中的理想城邦之困难》("The Problem of Representing Plato's Ideal State in Action"),载于*Rivista di filologia e di istruzione classica*,第112期,第33至53页

Karl Deichgräber,《"Ζεύς"、"Διός"、"Δία"与"Δίκη"的词源》("Etymologisches zu Ζεύς, Διός, Δία, Δίκη"),载于*Zeitschrift für vergleichende Sprachforschung*,第70期,第19至28页

Paul Demont,《古风时代和古典时代的希腊城邦与理想中的平静》(*La cité grecque archaïque et classique et l'idéal de tranquillité*, Paris, 1990)

Marian Demos,《柏拉图作品对抒情诗的引用》(*Lyric Quotation in Plato*, Lanham, 1999)

Jacques Derrida,《柏拉图的药》("Plato's Pharmacy"),载于Jacques Derrida,《撒播》(*Dissemination*), Barbara Johnson 译(Chicago, 1981),第63至171页

Marcel Detienne,《就连说话也在某种程度上是神圣的》("Even Talk is in Some Ways Divine"),载于Marcel Detienne,《俄耳甫斯的写作——文化语境下的希腊神话》(*The Writing of Orpheus: Greek Myth in Cultural Context*, Janet Lloyd译, Baltimore, 2002),第70至77页

John Dillon,《柏拉图与黄金时代》("Plato and the Golden Age"),载于

Hermathena,第153期,第21至36页

John Dillon,《〈治邦者〉神话的新柏拉图注解》("The Neoplatonic Exegesis of the *Statesman* Myth"),载于Christopher J. Rowe编,《解读〈治邦者〉》(*Reading the* Statesman[即*Symposium Platonicum*,第3期],Sankt Augustin, 1995),第364至374页

John Dillon,《〈蒂迈欧〉的谜题:柏拉图真的在作品中种下了线索吗?》("The Riddle of the *Timaeus*: Is Plato Sowing Clues?"),载于Mark Joyal编,《柏拉图与柏拉图传统之研究》(*Studies in Plato and the Platonic Tradition*, Aldershot, 1997),第25至42页

Pierluigi Donini,《〈蒂迈欧〉——对话的整体性,论述的可能性》("Il *Timeo*. Unità del dialogo, verosimiglianza del discorso"),载于*Elenchos*,第9期,第5至52页

Heinrich Dörrie与Matthias Baltes编,《基督诞生后2至3世纪中的柏拉图主义》(*Der Platonismus im 2. und 3. Jahrhundert nach Christus*[即*Der Platonismus in der Antike*,第3卷],Stuttgart, 1993)

Kenneth J. Dover,《柏拉图的〈会饮〉》(*Plato: Symposium*, Cambridge, 1980)

Page duBois,《厄若斯与女人》("Eros and the Woman"),载于*Ramus*,第21期,第97至116页

Slobodan Dusanic,《柏拉图笔下的亚特兰蒂斯帝国》("Plato's Atlantis"),载于*L'Antiquité Classique*,第51期,第25至52页

Ludwig Edelstein,《柏拉图的〈会饮〉中厄律科希马科斯的角色》("The Rôle of Eryximachus in Plato's *Symposium*"),载于*Transactions of the American Philological Association*,第76期,第83至103页

Ludwig Edelstein,《神话在柏拉图哲学中的作用》("The Function of the Myth in Plato's Philosophy"),载于*Journal of the History of Ideas*,第10期,第463至481页

Mark J. Edwards,《普罗塔戈拉与柏拉图的神话》("Protagorean and Socratic Myth"),载于*Symbolae Osloenses*,第67期,第89至102页

Dimitri El Murr,《$συμβολικὴ\ πολιτική$:柏拉图的〈治邦者〉中纺织的范式,或者武断范式的理性》("La symplokè politikè: le paradigme du tissage dans le *Politique* de Platon, ou les raisons d'un paradigme arbitraire"),载于*Kairos*,第19期,第49至95页

Dimitri El Murr,《柏拉图的〈治邦者〉中的区别于统一》("La division et l'unité du *politique* de Platon"),载于*Les Études Philosophiques*,第3期,第295至324页

Michael Erler,《为城邦带去幸福的正义(ΔIKH)——从赫西俄德到卡利马科

斯的作品中主题的融合》("Das Recht [ΔIKH] als Segensbringerin für die Polis. Die Wandlung eines Motivs von Hesiod zu Kallimachos"),载于*Studi italiani di filologia classica*,第80期,第5至36页

Michael Erler,《柏拉图(哲学史纲要——古代哲学史)》(*Platon [Grundriss der Geschichte der Philosophie: Die Philosophie der Antike]*,2卷本第2卷,Basel, 2007)

Angelica Fago,《赫西俄德笔下的人类种族神话与柏拉图对灵魂的论述——历史与宗教比较》("Mito esiodeo delle razze e logos platonico della psychè: una comparazione storico-religiosa"),载于*Studi e materiali di storia delle religioni*,第15期,第221至251页

Chrisos Fakas,《希腊化时代的赫西俄德——阿拉托斯的〈现象〉与古代教诲诗传统》(*Der hellenistische Hesiod : Arats Phainomena und die Tradition der antiken Lehrepik*, Wiesbaden, 2001)

Denis Feeney,《贺拉斯论述他人对自己作品的接受》("Horace on his Own Reception"),载于L. B. T. Houghton与Maria Wyke编,《观念中的贺拉斯———位古罗马诗人与他的读者》(*Perceptions of Horace: A Roman Poet and his Readers*, Cambridge, 2010),第16至38页

Detlev Fehling,《对古希腊的语言哲学的两篇研究》("Zwei Untersuchungen zur griechischen Sprachphilosophie"),载于*Rheinisches Museum*,第108期,第212至229页

Detlev Fehling,《高尔吉亚之前古希腊人的词句重复及其应用》(*Die Wiederholungsfiguren und ihr Gebrauch bei den Griechen vor Gorgias*, Berlin, 1969)

Franco Ferrari,《"诗人与父亲"——中期柏拉图思想对〈蒂迈欧〉28c3的注解》("*Poietes kai pater*: esegesi medioplatoniche di Timeo, 28c3"),载于Giuseppe De Gregorio与Silvio M. Medaglia编,《传统、传承、解释——多种研究》(*Tradizione, Ecdotica, Esegesi: Miscellanea Di Studi*, Napoli, 2006),第43至58页

G. R. F. Ferrari,《柏拉图的〈王制〉中的城邦与灵魂》(*City and Soul in Plato's Republic*, Sankt Augustin, 2003)

Walter Ferrari,《赫西俄德〈劳作与时日〉第122行以下》("Esiodo, *Erga* 122 sg."),载于*Studi italiani di filologia classica*,第16期,第229至248页

Aryeh Finkelberg,《论古希腊"κόσμος"观念的历史》("On the History of the Greek κόσμος"),载于*Harvard Studies in Classical Philology*,第98期,第103至136页

Margalit Finkelberg,《文学虚构在古代希腊的诞生》(*The Birth of Literary*

Fiction in Ancient Greece, Oxford, 1998）

Nicolas Ralph Edmund Fisher,《暴行——古代希腊荣辱观研究》(Hybris. A Study in the Values of Honour and Shame in Ancient Greece, Warminster, 1992）

Nicolas Ralph Edmund Fisher,《反蒂马尔科斯演讲——译文附导言与注疏》(Against Timarchos: Translated with Introduction and Commentary, Oxford, 2001）

Andrew L. Ford,《在演讲台上朗读荷马——埃斯基涅斯〈反蒂马尔科斯演讲〉中的诗歌与法律》("Reading Homer from the Rostrum: Poems and Laws in Aeschines' Against Timarchus"), 载于Simon Goldhill与Robin Osborne编,《演出文化与雅典民主》)(Performance Culture and Athenian Democracy, Cambridge, 1999), 第231至256页

Andrew L. Ford,《评论的诞生——古典希腊的文学文化与诗歌理论》(The Origins of Criticism: Literary Culture and Poetic Theory in Classical Greece, Princeton, 2002）

Robert L. Fowler,《早期希腊的神话写作——第1卷,文本与导言》(Early Mythography. Vol. 1: Text and Introduction, Oxford, 2000）

Eduard Fraekel,《埃斯库罗斯:阿伽门农》(Aeschylus. Agamemnon, 全三卷, Oxford, 1950）

Paul Friedländer所撰写的书评,评Felix Jacoby编,《赫西俄德作品:第一部分——〈神谱〉》(Hesiodi Carmina. Pars I: Theogonia, Berlin, 1930), 载于Göttingischen Gelehrten Anzeigen, 第92期, 第241至246页

Konrad Gaiser,《柏拉图的〈克拉底鲁〉中的名与物》(Name und Sache in Platons Kratylos, Heidelberg, 1974）

Bodo Gatz,《世界时代、黄金时代以及表达类似观念的词语》(Weltalter, goldene Zeit und sinnverwandte Vorstellungen, Hildesheim, 1967）

Gabriele Giannantoni,《苏格拉底与苏格拉底的遗迹》(Socratis et Socraticorum reliquiae, 4卷本, 第2版, Napoli, 1990）

Mark Gifford,《〈王制〉第1卷中的戏剧性辩证》("Dramatic Dialectic in Republic Book 1"), 载于Oxford Studies in Ancient Philosophy, 第20期, 第35至106页

Christopher Gill,《亚特兰蒂斯帝国故事的体裁》("The Genre of the Atlantis Story"), 载于Classical Philology, 第72期, 第287至304页

Christopher Gill,《柏拉图笔下的亚特兰蒂斯帝国故事》(Plato: The Atlantis Story, Bristol, 1980）

Fabio M. Giuliano,《巴门尼德至柏拉图之间的哲学诗人的灵感》

("'L'*enthousiasmos* del poeta filosofo tra Parmenide e Platone"),载于Studi classici e orientali,第46期,第515至557页,重印于Fabio M. Giuliano编,《希腊文学研究》(*Studi di letteratura greca*, Pisa, 2004),第137至179页

Fabio M. Giuliano编,《希腊文学研究》(*Studi di letteratura greca*, Pisa, 2004)

Fabio M. Giuliano,《柏拉图与诗歌——创作理论与实际的接受》(*Platone e la poesia. Teoria della composizione e prassi della ricezione*, Sankte Augustin, 2005)

Antony Grafton,《新世界,古文本——传统的力量与发现的震动》(*New World, Ancient Texts: The Power of Tradition and the Shock of Discovery*, Harvard, 1992)

Barbara Graziosi,《智慧的竞争》("Competition in Wisdom"),载于Felix Budelmann与Pantelis Michelakis编,《荷马、悲剧及其他——为纪念伊斯特林所作的研究文章》(*Homer, Tragedy and Beyond. Essays in Honour of P. E. Easterling*, London, 2001),第57至74页

Barbara Graziosi,《发明荷马——对叙事诗的早期接受》(*Inventing Homer: The Early Reception of Epic*, Cambridge, 2002)

Barbara Graziosi,《古希腊传记写作传统之中作者与作品的关系》("il rapporto tra autore ed opera nella tradizione biografica greca"),载于Diego Lanza与Fabio Roscalla编,《古代希腊的作者与作品》(*L'autore e l'opera nella Grecia antica*, Pavia, 2006),第155至174页

Barbara Graziosi与Johannes H. Haubold编,《荷马——叙事诗的回响》(*Homer: The Resonance of Epic*, London, 2005)

Mark Griffith,《赫西俄德作品中的人格》("Personality in Hesiod"),载于*Classical Antiquity*,第2期,第37至65页

Mark Griffith,《早期希腊诗歌中的竞争与矛盾》("Contest and Contradiction in Early Greek Poetry"),载于Mark Griffith与Donald J. Mastronarde编,《缪斯的柜子——为纪念罗森梅尔而作的有关经典文学与比较文学的研究文章》(*Cabinet of the Muses: Essays on Classical and Comparative Literature in Honor of Thomas G. Rosenmeyer*, Atlanta, 1990),第185至207页

W. K. C. Guthrie编著,《古希腊哲学史》(*A History of Greek Philosophy*, Cambridge, 1962–1981)

Reginald Hackforth,《亚特兰蒂斯帝国的故事——其目的与其寓意》("The Story of Atlantis: Its Purpose and its Moral"),载于*Classical Review*,第

58期，第7至9页

Pierre Hadot,《柏拉图的〈蒂迈欧〉中的物理学与诗学》("Physique et poésie dans le *Timée* de Platon"),载于*Revue de Théologie et de Philosophie*,第115期,第113至133页

Francis Stephen Halliwell,《柏拉图与亚里士多德对悲剧的否认》("Plato and Aristotle on the Denial of Tragedy"),载于*Proceedings of the Cambridge Philological Society*,第30期,第49至71页

Francis Stephen Halliwell,《柏拉图的〈王制〉第5卷》(*Plato: Republic 5*, Warminster, 1993)

Francis Stephen Halliwell,《"μῦϑος"对"λόγος"的妥协——柏拉图对诗人的引用》("The Subjection of 'μῦϑος' to 'λόγος': Plato's Citations of the Poets"),载于*Classical Quarterly*,第50期,第94至112页

Richard Hamilton,《赫西俄德诗歌的建筑架构》(*The Architecture of Hesiodic Poetry*, Baltimore, 1989)

Waldemar Hanasz,《柏拉图的民主中的诗学正义》("Poetic Justice for Plato's Democracy"),载于*Interpretation*,第25期,第37至57页

Lorna Hardwick,《接受学研究》(*Reception Studies* [*Greece and Rome New Surveys in the Classics*,第33期], Oxford, 2003)

Lorna Hardwick与Christopher Stray编,《古代作品接受学指南》(*A Companion to Classical Receptions*, Oxford, 2008)

《柏拉图笔下的金属种族神话在赫西俄德作品中的根源》("The Hesiodic Roots of Plato's Myth of the Metals"),载于*Helios*,第15期,第103至114页

François Hartog,《奥德修斯的回忆——古代希腊的边缘故事》(*Memories of Odysseus: Frontiers Tales from Ancient Greece*, Janet Lloyd译, Edinburgh, 2001)

M. W. Haslam,《有关柏拉图未完成的对话作品的一个注解》("A Note on Plato's Unfinished Dialogues"),载于*American Journal of Philology*,第97期,第336至339页

Johannes H. Haubold,《荷马笔下的人们——叙事诗歌与社会构成》(*Homer's People: Epic Poetry and Social Formation*, Cambridge, 2000)

Ernst Heitsch,《柏拉图的〈斐德若〉》(*Platon: Phaidros*, Göttingen, 1993)

Carolyn Higbie,《节律与音乐——〈伊利亚特〉中的跨行续写与句子结构》(*Measure and Music: Enjambment and Sentence Structure in the* Iliad, Oxford, 1990)

Martina Hirschberger,《〈列女传〉与〈伟大的女子〉——两部赫西俄德

叙事诗的残篇注疏》(Gynaikon Katalogos und Megalai Ehoiai. Ein Kommentar zu den Fragmenten zweier hesiodeischer Epen)

Angela Hobbs,《柏拉图与英雄——勇气、刚毅与客观的优点》(Plato and the Hero: Courage, Manliness, and the Impersonal Good, Cambridge, 2000)

Christoph Horn,《为何人类历史只有两个时期？论〈治邦者〉的神话》("Warum zwei Epochen Menschheitsgeschichte? Zum Mythos des Politikos"), 载于Markus Janka与Christian Schäfer编,《作为神话作家的柏拉图——柏拉图对话作品中的神话的新诠释》(Platon als Mythologe. Neue Interpretationen zu den Mythen in Platons Dialogen, Darmstadt, 2002), 第137至159页

Simon Hornblower,《叙事诗与英雄显灵——希罗多德与"新的西蒙尼德斯"》("Epic and Epiphanies: Herodotus and the 'New Simonides'"), 载于Deborah Boedeker与David Sider编,《新西蒙尼德——赞颂与欲望的语境》(The New Simonides: Contexts of Praise and Desire, Oxford, 2001), 第135至147页

Jacob Howland,《〈王制〉——哲学的奥德赛》(The Republic: The Odyssey of Philosophy, New York, 1993)

Richard L. Hunter,《荷马与希腊文学》("Homer and Greek Literature"), 载于Robert L. Fowler编,《剑桥荷马指南》(The Cambridge Companion to Homer, Cambridge, 2004), 第235至253页

Richard L. Hunter编,《赫西俄德的〈列女传〉——组建与重新组建》(The Hesiodic Catalogue of Women: Constructions and Reconstructions, Cambridge, 2005)

Richard L. Hunter,《赫西俄德、卡利马科斯与道德准则的发明》("Hesiod, Callimachus, and the Invention of Morality"), 载于Guido Bastianini与Angelo Casanova编,《赫西俄德——手抄本的百年纪念》(Esiodo: cent' anni di papiri, Fiorentina, 2008), 第153至164页

Virginia J. Hunter,《古典雅典的声誉政治与流言蜚语》("Gossip and the Politics of Reputation in Classical Athens"), 载于Phoenix, 第44期, 第299至325页

Virginia J. Hunter,《巡查雅典——前420至320年阿提卡诉讼中的社会控制》(Policing Athens: Social Control in the Attic Lawsuits, 420–320 BC, Princeton, 1994)

Alessandro Iannucci,《言语与行动——〈克里提阿〉的宴会讲辞中的残篇》(La parola e l'azione. I frammenti simposiali di Crizia, Bologna, 2002)

Elizabeth Irwin,《梭伦与早期希腊诗歌——劝勉的政治学》(Solon and Early

Greek Poetry: The Politics of Exhortation, Cambridge, 2005)

Elizabeth Irwin,《凡人之中的众神？——赫西俄德的〈列女传〉中社会与政治之间的张力》("Gods among Men? The Social and Political Dynamics of the Hesiodic *Catalogue of Women*"),载于Richard L. Hunter编,《赫西俄德的〈列女传〉——组建与重新组建》(*The Hesiodic* Catalogue of Women: *Constructions and Reconstructions*, Cambridge, 2005),第35至84页

Wolfgang Iser,《阅读行为——审美反应理论》(*The Act of Reading: A Theory of Aesthetic Response*, Baltimore, 1978)

Felix Jacoby编,《赫西俄德作品：第一部分——〈神谱〉》(*Hesiodi Carmina. Pars I:* Theogonia, *Berlin*, 1930)

Hans R. Jauss,《走向接受的审美》(*Toward an Aesthetic of Reception*, Timothy Bahti译, Minneapolis, 1982)

Thomas K. Johansen,《柏拉图的自然哲学——〈蒂迈欧〉与〈克里提阿〉研究》(*Plato's Natural Philosophy: A Study of the* Timaeus-Critias, Cambridge, 2004)

Gijsbert Jonkers,《柏拉图的〈蒂迈欧〉与〈克里提阿〉的手抄本传统》(*The Manuscript Tradition of Plato's* Timaeus *and* Critias, Amsterdam, 1989)

Charles H. Kahn,《柏拉图写过苏格拉底对话吗？》("Did Plato Write Socratic Dialogues?"),载于*Classical Quarterly*,第31期,第305至320页

Charles H. Kahn,《柏拉图与以苏格拉底为主人公的对话——一种文学形式的哲学用途》(*Plato and the Socratic Dialogue: The Philosophical Use of a Literary Form*, Cambridge, 1996)

Athanasios Kambylis,《诗人的行列与其象征——赫西俄德、卡利马科斯、普罗佩尔提乌斯与恩尼乌斯研究》(*Die Dichterweihe und ihre Symbolik, Untersuchungen zu Hesiodos, Kallimachos, Properz und Ennius*, Heidelberg, 1965)

George B. Kerferd,《智术师运动》(*The Sophistic Movement*, Cambridge, 1981)

Paul M. Keyser,《计量文体学理论与柏拉图作品的编年》("Stylometric Method and the Chronology of Plato's Works"),评Leonard Brandwood,《柏拉图对话作品编年》(*The Chronology of Plato's Dialogues*, Cambridge, 1990),载于*Bryn Mawr Classical Review*, 03. 01. 12期

Declan Kiberd,《乔伊斯笔下的荷马,荷马作品中的乔伊斯》("Joyce's Homer, Homer's Joyce"),载于Richard Brown编,《詹姆斯·乔伊斯指南》(*A Companion to James Joyce*, Oxford, 2008),第241至253页

Jan F. Kindstrand,《第二智术师学派中的荷马——普鲁士的迪奥、泰尔的马克西莫斯与阿里斯泰迪斯作品中对荷马的阅读与荷马的形象》(*Homer in der Zweiten Sophistik.: Studien zu der Homerlektüre und dem Homerbild bei Dion von Prusa, Maximos von Tyros und Ailios Aristeides*, Uppsala, 1973)

Geoffrey S. Kirk,《对荷马风格中的一些技术方面的研究II——荷马作品的诗行结构与句子结构》("Studies in some Technical Aspects of Homeric Style II: Verse Structure and Sentence Structure in Homer"), 载于*Yale Classical Studies*, 第20期, 第105至152页

Geoffrey S. Kirk,《神话、它在古代文化与其他文化中的意义与功能》(*Myth, its Meaning and Functions in Ancient and Other Cultures*, Berkeley and Cambridge, 1970)

Geoffrey S. Kirk,《古希腊神话———些新角度》("Greek Mythology: Some New Perspectives"), 载于*Journal of Hellenic Studies*, 第92期, 第74至85页

Clement Knight,《拉辛与希腊》(*Racine et la Grèce*, Paris, 1950)

Haritini Kotsidu,《古风与古典时代中泛雅典娜节庆上的音乐竞赛——历史与考古方面的研究》(*Die musischen Agone der Panathenäen in archaischer und klassischer Zeit: Eine historisch-archäologische Untersuchung*, Munich, 1991)

Wilhelm Krause,《早期基督教作家在异教文学中的地位》(*Die Stellung der frühchristlichen Autoren zur heidnischen Literatur*, Wien, 1958)

Raphael Kühner与Bernhard Gerth编,《古希腊文语法详述》(*Ausführliche Grammatik der griechischen Sprache*, 两卷本, 第3版, Hannover, 1898–1904)

Leslie Kurke,《品达的〈皮托凯歌第六号〉与建议诗歌的传统》("Pindar's Sixth *Pythian* and the Tradition of Advice Poetry"), 载于*Transactions of the American Philological Association*, 第120期, 第85至107页

Jules Labarbe,《柏拉图作品中的荷马》(*L'Homère de Platon*, Liège, 1949)

Melissa S. Lane,《柏拉图的〈治邦者〉中的方法与政治》(*Method and Politics in Plato's* Statesman, Cambridge, 1998)

Marcelle Laplace,《柏拉图的〈克里提阿〉——或一部叙事诗的椭圆结构》("Le «Critias» de Platon, ou l'ellipse d'une épopée"), 载于*Hermes*, 第112期, 第377至382页

Janathan Lear,《〈王制〉之内与之外》("Inside and Outside the *Republic*"), 载于*Phronesis*, 第37期, 第184至215页

Marie-Chritine Leclerc,《赫西俄德作品中的言辞——搜寻逝去的回忆》(*La parole chez Hésiode. À la recherche de l'harmonie perdue*, Paris, 1993)

Grace M. Ledbetter,《柏拉图之前的诗学——早期希腊诗歌理论中的阐释与权威》(*Poetics before Plato: Interpretation and Authority in Early Greek*, Princeton, 2003)

Gerard R. Ledger,《重算柏拉图——对柏拉图风格的计算机分析》(*Re-Counting Plato: A Computer Analysis of Plato's Style*, Oxford, 1989)

Gerard R. Ledger 与 Paul M. Keyser,《回应》("Responses"),载于 *Bryn Mawr Classical Review*, 03. 06. 19期

James G. Lennox,《柏拉图的非自然目的论》("Plato's Unnatural Teleology"),载于Dominic J. O'Meara编,《柏拉图的探索》(*Platonic Investigation*, Washington, 1985),第280至302页

Ansgar Lenz,《早期希腊叙事诗的开篇——论诗性的自我理解》(*Das Proöm des Frühen griechischen Epos: Ein Beitrag zum poetischen Selbstverständnis*, Bonn, 1980)

Vered Lev Kenaan,《潘多拉的感官——古代文献中女性的角色》(*Pandora's Senses: The Feminine Character of the Ancient Text*, Madison, 2008)

Susan B. Levin,《重新探寻哲学与诗歌之间的古老争论——柏拉图与希腊文学传统》(*The Ancient Quarrel between Philosophy and Poetry Revisited: Plato and the Greek Literary Tradition*, Oxford 2001)

Maria Liatsi,《〈第七书简〉中体现出的柏拉图的符号学书信写作法——所谓哲学离题的介绍》(*Die semiotische Erkenntnistheorie Platons im Siebten Brief. Eine Einführung in den sogenannten philosophischen Exkurs*, [即 Zetemata, 第131期], Munich, 2008)

Niall Livingstone,《伊索克拉底的〈布西里斯演讲〉的注解》(*A Commentary on Isocrates' Busiris*, Leiden, 2001)

Geoffrey Ernest Richard Lloyd,《对立与相似——早期希腊思想中的两类论证方式》(*Polarity and Analogy: Two Types of Argumentation in Early Greek Thought*, Cambridge, 1966)

Albert B. Lord,《故事的歌唱者》(*The Singer of Tales*, Harvard, 1960)

Arthur O. Lovejoy 与 George Boas,《古代的原始主义与类似观念》(*Primitivism and Related Ideas in Antiquity*, Baltimore, 1935)

James Lovelock,《盖亚——地球生活的新观点》(*Gaia: A New Look at Life on Earth*, Oxford, 1979)

James Lovelock,《盖亚的时代——我们这个生活着的地球的传记》(*The Ages of Gaia: A Biography of Our Living Earth*, New York, 1988)

Maria S. Marsilio,《赫西俄德的〈劳作与时日〉中的农作与诗歌》(*Farming and Poetry in Hesiod's Works and Days*, Lanham, 2000)

Richard P. Martin,《赫西俄德作品中评价审美的诗学》("Hesiod's Metanastic Poetics"),载于*Ramus*, 第21期, 第11至33页

Charles Martindale,《拯救文本——拉丁诗歌与文本接受的解释学》(*Redeeming the Text: Latin Poetry and the Hermeneutics of Reception*, Cambridge, 1993)

Charles Martindale与Michelle Martindale,《莎士比亚以及对古代的运用——篇导言》(*Shakespeare and the Uses of Antiquity: An Introductory Essay*, London, 1990)

Charles Martindale与A. B. Taylor编,《莎士比亚与古代经典》(*Shakespeare and the Classics*, Cambridge, 2004)

Charles Martindale与Richard L. Thomas编,《古代经典以及对文本接受的运用》(*Classics and the Uses of Reception*, Oxford, 2006)

《海伦以及"宙斯的意愿"》("Helen and the $\Delta IO\Sigma\ BOYAH$"),载于*American Journal of Philology*, 第117期, 第1至15页

Mary M. McCabe,《混沌与控制——解读柏拉图的〈治邦者〉》("Chaos and Control: Reading Plato's *Politicus*"),载于*Phronesis*, 第42期, 第94至115页

Mary M. McCabe,《柏拉图与他的先辈们——理性的戏剧化》(*Plato and his Predecessors. The Dramatisation of Reason*, Cambridge, 2000)

Reinhold Merkelbach与Martin L. West编,《赫西俄德作品残篇》(*Fragmenta Hesiodea*, Oxford, 1967)

Walter Mesch,《柏拉图的宇宙学中的意象——论〈蒂迈欧〉中"$\mu\tilde{v}\vartheta o\varsigma$"与"$\lambda\acute{o}\gamma o\varsigma$"的关系》("Die Bildlichkeit der Platonischen Kosmologie. Zum Verhältnis von Logos und Mythos im *Timaios*"),载于Christian Schäfer与Markus Janka编,《神话作家柏拉图——对柏拉图对话作品中的神话的新解读》(*Platon als Mythologe: Neue Interpretationen zu den Mythen in Platons Dialogen*, Darmstadt, 2002),第194至213页

Mary Midgley,《盖亚——下一个重要的点子》(*Gaia: The Next Big Idea*, London, 2001)

Mary Midgley编,《大地的现实主义——盖亚的意义》(*Earthy Realism: The Meaning of Gaia*, Exeter and Charlottesville, 2007)

Mitchell H. Miller,《柏拉图的〈治邦者〉中的哲人》(*The Philosophy in Plato's Statesman*, Hague, 1980)

Mitchell H. Miller,《"首先"——论赫西俄德的宇宙创生中的语义学与

伦理学》("'First of All': On the Semantics and Ethics of Hesiod's Cosmology"),载于*Ancient Philosophy*,第21期,第251至276页

Arnaldo Momigliano,《基俄斯岛的普罗狄科与从德谟克利特到犬儒学派的语言学说》("Prodico da Ceo e le dottrine sul linguaggio da Democrito ai Cinici"),载于*Atti della Reale Accademia delle Scienza di Torino*,第65期,第95至107页

Michael J. Mordine,《对国王说话——赫西俄德笔下的αἶνος与〈劳作与时日〉中隐喻的修辞》("Speaking to Kings: Hesiod αἶνος and Rhetoric of Allusion in the *Works and Days*"),载于*Classical Quarterly*,第56期,第363至373页

Kathryn A. Morgan,《设计出的历史——柏拉图笔下的亚特兰蒂斯帝国故事与公元前4世纪的观念》("Designer History: Plato's Atlantis Story and Fourth-Century Ideology"),载于*Journal of Hellenic Studies*,第118期,第101至118页

Kathryn A. Morgan,《从前苏格拉底哲人至柏拉图之间的神话与哲学》(*Myth and Philosophy from the Pre-Socratics to Plato*, Cambridge, 2000)

Kathryn A. Morgan,《柏拉图》("Plato"),载于Irene J. F. De Jong、René Nünlist与Angus M. Bowie,《古希腊文学中的叙述者、叙述的受众与叙述》(*Narrators, Narratees, and Narrators in Ancient Greek Literature*, Leiden, 2004),第357至376页

Glenn W. Most,《奥德修斯之"申辩"的结构与功能》("The Structure and Function of Odysseus' *Apologoi*"),载于*Transactions of the American Philological Association*,第119期,第15至30页

Glenn W. Most,《冥界中的诗人——从荷马到维吉尔之间的降入冥界、叙事诗与叙事诗理论》("Il poeta nell' Ade: catabasi, epico e teoria dell' epos tra Omero e Virgilio"),载于*Studi italiani di filologia classica*,第10期,第1014至1026页

Glenn W. Most,《赫西俄德——个人秉性转入文本》("Hesiod: Textualisation of Personal Temporality"),载于Graziano Arrighetti与Franco Montanari编,《希腊语拉丁诗歌中的自传元素——写实文学与虚构文学之间》(*La componente autobiografica nella poesia greca e latina: fra realtà e artificio letterario*, Pisa, 1993),第73至92页

Glenn W. Most,《西蒙尼德斯献给斯科帕斯的颂诗的语境》("Simonides' Ode to Scopas in Contexts"),载于Irene J. F. de Jong与John P. Sullivan编,《现代批评理论与经典文学》(*Modern Critical Theory and Classical*

Literature [即*Mnemosyne Supplementum*, 第130期], Leiden, 1994), 第127至152页

Glenn W. Most, 《赫西俄德笔下五个人类发展阶段(或者三个、或者四个)的神话》("Hesiod's Myth of the Myth of the Five [or Three or Four] Races"), 载于*Proceedings of the Cambridge Philological Society*, 第43期, 第104至127页

Glenn W. Most, 《解读拉斐尔——〈雅典学园〉及其之前的文本》(*Leggere Raffaello. La Scuola di Atene e il suo pre-testo*, Torino, 2001)

Glenn W. Most, 《到底有多少荷马?》("How Many Homers?"), 载于Anna Santoni编, 《多层次的作者》(*L'Autore multiplo*, Pisa, 2005), 第1至14页

Glenn W. Most编译, 《赫西俄德:〈神谱〉、〈劳作与时日〉及论述》(*Hediod: Theogony, Works and Days, Testimonia*, Harvard, 2006)、《赫西俄德:〈赫拉克勒斯之盾〉、〈列女传〉及其他残篇》(*Hediod: Shield, Catalogue of Women, Other Fragments*, Harvard, 2007)

Lewis Mumford, 《乌托邦的故事》(*The Story of Utopias*, 第2版, Gloucester, 1959)

Iris Murdoch, 《火焰与太阳——柏拉图对艺术家的放逐》(*The Fire and the Sun: Plato Banished the Artists*, Oxford, 1977)

Penelope Murray编, 《柏拉图论诗歌——〈伊翁〉、〈王制〉376e至398b、〈王制〉595至608b》(*Plato on Poetry: Ion, Republic 376e-398b, Republic 595-608b*, Cambridge, 1996)

Penelope Murray, 《缪斯女神们与她们的艺术》("The Muses and their Arts"), 载于Penelope Murray与Peter Wilson编, 《音乐与缪斯——古典时代雅典城邦中的音乐传统》(*Music and the Muses: The Culture of Mousike in the Classical Athenian City*, Oxford, 2004)第365至389页

Immanuel Musäus, 《赫西俄德笔下的潘多拉神话以及截至伊拉斯谟人们对这个神话的接受》(*Der Pandoramythos bei Hesiod und seine Rezeption bis Erasmus von Rotterdam*, Göttingen, 2004)

Gerald Naddaf, 《亚特兰蒂斯帝国的神话——柏拉图晚期历史哲学导论》("The Atlantis Myth: An Introduction to Plato's Later Philosophy of History"), 载于*Phoenix*, 第48期, 第189至209页

Gerald Naddaf, 《柏拉图与"关于自然"的传统》("Plato and the *peri physeos* Tradition"), 载于Tomás Calvo Martínez与Luc Brisson编, 《阐释〈蒂迈欧〉与〈克里提阿〉》(*Interpreting the Timaeus-Critias [Symposium Platonicum 4]*, Sankt Augustin, 1997), 第27至36页

Gregory Nagy, 《最好的阿开亚人——古风时代希腊诗歌中的英雄概念》(*The

Best of the Achaeans: Concepts of the Hero in Archaic Greek Poetry, Baltimore, 1979)

Gregory Nagy,《品达作品中的荷马——抒情诗歌中保留的叙事诗过往》(*Pindar's Homer: The Lyric Possession of an Epic Past*, Baltimore, 1990)

Gregory Nagy,《赫西俄德〈神谱〉中的权威和作者》("Autorité et auteur dans la «Théogonie» Hésiodique"),载于Fabienne Blaise、Pierre Judet de la Combe与Philippe Rousseau编,《神话之艺——关于赫西俄德的讲座》(*Métier du mythe. Lectures d'Hésiode*, Lille, 1996)

Gregory Nagy,《柏拉图的狂想曲与荷马的音乐——古典时期雅典的泛雅典娜节庆的诗学》(*Plato's Rhapsody and Homer's Music: The Poetics of the Panathenaic Festival in Classical Athens*, Harvard, 2002)

Debra Nails,《重新审视柏拉图作品的编年》("Platonic Chronology Reconsidered"),评Gerard R. Ledger,《重算柏拉图——对柏拉图风格的计算机分析》(*Re-Counting Plato: A Computer Analysis of Plato's Style*, Oxford, 1989)及Leonard Brandwood,《柏拉图对话作品编年》(*The Chronology of Plato's Dialogues*, Cambridge, 1990)及,载于*Bryn Mawr Classical Review*, 03. 04. 17期

Alexander Nehamas与Paul Woodruff译,《柏拉图的〈会饮〉》(*Plato: Symposium*, Indianapolis, 1989)

Stephanie Nelson,《神明与土地——赫西俄德与维吉尔作品中农作的形而上学》(*God and the Land: The Metaphysics of Farming in Hesiod and Vergil*, Oxford, 1998)

Stephanie Nelson所作的书评,评Maria S. Marsilio,《赫西俄德的〈劳作与时日〉中的农作与诗歌》(*Farming and Poetry in Hesiod's* Works and Days, Lanham, 2000),载于*International Journal of the Classical Tradition*,第10期,第279至281页

Heinz-Günther Nesselrath,《柏拉图的〈克里提阿〉——译文与注疏》(*Platon, Kritias: Übersetzung und Kommentar*, Göttingen, 2006)

Alain Niderst,《拉辛与古典悲剧》(*Racine et la tragédie classique*, Paris, 1978)

Friedrich W. Nietzsche,《佛罗伦萨论荷马与赫西俄德的文献——他们的先辈与他们之间的竞赛》("Der florentinische Tractat über Homer und Hesiod, ihr geschlecht und ihren Wettkampf"),载于*Rheinisches Museum*,第25期,第528至540页及第28期,第211至249页

Andrea W. Nightingale,《对话的体裁——柏拉图与哲学的构建》(*Genres in*

Dialogue: Plato and the Construct of Philosophy, Cambridge, 1995)

Andrea W. Nightingale,《柏拉图论邪恶的起源——重新审视〈治邦者〉神话》("Plato on the Origins of Evil: The *Statesman* Myth Reconsidered"),载于*Ancient Philosophy*,第16期,第65至91页

Eduard Norden,《不知名的神——宗教讲辞的形成历史之研究》(*Agnostos Theos: Untersuchungen zur Formengeschichte religiöser Rede*, 第2版, Leipzig, 1913)

Martha C. Nussbaum,《善之脆弱——希腊悲剧与哲学中的运数与伦理》(*The Fragility of Goodness: Luck and Ethics in Greek Tragedy and Philosophy*, Cambridge, 1986)

David K. O'Connor,《在柏拉图笔下的角色中重塑诗人》("Rewriting the Poets in Plato's Characters"),载于G. R. F. Ferrari编,《剑桥柏拉图〈王制〉指南》(*The Cambridge Companion to Plato's* Republic, Cambridge, 2007),第55至89页

Neil O'Sullivan,《阿尔基达马斯、阿里斯托芬与古希腊风格理论的开端》(*Alcidamas, Aristophanes and the Beginnings of Greek Stylistic Theory*, [即*Hermes Einzelschriften*, 第60期], Stuttgart, 1992)

Jeffrey K. Olick与Joyce Robbins,《社会记忆研究——从"共同记忆"到记忆行为的历史社会学》("Social Memory Studies: From 'Collective Memory' to the Historical Sociology of Mnemonic Practices"),载于*Annual Review of Sociology*,第24期,第105至140页

Adi Ophir,《柏拉图的隐形城邦——〈王制〉中的论述与权力》(*Plato's Invisible Cities: Discourse and Power in the* Republic, London, 1991)

Nicholas Pappas,《柏拉图与〈王制〉——劳特利奇哲学导读》(*Routledge Philosophical Guidebook to Plato and the* Republic, London, 1995)

Adam Parry,《关于方法论起源的一条笔记》("A Note on the Origins of Teleology"),载于*Journal of the History of Ideas*,第26期,第259至262页

Milmam Parry,《荷马诗歌里跨行续写的突出特征》("The Distinctive Character of Enjambment in Homeric Verse"),载于*Transactions of the American Philological Association*,第60期,第200至220页

Catalin Partenie,《〈蒂迈欧〉的"制造论"架构》("The 'Productionist' Framework of the *Timaeus*"),载于*Dionysius*,第16期,第29至34页

Georgius Pasquali,《暗指的艺术》("Arte allusiva"),载于*L'Italia che scrive*,第25期(1942),第185至187页

Andreas Patzer,《作为哲学史家的智术师希庇阿斯》(*Der Sophist Hippias als*

Philosophiehistoriker, Freiburg, 1986)

Elizabeth E. Pender,《隐形之人的形象——柏拉图对众神与灵魂的隐喻》(*Images of Persons Unseen: Plato's Metaphors for the Gods and the Soul*, Sankt Augustin, 2000)

Elizabeth E. Pender,《柏拉图〈蒂迈欧〉与〈斐德若〉中对诗歌的暗指》("Poetic Allusions in Plato's *Timaeus* and *Phaedrus*"),载于*Göttinger Forum für Altertumswissenschaft*,第10期,第51至87页

Terry Penner与Christopher Rowe,《柏拉图的〈吕西斯〉》(*Plato's* Lysis, Cambridge, 2005)

Shalom Perlman,《公元前4世纪阿提卡演讲家对诗歌的引用》("Quotations from Poetry in Attic Orators of the Fourth Century BC"),载于*American Journal of Philology*,第85期,第155至172页

Rudolf Pheiffer,《古典学术的历史——从最初到希腊化时代的结束》(*History of Classical Scholarship: From the Beginnings to the End of the Hellenistic Age*, Oxford, 1968)

Filippomaria Pontani,《卡图卢斯诗歌第64首与赫西俄德〈列女传〉——一条建议》("Catullus 64 and the Hesiodic *Catalogue*: A Suggestion"),载于*Philologus*,第144期,第267至276页

Jean-François Pradeau,《政治学的世界——论柏拉图的亚特兰蒂斯帝国故事、〈蒂迈欧〉(17至27)、〈克里提阿〉》(*Le monde de la politique: Sur le récit atlante de Platon,* Timée *[17–27] et* Critias, Sankt Augustin, 1997)

Jean-François Pradeau,《柏拉图笔下的亚特兰蒂斯帝国——真实的乌托邦》("L'Atlantide de Platon, l'utopie vraie"),载于*Elenchos*,第22期,第75至98页

Gerald A. Press编,《是谁在代柏拉图立言? 柏拉图的匿名性之研究》(*Who Speaks for Plato? Studies in Platonic Anonymity*, Lanham, 2000)

Gerald A. Press,《柏拉图——解惑指南》(*Plato: A Guide for the Perplexed*, London, 2007)

Raymond A. Prier,《看到神奇——古风时代希腊语中视界与外观的现象学研究》(Thauma Idesthai: *The Phenomenology of Sight and Appearance in Archaic Greek*, Tallahassee, 1989)

Pietro Pucci,《赫西俄德与诗歌语言》(*Hesiod and the Language of Poetry*, Baltimore, 1977)

Carl W. Querbach,《赫西俄德的"四"种族神话》("Hesiod's Myth of the Four Races"),载于*Classical Journal*,第81期,第1至12页

Hannelore Reinsch-Werner,《向赫西俄德学习的卡利马科斯——卡利马科斯

对赫西俄德诗歌的接受》(*Callimachus Hesiodicus: Die Rezeption der hesiodischen Dichtung durch Kallimachos von Kyrene*, Berlin, 1976)

Nicholas J. Richardson,《荷马和赫西俄德的竞赛与阿尔基达马斯的〈缪斯神坛〉》("The Contest of Homer and Hesiod and Alcidamas' *Mouseion*"),载于*Classical Quarterly*,第31期,第1至10页

Kevin Robb,《古代希腊的读写能力与教育》(*Literacy and Paideia in Ancient Greece*, Oxford, 1994)

Francesco Romano,《阅读者普罗克洛斯与〈克拉底鲁〉的解释者》("Proclo lettore e interprete del *Cratilo*"),载于Jean Pépin与Henri D. Saffrey编,《普罗克洛斯:古代的阅读者与解释者——国际CNRS研讨会(巴黎,1985年10月2日至4日)进程汇编》(*Proclus: lecteur et interprète des anciens: Actes du colloque international du CNRS [Paris, 2–4 Octobre 1985]*, Paris, 1987),第113至136页

David Roochnik,《美丽的城邦——柏拉图〈王制〉的论辩特征》(*Beautiful City: The Dialectical Character of Plato's* Republic, Ithaca, 2003)

Fabio Roscalla,《蜜蜂的城邦》("La città delle api"),载于Mario Vegetti编,《柏拉图的〈王制〉:翻译与注疏——第6册:原书第8、9卷》(*Platone. La Repubblica: traduzione e commento. Vol. 6: Libri VIII e IX*, Napoli, 2005),第397至422页

Ralph M. Rosen,《赫西俄德〈劳作与时日〉中的诗歌与航海》("Poetry and Sailing in Hesiod's *Works and Days*"),载于*Classical Antiquity*,第9期,第99至113页

Stanley Rosen,《诗与哲学之争——古代思想研究》(*The Quarrel Between Philosophy and Poetry: Studies in Ancient Thought*, London, 1988)

Thomas G. Rosenmeyer,《赫西俄德与历史写作(〈劳作与时日〉第106至201行)》("Hesiod and Historiography [*Erga* 106–201]"),载于*Hermes*,第85期,第257至285页

Christopher J. Rowe,《赫西俄德作品中的古风时代思想》("Archaic Thought in Hesiod"),载于*Journal of Hellenic Studies*,第103期,第124至135页

Christopher J. Rowe,《柏拉图〈斐德若〉——译文与注疏》(*Plato*, Phaedrus, Warminster, 1986)

Christopher J. Rowe,《柏拉图〈治邦者〉——译文与注疏》(*Plato*, Statesman, Warminster, 1995)

Christopher J. Rowe,《柏拉图〈会饮〉——译文与注疏》(*Plato*, Symposium, Warminster, 1998)

Christopher J. Rowe,《论柏拉图、荷马与考古学》("On Plato, Homer and

Archaeology"），载于*Arion*，第6期，第134至144页

Christopher J. Rowe,《柏拉图〈治邦者〉——译文与导言》(*Plato: Statesman. Translated with Introduction*, Indianapolis, 1999)

Christopher J. Rowe,《两个还是三个阶段？〈治邦者〉的神话》("Zwei oder drei Phasen? Der Mythos im *Politikos*"），载于Christian Schäfer与Markus Janka编,《神话作家柏拉图——对柏拉图对话作品中的神话的新解读》(*Platon als Mythologe: Neue Interpretationen zu den Mythen in Platons Dialogen*, Darmstadt, 2002), 第160至175页

Christopher J. Rowe,《〈王制〉的文学与哲学风格》("The Literary and Philosophical Style of the *Republic*"），载于Gerasimos X. Santas编,《布莱克维尔柏拉图〈王制〉导读》(*The Blackwell Guide to Plato's Republic*, Oxford, 2006)

Christopher J. Rowe,《柏拉图与哲学写作的艺术》(*Plato and the Art of Philosophical Writing*, Cambridge, 2007)

Christopher J. Rowe,《柏拉图与希波战争》("Plato and the Persian Wars"），载于Emma Bridges、Edith Hall与P. J. Rhodes编,《对希波战争的文化回应》(*Cultural Responses to the Persian Wars*, Oxford, 2007), 第85至104页

Lene Rubinstein,《雅典对"$ἰδιότης$"的政治观点》("The Athenian Political Perception of the *Idiotes*"），载于Paul Cartledge、Paul Millett与Sitta von Reden编,《宇宙——关于古典时代雅典的秩序、冲突与共同体的研究文章》(*Kosmos: Essays in Order, Conflict and Community in Classical Athens*, Cambridge, 1998), 第125至143页

Ian Ruffell,《颠倒的世界——旧喜剧残篇中的乌托邦与乌托邦主义》("The World Turned Upside Down: Utopia and Utopianism in the Fragments of Old Comedy"），载于F. David Harvey与John Wilkins编,《阿里斯托芬的竞争者们——雅典旧喜剧研究》(*The Rivals of Aristophanes: Studies in Athenian Old Comedy*, London, 2000), 第473至506页

Richard B. Rutherford,《柏拉图的艺术——关于阐释柏拉图的十篇研究文章》(*The Art of Plato: Ten Essays in Platonic Interpretation*, London, 1995)

Alois Rzach,《赫西俄德的诗歌——扩充版》(*Hesiodi Carmina: Editio Maior*, Leipzig, 1902)

Suzanne Saïd,《迪奥对神话的运用》("Dio's Use of Mythology"），载于Simon Swain编,《金口迪奥——政治学、书信与哲学》(*Dio Chrysostom: Politics, Letters, and Philosophy*, Oxford, 2000), 第161至

186页
Eva M. Sanford,《众神与巨人之战》("The Battle of Gods and Giants"),载于*Classical Philology*,第36期,第52至57页

Maria M. Sassi,《柏拉图作品中的自然与历史》("Natura e storia in Platone"),载于*Storia della Storiografia*,第9期,第104至128页

Maria M. Sassi,《论〈蒂迈欧〉对神的可知性的观点》("Sulla conoscibilità di Dio secondo *Timeo*"),载于Adriano Fabris、Gianfranco Fioravanti与Enrico Moriconi编,《逻辑与神学——为纪念赛纳提所作的研究文章》(*Logica e teologia: Studi in onore di Vittorio Sainati*, Pisa, 1997),第229至234页

Jens-Uwe Schmidt,《受众与劝诫类文体——论赫西俄德〈劳作与时日〉的写作意图》(*Adressat und Paräneseform: Zur Intention von Hesiods Werken und Tagen*, Göttingen, 1986)

Stephen H. Schneider、James R. Miller、Eileen Crist与Penelope J. Boston编,《科学家争论盖亚——下个世纪》(*Scientists Debate Gaia: The Next Century*, Harvard, 2004)

Malcolm Schofield,《柏拉图的政治哲学》(*Plato: Political Philosophy*, Oxford, 2006)

Malcolm Schofield,《高贵的谎言》("The Noble Lie"),载于G. R. F. Ferrari编,《剑桥柏拉图〈王制〉指南》(*The Cambridge Companion to Plato's Republic*, Cambridge, 2007),第138至164页

Malcolm Schofield,《"兄弟之爱、不平等性:神的讲辞"——柏拉图笔下关于政治合法性的独裁主义神话》("'Fraternité, inégalité: la parole de Dieu': Plato's Authoritarian Myth of Political Legitimation"),载于Catalin Partenie编,《柏拉图作品中的神话》(*Plato's Myths*, Cambridge, 2009),第101至115页

Jacques Schwartz,《赫西俄德伪作——古代托名于赫西俄德的作品的创作、流传与失传之研究》(*Pseudo-Hesiodeia. Recherches sur la composition, la diffusion et la disparition ancienne d'œuvres attribuées à Hésiode*, Leiden, 1960)

Harvey R. Scodel,《〈治邦者〉中的对分法与神话》(*Diaeresis and Myth in Plato's Statesman*, Göttingen, 1987)

Ruth Scodel,《阿开亚人的墙与毁灭的神话》("The Achaean Wall and the Myth of Destruction"),载于*Harvard Studies in Classical Philology*,第86期,第33至50页

Ruth Scodel,《聆听荷马——传统、叙事与听众》(*Listening to Homer:*

Tradition, Narrative, and Audience, Ann Arbor, 2002)

David N. Sedley,《〈蒂迈欧〉与亚里士多德作品中的"变得像神那样"》("'Becoming like God' in the *Timaeus* and Aristotle"),载于Tomás Calvo Martínez与Luc Brisson编,《阐释〈蒂迈欧〉与〈克里提阿〉》(*Interpreting the* Timaeus-Critias [*Symposium Platonicum 4*], Sankt Augustin, 1997),第327至339页

David N. Sedley,《柏拉图〈克拉底鲁〉中的词源》("The Etymologies in Plato's *Cratylus*"),载于*Journal of Hellenic Studies*,第118期,第140至154页

David N. Sedley,《柏拉图的〈克拉底鲁〉》(*Plato's* Cratylus, Cambridge, 2003)

David N. Sedley,《柏拉图主义的接生者——柏拉图〈泰阿泰德〉的文字与文字背后的内容》(*The Midwife of Platonism: Text and Subtext in Plato's* Theaetetus, Oxford, 2004)

David N. Sedley,《柏拉图〈会饮〉中阿伽通的讲辞》("The Speech of Agathon in Plato's *Symposium*"),载于Burkhard Reis编,《古希腊伦理学中的德性生活》(*The Virtuous Life in Greek Ethics*, Cambridge, 2006),第57至69页

David N. Sedley,《古代的创始论与其评论》(*Creationism and its Critics in Antiquity*, Berkeley, 2007)

Charles Segal,《神话得救了——重新思考荷马与柏拉图〈王制〉中的神话》("The Myth was Saved: Reflections on Homer and the Mythology of Plato's *Republic*"),载于*Hermes*,第106期,第315至336页

Charles Segal,《〈奥德修纪〉中的歌手、英雄与众神》(*Singers, Heroes and Gods in the* Odyssey, Ithaca, 1994)

Paul Shorey,《古代与现代的柏拉图主义》(*Platonism, Ancient and Modern*, Berkeley, 1938)

Svetla Slaveva-Griffin,《讲辞的盛宴——柏拉图〈蒂迈欧〉的形式与内容》("'A Feast of Speeches': Form and Content in Plato's *Timaeus*"),载于*Hermes*,第123期,第312至327页

Ineke Sluiter,《希腊传统》("The Greek Tradition"),载于Wout van Bekkum、Jan Houben与Ineke Sluiter编,《四个语言传统中语义学的兴起——希伯来语、梵语、希腊语、阿拉伯语》(*The Emergence of Semantics in Four Linguistic Traditions: Hebrew, Sanskrit, Greek, Arabic*, Amsterdam, 1997)

Bruno Snell,《心灵的探索——欧洲思想在希腊的起源》(*The Discovery of the*

Mind:The Greek Origins of European Thought, Thomas G. Rosenmeyer 译, Oxford, 1953)

Bruno Snell,《赫西俄德作品中众神的世界》("Die Welt der Götter bei Hesiod"),载于《荷马至柏拉图对神明的理解》(*La notion du divin depuis Homère jusqu'à Platon* [即*Entretiens sur l'antiquité classique*, 第1期], Geneva, 1954), 第97至117页

Friedrich Solmsen,《柏拉图的神学》(*Plato's Theology*, Ithaca, 1942)

Friedrich Solmsen,《柏拉图作品中的赫西俄德动机》("Hesiodic Motifs in Plato"),载于Kurt von Fritz 编,《赫西俄德与他的影响》(*Hésiode et son influence* [即*Entretiens sur l'antiquité classique*, 第7期], Geneva, 1962), 第171至211页

W. B. Stanford,《希腊诗歌的声音、感受与音乐》("Sound, Sense, and Music in Greek Poetry"),载于*Greece and Rome*, 第28期, 第127至140页

Deborah Steiner,《为了对一尊塑像的爱——对柏拉图〈会饮〉215a至215b的一种解读》("For Love of a Statue: A Reading of Plato's *Symposium* 215a-b"),载于*Ramus*, 第25期, 第89至111页

Kathryn Stoddard,《赫西俄德〈神谱〉中的叙事声音》(*The Narrative Voice in the* Theogony *of Hesiod*, Leiden, 2004)

Michael C. Stokes,《赫西俄德与米利都学派的宇宙诞生理论——第一部分》("Hesiodic and Milesian Cosmogonies - I"),载于*Phronesis*, 第7期, 第1至37页

Michael C. Stokes,《赫西俄德与米利都学派的宇宙诞生理论——第二部分》("Hesiodic and Milesian Cosmogonies - II"),载于*Phronesis*, 第8期, 第1至34页

Michael C. Stokes编,《柏拉图的〈苏格拉底的申辩〉》(*Plato: Apology of Socrates*, Warminster, 1997)

Leo Strauss,《城邦与人》(*The City and Man*, Chicago, 1964)

Thomas A. Szlezák,《亚特兰蒂斯帝国与特洛伊、柏拉图与荷马——关于亚特兰蒂斯帝国神话声明其真实性的观点》("Atlantis und Troia, Platon und Homer: Bemerkungen zum Wahrheitsanspruch des Atlantis-Mythos"),载于*Studia Troica*, 第3期, 第233至237页

Alfred E. Taylor,《柏拉图其人与其作品》(*Plato: The Man and his Work*, London, 1926)

Alfred E. Taylor,《柏拉图〈蒂迈欧〉注疏》(*A Commentary on Plato's* Timaeus, Oxford, 1928)

Holger Thesleff,《柏拉图作品编年之研究》(*Studies in Platonic Chronology*,

Helsinki, 1982）

Mauro Tulli,《克洛诺斯的时代与柏拉图〈治邦者〉中对自然的探寻》("Età di Crono e ricerca sulla natura nel *Politico* di Platone"), 载于*Studi classici e orientali*, 第40期, 第97至115页

Mauro Tulli,《〈克里提阿〉与柏拉图的家庭》("Il *Crizia* e la famiglia di Platone"), 载于*Studi classici e orientali*, 第44期, 第95至107页

Mauro Tulli,《〈高尔吉亚〉与安菲翁之琴》("Il *Gorgia* e la lira di Anfione"), 载于Michael Erler与Luc Brisson编,《〈高尔吉亚〉与〈美诺〉》(*Gorgias-Menon* [即*Symposium Platonicum*], Sankt Augustin, 2007), 第72至77页

Mario Untersteiner,《智术师》(*The Sophists*, Kathleen Freeman译, Oxford, 1954)

Helen Van Noorden,《玩弄赫西俄德——古典时代中的"人类种族神话"》(*Playing Hesiod: The "Myth of the Races" in Classical Antiquity*, Cambridge, 即出)

Phiroze Vasunia,《尼罗河的献礼——埃及从埃斯库罗斯至亚历山大时代的希腊化》(*The Gift of the Nile: Hellenizing Egypt from Aeschylus to Alexander*, Berkeley, 2001)

Mario Vegetti,《降入冥界》("Katabasis"), 载于Mario Vegetti编,《柏拉图的〈王制〉：翻译与注疏——第1册：原书第1卷》(*Platone. La Repubblica: traduzione e commento. Vol. 1: Libri I*, Napoli, 1998), 第93至104页

Mario Vegetti,《〈王制〉中对话的社会与论证的策略》("Società dialogica e strategie argomentative nella *Repubblica*"), 载于Giovanni Casertano 编,《柏拉图对话的结构》(*La struttura de dialogo platonico*, Napoli, 2000), 第74至85页

Vegetti 2005b: Mario Vegetti,《时间、历史、乌托邦》("Il tempo, la storia, l'utopia"), 载于Mario Vegetti编,《柏拉图的〈王制〉：翻译与注疏——第6册：原书第8、9卷》(*Platone. La Repubblica: traduzione e commento. Vol. 6: Libri VIII e IX*, Napoli, 2005), 第137至168页

Mario Vegetti,《苏格拉底文学与文学体裁之争》("La letteratura socratica e la competizione tra generi letterari"), 载于Fabio Roscalla编,《作者与作品——古希腊时代的作者判定、作品运用与伪作》(*L'autore e l'opera: attribuzioni, appropriazioni, apocrifi nella Grecia antica*, Pisa, 2006), 第119至131页

Willem J. Verdenius,《〈劳作与时日〉的结构与写作意图》("Aufbau und Absicht der *Erga*"), 载于Kurt von Fritz 编,《赫西俄德与他的影响》

(*Hésiode et son influence* [即*Entretiens sur l'antiquité classique*, 第7期], Geneva, 1962), 第111至159页

Willem J. Verdenius,《赫西俄德〈劳作与时日〉第1至382行注疏》(*A Commentary on Hesiod* Works and Days, *vv. 1–382*, Leiden, 1985)

Jean-Pierre Vernant,《赫西俄德笔下的人类种族神话——对其结构的分析研究》("Le mythe hésiodique des races: Essai d'analyse structurale"),载于*Revue de l'histoire des religions*,第157期,第21至54页

Jean-Pierre Vernant,《古代希腊的神话与社会》(*Myth and Society in Ancient Greece*, Janet Lloyd译, Brighton, 1980)

Jean-Pierre Vernant,《一、二、三:厄若斯》("One ... Two ... Three ... : Erōs"),载于John J. Winkler、David M. Halperin与Froma I. Zeitlin编,《性别之前——古希腊世界中爱欲体验的塑造》(*Before Sexuality: The Construction of Erotic Experience in the Ancient Greek World*, Princeton, 1990),第465至478页

H. S. Versnel,《希腊神话与仪式——克洛诺斯的案例》("Greek Myth and Ritual: The Case of Kronos"),载于Jan Bremmer编,《希腊神话的诠释》(*Interpretations of Greek Mythology*, London/Sidney, 1987),第121至152页

Paul Veyne,《希腊人真的相信自己的神话吗?关于组建之想象的研究文章》(*Did the Greek Believe their Myths? An Essay on the Constitutive Imagination*, Paula Wissing译, Chicago, 1988)

Cristina Viano,《亚里士多德〈论天〉第1卷第10章、恩培多克勒、〈治邦者〉神话的变换》("Aristote, *De Cael*. I 10, Empédocle, l'alternance et le mythe du *Politique*"),载于Revue des Études Grecques,第107期,第400至413页

Pierre Vidal-Naquet,《〈治邦者〉神话——黄金时代与历史之间的模糊性》("Le mythe platonicien du *Politique*. Les ambiguïtés de l'âge d'or et de l'histoire"),载于Pierre Vidal-Naquet编,《黑色的猎手》(*La Chasseur Noir*, Paris, 1981,)第361至380页

Pierre Vidal-Naquet,《黑色的猎手——希腊世界中思想的形式与社会的形式》(*The Black Hunter: Forms of Thought and Forms of Society in the Greek World*, Andrew Szegedy-Maszak译, Baltimore, 1986)

Pierre Vidal-Naquet,《亚特兰蒂斯帝国的神话——柏拉图神话简史》(*L'Atlantide: Petite histoire d'un mythe platonicien*, Paris, 2005)

Pierre Vidal-Naquet,《亚特兰蒂斯帝国的神话——柏拉图神话简史》(*The Atlantis Story: A short History of Plato's Myth*, Janet Lloyd译, Exeter,

2007)

Gerry Wakker,《古代世界神话的宣言(赫西俄德〈劳作与时日〉第106至108行)》("Die Ankündigung des Weltaltermythos (Hes. *Op.* 106–108)"),载于 *Glotta*,第68期,第86至90页

Peter Walcot,《赫西俄德献给缪斯女神们、阿佛洛狄忒、斯提克斯河与赫卡特的赞歌》("Hesiod's Hymns to the Muses, Aphrodite, Styx and Hecate"),载于*Symbolae Osloenses*,第34期,第5至14页

William Wayte,《柏拉图的〈普罗塔戈拉〉》(*Platonis* Protagoras*: The Protagoras of Plato*, Cambridge, 1854)

Warman Welliver,《柏拉图〈蒂迈欧〉与〈克里提阿〉中的角色、剧情与思想》(*Character, Plot and Thought in Plato's* Timaeus-Critias, Leiden, 1977)

Martin L. West编,《赫西俄德〈神谱〉》(*Hesiod:* Theogony, Oxford, 1966)

Martin L. West,《荷马与赫西俄德的竞赛》("The Contest of Homer and Hesiod"),载于*Classical Quarterly*,第17期,第433至450页

Martin L. West编,《赫西俄德〈劳作与时日〉》(*Hesiod:* Works and Days, Oxford, 1978)

Martin L. West,《古希腊文的节律》(*Greek Metre*, Oxford, 1982)

Martin L. West,《赫西俄德的〈列女传〉——其本质、结构与起源》(*The Hesiodic* Catalogue of Women*: Its Nature, Structure, and Origins*, Oxford, 1985)

Martin L. West,《古希腊音乐》(*Ancient Greek Music*, Oxford, 1992)

Martin L. West,《赫利孔的东方面孔——希腊诗歌与神话的西亚元素》(*The East Face of Helocon: West Asiatic Elements in Greek Poetry and Myth*, Oxford, 1997)

Martin L. West编,《荷马风格颂诗、荷马伪书、荷马传记》(*Homeric Hymns, Homeric Apocrypha, Lives of Homer*, Harvard, 2003)

Ulrich von Wilamowitz-Moellendorff,《柏拉图》(*Platon*,两卷本,第2版,Berlin, 1920)

Ulrich von Wilamowitz-Moellendorff,《赫西俄德的〈劳作与时日〉》(*Hesiodos:* Erga, Berlin, 1928)

Charles Young,《柏拉图与计算机断代》("Plato and Computer Dating"),载于*Oxford Studies in Ancient Philosophy*,第12期,第227至250页

Paul Zanker,《苏格拉底的面具——古代的思想家形象》(*The Mask of Socrates: The Image of the Intellectual in Antiquity*, Alan Shapiro译, Berkeley, 1995)

Froma I. Zeitlin,《玩弄另一方——古典时代希腊文学中的性别与社会》

(*Playing the Other: Gender and Society in Classical Greek Literature*, Chicago, 1996)

Froma I. Zeitlin,《荷马的观念与观念重塑》("Visions and Revisions of Homer"),载于Simon Goldhill编,《罗马统治下的希腊人——文化身份、第二智术师学派与帝国的建立》(*Being Greek under Rome: Cultural Identity, the Second Sophistic and the Development of Empire*, Cambridge, 2001),第195至266页

图书在版编目(CIP)数据

柏拉图与赫西俄德/(英)博伊-斯通, (英)豪波德编; 罗逍然译.
--上海: 华东师范大学出版社, 2016
(经典与解释·古典学丛编)
ISBN 978-7-5675-5471-9

Ⅰ.①柏… Ⅱ.①博… ②豪… ③罗… Ⅲ.①柏拉图(前427-前347)-哲学思想-研究 ②赫西俄德(前700-?)-诗歌研究 Ⅳ.①B502.232 ②I545.072

中国版本图书馆CIP数据核字(2016)第157833号

华东师范大学出版社六点分社
企划人 倪为国

古典学丛编

柏拉图与赫西俄德

编　者	(英)博伊-斯通, (英)豪波德
译　者	罗逍然
审读编辑	陈哲泓
责任编辑	彭文曼
封面设计	吴元瑛
出版发行	华东师范大学出版社
社　址	上海市中山北路3663号　邮编　200062
网　址	www.ecnupress.com.cn
电　话	021-60821666　　行政传真　021-62572105
客服电话	021-62865537　　门市(邮购)电话　021-62869887
地　址	上海市中山北路3663号华东师范大学校内先锋路口
网　店	http://hdsdcbs.tmall.com
印 刷 者	上海景条印刷有限公司
开　本	890×1240　1/32
插　页	2
印　张	15.25
字　数	365千字
版　次	2016年8月第1版
印　次	2016年8月第1次
书　号	ISBN 978-7-5675-5471-9/B.1029
定　价	68.00元
出版人	王　焰

(如发现本版图书有印订质量问题, 请寄回本社客服中心调换或电话021-62865537联系)

Plato and Hesiod, first edition
By G.R Boys-Stones and J.H.Haubold [eds.],
ISBN 9780199236343
Copyright© Oxford University Press 2010
Plato and Hesiod, first edition was originally published in English in 2010. This translation is published by arrangement with Oxford University Press. East China Normal University Press Ltd is solely responsible for this translation from the original work and Oxford University Press shall have no liability for any errors, omissions or inaccuracies or ambiguities in such translation or for any losses caused by reliance thereon.
This translation is published by arrangement through Andrew Nurnberg Associates International Ltd.
Simplified Chinese Translation Copyright © 2016 by East China Normal University Press Ltd.
ALL RIGHTS RESERVED.

上海市版权局著作权合同登记　图字：09-2016-473号